Edition KWV

Die „Edition KWV" beinhaltet hochwertige Werke aus dem Bereich der Wirtschaftswissen-schaften. Alle Werke in der Reihe erschienen ursprünglich im Kölner Wissenschaftsverlag, dessen Programm Springer Gabler 2018 übernommen hat.

Weitere Bände in der Reihe http://www.springer.com/series/16033

Volker Helten

Zwischen Kooperation und Konfrontation: Dänemark und das Frankenreich im 9. Jahrhundert

Volker Helten
Neuss, Deutschland

Bis 2018 erschien der Titel im Kölner Wissenschaftsverlag, Köln
Dissertation Universität zu Köln, 2011

Edition KWV
ISBN 978-3-662-58398-2   ISBN 978-3-662-58399-9   (eBook)
https://doi.org/10.1007/978-3-662-58399-9

Die Deutsche Nationalbibliothek verzeichnet diese Publikation in der Deutschen Nationalbibliografie; detaillierte bibliografische Daten sind im Internet über http://dnb.d-nb.de abrufbar.

Springer Gabler
© Springer-Verlag GmbH Deutschland, ein Teil von Springer Nature 2011, Nachdruck 2019
Ursprünglich erschienen bei Kölner Wissenschaftsverlag, Köln, 2011

Springer Gabler ist ein Imprint der eingetragenen Gesellschaft Springer-Verlag GmbH, DE und ist ein Teil von Springer Nature
Die Anschrift der Gesellschaft ist: Heidelberger Platz 3, 14197 Berlin, Germany

Vorwort

Bei der vorliegenden Arbeit handelt es sich um eine überarbeitete Fassung meiner im Wintersemester 2010/2011 von der Philosophischen Fakultät der Universität zu Köln angenommenen Dissertation.

Zunächst gilt mein besonderer Dank meinem verstorbenen Doktorvater Herrn Prof. Dr. Klaus Zechiel-Eckes. Durch seine stets menschliche, konstruktive und ermutigende Unterstützung ermöglichte er überhaupt erst die Konzeption und das Zustandekommen dieser Arbeit. Ich betrachte es als großes Privileg ihn, der mir Inspiration, Vorbild und ein herausragender Lehrer war, kennen gelernt haben zu dürfen.

Dank gilt auch den Gutachtern meiner Dissertation, welche so freundlich waren die Beurteilung meiner Arbeit unter den gegebenen widrigen Umständen zu übernehmen. Ich danke dabei vor allem Herrn Prof. Dr. Wolfram Drews für seine zuvorkommende Unterstützung.

Im Laufe der Jahre, in denen diese Arbeit entstand, hatte ich das Vergnügen viele Orte und Menschen kennenzulernen, die auf die eine oder andere Weise Anteil an dem vorliegenden Werk haben. Ich danke daher den Mitarbeitern der Dänischen Nationalbibliothek (Det Kongelige Bibliotek) und des Vatikanischen Geheimarchivs für die angenehme Zusammenarbeit. Für die Unterstützung von vor allem menschlicher Seite gebührt meinen Freunden Stephan Ipers, Philipp Klinker, Michael Plückthun, Sebastian Rösgen, Stephan Thiel und Daniela Windeck ebenso großer Dank wie auch meinem Vater Hans-Peter Helten.

Abschließend möchte ich meiner Mutter Maria einen besonderen Dank für ihre liebevolle, unerschütterliche und fürsorgliche Art aussprechen, mit der sie sowohl meine Arbeit als auch mein Leben bereichert hat.

Volker Helten

Inhaltsverzeichnis

I. Einleitung

Die Kaiserkrönung Karls des Großen im Jahre 800 versinnbildlicht in vielerlei Hinsicht die Ausgangslage der ersten Hälfte des 9. Jahrhunderts, welches in der vorliegenden Dissertation im Fokus der Betrachtung stehen wird. Karls Erhebung zum Kaiser stellt nicht nur den Höhepunkt der Herrschaft dieses Mannes selbst dar, sondern verkörpert auch den Aufstieg des Frankenreichs zur vorherrschenden Macht in Europa und krönt gleichermaßen das Aufstreben seiner Königsdynastie. Während sich der oft thematisierte und teilweise bis ins Legendäre verklärte Lebensweg Karls des Großen bis zu dessen Kaiserkrönung in der Forschung großer Beliebtheit erfreute, werden im Folgenden die letzten und weniger schillernden Herrscherjahre von vorrangigem Interesse sein. Mit seinem letzten großen Schlag gegen die Sachsen im Jahre 804 stieß der Kaiser bis an die Grenzen eines neuen Nachbarvolkes vor. Die Dänen, welche zuvor durch die unabhängigen Gebiete der Sachsen vor dem unmittelbaren Einfluss der Franken geschützt waren, sahen sich im Süden plötzlich mit einem Reich auf dem Höhepunkt seiner Macht konfrontiert. Dabei hätten angesichts dieser neuen Nachbarschaft zweier Reiche die Voraussetzungen kaum verschiedener sein können. Das heidnische Dänemark mit seiner instabilen Königsmacht, welches zugleich das südlichste skandinavische Reich darstellte, grenzte bald an das christliche Frankenreich, welches kurz zuvor die benachbarten Sachsen mit Krieg überzogen, besiegt, zwangschristianisiert und ins eigene Reich einverleibt hatte. Bereits diese Konstellation barg ein gewisses Konfliktpotential in sich.

Das darauf folgende halbe Jahrhundert der fränkisch-dänischen Nachbarschaft bildet das Zentrum der vorliegenden Dissertation. Dabei gilt es nicht nur, die Dynamik des außenpolitischen Wechselspiels jenes Zeitraums zu berücksichtigen, sondern ebenfalls verschiedene Gesichtspunkte, die in diesem Zusammenhang von Bedeutung sind. Dazu zählen nicht nur der Einfluss der Wikingerzüge auf die Beziehungen zwischen dem christlichen Europa und dem heidnischen Skandinavien, sondern angesichts des Gesamtthemas auch die Beschaffenheit des dänischen Königtums im 9. Jahrhundert. Es wird außerdem zu hinterfragen sein, ob sich ein bestimmtes Konzept der „Nordpolitik", um diesen anachronistischen Begriff zu bemühen, während der Regierungen Karls des Großen und Ludwigs des Frommen erkennen lässt und inwiefern sich diese Konzepte inhaltlich vor allem in Anbetracht der sich verändernden Begleitumstände gegebenenfalls anpassten. Auf der Gegenseite verdienen auch die dänischen Herrscher, sofern sie durch die Überlieferung greifbar werden, eine hinlängliche Berücksichtigung, woran es in der Forschung bislang oft gemangelt hat. Bei den Dänen in der ersten Hälfte des 9. Jahrhunderts treten vor allem die Könige Göttrik und Horik hervor, die beide vor der gleichen Herausforderung standen, nämlich das eigene und in vielen Belangen dem fränkischen Reich unterlegene *regnum* gegenüber dem übermächtigen Nachbarn zu schützen. Es wird sich zeigen, dass diese beiden Dänenkönige durchaus verschiedene Herangehensweisen an die Herausforderungen der Nachbarschaft zum Frankenreich wählten.

1

© Springer-Verlag GmbH Deutschland, ein Teil von Springer Nature 2011
V. Helten, *Zwischen Kooperation und Konfrontation: Dänemark und das Frankenreich im 9. Jahrhundert*, Edition KWV, https://doi.org/10.1007/978-3-662-58399-9_1

Neben den Herrschern in Dänemark stellten auch die exilierten dänischen Großen einen nicht zu vernachlässigenden Faktor in den fränkisch-dänischen Beziehungen dar. Neben dem Mittel der Mission, die während der Herrschaft Ludwigs des Frommen im Norden sporadisch zum Einsatz kam, wurden jene dänischen Großen, die entweder aufgrund mangelnder Perspektiven oder aus Zwang ihre dänische Heimat verlassen hatten, zu einem bedeutsamen Faktor im Ringen zwischen den fränkischen und dänischen Interessen. Die Exildänen eröffneten den Franken eine Möglichkeit, um entweder mehr Einfluss im Herkunftsland jener Großen zu gewinnen oder die eigene Abwehr gegen Übergriffe aus dem Norden zu stärken. Die dänischen Könige wiederum mussten die Hinwendung dänischer Großer oder rivalisierender Thronanwärter zum fränkischen Nachbarn als Gefahr verstehen, mit der es umzugehen galt. Wenn die Dänen und das Frankenreich auch zu Beginn des 9. Jahrhunderts unter sehr verschiedenen Grundvoraussetzungen unmittelbar aufeinander trafen und die direkte Nachbarschaft für beide Seiten verschiedene Herausforderungen aufwarf, so wird zu hinterfragen sein, inwieweit auch gemeinsame Probleme oder Bedrohungen bestanden. Das bereits erwähnte Phänomen der Wikingerzüge etwa bedrohte beide Reiche zugleich, wobei herauszustellen sein wird, auf welche Weise die jeweiligen Herrscher darauf reagierten. Immerhin ist zu erwarten, dass die Wikinger in Dänemark primär ein innenpolitisches Problem darstellten, wohingegen das Frankenreich die Plünderer aus dem Norden als bloße Bedrohung von außen wahrnahm. Gerade die Wechselwirkung von Ereignissen im Inneren und Äußeren wird dabei spätestens ab 830 eine wichtige Komponente bilden, durch welche die fränkisch-dänischen Beziehungen stark beeinflusst wurden. Die Zerrüttungen im Frankenreich in seinem letzten Herrschaftsjahrzehnt forderten nicht nur Ludwig den Frommen heraus, sondern schufen zudem eine günstige Gelegenheit für die benachbarten Reiche, um sich gegenüber der strauchelnden Vormacht besser behaupten zu können.

Der hauptsächlich zu betrachtende Zeitraum endet nicht mit dem Tode Ludwigs des Frommen, sondern mit dem seines dänischen Widerparts Horik im Jahre 854. Die 14 Jahre nach dem Tode Ludwigs des Frommen vermögen nämlich ein deutliches Bild davon zu vermitteln, von welchen Konflikten das restliche 9. Jahrhundert dominiert werden sollte, vor allem in Hinblick auf die Beziehungen zwischen dem christlichen Europa und dem heidnischen Norden, die Perspektiven der Mission in Skandinavien und die Ausgangslage des geteilten Frankenreiches. Die erste Hälfte des 9. Jahrhunderts nimmt eine Schlüsselstellung für die Entwicklung sowohl des Frankenreichs als auch des Nordens Europas ein. In Hinblick auf Skandinavien werden die Dänen eine deutlich erhöhte Aufmerksamkeit genießen, da sie einerseits für ihre fränkischen Nachbarn eine größere Rolle in der Außenpolitik spielten als etwa die Schweden, die vor allem im Kontext der Nordmission des Erzbischofs Ansgar von Bremen Berücksichtigung finden werden, und andererseits stellte Dänemark nicht nur aufgrund seiner geographischen Lage, der überlieferten Informationen über das dortige Königtum und seiner wirtschaftlichen Bedeutsamkeit für den europäischen Handelsverkehr, sondern auch bedingt durch die kulturelle Verwandtschaft der nordeuropäischen Völker gewissermaßen den Vorposten Skandinaviens dar.[1]

Bereits in dieser Einleitung fielen Begriffe, die auch im Folgenden Verwendung finden werden, weshalb eine grundsätzliche Klärung einiger dieser Begriffe angeraten erscheint. Im Rahmen der vorliegenden Dissertation wird in Hinblick auf Skandinavien zwischen verschiedenen Begriffen bewusst unterschieden werden. Die Dänen und Schweden werden, sofern sie aufgrund des Quellenbildes als solche identifiziert werden können, auch als eben solche bezeichnet. Der Begriff „Normannen"[2] soll die Skandinavier jener Zeit erfassen, ohne dabei auf eine innerhalb des europäischen Nordens näher zu bestimmende geographische Herkunft zu verweisen.[3] Einen weiteren zentralen Begriff wird jener der „Wikinger" darstellen. Als „Wikinger" sollen im Folgenden nordeuropäische Kriegerverbände verstanden werden, die entweder im Stile von Seeräubern agierten und Schiffe auf See überfielen oder das Schiff nur als Transportmittel einsetzten, um ihr Angriffsziel zu erreichen und nach der Ankunft die Konfrontation zu Land suchten.[4] Es kann an dieser Stelle bereits vorweggenommen werden, dass die zweite Erscheinungsform in den überlieferten Quellen zur Geschichte der fränkisch-dänischen Beziehungen in der ersten Hälfte des 9. Jahrhunderts weitaus häufiger zu finden ist. Die fränkischen Quellen verwenden in diesem Kontext mehrfach den Begriff *piratae*, der häufig als Synonym des hier verwendeten Wikingerbegriffs gesehen werden muss und vor allem eine Tätigkeitsbeschreibung beinhaltet. Die Begriffe „Wikinger" und *piratae* umschreiben schließlich beide das räuberische Verhalten von Personengruppen, für deren Überfälle das

---

1   Vgl. hierzu: *„Denmark with its central position between east and west and as Scandinavia's most southerly country was often first to receive innovations"*, Roesdahl, Else, Viking Age Denmark, London 1982, S. 223. Vgl. zur Sonder- bzw. Schlüsselstellung Dänemarks im Verhältnis zwischen Mitteleuropa und Skandinavien: Bagge, Sverre, Early state formation in Scandinavia, in: Pohl, Walter / Wieser, Veronika (Hg.), Der frühmittelalterliche Staat: Europäische Perspektiven, Wien 2009, S. 145-154, hier: S. 146f.

2   Hierzu zählen im Folgenden auch synonym verwendete Begriffe wie „Nordleute", „Nordmänner", „Skandinavier" etc.

3   Wie sich im weiteren Verlauf noch zeigen wird, transportieren einige fränkische Quellen die Vorstellung von einer als Einheit zu betrachtenden *gens Northmannorum*. Vgl. auch: *„Es gab also aus fränkischer Sicht dänische und schwedische Normannen; sie gehörten jedoch zur gens Nortmannorum"*, Mohr, Andreas, Das Wissen über die Anderen: Zur Darstellung fremder Völker in den fränkischen Quellen der Karolingerzeit, Münster 2005, S. 61. Die Sammelbezeichnung „Normannen" soll im Rahmen dieser Dissertation allerdings nur verwendet werden, wenn eine nähere Bestimmung der betreffenden Personen und Gruppen nicht möglich ist und daher die Herkunftsbestimmung der betreffenden Personen lediglich auf Skandinavien eingegrenzt werden kann. Gerade in Hinblick auf die Zeit der Wikingerüberfälle ist es häufig unmöglich, eine genauere Herkunftsbeschreibung der „Wikinger" zu treffen. Während der Begriff „Wikinger" also das kriegerische Vorgehen der betreffenden Personen charakterisiert, handelt es sich bei dem Normannenbegriff lediglich um eine geographisch-kulturelle Herkunftsbestimmung.

4   Vgl.: Askeberg, Fritz, Norden och kontinenten i gammal tid: Studier i forngermansk kulturhistoria, Uppsala 1944, S. 182f. Siehe zur Begriffsunterscheidung zusammenfassend: Mohr, Das Wissen über die Anderen, S. 58-62; Plassmann, Alheydis, Die Normannen: Erobern – Herrschen – Integrieren, Stuttgart 2008, S. 21-24; Fried, Johannes, Gens und regnum: Wahrnehmungs- und Deutungskategorien politischen Wandels im früheren Mittelalter, in: Miethke, Jürgen / Schreiner, Klaus (Hg.), Sozialer Wandel im Mittelalter: Wahrnehmungsformen, Erklärungsmuster, Regelungsmechanismen, Sigmaringen 1994, S. 79ff.

Schiff eine zentrale Rolle spielte.[5]

Moderne Begriffe wie Innen- und Außenpolitik sind im Folgenden nicht als anachronistische Denkmodelle zu verstehen, sondern sollen die Auseinandersetzung mit den zu behandelnden Themenkomplexen praktikabler gestalten. So dürfen unter Innenpolitik etwa alle Belange der frühmittelalterlichen Reichsregierung, abzüglich der Außenpolitik, verstanden werden. Die Außenpolitik soll nämlich jede Form von Kontakten, Beziehungen und herrschaftlichen Maßnahmen in Zusammenhang mit nicht zum Frankenreich gehörenden Reichen, Herrschern oder anderen Personen umschreiben. Im Folgenden sollen nicht nur erstmals ausgiebig die fränkisch-dänischen Beziehungen der ersten Hälfte des 9. Jahrhunderts mitsamt ihrer Bedeutung für die Geschichte des Mittelalters dargestellt und hinterfragt werden, sondern es gilt außerdem das frühmittelalterliche Dänemark zu beleuchten. Von besonderem Interesse werden dabei nicht nur die betreffenden Herrscher sein, sondern auch deren Verwandte und Widersacher, sofern diese erfassbar sind, und darüber hinaus auch die Charakteristika des vorchristlichen dänischen Königtums. Die vorliegende Dissertation darf insgesamt außerdem als Literatur- und Materialsammlung gesehen werden, die eine Grundlage für weitere und spezifischere wissenschaftliche Auseinandersetzungen mit den hier behandelten Themen bieten soll.

I. 1 Forschungsstand

Das in der vorliegenden Dissertation zu behandelnde Thema ist in dieser Art und Weise bislang kaum in der Forschung aufgegriffen worden. Zu den wenigen Vorarbeiten, die sich tatsächlich im Schwerpunkt mit den im Folgenden darzustellenden Themen auseinander gesetzt haben, gehören vor allem die Arbeiten Horst Zettels, der hier bewusst an erster Stelle zu nennen ist.[6] Unter der älteren Forschung ragen die häufig zitierten Arbeiten von Dahlmann[7] und Vogel[8] hervor, wobei besonders der letztere auch in der jüngeren Forschung noch häufig aufgegriffen wurde. Einen eigenen Blick auf die Kontakte zwischen christlichem Europa und heidnischem Skandinavien im Mittelalter warf unlängst auch David Fraesdorff, der sich mit der Wahrnehmung und Darstellung des europäischen Nordens aus der Sicht ausgewählter christlicher Historiographen befasste.[9] Da im Folgenden

---

5   Vgl. hierzu Zettel, Horst, Das Bild der Normannen und der Normanneneinfälle in westfränkischen, ostfränkischen und angelsächsischen Quellen des 8. bis 11. Jahrhunderts, München 1977, S. 54-57.

6   Zettel, Horst, Karl der Große, Siegfried von Dänemark und Gottfried von Dänemark: Ein Beitrag zur karolingischen Nordpolitik im 8. und 9. Jahrhundert, in: Zeitschrift der Gesellschaft für Schleswig-Holsteinische Geschichte, Bd. 110, Neumünster 1985, S. 11-25; Ders., Normannen (s.o.).

7   Dahlmann, Friedrich C., Geschichte von Dännemark, Bd. 1, Hamburg 1840.

8   Vogel, Walther, Die Normannen und das Fränkische Reich bis zur Gründung der Normandie (799-911), Aalen 1973 (ND d. Ausg. Heidelberg 1906).

9   Fraesdorff, David, Der barbarische Norden: Vorstellungen und Fremdheitskategorien bei Rimbert, Thietmar von Merseburg, Adam von Bremen und Helmold von Bosau, Berlin 2005. Hierbei sind in Anbetracht des Themas der

auch das dänische Königtum des 9. Jahrhunderts eingehender thematisiert werden wird, ist an dieser Stelle auch das einschlägige Werk Erich Hoffmanns zu nennen, das einen weiteren zeitlichen Bogen spannt und thematisch bis weit in das Hochmittelalter hineinreicht.[10] Sehr erhellend und speziell auf die fränkisch-dänischen Beziehungen zugeschnitten ist außerdem ein Beitrag von Simon Coupland.[11] Die Arbeiten von Raimund Ernst wiederum beschäftigen sich zwar in ihrem Schwerpunkt mit den Beziehungen zwischen dem Frankenreich und den angrenzenden Nordwestslawen, allerdings hat er sehr schlüssig und unter Berücksichtigung des Einflusses der Dänen auf die fränkisch-slawischen Beziehungen auch den europäischen Norden in seine Ausführungen einbezogen.[12] Mit einem breiten Spektrum an Themen, die im Folgenden zu berücksichtigen sein werden, hat sich Herbert Jankuhn beschäftigt, weshalb auf ihn mehrfach zurückgegriffen werden wird.[13] Des Weiteren befasste sich Wolfgang Seegrün mit den Beziehungen zwischen Skandinavien und dem Papsttum bis zum 12. Jahrhundert, wobei er naturgemäß auch die missionarischen Unternehmungen des für die vorliegende Dissertation relevanten Zeitraums thematisiert.[14] Eine Überblicksdarstellung von Martin Kaufhold vermittelt unterdessen einen Überblick zum Thema der Integration Skandinaviens ins christliche Europa während des Mittelalters.[15]

Während einschlägige Titel für das Thema der vorliegenden Dissertation recht spärlich gesät sind, ist das Angebot an Forschungsliteratur zum Thema Wikingerzeit reichhaltiger. Gerade die Menge an Gesamt- und Überblicksdarstellungen ist sehr groß, weshalb an dieser Stelle vor allem die Standardwerke zu nennen sind, wie etwa die Arbeiten von Arbman, Brøndsted, Jones, Musset, Roesdahl und Sawyer.[16]

---

vorliegenden Dissertation vor allem die Erörterungen in Bezug auf Rimbert und Adam von Bremen interessant.

10 Hoffmann, Erich, Königserhebung und Thronfolgeordnung in Dänemark bis zum Ausgang des Mittelalters, Berlin 1976. Siehe ferner: See, Klaus von, Königtum und Staat im skandinavischen Mittelalter, Heidelberg 2002.

11 Coupland, Simon, From poachers to gamekeepers: Scandinavian warlords and Carolingian kings, in: Early Medieval Europe 7, 1 (1998), S. 85-114. Einen knappen Überblick zum Thema fränkisch-dänische Beziehungen bietet ferner Gläser, Manfred, Kulturelle Kontakte zwischen Franken und Normannen sowie Deutschen und Dänen, in: Hansen, Palle Birk / Jensen, Anna-Elisabeth / Gläser, Manfred / Sudhoff, Ingrid (Hg.), Venner og Fjender: Dagligliv ved Østersøn 700-1200, Lübeck 2004, S. 14-23.

12 Dabei gilt es besonders folgende Beiträge zu berücksichtigen: Ernst, Raimund, Die Nordwestslawen und das fränkische Reich: Beobachtungen zur Geschichte ihrer Nachbarschaft und zur Elbe als nordöstlicher Reichsgrenze bis in die Zeit Karls des Großen, Berlin 1976; Ders., Karolingische Nordostpolitik zur Zeit Ludwigs des Frommen, in: Goehrke, Carsten (Hg.), Östliches Europa: Spiegel der Geschichte, Wiesbaden 1977, S. 81-107. Vgl. außerdem Hoffmann, Erich, Sachsen, Abodriten und Dänen im westlichen Ostseeraum von der Mitte des 10. bis zur Mitte des 12. Jahrhunderts, in: Wieden, Helge bei der (Hg.), Schiffe und Seefahrt in der südlichen Ostsee, Köln / Wien 1986, S. 1-40.

13 Als besonders einschlägig in diesem Kontext sind zu betrachten: Jankuhn, Herbert, Karl der Große und der Norden, in: Beumann, Helmut (Hg.), Karl der Große: Lebenswerk und Nachleben (Bd. 1), Düsseldorf 1965, S. 699-707; Ders., Das Missionsfeld Ansgars, in: FMSt 1 (1967), S. 213-221.

14 Seegrün, Wolfgang, Das Papsttum und Skandinavien bis zur Vollendung der nordischen Kirchenorganisation (1164), Neumünster 1967.

15 Kaufhold, Martin, Europas Norden im Mittelalter: Die Integration Skandinaviens in das christliche Europa (9.-13. Jh.), Darmstadt 2001.

16 Arbman, Holger, The Vikings, London 21965; Brøndsted, Johannes, Vikingerne, Kopenhagen 1960; deutsche Fassung: Ders., Die große Zeit der Wikinger, Neumünster 1964; Jones, Gwyn, A History of the Vikings, Oxford

I. 2 Quellenlage

Das vorliegende Forschungsvorhaben kann sich nicht gerade auf eine übermäßig breite Basis von Quellen stützen, da aufgrund fehlender Schriftlichkeit aus dem skandinavischen Raum keine zeitgenössischen Schriftquellen herangezogen werden können.[17] Die später einsetzende skandinavische Schriftlichkeit offenbart in der Regel keine Aussicht auf Erkenntnisgewinn in Bezug auf die Ereignisse des 9. Jahrhunderts, sondern ist vielmehr ein Zeugnis der Geisteshaltung und Vergangenheitswahrnehmung ihrer Entstehungszeit. Es versteht sich dabei von selbst, dass die dänische bzw. skandinavische Historiographie in Inhalt und Darstellung der eigenen vorchristlichen Vergangenheit durch bestimmte Leitmotive beeinflusst wurde, die anhand der jeweils verwendeten Quellen aufzuzeigen sein werden. Während wiederum die fränkische Seite, ergänzt durch vereinzelte Papsturkunden und in einigen Fällen durch angelsächsische[18] Überlieferungen, durch eine Vielzahl an bereits erschlossenen und gut zugänglichen Annalen und Chroniken, ebenso wie in gegebenem Falle durch Briefe und Urkunden, abgedeckt wird, muss im Hinblick auf Skandinavien oftmals die Archäologie aushelfen. Zu den wohlbekannten zeitgenössischen fränkischen Quellen, die hinsichtlich des in dieser Dissertation vorwiegend zu behandelnden Zeitraums zu beachten sind, gehören vor allem die Annales Regni Francorum, die Annales

---

1973; Musset, Lucien, Nordica et Normannica: Recueil d'études sur la Scandinavie ancienne et médiévale, les expéditions des Vikings et la fondation de la Normandie, Paris 1997; Roesdahl, Else, Vikingernes verden, Kopenhagen 1991. Ferner gilt es Roesdahls Überblickswerke zum mittelalterlichen Dänemark zu berücksichtigen, wie etwa: Dies. (Hg.), Dagligliv i Danmarks middelalder: En arkæologisk kulturhistorie, Kopenhagen 1999, wobei hier der Schwerpunkt auf Alltagsleben und Kultur gelegt wird. Bei Peter H. und Birgit Sawyer gilt es ausdrücklich zu berücksichtigen, dass über die Jahre sehr viele Überblicksdarstellungen zur skandinavischen Kultur und Geschichte der Wikingerzeit zusammengekommen sind, von denen auch mehrere innerhalb der vorliegenden Dissertation aufgegriffen werden sollen. Stellvertretend für die Vielzahl an Werken, die Peter H. und Birgit Sawyer zu verdanken sind, seien an dieser Stelle zunächst die älteste und auch die jüngste einschlägige Veröffentlichung zu nennen: Sawyer, Peter H., The Age of the Vikings, London 1962; Ders. / Sawyer, Birgit, Die Welt der Wikinger, Berlin 2002. Siehe ferner aus jüngerer Zeit: Helle, Knut (Hg.), The Cambridge History of Scandinavia, Bd. 1: Prehistory to 1520, Cambridge 2003; Konstam, Angus, Die Wikinger: Geschichte, Eroberungen, Kultur, Wien 2005. Zur frühmittelalterlichen Kultur in Skandinavien siehe auch: Foote, Peter / Wilson, David M., The Viking Achievement: The society and culture of early medieval Scandinavia, London 1980. Ein kurzer Überblick zur skandinavischen Geschichte zwischen 500 v. Chr. und dem Jahre 800 findet sich bei Myhre, Bjørn, The Iron Age, in: Helle, Knut (Hg.), The Cambridge History of Scandinavia, Bd. 1: Prehistory to 1520, Cambridge 2003, S. 60-93.

17 Zur Wikingerzeit finden sich allenfalls Runeninschriften in Skandinavien, wobei die etwa 200 im dänischen Raum gefundenen Inschriften keine relevanten Erkenntnisse in Hinblick auf das hier zu behandelnde Thema liefern. Zum sonstigen Quellenwert von Runeninschriften für die Erforschung des mittelalterlichen Skandinaviens siehe: Sawyer, Birgit & Peter H., Medieval Scandinavia: From Conversion to Reformation, circa 800-1500, London / Minneapolis 1993, S. 10-14. Zur Bedeutung von Runeninschriften als Quellen für die Christianisierung Skandinaviens im 11. Jahrhundert siehe außerdem: Segelberg, Eric, Missionshistoriska aspekter på runinskrifterna, in: Kyrkohistorisk Årsskrift 83 (1983), Uppsala, S. 45-57. Ein Überblick zur Missionierung Skandinaviens unter besonderer Berücksichtigung des Einflusses weltlicher Herrscher findet sich bei Sanmark, Alexandra, Power and Conversion: A Comparative Study of Christianization in Scandinavia, Uppsala 2004, S. 74-83.

18 Zusammenfassend zur schriftlichen Überlieferung der Wikingerzeit unter besonderer Berücksichtigung der angelsächsischen Quellen vgl. Sawyer, Peter H., The Age of the Vikings, London 1962, S. 12-47.

Bertiniani, die Annales Fuldenses und die Annales Xantenses.[19] Diese Annalen decken einen beachtlichen Teil der Ereignisse im Zusammenhang mit den fränkisch-dänischen Beziehungen in der ersten Hälfte des 9. Jahrhunderts ab und werden zugleich durch Viten und weniger prominente Annalenwerke aus dem fränkischen Reich ergänzt.

Die Vita Anskarii ermöglicht einen Einblick in die Missionstätigkeit des Erzbischofs Ansgar von Bremen, die fränkisch-dänischen Beziehungen jener Zeit sowie die Handelsplätze Hedeby und Birka.[20] Damit ergibt sich ein Darstellungszeitraum, der sich vor allem auf die Jahre zwischen der Taufe Harald Klaks 826 und 865, dem Todesjahr Ansgars konzentriert. Abgefasst wurde die Vita zwischen 865 und 876 von Rimbert[21], dem direkten Nachfolger Ansgars im Amte des Erzbischofs von Hamburg-Bremen, der unzweifelhaft die Kanonisation seines Vorgängers und einstigen Weggefährten zu begünstigen suchte.[22] Dem Charakter der Heiligenvita ist wohl auch der Umstand geschuldet, dass sich bisweilen Ungenauigkeiten in die Darstellung Rimberts einschlichen oder schlichtweg wissentlich in Kauf genommen wurden, da keine detailgetreue Geschichtsschreibung das Ziel war, sondern vielmehr die Darstellung göttlicher Herrlichkeit mittels des Wirken eines Heiligen.[23] Auf einige der besagten Ungenauigkeiten wird an gegebener Stelle noch näher eingegangen werden.[24] Dennoch birgt die Vita wertvolle zeitgenössische Einblicke in den

---

19 Die hier genannten Editionen werden im Folgenden, sofern eine Abweichung nicht ausdrücklich kenntlich gemacht wird, Verwendung finden, d. h. Zitate und Quellenverweise beziehen sich in der Regel auf diese Editionen: Annales regni Francorum inde ab a. 741 usque ad a. 829, qui dicuntur Annales Laurissenses Maiores et Einhardi, ed. G. H. Pertz / F. Kurze (MGH SS rer. Germ. 6), Hannover 1950 (ND d. Ausg. Hannover 1895); Annales Bertiniani, ed. G. Waitz (MGH SS rer. Germ. 5), Hannover 1883; Annales Fuldenses sive Annales regni Francorum orientalis, ed. F. Kurze (MGH SS rer. Germ. 7), Hannover 1891; Annales Xantenses et Annales Vedastini, ed. B. Simson, (MGH SS rer. Germ. 12), Hannover 1909.

20 Rimbert, Vita Anskarii, ed. G. Waitz (MGH SS rer. Germ. 55), Hannover 1884.

21 Durch die anonyme Vita Rimberti sind zumindest einzelne Lebensdaten Rimberts nachzuvollziehen. Siehe: Vita Rimberti, ed. G. Waitz, in: MGH SS rer. Germ. 55, Hannover 1884, S. 80-100. Noch im Knabenalter wurde er von Ansgar im Kloster Thourhout entdeckt und wurde von da an zu dessen Begleiter. Seine Amtszeit als Nachfolger seines Förderers Ansgar wurde schließlich vom kirchlichen Rechtsstreit mit dem Erzbistum Köln und der Auseinandersetzung um die umstrittenen Metropolitanrechte Hamburg-Bremens überschattet. Eine ausführliche Quellenkritik zur Vita Anskarii findet sich zuletzt bei Klapheck, Thomas, Der heilige Ansgar und die karolingische Nordmission, Hannover 2008, S. 13-38.

22 „In der Ansgarvita begegnet der Missionsbischof und der unter die Märtyrer zu zählende Heilige, nicht die geschichtliche Persönlichkeit in ihren praktischen kirchenpolitischen Entscheidungen und ihrem Handeln in der Reichspolitik. Die Absicht ist unverkennbar, die Tätigkeit Ansgars, sein heiliges Leben, seine Frömmigkeit, seine Visionen und seine Gespräche mit dem Verfasser der Vita in einem solchen Lichte darzustellen, daß die Grundlage gesichert ist: Ansgar gehört in die Schar der zu verehrenden Heiligen", Göbell, Walter, Die Christianisierung des Nordens und die Geschichte der nordischen Kirchen bis zur Errichtung des Erzbistums Lund, in: Schleswig-Holsteinische Kirchengeschichte (Bd. 1), Neumünster 1977, S. 71. Diese Darstellungsweise ist zweifellos überzogen. Es gilt bei der Vita Ansgars zwar Vorsicht zu bewahren, da der Missionar sicherlich glorifiziert wurde, jedoch lassen sich aus Rimberts Werk dennoch wertvolle Information herausdestillieren.

23 „In der Form einer Heiligenvita beschreibt Rimbert das Leben Ansgars und damit zugleich die Anfänge der Mission im »Norden«. Dabei ist es ihm gleichwohl nicht in erster Linie daran gelegen gewesen, Geschichte zu schreiben und exakte Informationen wiederzugeben; über Fehler etwa bei Titeln von Personen oder bei Zeitangaben muß hinweggesehen werden", Fraesdorff, Der barbarische Norden, S. 131.

24 Vgl. Düchting, Reinhard, Rimbert, Sp. 77ff., in: Ruh, Kurt (Hg.), Die deutsche Literatur des Mittelalters:

skandinavischen Kulturraum in sich.[25]

Die von Adam von Bremen zwischen 1072 und 1075/76 verfasste Kirchengeschichte Hamburgs[26] sollte im Wesentlichen den Missionsanspruch des Erzbistums für den europäischen Norden legitimieren, wobei es nicht nur galt, die Errungenschaften der Vergangenheit in ein günstiges Licht zu rücken, sondern auch den eigenen Anspruch auf das geistliche Monopol im Norden gegen die Ambitionen des Erzbistums Köln zu verteidigen.[27] Das Werk befasst sich mit einem Ereignishorizont in den Jahren von 755 bis 1072 und stellt außerdem die erste Geschichte der Bischöfe von Hamburg-Bremen dar.[28] Die Informationen Adams über die fränkisch-dänischen Beziehungen des 9. Jahrhunderts werden zwar berücksichtigt werden, allerdings ist ihr Quellenwert geringer einzuschätzen als seine Beobachtungen in Hinblick auf die skandinavische Kultur seiner Zeit.[29] Im Vergleich zur Vita Anskarii fällt die wertende Kontrastierung zwischen „heidnischem Norden" und „christlichem Süden" weitaus weniger ins Gewicht, da die Christianisierung Skandinaviens im Gegensatz zur Zeit Ansgars mittlerweile spürbar vorangeschritten war.[30]

In der skandinavischen Geschichtsschreibung des Mittelalters nehmen Snorri Sturluson (†1241) und Saxo Grammaticus († ca. 1220) eine deutlich hervorgehobene Stellung ein.[31]

Verfasserlexikon, Bd. 8, Berlin 1992. Zur Einschätzung des Quellenwerts: *„Die Vita gibt trotz mancher Unrichtigkeiten und falschen Einschätzungen der historischen Lage ein höchst lebendiges Bild der politischen Möglichkeiten und Schwierigkeiten der Mission »nach Norden« mit allein durch sie erhaltenen Nachrichten"*, ebd., Sp. 78.

25 *„Die Möglichkeit, auf noch lebende Zeugen zurückgreifen zu können, ist ein für frühmittelalterliche Heiligenlebensbeschreibungen seltener Umstand, der die Glaubwürdigkeit der Vita weiter steigert. Dies gilt gleichermaßen für die Passagen der Vita, die über die ersten Missionserfolge in den nordischen Ländern berichten. Die in ihnen dargestellte Lebenswirklichkeit der Menschen des dänischen, schwedischen und baltischen Raumes waren zu ihrer Zeit ein einzigartiger Einblick in diese nahezu unbekannte Welt. Von dieser Einzigartigkeit hat die Vita Anskarii bis heute nichts verloren – sie blieb die einzige zeitgenössische erzählende Quelle über die Geschichte der nordischen Länder zu jener Zeit"*, Klapheck, Der heilige Ansgar, S. 25.

26 Adam von Bremen, Gesta Hammaburgensis ecclesiae pontificum, ed. B. Schmeidler (MGH SS rer. Germ. 2), Hannover / Leipzig 1917.

27 Zur Legitimationsabsicht gegenüber dem Erzbistum Köln siehe: Goetz, Hans-Werner, Geschichtsschreibung und Geschichtsbewußtsein im hohen Mittelalter, Berlin 1999, S. 191ff.

28 Vgl. auch: Schmale, Franz-Josef, Adam von Bremen, Sp. 50-54, in: Verfasserlexikon, Bd. 1, Berlin 1978.

29 Vgl.: *„Adams zum Teil erstaunliches Wissen über den Nordosten Europas beruhte nur zu einem sehr geringen Anteil auf eigenen Erfahrungen. Seinen eigenen Angaben zufolge unternahm er bald nach seiner Berufung nach Bremen etwa 1067 oder 1068 eine Reise zum dänischen König Svend Estridsen. Der auf dieser Reise geknüpfte Kontakt zu Svend zog offenbar ausführliche Gespräche über Dänemark, den »Norden« insgesamt sowie die Mission im aquilo nach sich. Die Informationen, die Adam von Svend bezog, sollten später eine wichtige Quelle für seine Gesta bilden, denn wir können davon ausgehen, daß der Enkel Knuts des Großen, der zwölf Jahre in der Gefolgschaft des schwedischen Königs gestanden und auf diesem Weg auch Norwegen und Schweden bereist hatte, ein Kenner der damaligen Zustände und Strukturen in Nordeuropa war"*, Fraesdorff, Der barbarische Norden, S. 146.

30 Ebd., S. 251.

31 *„In der mittelalterlichen skandinavischen Vorgeschichtsschreibung ragen zwei Vertreter nach Umfang und Bedeutung ihres Werkes hervor: einerseits der Kleriker Saxo (mit dem Beinamen Grammaticus) am Hofe des Erzbischofs Absalon in Lund (gestorben ca. 1220), andererseits der isländische Historiker, Dichter und*

Der Isländer Snorri und das ihm zugeschriebene Hauptwerk, die Prosa-Edda, ist dabei im Rahmen des hier zu bearbeitenden Themas nur von untergeordnetem Interesse. Snorris Werk[32] ist an dieser Stelle nur zu erwähnen, weil in der Forschung häufig Rückschlüsse von seiner Darstellung der heidnischen Vorzeit Skandinaviens auf die politischen, kulturellen und religiösen Gegebenheiten im schriftlosen skandinavischen Frühmittelalter angestellt wurden.[33] Von besonderem Interesse wird auch die Darstellung heidnischen Königtums bei Snorri sein. Der Däne Saxo Grammaticus hingegen verfolgte mit seinen Gesta Danorum[34] zweierlei Zielrichtungen. Zum einen wollte Saxo für sein Heimatland ein Geschichtswerk verfassen, mit dem sich die Dänen zu den bereits seit Längerem christianisierten und fest etablierten Königreichen, die bereits über eine weit zurückreichende Tradition der Geschichtsschreibung verfügten, gesellen konnten.[35] Zum anderen schrieb Saxo gewissermaßen gegen die Ansprüche des Erzbistums Hamburg-Bremen und der dahinter stehenden Reichskirchenpolitik an. Saxos Bestrebungen, die Ansprüche aus Hamburg-Bremen zu unterminieren, erklären auch den spürbar patriotischen Charakter des Werks, mit dem sich der Däne gezielt gegen den sächsischen Einfluss wandte, welcher von Süden her drohte.[36] Es gilt ebenfalls zu berücksichtigen, dass die Berichte Saxos über die vorchristliche

---

Staatsmann Snorri Sturluson (1178/79 bis 1241)", Beck, Heinrich, Snorri Sturlusons Konstruktion eines Vorzeitkönigtums, in: Erkens, Franz-Reiner (Hg.), Das frühmittelalterliche Königtum: Ideelle und religiöse Grundlagen, Berlin 2005, S. 125.

32 Siehe z. B.: Die Edda des Snorri Sturluson, ed. A. Krause, Stuttgart 1997.

33 Zur Rezeption von Snorri und dessen Darstellungsweise des nordischen Heidentums siehe Beck, Heinrich, Snorri Sturlusons Sicht der paganen Vorzeit, Göttingen 1994 und ferner, in Hinblick auf Fragen zur praktischen Glaubensausübung, vgl. auch Düwel, Klaus, Das Opferfest von Lade, Wien 1985. *„Seine [Snorris] Darstellung heidnischer Kultformen und Riten entspringt nicht einem primär altertumskundlichen Interesse, sondern strebt an, einige wichtige christliche Einrichtungen bereits dem eigenen Heidentum zuzuschreiben: dieses sozusagen das Christentum in wichtigen Zügen präfigurieren zu lassen"*, ebd., S. 121.

34 Die Gesta bestehen aus 16 Büchern, von denen die ersten neun eine überwiegend sagenhafte Erzählung der dänischen Vorzeit darstellen und die übrigen sieben vom Zeitraum zwischen dem beginnenden 10. Jahrhundert bis zum Jahre 1185 berichten, weshalb das ausgehende 12. Jahrhundert als Entstehungszeitraum für die letzten sieben Bücher gewertet wird. Die Entstehung der ersten neun Bücher wird allgemein auf das beginnende 13. Jahrhundert datiert. Zu den literaturwissenschaftlichen Deutungsmöglichkeiten des Werks siehe zusammenfassend: Johannesson, Kurt, Order in Gesta Danorum and order in the Creation, in: Friis-Jensen, Karsten (Hg.), Saxo Grammaticus: A Medieval Author between Norse and Latin Culture, Kopenhagen 1981, S. 95-104. Im Rahmen der vorliegenden Dissertation wird aus folgender Edition zitiert werden: Saxo Grammaticus, Gesta Danorum: Danmarkshistorien (2 Bde.), ed. K. Friis-Jensen, Kopenhagen 2005.

35 *„Schon im Vorwort seines Geschichtswerkes unterrichtet Saxo über seine Absicht, Dänemark nach dem Wunsch des verstorbenen Erzbischofs Absalon zu einer eigenen Geschichtsschreibung zu verhelfen, die sich mit der anderer Länder messen könne. Saxo wollte mit seiner Arbeit zeigen, daß Dänemark über eine ebenso alte und strahlende Vorzeit verfüge, wie die bedeutenden Reiche des christlichen Abendlandes"*, Grinder-Hansen, Poul, Die Slawen bei Saxo Grammaticus: Bemerkungen zu den Gesta Danorum, in: Harck / Lübke, Zwischen Reric und Bornhöved, S. 179.

36 *„In Gesta Danorum Saxo tries to undermine the claims of the church of Hamburg-Bremen and to justify the superiority of the Danish over the Swedish church. [...] the whole being presented in a very »nationalistic« spirit"*, Sawyer, Birgit & Peter H. / Wood, Ian (Hg.), The Christianization of Scandinavia, Alingsås 1987, S. 96. Saxo ist zudem äußerst bestrebt, die Dänen von den benachbarten Völkern abzuheben, wobei er sehr wertend vorgeht. *„Nicht Furcht, sondern Verachtung kennzeichnet die Bewertung der Slawen bei Saxo. [...] Nach Saxo waren aber nicht die verachtenswürdigen Slawen die Hauptfeinde Dänemarks, sondern vielmehr die Sachsen. Ihnen nämlich, die als eine christliche Nation eine ernst zu nehmende Politik betrieben, müßten die Dänen*

Geschichte Dänemarks äußerst kritisch zu betrachten sind, da Saxo nicht nur mit großem zeitlichen Abstand über jene Vorzeit schrieb, sondern er zudem daran interessiert war, vor allem die Geschichte des dänischen Königtums im Sinne der Waldemarszeit darzustellen. Zu den Kernstücken dieser Darstellung gehören neben einer vermeintlichen vorchristlichen Primogenitur gleichsam herrschaftliche Kontinuität sowie eine allgemein kriegerisch und kulturell glorreiche Geschichte.[37]

Die beiden Viten Ludwigs des Frommen, verfasst von Thegan (836/37)[38] beziehungsweise dem sogenannten Astronomus (840/41), vermitteln nur bedingt einen Eindruck von den fränkisch-dänischen Beziehungen. Vor allem in Bezug auf die innerfränkischen Vorgänge, welche wiederum Rückwirkungen auf die hier besonders zu berücksichtigende Außenpolitik hatten, sind die beiden Viten bedeutsam.[39] Damit sei einleitend nur eine Auswahl der für das Gesamtthema wichtigsten und wiederholt zu zitierenden Quellen genannt, die im späteren Verlauf noch um weitere relevante Schriftzeugnisse zu ergänzen sein wird.

---

entgegentreten. Die Slawen dagegen werden eher als »Naturkräfte« oder »wilde Tiere« angesehen, die man bändigen und beherrschen müsse", Grinder-Hansen, Saxo Grammaticus, S. 181. Es überrascht daher nicht, dass Saxo als ein Fürsprecher der Slawenkriege des dänischen Königs Waldemar I. auftrat. Siehe: Ebd., S. 183f. Auch im Vergleich mit den angeblich wilden Schweden sieht Saxo die Dänen als moralisch und zivilisatorisch überlegenes Volk an. Vgl.: Johannesson, Order in Gesta Danorum, S. 100f.

37 Hoffmann, Königserhebung, S. 16.

38 Siehe zur Positionierung des Autors auch: *„Die Feindschaft gegenüber Ebo, dem die Hauptschuld an der Absetzung Ludwigs 833 angelastet wird, ist neben dem Bemühen, das Handeln des Kaisers zu rechtfertigen, das wichtigste Anliegen Th.s. Dem 835 abgesetzten und verbannten Ebo sollte die Rückkehr in sein Erzbistum verwehrt werden. Im Kampf um die Macht im Reich nimmt Th. Stellung für Ludwig d. Dt., gegen Lothar I. und dessen Partei"*, Tremp, Ernst, Thegan, Sp. 735-737, hier: 736, in: Ruh, Verfasserlexikon, Bd. 9, Berlin 1995. Siehe zu Thegan auch: Tremp, Ernst, Studien zu den Gesta Hludovici imperatoris des Trierer Chorbischofs Thegan, Hannover 1988.

39 Thegan, Gesta Hludovici imperatoris / Astronomus, Vita Hludovici imperatoris, ed. E. Tremp (MGH SS rer. Germ. 64), Hannover 1995. Siehe zu beiden Werken auch: Tremp, Ernst, Thegan und Astronomus, die beiden Geschichtsschreiber Ludwigs des Frommen, in: Godman, Peter (Hg.), Charlemagne's Heir: New Perspectives on the Reign of Louis the Pious (814-840), Oxford 1990, S. 691-700.

II. Die Vorgeschichte

In diesem Kapitel soll der Boden bereitet werden für die nachfolgende Auseinandersetzung mit den fränkisch-dänischen Beziehungen in der ersten Hälfte des 9. Jahrhunderts. Um die betreffenden Ereignisse jener Zeitspanne adäquat diskutieren zu können, ist es erforderlich, zunächst einige grundlegende Sachverhalte aufzuzeigen. Da die vorchristliche Geschichte Dänemarks durch den Mangel an zeitgenössischer dänischer Schriftlichkeit ohnehin schwieriger zugänglich ist als etwa die Geschichte der Franken vor dem 9. Jahrhundert, soll das Hauptaugenmerk dieses Kapitels auf der skandinavischen Kultur liegen. Zudem hat die fränkische Geschichte vor dem Jahre 800 einen nachvollziehbarerweise weitaus größeren Niederschlag in der Geschichtsforschung gefunden als die dänische. Während daher die fränkischen Gegebenheiten im Rahmen der vorliegenden Dissertation weitgehend vorausgesetzt werden können, soll dieses Kapitel zumindest einen Überblick der Zustände in Dänemark vermitteln. Dabei wird auch die nach der Christianisierung einsetzende skandinavische Geschichtsschreibung und deren Konstruktion der vorchristlichen Geschichte Nordeuropas Berücksichtigung finden.

Abgesehen von einem Einblick in die vorchristliche Kultur und Lebenswelt der Dänen soll auch auf die Mission Willibrords eingegangen werden, der um das Jahr 700 als erster christlicher Missionar in fränkischen Diensten nach Dänemark reiste und damit als ein früher Vorläufer Erzbischof Ansgars von Bremen gesehen werden kann. Es wird aufzuzeigen sein, inwieweit sich einerseits die Umstände der Mission Willibrords von den Christianisierungsversuchen Ansgars in Dänemark unterschieden, und andererseits soll Willibrords Reise einige Beschaffenheiten der vorchristlichen dänischen Kultur beleuchten helfen. Danach werden, der Chronologie folgend, die Sachsenkriege Karls des Großen skizziert werden, da sie und vor allem ihr Ausgang die Grundlage für die fränkisch-dänischen Beziehungen im 9. Jahrhundert bildeten. Erst durch den erfolgreichen Abschluss der Sachsenkriege hatte sich das Frankenreich bis zum unmittelbaren Macht- und Interessenbereich Dänemarks ausgedehnt. Erst durch diese neu entstandene Nähe und Unmittelbarkeit gewann das fränkisch-dänische Verhältnis eine neue Dimension, die mit einer Intensivierung der diplomatischen Kontakte einherging.

Abschließend soll ein Überblick der Forschungsgeschichte zum Thema „Wikingerzüge" vermittelt werden. Dies ist insofern bedeutend und notwendig, als dass der Ansturm der Nordmänner, welcher sich in das Gedächtnis des europäischen Festlands auf vielerlei Weise eingebrannt hat, in der ersten Hälfte des 9. Jahrhunderts wichtige Impulse gewann und für die fränkisch-dänischen Beziehungen jener Zeit unweigerlich von großer Bedeutung sein musste. Wie sich zeigen wird, beeinflussten die Wikinger nicht nur das außenpolitische Miteinander in Europa, sondern auch die skandinavischen Herkunftsländer der Plünderer aufs Äußerste. Um die Auswirkungen des Wikingertums auf den Hergang der Ereignisse im 9. Jahrhundert im späteren Verlauf dieser Dissertation klarer darstellen zu können, erfolgt

11

© Springer-Verlag GmbH Deutschland, ein Teil von Springer Nature 2011
V. Helten, *Zwischen Kooperation und Konfrontation: Dänemark und das Frankenreich im 9. Jahrhundert*, Edition KWV, https://doi.org/10.1007/978-3-662-58399-9_2

im Rahmen dieses Kapitels eine Einführung in die relevante Forschungsgeschichte. Ganz bewusst ist hier diese Auseinandersetzung mit dem Bild der Wikingerzüge in der Geschichtsforschung der Diskussion der Ereignisse des 9. Jahrhunderts vorangestellt, da auf diese Weise an gegebener Stelle sogleich auf das konkrete Ereignis eingegangen werden kann.

II. 1 Das vorchristliche Dänemark

Die Kultur Dänemarks und des übrigen Skandinaviens, auf welche die Franken zunächst zur Zeit Willibrords und dann in der ersten Hälfte des 9. Jahrhunderts trafen, ist nur schwer zu erfassen. Dies hängt zuerst natürlich mit der bereits erwähnten fehlenden Schriftlichkeit der Skandinavier zu jener Zeit zusammen.[40] Da schriftliche Selbstzeugnisse fehlen, stellt die Überlieferung der Außenwelt die einzigen zeitgenössischen literarischen Quellen zur Verfügung, wobei natürlich der oftmals verengte Blick der jeweiligen Zeitgenossen berücksichtigt werden muss. Aus der Sicht der christianisierten Europäer stellten die vorchristlichen Skandinavier plumpe Heiden dar, die häufig mit einem althergebrachten „Barbarentopos" beschrieben wurden. Daher fällt es nicht leicht, die tatsächliche Wesenhaftigkeit der vorchristlichen skandinavischen Kultur zu erfassen. Wie bereits beschrieben, birgt auch die skandinavische Überlieferung, die erst nach der Christianisierung einsetzt, einige Fallstricke in sich. Es gilt daher im Folgenden kurz und ergebnishaft die Erkenntnisse der historisch-archäologischen Forschung in Hinblick auf die vorchristlichen Zustände Skandinaviens und vor allem Dänemarks zusammenzufassen. Es ist dabei zu berücksichtigen, dass hier der Schwerpunkt der Betrachtung durch das gegebene Gesamtthema auf der skandinavischen Kultur vor dem Beginn der Wikingerzeit liegen soll. Denn einerseits vermitteln die Wikingerzüge dem christianisierten Europa einen unmittelbareren, wenn auch nicht gewünschten Blick auf die Skandinavier, allerdings ist andererseits davon auszugehen, dass die Herkunftsländer der Wikinger und deren Kultur durch die ausgedehnten Plünderungs- und Eroberungszüge selbst nachhaltig stark verändert wurden.

Da die Religion zumeist einen integralen Bestandteil der jeweiligen Kultur und Gesellschaftsordnung darstellt, soll an dieser Stelle mit eben jener begonnen werden. Es herrscht in der Forschung Einigkeit darüber, dass die vorchristlichen Skandinavier einem nordischen Heidentum anhingen, das bedauerlicherweise vor allem basierend auf der

---

40 Zur späteren skandinavischen Legendengeschichtsschreibung und mythischen Volkswerdung von Dänen und Schweden siehe zusammenfassend: Jones, A History of the Vikings, S. 34-54. Zur hochmittelalterlichen Konstruktion der nordischen Abstammungslegenden siehe: Böhm, Laetitia, Nomen gentis Normannorum: Der Aufstieg der Normannen im Spiegel der normannischen Historiographie, in: I Normanni e la loro espansione in Europa nell'alto medioevo, Spoleto 1969, S. 641-651.

schriftlichen Überlieferung des 13. Jahrhunderts rekonstruiert werden muss.[41] Dabei sind allerdings nicht das nordische Pantheon oder die Wesenszüge der entsprechenden Mythologie von besonderem Interesse, sondern vielmehr die Auswirkungen der Religion auf die soziale und herrschaftliche Struktur.[42] In der Forschung wurde wiederholt angenommen, dass im vorchristlichen Dänemark ein verhältnismäßig stark ausgeprägter Odinskult existierte, der sich primär an die Aristokratie und die Berufskrieger richtete und durch die Wikingerzeit besonders begünstigt wurde.[43] Bemerkenswert ist hierbei jedoch auch, dass die archäologische Forschung keine heidnischen Kultgebäude im Stile des von der Überlieferung beschriebenen Tempels von Alt-Uppsala in Schweden auch für Dänemark

41 Aufgrund der spärlichen Hinweise zum nordischen Heidentum in den fränkischen und angelsächsischen Quellen lassen sich diesbezüglich nur Schemen erkennen. *„Zusammenfassend kann man sagen, daß unter kulturhistorischen Aspekten (im engeren Sinne) betrachtet, nur die nordgermanische Religion im Quellenbild sichtbar wird. Dabei zeichnen sich die Hauptelemente Polytheismus mit den wichtigsten Göttern, Opfer und Losorakel deutlich ab"*, Zettel, Normannen, S. 109. Zum Problem der Nutzbarmachung skaldischer Dichtung für die Erkenntnisgewinnung in Bezug auf die soziale Ordnung im vorchristlichen Skandinavien siehe: *„They clearly offer remarkable opportunities for scholarship, but what they, or the learning they have generated, can contribute to a better understanding of Scandinavians in the ninth and tenth centuries is more doubtful"*, Sawyer, Peter H., Kings and Vikings: Scandinavia and Europe AD 700-1100, London / New York 1982, S. 131-134, hier: 132. Vgl.: *„The Norse legends recorded in later periods may reflect the cosmology of Scandinavians in the ninth century, but they tell us nothing about how religion functioned"*, Wood, Ian, Christians and pagans in ninth-century Scandinavia, in: Sawyer, Birgit & Peter H. / Wood, Ian (Hg.), The Christianization of Scandinavia, Alingsås 1987, S. 53. *„But most information about pagan faith and worship in the Viking Age comes from poems and stories written down in the thirteenth century. […] But as these texts were written down a couple of hundred years after the transition to Christianity, when people were no longer familiar with the pagan religion, much has no doubt been distorted, misunderstood or forgotten"*, Roesdahl, Viking Age Denmark, S. 159.

42 K. von See formuliert es im Zusammenhang mit dem nordeuropäischen Heidentum folgendermaßen: *„Innerhalb der abendländischen Christenheit verfügte allein der Norden über eine pagane Kulturtradition, die derjenigen der griechisch-lateinischen Antike einigermaßen vergleichbar war: Zu einer Zeit, in der die germanischen und überhaupt die west- und mitteleuropäischen Länder längst christianisiert waren, erlebte das nordische Heidentum in der Wikingerzeit seine kulturelle Hochblüte"*, See, Klaus von, Europa und der Norden im Mittelalter, Heidelberg 1999, S. 108. Siehe zum nordisch-heidnischen Pantheon: Wilson, David M., The Vikings and their Origins: Scandinavia in the first Millennium, London 1970, S. 36-44.

43 *„In Denmark and Götaland there seems to have been an official public cult of Odin, but in Norway there is little evidence of general worship of him and still less in Iceland. The best explanation of this is that, although Odin had long existed in the pantheon of Norse gods, his cult only spread through west Scandinavia in the Viking Age itself, when it answered particularly to the needs of warrior-kings and their retinues, of the scaldic poets they patronized, and of Viking mercenary soldiers cut off from the secure regularity of the family farming community"*, Foote / Wilson, Viking Achievement, S. 391. Ein solcher Befund wird auch durch die Namensgebung von Orten, die mit heidnischen Heiligtümern in Verbindung gebracht wurden, erhärtet: *„In Denmark the only five reliable examples are compounded with Odin, including the best-known, Odense in Fyn. It has been plausibly suggested that this placename, along with some others peculiar to Odin, indicate his dominance in public cult in Denmark in the period when power was being concentrated in the hands of a single dynasty in the eighth century and early Viking Age"*, ebd., S. 396ff. Siehe dazu auch: Roesdahl, Viking Age Denmark, S. 161. Axboe, Goldbrakteaten, S. 154f kommt unter besonderer Berücksichtigung der dänischen Brakteatenfunde zu einem ähnlichen Befund. *„Die deutliche Betonung von Odin in der Rolle des Herrschers [ist] so auffällig, daß dies einen irdischen Hintergrund haben könnte. Wenn wir dieses als eine Projizierung politischer Ideale in die religiöse Sphäre betrachten, so könnte die Betonung des himmlischen Herrschers mit dem Versuch der irdischen Fürsten zusammenhängen, ihre Macht im Norden zu etablieren. […] Aus meiner Sicht können gerade Brakteaten, durch ihren wiederholten Gebrauch von Herrschersymbolen, auch politische Ideen illustrieren"*.

nachweisen konnte.[44] Häufig wurde Adam von Bremen bemüht, um heidnische Glaubenspraktiken im Norden zu charakterisieren.[45] In der neueren Forschung gilt die äußerst blutige Zeremonie, die Adam sehr eindrucksvoll, aber gewiss auch mit einer bestimmten Zielsetzung dergestalt beschrieben hat, als völlig übertrieben.[46] Tatsächlich ist die praktische Glaubensausübung im vorchristlichen Skandinavien des 9. Jahrhunderts schwer zu erfassen.

Die Rolle der heidnischen Religion in der weltlichen Ordnung ist durch die bereits erwähnten Umstände natürlich ebenfalls schwer zu rekonstruieren. Zur Verquickung von weltlicher und geistlicher Macht im nordischen Heidentum des 9. Jahrhunderts wurden allerdings oftmals Vermutungen angestellt, die auf Beobachtungen der Gegebenheiten in Island rekurrierten.[47] Fabech hat glaubhaft vermittelt, dass sich bereits deutlich vor der Christianisierung Skandinaviens, nämlich um das Jahr 600, ein Bruch in der nordischen Tradition der heidnischen Kultplätze ereignete. Alte Kultplätze mit lange währender Tradition wurden aufgegeben und es entstanden neue Heiligtümer, die einer herrschaftlichen Autorität unterstanden, wodurch ein Zusammenwirken von politischer und geistlicher Macht begünstigt worden sei.[48] Von derartigen anzunehmenden Zentralisationsprozessen in

44 Zur Beschreibung des Tempels in Uppsala siehe: Gesta Hammaburgensis, IV, 26, S. 257ff. *„Nothing is known of pagan cult buildings in Viking Age Denmark. No mention of such buildings is made in the description of Lejre or in any other written sources, and there is no archaeological evidence of any either. It used to be taken for granted that existing churches were located on ancient cult sites, thus obliterating cult buildings. But there are no traces of any such buildings […] there is as yet no sign of any continuity between pagan and Christian cult places in Denmark"*, Roesdahl, Viking Age Denmark, S. 163. Erschwerend kommt noch hinzu, dass die heidnischen Kultgebäude, ebenso wie die frühen Kirchen in Skandinavien höchstwahrscheinlich aus Holz gebaut wurden. Vgl. dazu: Capelle, Torsten, Die Wikinger, Stuttgart 1971, S. 95; Foote / Wilson, Viking Achievement, S. 418.
45 *Omnibus itaque diis suis attributos habent sacerdotes, qui sacrificia populi offerant. Si pestis et fames imminet, Thor ydolo lybatur, si bellum, Wodani, si nuptiae celebrandae sunt, Fricconi. Solet quoque post novem annos communis omnium Sueoniae provintiarum sollempnitatem nulli prestatur immunitas. Reges et populi, omnes et singuli sua dona transmittunt ad Ubsolam, et, quod omni pena crudelius est, illi, qui iam induerunt christianitatem, ab illis se redimunt cerimoniis. Sacrificium itaque tale est: ex omni animante, quod masculinum est, novem capita offeruntur, quorum sanguine deos (tales) placari mos est. Corpora autem suspenduntur in lucum, qui proximus est templo. Is enim lucus tam sacer est gentilibus, ut singulae arbores eius ex morte vel tabo immolatorum divinae credantur. Ibi etiam canes et equi pendent cum hominibus, quorum corpora mixtim suspensa narravit mihi aliquis christianorum LXXII vidisse. Ceterum neniae, quae in eiusmodi ritu libationis fieri solent, multiplices et inhonestae, ideoque melius reticendae*, Gesta Hammaburgensis, IV, 27, S. 259f.
46 *„So grausame Opferpraktiken sind weder archäologisch bisher zu erfassen, noch sind sie in der einheimischen altnordischen Literatur in diesen Einzelheiten verzeichnet, so daß bei dem späten und außenstehenden christlichen Berichterstatter mit einer gewissen Übertreibung gerechnet werden muß. Allerdings sind Hängeopfer im zeitgenössischen Bildmaterial nachweisbar"*, Capelle, Die Wikinger, S. 86.
47 Capelle, Die Wikinger, S. 88 geht davon aus, *„daß der Gode zumindest auf Island nicht nur heidnischer Priester war, sondern darüber hinaus auch Rechtsfunktionen wahrnahm. Meist war er sogar selbst der Besitzer des Tempels, der zugleich auch politische Macht ausübte"*. Es ist freilich fraglich, ob man eine solche Beobachtung leichtfertig auch auf Dänemark und Schweden übertragen darf. Fabech (s. Anm. 48) hat allerdings zumindest glaubhaft machen können, dass eine Vermengung von weltlicher und geistlicher Macht auch den kontinentalen Skandinaviern nicht gänzlich fremd gewesen sein dürfte.
48 Fabech, Charlotte, Society and Landscape: From collective manifestations to ceremonies of a new ruling class, in: Keller, Hagen / Staubach, Nikolaus (Hg.), Iconologia Sacra: Mythos, Bildkunst und Dichtung in der Religions-

der vorchristlichen Gesellschaft abgesehen, ist wenig in Hinblick auf die soziale Struktur im Skandinavien des 9. Jahrhunderts mit Sicherheit zu sagen.[49] Im Allgemeinen wird eine dreistufige Gesellschaft im Stile anderer, vor allem „südgermanischer" Völker angenommen. Dies führt zu einer Unterscheidung zwischen Adligen, Bauern und Unfreien, was wiederum durch die Rígsþula, welche sich mit der Erschaffung der Stände befasst, zu belegen versucht wurde.[50]

Dänemark, das in der vorliegenden Dissertation von hervorgehobenem Interesse sein wird, zeichnet sich durch seine geographisch günstige Lage zwischen Nord- und Ostsee aus, was naturgemäß den einheimischen Handel und Wohlstand förderte.[51] Das Dänemark, auf welches Karl der Große in seiner Regierungszeit stieß, besaß allerdings keine uns überlieferten Rechte und Gesetze.[52] Bedauerlicherweise liegt das Quellenbild in Bezug auf die rechtlichen Institutionen Skandinaviens im Frühmittelalter allgemein im Dunkeln, da es

und Sozialgeschichte Alteuropas, Berlin / New York 1994, S. 132-143.

49 Groß angelegte Rekonstruktionsversuche, die Wikingergesellschaft betreffend, basieren größtenteils auf einer Interpretation der späten Sagenüberlieferung. Aus bereits genannten Gründen werden solche Schlussfolgerungen im Rahmen der vorliegenden Dissertation nicht berücksichtigt werden. Siehe als Beispiel für derartige Rekonstruktionen der skandinavisch-heidnischen Gesellschaft: Boyer, Régis, Die Piraten des Nordens: Leben und Sterben als Wikinger, Stuttgart 1997, S. 59-84.

50 „The Scandinavians had the same basic social organization as the other Germanic peoples; [...] For the overwhelming majority, the structure of society, with the three orders – the nobility, the peasants and the unfree – was divinely ordained. [...] the warrior and priestly classes were not distinct as they were in many other Indo-European societies", Cusack, Carole M., Conversion among the Germanic Peoples, London / New York 1998, S. 141. Für die gängige deutsche Rígsþula-Übersetzung Genzmers siehe z.B.: Die Edda: Götterdichtung, Spruchweisheit und Heldengesänge der Germanen (ed. F. Genzmer), München 1981, S. 96-103. Zur Rolle des Adels in Abgrenzung zum Königtum im vorchristlichen Skandinavien siehe auch: Zettel, Normannen, S. 72 / 90. Siehe zu den Gesellschaftsschichten in diesem Kontext auch: Foote / Wilson, Viking Achievement, S. 65-78.

51 „Most of this Danish empire was within easy reach of the sea; the authority of Danish kings depended on naval power as well as on an army. With their fleet they could control and profit from the trade between the Baltic and western Europe that increased greatly in the eighth century", Sawyer / Sawyer, Medieval Scandinavia, S. 52. Dänemark profitierte vor allem von der Lage zwischen den friesischen Häfen in der Nordsee und Birka im Mälarsee. „Die Träger des Handels zwischen dem fränkisch-angelsächsischen Westeuropa und Skandinavien mit dem Königsgeschlecht von Uppsala als »hauptsächliche Konsumenten fränkischer Importe« waren auf westlicher Seite vor allem die Friesen. Die Hauptroute verlief von Dorstad über Schleswig-Haithabu nach Birka, dem schwedischen Handelswik", Zettel, Normannen, S. 93. Für eine detaillierte Darstellung der Entwicklung Dänemarks zwischen Eisenzeit und Frühmittelalter mit naturgemäß archäologischem Schwerpunkt siehe: Hedeager, Lotte, Iron-Age Societies: From Tribe to State in Northern Europe, 500 BC to AD 700, Oxford 1992. Hierbei wichtig für die soziale „Vorgeschichte": „In the course of the Germanic Iron Age [400-700 AD laut Verfasserin] royal power was consolidated as a social institution. It makes itself manifest in increased specialization and growth in craftwork, trade and agricultural production. Proper trading sites emerge, as can be seen at Ribe and Lindholm Høje / Bejsebakken, no doubt under the full control and protection of the king. [...] What were the driving forces behind the consolidation of the central power in the Germanic Iron Age, and what potential did the system have? The EGIA [Early Germanic Iron Age: etwa zwischen 350 und 550] represents a continuation of the processes of centralization which had begun in the LRIA [Late Roman Iron Age: etwa 180-350], that is, territorial battles between the different minor kingdoms. Such battles were a continuing element in the internal dynamic of the system as long as the limits to the scope for territorial control by royal power had not been reached", ebd., S. 250f. Siehe zum skandinavischen Handel der Wikingerzeit: Foote / Wilson, Viking Achievement, S. 191-231.

52 Siehe dazu: Sawyer / Sawyer, Medieval Scandinavia, S. 17.

15

angesichts der fehlenden Schriftlichkeit auch kein geschriebenes Recht geben konnte und sich die fränkischen Quellen offenbar entweder nicht für diesen Gesichtspunkt der heidnischen Kultur in Skandinavien interessierten oder schlichtweg keine Kenntnis davon hatten.[53] Es ist bezeichnend und gleichermaßen verhängnisvoll, dass die Nachbarn im Norden für die europäischen Christen erst durch die Wikingerzeit nachhaltig ins Bewusstsein gerufen wurden.[54] Vor diesem Hintergrund überrascht es jedoch wenig, dass die zeitgenössischen christlichen Quellen kaum ein objektives Interesse an der Kultur, Religion und Gesellschaftsordnung derer aufbrachten, die sie mit Überfällen und Plünderungen heimsuchten.

II. 2 Die Mission Willibrords

An dieser Stelle soll kurz die Dänenmission des Angelsachsen Willibrord Berücksichtigung finden, da sie den ersten uns überlieferten und gewissermaßen außenpolitischen Kontakt zwischen einem fränkischen Herrscher aus dem Geschlecht der Karolinger und den Dänen darstellt. Zu diesem Zwecke sollen hier in gebotener Kürze die Rahmenbedingungen jener Dänenmission dargestellt werden. Willibrord war 658 in Northumbrien geboren worden und erfuhr seine geistliche Erziehung angelsächsischer Prägung in der Abtei Ripon. Zwischen 678 und 690, dem Jahr seiner Ankunft im Frankenreich, weilte er in Irland, wo er zweifelsohne nähere Bekanntschaft mit jenem irischen Mönchtum machte, das die sogenannte irofränkische Bewegung nährte. Seine Tätigkeit im Herrschaftsbereich der Franken sollte allerdings deutlich machen, dass Willibrord vom Wege jener irofränkischen Klosterbewegung in mancherlei Hinsicht abzuweichen gedachte.

Als Willibrord im Jahre 690 das europäische Festland betrat, stellte sich die Situation bei den Franken folgendermaßen dar. Der Hausmeier Pippin der Mittlere hatte wenige Jahre zuvor, nämlich 687 mit dem Sieg von Tertry, Austrien und Neustrien gleichermaßen unter seine Kontrolle bringen können und damit einen wichtigen Grundstein für den nachhaltigen Aufstieg der Karolinger gelegt. Die Voraussetzungen für die christliche Mission auf dem Kontinent erschienen allerdings weniger vorteilhaft als jene politische Situation, in welcher sich zu dieser Zeit Pippin der Mittlere befand. Die Konflikte mit den heidnischen Friesen und Sachsen erschienen für das fränkische Reich weniger bedrohlich als für jene Missionare, die sich in dieser Situation zu den besagten Völkern wagten. Die Sachsen und

---

53 Zettel, Normannen, S. 105.

54 „Für die angelsächsischen und westfränkischen Gebiete kam noch hinzu, daß der Kontakt zu den »Nordmännern« mit den normannischen Einfällen, beginnend im Kloster Lindisfarne 793, schlagartig einsetzte und vorerst nicht an Intensität nachließ. Aus der Sicht dieser Teile Europas mußte die Vorstellung vom »Norden« für lange Zeit von den sie bedrohenden Normannen geprägt sein, so daß sich die geographische Dimension ausschließlich darin erschöpfte, im »Norden« das spätere Skandinavien, also die Herkunftsgebiete der grausamen Feinde, zu sehen", Fraesdorff, Der barbarische Norden, S. 67.

Friesen hatten nämlich offenbar das eigene Heidentum als praktikables Instrument der Abwehr fränkisch-christlicher Machtausweitung entdeckt und reagierten daher sehr aggressiv auf Missionierungsversuche. In der Abwehr des Christentums bestand für sie eine gute Chance zur Bewahrung der eigenen vordergründig religiösen und dadurch begünstigten politischen Unabhängigkeit gegenüber den fränkischen Nachbarn.[55]

Ein sehr anschauliches Beispiel für diese missionsfeindliche Atmosphäre jener Zeit liefert das Schicksal der beiden Missionare mit dem Namen Ewald, die gegen Ende des 7. Jahrhunderts zu den Sachsen auszogen und dort ihr Martyrium erfuhren.[56] In dieser Situation trafen sowohl Willibrord als auch Pippin eine folgenreiche Entscheidung. Pippin griff zur Verfestigung des Christentums im Grenzgebiet zu Friesland nicht, wie zu erwarten gewesen wäre, auf Vertreter der traditionellen irofränkischen Bewegung zurück, sondern entschied sich stattdessen für Willibrord, der seinerseits seine Missionstätigkeit eng mit der Herrschaft Pippins verknüpfte. Bemerkenswert ist in diesem Zusammenhang bereits, dass Willibrord bei Pippin um die Erlaubnis zur Friesenmission nachsuchte, anstatt sich an einen fränkischen Bischof oder eher, dem Vorbild seiner Vorgänger folgend, an den in Utrecht residierenden friesischen Fürsten Radbod zu wenden.[57] Bei Beda heißt es, Willibrord habe sich nach seiner Ankunft auf dem Festland mitsamt seinen Gefolgsleuten an Pippin gewandt und sich dessen herrschaftlicher Autorität[58] unterstellt. Daraufhin habe Pippin den Angelsachsen in jene friesischen Gebiete entsandt, die er kurz zuvor der Herrschaft Radbods entrissen hatte.[59] Indem sich Willibrord der herrschaftlichen Autorität Pippins unterordnete, wurde sein Handeln im übertragenen Sinne stellvertretend für die Interessen Pippins im Rahmen der Friesenmission. Die Christianisierung der zu bekehrenden Friesen lag also nicht nur im Interesse Pippins, sondern wurde auf diese Weise auch von ihm und seiner Herrschaftsgewalt gestützt. Die Mission der Friesen durch Willibrord entsprach damit also nicht mehr einem selbständigen Anliegen der Geistlichkeit, sondern vielmehr wurde sie ganz offenkundig zu einem Herrschaftsinstrument der Franken und Willibrord selbst zu einem Gefolgsmann der Karolinger.[60] Die Entscheidung zu einer engen Verknüpfung der

---

55 Angenendt, Arnold, „Er war der erste...": Willibrords historische Stellung, in: Bange, Petronella (Hg.), Willibrord: Zijn Wereld en zijn Werk, Nimwegen 1990, S. 16.

56 Freise, Eckhard, Das Frühmittelalter bis zum Vertrag von Verdun (843), in: Kohl, Wilhelm, Westfälische Geschichte I, Düsseldorf 1983, S. 289f weist auf die Verbindung zwischen der Missionsabsicht der Ewalde und deren Ermordung als kulturelle und politische Abwehrmaßnahme hin. Die Ermordung der beiden Missionare wird geschildert bei: Beda, Historia ecclesiastica, V, 10. Siehe etwa folgende Edition: Venerabilis Baedae opera historica: Venerabilis Baedae historiam ecclesiasticam gentis anglorum, historiam abbatum, epistolam ad Ecgberctum una cum historia abbatum auctore anonymo ad fidem codicum manuscriptorum denuo recognovit commentario tam critico quam historico instruxit, ed. C. Plummer, Oxford 1896.

57 Die Missionare Wilfried, Wigbert und später auch wieder Bonifatius wandten sich mit ihrem Missionsanliegen zuerst an den entsprechenden Friesenherrscher und fanden bei diesem auch Gehör.

58 Im Wortlaut der Quelle heißt dies *imperiali auctoritate,* Beda, Historia ecclesiastica, V, 10.

59 Ebd.

60 Angenendt, Arnold, Willibrord im Dienste der Karolinger, in: Annalen des historischen Vereins für den Niederrhein, 175 (1973), S. 76ff; Mitteis, Heinrich, Lehnrecht und Staatsgewalt, Darmstadt 1958 (ND d. Ausg. Weimar 1933), S. 73ff.

Anliegen Pippins und Willibrords, nämlich Herrschaftserweiterung und Heidenmission, erschien offenbar beiden Seiten erfolgversprechend und so kam es zur „fränkischen Schwertmission in Friesland".[61] Nach der Bevollmächtigung durch Pippin wurde Willibrord laut Beda durch zwei Romreisen auch die Unterstützung des apostolischen Stuhls gewährt, der nicht nur den Segen für die Friesenmission erteilte, sondern Willibrord im Jahre 695 auch zum Erzbischof für das Volk der Friesen erhob.[62]

Während Willibrords Bedeutung für die Friesenmission und die Geschichte der Franken, unter anderem auch durch die von ihm beeinflusste Vertiefung der fränkisch-päpstlichen Beziehungen, unbestritten ist, lässt sich selbiges hingegen nicht für die Geschichte der Christianisierung in Dänemark behaupten.[63] Die Einschätzung, dass es sich bei der Dänenmission Willibrords lediglich um eine Episode handelte, findet sich häufig und ihr ist hier auch nicht zu widersprechen.[64] Es ist vielmehr zu hinterfragen, welche Bedeutung Willibrords Dänemarkreise für die fränkisch-dänischen Beziehungen hatte und ob sie einen grundlegenden Einfluss auf die Ereignisse des 9. Jahrhunderts hatte. Wenn man bedenkt, dass die fränkischen Herrscher zur Zeit Willibrords vor allem an der Missionierung innerhalb des eigenen unmittelbaren Einflussgebietes interessiert waren, erscheint Willibrords Entschluss, auch jenseits dieser Sphäre missionieren zu wollen, umso bemerkenswerter.[65] Es ist allerdings zu berücksichtigen, in welcher Weise Willibrords

---

61   Angenendt, „Er war der erste...", S. 18.

62   *Fresonum genti archiepiscopus ordinaretur,* Beda, Historia ecclesiastica, V, 11. Vgl. auch: Alkuin, Vita Willibrordi, I, 7, S. 122. Zitiert nach: Alkuin, Vita Willibrordi archiepiscopi Traiectensis, ed. W. Levison, in: MGH SS rer. Mer. 7, Hannover / Leipzig 1920, S. 81-141. Unlängst erschien außerdem folgende Edition: Dräger, Paul (Hg.), Alkuin, Vita sancti Willibrordi: Das Leben des heiligen Willibrord, Trier 2008. Zu Alkuins Willibrordsvita ist zu sagen, dass ihr einerseits der Makel der zeitlichen Distanz anhaftet und sie andererseits durch ihre Kategorisierung als Heiligenvita grundsätzlich hinsichtlich des Gesichtspunkts der idealisierenden Überhöhung überprüft werden muss. Zu Alkuins Person (*um 730, † 19.5. 804) ist darüber hinaus zu sagen, dass er selbst, ebenso wie Willibrord, aus Northumbrien stammte und sich selbst wiederholt in die Tradition seines Landsmanns zu stellen bestrebt war. Alkuin gehörte außerdem zu den wenigen Zeitgenossen Karls des Großen, die es wagten, offene Kritik an der Missionspolitik des Kaisers in den Sachsenkriegen zu äußern. Seine Willibrordsvita schrieb er um das Jahr 796 für das Kloster Echternach. Die bereits zitierte Kirchengeschichte des Beda Venerabilis (*um 673 bei Wearmouth in Northumbrien, † 26.5.735), welche um das Jahr 731 fertiggestellt wurde, weist im Vergleich zu Alkuin den Vorteil der zeitlichen Nähe und einer gesteigerten Objektivität auf.

63   „Die enge Bindung Willibrords an Pippin und sein Geschlecht, als dessen »Getreuer« er in Urkunden erscheint, sowie seine betonte Hinwendung zum Papst, von dem er 695 in Rom die Weihe zum Erzbischof von Friesland empfing, sind charakteristisch geworden für die mit ihm beginnende angelsächsische Mission, die rechts des Rheins im 8. Jahrhundert den stärkeren Gott der Franken verkündete und damit der inneren Festigung der karolingischen Macht ebenso wie dem Bündnis mit dem Papsttum ganz wesentlich die Wege ebnete", Schieffer, Rudolf, Die Karolinger, Stuttgart ³2000, S. 31.

64   „Willibrord selbst unternahm eine Fahrt zu den Dänen, die jedoch Episode blieb", in: Ewig, Eugen, Die Merowinger und das Frankenreich, Stuttgart 2001, S. 192. Diese Einschätzung sei hier stellvertretend genannt. Auf ähnliche Weise wird Willibrords Aufenthalt bei den Dänen sehr häufig kurz und knapp abgehandelt oder bisweilen sogar gänzlich unterschlagen.

65   „Die Zielvorstellung einer Mission auch bei den außerhalb des christlichen Frankenreiches liegenden Heidenvölkern ohne vorherige militärisch-politische Integration blieb bei den Glaubensboten immerhin lebendig, wenn sie auch kaum durchsetzbar war. Das verdeutlichen die Missionsversuche Willibrords bei dem »wilden Volk« der Dänen und auf Helgoland, von Alchuine ausdrücklich als Versuch »ultra Francorum regni fines« bezeichnet,

Mission im Namen des Christentums auf auswärtige heidnische Mächte wirken konnte. Immerhin hatte sich Willibrord an die fränkischen Machthaber gebunden und war von Pippin und Papst Sergius I. zum Erzbischof der Friesen gemacht worden. Vom Friesenherrscher Radbod war zu diesem Vorgang gewiss nicht die Initiative ausgegangen, sondern vielmehr musste ihm dies als Einmischung in seinen Herrschaftsraum vorkommen. Indem Willibrord seinen Missionsauftrag durch die fränkische Machtstellung seiner Zeit legitimieren ließ und zugleich auf die Legitimation durch den Friesenherrscher Radbod verzichtete, unterstützte er den Machtanspruch der Franken auf friesisches Gebiet.[66]

Die Missionsreise Willibrords zu den Dänen dürfte jedoch unter einem anderen Stern gestanden haben als die Friesenmission.[67] Immerhin war von einem sich konkretisierenden Machtanspruch der Franken auf dänisches Gebiet zur Zeit Willibrords noch nicht auszugehen. Vielmehr dürfte man Willibrords Missionseifer, der in diesem Falle über die Grenzen des fränkischen Herrschaftsgebiets hinausgriff, als Ursache für die Reise des Angelsachsen zu den Heiden in Skandinavien ausmachen.[68] Die Jahreszahl der Dänemarkreise lässt sich nicht mit Gewissheit rekonstruieren, jedoch weiß man aufgrund

---

Liudgers Helgolandfahrt und Lebuins Auftritt auf einer Stammesversammlung der Altsachsen in Marklô an der Weser, dessen literarisches Echo vielleicht die Möglichkeit der Existenz eines eigenständigen christlichen Stammesgebildes außerhalb des fränkischen Vielvölkerstaates denkbar macht", Padberg, Lutz E. von, Zum Sachsenbild in hagiographischen Quellen, in: Häßler, Hans-Jürgen (Hg.), Studien zur Sachsenforschung, Oldenburg 1999, S. 190; Finsterwalder, Paul W., Wege und Ziele der irischen und angelsächsischen Mission im Frankenreiche, in: ZfKG 47, 1928, S. 207; Fritze, Wolfgang H., Universalis gentium confessio: Formeln, Träger und Wege universalmissionarischen Denkens im 7. Jahrhundert, in: FMSt 3 (1969), S. 128.

66 Angenendt, Willibrord im Dienste der Karolinger, S. 109f sowie Schieffer, Theodor, Winfrid-Bonifatius und die christliche Grundlegung Europas, Freiburg 1954, S. 133ff identifizieren sogar jene frühe fränkische Friesenpolitik als den Grundstein für das Ende der friesischen Unabhängigkeit.

67 Vereinzelt wurde in der Forschung darauf hingewiesen, dass Willibrords Dänemarkreise auch in einem wirtschaftlichen Kontext zu sehen ist, denn immerhin dürften bereits seit einiger Zeit Handelsbeziehungen mit den Dänen bestanden haben. Vgl. dazu: Göbell, Christianisierung des Nordens, S. 66; Jankuhn, Herbert, Der fränkisch-friesische Handel zur Ostsee im frühen Mittelalter, in: Vierteljahrschrift für Sozial- und Wirtschaftsgeschichte 40 (1935), S. 193-243. Daraus lässt sich jedoch offenkundig nur die Erkenntnis ableiten, dass Willibrord bei seiner Dänemarkreise nicht ohne Vorkenntnisse das fremde Land betrat, sondern man zumindest den genauen Reiseweg kannte und wohl auch über gewisse lokale Gegebenheiten bereits grob informiert gewesen sein dürfte.

68 Angenendt, Willibrord im Dienste der Karolinger, S. 112. Eine modifizierte Ansicht vertritt hierbei Seegrün, Papsttum und Skandinavien, S. 14, der davon ausgeht, dass Willibrord sich an die Dänen wandte, weil er zuvor beim Friesenherrscher Radbod keine nennenswerten Missionserfolge habe erzielen können und daher durch die Bekehrung der benachbarten Dänen Radbod habe beeinflussen wollen. Diese Deutung erscheint wenig zwingend, da zwar zweifellos unterstellt werden kann, dass es einen regen Kontakt zwischen Friesen und Dänen schon allein durch den Nordseehandel gegeben hat, allerdings scheint hier eine Fehleinschätzung der skandinavischen Gegebenheiten zugrunde zu liegen. Durch eine einzelne Missionsreise Willibrords bestand gewiss keine realistische Chance, das Christentum in Dänemark zu verankern. Das nordische Heidentum bot, nach allem, was darüber bekannt ist, grundsätzlich Raum für eine Mehrzahl von Göttervorstellungen und Götterverehrungen. Die Annahme, das monotheistische Christentum hätte trotz seiner grundlegenden Andersartigkeit einen schnellen Einzug in den skandinavischen Raum halten können, erscheint unhaltbar. Die christliche Mission fand im nordgermanischen Raum in der Regel eine halbwegs freundliche Aufnahme, jedoch bedeutet dies definitiv nicht, dass eine monotheistische Religion mit Absolutheitsanspruch ohne größere Konflikte zu etablieren gewesen wäre. Daher verwundert es wenig, dass sich der Dänenkönig Ongendus, ebenso wie Radbod, nicht von Willibrord zum Christentum bekehren ließ.

des Aufbaus der Willibrordsvita und des Todesjahrs Pippins, zu dem Willibrord nach seiner Missionsreise zurückkehrte, dass sie sich in dem Zeitraum zwischen 695 und 714 ereignet haben muss. Eine Datierung auf den Zeitraum um 700 erscheint möglich, aber nicht evident.[69]

Alkuin berichtet, dass Willibrord das Frankenreiches verließ, um auch außerhalb des direkten Herrschaftsbereiches seines Gönners Pippin das Christentum zu predigen.[70] Dabei begab er sich zuerst in den friesischen Raum unter der Kontrolle Radbods, der den Missionar auch aufnahm und anhörte.[71] Der von Willibrord gewünschte Erfolg blieb dabei jedoch offenbar aus, da er den Friesenherrscher nicht bekehren konnte und ihm vermutlich auch die Predigt in dem von Radbod kontrollierten Gebiet versagt blieb.[72] Daraufhin wandte sich Willibrord den Dänen zu, die Alkuin, ebenso wie ihren König Ongendus, als äußerst „wild" und unzivilisiert beschreibt.[73] Trotz der ihm zugeschriebenen negativen Attribute empfing jener Ongendus den Missionar jedoch offenbar freundlich.[74] Dieser Umstand änderte allerdings nichts daran, dass Willibrords Mission auch in Dänemark nicht glückte,

---

69   Seegrün, Papsttum und Skandinavien, S. 15f verlegt sich darauf, die Dänenreise dem Zeitraum um 700 zuzuordnen. Fritze, Wolfgang H., Slaven und Avaren im angelsächsischen Missionsprogramm: Bedas Rugini und Willibrords Dänenmission, in: Zeitschrift für slavische Philologie 32 (1965), S. 244 geht von einem ähnlichen Zeitraum aus, wobei er postuliert, dass die Missionsreise zwischen 695 und 703 stattgefunden haben dürfte.

70   *Temptavit quoque idem vir Dei ultra Francorum regni fines caelestis doctrinae flumina dirivare,* Alkuin, Vita Willibrordi, I, 9, S. 123, Z. 13f.

71   *Regem Fresonum Rabbodum cum sua gente paganum non timuit adire [...] praefatus Fresonum rex virum Dei humilitatis gratia benigne suscipiens,* Alkuin, Vita Willibrordi, I, 9, S. 123, Z. 14-17.

72   *Nullis tamen vitae fomentis saxeum eius cor emollire potuit,* Alkuin, Vita Willibrordi, I, 9, S. 123, Z. 17f. In welcher Hinsicht oder in Bezug auf welches Anliegen Radbod sich nicht erweichen ließ, geht aus dieser Formulierung freilich nicht hervor, jedoch drängen sich die bereits genannten anzunehmenden Hauptanliegen Willibrords auf, nämlich die Bekehrung Radbods, die Erlaubnis zur Predigt in Friesland oder vielleicht sogar ein damit einhergehender Bau einer Kirche in jenem Gebiet. Wie auch immer Willibrords Anliegen ausgesehen haben mag, es scheiterte offenbar an dem Unwillen des friesischen Herrschers.

73   *Ad ferocissimos Danorum populos iter evangelizandi convertit. Ibi tamen, ut fertur, regnabat Ongendus, homo omni fera crudelior et omni lapide durior,* Alkuin, Vita Willibrordi, I, 9, S. 123, Z. 18ff. Für eine eingehendere Auseinandersetzung mit der Willibrordsvita Alkuins siehe: Reischmann, Hans-Joachim, Willibrord - Apostel der Friesen: Seine Vita nach Alkuin und Thiofrid, Sigmaringendorf 1989. Reischmann attestiert der Willibrordsvita Alkuins zusammengefasst zwar ein hohes sprachliches Niveau, jedoch sei Alkuin kein „*historiographisch ambitionierter Gelehrter*" gewesen, was bei ihm zu gelegentlich „*zweifelhafter Zuverlässigkeit*" führe, ebd., S. 15. Generell müsse der Stellenwert Willibrords in Hinblick auf die verwertbaren Informationen über die Dänen kritisch betrachtet werden. „*Insgesamt gesehen läßt sich feststellen, daß in der Regel nähere Angaben zur religiösen, gesellschaftlichen und politischen Situation der zu missionierenden Stämme und Völker fehlen, sie lagen einfach nicht im Blickfeld der Hagiographen*", Padberg, Sachsenbild, S. 179.

74   *Honorifice tractabat,* Alkuin, Vita Willibrordi, I, 9, S. 124, Z. 1. Die Entscheidung Willibrords, sich bei der Missionsreise nach Dänemark direkt an den örtlichen Herrscher zu wenden, entspricht übrigens einer selbsterklärenden Vorstellung, derzufolge die Missionierung eines geschlossenen heidnischen Kulturverbandes am einfachsten hierarchisch von oben nach unten bewerkstelligt werden kann. Dies bedeutet, dass die Bekehrung eines Herrschers hervorragend dazu geeignet war, um auf dessen Untertanen bekehrungsfördernd zu wirken. Vgl.: Baetke, Walter, Die Aufnahme des Christentums durch die Germanen, Darmstadt 1959, S. 20f. Seegrün, Papsttum und Skandinavien, S. 14 führt die freundliche Aufnahme Willibrords bei Ongendus auf die „*nordgermanische Gastlichkeit*" zurück. Freilich änderte diese mutmaßliche Gastlichkeit nichts an dem fruchtlosen Ausgang der Missionsreise.

20

da man dort lieber an der eigenen Religion festhielt.[75] Der Ort des Zusammentreffens zwischen Ongendus und Willibrord wird zwar in den Quellen nicht überliefert, allerdings darf man davon ausgehen, dass er sich an der jütischen Westküste befand.[76] Dies wird durch den Bericht Alkuins nahe gelegt, welcher besagt, dass Willibrord auf seiner Rückreise im Grenzgebiet zwischen Friesen und Dänen die Insel *Fositesland*[77] betrat, die sich genau auf einem solchen Seeweg zwischen friesischer Nordseeküste und jütischer Westküste befindet.[78] Als Willibrord nach dieser gescheiterten Missionsreise wieder ins Frankenreich zurückkehrte, nahm er 30 dänische Jungen mit sich, die er offenbar aus der Sklaverei frei gekauft hatte und nach seiner Rückkehr ins Frankenreich im christlichen Glauben zu unterweisen gedachte, damit jene eines Tages unter Umständen als christliche Missionare in ihr Heimatland würden zurückkehren können.[79]

Es bleibt nun zu klären, welche Bedeutung diese episodenhafte Missionsvisite Willibrords bei den Dänen für die fränkisch-dänische Geschichte aufweist. Im Ergebnis lässt sich festhalten, dass die Missionsreise nicht den gewünschten Erfolg erzielte.[80] Als Grund dafür

---

75 *Obduratam moribus et idolatriae deditam et nullam melioris vitae spem habentem offendit*, Alkuin, Vita Willibrordi, I, 9, S. 124, Z. 1f.

76 *„Wiederum finden sich nur wenige konkrete Angaben, aus denen man jedoch schließen kann, daß das Treffen* [zwischen Willibrord und Ongendus] *an Jütlands Westküste stattfand"*, Axboe, Morten, Goldbrakteaten und Dänenkönige, in: Keller, Hagen / Staubach, Nikolaus (Hg.), Iconologia Sacra: Mythos, Bildkunst und Dichtung in der Religions- und Sozialgeschichte Alteuropas, Berlin / New York 1994, S. 144-155, hier: S. 145. Auch Sawyer und Sawyer gehen davon aus, dass es Willibrord bei seiner Dänemarkreise nach Ribe verschlug, da dieser Standort einerseits durch seine Handelsaktivitäten weithin bekannt war und andererseits Hinweise darauf bestehen, dass dort bereits seit dem ersten Jahrzehnt des 8. Jahrhunderts die Existenz eines einflussreichen Herrschers anzunehmen war. Sawyer / Sawyer, Die Welt der Wikinger, S. 106ff führen die Anwesenheit eines solchen Herrschers auf die Beobachtung zurück, dass zu einem Zeitpunkt zwischen 704 und 710 der Standort Ribe saniert wurde und eine neue Struktur erhielt, die auf herrschaftliche Initiative zurückgegangen sein könnte. Vgl. dazu auch: Stoklund, Marie, Die Inschriften von Ribe, Hedeby und Schleswig und die Bedeutung der Schwedenherrschaft, in: Düwel, Klaus / Marold, Edith / Zimmermann, Christiane (Hg.), Von Thorsberg nach Schleswig: Sprache und Schriftlichkeit eines Grenzgebietes im Wandel eines Jahrtausends, Berlin / New York 2001, S. 111-126, hier: 119.

77 Helgoland.

78 *Pervenit in confinio Fresonum et Daenorum ad quandam insulam, quae a quodam deo suo Fositae ab accolis terrae Fositesland appellabatur*, Alkuin, Vita Willibrordi, I, 10, S. 124, Z. 9ff.

79 *Acceptis tunc triginta eiusdem patriae pueris ad delectos a Deo populos regni Francorum revertere festinavit*, Alkuin, Vita Willibrordi, I, 9, S. 124, Z. 3f. Mit dieser Maßnahme gehorchte Willibrord den seelsorgerischen Anleitungen Papst Gregors des Großen, was später in gleicher Weise auch die nächsten überlieferten Missionare des europäischen Nordens, nämlich Ansgar und Ebo taten. Der Erwerb dänischer Knaben durch Ansgar zum Zweck der Ausbildung zu Geistlichen findet sich bei Rimbert, Vita Anskarii, 8 / 15, S. 30 / 36. An letzterer Stelle wird auch erwähnt, dass Ansgar ebenso slawische Jungen erwarb, deren Heimat schließlich auch seinem Missionsgebiet zugerechnet werden konnte. *Coepit quoque ex gente Danorum atque Slavorum nonnullos emere pueros, aliquos etiam ex captivitate redimere, quos ad servitium Dei educaret*, Rimbert, Vita Anskarii, 15, S. 36. Ein Verweis darauf, dass auch Ebo diese Praktik anwendete, findet sich ebenfalls in einem Bericht der Ansgarsvita. Demzufolge wurde Mitte der 850er Jahre der gebürtige Däne Ansfried, den der zu diesem Zeitpunkt bereits verstorbene Ebo von Reims zum Priester ausgebildet hatte, als Missionar zu den Schweden geschickt. *ad gentem Sueonum quendam misit presbyterum ad servitium Domini educatus fuerat*, Rimbert, Vita Anskarii, 33, S. 64.

80 Es ließe sich vorweg nehmen, dass auch die fränkischen Missionsversuche des 9. Jahrhunderts in Dänemark nicht fruchten sollten, wenngleich die Gründe dafür andere waren als bei Willibrord, wie sich noch genauer zeigen wird.

kann man zuvorderst den Umstand ausmachen, dass Willibrord bei seiner Dänemarkreise auf jeglichen weltlichen Rückhalt verzichten musste. Bei seinem vorigen Aufenthalt beim Friesen Radbod kam ihm zumindest zugute, dass er im Namen des erstarkenden Frankenreiches auftrat, das sich in unmittelbarer Nachbarschaft der Friesen befand und welches zudem 690 und 695 unter Pippin bereits siegreich gegen die Friesen vorgegangen war. Vor diesem Hintergrund hatte das Auftreten eines Vertrauten des fränkischen Hausmeiers gewiss mehr Gewicht als dies in Dänemark der Fall war, wo zur Zeit Willibrords von einer reellen Bedrohungslage durch die Franken noch keine Rede sein konnte. Radbod, der sich in einer ungünstigeren Ausgangslage befand als die Dänen, stemmte sich weiterhin gegen die Christianisierung seines Reiches, weshalb es nicht verwundern kann, dass auch Ongendus die christliche Mission abwies.

Wie erwähnt stand Willibrord bei seiner Dänemarkreise einzig seine missionarische Überzeugungskraft zur Verfügung, was, wie der spätere Verlauf der Geschichte noch mehrfach aufzeigen sollte, nicht ausreichen konnte, um einen skandinavischen Herrscher des Frühmittelalters zu bekehren. Da sich Willibrord nur kurz in Dänemark aufhielt und wir anlässlich der über ein Jahrhundert später stattgefundenen Dänemarkreisen Ansgars nichts von christlichen Wurzeln oder Grundlagen erfahren, die frühere Missionare vor Ort geschaffen hätten, lässt sich sagen, dass Willibrords Missionsreise als gescheitert betrachtet werden muss. Die Zeit für eine von den Franken protegierte Christianisierung Dänemarks war noch nicht gereift, da die Machtmittel der fränkischen Seite dafür zu jener Zeit einfach nicht ausreichten. Über die politischen Gegebenheiten im Dänemark des frühen 8. Jahrhunderts erfahren wir durch Willibrords Mission leider nichts, da dieser Themenbereich offensichtlich nicht das Interesse der betreffenden Quellen gefunden hat. Über die Lokalisierung, Struktur und Ausdehnung von Ongendus' Herrschaftsgebiet lässt sich daher nichts Genaueres feststellen.

II. 3 Die Sachsenkriege Karls des Großen

Den Auftakt der Sachsenkriege[81] Karls des Großen bildete der fränkische Feldzug von 772. Nach einer Reichsversammlung in Worms begann der recht erfolgreiche Angriff gegen die Sachsen, bei dem die Eresburg erobert, der heidnische Kultplatz Irminsul zerstört und reiche

---

Eine kurze Zusammenfassung der vergeblichen Missionsversuche in Dänemark vor der Zeit Harald Blauzahns liefert Lund, Niels, Mission i Danmark før Harald Blåtands dåb, in: Ders. (Hg.), Kristendommen i Danmark før 1050, Roskilde 2004, S. 20-27.

81 Für einen Kurzüberblick, die Quellen zu den Sachsenkriegen betreffend, siehe: Drögereit, Richard, Die schriftlichen Quellen zur Christianisierung der Sachsen und ihre Aussagefähigkeit, in: Lammers, Walther (Hg.), Die Eingliederung der Sachsen in das Frankenreich, Darmstadt 1970, S. 451-469. Eine Zusammenfassung der Ereignisse und gleichsam eine Darstellung der Eskalation des fränkisch-sächsischen Konflikts findet sich bei: Kahl, Hans-Dietrich, Karl der Große und die Sachsen: Stufen und Motive einer historischen Eskalation, in: Ludat, Herbert / Schwinges, Rainer C. (Hg.), Politik, Gesellschaft, Geschichtsschreibung, Köln / Wien 1982, S. 49-130.

Beute an Gold und Silber errungen wurden.[82] Der Feldzug endete mit einem Sieg der Franken, die bis an die Weser vorstießen und sich dort von den Besiegten Geiseln stellen ließen, bevor sie den Rückweg antraten.[83] Dieser Vorstoß Karls des Großen war nur der Auftakt für eine lange Reihe von Feldzügen gegen die Sachsen, die nach über 30 Jahren letztlich in die Unterwerfung und Zwangschristianisierung derselben mündete.[84]

Die Feindseligkeiten zwischen Franken und Sachsen wiederholten sich nach 772 in beharrlicher Regelmäßigkeit. Für den im Rahmen der vorliegenden Dissertation zu behandelnden Kontext sind dabei nur einzelne Ereignisse gesondert zu berücksichtigen. Es gilt zu beachten, dass der Sachse Widukind, der zur Galionsfigur des sächsischen Widerstands gegen die Franken werden sollte, im Jahre 777 ins dänische Exil floh, anstatt der von Karl dem Großen einberufenen Reichsversammlung in Paderborn beizuwohnen.[85]

---

82 *Rex vero Karlus congregato apud Wormaciam generali conventu Saxoniam bello adgredi statuit eamque sine mora ingressus ferro et igni cuncta depopulatus Eresburgum castrum cepit, idolum, quod Irminsul a Saxonibus vocabatur, evertit,* Ann. q. d. Einh., 772, S. 33 / 35. *Tunc domnus Carolus mitissimus rex sinodum tenuit ad Warmatiam. Et inde perrexit partibus Saxoniae prima vice, Eresburgum castrum coepit, ad Ermensul usque pervenit et ipsum fanum destruxit et aurum vel argentum, quod ibi repperit, abstulit,* Ann. reg. Franc., 872, S. 32 / 34. Siehe: *„The fact that this was primarily a punitive expedition and that nothing was said of religion in the peace terms indicates that the conversion of the Saxons was not then the king's main object. But the destruction of the Irminsul had roused religious motives to unite with political",* Addison, James Thayer, The Medieval Missionary: A Study of the Conversion of Northern Europe A.D. 500 – 1300, Philadelphia 1976, S. 49. Zur Entwicklung des fränkisch-sächsischen Gegensatzes und dem damit verbundenen Wandel des Sachsenbildes in den fränkischen Quellen vgl.: Zettel, Horst, Das Sachsenbild der Franken in zeitgenössischen Quellen der Merowinger- und Karolingerzeit, in: Häßler, Hans-Jürgen (Hg.), Studien zur Sachsenforschung, Hildesheim 1987, S. 269-277. Zettel geht hier von einem seit der Merowingerzeit bestehenden *„Feindbild von den wilden, vertragsbrüchigen und heidnischen Sachsen"* aus, in dem *„bereits die Wurzeln für die späteren Sachsenkriege zu suchen"* seien, ebd., S. 273.

83 *Tunc super Wisoram fluvium venit suprascriptus magnus rex et ibi cum Saxonibus placitum habuit et recepit obsides XII et reversus est in Franciam,* Ann. reg. Franc., 772, S. 34.

84 *„Ob die Unterwerfung der Sachsen oder auch ihre Bekehrung zum Christentum von Anfang an das Ziel war, ist zweifelhaft. Allerdings traten diese beiden Zielsetzungen im Laufe der Zeit deutlich hervor",* McKitterick, Rosamond, Karl der Große, Darmstadt 2008, S. 101. Siehe zur Theorie des Wandels der Sachsenkriege von einem indirekten zu einem direkten Missionskrieg: Wavra, Brigitte, Salzburg und Hamburg: Erzbistumsgründung und Missionspolitik in karolingischer Zeit, Gießen 1990, S. 31f. Die dezentrale Struktur des sächsischen Gebiets trug ihren Teil dazu bei, die Sachsenkriege in die Länge zu ziehen. Ernst, Nordwestslawen, S. 116 formuliert es treffend: *„Da die Sachsen auf Grund ihrer Stammesverfassung nie als ganzer Verband einheitlich handelnd Karl gegenübertraten, sondern den Kampf stets als Teilstämme oder Stammesgruppen führten, konnte dieser nur Teilerfolge erringen, die häufig genug von geringer Dauer waren".* Vgl. auch: *„Ein Grund für die lange Dauer der Sachsenkriege liegt sicher in der fehlenden politischen Organisation des Volkes, das keine einheitliche Führung besaß, nach deren Ausschaltung das Volk als Ganzes hätte unterworfen werden können. Es fehlten den Sachsen auch städtische Zentren, die als Stützpunkte für eine Eroberung hätten dienen können; solche Stützpunkte mussten vielmehr erst geschaffen werden",* Hartmann, Wilfried, Karl der Große, Stuttgart 2010, S. 106.

85 *Tunc domnus Carolus rex synodum publicum habuit ad Paderbrunnen prima vice. Ibique convenientes omnes Franci, et ex omni parte Saxoniae undique Saxones convenerunt, excepto quod Widochindis rebellis extitit cum paucis aliis: in partibus Nordmanniae confugium fecit una cum sociis suis,* Ann. reg. Franc., 777, S. 48. *Widokindum, unum ex primoribus Westfalaorum, qui multorum sibi facinorum conscius et ob id regem veritus ad Sigifridum Danorum regem profugerat,* Ann. q. d. Einh., 777, S. 49. *„Früh schon fand die sächsische Widerstandspartei Rückhalt bei den nördlichen Nachbarn, die damit in einen Gegensatz zum Frankenreich gerieten, und diese Spannungen verstärkten sich in dem Maße, in dem Karl durch sein Bündnis mit den Abodriten*

Der Kampf zwischen Franken und Sachsen spitzte sich in der Folgezeit weiter zu und gipfelte zuerst in den Ereignissen des Jahres 782. Zunächst wird berichtet, dass Karl der Große auf einer Reichsversammlung Gesandte des Dänenkönigs Sigifrid empfing.[86] Dies ist insofern bemerkenswert, als dass die diplomatischen Beziehungen zwischen Franken und Dänen offensichtlich fortbestanden, obwohl Widukind nach wie vor nicht zu Verhandlungen mit Karl dem Großen bereit war.[87] Dabei dürfte das fränkisch-dänische Verhältnis zu jener Zeit noch dadurch belastet worden sein, dass Widukind nicht nur 777 Zuflucht bei den Dänen gefunden hatte, sondern er sich offensichtlich auch zum Zeitpunkt der Verhandlungen 782 noch in Dänemark befand und nach seiner Rückkehr aus dem Exil den sächsischen Widerstand erneut anfachte.[88] Der Gegenstand der Verhandlungen zwischen Karl dem Großen und dem Dänenkönig Sigifrid lässt sich nur erahnen, aber es kann davon ausgegangen werden, dass Widukinds Exil in Dänemark thematisiert wurde.[89] Es erscheint naheliegend, dass Karl der Große auf eine Auslieferung oder zumindest eine Ausweisung Widukinds drängte. Fraglich ist nur, ob Sigifrid dem Druck nachgab und Widukind deshalb in jenem Jahr aus seinem dänischen Exil zurückkehrte.[90]

Die Folgen der Rückkehr Widukinds stellten sich für die Franken zunächst als negativ dar, denn den Sachsen gelang noch im gleichen Jahr ein schwerer militärischer Schlag gegen ein fränkisches Heer im Süntel, was zunächst einen kriegerischen Gegenschlag Karls des Großen provozierte und danach zum viel diskutierten sogenannten „Blutgericht von Verden"

---

nicht nur den letzten Hort sächsischen Widerstandes in Nordelbingen flankierend bedrohte, sondern auch direkt in das Interessengebiet der Dänen eingriff", Jankuhn, Karl der Große und der Norden, S. 699. Auch Zettel, Karl der Große, S. 15 spricht sich für eine Vielzahl an sächsischen Flüchtlingen in Dänemark nach 777 aus.

86 *Tunc domnus Carolus rex iter peragens, Renum transiens ad Coloniam et synodum tenuit, ubi Lippia consurgit; ibique omnes Saxones venientes, excepto rebellis Widochindus. Etiam illuc convenerunt Nordmanni missi Sigifridi regis, id est Halptani cum sociis suis*, Ann. reg. Franc., 782, S. 60. *Ubi inter cetera negotia etiam legatos Sigifridi regis Danorum, et quos ad se Caganus et Iugurrus principes Hunorum velut pacis causa miserunt, et audivit et absolvit*, Ann. q. d. Einh., 782, S. 61.

87 *„Welche Mission die dänische Gesandtschaft des Jahres 782 unter Halfdan auf dem Reichstag in Lippspringe zu erfüllen hatte, bleibt unbekannt, doch mag der Wunsch des Dänenkönigs dahinter stehen, ähnlich wie später im Jahre 809 bei den Abodriten, den Groll Karls wegen der dänischen Unterstützung der sächsischen Aufständischen zu dämpfen, und zwar gerade zu der Zeit, in der sich Widukind bei den Normannen aufhielt und einen neuen Aufstand vorbereitete, der dann auch unmittelbar nach dem Abzug des Königs ausbrach"*, Jankuhn, Karl der Große und der Norden, S. 699.

88 *Et cum reversus fuisset, statim iterum Saxones solito more rebellati sunt, suadente Widochindo*, Ann. reg. Franc., 782, S. 60. *Cumque conventu completo trans Rhenum in Galliam se recepisset, Widokindus, qui ad Nordmannos profugerat, in patriam reversus vanis spebus Saxonum animos ad defectionem concitavit*, Ann. q. d. Einh., 782, S. 61.

89 *„Verhandlungsgegenstand waren mit großer Wahrscheinlichkeit die sächsischen Flüchtlinge in Dänemark. Ihre Anwesenheit im Machtbereich Siegfrieds – vor allem galt das für Widukind – konnte Karl einen willkommenen Vorwand für ein direktes Eingreifen in der Nordmannia liefern"*, Zettel, Karl der Große, S. 15.

90 Die zeitliche Nähe der Ereignisse und das Verhalten Widukinds nach seiner Rückkehr aus Dänemark legen den Schluss nahe, dass der Sachsenaufstand des Jahres 782 tatsächlich mit den fränkisch-dänischen Verhandlungen in Zusammenhang stand. Dagegen spräche allerdings, dass Widukind nach dem Scheitern des Aufstands offenbar erneut nach Dänemark fliehen konnte, was noch thematisiert werden wird.

führte.[91] Widukind floh laut den Reichsannalen abermals vor dem Zugriff Karls des Großen nach Dänemark[92] und konnte seinen Widerstand zumindest noch bis zum Jahre 785 fortsetzen. Bevor es 785 zur Taufe Widukinds kam, hielt sich jener in Transalbingien auf, was nicht ohne Bedeutung für die Verwicklungen der Dänen in den fränkisch-sächsischen Konflikt sein dürfte.[93] Die räumliche Nähe zu Dänemark, das bereits mindestens zweimal als Rückzugspunkt Widukinds[94] gedient hatte, war gewiss ein Vorteil, den der widerspenstige Sachse bewusst gesucht hatte. Außerdem erwies sich auch in der Folgezeit das transalbingische Sachsen noch als günstiger Nährboden für den sächsischen Widerstand. Der Umgang Karls des Großen mit Transalbingien wird im späteren Verlauf der vorliegenden Dissertation noch dargelegt werden.[95] Wenn die fränkischen Quellen nach 782 auch nicht mehr von einer direkten Verwicklung der Dänen in die Sachsenkriege berichten, so zeigen die Ereignisse doch recht deutlich, dass die Dänen nicht etwa die Bedrängnis der Sachsen dazu nutzten, um den eigenen Machtbereich in Richtung Süden auszudehnen. Vielmehr handelte der Dänenkönig Sigifrid sogar einem solchen Ansinnen entgegengesetzt, indem er dem Sachsen Widukind Exil in seinem Reich gewährte. Die Hintergründe für diese Vorgehensweise von Seiten der Dänen bleiben aufgrund der Quellenlage bedauerlicherweise im Dunkel der diesbezüglichen Überlieferung verborgen.

Durch sein maßvolles Vorgehen ermöglichte Karl der Große Widukind einen annehmbaren Ausweg aus dessen Lage, da der Frankenkönig nicht nur bereit war, Geiseln zu stellen, um die körperliche Unversehrtheit Widukinds zu garantieren, sondern zudem als dessen Taufpate fungierte, was den Anschein erweckt, es habe *„sich hier nicht um eine*

---

91   Die Ereignisse betreffend siehe: Ann. reg. Franc., 782, S. 60 / 62; Ann. q. d. Einh., 782, S. 61 / 63; Annales Petaviani, 782, S. 17, (Annales Petaviani, ed. G. H. Pertz, in: MGH SS 1, Hannover 1826, S. 7-18); Annales Mosellani, 782, S. 497, Z. 18-22 (Annales Mosellani, ed. G. H. Pertz, in: MGH SS 16, Hannover 1859, S. 491-499). Die ältere Forschungsgeschichte ist zusammengefasst bei: Lintzel, Martin, Die Vorgänge in Verden im Jahre 782, in: Ders.: Ausgewählte Schriften: Zur altsächsischen Stammesgeschichte (Bd. I), Berlin 1961, S. 147ff. Schon Lintzel kommt zu dem Ergebnis: *„Es steht fest, daß in Verden auf Befehl Karls an ihn ausgelieferte Sachsen hingerichtet worden sind. Daß ihre Zahl aber 4500 betragen hat, ist zum mindesten unwahrscheinlich. Wie groß sie in Wirklichkeit gewesen ist, läßt sich schlechterdings nicht sagen. Freilich wird man annehmen müssen, daß es sich um verhältnismäßig zahlreiche Exekutionen gehandelt hat"*, ebd., S. 173.

92   *Tunc omnes Saxones iterum convenientes subdiderunt se sub potestate supradicti domni regis et reddiderunt omnes malefactores illos, qui ipsud rebellium maxime terminaverunt, ad occidendum IIIID; quod ita et factum est, excepto Widochindo, qui fuga lapsus est partibus Nordmanniae*, Ann. reg. Franc., 782, S. 62.

93   *In pagum vocabulo Bardengoo proficiscitur ibique audiens Widokindum ac Abbionem esse in Transalbiana*, Ann. q. d. Einh., 785, S. 71. Auch der Bericht der Reichsannalen macht deutlich, dass sich Widukind jenseits der Elbe aufhielt: *Et tunc in Bardengawi venit ibique mittens post Widochindum et Abbionem*, Ann. reg. Franc., 785, S. 70. Vgl.: *„ Vorausgesetzt, sie* [die sächsischen Flüchtlinge] *befanden sich noch in Dänemark, was nicht sicher, aber anzunehmen ist, konnte man es nicht nur als Drohung für die Flüchtlinge, sondern auch für ihre dänischen Gastgeber verstehen, wenn Karl bei seinen Streifzügen durch Sachsen vom Bardengau aus 785 Boten zu Widukind und Abbio schickte, für sie gebe es keine Rettung, wenn sie sich ihm nicht stellten. Die Dänen dürften es mit Erleichterung registriert haben, als sich Widukind unterwarf und sein Asyl verließ"*, Zettel, Karl der Große, S. 16.

94   Vgl.: Sawyer / Sawyer, Welt der Wikinger, S. 120.

95   Siehe S. 45f.

bedingungslose Unterwerfung, sondern eher um ein gegenseitiges Abkommen"[96] gehandelt.[97] Widukind stellte nach seiner Taufe jedenfalls keine Gefahr mehr für die fränkische Hegemonialstellung in Sachsen dar. Obgleich das Jahr 785 aus fränkischer Sicht einen wichtigen Schritt zur Unterwerfung der Sachsen darstellte, zog sich der Prozess der Einverleibung des benachbarten Volkes in das Reich Karls des Großen noch über viele Jahre hin.[98]

Nach der Unterwerfung Widukinds kehrte in Sachsen mehr Ruhe ein, so dass auf fränkischer Seite genug Spielraum entstand, um sich kriegerisch mit den Bayern und Awaren auseinander zu setzen. Wie bereits mehrmals zuvor nutzten die Sachsen die verringerte Aufmerksamkeit Karls des Großen und rebellierten. Im Jahre 793 fügten die aufständischen Sachsen den Franken schwere Verluste[99] zu, so dass der Frankenkönig sich der Angelegenheit erneut persönlich annehmen musste. Die Bedrohungslage war ernst, daher setzte der König mit zwei Heeresverbänden, einer unter seiner Leitung, der andere unter seinem Sohn Karl, über den Rhein, um den Widerstand der Sachsen abermals zu brechen.[100] Karl der Große bekämpfte die Sachsen bis 799 jedes Jahr, wobei sich die Kämpfe auf den Norden Sachsens konzentrierten. Im Kampf um den sächsischen Norden, also Wigmodien, Bardengau und Transalbingien, standen Karl dem Großen auch die Abodriten als Verbündete zur Seite.[101]

---

96 Lampen, Angelika, Sachsenkriege, sächsischer Widerstand und Kooperation, in: Stiegemann, Christoph / Wemhoff, Matthias (Hg.), 799 – Kunst und Kultur der Karolingerzeit: Karl der Große und Papst Leo III. in Paderborn, Bd. 1, Mainz 1999, S. 268.

97 *Tunc domnus Carolus rex reversus est in Franciam obsides per missum suum Amalwinum; qui cum recepissent obsides, illos secum deducentes et coniunxerunt se ad Attiniacum villa ad domnum regem Carolum. Et ibi baptizati sunt supranominati Widochindus et Abbi una cum sociis eorum; et tunc tota Saxonia subiugata est*, Ann. reg. Franc., 785, S. 70.

98 Gewissermaßen beendete die Taufe von 785 jene zweite Phase des fränkisch-sächsischen Konflikts, die eng mit dem Namen Widukinds verknüpft war. Eine häufig zu findende Deutung unterteilt die Sachsenkriege in drei Phasen, wobei die erste von 772 bis etwa 776/77 dauerte und vor allem durch die stetige Eskalation des Konflikts zwischen Franken und Sachsen in den Anfangsjahren zu charakterisieren ist. Die eben erwähnte zweite Phase dauerte bis zur Taufe Widukinds 785, während die dritte Phase nach wenigen Jahren der relativen Ruhe zu Auseinandersetzungen führte, die laut Lampen, Sachsenkriege, S. 268 *„regional auf das Gebiet des Elbe-Weser-Dreiecks begrenzt"* blieben und 804 ihren endgültigen Abschluss fanden. Vgl. zu den Sachsenkriegen auch Springer, Matthias, Die Sachsen, Stuttgart 2004, S. 166-210. Es ist unklar, ob die berüchtigte Verordnung Karls des Großen, die *Capitulatio de partibus Saxoniae* (MGH LL 5, Leges Saxonum, S. 34-46) auf das Jahr 782 oder 785 zu datieren ist. Vgl. auch Siems, Harald, Studien zur Lex Frisionum, Ebelsbach a. M. 1980, S. 370, der die besagte Capitulatio als *„blindwütige Zwangsbefriedung"* bezeichnet. Vgl. zur Forschungsgeschichte der Capitulatio insgesamt Schubert, Ernst, Die Capitulatio de partibus Saxoniae, in: Brosius, Dieter u.a. (Hg.), Geschichte in der Region, Hannover 1993, S. 3-28.

99 Ann. q. d. Einh., 793, S. 95.

100 Ann. reg. Franc., 794, S. 94 / 96; Ann. q. d. Einh., 794, S. 95 / 97.

101 Vgl.: Mossig, Christian, Das Zeitalter der Christianisierung (8. bis 10. Jahrhundert), in: Dannenberg, Hans-Eckhard / Schulze, Heinz-Joachim (Hg.), Geschichte des Landes zwischen Elbe und Weser, Bd. 2 (1995), S. 23-42, hier: S. 23-30; Fried, Johannes, Bardowick, Sachsen und Karl der Große, in: Lüneburger Blätter 30 (1998), S. 61-84. Die Rolle der Abodriten im Kontext der fränkischen Nordostpolitik wird im weiteren Verlauf der vorliegenden Dissertation noch öfter zu berücksichtigen sein. Siehe S. 192-199. Zur Unterteilung Sachsens in die nördlichen und südlichen Gebiete vgl.: Becher, Matthias, Die Sachsen im 7. und 8. Jahrhundert: Verfassung und Ethnogenese,

Im Jahre 798 wurde eine fränkische Gesandtschaft an den Dänenkönig Sigifrid in Transalbingien von Sachsen gefangen genommen und getötet.[102] Auch wenn der Gegenstand der fränkisch-dänischen Verhandlungen nicht bekannt ist, erscheint denkbar, dass Karl der Große bereits auf eine territoriale und machtpolitische Lösung nach dem mittlerweile absehbaren Ende der Sachsenkriege auf diplomatischem Wege hinarbeitete.[103] Zum finalen Schlag gegen die Nordsachsen holte Karl im Jahre 804 aus, als er ein Heer über die Elbe führte und die dortigen Sachsen deportieren ließ.[104] Noch während der vorangegangenen mehrjährigen Kämpfe mit den Nordsachsen hatte der Kaiser die harte rechtliche Behandlung der Sachsen in Westfalen, Engern und Ostfalen durch das *Capitulare Saxonicum* von 797 bereits merklich gemildert.[105] Nachdem die Befriedung und Integration der südlichen

---

in: Stiegemann, Christoph / Wemhoff, Matthias (Hg.), 799 – Kunst und Kultur der Karolingerzeit: Karl der Große und Papst Leo III. in Paderborn, Bd. 1, Mainz 1999, S. 188-194, hier: 192.

102 *Saxones Transalbiani occasionem nancti legatos regis, qui ad eos ob iustitias faciendas missi erant, conprehensos interficiunt, paucis eorum quasi ad redimendum reservatis, trucidantes cum caeteris et Godescalcum regis legatum, quem ille ante paucos dies ad Sigifridum regem Danorum miserat*, Ann. q. d. Einh., 798, S. 103. Diese Gesandtschaft bewertet Zettel, Karl der Große, S. 16 als *„einen Ausschnitt aus einem ansonsten von den Quellen nicht beschriebenen Verhandlungskontinuum"* zwischen Franken und Dänen.

103 *„Mit der Schlacht auf dem Swentanafeld im Jahre 798 wird nun jenes enge Verhältnis Karls zu den Abodriten sichtbar, das in den nächsten Jahren einer veränderten Reichspolitik gegenüber dem nordelbischen Gebiet zu einer noch engeren Verbindung Karls mit den Abodriten und zu einer Verschärfung des Gegensatzes zwischen dem Frankenreich und dem Dänenkönig führte, der offenbar ganz konkrete wirtschaftliche Interessen im Stammesgebiet der Abodriten verfolgte, wo er aus einem Handelsplatz Reric wirtschaftlichen Nutzen zog"*, Jankuhn, Karl der Große und der Norden, S. 700. Diese Sichtweise würde darauf hindeuten, dass die Verhandlungen mit dem Dänenkönig entweder scheiterten oder aber Karl angesichts des Todes seiner Gesandtschaft an Sigifrid davon absah, sich weiterhin mit den Dänen über das bevorstehende Vorgehen gegen die Sachsen und die Handhabe in Bezug auf Nordalbingien zu verständigen. Immerhin fand Karl auch in der Folgezeit einen Weg, mit den Herausforderungen im Nordosten seines Reiches umzugehen, ohne das Leben weiterer Gesandter riskieren zu müssen. Schließlich verfügte Karl mit den Abodriten über einen Verbündeten, dem er die Kontrolle über Nordalbingien zuzuspielen gedachte. Nelson, Janet L., Das Frankenreich, in: Sawyer, Peter Hayes (Hg.), Die Wikinger: Geschichte und Kultur eines Seefahrervolkes, Darmstadt 2000, S. 30 sieht in den Verhandlungen einen Versuch Karls sicherzustellen, dass Dänemark nicht wieder zu einem Rückzugspunkt für sächsische Widerständler werden würde. Siehe: *„Als Karl der Große die Sachsenkriege im Jahr 798 wiederaufnahm, schickte er einen Gesandten zu Sigfred, zweifellos, um jedem Angebot einer Zuflucht für Sachsen zuvorzukommen"*.

104 *Aestate autem in Saxoniam ducto exercitu omnes, qui trans Albiam et in Wihmuodi habitabant, Saxones cum mulieribus et infantibus transtulit in Franciam et pagos Transalbianos Abodritis dedit*, Ann. reg. Franc., 804, S. 118. Das harte Vorgehen gegen die nördlichen Sachsen muss im Zusammenspiel mit der schrittweise gnädigeren Behandlung der südlichen Sachsen gesehen werden. Siehe dazu: *„Diese Doppelstrategie Karls, die sich von der gewaltlosen Missionsmethode eines Bonifatius unterscheidet, erklärt sich aus der Struktur und Organisationsform der sächsischen Stämme. [...] In einer nicht hierarchischen Gesellschaft waren die geschlossenen Friedensverträge und Reichsversammlungen durch Teile der Sachsen nicht für die Gesamtheit verbindlich"*, Lampen, Sachsenkriege, S. 271. Der Gesichtspunkt der Übergabe des Gebiets an die abodritischen Verbündeten wird im weiteren Verlauf noch thematisiert werden. Dieser Vorstoß Karls führte außerdem zu dem ersten Aufeinandertreffen zwischen dem Kaiser und Göttrik, dem Dänenkönig, was ebenfalls noch zu beachten sein wird. Siehe S. 42-48.

105 Capitulare Saxonicum, in: MGH LL 5, Leges Saxonum, S. 85-93. Hiermit erfolgte eine rechtliche Gleichstellung mit den anderen Völkern des Frankenreichs. Daher überrascht es auch nicht, dass Karl nach seiner Kaiserkrönung mit den Volksrechten seines Reiches auch die *Lex Saxonum* aufzeichnen ließ. Siehe: Lex Saxonum, in: MGH LL 5, Leges Saxonum, S. 47-84. Gegen das Modell einer stufenweise milderen Behandlung der Sachsen durch Karl den

Sachsen also bereits vorangeschritten waren, gelang Karl dem Großen mit der Deportation der transalbingischen Sachsen und der Übertragung des Gebiets an die abodritischen Verbündeten ein erfolgreicher Abschluss der mühsamen und langwierigen Sachsenkriege.[106]

Das Ende der Sachsenkriege begründete eine veränderte Situation in Europa. Das Frankenreich hatte eine bemerkenswerte Ausdehnung erfahren. In den Folgejahren wuchsen die unterworfenen Sachsen schnell in den Reichsverband hinein, den sie durch ihre Randlage gegenüber Dänen und Nordwestslawen zu verteidigen hatten. Obgleich die fränkisch-sächsischen Auseinandersetzungen über 30 Jahre andauerten, erscheint es beachtlich, dass die Christianisierung und Einverleibung der Sachsen in der Herrschaftszeit eines einzelnen Herrschers vollzogen werden konnte.[107] Es ist bezeichnend, dass das Sachsenbild zur Zeit der Sachsenkriege Karls des Großen von der einseitigen Schriftlichkeit geprägt ist. Der zeitgenössische Blick auf die Sachsen wird auf diese Weise nur aus der fränkischen Perspektive vermittelt und aus dieser Sicht *„erscheinen die Sachsen als unversöhnliche Rebellen gegen die Vorteile des Christentums".*[108] Diese Sichtweise gleicht dem fränkischen Blick auf die Skandinavier im darauf folgenden Jahrhundert. Gleichsam

---

Großen, die man in den drei genannten Rechtstexten verkörpert sehen könnte, wendet sich Schubert, Capitulatio, S. 17: *„Die indirekt oder direkt unterstellte Stufenfolge der sächsischen Gesetzgebung Karls ist eine Fiktion. Das Capitulare Saxonicum mildert nicht die Bestimmungen der Capitulatio, es reagiert auf Zustände, die sich zwischenzeitlich verändert hatten. (Keine Bestimmung im Gesetz von 782 hat eine direkte und schon gar keine mildernde Entsprechung im Capitulare von 797.)".* Für eine abmildernde Stufenfolge in der Sachsenpolitik Karls des Großen plädiert Lintzel, Martin, Die Capitulatio de partibus Saxoniae, in: Ders., Ausgewählte Schriften: Zur altsächsischen Stammesgeschichte (Bd. I), Berlin 1961, S. 389: *„Kann man demnach die Schlacht am Süntel als Folge der Capitulatio oder doch als Folge der endgültigen Annexion Sachsens, die sich in der Capitulatio ausdrückt, auffassen, so war das Blutbad von Verden, das der Schlacht am Süntel folgte, gleichfalls durch die Capitulatio bedingt. Es entsprach ihren Bestimmungen. Die Vorgänge von 785 zeigen dann, daß diese Bestimmungen sich auf die Dauer nicht – mindestens nicht restlos – halten und durchführen ließen; und dasselbe zeigt das Capitulare Saxonicum von 797 sowie die Lex Saxonum, die 803 erlassen wurde; in beiden Gesetzen sind bekanntlich die Strafandrohungen der Capitulatio wesentlich eingeschränkt und gemildert".*

106 Zur Frage nach den Ursachen für die schwierige Unterwerfung der Sachsen schreibt Becher, Karl der Große, München 62008, S. 72 pointiert: *„Warum hatte dieser Kampf so lange gedauert, warum hatten die Sachsen, die sich auf keinem Feld mit den Franken messen konnten, so lange Widerstand leisten können? Der wichtigste Grund war wohl ihre politische Zersplitterung: Es gab keine handlungsfähige zentrale Gewalt, mit der die Franken einen Vertrag hätten schließen können. Es gab keine Hauptstadt, deren Eroberung den Widerstand des gesamten Landes hätte brechen können. Es gab keinen König oder Herzog, dessen Gefangennahme das Volk weitgehend handlungsunfähig gemacht hätte. Kurz – die scheinbare Rückständigkeit der Sachsen war ihre Stärke".* Zur mühsamen Unterwerfung der Sachsen siehe auch Einhards Karlsbiografie, *nullum neque prolixius neque atrocius Francorumque populo laboriosius susceptum est*, Einhard, Vita Karoli Magni, ed. O. Holder-Egger (MGH SS rer. Germ. 25), Hannover / Leipzig 1911, c. 7, S. 9, Z. 13-15. Nicht ganz zu Unrecht führt Hauck, Karl, Die fränkisch-deutsche Monarchie und der Weserraum, in: Lammers, Walther (Hg.), Die Eingliederung der Sachsen in das Frankenreich, Darmstadt 1970, S. 421 den Erfolg Karls des Großen bei der Unterwerfung der Sachsen auf die beiden Begriffe *„Beharrlichkeit und Konsequenz"* zurück, zwei Eigenschafen, die seinem Sohn Ludwig dem Frommen in der späteren Nordpolitik zumindest auf den ersten Blick fehlten.

107 Vgl. auch Addison, Medieval Missionary, S. 52, der trotz seiner äußerst negativen Einstellung gegenüber der Schwertmission Karls des Großen zu folgendem Ergebnis gelangt: *„The forcible conversion of the Saxons was achieved during the reign of one ruler. Though characterized by brutality and violence, it was a process of no long duration and had, at worst, the merit of being successful".*

108 McKitterick, Karl der Große, S. 103.

wurde die Unterwerfung der Sachsen *„zur Bedingung und Voraussetzung karolingischer Nordostpolitik"*[109], die in den nächsten Jahrzehnten das Gleichgewicht zwischen Dänen, Nordwestslaven und dem bis zur Elbe ausgedehnten Frankenreich zu wahren suchte.[110]

II. 4 Die Wikingerzüge

Das Phänomen der Wikingerzüge spielt im Rahmen der vorliegenden Arbeit eine nicht zu unterschätzende Rolle. Dabei stehen die Motive und Abläufe der normannischen Beutezüge zwar nicht im Zentrum der Aufmerksamkeit, jedoch hatten sie großen Einfluss auf die fränkisch-dänischen Beziehungen.[111] Im weiteren Verlauf dieser Arbeit wird wiederholt zwischen gewöhnlichen Wikingerüberfallen, die von einer autonom handelnden Kriegergemeinschaft unternommen wurden, und jenen Überfällen, die wahrscheinlich auf herrschaftliche Initiative hin stattfanden, zu unterscheiden sein.[112] Dies ist deswegen wichtig und nicht ganz einfach, weil sich die Abläufe und Erscheinungsformen[113] der beiden

109 Ernst, Nordwestslaven, S. 92.
110 Ernst, Nordwestslaven, S. 188 hat zurecht darauf hingewiesen, dass die neue Dreieckkonstellation im Nordosten, in welcher nach den Sachsenkriegen die Dänen eine wichtige Rolle spielten, ein zuvor langwieriges anderes Mächtependel im fränkischen Nordosten ablöste. *„Seit den frühen Karolingern bis zu Karl dem Großen gingen die Sachsen stets als dritte politische Größe in die wechselseitigen Beziehungen zwischen Franken und Nordwestslaven ein. Deshalb war das Verhältnis des Reichs zu den slawischen Nachbarn beeinflußt und mitbestimmt von seinem Verhältnis zu den Sachsen".* Vgl. auch: Hoffmann, Sachsen, S. 2f.
111 Bereits Vogel, Die Normannen, S. 79 stellte die sehr unterschiedliche Bedeutung der Wikingerzüge für die europäischen Christen und die skandinavischen Plünderer auf seine ihm eigene Weise heraus: *„Welcher Gegensatz zwischen diesen Leuten, die sich bang fragen mochten, ob nicht gar der Weltuntergang bevorstehe, und den übermütigen, kriegstrotzigen Normannen, vor deren Augen jenseits des wogenden Meeres in Wahrheit eine neue Welt aufging, deren Führer und Herrscher zu werden sie berufen waren".*
112 Im Vorfeld der Herrschaft Göttriks entwickelten die Wikingerüberfälle bereits ihre eigene Dynamik. Vgl. hierzu: *„Die ersten überlieferten Überfälle der Wikinger im Westen richteten sich gegen Mönchsklöster auf den Britischen Inseln. Im Jahr 793 wurde Lindisfarne, ein Inselkloster vor der Küste Northumberlands, geplündert, und in den nächsten sieben Jahren wurden mindestens drei weitere Klöster an der Küste Northumbriens angegriffen. Im Jahre 795 überfielen Wikinger Inselklöster im Westen: auf Skye und auf der zu den Hebriden gehörenden Klosterinsel Iona sowie auf Rathlin vor der Nordostküste Irlands. Im Jahr 798 berichten die Annalen von Ulster, Heiden hätten St. Patrick's Island vor der Ostküste Irlands geplündert und »große Raubzüge sowohl in Irland als auch in Schottland« unternommen. Der erste überlieferte Überfall auf dem Kontinent, der im Jahr 799 erfolgte, richtete sich ebenfalls gegen ein Inselkloster: St. Philibert auf Noirmoutier in der Nähe der Loiremündung",* Sawyer/Sawyer, Welt der Wikinger, S. 133. Hier deutet sich an, dass es mit hoher Wahrscheinlichkeit schon früher zu Wikingerüberfällen kam, die allerdings nicht von Schriftquellen erfasst wurden, da sie sich gegen jene europäischen Regionen richteten, wo noch keine Schriftlichkeit vorherrschte. Jankuhn geht davon aus, dass sich Wikingerzüge *„mit der gleichen Heftigkeit, mit der gleichen Zielsetzung und der gleichen Art der Ausführung sowohl gegen die slawische Südküste, wie gegen den Norden selbst richteten; [...] Nur die Ungunst der historischen Überlieferung hat bisher die Vorstellung genährt, daß sich die Züge der Skandinavier ausschließlich auf außer-skandinavische Gebiete erstreckten",* Jankuhn, Herbert, Wikingerzüge und kulturelle Strömungen im Ostseegebiet während des 9. und 10. Jahrhunderts, in: Ders., Der Ostseeraum im Blickfeld der deutschen Geschichte, Köln / Wien 1970, S. 6f.
113 Es darf in diesem Kontext nicht außer Acht gelassen werden, dass Raub und Plünderung gängige Mittel im Frühmittelalter darstellten. Mit Blick auf die Wikinger hat Reuter darauf hingewiesen, dass vor den Wikingern vor

Ausformungen von „Wikingerüberfällen" in der Regel gleichen.[114] Im Folgenden sollen nun die verschiedenen in der Forschung vertretenen Ansichten über die Motive für die Wikingerüberfälle im Überblick aufgezeigt werden. Dies ist erforderlich, um die verschiedenen Störungen in den fränkisch-dänischen Beziehungen, welche durch die Wikingerüberfälle ausgelöst oder verstärkt wurden, besser in ihren historischen Kontext einordnen zu können. Es gilt dabei die Hauptströmungen der historischen Forschung aufzuzeigen, wobei natürlich partielle Vereinfachungen nicht zu vermeiden sind.[115]

II. 4. 1 Die politisch-sozialen Motive

Die Deutung der Wikingerzüge als das Ergebnis einer sozialen Entwicklung in den skandinavischen Ländern ist eine These, die in der Forschung wiederholt und mit verschiedenen Gewichtungen vorgetragen wurde. Eine bereits früh geäußerte These besagt dabei, dass die Wikingerfahrten dazu dienten, das Gefolge des jeweiligen Wikingerfürsten wirtschaftlich unterhalten zu können. Damit zöge der jeweilige Anführer der Gefolgschaft den größten Nutzen aus den Raubfahrten, da er bei Erfolg sein Gefolge mit materiellen Mitteln vergrößern und verfestigen könnte. Dadurch wiederum wurde es ihm ermöglicht, eine bessere innenpolitische Stellung in seiner Heimat einzunehmen.[116] In engem Zusammenhang mit dieser Sichtweise steht ein ebenfalls dieser Forschungsströmung

---

allem die Franken von Plünderungen profitierten. *„We have heard much about the destructive effects of the Vikings on Frankish society in the ninth century: we forget that for most of Europe in the eighth and ninth century it was the Franks who were the Vikings"*, Reuter, Timothy, Plunder and Tribute in the Carolingian Empire, in: Transactions of the Royal Historical Society 35 (1985), S. 91. Vgl. auch: *„It was new that these barbarians and pagans from the North claimed a share in the game; but the game itself was familiar"*, Lund, Niels, Allies of God or Man? The Viking Expansion in a European Perspective, in: Viator 20 (1989), S. 45. Abzielend auf die allgemeine Gewalttätigkeit der betreffenden Zeit formuliert Fletcher, Richard, The Conversion of Europe: From Paganism to Christianity 371-1386, London 1998, S. 369 es sehr plakativ: *„Violence was not a Viking monopoly"*.

114 Wie sich noch zeigen wird, glichen sich die Wikingerüberfälle in ihren Abläufen ebenso wie im Grad der Gewaltanwendung. Simek hat allerdings darauf verwiesen, dass die Vorgehensweise der Wikinger nicht gewalttätiger war als zu ihrer Zeit allgemein üblich. Dabei stellt er außerdem noch den Druck, der durch die Expansion des Frankenreichs unter Karl dem Großen und *„a generally brutalization of contacts between peoples along the North Sea"* entstanden war, als mögliche Beweggründe für den Beginn der Wikingerzüge dar, Simek, Rudolf, The Emergence of the Viking Age: Reasons and Triggers, in: Ders. / Engel, Ulrike (Hg.), Vikings on the Rhine: Recent Research on Early Medieval Relations between the Rhinelands and Scandinavia, Wien 2004, S. 19f.

115 Die vorliegende Strukturierung orientiert sich vage an der Darstellung von Zettel, Normanneneinfälle, S. 14-25, die hier inhaltlich noch um Literaturverweise der neueren Forschung erweitert werden soll. Bei der großen Fülle an Literatur über die Wikinger und dem Umstand, dass die Suche nach den Motiven für die Wikingerzüge nicht zu den Kernfragen der vorliegenden Arbeit zählt, lässt sich an dieser Stelle kein Anspruch auf Vollständigkeit erheben.

116 Munch, Peter A., Das heroische Zeitalter der nordgermanischen Völker und die Wikingerzüge, Lübeck 1854, S. 237; Lauffer, Otto, Die Entwicklungsstufen der germanischen Kultur: Umwelt und Volksbrauch in altgermanischer Zeit, in: Nollau, Hermann (Hg.), Germanische Wiedererstehung, Heidelberg 1926, S. 126f; Heussler, Andreas, Altgermanische Sittenlehre und Lebensweisheit, in: Nollau, Hermann (Hg.), Germanische Wiedererstehung, Heidelberg 1926, S. 189f.

zuzuordnender Ansatz, der das soziale Prestige besonders zu berücksichtigen sucht. In dieser Denkweise errang der Wikinger nicht nur materielle Gewinne auf seinen Raubfahrten, sondern ihm kam in der Heimat zudem durch seine Taten ein gesteigertes Ansehen zugute, das vor allem für jüngere Skandinavier einen besonderen Anreiz bieten konnte.[117]

Ebenfalls in den sozialen Bereich gehört die These von einer skandinavischen Vererbungspraxis, derzufolge der gesamte zu vererbende Besitz nur einem einzigen Sohn zufallen durfte, was jene Söhne, die von der Erbschaft ausgeschlossen wurden, dazu motiviert habe, außerhalb der Heimat als Wikinger Wohlstand und Prestige zu erwerben.[118] Diese Ansicht wurde von manchen Forschern dergestalt gedeutet, dass die Ausfahrt der Wikingerverbände gewissermaßen aus der kulturellen Beschaffenheit der Nordmänner resultierte, die auf Ruhm, Reichtum und Aufbruch ausgerichtet gewesen sei.[119] Ein weiterer Grund für den Exodus normannischer Gruppen wird in der Verbreitung eines starken Königtums in den skandinavischen Ländern gesehen, wobei die Bestrebungen der Mächtigen verschiedene Nordmänner dazu brachten, auf der Flucht vor der königlichen Zentralisation ihre Heimat zu verlassen und die Freiheit im Ausland zu suchen.[120] Ebenfalls dem sozialen Bereich ist jene These zuzuordnen, die in den Wikingerzügen einen Initiationsritus zu erkennen glaubt. Nach dieser Vorstellung folgte die Teilnahme junger

117 Strinnholm, Anders M., Wikingszüge, Staatsverfassung und Sitten der alten Skandinavier, Bd. I, Hamburg 1839, S. 326; La Baume, Wolfgang, Die Wikinger, in: Reinerth, Hans (Hg.), Vorgeschichte der deutschen Stämme, Bd. III, Berlin 1940, S. 1278ff; Trevelyan, George M., Geschichte Englands, Bd. I, München ³1947, S. 82ff; Jankuhn, Herbert, Wirtschafts- und Kulturgeschichte Angelns in der Wikingerzeit, in: Jahrbuch des Angler Heimatvereins 16 (1952), S. 60. Vgl. dazu auch: „Die meisten Angehörigen der ersten Generationen von Wikingern suchten Reichtum, kein Land. Es stimmt, daß in der Wikingerzeit viele Skandinavier auswanderten, aber nur wenige taten es, weil sie dazu gezwungen waren. Wahrscheinlicher ist, daß die meisten derjenigen, die auf den Britischen Inseln, auf Island oder in Rußland siedelten, von der Aussicht angezogen wurden, mehr Land zu haben, als sie in Skandinavien jemals zu besitzen oder zu pachten hoffen konnten", Sawyer, Peter H., Das Zeitalter der Wikinger und die Vorgeschichte, in: Ders. (Hg.), Die Wikinger: Geschichte und Kultur eines Seefahrervolkes, Darmstadt 2000, S. 13.
118 Depping, Georg B., Histoire des expeditions des Normands et de leur établissement en France au X. Siècle, Paris ²1844, S. 2; Luden, Heinrich, Geschichte des deutschen Volkes, Bd. V, Gotha 1830, S. 20ff.
119 Wenck, Woldemar B., Das Fränkische Reich nach dem Vertrag von Verdun (843-861), Leipzig 1851, S. 72; Strasser, Karl T., Wikinger und Normannen, Hamburg 1928, S. 40ff; Kuhn, Hans, Kriegswesen und Seefahrt, in: Germanische Altertumskunde, München ²1951, S. 99; Vries, Jan de, Die geistige Welt der Germanen, Darmstadt 1964, S. 114f. Vgl. auch: „At home in the North, such military service gave enormous prestige and was commemorated on rune stones", Roesdahl, Viking Age Denmark, S. 195.
120 Lautenschläger, Georg, Einfälle der Normänner in Teutschland: Eine historische Abhandlung, Darmstadt 1827, S. 11ff; Mawer, Allen, The Vikings, Cambridge 1913, S. 7f; Zechlin, Egmont, Maritime Weltgeschichte: Altertum und Mittelalter, Hamburg 1941, S. 243f; Turville-Petre, Gabriel, The Heroic Age of Scandinavia, London 1951, S. 59; Mitteis, Heinrich, Der Staat des hohen Mittelalters: Grundlinien einer vergleichenden Verfassungsgeschichte des Lehnszeitalters, Weimar ⁷1962, S. 96ff; Vries, Welt der Germanen, S. 117. Mit Hinblick auf die im Folgenden noch bedeutsamen Thronkämpfe in Dänemark vgl.: „Die Unternehmungen der Normannen waren oft die Folge von inneren Schwierigkeiten, besonders von Thronwirren, in den Herkunftsländern. [...] Nachweisbar sind die Angriffe von 851, 858 und 994 durch Thronwirren in Dänemark hervorgerufen worden", Harthausen, Hartmut, Die Normanneneinfälle im Elb- und Wesermündungsgebiet mit besonderer Berücksichtigung der Schlacht von 880, Hildesheim 1966, S. 214.

Skandinavier an den Raubfahrten einem in der nordischen Kultur verwurzelten Ideal, das die Bewährung des Mannes im Kampf erwartete.[121]

II. 4. 2 Die ökonomischen Motive

Während auch in den eben erwähnten Thesen der Zugewinn an materiellen Werten eine unterschiedlich gewichtige Rolle spielte, soll im Folgenden die Rede von den ökonomischen Hintergründen in Skandinavien sein, die nach Ansicht einiger Forscher für den Beginn der Wikingerzüge verantwortlich waren. Eine häufig geäußerte und weit verbreitete These ist hierbei jene von einer Überbevölkerung in Skandinavien, welche die Wikinger dazu bewogen habe, außerhalb ihrer Heimat nach Raubgut und Land zu suchen. Dieser Vorstellung lässt sich auf eine in ihrem Quellenwert streitbare Schilderung Dudos von Saint-Quentin zurückführen, der behauptete, die Überbevölkerung in Skandinavien habe von der Vielweiberei der Nordeuropäer hergerührt, welche wiederum dazu führte, dass Losentscheide darüber bestimmten, wer das überbevölkerte Land verlassen musste.[122] Im 19. Jahrhundert machte sich schließlich Steenstrup zum prominentesten Vertreter der Überbevölkerungsthese in der Tradition Dudos.[123] Doch auch im darauf folgenden Jahrhundert fand diese These noch wiederholten Zuspruch.[124] Eine Auffassung, welche die Kausalverbindung zwischen der vermeintlichen Überbevölkerung und den Wikingerfahrten umkehrt, findet sich bei Storm, der die wirtschaftlichen Zugewinne und die Prosperität in Skandinavien infolge der Wikingerzüge für einen Anstieg der nordeuropäischen Bevölkerung verantwortlich macht.[125]

Eine seltener vertretene These geht zwar auch von einer Überbevölkerung aus, führt diese jedoch auf den Mangel an fruchtbarem Boden zurück. Damit bestünde nach dieser Vorstellung nur deswegen eine Überbevölkerung, die zu einem vermehrten und mitunter aggressiven Ausweichen von Skandinaviern auf das europäische Ausland führte, weil die agrarische Situation in den betreffenden Regionen Nordeuropas nicht die Ernährung der gesamten vorhandenen Bevölkerung sichern konnte.[126] Die moderne Archäologie hat die Thesen von einer skandinavischen Überbevölkerung oder einem Mangel an fruchtbarem

---

121 Schoenfeld, Emil D., An nordischen Königshöfen der Wikingerzeit, Straßburg 1910, S. 41; Weinhold, Karl, Altnordisches Leben, Stuttgart ²1938, S. 247f; Nitschke, August, Beobachtungen zur normannischen Erziehung im 11. Jahrhundert, in: AKG 43 (1961), S. 284ff.
122 Dudo von Saint-Quentin, De moribus et actis primorum Normanniae Ducum III, 3, ed. J. Lair (Mémoires de la Société des Antiquaires de Normandie), Caen 1865, S. 129f.
123 Steenstrup, Johannes C.H.R., Normannerne, Bd. I, Kopenhagen 1876, S. 258ff.
124 Strasser, Wikinger, S. 40ff; Oxenstierna, Eric, Die Nordgermanen, Stuttgart 1957, S. 124ff; Hay, Denys, The Medieval Centuries, London ²1964, S. 27; Harthausen, Normanneneinfälle, S. 1.
125 Storm, Gustav, Kritiske Bidrag til Vikingetidens Historie, Bd. I, Kristiana 1878, S. 22ff.
126 Vogel, Die Normannen, S. 27ff; Spromberg, Heinrich, Die Seepolitik Karls des Großen: Beiträge zur belgisch-niederländischen Geschichte, Berlin 1959, S. 9; Nordenstreng, Rolf, Die Züge der Wikinger, Leipzig 1925, S. 17f.

Ackerboden inzwischen allerdings nachdrücklich widerlegt.[127]

II. 4. 3 Das reaktive Motiv

Es existierte außerdem eine inzwischen weitestgehend überholte These in Bezug auf die Wikingerzüge, die davon ausging, dass die Überfälle als eine Reaktion Skandinaviens auf die Entwicklungen in Westeuropa zu sehen seien. David Hume ging davon aus, dass es die Sachsenkriege Karls des Großen waren, die eine militärische Reaktion des europäischen Nordens hervorriefen.[128] Bei Ranke hingegen stand die Schwäche der Franken in Folge der innerfränkischen Zerrissenheit nach dem Tode Karls des Großen im Vordergrund, wenn es darum ging, die Ursachen für die Wikingerzüge auszumachen. Demzufolge war es die selbst verschuldete fränkische Schwäche, die dafür sorgte, dass *„das zurückgedrängte Heidenthum"*[129] zu einem Vergeltungsschlag gegen das christliche Europa ausholen konnte. Diese Vorstellungen haben gemeinsam, dass sie von dem festen Glauben an einen starren und stetigen Antagonismus zwischen christlichem Westeuropa und heidnischem Nordeuropa ausgehen. Auch wenn man von engen und bisweilen auch guten Beziehungen zwischen Dänen und Sachsen ausgehen darf, so konnte dieser Umstand doch keineswegs die bestehenden Konventionen außer Kraft setzen. Ein Vergeltungsschlag Skandinaviens für Karls Unterwerfung der Sachsen erscheint mehr als unwahrscheinlich. Selbst wenn man diese These dadurch zu retten versuchte, die Vergeltung lediglich auf die mit den Sachsen benachbarten Dänen zu beziehen, so verbleibt dennoch das irrationale Motiv der Rache, das man, wie noch aufgezeigt werden wird, bei den dänischen Großen in der ersten Hälfte des 9. Jahrhunderts keinesfalls unterstellen kann. Die Motive der dänischen Wikingerfürsten und gegebenenfalls auch der Könige dürften vielmehr zu einer eigenen Machtausdehnung tendiert haben. Rache für ein mutmaßlich befreundetes heidnisches Volk von Seiten der ebenfalls heidnischen nordeuropäischen Welt anzunehmen, zeugt von einem vereinfachten Weltbild, das nicht willens oder fähig zu sein scheint, die wahren Hintergründe zu erkunden. Gleiches gilt auch für die These von einem heidnischen Befreiungsschlag gegen ein schwächelndes Frankenreich.

Gewiss ist es zulässig, davon auszugehen, dass die Destabilisierung des Frankenreichs unter Ludwig dem Frommen auch dem nordeuropäischen Kulturkreis nicht entgangen sein dürfte und daher das vormals wahrscheinlich stärker gefürchtete Reich nunmehr für verwundbar

---

127 Siehe: Sawyer / Sawyer, Welt der Wikinger, S. 13; Simek, Emergence of Viking Age, S. 16.

128 Hume, David, The History of England from the Invasion of Julius Caesar to the Abdication of James the Second 1688, Bd. I, Philadelphia 1868, S. 51f; Depping, Histoire des expeditions, S. 2; Paulsen, Peter, Der Stand der Forschung über die Kultur der Wikingerzeit, in: Bericht der römisch-germanischen Kommission 22 (1933), Mainz 1933, S. 201.

129 Ranke, Leopold von, Französische Geschichte vornehmlich im sechzehnten und siebzehnten Jahrhundert, Bd. I, Stuttgart/Tübingen 1852, S. 16.

gehalten werden konnte. Die Zunahme der Wikingerüberfälle auf das Frankenreich und die aus ihm entstandenen Teilreiche dürfte ebenfalls darauf zurückzuführen sein, dass die Verwundbarkeit Westeuropas gegenüber den Wikingerüberfällen nach den ersten erfolgreichen Beutezügen immer offensichtlicher wurde. Es ist allerdings nicht davon auszugehen, dass die Religion, weder die christliche noch die nordisch-heidnische, für die Wikingerüberfälle verantwortlich gemacht werden kann. Auch der Umstand, dass sehr häufig auch kirchliche Einrichtungen von Wikingern überfallen wurden, deutet nicht etwa auf ein religiöses Motiv[130] hin, sondern vielmehr stellten jene Einrichtungen in der Regel ein leichtes und lohnenswertes Ziel dar.[131] In den Erfahrungen mit dem Heidentum Nordeuropas weist nichts darauf hin, dass man dort die Vorstellung von einem vereinten heidnischen Krieg gegen die vermeintliche christliche Bedrohung hätte entwickeln oder durchsetzen können. Auch hier gilt es, die wahren und nachvollziehbaren Hintergründe für die zu beobachtenden Entwicklungen der Wikingerzeit zu ergründen und nicht etwa einer dezentralen und nicht institutionell organisierten heidnischen Religion im Stile einer Verschwörungstheorie einen mutmaßlichen Glaubenskrieg gegen die christliche Welt zuzuschreiben.[132]

II. 4. 4 Die These von der fortgeführten Völkerwanderung

Ebenfalls vor allem in der älteren Literatur findet sich die These, dass die Wikingerzeit eine Fortsetzung der Völkerwanderung darstellt.[133] In diesem Zusammenhang ist natürlich darauf zu verweisen, dass man nur von einer Kontinuität zwischen Völkerwanderung und Wikingerzügen ausgehen kann, wenn man den Normannen unterstellt, bereits zu Beginn ihrer Unternehmungen von der Landsuche als dominierendem Motiv angetrieben worden zu sein. Diese Annahme allein ist allerdings schon mehr als umstritten. Offensichtlich ist jedenfalls, dass die Wikingerüberfälle des ausgehenden 8. und frühen 9. Jahrhunderts keine Bestrebungen der Nordmänner erkennen lassen, sich in den heimgesuchten Regionen längerfristig festzusetzen. Vielmehr ist davon auszugehen, dass sich die Landnahme erst

---

130 Siehe auch Böhm, Nomen gentis Normannorum, S. 624, welche die Wikingerzüge als *„heidnisch-germanische Gegenbewegung gegen das missionarische Ausgreifen des christianisierten festländischen Germanentums seit der Karolingerzeit"* bezeichnet.

131 *„It soon became obvious to them what lucrative targets churches and monasteries in Britain, Ireland and France could be. In these places they found not only food and wine, but also precious metals, artistically used for reliquaries, crosses, liturgical vessels and books"*, Simek, Rudolf, Germanic Religion and the Conversion to Christianity, in: Murdoch, Brian / Read, Malcolm (Hg.), Early Germanic Literature and Culture, New York 2004, S. 95.

132 Lund, Allies, S. 47 bringt es auf den Punkt, wenn er hierzu schreibt: *„The Vikings were not united against anything or anybody"*. Vgl. auch in Hinblick auf die spätere Phase des Synkretismus in Skandinavien: *„This readiness to make room for a Christian deity alongside the traditional gods [...] does not suggest that the paganism of the Vikings was aggressive or intolerant"*, Fletcher, Conversion of Europe, S. 374.

133 Hay, Medieval Centuries, S. 12; Steenstrup, Normannerne, S. 260; Worsaae, Jens J. A., Die Vorgeschichte des Nordens nach gleichzeitigen Denkmälern, Hamburg 1878, S. 117; Jones, A History of the Vikings, S. 182ff.

später als dominierendes Motiv für die normannischen Unternehmungen durchsetzte.[134] Selbst wenn man die Frage nach dem Landnahmemotiv hintanstellen sollte, ergibt sich eine weitere grundsätzliche Frage, nämlich ob man die Ausgangslage der Völkerwanderung mit jener der Wikingerzüge vergleichen kann. Speziell für den im Rahmen dieser Arbeit besonders relevanten Zeitraum lässt sich beobachten, dass die Überfälle von Krieger- und nicht etwa Stammesverbänden durchgeführt wurden. Außerdem vermitteln die Quellen nicht den Eindruck, dass die Wikinger aus einer Not heraus, sondern vielmehr aufgrund der für sie günstigen Gelegenheit handelten. Die These von einer in der Wikingerzeit fortgeführten Völkerwanderung gilt in der heutigen Forschung als überholt.

II. 4. 5 Die Theorie eines Motivkonglomerats

In der heutigen Forschung sind die einfachen und bisweilen monokausalen Thesen zum Ausbruch der Wikingerzüge weitgehend zurückgedrängt worden. Vielmehr geht man häufig davon aus, dass eine Mehrzahl von Faktoren, deren Gewichtung natürlich immer noch sehr unterschiedlich ausfallen kann, in ihrem Zusammenspiel zum Beginn des Wikingerphänomens geführt hatten.[135] Ebenso wie eine differenzierte Sichtweise auf die Motive entstand auch eine abgestufte Wahrnehmung in Bezug auf eine inhaltliche Unterteilung der Wikingerzeit selbst. Horst Zettel hat die gut erkennbaren, wenngleich auch regional unterschiedlich verlaufenen und zeitlich verschieden einsetzenden drei Stadien der Wikingerzeit mit den Begriffen Plünderung, Eroberung und Besiedlung bezeichnet. Für das hier besonders relevante Frankenreich veranschlagt Zettel den Ausklang der ersten Phase für den Beginn des 10. Jahrhunderts, während der Übergang zwischen Eroberungs- und Besiedlungsstadium fließend sei.[136]

Eine weitere Dreiteilung bezieht sich auf die Erscheinungsformen der Wikingerüberfälle, die auf Fritz Askeberg zurückgeführt werden kann. Demzufolge erschienen die kriegerischen Unternehmungen der Normannen einerseits in Form von einmaligen Kriegszügen, die von selbständig gruppierten Kriegerverbänden zum Zweck von Beuteerwerb zustande kamen. Andererseits gab es auch herrschaftlich organisierte Flottenoperationen mit politischen Zielsetzungen oder groß angelegte Kriegszüge mit dem Ziel der Landnahme.[137] Dieser vielfach aufgegriffenen Unterteilung wird im Wesentlichen

---

134 Plassmann, Die Normannen, S. 26.

135 „*It has become increasingly clear over the last few decades of research and speculation into the »reasons for the Viking Age«, as they may colloquially be called, that we cannot limit them to merely a few reasons, but have to learn to appreciate how manifold and complex these reasons may have been*", Simek, Emergence of Viking Age, S. 10. Siehe auch: „*Viking leaders needed treasure to reward followers, to prosecute ambitions at home, to buy ships and slaves, to finance trade, to purchase land or wives. Pillaging a monastery was therefore not unlike robbing a bank*", Fletcher, Conversion of Europe, S. 370. Vgl. dazu ferner: Plassmann, Die Normannen, S. 24ff.

136 Zettel, Normanneneinfälle, S. 21.

137 „*1) Privata strövtåg med plundring som enda mål, 2) statligt organiserade flottoperationer, som ha ett politiskt*

auch im Rahmen der vorliegenden Arbeit zugestimmt werden, wobei das Hauptinteresse nicht auf der Überprüfung der These Askebergs liegt, sondern vielmehr auf der Untersuchung verschiedener Wikingerüberfälle und ihrer Hintergründe. Bei verschiedenen Normannenüberfällen wird zu klären sein, wem die entsprechende Urheberschaft zuzuschreiben ist, was gewiss nicht immer eindeutig sein wird. Daher wird bei streitbarer Urheberschaft die Unterscheidung nach den oben genannten drei Erscheinungsformen oder beziehungsweise Phasen von Wikingerüberfällen umso wichtiger sein.[138]

Im Folgenden wird die Suche nach den Gründen, welche das Wikingerphänomen auslösten, nur von untergeordneter Bedeutung sein. Vielmehr sollen Ereignisse des zu behandelnden Zeitraums vor dem Hintergrund ihrer jeweiligen Begleitumstände analysiert und interpretiert werden, zu denen auch die eskalierenden Wikingerüberfälle des 9. Jahrhunderts zählen.

---

syfte, 3) stort anlagda krigståg av friskaror till lands och sjöss med kolonisation", Askeberg, Norden, S. 3f. Ergänzend nennt Askeberg auch Handelsinteressen als Beweggrund für normannische Aktivitäten, wobei sich dies nur auf friedliche Maßnahmen bezieht und damit in diesem Kontext nicht von Bedeutung ist. Die oben genannte Dreiteilung wurde später von Musset, Lucien, Le second assaut contre l'Europe Chrétienne: VIIe – XIe siècle, Paris 1965, S. 113ff übernommen. Simek, Emergence of Viking Age, S. 11-14 hat nachdrücklich darauf verwiesen, dass die langjährigen Erfahrungen der Skandinavier im Bereich des Fernhandels mit dem Kontinent ebenso eine wichtige Grundvoraussetzung für die Wikingerzüge darstellten wie auch die fortgeschrittenen Seefahrtfähigkeiten der Nordeuropäer. Die Handelskontakte vermittelten wertvolle Informationen über lohnende Ziele in Europa, und die ausgeprägte Seefahrt ermöglichte die schnellen Überfälle. Vgl. auch: Sawyer, Das Zeitalter der Wikinger, S. 16f.

138 Das Motiv der Landnahme wird im Rahmen dieser Dissertation allerdings keine Rolle spielen, da es sich dabei um ein Phänomen handelte, das erst im 10. Jahrhundert für das kontinentale Europa zu beobachten ist.

III. Die Spätzeit Karls des Großen

Das folgende Kapitel befasst sich mit den fränkisch-dänischen Beziehungen in der Spätzeit Karls des Großen, womit im Folgenden die Zeit zwischen dem endgültigen Sieg Karls über die Sachsen im Jahre 804 und Karls Tod 814 gemeint ist. Dabei wird natürlich die bereits aufgezeigte veränderte Situation im Nordosten des Frankenreiches zu berücksichtigen sein, die sich nach dem Ende der Sachsenkriege ergab. Aus jener veränderten Situation folgte nämlich alsdann ein regelmäßiger Kontakt zwischen Franken und Dänen, der bisweilen auch in Konflikte ausartete. Das wechselvolle Miteinander der fränkischen Großmacht und des skandinavischen Königreiches soll für die Spätzeit Karls des Großen nachgezeichnet werden, wobei die Regierungszeit des Dänenkönigs Göttrik ebenso besondere Berücksichtigung erfahren wird, wie auch die Frage nach der generellen Beschaffenheit des dänischen Königreiches zu Beginn des 9. Jahrhunderts und die Charakteristika der fränkischen Nordpolitik unter Karl dem Großen.

III. 1 Karl und Göttrik

Der Fokus der Betrachtung wird im Folgenden auf dem außenpolitischen Nebeneinander und dem daraus resultierenden Konflikt der beiden Herrscher Karl und Göttrik liegen, da es die Zielsetzungen jener beiden Machthaber waren, welche durch ihre Gegenläufigkeit das Verhältnis zwischen Frankenreich und dänischem Königreich so schwierig machten. Das fränkisch-dänische Verhältnis war zu Beginn des 9. Jahrhunderts allerdings keineswegs frei von Vorbelastungen. Zu einer Trübung des Verhältnisses hatte nicht nur die dänische Unterstützung des sächsischen Widerstands gegen die Franken beigetragen, sondern auch die neu entstandene Grundkonstellation im fränkischen Norden schuf für die unmittelbare Zukunft wenig Hoffnung in Bezug auf eine friedliche Koexistenz. Immerhin hatte das christliche Frankenreich soeben die benachbarten Sachsen in einem langwierigen Konflikt unterworfen und zwangschristianisiert. Selbst wenn man davon ausginge, dass das fränkische Reich aufgrund seiner neuerlichen Ausdehnung und nach dem Eindruck des langjährigen Konflikts mit den Sachsen einen Zustand der Saturiertheit erreicht hätte, so war eine solche Sichtweise dem benachbarten Dänenkönig sicher fremd, da für ihn die große potentielle Bedrohung durch den neuen Nachbarn im Vordergrund gestanden haben dürfte. Die Unverhältnismäßigkeit der Kräfte hätte für die Zeit nach dem Ende der Sachsenkriege allenfalls abschreckend und hemmend auf etwaige Aggressionen von dänischer Seite wirken müssen. Wie zu zeigen sein wird, stellte sich dieser Effekt jedoch nicht ein. Jedenfalls bildeten die kurz zuvor beendeten Sachsenkriege den Hintergrund für den in der Folgezeit zwangsläufig intensiveren Kontakt zwischen Franken und Dänen. Die Ausgangslage zwischen christlichem Kaiser und heidnischem Dänenkönig war eindeutig und gestaltete sich zunächst zu Ungunsten der dänischen Seite. Im Folgenden wird nachzuzeichnen und zu

© Springer-Verlag GmbH Deutschland, ein Teil von Springer Nature 2011
V. Helten, *Zwischen Kooperation und Konfrontation: Dänemark und das Frankenreich im 9. Jahrhundert*, Edition KWV, https://doi.org/10.1007/978-3-662-58399-9_3

diskutieren sein, wie sich die Beziehungen zwischen den beiden Mächten durch die Entscheidungen und Handlungen der beiden Herrscher entwickelten.

III. 1. 1 Das Jahr 804: Die ersten Verhandlungen nach dem Ende der Sachsenkriege

Der dänische König Göttrik, welcher in den fränkischen Quellen oftmals als Gudfred[139] oder ähnlich bezeichnet wird, herrschte zu Beginn des 9. Jahrhunderts in Dänemark, wobei seine Regierung im Jahre 810 durch seinen Tod endete. Göttrik zeichnete sich durch eine offensive und konfliktorientierte Politik gegenüber dem Frankenreich aus.[140] Der Beginn seiner Herrschaft[141] ist leider nicht mehr rekonstruierbar, jedoch tritt er im Jahre 804

---

139 Siehe für alternative Bezeichnungen z. B.: *Gotafridus* (Gesta Hammaburgensis, I, 14, S. 19, Z. 15), *Godefridus* (Notker Balbulus, Gesta Karoli Magni imperatoris, II, 13, S. 76, Z. 7f.; Astronomus, 24, S. 356, Z. 6), *Godofridus* (Ann. reg. Franc., 804, S. 118; Einhard, Vita Karoli Magni, 14, S. 17, Z. 6). Die in dieser Arbeit bevorzugte Namensbezeichnung „Göttrik" findet ihre sporadische Verwendung in der deutschsprachigen Forschung sowie u.a. in der Überlieferung des Dänen Saxo Grammaticus (*Gotricus*, s. Saxo Grammaticus, VIII, 16,1, S. 578) und soll im Rahmen dieser Dissertation vor allem dazu dienen den Dänenkönig namentlich klar von den Franken abzugrenzen. Der Annahme, dass Saxo Grammaticus den historischen König Göttrik mit der isländischen „Gautreks saga" vermengte, soll damit keinesfalls widersprochen werden. Vgl. hierzu: Skovgaard-Petersen, Inge, Gudfred, in: LexMA IV (1989), Sp. 1762f. Dabei ist hervorzuheben, dass es sich tatsächlich nur um eine Vermengung und nicht etwa um eine Verwechslung handelt, was für Saxo Grammaticus durchaus nicht ungewöhnlich erscheint. Saxo lässt keinen Zweifel daran, dass er mit „Göttrik" vorrangig jenen historischen Dänenkönig aus dem frühen 9. Jahrhundert meint, welcher den Franken unter einem anderen Namen bekannt war. *Gotricus, qui et Godefridus est appellatus*, Saxo Grammaticus, VIII, 16,3, S. 580.

140 Zu einer im Gesamturteil entgegengesetzten Einschätzung gelangt Horst Zettel, der die Herrschaft Göttriks als grundsätzlich defensiv bewertet. Zettel zieht als Grundlage für diese Einschätzung u.a. das Mächteungleichgewicht zwischen dem Frankenreich und dem dänischen Königreich heran, was eine offensive Politik der Dänen von vornherein als aussichtslos erscheinen ließe. Wenngleich Zettel in Bezug auf das Ungleichgewicht der Mächte uneingeschränkt zuzustimmen ist, so muss sich das Urteil über Göttriks Politik m. E. differenzierter gestalten, wenn man anhand der Quellen rekonstruierbare Herrschaftsmaßnahmen Karls des Größen und König Göttriks gegenüberstellend betrachtet. Diese Gegenüberstellungen werden unter besonderer Berücksichtigung der kontroversen Darstellungsweise von Zettel, Karl der Große, S. 11-25 im Folgenden noch vorgenommen werden. Die Ansicht, dass Göttriks Herrschaftsweise als grundsätzlich offensiv zu bewerten sei, findet sich sehr häufig, weshalb an dieser Stelle lediglich auf eine Auswahl an Literatur verwiesen sein soll. Zu berücksichtigen sind hierbei u.a.: Ramskou, Thorkild, Normannertiden 600-1060, Kopenhagen 1962, S. 89; Sproemberg, Seepolitik, S. 21f; Christensen, Aksel E., Vikingetidens Danmark paa oldhistorisk baggrund, Kopenhagen 1969, S. 132f; Andersen, Henning H., Machtpolitik um Nordalbingien zum Anfang des 9. Jahrhunderts, in: Archäologisches Korrespondenzblatt, Bd. 10 (1980), S. 82; Jankuhn, Karl der Große und der Norden, S. 699ff.

141 Vor Göttriks Herrschaft findet für die Jahre 777, 782 und 798 wie bereits beschrieben noch ein gewisser Sigifrid Erwähnung als König der Dänen. Vgl.: Ann. q. d. Einh., 777, S. 49; Ann. reg. Franc., 782, S. 60; Poeta Saxo, 798, S. 254, Z. 10. Eine Sippenverwandtschaft zwischen jenem Sigifrid und Göttrik ist nicht zweifelsfrei zu belegen, erscheint jedoch möglich, zumal Sigifrid einen gewissen Halfdan, der sich aufgrund der Quellen mit hoher Wahrscheinlichkeit als naher Verwandter Göttriks identifizieren lässt, als Gesandten einsetzte. *Etiam illuc convenerunt Nordmanni missi Sigifridi regis, id est Halptani cum sociis suis*, Ann. reg. Franc., 782, S. 60; *Interea Northmannorum dux, Alfdeni dictus, / Augusto magna sese comitante caterva / Subdidit, atque fidem studuit firmare perennem*, Poeta Saxo, 807, S. 263, Z. 19ff.

erstmals ins Gesichtsfeld der fränkischen Historiographie.[142] Anlässlich der überlieferten und von Karl dem Großen vorgenommenen Umsiedlung der Sachsen jenseits der Elbe kam es zu einem diplomatischen Kontakt mit Göttrik, welcher mit seiner Flotte und Ritterschaft nach Sliesthorp[143] gekommen war, um nahe der südlichen Grenzen seines Reiches mit Karl diplomatische Beziehungen aufzunehmen. Zu einem persönlichen Zusammentreffen der beiden Herrscher kam es nicht, vielmehr griff man auf die Dienste von Gesandten zurück.[144] Der Kaiser lagerte während der Verhandlungen bei Hollenstedt an der Elbe, während sich der Dänenkönig mit seinem Gefolge in Sliesthorp aufhielt. Der Ort Sliesthorp befand sich zu jenem Zeitpunkt nach Auskunft der Reichsannalen an der Grenze zwischen dem dänischen Reich und dem Gebiet der Sachsen.[145] Die Lagerplätze der beiden Herrscher während der Verhandlungen von 804 dürften nicht ganz zufällig gewählt worden sein, da sich in dem Gebiet zwischen ihnen jenes Gebiet erschloss, welches Karl zuvor hatte räumen lassen und dessen Zukunft daher zur Disposition stand. Die Hinweise, welche nahe legen, dass es sich bei den Verhandlungen von 804 vor allem um Fragen der jeweiligen Einflusssphären zwischen dem kaiserlichen und dem dänischen Reich handelte, werden im weiteren Verlauf noch genauer aufgeführt werden. An dieser Stelle ist zunächst von Interesse, warum es nicht zu einem persönlichen Aufeinandertreffen der beiden Herrscher kam. Dabei ist bemerkenswert, dass bereits Göttriks Entscheidung, mitsamt seiner Flotte und Reiterei den Weg zu den Verhandlungen mit Karl anzutreten, in der Forschung verschiedenste Deutungen hervorgerufen hat. Die Deutung dieses Vorgehens des Dänenkönigs reicht dabei von bloßem Imponier- und Drohgebaren[146] über eine reelle militärische Konfliktbereitschaft[147] bis hin zu einer dahinter stehenden tief sitzenden Angst des Dänenkönigs vor Karl dem Großen, welche Göttrik zur Mitführung einer derartigen Schutztruppe bewogen habe.[148]

Eine ausgeprägte Vorsicht des Dänen war in der gegebenen Situation natürlich zweifelsfrei angebracht. Gewiss mag im Norden die Sorge bestanden haben, dass nach dem Sieg über die letzten verbliebenen Sachsen der nächste Kriegszug des Kaisers Dänemark zum Ziel hätte haben können. Allerdings war dies ein guter Grund, um den Verhandlungsweg zu beschreiten, sich mit Karl dem Großen gut zu stellen und seinen etwaigen Forderungen entgegen zu kommen. Alles in allem ist, wie sich im Folgenden noch genauer zeigen wird,

---

142 Ann. reg. Franc., 804, S. 118.
143 Schleswig.
144 *Eodem tempore Godofridus rex Danorum venit cum classe sua necnon et omni equitatu regni sui ad locum, qui dicitur Sliesthorp, in confinio regni sui et Saxoniae. Promisit enim se ad conloquium imperatoris venturum, sed consilio suorum territus propius non accessit, sed, quicquid voluit, per legatos mandavit*, Ann. reg. Franc., 804, S. 118.
145 Ebd.
146 Dafür plädieren Jenkis, Arno, Die Eingliederung „Nordalbingiens" in das Frankenreich, in: ZSHG, Bd. 79, Neumünster 1955, S. 87f und Abel, Sigurd, Jahrbücher des Fränkischen Reiches unter Karl dem Großen, Bd. I, Berlin 1969 (ND d. Ausg. Leipzig 1883), S. 448.
147 Jankuhn, Karl der Große, S. 700; Sproemberg, Die Seepolitik, S. 20.
148 Zettel, Karl der Große, S. 17f.

davon auszugehen, dass Göttrik im Jahre 804 auch genau diese Marschrichtung einschlug. Die Begleitung durch ein militärisches Aufgebot sollte in diesem Kontext nämlich nicht als kriegerisches Signal gewertet werden, sondern lediglich als ein Mittel, um die eigene Verhandlungsposition zu untermauern. Das dänische Heeresaufgebot sollte hierbei lediglich als Unterpfand königlicher Macht angesehen werden.[149] Dies ist aus der Sicht Göttriks insofern nahe liegend, als dass bei einem tatsächlichen Zusammentreffen der fränkischen und dänischen Gefolgschaften nicht nur zwei Herrscher erstmals persönlich aufeinander getroffen wären, sondern darüber hinaus auch eine christliche auf eine heidnische Kultur gestoßen wäre, bei denen eine Kompatibilität der Verhandlungs- und Versammlungsgepflogenheiten auf höchster Ebene nicht ohne weiteres vorausgesetzt werden konnte.

Indem Göttrik ein Militäraufgebot mit sich führte, setzte er einerseits auf die in jeglicher Kultur verständliche Machtrepräsentationswirkung einer Streitmacht und andererseits wäre er auf diese Weise im äußersten Notfall einer eskalierenden Situation nicht gänzlich schutzlos ausgeliefert gewesen. Göttriks Vermeidung eines Zusammentreffens kann unter Umständen ebenfalls nur eine Vorsichtsmaßnahme gewesen sein, obgleich auch eine andere Erklärung denkbar wäre. Die Quellen geben nämlich keine Auskunft darüber, wo das Zusammentreffen der Aufgebote ursprünglich hätte stattfinden sollen. Der Verweis darauf, dass es die dänische Abordnung war, die nicht näher gekommen[150] sei, und deswegen die Verhandlungen über Mittelsmänner geführt werden mussten, legt nahe, dass das Treffen auf sächsischem Boden hätte stattfinden sollen. Unter Umständen war auch der spätere Lagerplatz Karls bei Hollenstedt als Versammlungsort vorgesehen gewesen. Für diese Deutung sprechen auch die Thesen von Jankuhn und Jenkis, die beide davon ausgehen, dass die Abtretung der nordalbingischen Gaue[151] an die Abodriten in Hollenstedt stattfand.[152] Wenn dies zutreffend sein sollte, dann bestand die ursprüngliche Konzeption von 804 wahrscheinlich darin, durch Verhandlungen im nordalbingischen Gebiet, die drei dort aneinander grenzenden bzw. sich überschneidenden Einflusssphären der Franken, Dänen

---

149 „*The power of King Godfred, in 800, was based on the rallying of military forces, and as far as we know, it had two purposes. The first was to gain wealth from taxation and plundering in neighbouring areas. The second was to secure the income from trade by protecting Danish ports, and at the same time to prevent foreign powers from crossing the borders*", Randsborg, Klavs, The Viking Age in Denmark: The Formation of a State, London 1980, S. 14f. Die zentrale Bedeutung von militärischer Macht für die Herrschaft Göttriks kann nicht verwundern, daher erscheint umso wahrscheinlicher, dass der Dänenkönig sein Heer zur Absicherung und gleichsam als Mittel der Repräsentation zu den Verhandlungen mitführte.

150 *Propius non accessit*, Ann. reg. Franc., 804, S. 118.

151 *Pagos Transalbianos Abodritis dedit*, Ann. reg. Franc., 804, S. 118. Hierunter versteht man gemeinhin die Regionen Dithmarschen, Holstein und Stormarn. Vgl. hierzu auch: Jenkis, Eingliederung Nordalbingiens, S. 82.

152 Jenkis, Eingliederung Nordalbingiens, S. 84ff.; Jankuhn, Karl der Große und der Norden, S. 700. Schmauder, Michael, Überlegungen zur östlichen Grenze des karolingischen Reiches unter Karl dem Großen, in: Pohl, Walter / Reimitz, Helmut (Hg.), Grenze und Differenz im frühen Mittelalter, Wien 2000, S. 57-97, hier: S. 59 geht davon aus, dass „*die Grenzkonzeption Karls des Großen einen Verlauf entlang der Niederelbe und damit eine nasse Grenze von der Elbmündung bis zur Donau vorgesehen*" habe.

und Abodriten abzustecken sowie über die Zukunft eben jener Region zu einer Übereinkunft zu gelangen. Göttriks Fernbleiben erschiene aus dieser Sicht noch nachvollziehbarer, da er sich einerseits weit aus seinem eigenen Einflussbereich hätte entfernen müssen und er andererseits mit den Franken sowie den mit ihnen verbündeten Abodriten gleich auf zwei Widersacher gestoßen wäre. Eine solche Situation hätte es Göttrik nahezu unmöglich gemacht, abseits seines eigenen Reiches gegen eine vereinte Front von Gegnern eigene Interessen, die jenen des Kaisers möglicherweise zuwiderliefen, geltend machen zu können. Göttriks Aussichten auf Verhandlungserfolg waren zwar von Sliesthorp aus auch nicht wesentlich besser, allerdings musste er dort keine sofortigen und ihn als Person unmittelbar betreffenden Repressalien von Seiten des Kaisers fürchten.

Arno Jenkis hat als Erster glaubhaft machen können, dass Nordalbingien 804 im Zuge einer letztlich zum Scheitern verurteilten Nordostpolitik den Abodriten überlassen wurde. Jenkis' Theorie soll im Folgenden kurz vorgestellt werden. Nach Jahrzehnten der kriegerischen Auseinandersetzung mit den Sachsen und nach dem zähen Widerstand derselben war Karl dem Großen natürlich an einer dauerhaften Befriedung aller Sachsen gelegen. Zu diesem Zweck musste er nach dem Sieg über die Sachsen südlich der Elbe auch in Nordalbingien den endgültigen militärischen Sieg erringen, was ihm schließlich auch gelang. Im Jahre 804 deportierte er, ebenfalls seinem Befriedungsplan folgend, eine große Zahl von Sachsen aus dem nordalbingischen Gebiet, jedoch ohne dort stattdessen Franken anzusiedeln.[153] Noch im gleichen Jahr überließ er Nordalbingien den Abodriten, die sich als treue Verbündete erwiesen hatten. Für die Abodriten sprach auch die Tatsache, dass sie in hohem Maße von den Franken abhängig waren, weshalb Karl die indirekte Kontrolle über Nordalbingien behalten konnte, während ihm die militärische Sicherung der Region erspart blieb. Durch die Abtretung an die Abodriten wurde eine Pufferzone[154] in Nordalbingien geschaffen, welche die Grenzen im Nordosten des Frankenreiches dauerhaft sichern sollte. Dieser Plan

---

153 Jenkis, Eingliederung Nordalbingiens, S. 86.

154 Ebd., S. 88 argumentiert Jenkis, dass die Schaffung einer Pufferzone zwischen Franken und Dänen im Interesse aller Beteiligten gelegen habe. Vgl. auch: Unverhau, Henning, Untersuchungen zur historischen Entwicklung des Landes zwischen Schlei und Eider im Mittelalter, Neumünster 1990, S. 16; Klapheck, Der heilige Ansgar, S. 90f. Die Pufferzone Nordalbingien hätte für die Franken jedenfalls einen nachvollziehbaren Vorteil dargestellt, sofern die Pläne Karls in diesem Punkt aufgegangen wären. Die Interessen der Abodriten schienen damit 804 auch zunächst gewahrt, da sie einen territorialen Zugewinn verzeichnen konnten. Es ist jedoch zu hinterfragen, ob die Gebietsabtretung von 804 tatsächlich im Interesse der Dänen gelegen haben kann. Nach Jenkis musste den Dänen auch an der Schaffung eines Puffers gelegen gewesen sein, da man auf diese Weise nicht fürchten musste, nach der Unterwerfung der Sachsen nun selbst zum Ziel fränkischen Expansionsdrangs zu werden. Dies erscheint allerdings unglaubwürdig, wenn man sich vor Augen führt, dass Göttrik in den Folgejahren offenkundig äußerst bestrebt war, den Frieden zu zerstören und die eigene Macht auszudehnen. Mit den gesellschaftlichen Strukturen in Nordalbingien vor 804 beschäftigten sich vor allem Heck, Philipp, Blut und Stand im altsächsischen Rechte und im Sachsenspiegel, Tübingen 1935, S. 35ff und auch Jenkis, Arno, Probleme der nordalbingischen Standesgliederung (Teil II), in: ZSHG 85/86 (1961), S. 25-60, der sich kritisch von Ersterem abhebt. Für die frühen Ergebnisse der Forschungen Jenkis' zum Thema Nordalbingien siehe: Jenkis, Arno, Nordalbingien und die sächsischen Stammesprovinzen: Ein Beitrag zur altsächsischen Stammesverfassung (Diss.), Hamburg 1953, S. 213-223.

scheiterte schließlich an den Ambitionen Göttriks, der die Abodriten im Jahre 808 angriff und besiegte.[155] Die Niederlage der Abodriten machte deutlich, dass Karls Nordostpolitik gescheitert war und einer Veränderung bedurfte. Diese Veränderung bestand darin, dass Nordalbingien nun doch von den Franken in Besitz genommen wurde, was besonders augenscheinlich wird durch die Entsendung des Grafen Egbert und den Bau der Festung Esesfelth.[156] Nach Jenkis nahm Karl also spätestens 810 Nordalbingien in seine direkte Einflusssphäre auf, da die Abodriten nicht in der Lage gewesen waren, jene Region zu kontrollieren und damit den Frieden im fränkischen Nordosten zu gewährleisten.[157]

---

155 *Et quia nuntiabatur Godofridum regem Danorum in Abodritos cum exercitu traiecisse, Carlum filium suum ad Albiam cum valida Francorum et Saxonum manu misit, iubens vesano regi resistere, si Saxoniae terminos adgredi temptaret. Sed ille stativis per aliquot dies in litore habitis, expugnatis etiam et manu captis aliquot Sclavorum castellis cum magno copiarum suarum detrimento reversus est. Nam licet Drasconem ducem Abodritorum popularium fidei diffidentem loco pepulisset, Godelaibum alium ducem dolo captum patibulo suspendisset, Abodritorum duas partes sibi vectigales fecisset, optimos tamen militum suorum et manu promptissimos amisit et cum eis filium fratris sui nomine Reginoldum, qui in obpugnatione cuiusdam oppidi cum plurimis Danorum primoribus interfectus est*, Ann. reg. Franc., 808, S. 125. Jenkis, Eingliederung Nordalbingiens, S. 91 beurteilt Göttrik als äußerst mächtigen Widersacher des Kaisers. *„Göttrik war nun aber offenbar nicht der Mann, der sich auf die Dauer politisch festlegen ließ und sich mit dem Vorhandenen begnügen wollte. Seine weitgreifenden Pläne machten ihn immer mehr zum eigentlichen Gegenspieler des Kaisers".*

156 *Sed imperator, postquam locus civitati constituendae fuerat exploratus, Egbertum comitem huic negotio exsequendo praeficiens Albim traicere et locum iussit occupare. Est autem locus super ripam Sturiae fluminis, vocabulo Esesfelth, et occupatus est ab Egberto et comitibus Saxonicis circa Idus Martias et muniri coeptus*, Ann. reg. Franc., 809, S. 129f. Die Festung Esesfelth liegt nahe dem heutigen Itzehoe. Der Ort der Befestigung macht deutlich, dass der direkte fränkische Einflussbereich von jener Zeit an auch auf das nordalbingische Gebiet ausgedehnt werden sollte. *„Umgehend wurde die militärische Präsenz zur Sicherung des neuen Reichsgebiets verstärkt mit der Option eines Angriffs auf Dänemark. Die Festung Esesfeld wurde als operativer Brückenkopf für den für das Jahr 810 geplanten Feldzug gegen die Dänen errichtet und fränkische Truppen wurden in Transalbingien stationiert"*, Klapheck, Der heilige Ansgar, S. 91. So sieht es auch Andersen, Henning H., Danevirke og Kovirke: Arkæologiske undersøgelser 1861-1993, Højbjerg 1998, S. 207, der die Anlage von Esesfelth auf dem Heerweg nach Dänemark als konkrete Vorbereitung für einen baldigen militärischen Vorstoß im Norden sieht. Vgl. zur strategischen Lage von Esesfelth ferner Schmauder, Überlegungen, S. 63. Vgl. zum Bau der Festung: Reg. Imp. I, 447a. Zur Archäologie der Besiedlung Transalbingiens siehe: Meier, Dirk, Transalbianorum Saxonum populi sunt tres: Das Dithmarscher Küstengebiet im frühen und hohen Mittelalter, in: Wesse, Anke (Hg.), Studien zur Archäologie des Ostseeraumes: Von der Eisenzeit bis zum Mittelalter, Neumünster 1998, S. 77-89; Kempke, Torsten, Archäologische Beiträge zur Grenze zwischen Sachsen und Slawen im 8. – 9. Jahrhundert, in: Wesse, Archäologie des Ostseeraumes, S. 373-382.

157 Jenkis, Eingliederung Nordalbingiens, S. 93. Jankuhn folgt Jenkis in der Ansicht, dass die Einverleibung Nordalbingiens in das fränkische Reich eine Reaktion auf die gescheiterte Politik Karls im Nordosten seines Reiches darstellte. Die Anlage der Festung Esesfelth erscheint nach Jankuhn ebenfalls in diesem Lichte, wobei Jankuhn in dem Festungsbau keine Maßnahme mit Defensivcharakter sieht, sondern Esesfelth viel mehr als operativen *„Brückenkopf gegen den Norden"* einschätzt. Dies schließt er aus der günstigen strategischen Lage *„am Ende des großen Landweges durch Jütland nach Süden"* und dem von dort aus günstigen *„Zugang zum westlichen Teil des nordelbischen Sachsengebietes, wie zum Siedlungsraum der Abodriten im Osten"*. Darüber hinaus stützt Jankuhn sich auf den Bericht der Reichsannalen, die schließlich berichten, dass *„der Kaiser in diesem Jahre einen Zug gegen die Dänen plante"*, Jankuhn, Karl der Große und der Norden, S. 701. Vgl.: *Imperator vero Aquisgrani adhuc agens et contra Godofridum regem expeditionem meditans nuntium accepit, classem ducentarum navium de Nordmannia Frisiam appulisse*, Ann. reg. Franc., 810, S. 131. An anderer Stelle wird noch darauf eingegangen werden, dass ein solcher in der Planung befindlicher Angriffsplan Karls mit Vorsicht betrachtet werden muss. Vgl. Anm. 331. Die Einschätzung Jankuhns in Bezug auf die Hintergründe der

Es gilt noch einmal die Verhandlungen von 804 zu betrachten. Die Reichsannalen berichten, abgesehen von Karls Forderung nach der „Auslieferung von Überläufern"[158], nicht näher über den Gegenstand der Verhandlungen von 804. Es ist jedoch, wie bereits angedeutet, anzunehmen, dass vor allem Fragen der territorialen Ansprüche zwischen den neuen Nachbarn behandelt werden mussten. Diese Annahme wird vor allem durch zweierlei bestärkt. Einerseits war Karl im Jahre 804 mit dem Sieg über die nordalbingischen Sachsen endgültig und äußerst nachdrücklich in die Wahrnehmungs- und Interessensphäre der Dänen eingedrungen, was eine Verständigung zwischen den neuen Nachbarn in Bezug auf die konkurrierenden Ansprüche sachlich erforderlich und somit rational wahrscheinlich machte. Andererseits wird von Göttriks direktem Nachfolger Hemming berichtet, dass jener nicht nur äußerst schnell ein Friedensgesuch an den Kaiser richtete, um den Krieg, den sein Vorgänger begonnen hatte, zu beenden, sondern zugleich oder im Zuge dessen auch die Eider als Grenzfluss akzeptierte.[159] Für die Notwendigkeit einer territorialen Einigung zwischen Kaiser und Dänenkönig spricht ferner die Folgezeit, welche von dänischen Übergriffen einerseits und fränkischen Grenzsicherungsbestrebungen andererseits dominiert wurde.[160] Hinter der eben erwähnten Forderung Karls des Großen nach der Auslieferung von

---

Maßnahmen Karls im Jahre 809 erscheint dennoch schlüssig.

158 *Perfugis reddendis*, Ann. reg. Franc., 804, S. 119. Der sog. Annalista Saxo machte aus den Flüchtlingen schließlich „Gefangene", was allerdings nicht dahingehend überbewertet werden darf, dass Göttrik an den Sachsenkriegen auf Seiten der Franken teilgenommen habe. Da der Annalista Saxo erst im 12. Jahrhundert über die Ereignisse schreibt und zudem gerade in Bezug auf die Dänen wiederholt Ungenauigkeiten aufweist, kann man diese Information wohl als Missverständnis werten. *Nam imperator super Albiam sedebat in loco qui Holdunsteti dicitur, et missa ad Godefridum legatione pro captivis retentis*, Annalista Saxo, 804, S. 565, Z. 44f.

159 *Tandem extincto celitus Gotafrido Hemming successit, patruelis eius, qui mox pacem cum imperatore faciens Egdoram fluvium accepit regni terminum*, Gesta Hammaburgensis, I, 14, S. 19, Z. 19ff. Die Reichsannalen berichten neben dem schnellen Vorfrieden zudem auch davon, dass die Beeidung des Friedens an der Eider stattfand, wodurch zwar nicht ausdrücklich eine Festsetzung der Eidergrenze benannt wird, aber dennoch zu vermuten ist. Ann. reg. Franc., 811, S. 134. Vgl. auch: Unverhau, Untersuchungen, S. 15. Im Umkehrschluss ist anzunehmen, dass nicht nur Göttriks Nachfolger in der Anfangsphase seiner Herrschaft eine territoriale Einigung mit den Franken erzielen musste, sondern auch Göttrik selbst. Der Umstand, dass Göttrik in den darauf folgenden Jahren wiederholt über die Grenzen seines Reiches hinaus in fränkische Interessens- und Herrschaftsgebiete eingriff, muss hingegen nicht bedeuten, dass Göttrik 804 ernstlich Widersprüche gegen die Ausweitung des fränkischen Einflusses bis zu den südlichen Regionen seines Reiches angemeldet hätte. Schließlich verlief das Jahr 804 ohne offene Konflikte zwischen den neuen Nachbarn, was nahe legt, dass Göttrik die neu geschaffenen Tatsachen im Süden seines Reiches zunächst hinnahm, was angesichts der in den Sachsenkriegen jüngst demonstrierten fränkischen Übermacht auch nur allzu verständlich erscheint. Der Verweis der Reichsannalen, dass Göttrik sein Erscheinen bei den Verhandlungen bereits zu einem früheren Zeitpunkt zugesichert hatte, deutet darauf hin, dass die Initiative zu der Zusammenkunft von fränkischer Seite ausging. In Anbetracht der kurz zuvor vom Kaiser befohlenen Räumung des nordalbingisch-sächsischen Gebiets erscheint der Zeitpunkt sinnvoll gewählt. Neben der Grenzfrage war auch eine Verständigung über die im dänischen Herrschaftsraum befindlichen sächsischen Flüchtlinge, die als Hypothek für die fränkisch-dänischen Beziehungen bewertet werden müssen, erforderlich geworden, um Klarheit in der neu entstandenen Nachbarschaft zu schaffen. In Anbetracht der Bedeutung Transalbingiens erklärt Hofmeister, Adolf, Der Kampf um die Ostsee vom 9. bis 12. Jahrhundert, Lübeck/Hamburg ³1960, S. 14 das Gebiet zwischen Elbe und Eider für das gesamte 9. Jahrhundert zur *„politische Grenze der Franken"*. Freilich gelang ein fränkisches Ausgreifen über jenen Raum hinaus tatsächlich während des genannten Zeitraums nicht.

160 Dies bezieht sich zum einen auf die Politik Göttriks und seiner Söhne sowie auf die verschiedentlich motivierten Normannenüberfälle, mit denen das Frankenreich zur Zeit Ludwigs des Frommen konfrontiert war. Zum andern

„Überläufern" durch Göttrik steckte mit hoher Wahrscheinlichkeit ein altbekanntes Konfliktthema zwischen Franken und Dänen. Wie bereits aufgezeigt wurde, bestand schon seit der Zeit von Widukinds Widerstand in den Sachsenkriegen Konfliktpotential zwischen Dänen und Franken.

Karls Forderung nach Auslieferung deutet darauf hin, dass auch bei der Räumung des nordalbingischen Sachsenlandes im Jahre 804 Sachsen nach Dänemark ausgewichen waren, von denen, ebenso wie zur Zeit von Widukinds Widerstand, die latente Gefahr einer neu aufkeimenden sächsischen Erhebung ausging. Karls Verlangen nach einer Auslieferung jener „Überläufer" erscheint also nur folgerichtig und im Interesse der Stabilität fränkischer Herrschaft im Bereich der Elbe gewesen zu sein. Auch wenn die Reaktion Göttriks auf die Forderung nach Auslieferung der Exilanten nicht ausdrücklich überliefert ist, erscheint eine Weigerung des Dänen praktisch ausgeschlossen.[161] Dies rührt einerseits von dem Ausbleiben eines unmittelbaren Konflikts mit den Franken her und andererseits wäre eine Weigerung Göttriks rational betrachtet völlig unverständlich gewesen, da die Inkaufnahme von möglichen Vergeltungsmaßnahmen der fränkischen Übermacht in einem völligen Missverhältnis zu einer etwaigen Solidarität Göttriks gegenüber den geschlagenen Sachsen gestanden hätte.[162] Ein offener Widerstand Göttriks gegen den fränkischen Kaiser auf dem Höhepunkt seiner Macht wäre 804 nahezu aussichtslos gewesen.[163]

III. 1. 2 Das Jahr 808: Der Überfall auf Reric und seine Auswirkungen auf den fränkischen Nordosten

Nach den ersten überlieferten Verhandlungen zwischen Karl und Göttrik erwies sich die neue Nachbarschaft weiterhin als äußerst schwierig. Die Reichsannalen berichten für das Jahr 808 von einem Angriff Göttriks auf die benachbarten Abodriten.[164] Bei diesem Angriff

---

bezieht sich dies auf Karls bereits erläuterte Nordostpolitik, welche nach dem dänischen Angriff auf die Abodriten im Jahre 808 umgestaltet werden musste.

161 Zu diesem Ergebnis kommt auch Zettel, Karl der Große, S. 17, der davon ausgeht, dass Göttrik, genauso wie es von seinem Vorgänger Sigifrid anzunehmen ist, auf die fränkische Forderung nach Auslieferung der sächsischen Flüchtlinge nachgiebig reagierte, da dies für beide Könige gleichermaßen ein Gebot der Vernunft gewesen sein dürfte. Vgl. dagegen: Jenkis, Eingliederung Nordalbingiens, S. 37f.

162 Sproemberg, Seepolitik, S. 19 geht von einer engen Verbundenheit zwischen Dänen und nordalbingischen Sachsen aus, da die kulturellen Grenzen zwischen diesen beiden Völkern im Raum nördlich der Elbe sehr fließend gewesen seien.

163 *„Das Verhältnis zum nördlichen Nachbarn blieb also vorläufig in der Schwebe, zumal der Kaiser in richtiger Einschätzung der Machtverhältnisse und seiner Expansionskraft Transalbingien bis auf weiteres seinen alten heidnischen Verbündeten, den Abodriten, überließ, die damit eine Pufferzone zu den Dänen bildeten und obendrein die mit ihnen konkurrierenden Slawenvölker, die Wilzen und Liutizen, in Schach hielten"*, Hägermann, Dieter, Karl der Große: Herrscher des Abendlandes, München 2000, S. 478.

164 Ann. reg. Franc., 808, S. 125. Simek, Rudolf, Die Wikinger, München ⁴2005, S. 23 schreibt die Verantwortung für

konnte er auch auf die Unterstützung anderer slawischer Stämme zurückgreifen, die sich dem Kriegszug gegen die eigenen Nachbarn bereitwillig anschlossen.[165] Den Hintergrund für diese dänisch-slawische Kooperation bei dem Angriff auf die Abodriten dürfte eine abodritische Expansionspolitik unter Drasko gebildet haben, die ein Aufbegehren der benachbarten slawischen Stämme verständlich machte.[166] Auf den dänisch-slawischen Überfall gegen die verbündeten Abodriten reagierte der Kaiser mit der Entsendung eines Heeresaufgebots unter der Leitung seines Sohnes Karl, welcher zunächst sicherstellen sollte, dass das dänische Aufgebot keinen Angriff auf sächsisches Gebiet zu unternehmen wagte.[167] Als sich die Befürchtung eines Übergriffs auf sächsisches Gebiet nicht bewahrheitete, ergriff das kaiserliche Heer die Initiative, überschritt die Elbe und führte dort eine Strafexpedition gegen die mit Göttrik verbündeten slawischen Stämme der Linonen und Smeldinger durch.[168] Während sich das fränkische Heer somit auf Vergeltungsmaßnahmen

---

diesen Überfall und auch den 810 erfolgten Angriff auf Friesland Karl dem Großen zu, der „*während und nach den Sachsenkriegen (772-804) politischen Druck auf Dänemark ausübte, der in militärischen Gegenschlägen in Form von dänischen Angriffen*" gipfelte. Es ist allerdings nicht davon auszugehen, dass die Angriffe Göttriks einen Befreiungsschlag gegen die Franken darstellten. Einerseits ist nicht zu konstatieren, dass Karl durch sein Handeln willentlich einen erhöhten Druck auf die dänischen Nachbarn ausübte. Die Vormachtstellung des Frankenreichs unter Karl dem Großen gegenüber kleineren Nachbarreichen oder angrenzenden Regionen, zu denen auch Dänemark zu zählen ist, wirkte gewiss bedrohlich und verlieh Forderungen des Kaisers noch mehr Nachdruck und Gewicht, allerdings weist nichts darauf hin, dass die Dänen übermäßig unter Druck gesetzt wurden. Andererseits stilisiert eine Darstellung, wie die oben zitierte, die dänische Seite zu Opfern, die lediglich auf eine Zwangslage reagierten, die ihnen von außen zugemutet wurde. Auf diese Weise geschieht sowohl der fränkischen als auch der dänischen Seite Unrecht. Das Frankenreich reagierte während und nach den Sachsenkriegen verhältnismäßig geduldig auf die passive dänische Unterstützung des sächsischen Widerstands. Eine Reaktion des Kaisers war zu erwarten und blieb auch nicht aus, jedoch entschied sich der Kaiser offensichtlich nicht für ein Höchstmaß an politischem Druck auf die Dänen. Es ging der fränkischen Seite offenkundig um die Beendigung des sächsischen Widerstands, was nachvollziehbar erscheint, und nicht etwa um eine Gängelung der Dänen. Göttriks Angriffe von 808 und 810 hingegen zeugen von dem Willen zur Anwendung von militärischen Mitteln unter günstigen politischen Gegebenheiten. Das passt nicht zu einer Abwehrreaktion, sondern vielmehr zu einer sehr bewussten Herrschaftsmaßnahme mit offensivem Charakter. Wie sich noch genauer zeigen wird, gab es in der Zeit der Konflikte zwischen dem dänischen König Göttrik und dem fränkischen Kaiser Karl weder Opfer noch Täter, sondern lediglich zwei Herrscher, deren konkurrierende Machtansprüche zu Konflikten zwischen ihren beiden Reichen führten.

165 Drei Stämme werden namentlich genannt, nämlich die Linonen, Smeldinger und Wiltzen. Von den ersten beiden heißt es, dass sie sich der Herrschaft des Dänenkönigs angeschlossen hätten, während die Wiltzen aus alter Feindschaft gegenüber den Abodriten an dem Überfall teilnahmen. *Linones et Smeldingos, qui et ipsi ad Godofridum regem defecerant [...] Erant cum Godofrido in expeditione praedicta Sclavi, qui dicuntur Wilzi, qui propter antiquas inimicitias, quas cum Abodritis habere solebant*, Ann. reg. Franc., 808, S. 125f.

166 Fritze, Wolfgang H., Probleme der abodritischen Stammes- und Reichsverfassung, in: Ludat, Herbert (Hg.), Siedlung und Verfassung der Slawen zwischen Elbe, Saale und Oder, Gießen 1960, S. 144ff. Der Umstand, dass die Hegemonialbestrebungen Draskos im westslawischen Raum durch das Bündnis mit den Franken begünstigt wurde, darf hierbei keinesfalls übersehen werden.

167 *Et quia nuntiabatur Godofridum regem Danorum in Abodritos cum exercitu traiecisse, Carlum filium suum ad Albiam cum valida Francorum et Saxonum manu misit, iubens vesano regi resistere, si Saxoniae terminos adgredi temptaret*, Ann. reg. Franc., 808, S. 125.

168 *Filius autem imperatoris Carlus Albiam ponte iunxit et exercitum, cui praeerat, in Linones et Smeldingos, qui et ipsi ad Godofridum regem defecerant, quanta potuit celeritate transposuit populatisque circumquaque eorum agris transito iterum flumine cum incolomi exercitu in Saxoniam se recepit*, Ann. reg. Franc., 808, S. 125.

konzentrierte und anschließend heimkehrte, ohne den Kampf mit dem dänischen Heer[169] gesucht zu haben, handelte es sich bei Göttriks Überfall auf die Abodriten offensichtlich um eine Maßnahme mit ehrgeizigen und wohl überlegten Zielen. Abgesehen davon, dass sich Göttrik einen großen Teil der Abodriten angeblich tributpflichtig[170] machte und zudem empfindlich in die abodritische Herrschaftsschicht eingriff[171], zerstörte er auch den Handelsplatz Reric.[172]

Bei Reric handelte es sich um einen charakteristischen Handelsplatz im südlichen Ostseeraum des 9. Jahrhunderts, der sich nicht nur durch seine Multiethnizität[173], sondern

---

169 Die Schilderungen der Reichsannalen legen nahe, dass Göttriks Heer, ebenso wie das Aufgebot der Wiltzen, zum Zeitpunkt des fränkischen Elbübertritts bereits wieder den Heimweg angetreten hatte. Es bleibt daher anzunehmen, dass sich die Vergeltungsmaßnahmen der Franken schlichtweg gegen jene Stämme richteten, denen man in dieser Situation am einfachsten habhaft werden konnte.

170 Ann. reg. Franc., 808, S. 125; Gesta Hammaburgensis, I, 14, S. 19, Z. 15ff; Einhard, Vita Karoli Magni, 14, S. 17, Z. 9ff. Jankuhn, Wikinger und kulturelle Strömungen, S. 5 hat darauf hingewiesen, dass dieser dänische Überfall auf die Abodriten alle Charakteristika *„späterer Wikingerzüge"* aufwies. *„Die überraschende Schnelligkeit der kriegerischen Ereignisse und das auf Beutemachen abgestellte Vorgehen der Dänen nehmen hier die Entwicklung in den westeuropäischen Küstengebieten vorweg [...] Wirtschaftliche Interessen, Herrschaftsbestrebungen und die Absicht leichten Beutemachens stehen hinter diesen Zügen"*. Lund, Allies, S. 45 vermutet, dass die Absichten Göttriks darauf zielten in Gebieten Tributpflichtigkeit zu erzeugen, die eigentlich dem Machtbereich der Franken unterstanden, woraus ein Interessenkonflikt resultierte, welcher wiederum die Situation letztlich eskalieren ließ: *„It is suggestive that the first clash between a Scandinavian king and the emperor occured when both wanted to impose tributes on the Frisians and the Abodrites"*.

171 Ann. reg. Franc., 808, S. 125. Hier wird von der Hinrichtung des Abodritenfürsten Godelaib und der Vertreibung Draskos berichtet. Darüber hinaus informieren uns die Reichsannalen für das Jahr 809 darüber, dass Drasko einen seiner Söhne als Geisel an Göttrik übergeben musste. *filium suum postulanti Godofrido obsidem dederat*, Ann. reg. Franc., 809, S. 128.

172 Die moderne archäologische Forschung hat mittlerweile in weitgehender Übereinstimmung den Fundort Groß Strömkendorf an der Wismarer Bucht als den ehemaligen Handelsplatz Reric identifiziert. Vgl.: Jöns, Hauke, Der frühgeschichtliche Seehandelsplatz von Groß Strömkendorf, in: Lübke, Christian (Hg.), Struktur und Wandel im Früh- und Hochmittelalter: Eine Bestandsaufnahme aktueller Forschungen zur Germania Slavica, Stuttgart 1998, S. 130f; Jöns weist gesondert darauf hin, dass ein bei Groß Strömkendorf zu beobachtender Siedlungsabbruch, welcher auf die erste Hälfte des 9. Jahrhunderts zu datieren ist, nicht nur als weiteres Indiz auf die Richtigkeit der Deutung des Fundorts als Reric hinweist, sondern zudem im Umkehrschluss Göttriks Übergriff, der demnach den Niedergang des Handelsplatzes zur Folge hatte, zu verifizieren scheint. Zum Problem der archäologischen Standortbestimmung Rerics siehe: Jantzen, Detlef / Schirren, Michael, „Rerik steht wieder auf" oder: „Die Lösung des Reric-Problems" im April 1938, in: Wesse, Archäologie des Ostseeraumes, S. 67-76.

173 Die multiethnische Bevölkerung Rerics wird vor allem attestiert bei Kempke, Torsten, Skandinavisch-slawische Kontakte an der südlichen Ostseeküste im 7. bis 9. Jahrhundert, S.16, in: Harck, Ole / Lübke, Christian (Hg.), Zwischen Reric und Bornhöved: Die Beziehungen zwischen den Dänen und ihren slawischen Nachbarn vom 9. bis ins 13. Jahrhundert, Stuttgart 2001, S. 9-22. Zur ethnischen Vielfalt im konkurrierenden Handelsplatz Hedeby, erschlossen durch Inschriften, Orts-, Flur- und Personennamen, siehe: Laur, Wolfgang, Sprachen, Schriften, 'Nationalitäten' in Haithabu und Schleswig, in: Düwel / Marold / Zimmermann, Von Thorsberg nach Schleswig, S. 61-76 und Steuer, Heiko, Zur ethnischen Gliederung der Bevölkerung von Haithabu anhand der Gräberfelder, in: Offa 41 (1984), S. 189-212. Zu Reric und den Handelsplätzen der benachbarten Gebiete vgl. zusammenfassend ferner Müller-Wille, Michael, Ribe – Reric – Haithabu: Zur frühen Urbanisierung im südskandinavischen und westslawischen Gebiet, in: Ders. / Brandt, Klaus / Radtke, Christian (Hg.), Haithabu und die frühe Stadtentwicklung im nördlichen Europa, Neumünster 2002, S. 321-337.

auch durch die Anlehnung an eine benachbarte Schutzmacht auszeichnete.[174] Die frühesten Siedlungsspuren lassen sich bis in die Zeit um 730 zurückverfolgen, wobei eine zu beobachtende Veränderung der Siedlungsstruktur um das Jahr 760 die Entwicklung zum Handelsplatz begünstigt haben dürfte.[175] Es wird berichtet, dass der Handelsplatz dem Dänenkönig gegenüber steuerpflichtig gewesen sei und Göttrik nach der Zerstörung Rerics die dort ansässigen Kaufleute mit sich nahm und zum Handelsplatz Hedeby[176], nahe Sliesthorp, umsiedelte.[177] Trotz des Berichts der Reichsannalen über die „Zerstörung" Rerics schien die Siedlung zumindest noch in der unmittelbaren Folgezeit fortbestanden[178] zu haben, da sich die Ermordung des Abodriten Drasko, welche man dem Betreiben Göttriks zuschrieb, ebenfalls in Reric ereignete und dies wohlgemerkt ein Jahr nach der „Zerstörung" dieser Siedlung.[179] Göttriks Vorgehen gegen Reric blieb keineswegs folgenlos, da es nicht nur den Aufschwung Hedebys begünstigte, sondern offensichtlich auf abodritischer Seite eine bereits bestehende Tendenz noch verstärkte. Die Rede ist von dem Bau des Burgwalls von Alt Lübeck, der nur eines von vielen Beispielen für die stärkere abodritische Bautätigkeit in Bezug auf Burgen und Wälle zur Abwehr der skandinavischen Nachbarn darstellte.[180] Über Reric lässt sich in der Summe festhalten, dass es sich hierbei um einen

---

174 Für die nahezu gesetzmäßige Bindung an eine Schutzmacht, die bis zum Überfall von 808 noch Göttrik selbst gewesen war, plädiert besonders ausdrücklich Lübke, Christian, Die Beziehungen zwischen Elb- und Ostseeslawen und Dänen vom 9. bis zum 12. Jahrhundert: Eine andere Option elbslawischer Geschichte?, in: Harck, Ole / Lübke, Christian (Hg.), Zwischen Reric und Bornhöved: Die Beziehungen zwischen den Dänen und ihren slawischen Nachbarn vom 9. bis 13. Jahrhundert, Stuttgart 2001, S. 23-36, hier: S. 25.

175 Müller-Wille, Michael, Frühstädtische Zentren der Wikingerzeit und ihr Hinterland: Die Beispiele Ribe, Hedeby und Reric, Mainz 2002, S. 33ff weist auch darauf hin, dass die Veränderung der Siedlungsstruktur um 760 höchstwahrscheinlich einer herrschaftlichen Initiative zuzuordnen ist, wobei die Person und Herkunft des etwaigen Herrschers nicht näher fassbar sind.

176 Als alternative Bezeichnungen im deutschen Sprachgebrauch gelten heute die Namen Haithabu oder Haddeby.

177 *Godofridus vero, priusquam reverteretur, distructo emporio, quod in oceani litore constitutum lingua Danorum Reric dicebatur et magnam regno illius commoditatem vectigalium persolutione praestabat, translatisque inde negotiatoribus, soluta classe ad portum, qui Sliesthorp dicitur, cum universo exercitu venit*, Ann. reg. Franc., 808, S. 126. Hedeby wird zwar nicht ausdrücklich erwähnt, allerdings sind die unmittelbare Nähe zu Sliesthorp, die Einhegung Haithabus durch das Danewerk und der anschließende Aufschwung dieses dänischen Handelsplatzes deutliche Hinweise. Die zentrale Bedeutung des Handels für das frühmittelalterliche und vorchristliche Königtum in Skandinavien hat bereits Arbman vermutet. Siehe: Arbman, Holger, Schweden und das Karolingische Reich: Studien zu den Handelsverbindungen des 9. Jahrhunderts, Stockholm 1937, S. 23f.

178 Für einen zumindest kurzfristigen Fortbestand der Siedlung Reric plädiert auch Jöns, Groß Strömkendorf, S. 130.

179 *Thrasco dux Abodritorum in emporio Reric ab hominibus Godofridi per dolum interfectus est*, Ann. reg. Franc., 809, S. 129.

180 Kempke, Skandinavisch-slawische Kontakte, S. 18f. Der Bau des Walls von Alt Lübeck wird demnach auf die Jahre 817-819 datiert, was eine leicht verzögerte Reaktion der Abodriten auf die Bedrohung durch die dänischen Nachbarn impliziert. Die allgemeine Tendenz zum vermehrten Burgenbau ist zwar durch ihre gesamteuropäische Tendenz nicht verwunderlich, allerdings durch die große Dichte von Befestigungen im slawischen Küstengebiet der südlichen Ostsee dennoch bemerkenswert. Die Bautätigkeit, die eine Notwendigkeit zum Schutz vor den nördlichen Nachbarn verdeutlicht, begann bereits im ausgehenden 8. Jahrhundert und setzte sich auch im 9. Jahrhundert fort. Vgl.: Brather, Sebastian, Karolingerzeitlicher Befestigungsbau im wilzisch-abodritischen Raum: Die sogenannten Feldberger Höhenburgen, in: Henning, Joachim / Ruttkay, Alexander T. (Hg.), Frühmittelalterlicher Burgenbau in Mittel- und Osteuropa, Bonn 1998, S. 223-234. Andersen, Machtpolitik um Nordalbingien, S. 82 kommt freilich zu einem anderen Befund, da er Bau und Ausbau der Festung Alt Lübeck zwar ebenfalls als Symptom der veränderten politischen Lage im fränkischen Nordosten wertet, darüber hinaus

politischen Knotenpunkt handelte, an dem sich slawisch-abodritische, skandinavisch-dänische und fränkische Interessen[181] trafen, was letztlich zur nahezu zwangsläufigen Eskalation von 808 führte.[182]

Nach der Zerstörung Rerics und seiner Rückkehr nach Sliesthorp ordnete Göttrik angeblich den Bau jener Befestigungsanlage an, die heute gemeinhin als Danewerk bekannt ist.[183] Der Begriff des Danewerks bezeichnet ein System von Wällen, das sich von Hollingstedt[184] nach Hedeby erstreckte und einen militärischen Landzugang ins dänische Kernland erschweren sollte. Da Untersuchungen des Danewerks ergaben, dass die ersten Baumaßnahmen auf eine Zeit zu datieren sind, die deutlich vor Göttriks Regierungszeit[185] lag, dürfte es sich bei dieser

---

aber die Funktion von Alt Lübeck anders eingeschätzt. Für Andersen waren die Bautätigkeiten an der Festung Alt Lübeck eine Reaktion auf den gescheiterten fränkischen Feldzug gegen die Dänen von 815 und den Bau der Festung Esesfelth, die auch auf die Abodriten bedrohlich wirkte. Diese beiden Faktoren sieht Andersen auch als Vorbedingungen für den Abfall der Abodriten im Jahre 817, der im späteren Verlauf der Arbeit noch eingehender thematisiert werden wird. Siehe S. 194-195.

181 Hierauf verweist Müller-Wille, Frühstädtische Zentren, S. 36 ausdrücklich aufgrund der sich ergänzenden Befunde aus historischer und archäologischer Überlieferung.

182 Die Annahme, dass der dänische Überfall auf Reric aus konkurrierenden Ostseehandelsinteressen der Franken und Dänen resultierte, wobei Göttrik durch die Umsiedlung der Händler nach Hedeby darum bemüht war *„diesen Handel durch die eigene Grenzregion umzuleiten"*, findet sich bei Crumlin-Pedersen, Ole, Schiffahrt im frühen Mittelalter und die Herausbildung früher Städte im westlichen Ostseeraum, in: Brandt, Klaus / Müller-Wille, Michael / Radtke, Christian (Hg.), Haithabu und die frühe Stadtentwicklung im nördlichen Europa, Neumünster 2002, S. 67-81, hier: S. 69.

183 *Ibi* [Sliesthorp] *per aliquot dies moratus limitem regni sui, qui Saxoniam respicit, vallo munire constituit, eo modo, ut ab orientali maris sinu, quem illi Ostarsalt dicunt, usque ad occidentalem oceanum totam Egidorae fluminis aquilonalem ripam munimentum valli praetexeret, una tantum porta dimissa, per quam carra et equites emitti et recipi potuissent. Diviso itaque opere inter duces copiarum domum reversus est*, Ann. reg. Franc., 808, S. 126.

184 Vgl. zur Erforschung Hollingstedts Brandt, Klaus, Wikingerzeitliche und mittelalterliche Besiedlung am Ufer der Treene bei Hollingstedt (Kr. Schleswig-Flensburg): Ein Flusshafen im Küstengebiet der Nordsee, in: Brandt, Klaus / Müller-Wille, Michael / Radtke, Christian (Hg.), Haithabu und die frühe Stadtentwicklung im nördlichen Europa, Neumünster 2002, S. 83-105.

185 Andersen, Henning H., Danevirke, Kopenhagen 1976, S. 102. Vgl. ferner zur Baugeschichte des Danewerks im Überblick: Ders., Til hele rigets værn: Danevirkes arkæologi og historie, Højbjerg 2004. Aus dem Umstand, dass bereits in der ersten Hälfte des 8. Jahrhunderts ein solch aufwendiges Bauvorhaben wie das Danewerk durchgeführt werden konnte, lässt sich ableiten, dass bereits zu dieser Zeit eine größere Machtkonzentration im südlichen Jütland möglich war, was in Hinsicht auf die später folgende Auseinandersetzung mit der Beschaffenheit dänischer Königsmacht zur Spätzeit Karls des Großen noch zu berücksichtigen sein wird. Die Notwendigkeit zum Bau des Danewerks ergibt sich aus der Bedeutung Jütlands für den Fernhandel zwischen Nord- und Ostseeraum. Das Danewerk schützte nämlich die Landstrecke zwischen der Treene, einem Nebenfluss der Eider, und dem Handelsplatz Hedeby. Roesdahl, Viking Age Denmark, S. 208 wertet die dendrochronologischen Untersuchen, welche auf das Jahr 737 als früheste Bauphase des Danewerks hinweisen, als ein Indiz dafür, dass der Wall ursprünglich einen Schutz gegen die slawischen Nachbarn bilden sollte. Magnusson, Magnus, Die Wikinger: Geschichte und Legende, Düsseldorf / Zürich 2003, S. 62 kommt diesbezüglich zu dem Schluss, *„dass es schon vor Godfred machtvolle dänische Könige gab, die in der Lage waren, die Ressourcen ihres Herrschaftsgebietes für ein solches Großbauwerk zu mobilisieren"*. Zur Bedeutung Jütlands für den Nord- und Ostseehandel findet sich an gleicher Stelle Folgendes: *„Der beide Meere verbindende Fernhandel war gezwungen, den Weg über die gefährlichen und von Seeräubern bedrohten Gewässer des Skagerraks zu nehmen oder den Weg über Jütland, entweder durch den Limfjord vorbei an Lindholm Høje oder über Land – entweder über die lange Strecke von Ripen (Ribe) nach Kolding oder über die nur zwölf Kilometer lange Landpassage im Schutze des Danewerks von*

Überlieferung um eine Fehlinterpretation oder eine Vereinfachung handeln. Es erscheint allerdings sehr wahrscheinlich, dass Göttrik zumindest neue Arbeiten am Danewerk[186] anordnete, um sein Reich vor den möglichen Folgen seiner mit dem Abodritenüberfall eingeschlagenen Außenpolitik, also vor allem gegenüber einem kaiserlichen oder abodritischen Vergeltungsschlag, zu schützen.[187]

Abgesehen von dem offensichtlichen wirtschaftlichen Anreiz in Form von Tributen ergibt sich für die Offensive Göttriks aus dem Jahre 808 ein weiteres Motiv. Die Zerstörung Rerics und die Baumaßnahmen am Danewerk deuten auf Beweggründe hin, die wesentlich weitsichtiger waren als die Erlangung von Raubgut und die Tributpflichtigkeit der Abodriten. Durch die Zerstörung Rerics hat Göttrik offenbar sehr gezielt auf die Stärkung des Handelsplatzes Hedeby hingearbeitet. Für die gewollte Begünstigung Hedebys spricht auch der bereits erwähnte Bericht über die Umsiedlung der Kaufleute aus Reric und der Bau eines Verteidigungswalls, wenngleich dieser nicht mehr mit Sicherheit zu lokalisieren ist.[188] Göttriks Plan schien jedenfalls aufzugehen, da sich Hedeby in der Folgezeit

---

der Eidermündung zum großen Handelsplatz Haithabu". Damit gebührt dem Danewerk zwar primär eine militärische Bedeutung zum Schutze Jütlands gegenüber den südlicher gelegenen Gebieten, allerdings ist die gleichzeitige positive Auswirkung für den Handel nicht zu vernachlässigen, da sie erkennen lässt, dass nicht nur ein gewisses Maß an Macht und Reichtum erforderlich war, um das Danewerk zu bauen, sondern durch die Befestigungsanlage selbst ein zukünftiger Zugewinn aus dem Handel zwischen Nord- und Ostsee demjenigen zustand, der das Danewerk unter seiner Kontrolle hatte. Denn das Danewerk schützte den in unmittelbarer Nähe *"verlaufenden Transithandelsweg zwischen dem Verladeplatz Hollingstedt im Westen und der inneren Schlei",* Brøndsted, Johannes, Eisenzeit in Dänemark, Neumünster 1963, S. 359. Siehe zur archäologischen Diskussion in Bezug auf die Datierung der Bauphasen am Danewerk zusammenfassend: Harck, Ole, Anmerkungen zum Primärwall des Danewerks, in: Wesse, Archäologie des Ostseeraumes, S. 127-135. Siehe zum frühen fränkischen Handel mit Nordeuropa ergänzend: *"Das Ausstrahlungsgebiet des fränkischen Handels nach Nordeuropa bildet eine breite Zone, die sich über Jütland, die dänischen Inseln und Schonen bis nach Gotland und zum Mälarsee im Osten erstreckt. Nur vereinzelte Ausläufer erreichen das südliche Küstengebiet der Ostsee, und auch nach Norwegen strahlt dieser Handel nur in geringem Umfange aus, während dieses Gebiet nach Ausweis der importierten Gegenstände in weit stärkerem Umfange nach dem iro-schottischen und angelsächsischem Raum hin tendiert. [...] Im Rahmen des fränkischen Imports nach Nordeuropa heben sich auf den Verbreitungskarten der eingeführten Gegenstände übereinstimmend immer wieder zwei Zentren ab, nämlich Birka und Haithabu, und um diese Zentren herum lassen sich deutlich Ausstrahlungsräume erkennen",* Jankuhn, Herbert, Der fränkisch-friesische Handel zur Ostsee im frühen Mittelalter, in: VSWG 40 (1953), S. 193-243, hier: S. 232. Hedeby stellte durch seine günstige Lage und sein wirtschaftliches Potential einen Machtfaktor dar, der das dänische Königtum nachhaltig stärken konnte. Vgl. dazu: Sawyer, Das Zeitalter der Wikinger, S. 17.

186 Andersen, Danevirke, S. 102; Ders., Danevirke og Kovirke, S. 207f hält es für möglich, dass es sich bei den Bautätigkeiten, welche Göttrik durch die Quellen zugeschrieben werden, u.U. lediglich um Reparaturmaßnahmen an den bereits bestehenden Wallanlagen gehandelt haben könnte.

187 Jankuhn, Herbert, Haithabu: Ein Handelsplatz der Wikingerzeit, Neumünster 1976, S. 77 geht nach langjähriger wissenschaftlicher Auseinandersetzung mit Hedeby davon aus, dass Göttrik im Jahre 808 zwar einen Wall bauen ließ, aber eine genauere Bestimmung um welchen Wall es sich dabei handelt, erscheint unmöglich. An anderer Stelle geht Jankuhn, Karl der Große und der Norden, S. 701 auch davon aus, dass die Bautätigkeiten Göttriks am Danewerk als Schutzmaßnahme gegen den zu erwartenden *"Vergeltungszug der Franken"* zu sehen sind. Der Halbkreiswall, der noch heute den Standort des ehemaligen Handelsplatzes umgibt, stammt jedoch offensichtlich weder aus der Zeit Göttriks noch aus dem 9. Jahrhundert im Allgemeinen, sondern scheint vielmehr aus dem 10. Jahrhundert zu stammen. Vgl.: Jahnkuhn, Haithabu, S. 81 ff.; Müller-Wille, Frühstädtische Zentren, S. 16ff.

188 *"Gottfrid's first reactions to the Carolingian expansion appears not to have been exclusively defensive, as his*

49

tatsächlich zu einem der wichtigsten Handelshäfen Skandinaviens entwickelte, der erst um das Jahr 1000 seinen wirtschaftlichen Niedergang erlebte.[189] Ob es einen bestimmten zeitgenössischen Anlass für Göttrik gegeben hat, der ihn dazu bewog, den Handelsplatz zu zerstören, welcher ihm immerhin Steuern einbrachte, ist nicht mehr zu klären. Die Abwägung hinter dem bewussten Verzicht Göttriks auf zukünftige Einnahmen aus Reric erscheint aber nur erklärlich, wenn man die von ihm ebenfalls bewusst verfolgte Stärkung Hedebys unterstellt.

Die Entscheidung für den einen und gegen den anderen Handelsstandort könnte in diesem Fall mit der geographischen Lage der beiden Standorte schlüssig erklärt werden. Der in der Wismarer Bucht gelegene Handelsplatz Reric mag Göttrik schlichtweg als zu unsicher vorgekommen sein. Nicht nur, dass ein schneller Zugriff von dänischer Seite schwieriger war als ein Zugriff von abodritischem Gebiet, vielmehr musste Göttrik sogar davon ausgehen, dass die instabilen abodritischen Verhältnisse, in die er selbst bei diesem Überfall aktiv eingegriffen hatte, Reric als Einnahmequelle schnell und nachhaltig gefährden konnten. Das Spannungsfeld zwischen Sachsen, Abodriten und Dänen musste schon für sich allein genommen schwierig genug erscheinen, weshalb die Zerstörung des Handelsplatzes Reric, der dazu auch noch außerhalb des eigenen unmittelbaren Einflussbereiches und innerhalb des direkten Einflussbereiches der benachbarten Abodriten lag, aus Göttriks Sicht nachvollziehbar erscheinen muss.[190] Hedeby dürfte Göttrik schlichtweg als der einfacher zu kontrollierende und zu schützende Standort vorgekommen sein.[191] Göttriks Handeln im Jahre 808 erscheint in diesem Zusammenhang als ein Manöver, welches ihm kurzfristig Raub- und Tributerlöse versprach und längerfristig die Aussicht auf eine Sicherung des Südens seines Reiches zusammen mit einem zunehmend florierenden jütländischen

---

attack on Reric shows, and his arrangements at the frontier were intended to prevent his large neighbour from securing a tight grip on the trade of Scandinavia through command of Friesland", Arbman, Vikings, S. 75. Damit ließe sich auch ein weiteres Motiv für Göttriks Frieslandüberfall von 810 ausmachen. Zum letztlichen Niedergang Hedebys vgl. auch: „Trotz der vielen Kriege, Raubzüge und Überfälle zu Wasser und zu Land ist der Fluß des Handels zwischen Ost und West über Haithabu/Schleswig niemals über längere Zeit abgerissen. Erst nach der Gründung Lübecks ist er auf eine neue Route umgeschwenkt", Ellmers, Detlev, Welche Schiffe liefen den Hafen von Haithabu an?, in: Beiträge zur Schleswiger Stadtgeschichte 27 (1982), S. 11-28, hier: S. 22.

189 Jankuhn, Haithabu, S. 272 ff. Die große wirtschaftliche Bedeutung Hedebys spiegelt sich auch in der isländischen Kultur wider. Vgl. Dazu: Marold, Edith, Haithabu in der altisländischen Literatur, in: Düwel / Marold / Zimmermann, Von Thorsberg nach Schleswig, S. 77-99, hier: 81-84.

190 Abgesehen von einer potentiellen Gefährdung des Handelsplatzes durch die Slawen war Reric auch für skandinavische Plünderer ein leichteres Ziel als Hedeby. Die Umsiedlung der Kaufleute nach Hedeby muss daher als eine umsichtige Maßnahme gewertet werden, die nicht zwingend gegen das fränkisch-abodritische Bündnis gerichtet gewesen sein muss. Von einer dänischen Reaktion auf primär abodritischen Druck gehen aus: Kempke, Torsten / Müller-Wille, Michael, Slawen, Dänen und Deutsche im süd-westlichen Ostseeraum vom 8.-12. Jahrhundert, in: Strzelczyk, Jerzy (Hg.), Slawen, Deutsche und Dänen in zwei historischen Grenzregionen: Schleswig-Holstein und Großpolen, Posen 2001, S. 9-32, hier: S. 14. „808 veranlaßte der Dänenkönig Göttrik [...] die Umsiedlung der Kaufleute von Reric nach Sliesthorp. Zweifellos verlor Dänemark damit einen wichtigen Stützpunkt im slawischen Küstengebiet [...] Im frühen 9. Jahrhundert sind die Obotriten offenbar als Sieger aus einem Machtkampf im Küstengebiet hervorgegangen; die Dänen wurden hinausgedrängt".

191 Zettel, Karl der Große, S. 19ff; Randsborg, Viking Age, S. 14 f.

Handelsplatz eröffnete.[192] Diese Aussicht könnte ihn dazu bewogen haben, den vorhersehbaren Unmut des Kaisers und die etwaige militärische Reaktion des Frankenreiches als Preis für sein Vorgehen in Kauf zu nehmen. Es darf auch nicht außer Acht gelassen werden, dass das Ausbleiben einer militärischen Reaktion des Frankenreiches ebenfalls bereits vorher denkbar war.

Der Lauf der Geschichte bestätigte jedenfalls Göttriks Entscheidungen von 808 und seine Einschätzung des bestehenden Risikos, da eine unmittelbare Vergeltung des Kaisers ausblieb.[193] Auch die Tatsache, dass bei dem Überfall auf Reric das Leben Draskos, der sich bereits im darauf folgenden Jahr wieder als gefährlicher Potentat präsentierte, verschont wurde, deutet auf ein wohl überlegtes Vorgehen Göttriks hin. Drasko war ein Herrscher, der für Dänemark offensichtlich eine Gefahr darstellte. Dies wird nicht nur durch den Überfall auf Reric und die schnelle Rückkehr Draskos zur alten Vormachtstellung in der Folgezeit nahe gelegt, sondern auch dadurch, dass Göttrik von dem Abodritenfürsten eine Geisel verlangte, anstatt sich mit einer bloßen Vertreibung zu begnügen. Da die Dänen Drasko nicht ebenso wie Godelaib hinrichteten, obgleich sie die Gelegenheit und offensichtlich auch Grund dazu gehabt hätten, lässt sich hierbei eine gewollte Rücksichtnahme auf die fränkische Reaktion vermuten. Die Hinrichtung Draskos, eines Protegés des Kaisers, hätte immerhin eine stärkere fränkische Reaktion auf den Plan rufen können, was Göttrik möglicherweise zu umgehen gedachte.

Der Schlichtungsversuch Göttriks von 809, bei dem er einerseits die Abodriten beschuldigte, den Krieg des vorangegangenen Jahres begonnen zu haben, und andererseits eine gemeinsame Versammlung der dänischen und fränkischen Großen verlangte, um die bestehenden Probleme zwischen den beiden Seiten verhandeln zu können, muss in der Rückschau als Hinhaltemanöver betrachtet werden.[194] Denn zum einen ist es aufgrund der

---

192 Bei Dahlmann, Geschichte von Dännemark, S. 21 findet sich noch eine andere Darstellung der Ereignisse. „Göttrik aber, weder Vermögens noch Willens die geplünderten Landstrecken und Ortschaften zu behaupten, verwüstete den Hafenplatz Rerik, nahm die dort ansässigen Kaufleute seiner Nation mit sich, die dort nun nicht mehr sicher hausen konnten, und schiffte zu seiner Schleiumgebenen Dorfschaft [Hedeby] zurück". Diese Sichtweise erscheint wenig naheliegend, da sie die betreffenden Ereignisse als das Ergebnis einer Notlage darstellt, in der sich Göttrik vermeintlich befunden habe. Dagegen sprechen allerdings die Zielgerichtetheit des dänischen Vorgehens und auch die archäologischen Befunde, die den raschen Niedergang Rerics im Einklang mit den Quellen belegen. Der Niedergang Rerics wäre nicht dadurch zu erklären, dass sich lediglich die dänischen Kaufleute aus dem Handelsplatz zurückzogen. Eine erzwungene Umsiedlung aller Kaufleute, wie sie die Quellen beschreiben, ist daher eher im Stande, den Niedergang Rerics und den schnellen Aufstieg Hedebys zu erklären.

193 Dieser Beurteilung widerspricht Zettel, Karl der Große, S.21, der dem Dänenkönig vorwirft, dass jener „die potentiellen fränkischen Reaktionen dabei zu wenig bedachte". Die Unterstellung, dass Göttrik in seinem Kalkül nachlässig gewesen sei, lässt sich anhand der unmittelbaren Reaktionen des Jahres 808 und den fränkisch-dänischen Verhandlungen des Folgejahres nicht aufrecht erhalten, da Göttriks Handeln in der besagten Folgezeit für den Dänen ohne negative Konsequenzen blieb, was eine Beurteilung zu seinen Gunsten in Bezug auf seine Entscheidungen nahe liegender erscheinen lässt.

194 Interea Godofridus rex Danorum per negotiatores quosdam mandavit, se audisse, quod imperator ei fuisset iratus, eo quod in Abodritos anno superiore duxit exercitum et suas ultus est iniurias, addens velle se purgare ab eo, quod ei obiciebatur; foederis inruptionem ab illis primo fuisse inchoatam. Petebat etiam, ut conventus comitum

Zielgerichtetheit des dänischen Vorstoßes und der drastischen Einmischung in die innenpolitischen Verhältnisse der Abodriten unwahrscheinlich, dass die Aggression tatsächlich ursprünglich von abodritischer Seite ausging. Zum andern deuten die Ergebnislosigkeit der Zusammenkunft der Großen und der im darauf folgenden Jahr unternommene Überfall auf Friesland[195] darauf hin, dass Göttrik einen offensiven Kurs verfolgte, der mit dem Überfall von 808 noch längst nicht abgeschlossen war. In dieser Auffassung sind sich die dänenfeindliche und die dänenfreundliche Historiographie sogar einig, wenngleich auch aus sehr verschiedenen Beweggründen.

Die fränkische Historiographie war natürlich bemüht, Göttrik, den *rex vesanus*[196], als wahnwitzigen Aggressor darzustellen, während zumindest Saxo Grammaticus aus ihm einen ambitionierten Herrscher zu machen versuchte, welcher das fränkische Reich hätte zu Fall bringen können, wenn ihn nur sein vorzeitiger Tod nicht daran gehindert hätte.[197] Der Einklang der Quellen in Bezug auf Göttriks Absichten resultiert auf beiden Seiten aus der Befangenheit der Verfasser. Während sich auf fränkischer Seite zu der für die Verfasser wohl recht natürlichen Abneigung gegenüber dem feindlichen und heidnischen Nachbarn noch jene späteren Verfasser gesellen, die durch die zahlreichen Erfahrungen mit Wikingerüberfällen und Normannenherrschern eine regelrechte Antipathie[198] gegenüber den Nordmännern entwickelten, ist Saxos Darstellung[199] schlichtweg als ein Akt überschäumenden „Nationalstolzes" und dramatisch-literarischer Überspitzung zu interpretieren. Die gemeinsame Schlussfolgerung aus den beiden sehr verschiedenen Standpunkten bildet dennoch den fest anzunehmenden Umstand ab, dass Göttriks Frieslandüberfall nicht das Ende des dänischen Aufbegehrens gegen das Frankenreich darstellen konnte. Der Frieslandüberfall war immerhin ein Ereignis, das im Falle des Fortlebens Göttriks eine endgültige Eskalation des fränkisch-dänischen Konflikts zwingend bewirken musste.

Während sich Göttrik im Jahre 809 darauf verlegte, die Auswirkungen seines Überfalls auf Reric einzudämmen, indem er mit den Franken in Verhandlungen eintrat, nutzte der von ihm eigens vertriebene Abodritenfürst Drasko die Situation, um die Machtverhältnisse im

---

imperatoris atque suorum iuxta terminos regni sui trans Albim fieret, in quo res invicem gestae proferri et emendatione digna inter partes enumerari potuissent, Ann. reg. Franc., 809, S. 128.

195 Ann. reg. Franc., 810, S. 131.

196 *Vesano regi*, Ann. reg. Franc., 808, S. 125.

197 Saxo Grammaticus, VIII, 16, 1-8, S. 578-583.

198 Siehe z. B.: *christiana manus mea cum cynocephalis illis luserit*, Notker Balbulus, Gesta Karoli, 13, S. 76, Z. 21; *isti nugę et nihili*, ebd., 14, S. 78, Z. 1; *Quorum rex Godofridus adeo vana spe inflatus erat, ut sibi totius Germaniae promitteret potestatem.* [...] *Nec dictis eius, quamvis vanissimis, omnino fides abnuebatur, quin potius putaretur tale aliquid inchoaturus, nisi festinata fuisset morte praeventus*, Einhard, Vita Karoli Magni, 14, S. 17, Z. 6-15.

199 *Cumque Gøtricus transcursa Fresia ac reuerso iam Roma Karolo in ulteriores se Germanię prouincias effundere statuisset, proprii satellitis insidiis circumuentus ferro domesticę fraudis interiit. Quo audito Karolus effuso gaudio exultauit, nihil eo casu unquam fortunę suę iocundius obuenisse confessus*, Saxo Grammaticus, VIII, 16, 8, S. 582.

slawischen Raum wieder zu seinen Gunsten zu verändern.[200] Die Reichsannalen berichten hierbei nicht nur, dass Drasko mit sächsischer Unterstützung siegreich gegen die Wiltzen und Smeldinger vorging, sondern auch von der vollständigen Wiederherstellung der Vorherrschaft, die er vor dem dänischen Überfall auf Reric innegehabt zu haben schien.[201] Diese Rückkehr Draskos zu alter Stärke hielt jedoch nicht lange an, da er noch im gleichen Jahr in Reric den Tod fand. Die Reichsannalen benennen zwar ausdrücklich Göttrik als Urheber[202] der Ermordung Draskos, allerdings erscheint es auch möglich, dass Drasko schlichtweg seine schnelle Rückkehr zur Macht zum Verhängnis wurde. Draskos Vorgehen des Jahres 809 muss geradezu zwangsläufig eine nicht zu unterschätzende innerslawische Opposition geschaffen haben, die ebenfalls hinter der Ermordung gesteckt haben kann.[203] Gegen eine eindeutige Zuschreibung der Urheberschaft zulasten Göttriks spricht außerdem, dass die Dänen Draskos Leben beim Überfall auf das Abodritenreich im Vorjahr noch verschont hatten.[204] Die Hintermänner der Ermordung Draskos müssen damit wohl im Dunkeln bleiben, da sowohl von dänischer als auch von slawischer Seite ausreichend Motivation für die Tat bestanden haben dürfte.[205]

---

200 *Thrasco vero dux Abodritorum, postquam filium suum postulanti Godofrido obsidem dederat, collecta popularium manu et auxilio a Saxonibus accepto vicinos suos Wilzos adgressus agros eorum ferro et igni vastat; regressusque domum cum ingenti praeda accepto iterum a Saxonibus validiori auxilio Smeldingorum maximam civitatem expugnat atque his successibus omnes, qui ab eo defecerant, ad suam societatem reverti coegit*, Ann. reg. Franc., 809, S. 128f.

201 *Omnes, qui ab eo defecerant, ad suam societatem reverti coegit*, Ann. reg. Franc., 809, S. 129. In Bezug auf die Wiltzen wird vor allem von einem Plünderungszug berichtet: *Thrasco vero dux Abodritorum [...] Wilzos adgressus agros eorum ferro et igni vastat*, Ebd, S. 128f. Ein Plünderungs- und Verwüstungszug gegen die Wiltzen ermöglichte einerseits die schnelle Entlohnung der beteiligten sächsischen Verbände und andererseits konnte Drasko durch diese Maßnahme nur ein Jahr nach seiner Niederlage gegen die einfallenden Dänen erneut seine Vorherrschaft im slawischen Raum durch einen Sieg gegen die eigenen Erzfeinde demonstrieren.

202 *Thrasco dux Abodritorum in emporio Reric ab hominibus Godofridi per dolum interfectus est*, Ann. reg. Franc., 809, S. 129.

203 Zettel, Karl der Große, S. 21. Reric als Ort des Geschehens muss in diesem Zusammenhang nicht zwangsläufig als Hinweis für die Urheberschaft Göttriks gedeutet werden. Nur weil sich der dänisch-abodritische Konflikt des Vorjahres in Reric entlud, muss sich dies nicht im Folgejahr zwingend dergestalt wiederholt haben. Es ist natürlich denkbar, dass Drasko eine neuerlicher Stärkung Rerics unter eigener Regie anstrebte und er deshalb dort von den Dänen ermordet wurde. Denkbar wäre in diesem Kontext auch, dass der Verzicht auf eine solche Restauration Rerics eine der Bedingungen war, die Drasko 808 nach seiner Niederlage gegen die Dänen akzeptieren musste. Da Drasko sich offenbar auch durch die Stellung einer seiner Söhne als Geisel nicht von seinen Machtbestrebungen abbringen ließ, mag Reric u.U. nicht zufällig Schauplatz von Draskos Ermordung geworden sein.

204 Gewiss kann hinter der Ermordung trotzdem noch der Dänenkönig gesteckt haben, da Drasko immerhin trotz Geiselstellung zu alter Machtfülle zurückgekehrt war. Dennoch bleibt zu bedenken, dass die dänischen Beweggründe für einen Verzicht auf eine Ermordung Draskos grundsätzlich noch dieselben gewesen sein dürften wie im vorangegangenen Jahr. Eine Ermordung Draskos war auch 809 noch ein Affront gegenüber dem Kaiser. Für eine dänische Urheberschaft an der Ermordung Draskos spricht hingegen der Bruch etwaiger zwischen Dänen und Abodriten vereinbarten und durch die Gestellung von Geiseln bekräftigten Friedensbestimmungen durch Drasko, wobei uns solche Bestimmungen leider nicht überliefert sind.

205 Denkbar ist auch eine erneute dänisch-slawische Kooperation beim Vorgehen gegen Drasko, vergleichbar dem Zweckbündnis von 808.

Im Ergebnis steht wohl fest, dass der Tod Draskos von den umliegenden Mächten verschieden aufgenommen werden musste. Die Franken müssen darin ein Zeichen für die Destabilisierung in den angrenzenden slawischen Gebieten erkannt haben, die gewiss dem Interesse der Grenzsicherung Sachsens zuwiderlief. Die slawische Opposition hingegen dürfte Draskos Ableben aus naheliegenden Gründen begrüßt haben. Für die Interessen Dänemarks und Göttriks lässt sich dies nicht zweifelsfrei behaupten. Zum einen dürfte es natürlich im Interesse der Dänen gelegen haben, dass mit Drasko ein ernst zu nehmender Widersacher starb und sich die Situation in den benachbarten slawischen Gebieten destabilisierte. Zum anderen belastete der Tod Draskos und die vermeintliche Urheberschaft Göttriks das Verhältnis zwischen Franken und Dänen. Nach dem Überfall auf Reric, dem Scheitern der fränkisch-dänischen Verhandlungen von 809 und der Ermordung Draskos lag bereits vor dem offenen Ausbruch des Konflikts im Jahre 810 eine schwere Hypothek auf den Beziehungen zwischen Franken und Dänen.

III. 1. 3 Der Überfall auf Friesland und Göttriks Tod

Die Reichsannalen berichten für das Jahr 810 von einem schweren Angriff auf friesisches Gebiet.[206] Nach Aussagen der Reichsannalen überfielen 200 Schiffe aus *Nordmannia*[207] die Friesen, was sich sowohl auf die vorgelagerten Inseln als auch auf das Festland bezieht. Der Angriff verlief offenbar zugunsten der Dänen, welche die Friesen gleich dreimal in der Schlacht bezwangen und ihnen dafür Tribute auferlegten.[208] Der erste dänische Überfall auf

---

206 *Imperator vero Aquisgrani adhuc agens et contra Godofridum regem expeditionem meditans nuntium accepit, classem ducentarum navium de Nordmannia Frisiam appulisse totasque Frisiaco litori adiacentes insulas esse vastatas iamque exercitum illum in continenti esse ternaque proelia cum Frisonibus commisisse Danosque victores tributum victis inposuisse et vectigalis nomine centum libras argenti a Frisonibus iam esse solutas, regem vero Godofridum domi esse,* Ann. reg. Franc., 810, S. 131. Die frühesten schriftlich dokumentierten Überfälle von Skandinaviern auf Gebiete, die später zum Karolingerreich gehören sollten, ereigneten sich bereits im 6. Jahrhundert. Vgl. hierzu: Walther, Sabine, The Vikings in the Rhinelands according to Latin Sources, in: Simek, Rudolf / Engel, Ulrike (Hg.), Vikings on the Rhine: Recent Research on Early Medieval Relations between the Rhinelands and Scandinavia, Wien 2004, S. 166ff.

207 Zweifellos ist die Zahl von 200 Schiffen eine Übertreibung und muss auch als solche gewertet werden. An dieser Stelle sollte sie als Synonym für eine verhältnismäßig große feindliche Flotte interpretiert werden. Von einer Übertreibung in Bezug auf die Flottenstärke geht auch Zettel aus; s. Zettel, Karl der Große, S. 24. Bemerkenswert ist hier auch die unklare Herkunftsbeschreibung des Flottenverbands. Diese unklare Formulierung darf jedoch nicht dahingehend gedeutet werden, dass der Angriff unter Umständen nicht von Dänemark her erfolgte, sondern vielmehr offenbart es die recht schemenhafte geopolitische Vorstellung der Verfasser, die an dieser Stelle Dänemark mit den „Nordlanden", also dem damals bekannten Skandinavien, gleichsetzten. Eine Differenzierung zwischen Dänen und anderen skandinavischen Völkern erschien offenbar an dieser Stelle aufgrund der geringen Kenntnisse der Machtverhältnisse im übrigen Skandinavien überflüssig. Schon Vogel, Die Normannen, S. 21 kam zu dem Schluss, dass bei den Franken der Begriff *Normanni* die allgemeine Bezeichnung für alle Skandinavier war und nicht etwa ein bestimmtes skandinavisches Stamm oder ein Volk.

208 *Ternaque proelia cum Frisonibus commisisse Danosque victores tributum victis inposuisse et vectigalis nomine centum libras argenti a Frisonibus iam esse solutas,* Ann. reg. Franc., 810, S. 131. Den offensichtlich recht

den Herrschaftsraum[209] des Kaisers, welcher dem Dänenkönig zumindest laut Aussagen der Quellen kurzfristig die Tributpflichtigkeit der besiegten Friesen einbrachte, sollte schließlich gleichermaßen Höhe- und Schlusspunkt der Expansionspolitik Göttriks darstellen, da jener in Dänemark, wo er auch während des Angriffs auf Friesland[210] verblieben war, kurz darauf einem Mordanschlag zum Opfer fiel.[211] Eine maßgebliche Beteiligung Angehöriger der Königssippe[212] erscheint aufgrund der bald darauf erfolgten Ermordung von Göttriks Nachfolger und der zu beobachtenden Parteibildungen in den Thronfolgekämpfen, welche uns für die Zeit nach der Ermordung von Göttriks Nachfolger überliefert sind und daher auch für die Zeit unmittelbar nach Göttriks Ermordung angenommen werden dürfen, als durchaus wahrscheinlich.[213] Die schnelle Aufeinanderfolge von zwei Königsmorden deutet immerhin auf eine Vielzahl von konkurrierenden Herrschaftsprätendenten hin, was wiederum auf eine Instabilität hinweist, die entweder durch Göttriks Tod verursacht wurde oder aber Göttriks Tod überhaupt erst mit verursacht hat. Es gibt zwar wiederholt Verweise darauf, dass Göttrik durch eine seiner Leibwachen[214] ermordet worden sei, allerdings gibt es in der Schilderung des Notker Balbulus auch den Hinweis auf innerfamiliäre Zwistigkeiten, in deren Folge Göttrik von einem seiner Söhne erschlagen worden sei.[215] Da nur bei Notker ein Göttriksohn als Täter genannt wird und auch nur hier Hintergründe und mögliche Motive für das Attentat geliefert werden, erscheint eine Klärung des Sachverhalts anhand der vorhandenen und teilweise divergierenden Quellenaussagen schwierig.[216] Notkers

---

einfachen Sieg der Dänen erklärt Ganshof, François L., The Carolingians and the Frankish Monarchy: Studies in Carolingian History, London 1971, S. 248 dadurch, dass die Stabilität und Autorität Karls des Großen in dessen letzten Herrschaftsjahren nicht zuletzt durch das fortgeschrittene Alter des Kaisers und die laut Ganshof unzureichende Verwaltungsorganisation des Reiches spürbar geschwächt war. *„In 811, at the very moment when it was vital to organise defences for the northeast of the empire against Danish pirates, the assembly of magnates was presented with an official document reporting the growth of disobedience among the emperor's subjects: surely an alarm signal"*. Vgl. auch: Capitula de rebus exercitalibus in placito tractanda, MGH Capit. 1, Nr. 73, *Quod super omnia maius fiunt inoboedientes ipsi pagenses comiti et missos decurrentes, quam antea fuissent*, S. 165, Z. 26f.

209 Der Überfall auf abodritisches Gebiet im Jahre 808 richtete sich, wie erläutert, lediglich gegen einen Verbündeten des Kaisers und dessen Herrschaftsraum. Mit Friesland war 810 daher erstmals ein unmittelbarer Einflussbereich des Kaisers betroffen.

210 *Regem vero Godofridum domi esse*, Ann. reg. Franc., 810, S. 131.

211 *Godofridum regem a quodam suo satellite interfectum*, Ebd.

212 Der Sippenbegriff soll im Folgenden den erweiterten Familienverband umschreiben, zumal eine genauere familiäre Bestimmung im Falle der dänischen Herrscher oftmals schwierig erscheint.

213 Die innerdänischen Auseinandersetzungen nach dem Tode Hemmings werden im weiteren Verlauf dieses Kapitels noch thematisiert werden. Siehe S. 74-77.

214 *A proprio satellite interfectus*, Einhard, Vita Karoli Magni, 14, S. 17, Z. 15f; *Godofridum regem a quodam suo satellite interfectum*, Ann. reg. Franc., 810, S. 131; *proprii satellitis insidiis circunuentus ferro domesticę fraudis interiit*, Saxo Grammaticus, VIII, 16, 8, S. 582.

215 *Consecutus eum filius suus, cuius nuperrime matrem reliquit et alteram super eam duxit uxorem, per medium divisit*, Notker Balbulus, Gesta Karoli Magni, 13, S. 76, Z. 11ff. Auch der Annalista Saxo griff ein solches Motiv später wieder auf: *et Godefridum a quodam suo satellite interemptum, sive, ut quidam verius aestimant, a proprio filio, cuius matrem abiecerat*, Annalista Saxo, 810, S. 567, Z. 59f.

216 Ähnlich wie bei der Ermordung Draskos gibt es auch hier eine Mehrzahl an Interessengruppen, denen der Tod des Dänenkönigs äußerst gelegen kam. Dazu zählen neben innerdänischen Kontrahenten natürlich auch abodritische und fränkische Große. Das einhellige Quellenbild, welches von einer innerdänischen Urheberschaft berichtet, lässt

Schilderung des Königsmordes kann zwar nicht gänzlich abgetan werden, allerdings sollte man bedenken, dass sich Notker zum einen durch ein sehr negatives Normannenbild auszeichnet und es zum anderen nur hier zu einem ausdrücklichen Fall von *parricidium patris* kommt. Durch diesen Akt des Vatermordes schreibt Notker dem unliebsamen Dänenkönig nicht nur ein grausames Schicksal zu, welches Göttrik sich durch einen Akt der ihm nachgesagten Vielweiberei zuzog, sondern zudem erscheint die gesamte dänisch-heidnische Kultur in diesem Gesamtzusammenhang in einem schlechten Licht, was durchaus im Interesse Notkers gelegen haben dürfte. Notkers spätere Darstellung mutet daher eher unglaubwürdig an, zumal die unmittelbare Nachfolge Göttriks nicht etwa durch seine Söhne angetreten wurde, die ins schwedische Exil flüchten mussten. Vielmehr erscheint am ehesten Göttriks Nachfolger Hemming als plausibler Drahtzieher des Königsmordes.

Der Überfall auf Friesland im Jahre 810 stellt einen bedeutsamen Einschnitt in den fränkisch-dänischen Beziehungen im 9. Jahrhundert dar. Dieser erste „Wikingerüberfall"[217] auf das direkte Einflussgebiet des Kaisers wurde in der Forschung häufig dem dänischen König angelastet, was auch durch das recht einhellige Quellenbild nahe gelegt wird.[218] An dieser Stelle erscheint daher eine kurze Nachzeichnung des Quellenbildes mit anschließender Zuordnung der anzunehmenden Urheberschaft sinnvoll. Während die Reichsannalen[219] eindeutig dem Dänenkönig den Überfall auf Friesland zur Last legen, implizieren die übrigen für dieses Ereignis relevanten Quellen zwar ebenfalls die

---

zusammen mit den zu beobachtenden dänischen Thronstreitigkeiten der darauf folgenden Jahrzehnte den Schluss zu, dass die Hintermänner der Ermordung Göttriks tatsächlich Dänen waren.

217 Bei der Auseinandersetzung mit dem Wesen der Wikingerüberfälle, die das Frankenreich seit der Regierungszeit Ludwigs des Frommen wiederholt heimsuchten, wird noch deutlicher der Unterschied zwischen dem Angriff auf Friesland von 810 und den frühen Wikingerüberfällen in den ersten Jahrzehnten des 9. Jahrhunderts herausgestellt werden. An dieser Stelle wäre jedoch die Bezeichnung als „Wikingerüberfall" eine irreführende, insofern es sich bei dem Angriff von 810 um eine vom dänischen König initiierte Operation handelte. Die Urheberschaft wird im Folgenden noch genauer zu klären sein, jedoch ist an dieser Stelle vorwegzunehmen, dass dieser Überfall nicht eindeutig als „Wikingerüberfall" bezeichnet werden kann. Denn immerhin sind die Zusammensetzung und die Motivation von Wikingerverbänden als bedeutsames Kriterium für deren Bewertung zu betrachten. Der Zusammenschluss von Kriegern unter der Führerschaft eines oder mehrerer Anführer zum Zweck des auswärtigen Beuteerwerbs dürfte formelhaft als Definition eines Wikingerverbands gelten. Die spätere Landnahme von Wikingerverbänden ist als Folgeerscheinung der erfolgreichen Beutezüge zu bewerten, welche von Beginn an als primäres Ziel der Wikingerüberfälle zu werten sind. Wenn der Frieslandüberfall allerdings auf Göttriks Initiative zurückgeht, so bleibt die Zielsetzung zu hinterfragen. Für eine bloße Plünderfahrt erschien die Gefahr eines kaiserlichen Gegenschlags zu groß. Denkbar ist hingegen, dass Göttrik neben der zu erwartenden Beute auch daran interessiert war, die feindliche Abwehrkraft und Reaktion auf die Probe zu stellen.

218 Zettel wertet das Quellenbild anders und attestiert diesbezüglich eine signifikante Uneinigkeit bei den ereignisnahen Quellen. Zettel, Karl der Große, S. 24 führt hierfür die Quellen Annales Maximiniani und Chronicon Moissiacense an, die beide noch besprochen werden sollen. „*Es spricht alles dafür, daß Gottfried nicht hinter dem Angriff auf Friesland im Jahre 810 stand, sondern daß es sich hier um einen Wikingerangriff in der Frühphase der Normanneneinfälle handelte, wobei die Zahl der Schiffe weit übertrieben sein dürfte, um einen Angriff, mit dem er nichts zu tun hatte*".

219 Ann. reg. Franc., 810, S. 131.

Urheberschaft Göttriks, jedoch erfolgt dies nicht immer derart ausdrücklich wie in den Reichsannalen und den davon stark beeinflussten Fuldaer Annalen.[220] Die Annales Maximiniani nennen für das Jahr 810 zwar zunächst nicht Göttrik als Initiator des Angriffs, sondern begnügen sich mit einer bloßen geographischen Herkunftsbeschreibung[221] der angreifenden Flotte, jedoch verzeichnen sie noch im gleichen Jahr einen fränkischen Gegenschlag gegen Göttrik, der sich bereits in einem fortgeschrittenen Stadium der Vorbereitung[222] befand, als der Dänenkönig überraschend verstarb.[223] Daran lässt sich erkennen, dass auf fränkischer Seite offenbar kein Zweifel an der Urheberschaft Göttriks bestand. Die Quelle selbst bringt diesbezüglich keinerlei Zweifel an einem inhaltlichen Zusammenhang zwischen dem Überfall auf Friesland und dem geplanten Vorgehen gegen Göttrik zum Ausdruck und gibt für dergleichen auch keinen Anlass. Im Chronicon Moissiacense wird Göttrik die Verantwortung für die Überfälle ebenfalls zugesprochen, jedoch erfahren wir hier darüber hinaus, dass er keinen offenen, sondern einen getarnten Angriff angeordnet habe. Göttrik habe demzufolge heimlich „Piraten" nach Friesland entsandt.[224] Damit kommt zwar kein Zweifel an der Urheberschaft Göttriks auf, jedoch lässt diese Darstellungsweise vermuten, dass der Däne unter Umständen ganz bewusst einen offenen Angriff auf den unmittelbaren Machtbereich des Kaisers vermeiden wollte. Dieses Vorgehen entspräche in etwa Göttriks Vorgehen von 809, als er die Verantwortung für den Überfall auf Reric von sich wies und darauf beharrte, nicht der Urheber des Konflikts gewesen zu sein.[225] Es ist anzunehmen, dass sich Göttrik auch 810 nicht offen zu den Überfällen seiner Landsleute bekannt hätte.[226]

Die Reichsannalen und die Annales Maximiniani berichten übereinstimmend von Karls

---

220 Ann. Fuld., 810, S. 17f.

221 *Classis magna de Nordmannia Frisiam venit*, Annales Maximiniani, 810, S. 24, Z. 48.

222 Reichsannalen und Annales Maximiniani berichten übereinstimmend, dass Karl ein Heer am Zusammenfluss von Aller und Weser versammelt hatte. *Congregatis tandem copiis, quanta potuit celeritate ad Alaram fluvium contendit castrisque iuxta confluentem eius, quo Wisurae flumini coniungitur, positis minarum Godofridi regis praestolatur eventum*, Ann. reg. Franc., 810, S. 131; *et inde ad confluenda Alare et Wisurae fluviorum contra Cotafridum regem abiit*, Annales Maximiniani, 810, S. 24, Z. 52f.

223 *Godofridum regem a quodam suo satellite interfectum*, Ann. reg. Franc., 810, S. 131.

224 *Occulte misit pyratas cum navibus in Frisia*, Chron. Moiss., 810, S. 309, Z. 11. Auch in Bezug auf die Schilderung des Mordes am Abodritenfürsten Drasko weist diese Quelle eine bestimmte Darstellungsweise der Handlungen des Dänenkönigs auf. So heißt es, dass Göttrik den unliebsamen Abodritenfürsten durch den Vorwand eines Friedensschlusses getäuscht habe, um jenen dadurch leichter ermorden zu können. Derlei Friedensverhandlungen waren durch das aggressive Vorgehen Draskos zur Erlangung alter Machtfülle nach seiner Niederlage von 808 erforderlich geworden. *Et Gothofredus rex Normannorum misit quasi pacifice per insidias vassallum suum, ut in dolo Drosocum, regem Abodritorum, occideret*, Chron. Moiss., 810, S. 309, Z. 9f. Das hier beschriebene Vorgehen des Dänenkönigs weist also ein hohes Maß an List und Heimtücke auf, was das im Rahmen dieser Dissertation dargestellte Bild Göttriks als geschickten und wohlkalkulierenden Herrscher nur unterstützt.

225 Vgl. Anm. 194.

226 Eine Verschleierung der eigenen Urheberschaft durch Göttrik, der womöglich die Hoffnung gehabt haben mag, den Frieslandüberfall einer vermeintlich eigenständig operierenden Schar von Piraten zuschreiben zu können, passt überdies zu jener kriegerischen Raffinesse, mit welcher die Franken und das übrige Westeuropa in der Zeit der Wikingerzüge später noch eingehend Bekanntschaft machen sollten.

Vorgehen, das sich zunächst gegen die dänische Flotte gerichtet habe.[227] Ebenfalls in der Darstellung von Karls ersten militärischen Schritten zur Abwehr der normannischen Flotte stimmen die beiden Quellen überein. Im Gleichklang berichten sie von Karls schnellem Rheinübergang und der Sammlung eines Heeres an der Mündung von Aller und Weser. Während die Reichsannalen für den weiteren Verlauf berichten, dass das Heer dort das weitere Vorgehen der Angreifer abwarten[228] wollte, heißt es in den Annales Maximiniani, die kaiserlichen Truppen hätten sich bereits gegen Göttrik in Marsch gesetzt, als jener verstarb.[229] Diese Abweichung ist jedoch als wenig bedeutsam einzuschätzen, da Karls Pläne ohnehin anhand der Quellenberichte einfach nachzuvollziehen sind. Die Sammlung des Heeres am Zusammenfluss zwischen Weser und Aller deutet darauf hin, dass man auf fränkischer Seite ein Eindringen der feindlichen Flotte auf der Weser befürchtete. Damit lässt sich rekonstruieren, dass sich der dänische Angriff auf den Süden der Helgoländer Bucht konzentriert haben dürfte, da dort die Weser in die Nordsee mündet. Der Versammlungsort des fränkischen Heeres in gebührendem Abstand zum einfallenden Feind lässt ein kurzzeitiges Abwarten, wie es die Reichsannalen beschreiben, als plausibel erscheinen. Die Intentionen des Feindes und seine militärische Vorgehensweise waren den Franken immerhin noch kaum vertraut. Lediglich die dänischen Angriffe auf die Abodriten hatten den Franken einen bedingten Eindruck von der Kriegführung der Dänen vermitteln können. Die schnellen Vorstöße der Dänen, gefolgt von einem ebenfalls sehr schnellen Abzug, hatte man also bereits beobachten können, allerdings konnte man diesmal nicht sicher davon ausgehen, dass der Verlauf des Angriffs auf Friesland ebenfalls so aussehen würde.

Die Nachricht, dass Göttrik während des Angriffs auf Friesland nicht bei der Flotte weilte, mag auf fränkischer Seite die Erwartung eines dänischen Vorstoßes zu Lande unter der persönlichen Führung des Dänenkönigs genährt haben. Durch das Fehlen Göttriks bei diesem Frieslandüberfall ließe sich alternativ auch die Frage stellen, ob der Dänenkönig möglicherweise gar nicht an dem Angriff beteiligt war. Gewiss war ein derartiger Angriff auf das Herrschaftsgebiet des Kaisers eine Maßnahme von großer Tragweite, die daher eine unmittelbare Beteiligung Göttriks erwarten ließe, allerdings verfügte der Dänenkönig auch über eine Vielzahl an Söhnen, die er mit der Führung dieses Flottenangriffs betrauen konnte.[230] Außerdem ist nicht mehr nachzuvollziehen, ob Göttriks Anwesenheit in Dänemark nicht erforderlich war, um seine dortige Herrschaft aufrecht zu erhalten, zumal sein kurz darauf erfolgter gewaltsamer Tod eine Instabilität seiner Position in der Heimat vermuten ließe. Daraus ergäbe sich allerdings erneut die Frage, ob es sich Göttrik

227 *Sine mora palatio exiens primo quidem classi occurrere*, Ann. reg. Franc., 810, S. 131; *primo quidem classis occurrit*, Annales Maximiniani, 810, S. 24, Z. 51. Zu der gesonderten Erwähnung, dass sich Karl zuerst gegen die einfallende Flotte wandte, wird im Folgenden noch genauer Stellung bezogen werden. Siehe S. 63f.

228 *Positis minarum Godofridi regis praestolatur eventum*, Ann. reg. Franc., 810, S. 131.

229 *Et inde ad confluenda Alare et Wisurae fluviorum contra Cotafridum regem abiit; sed interea Cotafridus a suis interfectus est*, Annales Maximiniani, 810, S. 24, Z. 52f.

230 Vgl. hierzu die Stammtafel der dänischen Königssippe im Anhang oder das Schaubild auf S. 77.

tatsächlich erlauben konnte, während einer instabilen Situation in Dänemark einen Flottenangriff auf Friesland zu befehlen. Die Instabilität seiner Herrschaft könnte wiederum auch aus dem Flottenangriff und dem damit verbundenen Abzug einiger von Göttriks Kriegern resultieren. Der Umstand, dass Göttrik während des Überfalls in Dänemark verblieb, stellt jedenfalls kein klares Indiz für oder gegen seine Beteiligung an dem Angriff dar.

Beim Angriff auf Friesland muss den Angreifern klar gewesen sein, dass man die unmittelbar angegriffenen Siedlungen und Handelsplätze zwar würde besiegen und plündern können, jedoch muss auch außer Zweifel gestanden haben, dass eine zeitlich leicht verzögerte militärische Gegenmaßnahme des Kaisers folgen würde, gegen welche man praktisch keine Erfolgsaussichten besaß. Damit erscheint aus dänischer Sicht der schnelle Angriff auf das friesische Gebiet, gefolgt von einem schnellen Rückzug, unter den gegebenen Umständen als die klügste Vorgehensweise.[231] Dies wird den Franken 810 nicht schlagartig klar gewesen sein, was auch aus den Formulierungen der Quellen hervorgeht, die berichten, dass sich Karl zuerst der feindlichen Flotte[232] annehmen wollte, was wiederum eine später folgende Konfrontation mit dänischen Landeinheiten impliziert. Dahinter kann sich nun zweierlei verbergen: Einerseits kann damit gemeint sein, dass nach der Vertreibung oder Vernichtung der einfallenden Feindesflotte ein Angriff zu Land gegen Dänemark erfolgen sollte, gewissermaßen als Vergeltungsmaßnahme, vergleichbar dem fränkischen Vorgehen nach dem dänisch-slawischen Angriff auf die Abodriten von 808. Andererseits kann sich hinter der Wortwahl der Quellen auch die bereits erwähnte Vermutung verbergen, dass ein dänischer Angriff zu Lande noch folgen sollte oder bereits im Gange gewesen sei, was den Flottenangriff nur als eine Art Vorhut erscheinen ließe. Die schnelle Rückkehr der feindlichen Flotte nach Dänemark und der Tod Göttriks dürften derartige Befürchtungen, ein dänisches Vorrücken zu Lande betreffend, allerdings rasch beseitigt haben. Wenngleich ein dänischer Landangriff auch ausblieb, so war er aus fränkischer Sicht dennoch aus den genannten Gründen nicht von vornherein auszuschließen, zumal die Wiltzen zeitnah zum dänischen Angriff auf Friesland die sächsische Burg Höhbeck an der Elbe überfielen.[233] Damit war aus fränkischer Perspektive die Furcht vor einem vereinten dänisch-slawischen Vorgehen, vergleichbar mit den Vorgängen von 808, mit dem Unterschied, dass sich die Aggression diesmal gegen die Franken selbst richtete, durchaus berechtigt. Fried wiederum führt die vermeintlich vergebliche Truppenmobilisierung Karls des Großen auf eine

---

231 Den schnellen Rückzug sieht Vogel, Die Normannen, S. 54 nicht als ursprünglichen Bestandteil des Angriffsplans, sondern als Folge von Göttriks plötzlichem Tod. Außerdem geht er davon aus, dass Göttrik auch einen Angriff zu Lande früher oder später veranlasst hätte. „Daß Gottfried, wäre er am Leben geblieben, einen ernstlichen Angriff unternommen hätte, ist kaum zu bezweifeln. Nicht die Franken suchten damals auf dänisches Gebiet überzugreifen, sie verhielten sich durchaus defensiv, die Dänen waren die Angreifer".

232 Ann. reg. Franc., 810, S. 131; Annales Maximiniani, 810, S. 24, Z. 50-53.

233 Nam et classem, quae Frisiam vastabat, domum regressam et Godofridum regem a quodam suo satellite interfectum, castellum vocabulo Hohbuoki Albiae flumini adpositum, in quo Odo legatus imperatoris et orientalium Saxonum erat praesidium, a Wilzis captum, Ann. reg. Franc., 810, S. 131f.

Fehldeutung des Kaisers zurück, der deshalb „umsonst" [234] gehandelt habe, weil Göttrik nicht die treibende Kraft hinter dem Überfall auf Friesland gewesen sei. [235] In diesem Zusammenhang drängt sich allerdings die Frage auf, ob damit Karl dem Großen nicht Unrecht getan wird. Bei dem Flottenangriff auf Friesland handelte es sich um eine Tatsache, die nicht etwa durch andere oder differenziertere Informationen umgewertet werden konnte. In der Situation des Jahres 810 musste Karl diese Bedrohung ernst nehmen und energisch reagieren, was er auch tat. Er handelte im Interesse und zum Schutz seines Reichs. Selbst wenn Karl hätte annehmen dürfen, dass sich möglicherweise ein anderer Urheber als Göttrik hinter dem Überfall verbarg, so war und bleibt Karls Handeln in dieser Situation doch alternativlos und damit zwangsläufig richtig.

Eine solche Untätigkeit, welche die Sicherheit des Frankenreiches gefährden und dessen Wehrhaftigkeit in der Außenwahrnehmung schwer hätte beschädigen können, wäre nicht durch jene Vermutung zu rechtfertigen gewesen, dass der Frieslandüberfalls von 810 kein dänischer Angriff, sondern ein groß angelegter Wikingerüberfall gewesen sei, wobei die Franken mit letzteren zu jenem Zeitpunkt noch wenig Erfahrung hatten. Hätte Karl der Große 810 nicht genau so gehandelt, wie er es tat, dann wäre ihm tatsächlich mangelnde Räson vorzuwerfen gewesen. Es fand ein Überfall auf Friesland statt, auf den es zu reagieren galt, ungeachtet der Frage, auf wessen Veranlassung hin dieser Angriff stattfand. Dies galt es erst im Anschluss zu ergründen und die Deutungsweise der Franken diesbezüglich ist bekanntermaßen mit dem Dänenkönig Göttrik verknüpft. Fraglos folgten die Franken dabei sogleich den Prämissen ihrer eigenen Vorstellungswelt, indem sie den Dänenkönig für den Überfall verantwortlich [236] machten, allerdings erscheint es möglich, dass diese fehleranfällige Interpretation der Gegebenheiten durch die Franken zum richtigen

---

234 „Als eine dänische Flotte von angeblich 200 Schiffen in Friesland eingefallen war (810) und der Kaiser die unter den erkennbaren Umständen höchste Gefahr signalisierende Botschaft vernimmt, der König Göttrik weile zu Hause, da rechnet Karl sogleich mit dem kurz bevorstehenden Hauptangriff des Dänenherrschers auch zu Lande; hatte Göttrik sich doch eben erst gebrüstet, er werde demnächst mit Heeresmacht in Aachen erscheinen. Karls Informationen gewinnen also im Rahmen einer bestimmten Theorie ihre spezifische Bedeutung. Der Kaiser zögert keinen Augenblick; Truppen werden nach Friesland und nach Nordsachsen beordert. Er selbst eilt in eigener Person gemeinsam mit seinem ältesten Sohn in die Grenzgebiete, für so bedrohlich hält er die Lage. Dort aber überrascht ihn die Nachricht, die dänische Flotte habe das Land bereits verlassen und Göttrik sei »von einem Satelliten« ermordet worden: Karls ganzer Feldzug, in größter Besetzung begonnen, umsonst! [...] Der große Karl hatte zuvor die Situation offenbar vollständig verkannt", Fried, Gens und regnum, S. 83. Die Berufung auf die vermeintliche Ankündigung Göttriks alsbald mit seinem Heer in Aachen zu erscheinen, ist überaus kritisch zu betrachten, da sie vor allem auf Einhards Karlsvita zurückgeht und in diesem Kontext wohl vor allem dazu diente den Dänen als rex vesanus erscheinen zu lassen und nicht etwa die historische Realität abzubilden. Vgl. hierzu Anm. 196 und S. 93-94.

235 „Die Franken spekulieren damals offenkundig, indem sie die spärlichen Indizien, über die sie verfügen, nach ihren Vorurteilen ordnen. [...] Göttriks Königtum ruht auf schwächeren Füßen, als es am karolingischen Hof erscheinen mag, und Frieden mit den Franken wäre dem Dänen gut zustatten gekommen. So ist es durchaus denkbar, daß die in Friesland operierenden Vikinger unter Göttriks Gegner zu reihen sind", Fried, Gens und regnum, S. 84.

236 Fried, Gens und regnum, S. 83f; ders., Weshalb die Normannenherrscher für die Franken unvorstellbar waren, in: Jussen, Bernhard (Hg.), Die Macht des Königs: Herrschaft in Europa vom Frühmittelalter bis in die Neuzeit, München 2005, S. 72-82, hier: S. 74.

Ergebnis bzw. zum tatsächlichen Urheber des Angriffs führte.

In der Rückschau lässt sich festhalten, dass Göttrik angesichts einer offensichtlichen fränkischen Übermacht bewusst einen mutigen außenpolitischen Kurs einschlug. Ob und inwieweit sein offensives Vorgehen von fränkischer Seite provoziert worden ist, lässt sich anhand der überlieferten Quellen nicht belegen. Die faktische fränkische Übermacht alleine könnte allerdings auf den dänischen Nachbarn schon bedrohlich gewirkt haben.[237] Zieht man noch in Rechnung, dass die gewaltsame Eroberung und Missionierung Sachsens im Wahrnehmungsbereich der Dänen[238] stattfand, so muss der heidnische Göttrik durchaus mit der Möglichkeit eines fränkischen Angriffs auf sein Land in einer nicht allzu fernen Zukunft gerechnet haben. Es darf dabei nämlich nicht vergessen werden, dass einerseits fliehende sächsische Abtrünnige mehrfach bei den Dänen Aufnahme gefunden hatten[239] und andererseits die beiden ersten uns bekannten Wikingerüberfälle auf Orte westlich von Jütland[240], wenngleich auch nicht auf Orte innerhalb des fränkischen Reiches, als Vorboten der späteren Eskalation dieser Überfälle und einer daraus folgenden Zuspitzung des fränkisch-dänischen Verhältnisses wirken mussten. Karl hatte jedenfalls seinerseits am Beispiel der Sachsen bereits bewiesen, dass er gegen Grenzüberfälle auf sein Reich entschlossen vorzugehen bereit war.

In Anbetracht eines auf lange Sicht wohl kaum zu vermeidenden Konflikts mit dem Frankenreich wird Göttriks offensiver außenpolitischer Kurs verständlicher. Die aufgezeigte Art und Weise von Göttriks Vorgehen verdeutlicht gleichsam, dass unter dem Begriff einer offensiven Außenpolitik an dieser Stelle kein blindes Vorpreschen zu verstehen ist. Vielmehr bediente sich Göttrik verschiedener Methoden, um an sein Ziel zu gelangen. Die Ausweitung der eigenen Macht zulasten des übermächtigen fränkischen Nachbarn erschien im Übrigen ohnehin nur auf diesem Wege realisierbar. Ein offen geführter Krieg gegen das Frankenreich musste aus dänischer Sicht als schlichtweg aussichtslos bezeichnet werden, was einem dafür verantwortlichen König auch zurecht den Titel eines *rex vesanus* eingebracht hätte. Auf Göttrik trifft diese Beurteilung allerdings keineswegs zu, da er in den entscheidenden Situationen beschwichtigend oder nachgiebig agierte und somit den offenen

---

237 McCormick, Michael, Was der frühmittelalterliche König mit der Wirtschaft zu tun hatte, in: Jussen, Bernhard (Hg.), Die Macht des Königs: Herrschaft in Europa vom Frühmittelalter bis in die Neuzeit, München 2005, S. 55f identifiziert zwei Motive Göttriks durchaus zutreffend, nämlich die beabsichtigte Stärkung Hedebys aus wirtschaftlichem Eigeninteresse und die Schaffung einer verbesserten strategischen Lage im Angesicht der drohenden fränkischen Übermacht.

238 Immerhin begibt sich der abtrünnige Widukind während der Sachsenkriege gleich zweimal unter den Schutz des dänischen Königs Sigifrid, weshalb man bei den dänischen Großen eine gewisse Kenntnis von Vorgängen und dem allgemeinen Charakter der Sachsenkriege voraussetzen kann. Die Flucht Widukinds zu den nördlichen Nachbarn findet sich bei: Ann. reg. Franc., 777, S. 48 / Ann. q. d. Einh., 777, S. 49; Ann. reg. Franc., 782, S. 60; Ann. q. d. Einh., 782, S. 61.

239 Dies bezieht sich nicht nur auf die zu diesem Zeitpunkt bereits weiter zurückliegenden Exilaufenthalte Widukinds bei den Dänen, sondern vor allem auf jene flüchtigen Sachsen, die während des Vorgehens Karls gegen die jenseits der Elbe siedelnden Sachsen im Jahre 804 Zuflucht bei den Dänen gesucht hatten. Ann. reg. Franc., 804, S. 118f.

240 Die Überfälle auf Lindisfarne und Dublin werden für gewöhnlich auf die Jahre 793 und 795 datiert.

Konflikt mit den Franken lange hinauszögern konnte.[241] Mit dem Überfall auf Friesland war diese Handhabe des Herauszögerns freilich endgültig ausgeschöpft und ein Waffengang schien daraufhin unvermeidlich. Göttriks Tod kam den Franken zu jenem Zeitpunkt also sehr gelegen, zumal die Friedensbestrebungen von Göttriks Nachfolger den Franken eine groß angelegte Militäroperation gegen die Dänen ersparten. Der einfachere Weg, nämlich jener zu einem sofortigen Friedensschluss, im Zuge dessen, wie noch aufgezeigt werden wird, eine fränkisch-dänische Grenzregelung zu Gunsten des Kaisers getroffen werden konnte, lag zweifellos eher im Interesse Karls des Großen als ein logistisch aufwendiges militärisches Vorgehen gegen den Nachbarn im Norden.[242]

Wenngleich Göttrik bei seinem Vorgehen Erfolge beschieden waren, so darf man nicht vergessen, dass dies tatsächlich nur als eine Momentaufnahme gewertet werden kann. In der Tat ereilte ihn der Tod auf dem anzunehmenden Höhepunkt seines außenpolitischen Kurses. Durch seinen vorzeitigen Tod und den schnellen Friedensschluss seines Nachfolgers kam es nicht zu der Vergeltung von fränkischer Seite.[243] Göttriks Erfolge standen, so mutig und

---

241 Göttriks Bereitschaft, in bestimmten Situationen gegenüber dem Kaiser vorsichtig und nachgiebig zu handeln, lässt sich bei dem Problem der Exilsachsen in Dänemark und Göttriks Beschwichtigungspolitik von 809 erkennen. Hieraus wird ersichtlich, dass das fränkisch-dänische Verhältnis während der Regierungszeit Göttriks nicht unweigerlich und geradewegs auf jene Eskalation von 810 zusteuerte.

242 Sproemberg, Seepolitik, S. 22 attestiert Karl für jenen Zeitpunkt eine völlige Unfähigkeit zu einem maritimen Angriff auf Dänemark, aufgrund der unzureichenden Flottenpolitik der Franken. Sproemberg geht grundsätzlich von einer defensiven Seepolitik Karls gegenüber den Dänen aus. Zur Untermauerung dieser Position führt Sproemberg, Seepolitik, S. 20 einerseits die Inspektionsreise Karls entlang der Nordseeküste im Jahre 800 an, welche, wie er im Einklang mit Vogel, Die Normannen, S. 50ff vermutet, zur Einrichtung einer Küstenbewachung und zur Aufstellung neuer Schiffskontingente führte. Diese Einschätzung wird durch die sog. Einhardannalen erhärtet, die für das Jahr 800 von fränkischem Flottenbau zur Abwehr nordeuropäischer Piraten in der Nordsee berichten. *Redeunte verna temperie medio fere Martio rex Aquisgrani digressus litus oceani Gallici perlustravit et in ipso mari, quod tunc piratis Nordmannicis infestum erat, classem instituit, praesidia disposuit,* Ann. q. d. Einh., 800, S. 111. Hierbei ist ausdrücklich zu berücksichtigen, dass es sich nicht um eine Schutzmaßnahme gegen den dänischen Nachbarn im Speziellen gehandelt haben dürfte, sondern dem Wortlaut der Quelle folgend lediglich um die Reaktion auf ein bestehendes Piratenproblem. Vgl.: *„Im Jahre 800 sah sich Karl gezwungen, seine Flotte und die Küstenverteidigung gegen Piraten in der Nordsee zu verstärken. Verbindungen dieser Piraten zu den dänischen Herrschern bestanden aber wohl nicht",* McKitterick, Karl der Große, S. 121. *„The provenience of these pirates is not yet mentioned by these sources. The attacks are simply ascribed to piratae and are not brought into connection with the skirmishes against the Danes",* Walther, Vikings in the Rhinelands, S. 169. Die Gegenmaßnahmen Karls des Großen sind darüber hinaus eindeutig defensiver Natur, was nur die Annahme untermauert, dass das Frankenreich im frühen 9. Jahrhundert nicht für offensive militärische Aktionen in der Nordsee gerüstet war. Ergänzend zu Sproemberg und Vogel sind auch Arbman, The Vikings, S. 75 und Eickhoff, Ekkehard, Maritime Defence of the Carolingian Empire, in: Simek, Rudolf (Hg.), Vikings on the Rhine: Recent Research on Early Medieval Relations between the Rhinelands and Scandinavia, S. 51f zu nennen, die ebenfalls auf die defensive Natur der maritimen Politik Karls des Großen hinweisen. Zum allgemeinen Problem der Organisation einer Küstenverteidigung im Frankenreich siehe: *„It is likely that the resources of military manpower provided by the warbands were not adequate for such defensive warfare, and hence recourse was had to other means of raising troops. This seems all the more likely as such warfare - coast watch and boatbuilding - would have brought little gain for warbands and their leaders, and at the same time considerable risk if it should actually come to any fighting",* Reuter, Plunder and Tribute, S. 90. Vgl. zum fränkischen Küstenschutz auch: Coupland, Simon, The Carolingian Army and the Struggle against the Vikings, in: Viator 35 (2004), S. 50ff.

243 Jankuhn, Karl der Große und der Norden, S. 701 bringt es folgendermaßen auf den Punkt: *„Hier, gewissermaßen*

vielleicht auch folgerichtig sein Vorgehen aus strategischer Sicht auch gewesen sein mag, auf tönernen Füßen. Denn es erscheint äußerst unwahrscheinlich, dass Göttrik das vereinte Frankenreich essentiell hätte in Gefahr bringen können.[244] Die militärische Demonstration der Flüchtigkeit von Göttriks Erfolgen blieb jenem daher wohl nur durch sein Ableben erspart.[245]

Die Sicht auf Göttrik als einen mächtigen und aggressiven Herrscher, der dem Kaiser offensiv entgegen trat, ist nicht nur quellentreu, sondern zugleich eine alte Tradition[246] in der Geschichtsforschung, die auch bis in die heutige Zeit ihre Anhänger finden konnte.[247] Wie bereits beschrieben, ist nicht von einer ernsthaften Gefährdung des Karlsreiches durch Göttrik auszugehen, jedoch muss man den offensiven Charakter der dänischen Politik anerkennen. Auch wenn die Kräfteverhältnisse zwischen Franken und Dänen zu Beginn des 9. Jahrhunderts äußerst ungleich waren, so versuchte Göttrik offensichtlich, die Grenzen

---

auf ihrem Höhepunkt, brach die Spannung durch die Ermordung Godofrids zusammen".

244 Die Bedrohung, welche in späteren Jahrzehnten unter der Regierung Horiks von Dänemark ausging, ist hier anders zu bewerten, da die Situation im Frankenreich unter den beiden auf Karl den Großen folgenden Herrschergenerationen eine stark veränderte war. Die Zentralgewalt des fränkischen Kaisers und seine Machtfülle waren, wenngleich sie sich auch nicht mehr auf ihrem absoluten Höhepunkt befunden haben mögen, noch immer absolut ausreichend, um einen Nachbarn wie Dänemark niederwerfen zu können. Von einer eindeutigen Asymmetrie der Macht in Bezug auf das Frankenreich und Dänemark geht auch Zettel, Karl der Große, S. 12 aus.

245 Auch wenn man Göttrik im Vergleich zu Karl dem Großen eine unterlegene Position attestieren muss, so soll dies gewiss nicht bedeuten, dass der Dänenherrscher in seinem Handeln die Charakteristika eines Kleinkönigs aufwies. Ohne die Diskussion über den tatsächlichen Umfang der dänischen Königsmacht vorwegzunehmen, sei an dieser Stelle auf die außerordentlich ambitionierte und deutlich überregionale Machtpolitik Göttriks hingewiesen. Es ist auch zu berücksichtigen, dass der Nimbus Karls des Großen, mit all seiner militärischen und repräsentativen Strahlkraft, dem Kaiser in dieser Situation von 810 auch zum Verhängnis hätte werden können. Ein Überfall auf Friesland hätte bei einem Überleben Göttriks den militärischen Gegenschlag unvermeidlich gemacht. Ein Zugriff auf Jütland war aus fränkischer Sicht logistisch schwierig zu bewältigen und wirtschaftlich kaum reizvoll. Ein erneutes langwieriges Vorgehen, wie etwa in den Sachsenkriegen, war sicherlich kein wünschenswertes Szenario für den alternden Kaiser. Sein Prestige hätte ihn allerdings regelrecht zu einem Kriegszug gezwungen, da das Beschreiten des Verhandlungswegs oder eine erneute halbherzige Strafexpedition, wie im Jahre 808, als ein noch deutlicheres Zeichen der Schwäche gewirkt hätte. Die späteren Wikingerüberfälle offenbarten schließlich die Schwächen des Frankenreiches, jedoch blieb dies Karl vermutlich durch Göttriks Tod erspart. Dadurch ergibt sich die kuriose Situation, dass im Jahre 810 Göttrik auf dem Höhepunkt seiner Macht verstarb und Karls Nimbus gleichsam ohne größere Anstrengungen erhalten werden konnte.

246 Diese Sichtweise findet sich bereits im ausgehenden 19. Jahrhundert bei Mühlbacher, Engelbert, Deutsche Geschichte unter den Karolingern, Darmstadt 1972 (ND d. Ausg. Stuttgart 1896), S. 220 und ein Jahrzehnt später auch bei Vogel, Die Normannen, S. 54.

247 Andersen, Machtpolitik um Nordalbingien, S. 82; Randsborg, Viking Age, S. 14f; Lübke, Die Beziehungen zwischen Elb- und Ostseeslawen und Dänen, S. 25f; Siehe auch Jankuhn, Karl der Große und der Norden, S. 703, der Göttrik als *„einen tüchtigen Heerführer* [bezeichnet], *der die schwache Stelle der fränkischen Reichsverteidigung erkannte und geschickt nutzte* [...]. *Die Zielstrebigkeit seiner Politik, mit der er zunächst die Abodriten band und sich damit Flanke und Rücken für den beabsichtigten Vorstoß nach Friesland frei machte, läßt ihn als einen geschickten Taktiker erkennen".* Vgl. auch Nelson, Das Frankenreich, S. 31: *„Darüber hinaus erschütterte Godfrid das sorgfältig konstruierte diplomatische System des Frankenreiches östlich der Elbe, indem er sich mit einem weiteren slawischen Volk, den Wilzen, verbündete, die Nachbarn der Abodriten und ihre uralten Feinde waren. [...] Godfrid hatte die fränkische Herrschaft über Sachsen und die sie untermauernden Bündnisse ernsthaft bedroht".*

seiner außenpolitischen Handlungsfreiheit durch offensive Vorstöße auszuloten.[248] Der Erfolg gab Göttrik dabei Recht, da er vom Frankenreich weitgehend unbehelligt ins Abodritenreich einfallen, Reric zerstören und Hedeby als Wirtschaftsstandort nachhaltig stärken konnte. Der Überfall auf Friesland allerdings wäre Göttrik vermutlich zum Verhängnis geworden, da eine ernsthaft unternommene fränkische Gegenoffensive den Fortbestand von Göttriks Herrschaft aufs Äußerste hätte gefährden können. Aus dänischer Perspektive kann der Überfall auf Friesland allerdings auch als ein weiterer Versuch gewertet werden, durch den der mächtige Nachbar auf die Probe gestellt werden sollte.[249] Durch Göttriks Tod wurde ihm sein gewagtester außenpolitischer Vorstoß jedoch nicht zum Verhängnis, denn der Überfall auf Friesland wäre von Seiten der Franken gewiss nicht derart folgenlos geblieben wie im Jahre 808.[250] Da die Umstände von Göttriks Tod unklar bleiben, ließe sich über einen Zusammenhang zwischen Frieslandüberfall und der Ermordung des Dänenkönigs nur spekulieren.[251]

---

248 *„Das Machtgefälle zwischen diesem Herrschaftskomplex* [das Frankenreich nach den Sachsenkriegen] *und kleinen regna der Art, wie sie die Dänenkönige Siegfried und Gottfried repräsentierten, ist unübersehbar. Man muß sich diese Grundgegebenheit immer vor Augen halten, um Fehlinterpretationen der dänischen Politik und der dänischen Möglichkeiten zu vermeiden. Die Eroberung Sachsens hatte auch den Norden das Fürchten gelehrt, nicht zuletzt auf Grund der Berichte sächsischer Flüchtlinge. Mit einem fränkischen Angriff mußte man rechnen"*, Zettel, Karl der Große, S. 24.

249 Hägermann, Karl der Große, S. 538 schätzt den Frieslandüberfall von 810 in Hinblick auf die Folgezeit so ein: *„Das Wikingerdrama des gesamten 9. Jahrhunderts kündigt sich in diesem Vorspiel an"*. Der dänische Vorstoß verdeutlichte zumindest die Verwundbarkeit der friesischen Küste gegenüber Angriffen zur See.

250 Zettel, Normannen, S. 61 wertet den Konflikt zwischen Karl dem Großen und Göttrik freilich in einigen Belangen etwas anders: *„In den Jahren zwischen 800 und 810 kam es zu Auseinandersetzungen zwischen Karl dem Großen und dem dänischen Kleinkönig Godfred. Dabei ging es weder der fränkischen noch der dänischen Seite um eine bewußt gesuchte Konfrontation auf dem Hintergrund »imperialistischer« Ausdehnungstendenzen: für die Franken galt es, die Grenzen des mühsam unterworfenen Sachsens nach Norden hin abzusichern, Godfred wiederum entwickelte aus primär handelspolitischen Gründen eine feindselige Aktivität gegenüber den slawischen Abodriten, die mit Karl verbündet waren"*. Dabei sind die *„Ausdehnungstendenzen"* des Frankenreiches als Hintergrund des Konflikts wohl kaum leichtfertig abzutun, da sie immerhin eine der Grundvoraussetzungen für die neu entstandene unmittelbare Nachbarschaft zwischen Franken und Dänen darstellten. Zudem vermag die für die Dänen zwangsläufig bedrohlich wirkende fränkische Expansion den Handlungsbedarf zu erklären, dem Göttrik durch seinen offensiven Kurs in der Außenpolitik nachkam. In diesem Zusammenhang erscheint es auch zu einfach, wenn man Göttrik ausschließlich wirtschaftliche Motive unterstellen wollte, da die Kontrolle über den Handel in seinem Einflussgebiet wohl zu den Eckpfeilern der herrschaftlichen Macht des Dänenkönigs zählte. Damit stehen wirtschaftliche und politische Interessen gerade bei Göttrik in einer engen und untrennbaren Verbindung zueinander.

251 Gewiss wäre es denkbar, dass die Ermordung Göttriks eine Reaktion von Mitgliedern der Königssippe auf den Frieslandüberfall darstellte. Immerhin gefährdete der Überfall die Sicherheit Dänemarks, da mit einer möglicherweise fatalen Reaktion des Kaiser zu rechnen war. Für eine solche Deutung spräche allerdings allenfalls der Umstand, dass Göttriks Nachfolger Hemming offenkundig sehr bestrebt war, den Frieden mit dem Frankenreich zu erhalten.

III. 2 Hemming

Die Nachfolge Göttriks trat Hemming[252] an, dem jedoch nur eine äußerst kurze Regierungszeit beschieden war. Das Verwandtschaftsverhältnis zwischen Göttrik und Hemming ist unklar, da Hemming sowohl als Göttriks Neffe[253] wie auch als sein Vetter[254] bezeichnet wird. Beides erscheint gleichermaßen möglich. Da uns der Name von Hemmings Vater nicht überliefert wurde, lässt sich Hemmings genaue Position innerhalb der Königssippe und den darin entstehenden Fraktionen nicht eindeutig feststellen. Seine

---

252 Nach der Version des Saxo Grammaticus folgte auf Göttrik zunächst dessen Sohn Olaf und erst danach Hemming. *Olauus Gøtrici filius patre mortuo regnat. Hic paternę uindictę studio ciuilibus patriam bellis implicare sustinuit, publicam pietatem priuato affectui subiiciendo. Cuius extincti corpus collis Olaui titulo celeber prope Lethram congestus excepit,* Saxo Grammaticus, IX, 1, 1, S. 584. Auf eine Verwandtschaftsbeziehung zwischen Olaf und Hemming kann Saxo jedoch nicht verweisen. Ebenso fehlt in den übrigen uns bekannten Quellen jede Erwähnung eines Göttriksohnes mit dem Namen Olaf, weshalb man den besagten Göttriksohn entweder als Ergebnis dichterischer Freiheit oder als realen und zugleich kurzlebigen Herrscher werten kann, welcher Saxo aufgrund von Quellen, die uns nicht erhalten geblieben sind, bekannt war. Sollte jener Olaf tatsächlich in der Herrschaft unmittelbar auf seinen Vater gefolgt sein, so belegt sein schneller Sturz nicht nur die Instabilität der Königsherrschaft, die sich auch unter Hemmings Herrschaft erneut zeigen sollte, sondern sein Schicksal hilft auch zu verstehen, warum die verbliebenen Göttriksöhne von Hemming ins Exil getrieben wurden. Hemming dürfte nämlich an dem Sturz eines Göttriksohns Olaf, sofern er existiert hat, beteiligt gewesen sein, was seine scharfe Opposition zu den übrigen Söhnen Göttriks nur allzu verständlich erscheinen ließe. Hemming wird jedenfalls in Ann. reg. Franc., 810, S. 133 und Gesta Hammaburgensis, I, 14, S. 19, Z. 19ff als Göttriks direkter Nachfolger genannt, was in Anbetracht des oftmals fabulierenden Erzählstils des Saxo Grammticus als glaubwürdigere Darstellung erscheint. Darüber hinaus muss man bei Saxo von einer gewissen Abneigung gegenüber Hemming ausgehen, da dieser immerhin einen Frieden mit dem Kaiser schloss und Saxo, von jenem Friedensschluss einmal abgesehen, auch nichts Weiteres über Hemming zu berichten weiß. *Huic succedit Hemmingus; cuius dignum memoratu opus non repperi, nisi quod pacem cum Cęsare Ludouico iurisiurandi firmitate composuit,* Saxo Grammaticus, IX, 2, 1, S. 584. Saxos Ablehnung gegenüber den fränkischen und den südgermanischen Nachbarn im Allgemeinen ist ein wiederkehrendes Motiv in den Gesta Danorum. Es ist außerdem anzumerken, dass Saxo an der zuletzt zitierten Stelle fälschlicherweise die Kaiser verwechselt, da zur Zeit Hemmings und seines Friedensschlusses noch Karl der Große Kaiser war und nicht etwa Ludwig der Fromme.

253 *Godofrido Danorum rege mortuo Hemmingus filius fratris eius in regnum successit,* Ann. reg. Franc., 810, S. 133.

254 *Hemming successit, patruelis eius,* Gesta Hammaburgensis, I, 14, Z. 19f. Für eine Vetternschaft Hemmings sprechen zumindest Indizien. Zum einen erscheint es bemerkenswert, dass ein Vetter vor den leiblichen Söhnen des verstorbenen Königs den Thron erbte. Dies würde nur dann bekannten Mustern folgen, wenn Göttrik entweder keine Brüder oder zumindest keine mit einem Verlangen nach der Königswürde hinterließ. Demnach konnte Hemming, der sich immerhin, dem agnatischen Modell folgend, auf einen gemeinsamen Großvater, der ihn mit Göttrik verband, berufen konnte und eventuell als ältester verbliebener oder schlichtweg mächtigster Vertreter der Generation des verstorbenen Königs übrig blieb, die Göttriksöhne ihres Erbanspruchs vorerst berauben. Zum andern ergibt sich aus der Beobachtung der Folgezeit, dass Horik, jener Göttriksohn, der uns durch die Überlieferung am besten vertraut ist, möglicherweise zum Zeitpunkt des Todes seines Vaters noch minderjährig war, ebenso wie einige, wenn nicht alle seine Brüder. Dafür spräche nicht nur der Umstand, dass die große Zahl an Göttriksöhnen derart rasch aus Dänemark vertrieben werden konnten, sondern auch die Tatsache, dass Horik noch bis 854 lebte und selbst dann nicht eines natürlichen, sondern eines gewaltsamen Todes starb. Siehe zum sippenbezogenen Geblütsrecht: *„Dabei dürfte das Geblütsrecht auf ältere historische Zustände bei der Thronerhebung zurückweisen als das Erbrecht. Hier umfaßte zur Zeit des Volks-Königtums der Kreis derer, die für die Thronfolge in Frage kamen, alle Angehörigen sämtlicher Zweige der »stirps regia«, welche auf einen gemeinsamen aus göttlicher oder heroischer Sphäre entstammenden Ahnherrn zurückgeführt werden konnten. […] Oft wurden auch Brüder oder Neffen des Verstorbenen, ja sogar Angehörige eines mit ihm nur noch entfernt*

verwandtschaftliche Beziehung zu den Halfdansöhnen Anulo, Reginfrid, Harald Klak und Hemming dem Jüngeren, die nach seinem Tod mit den Göttriksöhnen um die Herrschaft konkurrierten, ist daher ebenfalls nicht rekonstruierbar.[255] Dagegen lässt sich jedoch Hemmings Opposition zu den Göttriksöhnen mit großer Wahrscheinlichkeit annehmen, da die Reichsannalen berichten, dass Hemming die Göttriksöhne nach seiner Herrschaftsübernahme aus dem Land verdrängte und sie, ebenso wie andere dänische Große, zu einem vorübergehenden Exilantendasein bei den „Schweden"[256] zwang.[257] Der Verweis auf die Vielzahl an vertriebenen Dänen deutet in diesem Kontext nicht nur auf die potentielle Gefolgschaft der Göttriksöhne in Hinsicht auf ihre spätere Regierungsübernahme hin, sondern kann auch als ein weiteres Zeichen der Instabilität königlicher Herrschaft in Dänemark gewertet werden. Wenn Hemming viele dänische Große aus seinem Reich vertreiben musste, impliziert das einerseits vorhandene Unzufriedenheit mit der königlichen Herrschaft und andererseits deutet es auf ein aggressives Vorgehen Hemmings gegen die innerdänische Opposition hin.[258] Dieser Umstand gibt wiederum Aufschluss über den schnellen Friedensschluss, den Hemming mit dem Kaiser erzielte. Gegen Ende des Jahres 810 schlossen Karl der Große und Hemming einen vorläufigen Frieden, der im Frühling 811

---

verwandten Zweiges der stirps regia zum Nachfolger bestimmt. Es konnte dabei auch zur Erhebung mehrerer Könige kommen, die meist in engem Verwandtschaftsverhältnis zueinander standen und die Herrschaft dann gemeinsam ausübten", Hoffmann, Königserhebung, S. 6. Siehe vergleichend in Hinblick auf die frühe Erbfolge bei den Franken: *„Nachfolgeberechtigt waren alle Königssöhne; Alter sowie Status der Mutter spielten keine Rolle. […] Gleichwohl handelt es sich nicht um automatisch wirkende Regeln, sondern um sich erst gewohnheitsmäßig verfestigende Prinzipien, die im wahrsten Sinne des Wortes ausgekämpft wurden, und zwar zunächst innerhalb der konkurrenzlosen Königssippe"*, Kölzer, Theo, Das Königtum Minderjähriger im fränkisch-deutschen Mittelalter, in: HZ 251 (1990), S. 298.

255 Hemming verdrängte die Halfdansöhne zumindest nicht aus Dänemark, was jedoch mehrere mögliche Schlüsse zulässt. Eine engere Verwandtschaft, mit der eine gegenseitige Loyalität einherging, ist dabei nur eine der möglichen Deutungen. Es ist auch möglich, dass die Halfdansöhne nur deshalb nicht das Land verließen, weil sie erfolgreich gegen den neuen König Widerstand leisteten, was letztlich auch eine potentielle Verwicklung der Nachkommen Halfdans in eine mutmaßliche Ermordung Hemmings nicht unmöglich macht.

256 *Apud Sueones exulabant*, Ann. reg. Franc., 813, S. 139. Die Bezeichnung als Schweden ist an dieser Stelle, ähnlich dem fränkischen Normannenbegriff, vorsichtig zu bewerten, da unklar erscheint, ob hier tatsächlich das Volk der „Svear" gemeint ist oder ob an dieser Stelle eine begriffliche Subsumierung stattfand, die ohne Rücksicht auf Stammesunterschiede in groben Zügen das Gebiet des späteren schwedischen Reiches beschreiben will.

257 *Filii Godofridi regis et ex primoribus Danorum non pauci, qui iamdudum relicta patria apud Sueones exulabant, conparatis undecumque copiis bellum eis intulerunt et confluentibus ad se passim ex omni Danorum terra popularium turmis commisso cum eis proelio etiam regno non multo eos labore pepulerunt*, Ann. reg. Franc., 813, S. 138f.

258 Hierbei handelt es sich um ein typischen Phänomen, welches vor allem dann auftritt, wenn der Herrscher eines Volkes, in dem die Vorstellung des Geblütsrechts vorherrscht, stirbt und es eine Mehrzahl von konkurrierenden und geblütsrechtlich legitimen Thronprätendenten gibt. Die vorrangige Bedeutung des Geblütsrechts lässt sich laut Hoffmann, Königserhebung, S. 5ff nicht nur für Dänemark, sondern für den gesamten skandinavischen Raum konstatieren. Hoffmann, Königserhebung, S. 17 deutet außerdem an, dass sich zum Zeitpunkt von Göttriks Tod die Vorstellung der Sohnesfolge in Dänemark entweder noch nicht durchgesetzt hatte oder aber die Göttriksöhne unter Umständen noch nicht volljährig waren. Die Beschaffenheit des dänischen Königtums im 9. Jahrhundert und der dazugehörige Vergleich mit den wissenschaftlichen Vorstellungen vom germanischen Königtum werden im späteren Verlauf dieser Arbeit noch thematisiert werden, wobei auch Hoffmanns Ausführungen nochmals konkreter zu untersuchen sein werden. Siehe S. 232-236.

bei einer Zusammenkunft fränkischer und dänischer Großer an der Eider bekräftigt wurde.[259] Wie bereits erwähnt, wurde im Zuge dessen wohl auch die Eider beiderseitig als Grenzfluss zwischen fränkischem und dänischem Machtbereich akzeptiert.[260] Man darf den raschen Friedensschluss allerdings nicht vorschnell als den Versuch eines dauerhaften Wandels in der Außenpolitik Dänemarks gegenüber dem mächtigen Nachbarreich auffassen.[261] Die militärische Stärke des Frankenreiches, dessen Heer sich bereits zur Vergeltung für Göttriks Frieslandüberfall formiert[262] hatte, dürfte Hemming eine ausreichende Warnung gewesen sein. Eine erfolgreiche militärische Abwehr des kaiserlichen Heeres hätte in Verbindung mit der anzunehmenden innerdänischen Opposition kaum bewerkstelligt werden können. Es ist daher anzunehmen, dass Hemming den Frieden mit Karl dem Großen sowie die damit verbundene und für ihn nachteilige Regelung territorialer Fragen nur deshalb so schnell hinnahm, weil er einen völligen Kollaps seiner Herrschaft oder sogar des gesamten Reiches befürchten musste. Nur durch den Frieden mit dem Kaiser konnte er sich den nötigen Spielraum im Innern verschaffen, den er benötigte, um seinen eigenen Thronanspruch endgültig durchzusetzen, die Opposition zu bekämpfen und seine Herrschaft ausreichend zu stabilisieren, um auch nach außen gegenüber dem fränkischen Kaiser handlungsfähig zu bleiben.[263] Da Hemming nur sehr kurz regierte[264] und

---

259 Ann. reg. Franc., 810/811, S. 133f. Siehe zur Beurteilung der Verhandlungen zwischen Franken und Dänen im frühen 9. Jahrhundert: *„Es ist bezeichnend für die starke Position der Dänen, dass der fränkische Annalist nicht versuchte zu verschleiern, dass die Treffen der dänischen und der fränkischen Gesandten vollkommen anders verliefen, als das bei anderen Völkern, die Karl der Große seiner Oberherrschaft unterworfen hatte, der Fall war. Die besiegten Führer der anderen Völker wurden von den siegreichen fränkischen Generälen vor Karl geführt, alternativ wurden die Gesandten der um Frieden bittenden Herrscher benachbarter Völker an Karls jeweiligen Aufenthaltsort bestellt"*, McKitterick, Karl der Große, S. 122. Es sollte allerdings nicht außer Acht gelassen werden, dass Karl die Dänen gar nicht militärisch besiegt hatte und Hemmings Friedensgesuch wohl kaum ein Flehen um Schonung war, sondern aus fränkischer Sicht vielmehr ein willkommenes Angebot darstellte, welches dem mangelndem Interesse Karls an einem Krieg gegen die Dänen sehr gelegen kam. Eine gütige Behandlung des neuen dänischen Königs war damit wohl vor allem ein Versuch, die fränkisch-dänischen Beziehungen zu harmonisieren und nicht etwa ein diplomatischer Tribut an die dänische Stärke.

260 Ausdrücklich bei Gesta Hammaburgensis, I, 14, S. 19, Z. 19ff und implizit bei Ann. reg. Franc., 811, S. 134 durch den Ort der Zusammenkunft.

261 Dies geschieht etwa bei Jankuhn, Karl der Große und der Norden, S. 702, der die Thronbesteigung Hemmings tatsächlich mit einem politisch-ideologischen Richtungswechsel an der Spitze Dänemarks in Verbindung bringt: *„Die Nachfolge des Dänenkönigs [Göttrik] trat sein Neffe Hemming an, und damit kam die frankenfreundliche Richtung des dänischen Königshauses an die Macht"*. Ähnlich argumentiert Lund, Allies, S. 48, wenn er die beiden konkurrierenden königlichen Familienzweige in Dänemark, mit dem Verweis auf vergleichbare Vorgänge bei den Abodriten und Wiltzen, auf der einen Seite als frankenfreundlich und auf der anderen als Wahrer der dänischen Unabhängigkeit darstellt. *„Harald's line seems to have favored friendly relations with the Franks, probably less for love of the empire than because they were hoping to have imperial backing in the internal Danish politics, while the other line, represented by Godfred and his sons, championed independence"*.

262 Ann. reg. Franc., 810, S. 131.

263 In eine solche Richtung dachte bereits Dahlmann, Geschichte von Dännemark, S. 25f: *„Sehr wünschte Hemming nach außen Frieden, um im Innern sicher zu seyn"*.

264 Da Göttrik laut Quellenbericht nach dem Frieslandüberfall von 810 starb, der wahrscheinlich im Sommer stattgefunden hatte, und Hemming gegen Ende des Jahres 811 oder zu Beginn des Jahres 812 den Tod fand, ergibt sich eine Herrschaftszeit von nur etwa anderthalb Jahren. Die Nachricht von Hemmings Ableben fällt denkbar kurz aus und liefert keine Anhaltspunkte bezüglich der Todesumstände. *Nec multo post Hemmingus Danorum rex*

er zudem energisch gegen seine innerdänischen Feinde und Widersacher vorging, lässt sich vermuten, dass er ebenso wie Göttrik vor ihm ein gewaltsames Ende fand. Die anhaltenden Herrschaftskämpfe in den Folgejahren deuten außerdem darauf hin, dass eine Stabilisierung der Herrschaft Hemmings gleichsam nötig wie auch erfolglos gewesen war.

Aus fränkischer Sicht kann der Tod Göttriks und die darauf folgende Destabilisierung der dänischen Königsmacht im ersten Moment nur als positiv wahrgenommen worden sein. Nicht umsonst bezeichnet Adam von Bremen die Art und Weise von Göttriks Ableben als *celitus*.[265] Der Tod Göttriks und dessen unsichere Nachfolge konnten für das Frankenreich zunächst vor allem ein Ende der großen und zentral gelenkten dänischen Überfälle bedeuten.[266] In der Rückschau ist jedoch zu hinterfragen, ob in jener Phase nicht eine noch wesentlich verheißungsvollere Option verspielt wurde. In dem Zustand der inneren Zerrissenheit hätte Dänemark ein lohnendes Opfer für Eroberung und Bekehrung sein können. Da das Heer ohnehin mobilisiert war, erscheint es ungewöhnlich, dass sich Karl der Große gegen einen Angriff auf die Kimbrische Halbinsel entschieden hat. Ausschlaggebend hierfür könnte beispielsweise die, zu jenem Zeitpunkt, noch nicht geklärte Auseinandersetzung mit Byzanz sowie der kalte Winter[267] des Jahresübergangs zwischen 810 und 811 gewesen sein. Da Hemming offenbar den besagten Winter dazu nutzte, um seine Herrschaft zumindest für die unmittelbare Gegenwart zu festigen, mag für Karl die günstige Gelegenheit eines schnellen Feldzugs nach Dänemark dem Anschein nach verstrichen sein.[268] Die Anerkennung der Herrschaft eines gefügigen Dänenkönigs und ein Friedensschluss mit demselben erschien daher aus fränkischer Sicht nach dem Verzicht auf eine unmittelbare militärische Reaktion offenkundig als annehmbare Alternative.

---

defunctus nuntiatur, Ann. reg. Franc., 812, S. 136.

265 *Tandem extincto celitus Gotafrido Hemming successit,* Gesta Hammaburgensis, I, 14, S. 19, Z. 19.

266 Hierzu sind die Angriffe auf Reric und Friesland zu zählen, während beispielsweise der Angriff auf Lindisfarne, aufgrund seiner kleineren Dimension und dem Fehlen von dahinter stehenden herrschaftlich motivierten Zielsetzungen, einer anderen Kategorie, nämlich jener der gewöhnlichen Wikingerüberfälle, zuzuordnen ist.

267 Ann. reg. Franc., 810 / 811, S. 132 / 134.

268 Hier sind vor allem die beiden bekannten theoretischen Konstrukte von Ganshof, Carolingians und Reuter, Timothy, The End of Carolingian Military Expansion, in: Godman, Peter (Hg.), Charlemagne's heir: new perspectives on the reign of Louis the Pious (814-840), Oxford 1990, S. 391-405 anzuführen, die bei aller Verschiedenheit darin übereinstimmen, dass sie von einem eindeutigen Ende der militärischen Expansion des Frankenreiches in der späten Regierungszeit Karls des Großen ausgehen.

Hemmings Familienzweig

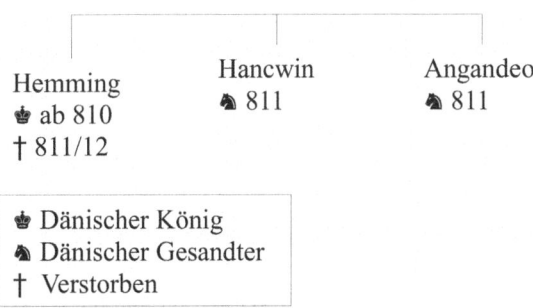

Hemming
♔ ab 810
† 811/12

Hancwin
♞ 811

Angandeo
♞ 811

♔ Dänischer König
♞ Dänischer Gesandter
† Verstorben

Nach dem Tode Hemmings 811/12 gelang es offenbar erst dem Göttriksohn Horik, in den 830ern, wieder, eine alleinige Vorherrschaft in Dänemark zu etablieren. Die dänischen Herrscher, mit denen sich Karl der Große in den letzten Jahren seiner Regierung befassen musste, zeichneten sich, wie beschrieben, dadurch aus, dass sie in ihrer außenpolitischen Programmatik, sofern man diesen anachronistischen Terminus verwenden will, zwischen Konfrontation und Kooperation[269] zu wählen hatten.[270] Es wird aufzuzeigen sein, dass auch die darauf folgende Generation von Dänenkönigen und Thronanwärtern im Wesentlichen nicht umhin kam, sich für einen der beiden gangbaren Wege in der Außenpolitik zu entscheiden. Göttrik erstrebte den Erhalt der dänischen Autonomie durch offensive und gewagte Vorstöße. Hemming hingegen setzte in seiner sehr kurzen Herrschaftszeit auf eine Verständigungspolitik mit dem Kaiser. Für eine Stabilität, welche den Erhalt der Königsmacht hätte sichern können, reichten offenbar beide Ansätze unter den jeweils bestehenden Gegebenheiten nicht aus. Damit scheint das vorzeitige Ende beider Dänenkönige, so verschieden sie auf das Frankenreich auch wirken mussten, einem identischen Problem zu entspringen. Das Problem bestand offenbar in der noch unzureichenden Stabilität der dänischen Königsherrschaft, die sich im frühen 9. Jahrhundert weder durch kriegerische Erfolge noch durch eine außenpolitische Schlichtungspolitik gepaart mit innenpolitischer Repression erhalten konnte.[271]

---

269 Aus dänischer Perspektive erinnert dies an das Sprichwort: *„Hav frankeren til ven, men hav ham ikke til nabo"* (Habe einen Franken zum Freund, aber nicht zum Nachbarn!). Die direkte Nachbarschaft zum fränkischen Machtbereich erhöhte jedenfalls den Bedarf an Verständigung oder Konfrontation.

270 Sawyer/Sawyer, Welt der Wikinger, S. 120 haben in diesem Kontext mit Recht darauf hingewiesen, dass *„es Dänen gab, die ihre reichen und mächtigen Nachbarn zu begünstigen trachteten, während andere Dänen bereit waren, große Anstrengungen zur Wahrung ihrer Unabhängigkeit zu unternehmen".*

271 Die spätere Geschichte des mittelalterlichen Skandinaviens belegt anhand der sog. Märtyrerkönige zwar, dass das nordeuropäische Königtum durch das Bündnis mit dem Christentum an Stabilität gewann, aber dies soll keinesfalls implizieren, die Christianisierung sei die einzige Möglichkeit gewesen, um eine stabile Königsmacht in Skandinavien aufzurichten. Vielmehr zeigt die Geschichte Skandinaviens schlichtweg, dass auch dort die Verbindung zwischen Königtum und Christentum dem betreffenden Herrscher in der Regel zu großem Nutzen gereichen konnte. Vgl.: *„Die politische Geschichte des Frühmittelalters zeigt die Tendenz klar genug, dass der Wechsel zum Christentum gleichzeitig einen Wechsel von der Stammeseinheit oder Kleinkönigtümern (egal ob bei*

III. 3 Der Thronfolgekampf von 812 und die Herrschaft der Halfdansöhne

Nach dem Tode Hemmings trat ein neuer Familienzweig der dänischen Königssippe in den Vordergrund.[272] Die Reichsannalen berichten von einem Thronfolgekampf zwischen Sigifrid und Anulo, in dessen Verlauf jedoch beide Prätendenten getötet wurden. Daraufhin erhob die siegreiche Kriegspartei Anulos dessen Brüder Harald Klak und Reginfrid zu Königen.[273] Hier begegnet uns erstmals ausdrücklich ein offenbar gleichmäßig geteiltes dänisches Königtum, nachdem zumindest die beiden unmittelbaren Vorgänger Göttrik und Hemming augenscheinlich jeweils ohne Herrschaftsteilungen regieren konnten. Bemerkenswert erscheint hierbei, dass die Reichsannalen diese innerdänischen Entwicklungen nicht als widersprüchlich wahrnahmen und darstellten. Einerseits wird der Ausbruch des Thronfolgekampfes damit begründet, dass sich die beiden Anwärter nicht darauf einigen konnten, wer von beiden König werden sollte, und andererseits war daraufhin eine Herrschaftsteilung unter den Brüdern eines jener Prätendenten im Anschluss an die gewalttätigen Auseinandersetzungen möglich.[274] Zum richtigen Verständnis dieser nur scheinbar widersprüchlichen Auffassungen von Königtum ist es einmal mehr wichtig, die Verwandtschaftsverhältnisse innerhalb der betreffenden Sippe genauer zu betrachten. Die Reichsannalen führen den Thronanspruch der Prätendenten Sigifrid und Anulo auf jeweils verschiedene ehemalige Dänenkönige zurück, die jedoch offensichtlich beide derselben Familie entstammten.[275] Während Sigifrids Thronanspruch von Göttrik abgeleitet wurde,

---

Friesen oder in Norwegen) zu größeren feudalen Strukturen unter Reichseinigern bedeutete", Simek, Rudolf, Der Glaube der Germanen, Kevelaer 2005, S. 153. „Christianity had a profound impact on many spheres of early medieval life. It legitimised the centralisation of power relations, helped to develop the idea of unquestioned dynastic succession, and facilitated the integration of large and culturally differentiated territories", Urbanczyk, Przemyslaw, The Politics of Conversion in North Central Europe, in: Carver, Martin (Hg.), The Cross goes North: Processes of Conversion in Northern Europe, AD 300-1300, York 2003, S. 15. Zum kirchlichen Einfluss auf die mittelalterliche Geschichtsschreibung in Bezug auf die Vorstellungen vom Königtum siehe ferner: Beumann, Helmut, Die Historiographie des Mittelalters als Quelle für die Ideengeschichte des Königtums, in: Ders., Wissenschaft vom Mittelalter: Ausgewählte Aufsätze, Köln / Wien 1972, S. 201-240.

272 Die zentrale Bedeutung der beiden Familienzweige für den Fortgang der Geschichte wird sich im Folgenden immer deutlicher zeigen. Ein Hinweis darauf findet sich auch bei Wood, Christians and pagans, S. 42: „These two families, or perhaps these two branches of a single family, competed for control of Denmark and in doing so they involved the Franks, the Slavs and the Swedes".

273 Nec multo post Hemmingus Danorum rex defunctus nuntiatur. Cui cum Sigifridus nepos Godofridi regis et Anulo nepos Herioldi, et ipsius regis, succedere voluissent neque inter eos, uter regnare deberet, convenire potuisset, comparatis copiis et commisso proelio ambo moriuntur. Pars tamen Anulonis adepta victoriam fratres eius Herioldum et Reginfridum reges sibi constituit; quam necessario pars victa secuta eosdem sibi regnare non abnuit, Ann. reg. Franc., 812, S. 136. Hemmingo Danorum rege defuncto Sigifridus nepos Godafridi regis et Anulo nepos Herioldi succedere volentes, cum inter eos de primatu convenire non posset, commisso proelio ambo moriuntur. Pars tamen Anulonis adepta victoriam Herioldum et Reginfridum fratres eius reges sibi constituit; quod necessario pars victa consensit, Ann. Fuld., 812, S. 19.

274 Pars tamen Anulonis adepta victoriam fratres eius Herioldum et Reginfridum reges sibi constituit, Ann. reg. Franc., 812, S. 136.

275 Eine leichtere Orientierung, den Stammbaum der dänischen Königssippe betreffend, ermöglicht eine graphische Darstellung im Anhang aus Sawyer, Peter H., Da Danmark blev Danmark: Fra ca. 700 til 1050, Kopenhagen 2002, S. 38.

dessen Neffe er war, wurde Anulos Anspruch auf seine Verwandtschaft mit einem Dänenkönig namens Harald zurückgeführt, wobei es sich ebenfalls um ein Onkel-Neffe-Verhältnis handelte.[276] Es galt demnach zunächst mittels einer gewaltsamen Auseinandersetzung zu ermitteln, welche Abstammungslinie den Vorzug erhalten sollte. Nachdem dies entschieden war, konnte eine Aufteilung der Macht unter den verbliebenen Angehörigen der siegreichen Königslinie vorgenommen werden.

Wie sich später noch deutlicher zeigen wird, handelte es sich bei „Harald" um einen häufig vergebenen Namen innerhalb der dänischen Königssippe. Da jene Könige, die vor Göttrik in Dänemark herrschten, nur sehr sporadisch in den Quellen auftauchen und die Informationen über sie äußerst spärlich und bisweilen unzuverlässig sind, lässt sich der betreffende König Harald, von dem sich Anulos Thronanspruch ableitete, nicht mit Gewissheit identifizieren. Da jedoch in den Quellen keinerlei Zweifel an der Rechtmäßigkeit von Anulos Thronanspruch angemeldet wurde und sich das wiederholte Auftauchen des Herrschernamens „Harald" bei den Dänen beobachten lässt, darf man Anulo wohl als legitimen Thronanwärter betrachten. Die Tatsache, dass sich zunächst Reginfrid und Harald Klak und später die Göttriksöhne das Königtum teilten, deutet darauf hin, dass die dänische Tradition eine Teilung der Königswürde nicht per se ausschloss. Die erstrebte alleinige Vorherrschaft Hemmings lässt vermuten, dass man für das vorchristliche Dänemark nicht von einem Teilungsgebot, das nach fränkischer Art alle legitimen Königssöhne berücksichtigte, ausgehen kann. Denkbar ist hingegen auch, dass Hemming mit seiner Verdrängung der Göttriksöhne gegen den herrschenden Brauch verstieß und sich die Vorherrschaft eigenmächtig aneignete. Das Problem der Teilbarkeit oder Einheit von dänischer Königsherrschaft wird im späteren Verlauf noch genauer thematisiert werden.[277]

Der Kampf der beiden Thronanwärter Sigifrid und Anulo, ebenso wie deren Tod, hatte für das Frankenreich keinerlei negative Folgen, da die nachfolgenden Könige Harald Klak und Reginfrid den Frieden, der unter Hemming geschlossen worden war, bekräftigten.[278] Darüber hinaus erfahren wir noch von einem weiteren Halfdansohn namens Hemming[279], um dessen Herausgabe die beiden neuen Könige beim Kaiser ersuchten.[280] Die Quellen berichten leider nicht ausdrücklich über die Gründe für die Anwesenheit Hemmings des Jüngeren im Frankenreich. Es erscheint jedoch plausibel, dass Hemming der Jüngere im

---

276 Ann. reg. Franc., 812, S. 136.
277 Vgl. hierzu zusammenfassend Anm. 362.
278 Ann. reg. Franc., 812, S. 136f.
279 Dieser wird im Folgenden Hemming der Jüngere genannt, um eine Verwechslung mit seinem Verwandten, dem ehemaligen König Hemming, zu verhindern.
280 Ann. reg. Franc., 812, S. 137.

Zuge der Kommendation[281] seines Vaters Halfdan[282] in die Obhut des fränkischen Kaisers übergeben wurde oder schlichtweg mit seinem Vater im Frankenreich lebte.[283] Im Jahre 813 kam es dann jenseits der Elbe an der Grenze zum dänischen Königreich durch die Zusammenkunft dänischer, fränkischer und sächsischer Großer zum Friedensschluss zwischen den Halfdansöhnen und Kaiser Karl dem Großen, wobei man auch der Bitte der dänischen Könige um Herausgabe ihres Bruders nachkam.[284]

Die Halfdansöhne

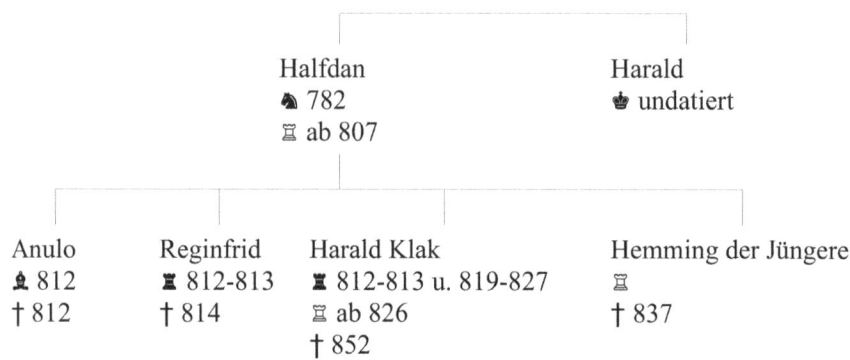

	Halfdan	Harald	
	♠ 782	♛ undatiert	
	♖ ab 807		

Anulo	Reginfrid	Harald Klak	Hemming der Jüngere
♝ 812	♜ 812-813	♜ 812-813 u. 819-827	♜
† 812	† 814	♖ ab 826	† 837
		† 852	

♛ Dänischer König
♜ Dänischer Teilherrscher
♝ Dänischer Thronanwärter
♠ Dänischer Gesandter
♖ Fränkischer Gefolgsmann
† Verstorben

---

281 Vgl. zur Funktion von Kommendation und Handgang als Ausdrucksform der Herrscherhuldigung Becher, Matthias, Die subiectio principum: Zum Charakter der Huldigung im Franken- und Ostfrankenreich bis zum Beginn des 11. Jahrhunderts, in: Airlie, Stuart / Pohl, Walter / Reimitz, Helmut (Hg.), Staat im frühen Mittelalter, Wien 2006, S. 163-178 und Kasten, Brigitte, Das Lehnswesen: Fakt oder Fiktion?, in: Pohl, Walter / Wieser, Veronika (Hg.), Der frühmittelalterliche Staat: Europäische Perspektiven, Wien 2009, S. 331-353, hier: S. 349.

282 Poeta Saxo, 807, S. 263, Z. 19ff. Vgl. zum anzunehmenden Zusammenhang zwischen der Kommendation Halfdans und Harald Klaks S. 114ff.

283 *„There is no reason to suspect that he* [Hemming der Jüngere] *was a hostage, and the question arises whether this was again the son of Halfdan, who had accompanied his father to the Frankish court in 807. Once again, the consistency of names and dates supports this theory"*, Coupland, Poachers to Gamekeepers, S. 87. Für den Fall, dass Halfdan zu jener Zeit bereits verstorben war, ist es auch denkbar, dass Hemming die Nachfolge seines Vaters als Gefolgsmann des Kaisers angetreten hatte. Vgl. zum weiteren Schicksal Hemmings des Jüngeren S. 137f. Von einer im Frankenreich häufig praktizierten Form von Kommendation, bei welcher der Sohn eines Adligen der Obhut des Königs- bzw. Kaiserhofs übergeben wurde, geht Kasten, Das Lehnswesen, S. 349f aus.

284 Ann. reg. Franc., 813, S. 138. Hemming der Jüngere musste allerdings, ebenso wie seine Brüder, noch im selben Jahr Dänemark im Zuge des Aufbegehrens der Göttriksöhne wieder verlassen. *Postea venerunt filii Godofredi cum exercitu, expuleruntque Herioldum et Reganfredum atque Amingum de regno ipsorum; et illi fugerunt usque ad abdita*, Chron. Moiss., 813, S. 311, Z. 7f.

Die Erneuerung des Friedensschlusses mit den Franken erscheint aus dänischer Sicht nur allzu nachvollziehbar, zumal Harald Klak und Reginfrid noch im selben Jahr einen Aufstand in der Region Vestfold im äußeren Norden ihres Reiches mit vereinten Kräften niederschlagen mussten.[285] Offensichtlich waren die Halfdansöhne dazu gezwungen, energisch gegen die Zentrifugalkräfte vorzugehen, die an den Rändern des Reiches aufgrund der krisenhaften Vorjahre verständlicherweise auftraten. Die Krise eskalierte kurz darauf jedoch endgültig, da die Göttriksöhne aus ihrem schwedischen Exil zurückkehrten und mit der Unterstützung vieler dänischer Großer, die ebenfalls aus ihrer Heimat vertrieben worden waren, einen Krieg gegen die Halfdansöhne begannen. Dieser Krieg gegen die beiden Könige fand offenbar einen so großen Zuspruch unter den Dänen, dass sich ihm eine ausreichende Menge an Landsleuten anschloss und es den Göttriksöhnen deshalb letztlich leicht fiel, Harald Klak und Reginfrid aus ihrer Herrschaft zu vertreiben.[286] Im darauf folgenden Jahr versuchten die entthronten Brüder ihrerseits die verlorene Macht mit einem Kriegszug zurückzuerobern, jedoch scheiterten sie bei dem Versuch, der darüber hinaus Reginfrid das Leben kostete. Die Reichsannalen wissen zu berichten, dass bei diesem neuerlichen Krieg der älteste der Göttriksöhne ebenfalls den Tod fand.[287] Namentlich wird dieser jedoch nicht benannt, was nicht überrascht, da die fränkischen Quellen ohnehin von den Göttriksöhnen nur Horik beim Namen nennen und dies auch zumeist erst, nachdem dieser seine Alleinherrschaft in Dänemark durchsetzten konnte.[288] Die gescheiterte Rückeroberung des Königsthrons und der Tod des Bruders trieben Harald Klak schließlich dazu, den Schutz des neuen Kaisers Ludwig, der mittlerweile seinen verstorbenen Vater Karl den Großen in seiner Herrschaft beerbt hatte, zu suchen.[289]

---

285 *Qui tamen eo tempore domi non erant, sed ad Westarfoldam cum exercitu profecti, quae regio ultima regni eorum inter septentrionem et occidentem sita, contra aquilonem Brittaniae summitatem respicit, cuius principes ac populus eis subici recusabant,* Ann. reg. Franc., 813, S. 138. Die Annalenschreiber sind von den Unternehmungen der dänischen Herrscher deshalb unterrichtet, weil fränkische und sächsische Große nach Norden geschickt worden waren, um gemeinsam mit einer gleichen Zahl dänischer Großer den Frieden zwischen beiden Reichen zu beeiden. Die Abwesenheit der Dänenkönige verdeutlicht, wie ernst die innere Unruhe in Dänemark zu jener Zeit gewesen sein muss. Gemeinsam bekämpften Harald Klak und Reginfrid zwar zunächst noch mit Erfolg den Aufstand im Norden ihres Reiches, aber bereits kurz darauf wurden sie dann von den Göttriksöhnen verdrängt.

286 *Filii Godofridi regis et ex primoribus Danorum non pauci, qui iamdudum relicta patria apud Sueones exulabant, conparatis undecumque copiis bellum eis intulerunt et confluentibus ad se passim ex omni Danorum terra popularium turmis commisso cum eis proelio etiam regno non multo eos labore pepulerunt,* Ann. reg. Franc., 813, S. 138f.

287 *Harioldus et Reginfridus reges Danorum, qui anno superiore a filiis Godofridi victi et regno pulsi fuerunt, reparatis viribus iterum eis bellum intulerunt; in quo conflictu et Reginfridus et unus de filiis Godofridi, qui maior natu erat, interfectus est,* Ann. reg. Franc., 814, S. 141.

288 Die Reichsannalen nennen Horik vor dem Ende der dänischen Herrschaftsteilung der Göttriksöhne nur einmal ausdrücklich: *Hohrici filii Godefridi regis Danorum,* Ann. reg. Franc., 827, S. 173.

289 *Quo facto Herioldus rebus suis diffidens ad imperatorem venit et se in manus illius commendavit,* Ann. reg. Franc., 814, S. 141.

Die Göttriksöhne

Göttrik
♛ ab ~800
† 810

Olaf	Horik	mindestens vier weitere
♟ 810	♜ 814-830 u. 850-854	Söhne
† 810	♛ 830-850	♜ 814-830
	† 854	

♛ Dänischer König
♜ Dänischer Teilherrscher
♟ Dänischer Thronanwärter
† Verstorben

III. 4 Der Umfang dänischer Königsmacht zu Beginn des 9. Jahrhunderts

Der tatsächliche geographische Umfang des dänischen Königreichs unter Göttrik, um dessen Nachfolge sich die dänische Königssippe in den darauf folgenden Jahrzehnten streiten sollte, lässt sich nur erahnen, da uns die Quellen nur wenige Anhaltspunkte liefern. Die Reichsannalen benennen einerseits die heute südschwedische Region Skåne[290] als eine der damals vermutlich östlichsten Regionen des Königreiches und andererseits die heute norwegische Region Vestfold, westlich des Oslofjords, als nördlichstes Gebiet des Königreiches.[291] Bei beiden Grenzgebieten besteht jedoch ein gewisser Klärungsbedarf. Das dänische Interesse an der Region um Kaupang dürfte durch den dortigen Reichtum an Handelsgütern begründet gewesen sein.[292] In Hinblick auf Skåne wird anlässlich der fränkisch-dänischen Zusammenkunft an der Eider im Jahre 811 unter anderem ein *Osfrid de Sconaowe*[293] als einer der dänischen Großen genannt. Skåne ist damit die am weitesten

---

290 Ann. reg. Franc., 811, S. 134.
291 Ann. reg. Franc., 813, S. 138.
292 „*Danish political interest in Norway can be traced back to the beginning of the ninth century. Under the year AD 813, the Franksih annals relate that two Danish kings, co-regents, subdued a revolt in Vestfold, on the western side of Oslo fjord, where, we may note, the trading centre of Kaupang was situated. [...] The obvious Danish interest in Norway was undoubtedly prompted by the riches of that country, which included furs, down for eiderdowns and cushions, walrus ivory for carving and walrus hides for ropes, iron, soapstone for pots, and slate for whetstones*", Roesdahl, Viking Age Denmark, S. 198.
293 Ann. reg. Franc., 811, S. 134.

östlich gelegene Region, welche mit dem dänischen Königtum jener Zeit aufgrund der Quellen in Verbindung gebracht werden kann.[294] Der Grad der Manifestation königlicher Herrschaft in den entlegeneren Regionen des Reiches lässt sich natürlich nicht mehr allzu leicht einschätzen. Bei diesem Thema stoßen schließlich zwei durchaus unterschiedliche Interpretationsweisen aufeinander, wobei die eine von einem starken und weit ausgreifenden zentralen Königtum ausgeht. Andererseits ließe sich hier auch mutmaßen, dass das dänische Königtum zu jener Zeit verhältnismäßig schwach gewesen sei und daher entlegenere Regionen, wie eben zum Beispiel Skåne, nicht als Bestandteil des Königreichs gewertet werden dürften, sondern lediglich als eigenständige Nachbarn unter der Gewalt verschiedener lokaler Kleinherrscher, die sich nur zu gewissen Anlässen, wie Kriegszügen oder wie in diesem Fall zu Versammlungen, mit dem Königreich verbündeten. Hierfür plädiert etwa Randsborg, der in der Aufzählung der anwesenden dänischen Großen bei dem Friedensschwur von 811 einen Anhaltspunkt für diese Interpretation zu finden glaubt.[295] Unter den zehn genannten dänischen Großen finden sich drei Personen mit dem Namen Osfrid.[296] Den Umstand, dass der erste Osfrid durch seinen Beinamen, der zweite durch seine väterliche Abstammung und der dritte lediglich durch seine geographische Herkunft näher charakterisiert werden, wertet Randsborg als ein Indiz, welches gegen eine Zugehörigkeit der Region zum dänischen Königreich spräche. Ergänzend könnte man noch anführen, dass der betreffende Osfrid zugleich der letztgenannte Osfrid ist und demgegenüber die beiden in dieser Aufzählung dänischer Großer erstgenannten Personen die Brüder des Königs sind und damit impliziert werden sollte, dass jene diejenigen waren, die dem dänischen König am nächsten standen. Daraus ergäbe sich dann eine mutmaßliche Hierarchie, die anhand der Reihenfolge der Namensnennungen abzulesen wäre. Da allerdings auch nach dem dritten Osfrid noch zwei weitere dänische Große genannt werden, die weder durch Beinamen noch durch geographische beziehungsweise familiäre

---

294 Ein Reisebericht des Norwegers Ottar aus der zweiten Hälfte des 9. Jahrhunderts vermittelt einen weiteren Eindruck von der Ausdehnung des dänischen Gebiets. Den Beschreibungen des norwegischen Reisenden folgend beherrschten die Dänen zu seiner Zeit zumindest Jütland und die im Osten benachbarten Inseln, wobei er zwischen Nord- und Süddänen unterscheidet. Siehe die Übersetzung aus der altenglischen Fassung des Reiseberichts: *„To the west of the South Danes is the arm of the ocean that lies round about the land of Britain, and to the north of them is the arm of the sea which is called Ost Sea, and to the east and north of them are North Danes, both in the main lands and in the islands, and to the east of them are Abodriti, and to the south of them is the mouth of the River Elbe and some portion of the Old Saxons. The North Danes have to the north of them that same arm of the sea which is called Ost Sea and to the east of them are the Osti nation and the Abodriti to the south"*, zitiert nach: Bately, Janet, Ohthere's Voyages: A late 9th-century account of voyages along the coasts of Norway and Denmark and its cultural context, Roskilde 2007, S. 43. Zur Überlieferungsgeschichte siehe: ebd., S. 18-39. Zur Datierung von Ottars Bericht siehe: Dies., The Old English Orosius, Oxford 1980, S. LXXXVIIff. Vgl. zur Ausdehnung der dänischen Königsmacht im 9. Jahrhundert auch Axboe, Goldbrakteaten, S. 145. Zur Bedeutung des Reiseberichts Ottars und ferner Wulfstans für die Erforschung der mittelalterlichen Schifffahrtswege vgl. Crumlin-Pedersen, Ole, Schiffe und Schifffahrtswege im Ostseeraum während des 9.-12. Jahrhunderts, in: Bericht der Römisch-Germanischen Kommission 69 (1988), S. 530-563, hier: S. 546-551.

295 Randsborg, Viking Age, S. 16.

296 *De parte vero Danorum inprimis fratres Hemmingi, Hancwin et Angandeo, deinde ceteri honorabiles inter suos viri, Osfrid cognomento Turdimulo et Warstein et Suomi et Urm et alius Osfrid filius Heiligen et Osfrid de Sconaowe et Hebbi et Aowin,* Ann. reg. Franc. 811, S. 134.

Abstammung oder in irgendeiner anderen Art genauer charakterisiert werden, scheidet diese Deutung wohl aus. Hinzu kommt auch, dass man den Verfassern der Reichsannalen und ihrem Werk wohl eine Überinterpretation antäte, wenn man annähme, sie wären erstens über derartige innerdänische Feinheiten informiert gewesen und sie hätten zweitens diese Informationen auf eine solch übermäßig subtile Weise wiedergeben wollen. Eine Differenzierung zwischen den drei Osfrids durch Verwendung der drei näheren Charakterisierungsweisen des Cognomens, des Patronyms und der geographischen Herkunft erscheinen vielmehr wie eine gewollte stilistische Maßnahme, um die Verschiedenheit der drei Personen klarer zu unterstreichen und ihre Unterscheidung für den Leser zu vereinfachen. Außerdem sollte man sich vor Augen führen, dass die Reichsannalen in Bezug auf das dänische Königtum von einer Struktur auszugehen schienen, die jener des zeitgenössischen Frankenreiches vergleichbar war[297] und somit vermutlich von einer klaren königlichen Oberhoheit ausgingen, was einen versteckten Hinweis auf außerhalb des Reiches stehende kleine und zugleich verbündete Machthaber äußerst unwahrscheinlich erscheinen lässt.

In der Forschung herrschen grundsätzlich zwei divergierende Ansichten über das dänische Königtum im späten 8. Jahrhundert und der ersten Hälfte des 9. Jahrhunderts vor. Die Vorstellung von einem starken dänischen Königtum, welches über ein zusammenhängendes dänisches Reich herrschte, reicht in der Forschung weit zurück, was auf ein allgemein höheres Vertrauen früherer Historiker in Bezug auf den Wahrheitsgehalt überlieferter Quellen zurückzuführen sein mag.[298] Dennoch fand auch diese Ansicht in der

---

297 Der Verweis auf ein verfälschendes Deutungsschema der fränkischen Annalisten, die in die dänischen Macht- und Herrschaftsverhältnisse stets ihre eigene Vorstellung von Königsherrschaft hinein interpretierten, findet sich wiederholt bei Fried, Normannenherrscher, S. 72-82.

298 Stellvertretend für die ältere Forschung ist hier einmal mehr Walter Vogel zu nennen, dessen Arbeit im Jahre 1904 einen frühen und lange Zeit unerreichten Höhepunkt der Normannenforschung darstellte. So sehr Vogel sich auch qualitativ in vielerlei Hinsicht von seinen Vorgängern abhebt, folgt er doch der Darstellungsweise der fränkischen Quellen ohne größere Bedenken. *„Auch da kann kein Zweifel sein, daß die Dänen um 800 ein Reich unter einem Könige bildeten und wohl schon seit langer Zeit gebildet hatten. [...] Bei den fränkischen Geschichtsschreibern ist immer nur von einem dänischen Reiche und einem Dänenkönige die Rede, und auch die Sage weiß nichts von einem besonderen jütischen und dänischen Königshaus, sondern nur von gelegentlichen Spaltungen und Thronzwisten, von denen, [...] auch die fränkischen Chroniken genugsam berichten. [...] Im ganzen aber war und blieb Dänemark doch ein Reich. Der Sitz der dänischen Könige war Lejre bei Roeskilde auf Seeland"*, Vogel, Die Normannen, S. 18f. Mit der Verortung des Königssitzes in Lejre folgt Vogel der von ihm in ihrem Quellenwert sehr ernst genommenen Sagentradition, die Lejre mehrfach als Königssitz beschreibt, wobei sich vor allem Saxo Grammaticus hervortut, indem er wiederholt Lejre zum Ort des von ihm beschriebenen Geschehens macht. Zur Frage des königlichen Herrschaftssitzes jener Zeit finden sich in der Forschung verschiedene Mutmaßungen. Randsborg, Viking Age, S. 16 etwa vermutet das Zentrum der Herrschaft Göttriks auf Fünen, wohingegen Sawyer/Sawyer, Medieval Scandinavia, S. 51 allgemeiner urteilen, wenn sie *„The heart of the Danish kingdom"* vornehmlich vor allem im südlichen und zentralen Jütland, sowie den benachbarten Inseln verorten. Bei Bagge, Early state formation, S. 147 findet sich durch einen Verweis auf den Aufstieg Harald Blauzahns auch die Vermutung, dass Jütland das Zentrum der dänischen Königsmacht darstellte. Durch die Handelsplätze Hedeby und Ribe stellte Jütland jedenfalls definitiv eine wirtschaftlich und damit politisch starke Region dar. Gelting, Michael H., The kingdom of Denmark, in: Berend, Nora (Hg.), Christianization and the rise of Christian Monarchy: Scandinavia, Central Europe and Rus' c. 900-1200, Cambridge 2007, S. 73-120, hier: S. 76 vermutet, dass Lejre

zeitgenössischen Forschung ihre Vertreter, was die Frage nach der Machtfülle des dänischen Königs zu Beginn des 9. Jahrhunderts zu einem noch immer aktuellen Streitthema macht.

Ein verhältnismäßig starkes dänisches Königtum befürworten unter anderem Randsborg, Sawyer und Hauck.[299] Hauck ist hierbei von den anderen dadurch zu trennen, dass er von einem Sakralkönigtum bereits im Dänemark der Völkerwanderungszeit ausgeht. Den Hauptsitz dieses Königtums vermutet er im Südosten der Insel Fünen, was aufgrund der dortigen zahlreichen Goldfunde, die unverhältnismäßig häufig das Bild des Götterfürsten

---

zwar zunächst die heidnisch-königliche Hauptresidenz Dänemarks darstellte, dann jedoch etwa ab der Mitte des 10. Jahrhunderts durch Jelling abgelöst wurde. Die wirtschaftlich günstige Lage Jütlands zwischen Nord- und Ostsee sowie die einfache Zugänglichkeit Dänemarks zu Wasser vermochte die Herausbildung dort ansässiger starker Herrscher zu fördern, was auch vertreten wird von Lindkvist, Thomas, Early political organisation, in: Helle, Knut (Hg.), The Cambridge History of Scandinavia, Bd. 1: Prehistory to 1520, Cambridge 2003, S. 160-167, hier: S. 164. Vgl. auch die archäologisch ermittelte Bedeutsamkeit des westlichen Teils Dänemarks im 8. und 9. Jahrhundert bei Thurston, Tina L., Landscapes of Power, Landscapes of Conflict: State Formation in the South Scandinavian Iron Age, New York 2001, S. 148-156.

299 Randsborg, Viking Age, S. 14ff; Sawyer, Kings and Vikings, S. 73ff; Sawyer / Sawyer, Medieval Scandinavia, S. 52f; Hauck, Karl, Die religionsgeographische Zweiteilung des frühmittelalterlichen Europas im Spiegel der Bilder seiner Gottheiten, in: Fornvännen 82 (1987), S. 161-183. Vgl. auch: Kuhlmann, Hans-Joachim, Besiedlung und Kirchspielorganisation der Landschaft Angeln im Mittelalter, Neumünster 1958, S. 52f; Brøndsted, Wikinger, S. 19; Hoffmann, Sachsen, S. 1. Auch Harthausen, Normanneneinfälle, S. 4f vertritt die Ansicht, dass im frühen 9. Jahrhundert Dänemark „bereits im wesentlichen ein Reich unter einem Könige" gewesen sei, wobei er sich allerdings vor allem auf Vogel stützt. Roesdahl, Viking Age Denmark, S. 223 geht ebenfalls von einem unter Göttrik bereits geeinten Königreich Dänemark aus, was sie im Wesentlichen auf den Befund der schriftlichen Quellen und die darin überlieferten Herrschaftsmaßnahmen des Dänenkönigs zurückführt: „But Godfred's activities, too, imply great power, and Denmark was by then in all likelihood already one realm under one king". Ferner ist die Vorstellung einflussreicher dänischer Könige ebenfalls zu finden bei Lund, Niels, Das Dänenreich und das Ende des Wikinger-Zeitalters, in: Sawyer, Peter Hayes (Hg.), Die Wikinger: Geschichte und Kultur eines Seefahrervolkes, Darmstadt 2000, S. 166. In Bezug auf die Manifestation königlich-dänischer Herrschaft in Schonen vermuten Sawyer / Sawyer, Die Welt der Wikinger, S. 171, dass manche entlegenere Regionen, die dem erweiterten dänischen Einflussbereich zugerechnet werden, nicht unmittelbar zum Königreich Dänemark gehörten, sondern den dänischen König lediglich als ihren Oberherrn anerkannten. Vgl. dazu auch: „By the beginning of the Viking Age a single dynasty appears to have established itself among the Danes. Its leading members were called kings and they were accorded certain rights by the whole population and expected to perform certain functions", Foote / Wilson, Viking Achievement, S. 11. Foote und Wilson gehen ebd., S. 396ff außerdem davon aus, dass eine sich abzeichnende Dominanz des Odinkultes in Dänemark mit der Durchsetzung der Machtkonzentration einer einzelnen Herrscherdynastie zwischen dem 8. Jahrhundert und der frühen Wikingerzeit einherging. An dieser Stelle ist auch der Bau des Kanhave-Kanals auf Samsø und die erste Bauphase des Danewerks, die beide der ersten Hälfte des 8. Jahrhunderts zuzuordnen sind und als Hinweis für die Existenz einer über Dänemark herrschenden Zentralmacht gedeutet werden können. Vgl. dazu auch: Riis, Thomas, Vom Land „synnan aa" bis zum Herzogtum Schleswig, in: Düwel / Marold / Zimmermann, Von Thorsberg nach Schleswig, S. 53-60, hier: S. 53; Axboe, Goldbrakteaten, S. 147. Während sich die genannte These, das 8. Jahrhundert betreffend, primär auf Schlussfolgerungen aus archäologischen Funden berufen kann, stehen für das 9. Jahrhundert auch verschiedene Schriftquellen zur Verfügung, die nahe legen, dass jenes Königtum, das für das 8. Jahrhundert vermutet wird, auch im 9. Jahrhundert fortbestanden hat. Größere Bauprojekte bzw. bauliche Umbrüche, wie etwa der offenbar gezielte Ausbau von Handelsplätzen, führt Ulriksen, Jens, Anløbspladser: Besejling og bebyggelse i Danmark mellem 200 og 1100 e. Kr., Roskilde 1998, S. 270 zu folgender Annahme: „At the transition between the 7th and 8th centuries, it appears that a royal power based on Jutland possessed a degree of control over high and low in society alike previously quite unknown in this part of the world". Auch Zettel, Normannen, S. 72f plädiert für ein

Odin trugen, als nahe liegend erscheint.[300] Hauck geht von einer engen und sich gegenseitig begünstigenden Verbindung zwischen frühem dänischen Sakralkönigtum und einem äußerst aktiven Odinskult aus.[301] Bedeutsam ist in diesem Kontext vor allem die Annahme eines frühen vorchristlichen Königtums, welches eine Tradition begründete, die sich in gewisser Form bis ins frühe 9. Jahrhundert in Dänemark erhalten haben könnte.[302] An dieser Stelle ist darauf zu verweisen, dass sich die Thronstreitigkeiten nach dem Tode Göttriks stets, zumindest laut den uns zur Verfügung stehenden Quellen, innerhalb der Königssippe Göttriks abspielten, was für eine besondere Stellung jener Sippe in der vorchristlichen Gesellschaft Dänemarks spricht.[303] Als Ursprung einer solchen hervorgehobenen Sonderstellung mit einhergehendem gesteigertem Prestige erscheinen Tradition und die tradierte Teilhabe an göttlicher Strahlkraft äußerst plausibel. Die Annahme eines bloßen Heerkönigtums, das sich auf kriegerische Erfolge stützte, erscheint hingegen nicht tragfähig, da solch ein kurzlebiger Prestigezugewinn nicht im Stande gewesen sein dürfte, die

skandinavisches Königtum, das sich deutlich von der jeweiligen Adelsschicht bzw. den bisherigen Machthabern abhob. Die Auffassung Zettels wird im Folgenden noch den Ausführungen Frieds gegenüber gestellt werden. Auch Andersen, Henning H., Vorchristliche Königsgräber in Dänemark und ihre Hintergründe: Versuch einer Synthese, in: Germania 65 (1987), Bd. 1, S. 159-173, hier: S. 172 geht von der Existenz eines starken vorchristlichen Königtums in Dänemark aus, das seit dem 8. Jahrhundert existiert habe. Siehe hierzu im Anhang Andersens tabellarische Darstellung der dänischen Dynastien bis zum Jahre 1200.

300 Siehe ergänzend zu Hauck: Fabech, Society and Landscape, S. 132-143; Thrane, Henrik, Materialien zur Topographie einer eisenzeitlichen Sakrallandschaft um Gudme auf Ostfünen in Dänemark, in: Wesse, Archäologie des Ostseeraumes, S. 235-247; Ders., Das Gudme-Problem und die Gudme-Untersuchung: Fragen der Besiedlung in der Völkerwanderungs- und der Merowingerzeit auf Fünen, in: FMSt 21 (1987), S. 1-48.

301 Hauck, Zweiteilung des frühmittelalterlichen Europas, S. 176.

302 Die Diskussion über das vorchristliche Königtum der Germanen ist eine weitreichende und soll, da sie im Kontext der vorliegenden Dissertation nur von untergeordneter Bedeutung sein kann, vor allem anhand von Literaturverweisen aufgezeigt werden. Zu Klärung der Terminologie sei sogleich auf die treffende Definition von Dick, Stefanie, Der Mythos vom „germanischen" Königtum: Studien zur Herrschaftsorganisation bei den germanischsprachigen Barbaren bis zum Beginn der Völkerwanderungszeit, Berlin 2008, S. 27 verwiesen, derzufolge *„der Terminus »germanisch« lediglich eine linguistische Information transportiert und daneben noch einen gewissen Eindruck von der römischen Wahrnehmung der Bevölkerungsverhältnisse im Barbaricum vermittelt, darüber hinaus aber keinerlei Aussagen etwa über die ethnischen Verhältnisse der Germanisch-Sprechenden, ihre materielle(n) Kultur(en) oder gar ihre gesellschaftlichen Strukturen erlaubt".* Ein prägender und noch spürbarer Einfluss auf die Forschungsmeinung zum germanischen Königtum in der neueren Wissenschaft verbindet sich mit Otto Höfler, Walter Schlesinger und Reinhard Wenskus. Siehe dabei vor allem: Höfler, Otto, Germanisches Sakralkönigtum: Der Runenstein von Rök und die germanische Individualweihe, Tübingen 1952; Ders., Der Sakralcharakter des germanischen Königtums, in: Das Königtum: Seine geistigen und rechtlichen Grundlagen, Lindau 1956, S. 75-104. Siehe dagegen: Picard, Eve, Germanisches Sakralkönigtum?: Quellenkritische Studien zur Germania des Tacitus und zur altnordischen Überlieferung, Heidelberg 1991. Zu Schlesingers germanischem Heerkönigtum siehe vor allem: Schlesinger, Walter, Über germanisches Heerkönigtum, in: Das Königtum: Seine geistigen und rechtlichen Grundlagen, Sigmaringen ⁴1973, S. 105-141. Zur Darstellung Wenskus' siehe: Wenskus, Reinhard, Stammesbildung und Verfassung: Das Werden der frühmittelalterlichen gentes, Köln 1961. Zur Kritik gegenüber den Ansätzen und Ausführungen von Höfler, Schlesinger und Wenskus siehe zusammenfassend: Dick, Mythos vom „germanischen" Königtum, S. 27-39. Zum mittelalterlichen Sakralkönigtum vgl. auch: Erkens, Franz-Reiner, Herrschersakralität im Mittelalter: Von den Anfängen bis zum Investiturstreit, Stuttgart 2006, S. 27-33.

303 *„The monopoly of kingship implies that this family had great prestige, which must have derived from an ancestor about whom we can only hope to have distorted hints in legends that were first recorded centuries later"*, Sawyer / Sawyer, Medieval Scandinavia, S. 52.

Thronansprüche zahlreicher und mitunter verwandtschaftlich recht weit von Göttrik entfernter Thronprätendenten zu legitimieren. Daher ist von einer Begünstigung der dänischen Königssippe um Göttrik auszugehen, die von Tradition und einer Teilhabe der Sippe an einer heidnisch-nordischen Vorstellung von Königsheil herrühren dürfte, wobei eine direkte Verbindung mit dem anzunehmenden Sakralkönigtum der Völkerwanderungszeit nicht gewährleistet sein muss. Vielmehr erscheint in diesem Zusammenhang bedeutsam, dass es im 9. Jahrhundert eine Tradition starker dänischer Könige oder zumindest eine in diesem Kulturraum verbreitete Vorstellung derselben gegeben haben könnte, was die herrschende Sippe begünstigte.

Peter Sawyer geht ebenfalls von einem bereits vor dem Jahre 800 bestehenden starken Königtum in Dänemark aus, was er unter anderem auf die florierenden skandinavischen Handelsplätze zurückführt, welche dem Herrscher, der einen oder mehrere bedeutende Handelsplätze[304] kontrollierte, zu mehr Macht und Wohlstand verhelfen konnten.[305] Die Baumaßnahmen am Danewerk in den späten 30er Jahren des 8. Jahrhunderts deuten darauf hin, dass bereits vor Göttriks Zeit eine Zentralisierung herrschaftlicher Macht in Jütland stattgefunden haben dürfte. Der Bau von Verteidigungsanlagen im südlichen Jütland ist wohl auf herrschaftliche Initiative zurückzuführen, wobei der Einfluss des betreffenden Herrschers, dessen Name nicht bekannt ist, groß genug war, um ein solch aufwendiges Bauvorhaben in die Tat umzusetzen.[306] Ein Herrscher, der den Landzugang nach Jütland

---

304 Sawyer, Kings and Viking, S. 73 benennt für das frühe 9. Jahrhundert zwei gut bezeugte Fernhandelszentren im direkten Einflussgebiet der Dänen, nämlich Kaupang und Hedeby, zudem ferner die an der Ostsee gelegenen Zentren Birka, Truso und Staraja Ladoga, die ein Florieren des Handels in der Ostsee begünstigten. Zu einer Aufzählung der anzunehmenden vorchristlichen Machtzentren in Südskandinavien ist außerdem noch Lejre zu nennen. Siehe zusammenfassend: Hvass, Steen, Jelling: Schon in der Wikingerzeit eine tausendjährige Siedlung, in: Wesse, Archäologie des Ostseeraumes, S. 161-176.

305 Sawyer, Kings and Vikings, S. 73. Die Zerstörung Rerics durch Göttrik wird auch von Sawyer an dieser Stelle durch wirtschaftliche Interessen erklärt. Die Umsiedlung der Kaufleute aus Reric in das unmittelbare Herrschaftsgebiet Göttriks sollte ihm einen Zugewinn an Wohlstand und Ansehen sichern. Randsborg konzentriert sich in seiner Darstellung der königlichen Macht Göttriks auf die Bereiche Militär und Wirtschaft. Seiner Ansicht nach basierte Göttriks Einfluss ausschließlich auf militärischer Macht, die ihn wiederum in die Lage versetzte, seine Vorherrschaft durch wirtschaftlichen Zugewinn aus Tributforderungen und Beutezügen gegen außerhalb seines Herrschaftsbereichs befindliche Gebiete zu zementieren. Hinzu kam auch laut Randsborg, Viking Age, S. 14 der Profit aus jenen dänischen Handelsaktivitäten, welche sich im Einflussgebiet Göttriks abspielten und für welche er Schutz zu gewähren vermochte. Vgl. auch Ulriksen, Anløbspladser, S. 275: „The more merchants and craftsmen one could attract, the more lucrative business would be. This philosophy was copied in the Danish area, but it is clear that only a few localities actually functioned in this way. In other words, it paid to concentrate activities on a few sites, to ensure the most effective control and offer the necessary protection". Gelting, The kingdom of Denmark, S. 77 / 109 wiederum geht davon aus, dass die Macht der heidnischen Dänenkönige innenpolitisch auf der Unterstützung durch eine dänische Aristokratie und wirtschaftlich einerseits auf Landwirtschaft und Viehzucht und andererseits auf Raub, Tributzahlungen und möglicherweise einer Form von Besteuerung basierte.

306 Sawyer, Kings and Vikings, S. 73f nimmt an, dass die Baumaßnahmen am Danewerk gegen Ende der 30er Jahre des 8. Jahrhunderts eine Reaktion auf Karl Martells Kriegszug gegen die Sachsen im Jahre 738 darstellen könnten. An dieser Stelle ist auch an die Feldzüge Karl Martells gegen die Friesen zu erinnern, die sich ebenfalls im Wahrnehmungsbereich vieler dänischer Großer abgespielt haben dürften.

durch das Danewerk befestigt, kann wohl kaum als Kleinherrscher charakterisiert werden, dafür war die erforderliche Fülle an Einfluss und Ressourcen einfach zu groß und die dahinter stehende Zielsetzung zu überregional und weitreichend.[307] Durch die Handelsorte Hedeby und Ribe stellte Jütland zudem eine wirtschaftlich reizvolle Region für die dänischen Herrscher des Frühmittelalters dar. Ein Herrscher, der Jütland kontrollierte, verfügte dadurch gleichsam über ein für skandinavische Verhältnisse großes Maß an Macht.

Die gegenläufige Einschätzung, nämlich dass die Dänen im frühen 9. Jahrhundert nicht von einem einzelnen König regiert wurden, geht nicht selten mit der Einschätzung einher, die vorchristliche Kultur und Gesellschaft in Skandinavien sei zu jener Zeit hoffnungslos rückständig gewesen.[308] Es ließe sich zudem unterstellen, dass die christlichen Chronisten die skandinavischen Herrscher, von denen sie erfuhren, gemäß ihrer eigenen Vorstellungen überschätzten und damit zu Unrecht zu sog. Königen erklärten.[309] Damit wäre ggf. auch zu erklären, weshalb die Quellen einhellig ein starkes dänisches Königtum überliefern. Der Vergleich etwa mit den benachbarten Sachsen, die vor ihrer Unterwerfung durch Karl den Großen keinen König besaßen, sondern vielmehr in Stammesverbänden lebten, mag ein vorchristliches dänisches Königtum auf den ersten Blick noch unwahrscheinlicher wirken lassen. Oftmals wird in der Forschung auch jenes Dilemma der fränkischen Außenpolitik gegenüber den Dänen thematisiert, welches darin bestanden habe, dass fränkisch-dänische Abkommen aufgrund der mangelnden Machtfülle des in der ersten Hälfte des 9. Jahrhundert jeweils als *rex Danorum* bezeichneten Herrschers keinen großen Wert und Dauerhaftigkeit hätten haben können.[310] Die mangelnde Dauerhaftigkeit von Abkommen mit den

---

307 P. Sawyer wiederholt mehrfach seine Annahme, dass zu Beginn des 9. Jahrhunderts das dänische Königtum unter Göttrik eine feste Institution darstellte. Siehe u.a.: Sawyer / Sawyer, Medieval Scandinavia, S. 52f. Hier findet sich ebenfalls die Vermutung, dass sich das besagte Königtum auf eine ältere Tradition stützt. Darüber hinaus gehen die Eheleute Sawyer davon aus, dass es keine feste Nachfolgeordnung und auch kein Unteilbarkeitsgebot in Bezug auf das dänische Königtum gab, wenngleich das Herrschaftsprivileg offensichtlich der Sippe Göttriks vorbehalten blieb. Dieser Themenkomplex wird im späteren Verlauf noch durch eine Gesamtschau eingehender diskutiert werden, die sich mit dänischer Herrschaftslegitimation und königlicher Herrschaftspraxis im 9. Jahrhundert auseinandersetzt. Dies erscheint an dieser Stelle noch nicht zielführend, sondern wird vielmehr nach der Erörterung des Herrschaftsüberganges auf Horik II., den letzten Dänenkönig aus dem Geschlecht Göttriks, erfolgen. Siehe S. 232-236. An dieser Stelle lässt sich jedoch festhalten, dass in der Nachfolge Göttriks, bis zum Erlöschen der Dynastie, das Ringen um die Herrschaft in Dänemark stets innerhalb der Königssippe stattfand. *„Schon im 9. Jahrhundert beobachten wir den Kampf zweier Zweige des Königshauses um die Königsherrschaft. Als Horik I. dann schließlich die Alleinherrschaft errungen hatte, mußte er um die Mitte des Jahrhunderts – genauso wie etwas später Horich II.- sich wieder mit den Thronansprüchen jüngerer Verwandter auseinandersetzen"*, Hoffmann, Königserhebung, S. 170.

308 Ein Beispiel für diese Sicht findet sich bei Brown, Peter, Die Entstehung des christlichen Europa, München 1996, S. 349, der nicht nur die Existenz eines Königs in Dänemark verneint, sondern auch über die politischen Befindlichkeiten Dänemarks jener Zeit berichtet, indem er folgendes attestiert: *„Übermächtige Könige waren in Dänemark nicht willkommen"*. In dieser Passage bezieht sich Brown konkret auf die Unterstützung Ludwigs des Frommen für den 826 getauften Dänen Harald Klak, der seinen Thronanspruch in Dänemark niemals längerfristig durchsetzen konnte, wobei die Aussage über den dänischen Unwillen gegenüber einer zentralen Königsherrschaft auch auf die früheren Jahre des 9. Jahrhunderts zu beziehen ist.

309 Fried, Normannenherrscher, S. 74f.

310 Cusack, Conversion, S. 135; Kaufhold, Europas Norden, S. 15; Fried, Normannenherrscher, S. 74-77. Ferner:

Nordmännern ist ein Phänomen, das sich wohl kaum einzig und allein auf ein schwaches Königtum zurückführen ließe. Jedenfalls hatten weder Drohungen noch Abkommen mit den dänischen Königen im späteren Verlauf des 9. Jahrhunderts zu stabilen außenpolitischen Beziehungen oder gar zu einem Ende der Normannenüberfälle geführt.

Zudem standen die Wikingerzüge freilich mit dem dänischen Königtum nicht zwingend in engem Zusammenhang.[311] Vielmehr muss man hier von zwei gesonderten Phänomenen ausgehen, einerseits den beginnenden Wikingerzügen und andererseits von den durch die neu entstandene direkte Nachbarschaft bedingten steten außenpolitischen Beziehungen mit den dänischen Herrschern.[312] Da es in den Beziehungen zweier Reiche wiederholt zu Auf- und Abschwüngen kommen konnte und auch die Brüche von Abkommen zwischen Herrschern durchaus häufig vorkamen, erscheint es verwunderlich, wenn man in Bezug auf die fränkisch-dänischen Beziehungen ausgerechnet die vermeintliche Schwäche der dänischen Könige als Ursache für die besagten außenpolitischen Komplikationen ausmachen möchte. Besonders erwähnenswert im Rahmen der Kritik an einem anzunehmenden starken dänischen Königtum im frühen 9. Jahrhundert ist jene Argumentation, welche die Wahrnehmungsperspektive der Franken in den Fokus stellt. Dies geschieht vor allem bei Fried und ferner bei Plassmann. Fried insistiert, dass das „gentile Deutungsmuster", mit welchem die Franken Fremde wahrnahmen, für ihre langwierige Unfähigkeit bei der Eindämmung der Wikingerzüge verantwortlich gewesen sei.[313] Dies resultiere aus einer fränkischen Überschätzung der Machtfülle der dänischen Herrscher[314]

Plassmann, Normannen, S. 21ff. Ergänzend ist hier noch Schlesinger, Germanisches Heerkönigtum, S. 128 zu nennen, der zwar nicht von einer Fehleinschätzung der Machtfülle auswärtiger Herrscher durch die Franken ausgeht, aber darauf verwiesen hat, dass die Königstitulatur im 9. Jahrhundert für die Franken auch eine programmatische Dimension hatte. Demzufolge waren die Franken besonders zur Zeit Karls des Großen nur dann bereit, einen auswärtigen Herrscher als *rex* zu betiteln, wenn dessen Reich außerhalb des unmittelbaren Interessen- und Machtbereichs der Franken lag, was zu jener Zeit zweifellos auf die Dänen zutraf.

311 Vgl. etwa zur Rolle Horiks bei den Wikingerüberfällen von 845 S. 212-222.

312 Besonders in den 30er Jahren des 9. Jahrhunderts und in der Regierungszeit Horiks wird sich immer wieder zeigen, dass das dänische Königtum und die Wikingerzüge sich wiederholt gegenseitig beeinflussten. Dabei wird aufzuzeigen sein, wann wir von einer gelenkten dänisch-königlichen Militäraktion ausgehen müssen und wann es sich vermutlich nur um einen weiteren kriegerischen Streifzug von Wikingern handelte, die nicht aufgrund von königlicher Initiative agierten. Die Wikingerüberfälle erschwerten jedoch unzweifelhaft die außenpolitischen Beziehungen zwischen Dänen und Franken.

313 *„Kein Franke unterscheidet gentile Entwicklungsstufen, allenfalls bedient er sich des überkommenen Barbarentopos. So betrachten die Franken Fremde prinzipiell mit demselben gentilen Deutungsmuster, das sie auch auf sich selbst anzuwenden gewohnt sind. Sie fassen – wie im Falle der Normannen – selbst dort Fremde zu einem Ganzen, einem Volk, zusammen, wo es noch keine entsprechenden Ganzheiten gibt. Deshalb erwarteten sie eine herrschaftliche Ordnung, einen König (oder mehrere wie bei den Franken selbst), ein für alle verbindliches Recht oder gemeinsame Sitten. Die Folge der fränkischen Deutung war eine Kette von Irrtümern"*, Fried, Normannenherrscher, S. 80.

314 Siehe dagegen die Beurteilung bei Zettel, Normannen, S. 72 in Hinblick auf die fränkische Wahrnehmung des skandinavischen Königtums: *„Rex ist in den Augen der christlichen Chronisten bei den heidnischen Skandinaviern der erste »Mann im Staate«, unabhängig von den konkreten Begrenzungen seiner Macht, die man sehr wohl kannte, wie vor allem Rimberts Bericht über die Thingversammlung in Birka deutlich zeigt. [...] Es fragt sich, ob die Anwendung des vertrauten Titels rex für fremde Herrschaft eine schematisierende Verlegenheitslösung war*

und dem irrigen Glauben an einen starken gentilen Zusammenhalt auf Seiten der Nordmänner. Dies habe zu Absprachen mit Machthabern geführt, welche von den fränkischen Großen überschätzt wurden und in Wahrheit die Einhaltung abgeschlossener Abkommen nicht garantieren konnten. Die fränkische Suche nach mächtigen Verhandlungspartnern, welche die dänische Seite zum Nutzen der Franken beeinflussen oder kontrollieren konnten, beschreibt auch Plassmann, wobei sie auch die konkrete historische Gemengelage berücksichtigt, welche auf einem nachhaltigen Interessenkonflikt zwischen den Wikingerfürsten und dem Dänenkönig beruht.[315] Zweifelsohne waren die Franken im Umgang mit den Dänen darum bemüht, möglichst mächtige Verhandlungspartner zu finden und mit ihnen Abkommen zu erzielen, um den eigenen Interessen damit im größtmöglichen Maße zu dienen, was jedoch nicht immer glückte.[316] Frieds Sichtweise auf die fränkisch-dänischen Verwicklungen stellt eine in sich geschlossene und aufschlussreiche Annäherung an das Thema dar. Dennoch bleibt in Hinblick auf die Dänenkönige Raum für abweichende Deutungen, die etwa den Wahrheitsgehalt bzw. die Verwertbarkeit der zeitgenössischen fränkischen Quellen höher einschätzen.[317] Die Kernfrage soll hier jedoch nicht auf die Fähigkeit oder Unfähigkeit der Franken zu einer ausreichenden Objektivität reduziert werden. Die im Rahmen der vorliegenden Dissertation bevorzugte Herangehensweise konzentriert sich auf die Beobachtung und Interpretation der dänischen Herrscher und ihrer Verhaltensweisen, wobei diese freilich maßgebend durch die fränkischen Chronisten überliefert wurden. Die Gefahr der doppelten Theoriebindung ist dabei allgegenwärtig und

---

oder ob sie nicht, wie wir glauben, ganz bewußt auf Grund oft sehr genauer Kenntnisse, auf Grund von Einblicken in die skandinavischen politischen Strukturen gewählt wurde". Zum schwedischen Thing in Birka vgl. Anm. 569.

315 *„Dass ein König nur wenig Einfluss auf die Raub- und Kriegfahrten anderer Großer in Skandinavien hatte, ja dass er diese Autorität kaum selber beansprucht hätte, geschweige denn, dass andere Große sie anerkannt hätten, wurde von den geplagten Opfern in Westeuropa nicht wahrgenommen. [...] Die einzelnen Anführer der Schiffe hörten eben nicht auf »ihren König«, wollten nicht auf ihn hören und standen im Zweifel sogar in Opposition zu den Versuchen skandinavischer Herrscher, nach christlichem Vorbild so etwas wie ein allgemeingültiges Königtum zu erschaffen"*, Plassmann, Die Normannen, S. 23.

316 Besonders nach dem Tode Ludwigs des Frommen machten die Frankenherrscher wiederholt die Erfahrung, dass ein Friedensschluss mit einem normannischen *rex* oftmals keinen großen Wert hatte oder keinen wahren Nutzen für die fränkische Seite mit sich brachte. Die bei den Wikingerüberfällen auf das Frankenreich später häufig auftretende Gleichsetzung eines Wikingerfürsten mit einem *rex* darf allerdings nicht darüber hinwegtäuschen, dass aus heutiger Sicht und im Rahmen dieser Betrachtung ein Unterschied zwischen Dänenkönigen und Wikingerfürsten etwaig dänischer Herkunft zu konstatieren ist.

317 *„Auch von [sic!] der voll einsetzenden Christianisierung Skandinaviens im 10. Jahrhundert, vor der oft zitierten Eingliederung Nordeuropas in den politischen und religiös-kulturellen Bereich des europäischen Mittelalters lag die Nordmannia im Bewußtsein der Verfasser verschiedener fränkischer Quellen, die ja wiederum konkrete historische Situationen reflektieren, nicht außerhalb. Ich bin daher der Ansicht, daß skandinavische Könige nicht deswegen »bedenkenlos« mit dem Titel »rex« versehen wurden, weil Dänemark und Schweden außerhalb lagen, sondern weil es, wie im eigenen Bereich, ein Königtum gab, das sich von den anderen Trägern politischer Macht abhob, das bestimmten Einschränkungen seiner Macht unterworfen war, »Prozeduren« also, die, wie das Thing, nur in ihrer konkreten Ausformung, nicht aber als solche und grundsätzlich fremd waren, wobei die andersartigen und nicht-feudalen Abhängigkeiten der königlichen Macht erkannt und beschrieben werden, weil es nicht zuletzt ein Königtum gab, das ebenfalls von häufigen dynastischen Kämpfen charakterisiert wurde. Bei aller Ungewohntheit einzelner Strukturelemente erkannte man im Fremden doch das Vertraute, so auch den »rex«"*, Zettel, Normannen, S. 73.

nicht abzustreiten.[318] *„Der Wahrnehmende ist stets in seiner Wahrnehmung enthalten".*[319] Dennoch gilt es auf Grundlage der vorhandenen Informationen möglichst viele Erkenntnisse zu gewinnen, abzuwägen und miteinander in Einklang zu bringen. Daher soll hier die Absicht nicht darin bestehen, Fried zu widersprechen, sondern vielmehr Anstöße dahingehend zu geben, dass die fränkische Deutung der dänischen Gegebenheiten trotz ihrer Einschränkungen zu richtigen Ergebnissen führen konnte, da die Ereignisse in Hinblick auf die fränkisch-dänischen Beziehungen in der ersten Hälfte des 9. Jahrhunderts mitunter nicht einzig und allein durch eine fehlerhafte Sichtweise der Franken zu erklären sind.

Die dänische Königsmacht weist im 9. Jahrhundert gewiss keine konstante und ununterbrochene Ausdehnung und Qualität auf, aber dies trifft ebenso wenig auf die fränkischen Herrscher jener Zeit zu. Von Friedensschlüssen mit Göttrik oder später mit Horik durfte man von fränkischer Seite gewiss mehr erwarten als von Abkommen mit marodierenden Wikingerfürsten. Mit Letzteren verhandelte man, um eine konkrete Bedrohung zu beenden oder umzuleiten, während man sich von Übereinkünften mit Ersteren erhoffte, dass eine allgemeine Besserung in Bezug auf die Wikingerüberfälle eintreten möge. Während Wikingerüberfälle auf das Frankenreich zur Zeit Göttriks noch kein akutes Problem darstellten, lässt sich mutmaßen, dass Horik in späterer Zeit unter Umständen gar kein Interesse daran hatte, zu einem Ende der Wikingerüberfälle beizutragen.[320] Es liegt in der Natur der Sache, dass sich Abkommen und Übereinkünfte generell und auch im 9. Jahrhundert nicht immer als tragfähig oder friedensstiftend erwiesen. Das Scheitern von fränkisch-dänischen Vermittlungsversuchen liegt schlichtweg in der jeweiligen Situation und ihren Begleitumständen begründet, zu denen man in manchen, aber bei weitem nicht allen Fällen auch eine fehlerhafte Wahrnehmung des Verhandlungspartners von Seiten der Franken zählen kann. In Bezug auf Göttrik wurde bereits dargelegt, dass es zu keinem dauerhaften Frieden auf diplomatischem Wege kam, weil sich der Dänenkönig als unberechenbar und widerspenstig erwies.

Wenn man auch nicht, wie noch anhand verschiedener Herrschaftsteilungen[321] aufgezeigt werden wird, von einer Unteilbarkeit des dänischen Königreiches im späten 8. und im frühen 9. Jahrhundert ausgehen kann, so lässt sich dennoch annehmen, dass sich der Einfluss des dänischen Königs nicht nur auf Jütland und die benachbarten Inseln, sondern auch auf weite Teile der nördlich und östlich gegenüberliegenden Küstenregionen erstreckte.[322] Die bereits erwähnten Regionen Vestfold und Skåne dürften damit ebenfalls

---

318 Fried zufolge ist eine Wahrnehmung von sozialen Vorgängen dem Wahrnehmenden nur unter Verwendung einer Theorie möglich, welche ihn dazu befähigt, das Wahrgenommene zu ordnen und gemäß seiner Theorien zu verstehen. Vgl. zum dazugehörigen Theoriebegriff Fried, Gens und regnum, S. 74ff.

319 Fried, Gens und regnum, S. 76.

320 Vgl. dazu S. 206 u. 208.

321 Die kurzlebige Herrschaftsteilung zwischen den Halfdansöhnen Harald Klak und Reginfrid wurde bereits erwähnt. Vgl. S. 74-77.

322 Sawyer / Sawyer, Medieval Scandinavia, S. 51 f.

zum Königreich Dänemark zur Zeit Göttriks und Hemmings gehört haben. Das frühe dänische Königtum, welches sich anhand der Quellen seit dem späten 8. Jahrhundert vermuten lässt, stellt im skandinavischen Raum ein besonderes Phänomen dar. Das dänische Königreich erscheint nicht nur aufgrund seiner frühen Verfestigung und seinem, für den skandinavischen Raum jener Zeit, offensichtlich äußerst bemerkenswerten Umfang als Besonderheit, sondern vielmehr scheint es auch im scharfen Kontrast zu der seinerzeit in Skandinavien vorherrschenden weitläufigen Dezentralisation von Herrschaftsmacht zu stehen. Die meisten Regionen Skandinaviens, sofern sie nicht vom dänischen König kontrolliert wurden, beheimateten wahrscheinlich viele verschiedene Kleinstherrscher und Häuptlinge, deren Macht sich nicht annähernd mit der eines Königs im engeren Sinne vergleichen ließ.[323]

III. 5 Die Nordpolitik Karls des Großen

Zum Abschluss dieses Kapitels sollen nun an dieser Stelle die Ergebnisse der vorliegenden Betrachtung in Hinblick auf die Spezifika der Politik Karls des Großen gegenüber dem unmittelbaren Nachbarn im Norden zusammengefasst werden. Wie wir gesehen haben, kam es nach dem siegreichen Abschluss der Sachsenkriege Karls zum diplomatischen Austausch zwischen Franken und Dänen im Jahre 804. Abgesehen von der Forderung Karls nach der Auslieferung von in Dänemark befindlichen sächsischen Flüchtlingen kam es wahrscheinlich auch zu einer diplomatischen Verständigung, die Machtansprüche der beiden Reiche betreffend. Beide Gesichtspunkte bedurften angesichts des jüngst abgeschlossenen Feldzugs gegen die Sachsen einer eingehenderen Erörterung. Die sächsischen Flüchtlinge waren dabei ebenso eine direkte Nachwirkung der karolingischen Expansionspolitik wie auch die offene Frage nach den jeweiligen künftigen Einflusssphären. In beiden Punkten dürfte der Dänenkönig dem Willen des Kaisers nachgegeben haben, da zu jenem Zeitpunkt ein offener Widerstand des Dänen verheerend hätte sein können. Zunächst schien die Außenpolitik Karls des Großen gegenüber den neuen Nachbarn im Norden also aufzugehen. Die anzunehmende Abtretung Nordalbingiens an die verbündeten Abodriten bewirkte die Stärkung eines verlässlichen Bündnispartners, der in der Folgezeit seinen Beitrag zur Sicherung der Reichsperipherie hätte leisten sollen. Ein gestärktes Abodritenreich im Nordosten des Frankenreiches war offenkundig Karls Plan zur Sicherung dieser Grenzregion. Die kurz darauf folgenden Kriegszüge gegen die benachbarten Slawen, wie etwa der Kriegszug gegen die Böhmen[324] im Jahre 805, hatten offenkundig die Befriedung

---

323 Ebd., S. 49. Hierbei fußen die Einschätzungen nicht nur auf dem Bericht der Quellen, sondern auch auf den archäologischen Befunden. Siehe zu den zerklüfteten Volksgruppen Skandinaviens vor der Wikingerzeit auch die sprachwissenschaftliche Untersuchung von Brink, Stefan, People and Land in Early Scandinavia, in: Garipzanov, Ildar H. / Geary, Patrick J. / Urbańczyk, Przemysław (Hg.), Franks, Northmen, and Slavs: Identities and State Formation in Early Medieval Europe, Turnhout 2008, S. 87-112.

324 *Eodem anno misit exercitum suum cum filio suo Carlo in terram Sclavorum, qui vocantur Beheimi. Qui omnem*

jener Regionen durch aggressives Vorgehen zum Ziel, was nahe legt, dass Karl mittlerweile auf eine langfristige Sicherung des gesamten fränkischen Nordostens ausgerichtet war. In diesem Zusammenhang ist auch das militärische Vorgehen gegen die Sorben und das neuerliche Vorgehen gegen die Böhmen im Jahre 806 zu berücksichtigen.[325] Die Tatsache, dass Karl unmittelbar nach den Verhandlungen von 804 mehrere Kriegszüge gegen benachbarte Slawen unternahm, zeigt deutlich, dass der Dänenkönig gut daran getan hatte, den Kaiser nicht zu provozieren, da auch er leicht das Opfer eines solchen Kriegszuges hätte werden können.

Der Friede im Norden hielt jedoch nicht lange, da Göttrik im Jahre 808 den im abodritischen Einflussbereich gelegenen Handelsplatz Reric überfiel. Hierbei bekam der Dänenkönig Unterstützung von der innerslawischen Opposition gegen die Vorherrschaft der Abodriten. Wenngleich es sich bei dem Überfall auf Reric nicht um einen direkten Angriff auf fränkisches Reichsgebiet handelte, so gaben die neuerlichen Ereignisse aus der Sicht des Kaisers dennoch Anlass zur Beunruhigung. Das Zusammenwirken von Dänen und oppositionellen Slawen machte deutlich, dass der fränkische Nordosten keineswegs gesichert war, zumal jene feindlichen Kräfte den Sieg über die verbündeten Abodriten davontrugen. Die neu installierte Sicherungsmacht im Nordosten hatte sich bereits vier Jahre nach ihrer Einsetzung als nicht tragfähig erwiesen. Es steht hierbei außer Frage, dass das Hauptaugenmerk des Kaisers auf dem Schutz des unmittelbaren Reichsgebiets ruhte, zu dessen Sicherung er kurz nach dem dänischen Überfall auf die Abodriten ein Heer in das angrenzende Gebiet der Sachsen entsandte. Erst nachdem offenkundig wurde, dass ein Angriff auf das Gebiet des Frankenreiches nicht mehr zu erwarten war, ließ Karl die slawischen Verbündeten der Dänen durch Strafexpeditionen wieder gefügig machen. Bemerkenswert ist hierbei nochmals, dass kein Angriff und keine Vergeltungsaktionen gegen die Dänen erfolgten. Die unterschiedliche Behandlung der skandinavischen und slawischen Aggressoren lässt wiederum Rückschlüsse auf Karls außenpolitische Konzeption zu. Die Bestrafung der slawischen Aufständischen belegt Karls Interesse an einer Sicherung der angrenzenden slawischen Regionen, ohne dass er jedoch ein Interesse daran gehabt zu haben schien, jene Landstriche dem eigenen Reichsverband einzuverleiben oder seine Herrschaft gen Osten auszuweiten. Vielmehr erscheinen die als Strafaktionen anmutenden Kriegszüge als Mittel zur Disziplinierung. Die Hoffnung, dass eine neuaufgerichtete abodritische Vorherrschaft die Slawen der umliegenden Regionen würde unter Kontrolle halten können, schien Karl indes nicht verloren zu haben, da er bezüglich der Slawen keine neuen Wege beschritt, wohingegen er seine Politik gegenüber den Dänen, die als die treibende Kraft hinter der dänisch-slawischen Erhebung von 808 erschienen, nun ändern

---

illorum patriam depopulatus ducem eorum nomine Lechonem occidit, Ann. reg. Franc., 805, S. 120.

325 Nach dem erfolgreichen Kriegszug gegen die Sorben wurden noch zwei Burgen, je eine an der Saale und Elbe, erbaut, um jene Grenzregion nachhaltig zu sichern. *Karlum filium suum in terram Sclavorum, qui dicuntur Sorabi, qui sedent super Albiam fluvium, cum exercitu misit; in qua expeditione Miliduoch Sclavorum dux interfectus est, duoque castella ab exercitu aedificata, unum super ripam fluminis Salae, alterum iuxta fluvium Albim*, Ann. reg. Franc., 806, S. 121.

musste. Für das Jahr 808 lässt sich als unmittelbare Reaktion auf den Angriff gegen die Abodriten lediglich eine Verschärfung oder gar eine Neuauflage der Küstenschutzmaßnahmen und des Flottenbaus im niederländischen Raum annehmen, die durch ein kaiserliches Kapitular aus jenem Jahr plausibel erscheinen.[326]

Es waren die Impulse der Dänen, die durch ihr Eingreifen im Jahre 808 die abodritische Vorherrschaft über die benachbarten Slawen zumindest vorübergehend beendeten und den Kaiser zu einem Umdenken in seiner Außenpolitik nötigten.[327] Während die slawischen Aufständischen bestraft wurden, blieb der Vorstoß von 808 für die Dänen zunächst ohne Folgen. Hierin findet sich erneut ein Indiz dafür, dass Karl kein Interesse an einer Ausweitung seiner Herrschaft, weder direkter noch indirekter Natur, über die Dänen hatte. Die Hintergründe hierfür mögen vielgestaltigster Art gewesen sein. Zuvorderst hätte die Ausweitung der Herrschaft, den Sachsenkriegen vergleichbar, eine große Kraftanstrengung und einen enormen Zeitaufwand beanspruchen können, was wohl in keinem Verhältnis zu dem wirtschaftlichen oder anderweitigen Zugewinn gestanden hätte.[328] Eine Unterwerfung

---

326 Capitula cum primis conferenda 808 (c. 9 und 10), MGH Capit 1, Nr. 51, S. 138f, hier: S. 139. Von diesem Kapitular sind leider keine genaueren Bestimmungen erhalten geblieben. Die beiden in diesem Kontext relevanten Gesichtspunkte wurden wiefolgt vermerkt: *De marcha nostra custodienda terra marique; De navibus, quas facere iussimus.* Siehe hierzu auch Sproemberg, Die Seepolitik, S. 21, der davon ausgeht, dass jene kaiserliche Anordnung von 808 die von Dänemark ausgehende Gefahr für das Frankenreich zumindest vorübergehend abwenden konnte, wobei dieser Erfolg allerdings nur äußerst kurzlebig war, da bereits 810 der dänische Frieslandüberfall erfolgte. Ergänzend hierzu siehe: Eickhoff, Maritime Defence, S. 51-64. Zur Außenwirkung der fränkischen Küstenverteidigungsmaßnahmen siehe: „*Generally we get the impression that the rapid construction of a fleet as well as coastal defences were both relatively short lived measures, and the urgency of the measures also show the distinct lack of both a fleet and forts at the river mouths at the end of the 8ᵗʰ century – something the pre-Viking Scandinavian traders cannot have failed to notice*", Simek, Emergence of Viking Age, S. 14. Lund, Allies, S. 46 bezeichnet die von Karl dem Großen in dieser Situation getroffenen Abwehrmaßnahmen als „*practical and sensible*", wobei ihm m. E. zuzustimmen ist, auch wenn sich der angeordnete Küstenschutz nicht als längerfristig wirksam erwies.

327 Andersen, Machtpolitik um Nordalbingien, S. 82 schreibt hierzu: „*Gemeint sind zwei bedeutende Machtmanifestationen der Dänen: Der Feldzug gegen die Abodriten und der Bau eines Grenzwalls. Das erste Ereignis machte die den Abodriten aus der damaligen Sicht Karls des Großen zugedachte Rolle als Pufferstaat mit Oberherrschaft über Nordalbingien zunichte, da sie den Angriff der Dänen nur teilweise hatten abwehren können. Das zweite Ereignis hatte auf seine Weise die Entschlossenheit der Dänen, außerordentliche militärische Machtmittel in Anspruch zu nehmen, klar gezeigt. Ihre große Seemacht war schon eine bekannte Tatsache; durch den Bau eines Grenzwalls verschafften sie sich jetzt auch eine militärische Basis zu Land*".

328 Sawyer / Sawyer, Welt der Wikinger, S. 122 verweisen zurecht darauf, dass eine Unterwerfung der Dänen auf militärischem Wege eine noch schwierigere Aufgabe dargestellt hätte als die ohnehin schon mühsame Eingliederung Sachsens in das Frankenreich. Sie führen zur Untermauerung dieses Standpunktes das maritime Argument an, welches im Wesentlichen darin besteht, dass die Dänen über eine starke Flotte verfügten, die es ihnen ermöglichte, sich des Zugriffs eines heranrückenden fränkischen Heeres im Bedarfsfall schnell zu entziehen. Darüber hinaus mag zwar das Vordringen eines fränkischen Heeres nach Jütland hinein ein realisierbares Unterfangen gewesen sein, jedoch bliebe auch zu bedenken, dass der dänische Widerstand selbst nach einer Eroberung Jütlands von den umliegenden, unter dänischer Kontrolle stehenden Gebieten aus leicht hätte fortgesetzt werden können. In Kombination mit der maritimen Stärke der Dänen zeigt die Weitläufigkeit des dänischen Einflussgebiets die großen zu erwartenden Probleme eines möglichen militärischen Vorgehens der Franken gegen die Dänen auf. Ergänzend sei hierzu gesagt, dass sich für das eben beschriebene Ausweichen dänischer Streitmächte mittels der eigenen Flotte bereits kurz nach Karls Tod ein Fallbeispiel ergab, als nämlich

Dänemarks mag schlichtweg nicht lohnenswert[329] erschienen sein, zumal auch die Herrschaft über die Sachsen erst kurz zuvor in vollem Umfang durchgesetzt werden konnte und von einer abgeschlossenen und nachhaltigen Integration dieses neuen Reichsteils noch nicht auszugehen war. Damit schied zu jenem Zeitpunkt die Ausweitung der direkten Herrschaft über die Dänen ebenso aus wie eine indirekte Kontrolle der Dänen. Einerseits hatten die Ereignisse von 808 gezeigt, dass die Abodriten nicht in der Lage waren, die slawischen Nachbarn und zugleich auch die Dänen zum Nutzen des Frankenreichs im Zaum zu halten. Andererseits hatte Karl offenkundig zu jener Zeit keinen Verbündeten im Reich der Dänen, der die dortige Herrschaft hätte an sich reißen können oder zumindest durch sein Aufbegehren Dänemark ausreichend hätte destabilisieren können, damit es vorläufig keine Gefahr mehr für die Peripherie des Reiches darstellte. Eine solche Gelegenheit erhielt erst Ludwig der Fromme, nämlich als sich der Thronprätendent Harald Klak im Todesjahr Karls des Großen mit einem Hilfsgesuch an den neuen Frankenherrscher wandte. Aus den genannten Gründen und einem Mangel an reizvolleren Optionen ließ sich Karl also auch nach den Ereignissen von 808 auf Verhandlungen mit den Dänen ein. Im Beschreiten eben jenes diplomatischen Weges dürfte allerdings der Fehler Karls des Großen gegenüber den

---

bei dem Vorstoß eines sächsisch-abodritischen Aufgebots, das von Ludwig dem Frommen entsandt worden war, um den Kampf mit den Göttriksöhnen zu suchen, sich jene Göttriksöhne auf eine Insel zurückzogen und der bevorstehenden Konfrontation auf diesem Wege erfolgreich auswichen. *ad auxilium Harioldo ferendum trans Egidoram fluvium in terram Nordmannorum vocabulo Sinlendi perveniunt et inde profecti septimo tandem die in loco, qui dicitur … in litore oceani castra ponunt. Ibique stativis triduo habitis, cum filii Godofridi, qui contra eos magnis copiis et ducentarum navium classe conparata in insula quadam tribus milibus a continenti separata residebant, cum eis congredi non auderent, vastatis circumquaque vicinis pagis et acceptis popularium obsidibus XL ad imperatorem in Saxoniam reversi sunt,* Ann. reg. Franc., 815, S. 142. Dahlmann, Geschichte von Dännemark, S. 27 mutmaßte aufgrund dieses Quellenberichts, dass der Vorstoß der kaiserlichen Truppen in der Nähe des heutigen Snoghøj ins Stocken kam, da an diesem Ort der Kleine Belt besonders schmal sei und dem fünischen Ort Middelfart direkt gegenüber läge. Wenngleich die geringe Breite des Kleinen Belts an dieser Stelle zumindest ein Indiz dafür zu liefern im Stande ist, dass an diesem Ort möglicherweise das dänische Heer den strategischen Rückzug nach Fünen angetreten haben könnte, kann man die Lage der späteren Stadt Middelfart, die erst ab dem 13. Jahrhundert in den dänischen Quellen auftaucht, nicht als Argument für die Stützung dieser These anführen. Es ist immerhin denkbar, dass mit der beschriebenen Insel, auf welche sich die Göttriksöhne zurückzogen, wirklich Fünen gemeint ist, allerdings ist dies aufgrund der vorliegenden Quellen keine zwingende Annahme. Es gab durchaus verschiedene Inseln, auf welche sich ein dänisches Heer von jütischem Boden aus zurückziehen konnte. Die damit verbundene Weitläufigkeit des dänischen Einflussbereichs, die im Falle einer Besetzung Jütlands einen hartnäckigen Widerstand begünstigt hätte, dürfte schon allein dadurch deutlich werden, dass die großen dänischen Inseln zwischen Kattegat und Ostsee, sowie die westlichen Küstengebiete des heutigen Schweden, ebenso wie Abschnitte der heute norwegischen Südküste dem erweiterten Einflussbereich der Dänen zuzuordnen waren. Zu erwähnen sei auch Ulriksen, Anløbspladser, S. 263, der auf die allgemein günstigen Charakteristika der dänischen Küsten für flottengestützte Truppenbewegungen hingewiesen hat. *„The most common type of coastland in Denmark is characterised by a relatively flat transition between sea and land, and there are many coves and headlands that offer shelter".*

329 *„The very success of Frankish imperialism in the eighth century had led to a shortage of victims who were both conquerable and profitable. […] It was still possible to ravage the Slav tribes, as was done in the first decade following Charles's imperial coronation, but it is hardly likely that this brought in enough to enable the Frankish élite to live in the style to which it had become accustomed. Attacks on either Danes or Anglo-Saxons, on the other hand, presented difficulties not easily overcome so long as the Franks proved unable to develop any serious naval power in the northern seas",* Reuter, End of Military Expansion, S. 404.

Dänen gelegen haben. Das Scheitern der fränkisch-dänischen Verhandlungen von 809 und auch die Ermordung des Abodritenfürsten Drasko, ganz gleich auf wessen Veranlassung hin sie erfolgt sein mag, zeigten auf alarmierende Weise, dass der fränkische Nordosten noch nicht in der Verfassung war, um überwiegend mit dem Mittel der Diplomatie in der Balance gehalten zu werden. Selbst wenn Drasko nicht das Opfer einer dänischen Intrige geworden sein sollte, so war sein Tod dennoch eine Bestärkung für die offensive Politik des Dänenkönigs, der innerhalb von zwei Jahren ungestraft gegen den wichtigsten Verbündeten der Franken im Nordosten siegte, den Handelsplatz Reric zugunsten Hedebys zerstörte und außerdem mit Draskos Tod von einem störenden Widersacher befreit wurde. Eine Demonstration der Stärke und des unbedingten Sanktionswillens hätte den Interessen der Franken im frühen Umgang mit den neuen dänischen Nachbarn wahrscheinlich wesentlich besser gedient. Karls Verhalten, so durchdacht und verständlich es aus seiner Sicht auch gewesen sein mag, dürfte auf dänischer Seite spätestens ab 809 als Zeichen der Schwäche gewirkt haben. Hierbei soll zwar nicht außer Acht gelassen werden, dass die Inbesitznahme Nordalbingiens durch die Franken nach 808 in Zusammenhang mit den beschriebenen Sicherungsmaßnahmen in jenem Gebiet als eine angemessene Reaktion auf das dänische Vorgehen erschien, jedoch war dies offensichtlich kein ausreichend nachdrückliches Signal für den dänischen König. Karl hatte einen offenen Konflikt mit den Dänen vermeiden wollen und offensichtlich wurde dem Frankenreich ironischerweise genau dieser Umstand zum Verhängnis. Der Frieslandüberfall von 810 verdeutlichte schließlich endgültig, dass im Umgang mit dem Dänenkönig Göttrik Diplomatie allein nicht zu dauerhaftem Frieden führen konnte.

Es war der plötzliche Tod Göttriks, der das längst überfällige militärische Vorgehen gegen die Dänen schließlich doch noch verhinderte. Göttriks Nachfolger Hemming schloss kurzerhand Frieden mit dem Kaiser und akzeptierte ausdrücklich die Machtansprüche des fränkischen Reiches. Dies dürfte der Preis für seine Herrschaft gewesen sein, die jedoch auch ohne den durch den Friedensschluss ausbleibenden fränkischen Druck von außen nur von kurzer Dauer sein sollte. Die innerdänischen Thronstreitigkeiten verschafften dem Frankenreich zumindest vorübergehend Frieden im Norden.[330] Somit musste Karl bis zum

---

330 Ein erneuter Frieslandüberfall von 813 bildet hierbei die Ausnahme. Es ist allerdings zu beobachten, dass der neuerliche normannische Flottenüberfall auf Friesland auch nach dem Tode Göttriks mit den Vorgängen innerhalb der dänischen Königssippe in Verbindung gebracht wird. So wird gleich im Anschluss an den neuerlichen Frieslandüberfall von der Vertreibung der Halfdansöhne Harald Klak, Reginfrid und Hemming durch die Göttriksöhne berichtet. *Exierunt autem Normanni cum navibus suis in Frisia, et fecerunt ibi grande malum, ceperunt viros, mulieres et praedam magnam. Postea venerunt filii Godofredi cum exercitu, expuleruntque Herioldum et Reganfredum atque Amingum de regno ipsorum; et illi fugerunt usque ad abdita*, Chron. Moiss., 813, S. 311, Z. 5-8. Dies verdeutlicht die große Bedeutung der fränkisch-dänischen Beziehungen für die Stabilität der dänischen Königsmacht erneut, vergleichbar den Ereignissen von 810, als der dänische Flottenüberfall auf Friesland in engem zeitlichem und wahrscheinlich auch inhaltlichem Zusammenhang mit der Ermordung Göttriks zu verzeichnen war. *„Dabei ist es sehr wichtig, auf die Instabilität des dänischen Königtums im späten 8. und im frühen 9. Jahrhundert zu verweisen, eine Situation, in der auch Gottfried, wie anderen Königen vor ihm und nach ihm, von innen her Grenzen der Machtausübung und Machterhaltung gesetzt wurden. Seine Ermordung im Jahre 810 kann ein privater Racheakt gewesen sein; vielleicht aber wird hier die Speerspitze einer Oppositionsgruppe*

Ende seines Lebens aufgrund der innerdänischen Unruhen nicht mehr gegen die Nachbarn im Norden vorgehen. Lediglich Einhard berichtet, dass Karl seinen letzten Krieg gegen die Dänen geführt habe, wobei damit ein Krieg im Anschluss an den Frieslandüberfall von 810 gemeint ist.[331] Überhaupt nimmt der Konflikt zwischen Göttrik und Karl dem Großen eine besondere Rolle bei Einhard ein. Der Karlsbiograph scheint bemüht, aus dem Konflikt mit dem Dänenkönig eine lehrreiche Parabel für die Leser seiner Zeit zu machen, was wohl auch für sein Werk als Ganzes gelten kann.[332] Die Frage ist nur, warum Einhard gerade den Konflikt mit den Dänen so scharf zeichnet und welche Missstände seiner eigenen Zeit er dadurch kritisieren möchte. Zur Klärung erscheint es wichtig, nach der anzunehmenden Entstehungszeit der Karlsvita zu fragen, da nur auf diese Weise der gegebene Horizont der fränkisch-dänischen Beziehungen korrekt erfasst werden kann. Vieles spricht unter diesem Gesichtspunkt für die Datierung Tischlers, welche auf das Entstehungsjahr 828 hindeutet.[333] Ausgehend von dieser Datierung gehört die Taufe und Vertreibung Harald Klaks ebenso zu den vorangegangenen Ereignissen wie der gescheiterte Feldzug von 815 und das Wanken des Kaisers in der Verständigung mit den Göttriksöhnen, während die zunehmenden Wikingerüberfälle der 830er Jahre noch nicht vorhersehbar waren.[334] Es erscheint denkbar, dass Einhard Ludwig dem Frommen vor Augen führen wollte, dass man den Dänen im Zweifelsfall nur mit Gewalt begegnen sollte. Dies wäre dann als realistischer und strikter Gegenentwurf zur wankenden und passiven Nordpolitik Ludwigs des Frommen zu

---

331 *sichtbar, zumal schon zwei Jahre später heftige Streitigkeiten zwischen den in Dänemark um die Macht streitenden Parteien (partes) ausbrachen"*, Zettel, Karl der Große, S. 14. Da die vertriebenen Halfdansöhne von der fränkischen Seite unterstützt wurden und mit dieser auch den Frieden noch in jenem Jahr beeidet hatten, ist anzunehmen, dass der Frieslandüberfall von 813 den Göttriksöhnen zuzuschreiben ist, die damit gewissermaßen in der Tradition ihres verstorbenen Vaters handelten. Es ist denkbar, dass der Frieslandüberfall von 813 der Finanzierung des kurz darauf erfolgten Angriffs gegen die Halfdansöhne diente.

331 *Ultimum contra Nordmannos, qui Dani vocantur, primo pyraticam exercentes, deinde maiori classe litora Galliae atque Germaniae vastantes, bellum susceptum est*, Einhard, Vita Karoli Magni, 14, S. 17, Z. 3-6. Hierbei dürfte es sich um eine verfälschende Darstellung handeln. Gewiss mögen bereits vor Göttriks Tod auf fränkischer Seite Maßnahmen zum militärischen Vorgehen gegen die Dänen getroffen worden sein, jedoch berichten die übrigen Quellen nichts von einem Krieg im engeren Sinne. Gegen einen tatsächlich ausgetragenen Krieg spricht auch, dass der Angriff auf Friesland, ebenso wie die späteren Wikingerüberfälle, derart abrupt erfolgte und auch ebenso schnell wieder durch einen dänischen Rückzug endete, wodurch eine rechtzeitige Mobilisierung des fränkischen Heeres unwahrscheinlich erscheint. Der Vitenschreiber wollte offenbar lediglich zur Ehrenrettung des verstorbenen Kaisers beitragen, den er nicht mit jenem Makel der Nachwelt preisgeben wollte, der in seiner Untätigkeit gegenüber den dänischen Aggressionen zu suchen wäre. Eine kriegerische Vergeltung für die Anmaßungen des heidnischen Dänenkönigs dürfte daher der künstlerischen Freiheit des Vitenschreibers entstammen. Die Reichsannalen leisten überdies ebenfalls ihren Beitrag zur Ehrenrettung des Kaisers, indem sie berichten, Karl sei zum Zeitpunkt des Frieslandüberfalls bereits in die Planung des Feldzugs gegen die Dänen vertieft gewesen. *Imperator vero Aquisgrani adhuc agens et contra Godofridum regem expeditionem meditans nuntium accepit, classem ducentarum navium de Nordmannia Frisiam appulisse*, Ann. reg. Franc., 810, S. 131.

332 Vgl. zum Forschungsstand und zur Entstehungszeit der Vita Karoli mitsamt ihrer politischen Zielsetzung Tischler, Matthias M., Einharts Vita Karoli: Studien zur Entstehung, Überlieferung und Rezeption, Bd. 1, Hannover 2001, S. 1-16 / 151-239.

333 Tischler, Einharts Vita, S. 210.

334 Vgl. zur Taufe Harald Klaks S. 114-128, zum Feldzug von 815 S. 96-98 und zum Kurswechsel von 825 S. 161-162.

werten.[335] Um seine Botschaft an die Zeitgenossen zu verdeutlichen, legt Einhard dem Dänenkönig Göttrik nachträglich eine anmaßende und bedrohliche Prahlrede[336] in den Mund und lässt Karl den Großen zumindest in seiner Version der Ereignisse gegen die Dänen in den Krieg ziehen.[337] Hierin ist nicht etwa eine wahrheitsgetreue Schilderung des Vergangenen zu sehen, sondern vielmehr eine Umdeutung zum Zwecke der Belehrung der eigenen Zeitgenossen.[338] Im Bezug auf die Dänen bedeutete dies die Anregung zu einer bestimmenden und ggf. offensiven Außenpolitik gegenüber den Nachbarn im Norden.

Insgesamt waren zum Zeitpunkt von Karls Tod die dringlichsten Probleme im Nordosten des Reiches allenfalls ausgesetzt und keineswegs bewältigt. In der Gesamtschau erscheint Karls Außenpolitik gegenüber den Dänen im Zusammenspiel mit seiner Haltung gegenüber den slawischen Nachbarn im äußersten Nordosten des Reiches grundsätzlich plausibel und kohärent, jedoch lässt sich gleichermaßen konstatieren, dass sie angesichts der Motivation und Persönlichkeit des Antagonisten Göttrik nicht zum gewünschten Erfolg führen konnte. Als Karl der Große am 28. Januar 814 verstarb, hinterließ er seinem Nachfolger Ludwig ein zweifelsfrei großes, jedoch auch mit Hypotheken beladenes Reich, dessen Norden keineswegs nachhaltig gesichert war.[339] Es war schließlich Ludwig der Fromme, der sich schon im ersten Jahr seiner Herrschaft über das Gesamtreich mit den Belangen des dänischen Nachbarn auseinandersetzen musste, als sich nämlich Harald Klak mit einem Hilfegesuch an ihn wandte.

---

335 „*An die Stelle einer sakral überhöhten und institutionalisierten Herrschaftskonzeption setzt Einhart die biographische Dimension des aktiv handelnden Menschen und Herrschers Karl*", Tischler, Einharts Vita, S. 225. Tischler bezieht sich an dieser Stelle generell auf das Herrschaftsverständnis Ludwigs des Frommen, dennoch tritt der Kontrast zum Vater besonders hervor. Die Aktivität und zupackende Art Karls des Großen wird dessen Sohn durch Einhard anhand des Kriegs gegen den Dänenkönig Göttrik deutlich vorgeführt und der eigenen Nordpolitik kontrastreich gegenübergestellt.

336 *Iactabat etiam se brevi Aquasgrani, ubi regis comitatus erat, cum maximis copiis adventurum. Nec dictis eius, quamvis vanissimis, omnino fides abnuebatur, quin potius putaretur tale aliquid inchoaturus, nisi festinata fuisset morte praeventus*, Vita Karoli Magni, 14, S. 17, Z. 11-15. Vgl. auch Anm. 198 bzw. *Nam rex ille vanissima spe victoriae inflatus acie se cum imperatore congredi velle iactabat*, Ann. Reg. Franc., 810, S. 131.

337 *Ultimum contra Nordmannos, qui Dani vocantur, primo pyraticam exercentes, deinde maiori classe litora Galliae atque Gemaniae vastantes, bellum susceptum est*, Vita Karoli Magni, 14, S. 17, Z. 3-6.

338 Vgl. hierzu Tischler, Einharts Vita, S. 218.

339 Von einer gegenteiligen Voraussetzung geht Arbman, Vikings, S. 75 aus, der die von Karl dem Großen getroffenen Küstenschutzmaßnahmen für ausreichend hielt, um das Reich gegen eine Bedrohung aus dem Norden zu schützen. Arbman sieht ein großes Verdienst Ludwigs des Frommen darin, dass er die Organisation des väterlichen Küstenschutzes aufrecht erhielt und dadurch die Anzahl der Überfälle auf die fränkische Küste zwischen 814 und 833 auf ein Minimum zu reduzieren vermochte.

IV. Die Nordpolitik Ludwigs des Frommen und das Scheitern Harald Klaks

Das folgende Kapitel beschäftigt sich im Schwerpunkt mit den fränkisch-dänischen Beziehungen während des Zeitraums von 814, dem Todesjahr Karls des Großen, in dem auch der daraus resultierende Herrschaftsantritt Ludwigs des Frommen erfolgte, bis zum Jahre 827, in dem der von fränkischer Seite unterstützte Harald Klak aus Dänemark vertrieben wurde. Ergänzend wird dabei auch der Zeitraum bis zum Jahre 829 berücksichtigt werden, um Ludwigs Herrschaft bis ins unmittelbare Vorfeld seiner ersten Entmachtung zu erfassen. In Hinblick auf diese ersten 15 Jahre der Herrschaft Ludwigs des Frommen gilt es die Bedeutung jenes Bündnisses zwischen Ludwig und Harald Klak für den Verlauf der fränkisch-dänischen Beziehungen im weiteren 9. Jahrhundert zu untersuchen. Es wird dargelegt werden, wie der neue Kaiser Ludwig die Herausforderungen, welche sich ihm nördlich seines Reiches boten, zu bewältigen versuchte. Dabei ist nicht nur das bloße Vorgehen Ludwigs von Interesse, sondern auch der dahinter stehende Leitgedanke. Es ist nicht zu leugnen, dass Ludwigs ursprüngliche Nordpolitik, spätestens mit der Vertreibung Harald Klaks im Jahre 827[340], augenscheinlich gescheitert war; jedoch ist zu hinterfragen, wieso dies geschah und ob es sich dabei um eine unausweichliche Konsequenz der Außenpolitik Ludwigs gehandelt hat. Neben der Nordpolitik Ludwigs des Frommen wird auch das Schicksal Harald Klaks eingehender beleuchtet werden. Dabei sind nicht nur Haralds Handlungsweisen und Motive von Interesse, sondern auch die Bedeutung seines uns bekannten Familienzweigs für die fränkische Außenpolitik und die Geschicke Frieslands. Da das Bündnis zwischen Ludwig dem Frommen und Harald Klak neben der politischen Dimension auch die christliche Mission in Nordeuropa beeinflusste, wird am Ende dieses Kapitels mit chronologischer Folgerichtigkeit auch die Schwedenmission thematisiert werden, die durch eine schwedische Gesandtschaft des Jahres 829 erstmals ins Blickfeld unserer Überlieferungen gerückt wurde. Es gilt dabei nicht nur Gemeinsamkeiten und Gegensätze zwischen den fränkischen Missionsversuchen in Dänemark und Schweden herauszustellen, sondern auch auf die kulturellen und politischen Gegebenheiten im Schweden des frühen 9. Jahrhunderts in gebotener Kürze einzugehen.

---

340 Die schwedische Mission, die auf Ereignisse des Jahres 829 zurückging, muss zwar ebenfalls in Zusammenhang mit der Nordpolitik Ludwigs des Frommen gesehen werden, jedoch ist die Schwedenmission inhaltlich von der Politik Ludwigs gegenüber den Dänen zu unterscheiden, da die jeweilige Ausgangslage bei den beiden skandinavischen Kulturen einerseits durchaus verschieden und andererseits auch die Situation des Kaisers selbst bereits bald nach 829 eine deutlich veränderte war. Die Schwedenmission wird daher gesondert behandelt werden und wird im Rahmen dieser Dissertation nicht dem Oberbegriff der ersten Phase, also der erkennbaren ursprünglichen Nordpolitik Ludwigs des Frommen bis 829 subsumiert werden.

© Springer-Verlag GmbH Deutschland, ein Teil von Springer Nature 2011
V. Helten, *Zwischen Kooperation und Konfrontation: Dänemark und das Frankenreich im 9. Jahrhundert*, Edition KWV, https://doi.org/10.1007/978-3-662-58399-9_4

IV. 1 Die Verwicklung des Frankenreichs in den dänischen Thronstreit nach 814

Wie bereits erwähnt, suchte der dänische Thronanwärter Harald Klak im Jahre 814 den erst vor kurzem durch die Erbschaft des Throns seines Vaters zum Gesamtherrscher aufgestiegenen Ludwig den Frommen in der Hoffnung auf, dass dieser ihn und seinen Thronanspruch unterstützen möge.[341] Ludwig gewährte dem Dänen Harald Klak, dessen Unterlegenheit im heimischen Thronfolgekampf immer offensichtlicher und aussichtsloser wurde, seinen Schutz[342] und schickte ihn nach Sachsen, wo er warten sollte, bis der Kaiser ihm bei seinem Ansinnen Hilfe würde leisten können.[343] Diese Hilfe wurde Harald dann im darauf folgenden Jahr zuteil, als der Kaiser ein sächsisch-abodritisches Militäraufgebot entsandte, um über die Elbe und Eider zu setzen und die Interessen Haralds auf diese Weise zu vertreten.[344] Eine kriegerische Konfrontation mit den Göttriksöhnen blieb allerdings aus. Die kaiserlichen Truppen verwüsteten lediglich ein paar Gaue und ließen sich von den Einwohnern Geiseln stellen. Daraufhin kehrte das Heer wieder nach Sachsen zurück.[345]

---

341 *Quo facto Herioldus rebus suis diffidens ad imperatorem venit et se manus illius commendavit*, Ann. reg. Franc., 814, S. 141. Bei dieser Flucht Haralds zum Kaiser kam es nicht zu einer Kommendation im vasallistischen Sinn. Es bleibt vielmehr festzuhalten, dass Ludwig dem um Hilfe nachsuchenden Dänen jene gewünschte Unterstützung sofort gewährte, was durchaus in der Tradition seines Vaters und dessen Unterstützung für auswärtige Thronanwärter stand. Kasten, Das Lehnswesen, S. 347 sieht in dem Handgang Harald Klaks ein Huldigungsritual, das den Abschluss eines politischen Bündnisses zwischen dem Kaiser und dem Dänen begleitete, wobei die Gegenleistung für die fränkische Unterstützung in der Anerkennung der Hegemonie Ludwigs des Frommen über das Königtum Haralds bestanden habe.

342 Ernst, Karolingische Nordostpolitik, S. 93 argumentiert, dass *„der heidnische Glaube des Dänen die Qualität dieser Lehnsbeziehung nicht unwesentlich geschmälert haben dürfte"*. Vgl. auch: Angenendt, Arnold, Kaiserherrschaft und Königstaufe, Berlin / New York 1984, S. 215. Hierzu ist ergänzend zu sagen, dass, wenn eine solche Kommendation Haralds bereits 814 stattgefunden haben sollte, diese in ihrer Qualität nicht nur durch den unterschiedlichen Glauben von Ludwig und Harald geschmälert, sondern vielmehr vor allem durch die kulturellen Differenzen und die aussichtslose Lage Harald Klaks beeinträchtigt wurde. Ernst nennt zwar an gleicher Stelle die machtpolitische Schwäche Haralds als Hauptbeweggrund für die vermeintliche Kommendation, bringt dies allerdings nicht in Zusammenhang mit der Qualität des Bündnisses zwischen Ludwig und Harald. Wenn 814 bereits eine Kommendation Haralds stattgefunden haben sollte, wäre es insgesamt zweimal zu einer Kommendation des Dänen gekommen. Wenngleich dies nicht auszuschließen ist, da die zweite Kommendation nach der Taufe Haralds erfolgte und sich damit argumentieren ließe, dass Harald durch die Taufe ein neues Leben im Namen Christi geschenkt wurde, wodurch eine neuerliche Kommendation erforderlich hätte sein können. Gesichert ist allerdings, dass Harald 814 zu einem Zeitpunkt größter Bedrängnis zum Kaiser flüchtete und er in seiner ausweglosen Lage wohl jeden Schwur geleistet hätte, wenn dieser ihm nur die Unterstützung Ludwigs einbrächte. Durch die Kommendation Halfdans dürfte Harald zwar zumindest Grundkenntnisse in Bezug auf das fränkische Benefizial- und Herrschaftssystem gehabt haben, allerdings blieb ihm in seiner Situation jenes Jahres wohl schlichtweg kein Spielraum, um das Für und Wider einer Kommendation abzuwägen.

343 *Quem ille susceptum in Saxoniam ire et oportunum tempus exspectare iussit, quo ei, sicut petierat, auxilium ferre potuisset*, Ann. reg. Franc., 814, S. 141.

344 Dieses Vorgehen gegenüber den Dänen passt zur Unterteilung der Herrschaft Ludwigs des Frommen in drei Phasen bei Kölzer, Theo, Kaiser Ludwig der Fromme (814-840) im Spiegel seiner Urkunden, Paderborn 2005, S. 16, sprich *„den energischen Herrschaftsbeginn, die Stagnation und paralysierende Spannung der 820er Jahre und schließlich die Krisen des letzten Lebensjahrzehnts"*.

345 *Vastatis circumquaque vicinis pagis et acceptis popularium obsidibus XL ad imperatorem in Saxoniam reversi sunt*, Ann. reg. Franc., 815, S. 142.

Schon allein, da dieser Feldzug des Jahres 815 die einzige uns bekannte kriegerische Unternehmung darstellt, die Ludwig der Fromme jemals zugunsten Harald Klaks ergriffen hat, verdient sie eine genauere Betrachtung. Der Feldzug von 815 wird in der Literatur mitunter als halbherzig[346] eingestuft, was durchaus zutreffend erscheint, wenn man davon ausgeht, dass er tatsächlich die direkte militärische Konfrontation mit den Göttriksöhnen und die im Erfolgsfall darauf folgende Wiedereinsetzung Haralds in seine Herrschaft zum Ziel hatte. Der Bericht, dass das kaiserliche Heer aufgrund der ungünstigen Wetterlage bis Mitte Mai wartete, um über die Elbe zu setzen, erscheint für sich allein genommen womöglich noch plausibel. Die Tatsache allerdings, dass das kaiserliche Heer in Dänemark nicht entschlossen den Kampf suchte, lässt den Charakter dieses Feldzugs in einem anderen Licht erscheinen, auch wenn die Reichsannalen bemüht sind, das Ausbleiben des Kampfes mit der „Feigheit" der Göttriksöhne zu erklären.[347] Die Verweigerung der Göttriksöhne gegen einen Kampf muss wahrscheinlich noch um die damit einhergehende Verweigerung einer Herrschaftsbeteiligung Haralds ergänzt werden. Es würde zum halbherzigen Vorgehen des sächsisch-abodritischen Aufgebots passen, wenn man davon ausgeht, dass jener Feldzug nur eine Drohkulisse erzeugen sollte, die wiederum die Göttriksöhne zu einer nachgiebigeren Haltung in der Frage einer Herrschaftsbeteiligung Haralds bewegen sollte. Ein tatsächlicher Kampf mit den Göttriksöhnen dürfte schließlich weder im Interesse des Kaisers noch im Interesse der sächsisch-abodritischen Truppen gelegen haben.[348] Im Zentrum des Interesses dürfte für die sächsisch-abodritischen Truppen vielmehr ein eigener Beuteanteil des Plündergutes gelegen haben.[349] Diesem Anliegen der Truppen sollte

---

346 *„On the one occasion when a show of strength was mounted, in 815, it was a very half-hearted one"*, Reuter, The End of Carolingian Military Expansion, S. 392. Lund, Allies, S. 48 formuliert es drastischer, wenn er postuliert, das Heer Ludwigs sei in dieser Situation gänzlich unfähig gewesen (*„unable to achieve anything"*).

347 *Cum filii Godofridi, qui contra eos magnis copiis et ducentarum navium classe conparata in insula quadam tribus milibus a continenti separata residebant, cum eis congredi non auderent,* Ann. reg. Franc., 815, S. 142.

348 Zu einem ähnlichen Ergebnis kommt auch Andersen, Machtpolitik, S. 82, wobei er jedoch unterstellt, dass zumindest vom Kaiser die Konfrontation beabsichtigt gewesen sei, was zweifellos auch denkbar wäre: *„Die beabsichtigte militärische Konfrontation blieb allerdings aus. Keines der beiden Heere wollte eine Schlacht liefern. Wir vermuten, daß die dänische Grenzabwehr diese besondere Situation hervorgerufen hat"*. Die These, dass die dänische Grenzabwehr für den beschriebenen Ausgang des Feldzuges von 815 verantwortlich sei, kann an dieser Stelle nicht geteilt werden, da unbekannt ist, wie weit das kaiserliche Aufgebot nach Norden vorgedrungen ist. Da der Handelsplatz Hedeby allerdings im Kontext des fränkischen Vorstoßes nicht erwähnt wird, obgleich er als Ziel einer Vergeltungsaktion geradezu prädestiniert gewesen wäre, gäbe dies zumindest Anlass zu der Vermutung, dass das fränkische Aufgebot schon an den Südgrenzen Dänemarks zum Stehen kam. Dem Bericht der Reichsannalen widerspräche dies allerdings. *ad auxilium Harioldo ferendum trans Egidoram fluvium in terram Nordmannorum vocabulo Sinlendi perveniunt,* Ann. reg. Franc., 815, S. 142. Damit machen entweder die Reichsannalen falsche Angaben, um die Schmach zu verdecken, dass das kaiserliche Heer nicht einmal erfolgreich in Dänemark eindringen konnte, oder aber man hat auf fränkischer Seite nach erfolgreicher Überwindung des Danewerks darauf verzichtet, Hedeby zu überfallen, was aus Gründen der übergeordneten Handelsinteressen des Gesamtreiches auch durchaus rational gewesen wäre. Sinlendi ist jedenfalls mit dem Umland Hedebys in Verbindung zu bringen, was verdeutlicht, dass sich im Falle der Richtigkeit der Angaben in den Reichsannalen das fränkische Heer in unmittelbarer Nähe zum besagten Handelsplatz befunden hat.

349 Zur Bedeutung von Plünderungen für das Karolingerreich und die fränkische Kriegsführung siehe: *„Tribute was, so to speak, the gilt-edged income to the Franks from warfare; plunder was less calculable, but in the heyday of the Carolingian empire no less important"*, *„It is in the nature of a warrior following that its members need*

schließlich Genüge getan werden, während Haralds Interessen hingegen nicht gedient wurde, da die Göttriksöhne entweder die leere Drohgebärde des Kaisers[350] als solche erkannten oder ihre defensive Haltung für sie ein glückliches Ende des feindlichen Truppeneinfalls herbeiführte. Als Ergebnis bleibt bestehen, dass die fränkische Militärunternehmung von 815 erfolglos blieb und Harald in den nächsten Jahren vorerst wieder weitestgehend auf sich allein gestellt war, was die Rückeroberung seiner Herrschaft anbelangte.[351]

Trotz des Scheiterns seines Thronanspruchs in den Jahren 814 und 815 führte Harald seinen Kampf gegen die Göttriksöhne offensichtlich fort. Denn im Jahre 817 ersuchten die Göttriksöhne beim Kaiser um einen Frieden, da sie sich fortgesetzten Angriffen von Seiten Haralds[352] ausgesetzt sahen. Der Kaiser wies dieses Ansinnen entschieden zurück und erneuerte stattdessen seine Beistandserklärung für Harald Klak.[353] Daraus lässt sich schließen, dass Harald auch nach 815 mit kaiserlicher Genehmigung im nördlichen Grenzland Sachsens blieb und mit kleineren örtlichen Truppen, vermutlich im Verbund mit einzelnen sächsischen und abodritischen Großen, Überfälle auf dänisches Gebiet unternahm.[354] Der Beistand, den Kaiser Ludwig dem Exildänen Harald im Jahre 817 erneut

---

constant rewards. Germanic Treue may be enough for modern constitutional historians, but was certainly not enough to enable a Carolingian ruler or magnate to keep a following together", Reuter, Plunder and Tribute, S. 75-94, hier: S. 76 / 84.

350 Das außenpolitische Vorgehen Ludwigs des Frommen zu Beginn seiner Herrschaft über das Gesamtreich ist nicht leicht einzuschätzen. Es drängt sich in Anbetracht des forschen und letztlich unangemessen harten Vorgehens gegen seinen Neffen Bernhard, König von Italien, allerdings die Vermutung auf, dass Ludwig in den ersten Jahren seiner Kaiserherrschaft tatsächlich einen eher forschen Kurs in der Außenpolitik verfolgte und er daher wohl auch die direkte militärische Konfrontation mit den Göttriksöhnen gesucht hatte. Zur Bedeutung der Absetzung Bernhards für die kaiserliche Autorität siehe zusammenfassend: Krah, Adelheid, Absetzungsverfahren als Spiegelbild von Königsmacht, Aalen 1987, S. 45-50.

351 „Der von den Reichsannalen ausführlich beschriebene Feldzug verlief allerdings ohne greifbaren Erfolg, und so blieb Harald […] nichts anderes übrig, als sein sächsisches Exil fortzusetzen", Ernst, Karolingische Nordostpolitik, S. 84. Die Schilderung des Feldzugs fällt in der Ludwigsvita des sog. Astronomus wie folgt aus: Iusserat porro imperator, ut Herioldo suppeditarentur Saxonici comites et Abodriti olim domno Karolo subiecti, quatenus regno restitueretur proprio, misso in hoc ipsum Baldrico legato. Qui cum Egidoram fluvium transissent, devenerunt in terram Nortmannorum in loco, cuius vocabulum est Sinlendi. Sed filiis Godefridi licet magnis habundantibus copiis et navibus ducentis, nolentibus comminus venire et pugnę se credere, ab invicem discessum est, direptis incensisque omnibus quę occurrere potuerunt, insuper et obsidibus XL ab eodem populo susceptis, Astronomus, 25, S. 358 / 360.

352 Filii quoque Godofridi regis Danorum propter assiduam Herioldi infestationem missa ad imperatorem legatione pacem petunt eamque a se servandam pollicentur, Ann. reg. Franc., 817, S. 145.

353 Sed cum haec simulata magis quam veracia viderentur, velut inania neglecta sunt, et auxilium contra eos Herioldo datum, Ann. reg. Franc., 817, S. 145. Die brüske Behandlung der dänischen Gesandtschaft erscheint in ihrer Deutlichkeit ungewöhnlich, weshalb sich nur sehr wenige vergleichbare Vorgänge für die Regierungszeiten Karls des Großen und Ludwigs des Frommen finden. Vgl.: Scior, Volker, Bemerkungen zum frühmittelalterlichen Boten- und Gesandtschaftswesen, in: Pohl / Wieser, Der frühmittelalterliche Staat, S. 315-329, hier: S. 328.

354 „Da Harald aber nach dem für ihn erfolglos verlaufenen Feldzug in Sachsen geblieben war und eine unmittelbare Konfrontation mit seinen Feinden entweder nicht stattfand oder zu keiner Entscheidung führte, liegt der Schluß nahe, daß er vom Reichsgebiet aus angriff und sich dorthin auch wieder zurückziehen konnte. Haralds Vorgehen blieb nicht ohne Eindruck auf die Göttriksöhne, wie ihr Friedensgesuch zeigt", Klapheck, Der heilige Ansgar, S.

zusicherte, blieb indes nicht folgenlos. Noch im gleichen Jahr erhob sich der Abodritenfürst Sclaomir gegen die Franken und verbündete sich im Zuge dessen mit den Göttriksöhnen. Diese fielen dann auch mit einer Streitkraft in sächsisches Gebiet ein, belagerten erfolglos die Festung Esesfelth und verwüsteten die Uferregionen der Stör.[355] Die beschriebene Konstellationsveränderung zwischen den Franken, Dänen und Abodriten von 817 wird im Zuge der Gesamtbetrachtung dieser Dreieckskonstellation im späteren Verlauf noch eingehender beleuchtet werden.[356]

Bis 819 rückten die Ereignisse in Dänemark offenbar vorerst in den Hintergrund, da erst in diesem Jahr in den Reichsannalen wieder die Rede von Neuigkeiten in Bezug auf die Nachbarn im Norden ist. Umso überraschender erscheint die Mitteilung, dass Harald Klak von den Göttriksöhnen als Teilherrscher in Dänemark zugelassen wurde.[357] Für das

138.

355 *Nuntiataque defectione Abodritorum et Sclaomiri comitibus tantum, qui iuxta Albim in praesidio residere solebant, ut terminos sibi commissos tuerentur, per legatum mandavit. Causa defectionis erat, quod regiam potestatem, quam Sclaomir eatenus post mortem Thrasconis solus super Abodritos tenebat, cum Ceadrago filio Thrasconis partiri iubebatur; quae res illum tam graviter exacerbavit, ut adfirmaret se numquam posthac Albim fluvium transiturum neque ad palatium venturum. Statim missa trans mare legatione iunxit amicitias cum filiis Godofridi et, ut exercitus in Saxoniam Transalbianam mitteretur, impetravit. Nam et classis eorum per Albiam usque ad Esesfeld castellum venit, quae totam Sturiae fluminis ripam devastavit, et Gluomi custos Nordmannici limitis pedestres copias ducens simul cum Abodritis terreno itinere ad ipsum castellum accessit. Quibus cum nostri fortiter restitissent, omissa castelli obpugnatione discesserunt,* Ann. reg. Franc., 817, S. 147. Andersen, Machtpolitik, S. 83 weist in diesem Kontext auf Folgendes hin: *„Freilich konnte Esesfeld bei dieser Gelegenheit gehalten werden, aber wir wissen aus archäologischen Befunden, daß Esesfeld aufgelassen wurde, und allem Anschein nach gaben die Franken es de facto bald nachher auf, Nordalbingien zu halten. Burgen an der Elbe übernahmen die Rolle von Esesfeld: Hammaburg gegen die Dänen, Delbende gegen die Abodriten".* Auch Jankuhn, Karl der Große und der Norden, S. 702 geht davon aus, dass der Bau der Festung Delbende eine Reaktion auf das dänisch-abodritische Vorgehen gegen die Franken im Jahre 817 darstellte.

356 Siehe S. 192-199.

357 Es ist davon auszugehen, dass das Teilreich Harald Klaks vornehmlich im Süden Jütlands gelegen haben dürfte, da damit den Interessen aller beteiligten Parteien am ehesten gedient gewesen wäre. Die verbliebenen Göttriksöhne konnten auf diese Weise beim Wohlverhalten Harald Klaks einen Puffer zwischen dem Frankenreich und den von ihnen kontrollierten Gebieten schaffen. Sollte Harald Klak allerdings weiterhin gegen die verbliebenen dänischen Teilkönige vorgehen, so hätte man auf Seiten der Göttriksöhne weiterhin nur an einer Front zu kämpfen gehabt, wodurch ihre Situation zumindest nicht verschlechtert worden wäre. Harald hatte bewiesen, dass er auch von Sachsen aus zu einer Gefahr für seine Rivalen werden konnte. Indem man ihm eine Herrschaftsbeteiligung zusprach, durfte man zumindest hoffen, damit seine Ambitionen nachhaltig zu befriedigen. Hätte Harald eine andere Region als Teilreich erhalten, dann hätten sich die Göttriksöhne einer Situation gegenüber gesehen, in der sie von zwei potentiellen Feinden, nämlich von Harald Klak und den Sachsen, umgeben gewesen wären. Harald Klak selbst dürfte zudem auch bevorzugtes Interesse am südlichen Jütland gehabt haben, da er auf diese Weise das Frankenreich im Rücken gehabt hätte, was ihm im Falle einer Bedrohungslage von Seiten der Göttriksöhnen gewiss dienlich sein konnte. Das Frankenreich wiederum musste auch sehr an einer dergestaltigen Lösung interessiert sein, da Harald auf diese Weise zweifellos einen Puffer darstellte. Ein direkter Landzugriff von Seiten der Göttriksöhne wäre ausgeschlossen und zudem konnte Harald u.U. dabei helfen, im Bedarfsfall gegen die slawischen Nachbarn vorzugehen. Die Ansicht, dass sich das Teilreich Haralds wahrscheinlich im Süden Jütlands befand, findet sich bei Göbell, Christianisierung des Nordens, S. 72 und Hauck, Karl, Der Missionsauftrag Christi und das Kaisertum Ludwigs des Frommen, in: Godman, Peter (Hg.), Charlemagne's Heir: New Perspectives on the Reign of Louis the Pious (814-840), Oxford 1990, S. 289. Die von Hauck an gleicher Stelle aufgeworfene Frage, ob Harald Klak *„trotz oder gerade wegen seiner Anlehnung an die fränkische Großmacht"* von den Göttriksöhnen

Zustandekommen dieser Bereitschaft von Seiten der Göttriksöhne findet sich in den Quellen bedauerlicherweise kein konkreterer Grund.[358] Es wird lediglich darauf verwiesen, dass zwei der Göttriksöhne zu einer Herrschaftsbeteiligung Haralds bereit waren, sich daher mit ihm verbündeten und im Zuge dessen zwei weitere Göttriksöhne aus Dänemark vertrieben wurden.[359] Ergänzt wird dies noch ausdrücklich durch die Vermutung, dass der gesamte Vorgang durch Hinterlist geprägt gewesen sei.[360] Der Vorwurf der Hinterlist lässt sich an diesem Beispiel nicht genauer zuordnen. Natürlich darf davon ausgegangen werden, dass hier der Verrat unter den Göttriksöhnen aus moralischer Sicht angeprangert wurde, wohingegen der Bezug zu Harald schwieriger einzuschätzen ist, da die Reichsannalen gegenüber Harald allgemein eine sehr neutrale Haltung einnehmen. Es lässt sich dennoch festhalten, dass der Herrschaftsbeteiligung Haralds, aus fränkischer Sicht, der Makel der Heimtücke anhaftete, was eine direkte Beteiligung des Kaisers an diesem Vorgang als unwahrscheinlich anmuten lässt.[361] Hätte Ludwig der Fromme in dieser Phase als Vermittler fungiert, so wäre dies gewiss nicht von den Reichsannalen verschwiegen worden, sondern vielmehr als friedenssichernde und den kaiserlichen Protegé Harald Klak fördernde Maßnahme angepriesen worden.

Offenbar haben jene Maßnahmen, die Harald nach 815 ergriffen hatte, genug Druck auf die Göttriksöhne ausgeübt, um zum einen deren Zerwürfnis zu begünstigen und zum andern die

---

an der Herrschaft beteiligt wurde, erübrigt sich durch die bereits erörterten Umstände, die eine Herrschaftsbeteiligung Haralds zu einer für alle Seiten gewinnbringenden Maßnahme machten. Denn nur dadurch, dass das Frankenreich in den innerdänischen Thronstreit indirekt verwickelt war, ergab sich diese Konstellation, welche Harald 819 wieder zu einer Teilherrschaft verhalf.

358 Es gilt in diesem Kontext noch zu berücksichtigen, dass die Abodriten Haralds Rückkehr nach Dänemark militärisch zumindest auf dem außerdänischen Landweg sicherten. *Harioldus quoque iussi imperatoris ad naves suas per Abodritos reductus in patriam quasi regnum ibi accepturus navigavit*, Ann. reg. Franc., 819, S. 152. Einmal mehr zeigt sich hier jene fränkisch-dänisch-abodritische Dreieckkonstellation, die im weiteren Verlauf dieser Dissertation noch thematisiert werden wird. Siehe S. 192-199.

359 *Harioldus quoque iussi imperatoris ad naves suas per Abodritos reductus in patriam quasi regnum ibi accepturus navigavit. Cui se duo ex filiis Godofridi quasi una cum eo regnum habituri sociasse dicuntur, aliis duobus patria expulsis*, Ann. reg. Franc., 819, S. 152.

360 *Sed hoc dolo factum putatur*, Ann. reg. Franc., 819, S. 152. Der dänische Thronstreit wurde mit fortlaufender Dauer offenbar immer stärker von rein strategischem Machtkalkül geprägt. In diesem Zusammenhang sollte an dieser Stelle bereits angemerkt werden, dass man u.U. nicht nur Harald Klak als Profiteur der innerdänischen Entwicklungen von 819 sehen darf. Sofern der Bericht der Reichsannalen zutreffend ist, reduzierte sich die Zahl der herrschenden Göttriksöhne zwar von vier auf zwei, jedoch war auch nach der Herrschaftsbeteiligung Haralds die Gesamtzahl der dänischen Könige verringert worden. Bei einer Dreiteilung des dänischen Reiches konnten daher die beiden in der Herrschaft verbliebenen Göttriksöhne vermutlich den eigenen Herrschaftsanteil trotz der Herrschaftsbeteiligung Haralds auf Kosten ihrer vertriebenen Brüder vergrößern. Neben einer Erweiterung des eigenen Herrschaftsbereichs dürften allerdings vor allem die bereits aufgezeigten Vorzüge einer Herrschaftsbeteiligung Harald Klaks im Vordergrund gestanden haben. An dieser Stelle sollte lediglich zu denken gegeben werden, dass die beiden 819 in der Herrschaft verbliebenen Göttriksöhne nicht zwingend als Verlierer der Entwicklungen jenes Jahres gesehen werden müssen.

361 Ernst, Karolingische Nordostpolitik, S. 93f hat mit Recht darauf verwiesen, dass *„die von Ludwig mitverantwortete Ablösung des kurzfristig mit ihnen* [den Göttriksöhnen] *verbundenen Sclaomir nicht ohne jeden Eindruck auf sie geblieben"* sein dürfte. Im Kontext dieser Ereignisse stellt Ernst zutreffend fest: *„Ohne sonderlich große Mühe hatte das Reich die Lage im Nordosten wieder zum eigenen Vorteil »entspannt"*.

Herrschaftsbeteiligung Haralds als das kleinere Übel erscheinen zu lassen, wenn die einzige Alternative nur die Aussicht auf weitere anhaltende Konflikte mit Harald Klak zu sein schien. Wenn man davon ausgeht, dass sich die betreffenden Ereignisse von 819 so abspielten, wie es die Reichsannalen nahe legen, war der Thronstreit in Dänemark spätestens von diesem Zeitpunkt an kein Streit mehr zwischen zwei konkurrierenden Herrschaftslinien, sondern nur noch ein Machtkampf unter den verbliebenen Teilherrschern, welche auf der Suche nach möglichst günstigen Bündnissen zum Zwecke der letztendlichen Erlangung der Königswürde waren.[362]

Im Jahre 820 kam es zu einem Ereignis, das zwar mit Skandinavien in Verbindung zu bringen ist, aber wohl nicht mit den dänischen Thronkämpfen. Ein Wikingerverband hatte nämlich in jenem Jahr die Küsten des Frankenreiches angesteuert. Besonders bemerkenswert erscheint hierbei, dass diese Wikinger weitaus weniger erfolgreich waren als jene, die ab den 830er Jahren das Frankenreich angriffen. Der Wikingerverband des Jahres 820 versuchte zunächst vergeblich einen Angriff auf die Küste Flanderns. Danach wandten sich die Nordmänner der Seinemündung als potentiellem Plünderungsgebiet zu und scheiterten auch dort. Gänzlich erfolglos blieben sie jedoch nicht, da sie schließlich immerhin eine Siedlung in Aquitanien plündern konnten.[363] In der Folgezeit blieben dem Frankenreich allerdings bis in die krisenhaften 830er Jahre hinein weitere Wikingerüberfälle erspart.[364]

---

362 In diesem Kontext sind m. E. alle verbliebenen männlichen Vertreter der Königssippe gleichermaßen als Thronanwärter zu betrachten. Die jeweiligen Thronansprüche leiteten sich allesamt von der gemeinsamen Sippenzugehörigkeit ab, was dazu führte, dass jeder Prätendent im Wettbewerb mit seinen Konkurrenten im Zweifelsfall auf sich selbst gestellt war. Die Thronfolge musste zwischen den Bewerbern auf kriegerische oder diplomatische Art und Weise geregelt werden. Es ist anhand des Quellenbilds nicht zu unterstellen, dass ein bestimmter Bewerber einen Vorrang vor den übrigen hatte. Die Thronfolge war eine Machtfrage. *„Die langwierigen Thronkämpfe des 9. Jahrhunderts zwischen mehreren Zweigen des Königsgeschlechts lassen sich vor allem dadurch erklären, daß bei fast gleichwertigen Rechtsansprüchen nun das Gewicht der Macht und die Fähigkeit zur Bildung überlegener Adelsparteien den Ausschlag geben mußte"*, Hoffmann, Königserhebung, S. 188. Siehe dagegen Schmidt, Johann, Frömmigkeit und Theologie in Schleswig-Holstein von den Anfängen der Christianisierung bis zum Vorabend der Reformation, in: Schleswig-Holsteinische Kirchengeschichte (Bd. 2): Anfänge und Ausbau II, Neumünster 1978, S. 196, der Harald Klak als den *„eigentlichen Thronprätendenten"* bezeichnet, während die Göttriksöhne lediglich *„im Jahre 812 die Führung im dänischen Reich an sich gerissen"* hätten. Eine Begründung für diese Ansicht findet sich freilich nicht, was nicht verwundern kann. Immerhin waren nach dem Tode Göttriks die Nachfolger Hemming, sowie die Halfdansöhne und danach ebenso die Göttriksöhne stets nur an die Macht gekommen, weil sie sich gegen die Rivalen innerhalb der eigenen Sippe behaupten konnten. Ein dynastischer Vorrang oder gar klare Konzeptionen einer Nachfolgeordnung lassen sich darin keinesfalls erkennen.

363 *De Nordmannia vero tredecim piraticae naves egressae primo in Flandrensi litore praedari molientes ab his, qui in praesidio erant, repulsae sunt; ubi tamen ab eis propter custodum incuriam aliquot casae viles incensae et parvus pecoris numerus abactus est. In ostio Sequanae similia temptantes resistentibus sibi litoris custodibus, quinque suorum interfectis inritae recesserunt. Tandem in Aquitanico litore prosperis usae successibus vico quodam, qui vocatur Buyn, ad integrum depopulato cum ingenti praeda ad propria reversae sunt*, Ann. reg. Franc., 820, S. 153f.

364 Walther, Vikings in the Rhinelands, S. 171.

Für das Jahr 821 berichten die Reichsannalen von der anhaltenden Herrschaftsteilung in Dänemark, von der man annahm, sie sei zumindest für diesen Zeitpunkt einigermaßen stabil. Der Bericht besagt zwar, dass die Göttriksöhne Harald tatsächlich an der Herrschaft teilhaben ließen, allerdings scheint die Art der Formulierung darüber hinaus einen zu jenem Zeitpunkt bereits gehegten Verdacht von grundsätzlicher Instabilität zu implizieren.[365] Wenngleich die Reichsannalen konstatieren, dass dem Frankenreich von Seiten der Dänen für den Moment keine weiteren Probleme entstanden, so berichten sie trotzdem noch im selben Jahr von einem Bündnis zwischen dem Abodriten Ceadragus und den Göttriksöhnen.[366] Um dieses Bündnis zu bekämpfen, sollte der exilierte Sclaomir wieder in das Gebiet der Abodriten entsandt werden und dort seinen einstigen Konkurrenten bedrängen. Der offenkundige Hintergedanke dabei ist natürlich darin zu sehen, dass die Bedrohung, welche von diesem neuen Bündnis für das Frankenreich ausgehen konnte, bereits im Keim durch das Anfachen innerabodritischer Machtkämpfe erstickt werden sollte.

Wäre Sclaomir nicht auf dem Rückweg in seine Heimat bereits in Sachsen an einer Krankheit gestorben, so hätte die von fränkischer Seite gewünschte Pattsituation, bei der sowohl die antikaiserlichen Kräfte in Dänemark als auch im Abodritenland durch ein jeweils inländisches politisches Gegengewicht neutralisiert worden wären, durchaus eintreten können.[367] Hierbei ist noch zu berücksichtigen, dass von der Taufe Sclaomirs berichtet wird. Die Taufe wird durch die Reichsannalen zwar in den unmittelbaren Zusammenhang mit Sclaomirs Tod gestellt, jedoch darf sie deswegen nicht gänzlich als späte Hinwendung eines auf dem Sterbebett liegenden Heiden zum Christentum abgetan werden. Es ist denkbar, dass Ludwig der Fromme bereits zuvor einen Glaubensübertritt Sclaomirs erwartet oder gar gefordert hatte. Die Unterstützung für Sclaomir in der Situation des Jahres 821 war aus kaiserlicher Sicht zwar zweifellos von Eigennutz getrieben, allerdings sollte man die Parallelen zu Harald Klak nicht übersehen. Wenngleich sich Harald auch erst 826, nach Jahren der kaiserlichen Unterstützung, zum Glaubenswechsel durchringen konnte, so wird ihm dieser Schritt doch gewiss schon bei seinem ersten Erscheinen vor dem Kaiser im Jahre 814 nahe gelegt worden sein. Die Hinwendung Sclaomirs zum Christentum dürfte 821 zwar keine Voraussetzung für die kaiserliche Unterstützung gewesen sein, allerdings lässt die

---

365 *De parte Danorum omnia quieta eo anno fuerunt, et Harioldus a filiis Godofridi in societatem regni receptus; quae res tranquillum inter eos huius temporis statum fecisse putatur*, Ann. reg. Franc., 821, S. 156f. Hier wird zunächst behauptet, dass von Seiten der Dänen in jenem Jahr alles ruhig verlief. Dann findet sich die Beschreibung des verbesserten Verhältnisses zwischen Harald und den Göttriksöhnen, bei der jedoch nochmals, ebenso wie bei der vorausgegangenen Prämisse bezüglich des friedlichen Jahres, ein Verweis auf die Flüchtigkeit eben jenes Zustandes zu erkennen ist, der sich aus der Wortwahl ergibt. Dies ist für den zeitgenössischen Betrachter aufgrund der Vorgeschichte in Dänemark einerseits und andererseits eventuell auch bereits aufgrund aktuellerer Friedensverfallserscheinungen anzunehmen. Ein Blick auf die Jahre nach 821 belegt zudem, dass ein solcher Verdacht, sofern man ihn als solchen erkennt, gerechtfertigt war.

366 *Sed quia Ceadragus Abodritorum princeps perfidiae et cuiusdam cum filiis Godofridi factae societatis notabatur*, Ann. reg. Franc., 821, S. 157.

367 *Sclaomir emulus eius in patriam remittitur; qui, cum in Saxoniam venisset, aegritudine decubuit perceptoque baptismi sacramento defunctus est*, Ann. reg. Franc., 821, S. 157.

späte Taufe des Abodriten erkennen, dass wahrscheinlich einerseits der Glaubenswechsel vorher bereits thematisiert worden war und andererseits offensichtlich eine gewisse diesbezügliche Bereitschaft auf Seiten Sclaomirs gegeben war. Das Scheitern von Ludwigs Plan, eine Pattsituation bei seinen Feinden im Nordosten des Reiches herbeizuführen, dürfte als Ursache für den transalbingischen Festungsbau[368] von 822 gesehen werden. Ceadragus selbst wurde im Folgejahr auf einer Reichsversammlung[369] in Frankfurt der Untreue gegenüber dem Kaiser bezichtigt, woraufhin er noch im selben Jahr vor Ludwig dem Frommen erschien und sich zu dessen Zufriedenheit rechtfertigte.[370]

In Dänemark kehrte jedoch auch in den Folgejahren keine Ruhe ein. Das Erscheinen zweier dänischer Gesandtschaften, eine von den Göttriksöhnen und eine von Harald Klak, auf dem Reichstag[371] in Frankfurt von 822 darf in diesem Kontext keinesfalls als ein Zeichen der politischen Stabilisierung in Dänemark im Sinne einer Verlagerung der Auseinandersetzungen auf die diplomatische Ebene gewertet werden, sondern muss nach eingehender Beschäftigung als Krisenzeichen beurteilt werden. Die Tatsache, dass sich die Göttriksöhne durch eine gemeinsame Gesandtschaft vertreten lassen konnten, während Harald eigene Gesandte nach Frankfurt schickte, deutet einmal mehr auf die innere Zerrissenheit des dänischen Königreiches hin. Zwar muss die vereinte Gesandtschaft der Göttriksöhne nicht bedeuten, dass es zwischen ihnen keine Auseinandersetzungen gab, jedoch belegt sie die Bereitschaft zum gemeinsamen Vorgehen gegen den offenbar als Fremdkörper empfundenen Außenseiter Harald. Die Ursachen für diese Konstellation, in der

---

368 *Saxones interea iussu imperatoris castellum quoddam trans Albiam in loco, cui Delbende nomen, aedificant, depulsis ex eo Sclavis, qui illum prius occupaverant, praesidiumque Saxonum in eo positum contra incursiones illorum*, Ann. reg. Franc., 822, S. 158.

369 Zu den spezifischen Eigenarten der fränkischen Reichsversammlungen zur Zeit Ludwigs des Frommen siehe: Eichler, Daniel, Fränkische Reichsversammlungen unter Ludwig dem Frommen, Hannover 2007. Siehe zur Begriffsdefinition: *„Als Reichsversammlung sollen alle herrscherberufenen und herrschergeleiteten Zusammenkünfte gelten, die der Erledigung politischer Angelegenheiten dienten oder zumindest dienen konnten und die in den zeitgenössischen Quellen mit den Substantiven conventus, placitum, colloquium, consilium oder synodus oder entsprechenden Wendungen bezeichnet werden"*, ebd., S. 51.

370 *Accusatus est in eodem placito apud imperatorem Ceadragus Abodritorum princeps, quod se erga partem Francorum parum fideliter ageret et ad imperatoris praesentiam iam diu venire dissimulasset, Propter quod ad eum legati directi sunt, cum quibus ille iterum quosdam ex primoribus gentis suae ad imperatorem misit; perque illorum verba promisit, se ad proximum hiemis tempus ad illius praesentiam esse venturum. [...] Ceadragus Abodritorum princeps pollicitationibus suis adhibens fidem cum quibusdam primoribus populi sui Compendium venit dilatique per tot annos adventus sui rationem coram imperatore non inprobabiliter reddidit. Qui licet in quibusdam causis culpabilis appareret, tamen propter merita parentum suorum non solum inpunitis, verum muneribus donatus ad regnum redire permissus est*, Ann. reg. Franc., 823, S. 160 / 162. Dies ist eines der Beispiele, die verdeutlichen, wie hoch der fränkische Einfluss bei den Abodriten einzuschätzen ist. Der Dänenkönig Horik wiederum fand sich während seiner Herrschaft nie dazu bereit, vor dem Kaiser zu erscheinen. Vgl. Anm. 383. Auch Göttrik hatte stets ein persönliches Aufeinandertreffen mit dem Kaiser verweigert. Vgl. Anm. 144. Bis zu einem gewissen Grad machte eine solche Verweigerung von Anerkennung für den Herrscher der Franken allerdings Sinn, sofern man sich auf dänischer Seite vom Einfluss bzw. der Vorherrschaft des Kaisers fernhalten wollte.

371 *Fuerunt in eodem conventu et legationes de Nordmannia, tam de parte Harioldi quam filiorum Godofridi*, Ann. reg. Franc., 822, S. 159.

Harald einmal mehr alleine gegen die Göttriksöhne stand, lassen sich leider nur erahnen, da sich die Quellen diesbezüglich ausschweigen. Die Entwicklungen seit Göttriks Tod lassen jedoch vermuten, dass sich der Thronstreit in Dänemark stetig fortsetzte und der Konflikt allenfalls episodenhaft zu einem kurzen Erliegen oder vielmehr zu einer Art Verschnaufpause kam. Auch wenn für den Reichstag von 822 nicht von Beschwerden der beiden dänischen Gesandtschaften die Rede ist, so darf man auch dies nicht, wie oben bereits erläutert, als Anzeichen für eine Entspannung zwischen den dänischen Konfliktparteien werten, sondern sollte sich der Möglichkeit von vorgetragenen gegenseitigen Anklagen gewahr sein, die lediglich keinen Einzug in die Quellen gehalten haben. Denn bereits auf einem Reichstag im darauf folgenden Jahr erschien Harald Klak persönlich vor dem Kaiser und bat ihn um Beistand gegen seine Rivalen.[372] Haralds persönliches Erscheinen dürfte ein ausreichender Beleg für die Ernsthaftigkeit der Bedrohungslage sein, in welcher er sich befand. Darüber hinaus legt dies die bereits geäußerte Vermutung nahe, dass die Situation in Dänemark bereits im Vorjahr unruhig gewesen war und dies der Hintergrund für das Erscheinen der beiden dänischen Gesandtschaften war.

Der Kaiser reagierte jedenfalls auf das neuerliche Beistandsersuchen Haralds mit der Entsendung der Grafen Theothar und Rodmund zu den Göttriksöhnen. Die beiden Gesandten sollten allerdings nicht nur eine Stellungnahme der Göttriksöhne einholen, sondern außerdem auch die Zustände im gesamten dänischen Königreich gründlich untersuchen.[373] Die Gesandten erfüllten ihren Auftrag und kehrten schließlich zusammen mit dem Erzbischof Ebo von Reims, der seine kaiserlich und päpstlich autorisierte Mission[374]

---

372 *Venerat et Harioldus de Nordmannia, auxilium petens contra filios Godofridi, qui eum patria pellere minabantur*, Ann. reg. Franc., 823, S. 162.

373 *Venerat et Harioldus de Nordmannia, auxilium petens contra filios Godofridi, qui eum patria pellere minabantur; ob cuius causam diligentius explorandam ad eosdem filios Godofridi Theotharius et Hruodmundus comites missi fuerunt, qui et causam filiorum Godofridi et statum totius regni Nordmannorum diligenter explorantes adventum Harioldi praecesserunt et imperatori omnia, quae in illis partibus comperire potuerunt, patefecerunt*, Ann. reg. Franc., 823, S. 162f. Die mögliche Ausdeutung, dass diese Gesandtschaft nicht nur rein diplomatischen Zwecken diente, sondern auch die Chancen eines fränkischen Kriegszugs gegen die Dänen vor Ort ausloten sollte, wird bei der Auseinandersetzung mit Kaiser Ludwigs außenpolitischen Optionen noch thematisiert werden. Zettel, Normannen, S. 73 formuliert es sehr neutral: *„Diese Mission zeigt, daß man durchaus bemüht war, in die politischen Verhältnisse bei den Normannen, mit denen man nun einmal zu tun hatte, Einblick zu nehmen"*.

374 Zum päpstlichen Missionsauftrag siehe: Epistolae Paschalis I. Papae, Nr. 11, in: MGH Epp. 5, S. 68ff. Vgl. dazu auch den Ansgarbrief, welcher die Beauftragung Ebos durch den Papst erwähnt: MGH Epp. 6, Nr. 16, S. 163. Der Papst stellte Ebo für seinen Missionsauftrag noch den Begleiter Halitgar an die Seite, der als Verbindungsmann zum Apostolischen Stuhl fungierte. *In diebus illis scribitur, quod Ebo Remensis, cum de salute gentium religionis studio ferveret, legationem ad gentes cum Halitgario suscepit a Pascali papa, quam postea noster Anscarius divina opitulante gratia feliciter peregit*, Gesta Hammaburgensis, I, S. 20f, Z. 17-19 / 1-2. *„Nach Beauftragung durch den Kaiser unternimmt Ebo eine Romreise, um sich vom Papst zur Mission beauftragen zu lassen, ganz so, wie Willibrord es eingeführt hatte. Dabei erhält er jene Papstbulle, die Grundlage der ganzen nordischen Mission werden sollte […] Der Papst überträgt dem Ebo allgemein die freie Vollmacht, mit öffentlicher Autorität das Evangelium zu predigen. […] Auch Bonifatius, nach dessen Beauftragung die Ebos formuliert ist, erhielt 722 als Missionsbischof keinen festen Sprengel"*, Seegrün, Papsttum und Skandinavien, S. 20f. Vgl. dazu auch: Fraesdorff, Der barbarische Norden, S. 57f. Auch durch die Berufung Ansgars zum Begleiter Harald Klaks im Jahre 826

bei den Dänen damit vorerst und vorzeitig beendete, wieder zurück, um ihren Bericht zu erstatten.[375] Die plötzliche Rückkehr Ebos dürfte wohl ebenfalls als deutlicher Beleg für die Krisensituation in Dänemark gewertet werden. Doch auch wenn die Zeichen auf Sturm standen, so erfahren wir erst 825 wieder Neues von den Dänen. Diesmal baten die Göttriksöhne auf einem Reichstag in Aachen ihrerseits um Frieden, dessen Abschluss vom Kaiser bewilligt und verordnet wurde. Der formale Abschluss des Friedens sollte im Land der Göttriksöhne zu einem späteren Zeitpunkt erfolgen.[376] Da uns über einen vorangegangenen Krieg zwischen den Dänen und den fränkisch kontrollierten Gebieten nichts bekannt ist, kann es sich bei diesem Frieden entweder um eine Reaktion auf lokale Grenzauseinandersetzungen zwischen Dänen und Sachsen handeln oder aber um eine von kaiserlicher Autorität gestärkte Aufforderung zum Friedensschluss zwischen den innerdänischen Konfliktparteien. Für die letztere Deutungsweise spräche wohl die Wahl des Ortes, an dem der Frieden geschlossen werden sollte. Denn es ist davon auszugehen, dass Haralds Einflussbereich aufgrund seiner früheren Aufenthalte in Sachsen und seines Rückhalts, den er beim Kaiser genoss, schon aus strategischen Gründen höchstwahrscheinlich im südlichen Teil Jütlands lag.[377] Ein Friedensschluss im Gebiet der Göttriksöhne, also eindeutig im dänischen Einflussbereich und nicht etwa in einem Rand- oder Grenzgebiet, erschien zudem nur dann sinnvoll gewählt, wenn es sich um einen Friedensschluss zwischen ausschließlich dänischen Parteien handelte. Es ist ergänzend zu erwähnen, dass die Reichsannalen über den Abschluss des für den Monat Oktober verordneten Friedens nicht berichten. Das lässt abermals vermuten, dass dieser Friedensschluss zwar vom Kaiser gutgeheißen und verordnet wurde, aber davon abgesehen die Belange des Frankenreichs nicht unmittelbar berührte. Dies wäre dadurch zu erklären, dass die Friedensbestimmungen, wie angedeutet, wahrscheinlich vorrangig oder sogar ausschließlich innerdänische Belange betrafen. Eine Vermittlung zwischen den beiden dänischen Konfliktparteien durch den Kaiser erschien im Zusammenhang der Ereignisse naheliegend. Durch seine Unterstützung für Harald Klak war Ludwig der Fromme ohnehin bereits in die Auseinandersetzungen der Dänen verwickelt. Da Ludwig über große militärische Macht verfügte und ein Interesse daran haben musste, die Situation im Norden

wurde Ebos Missionsauftrag nicht beeinträchtigt, sondern vielmehr vom neuen Papst Eugen II. bestätigt. Vgl.: Seegrün, Papsttum und Skandinavien, S. 23.

375 *Cum quibus et Ebo Remorum archiepiscopus, qui consilio imperatoris et auctoritate Romani pontificis praedicandi gratia ad terminos Danorum accesserat et aestate praeterita multos ex eis ad fidem venientes baptizaverat, regressus est*, Ann. reg. Franc., 823, S. 163. Die Initiative zu einer *„Mission ohne Unterwerfung"* bei den Dänen schreibt Seegrün, Papsttum und Skandinavien, S. 19 zwei Seiten zu, nämlich *„der des Kaisers und der kirchlichen Reichseinheitspartei unter Führung des Agobard von Lyon und wohl auch Ebos von Reims".* Nach Seegrün war durch die Teilherrschaft Harald Klaks den Franken die Gelegenheit gegeben worden, um sogleich in Dänemark mit der Mission zu beginnen, was zur Entsendung Ebos führte. Es gilt zu berücksichtigen, dass Harald Klak im Gegenzug zur Unterstützung des Kaisers dazu gezwungen war, christliche Missionare in seinem Herrschaftsbereich wirken zu lassen. Der Erfolg jener Missionsreise Ebos war allerdings eng mit dem Schicksal Harald Klaks verknüpft, was sich angesichts der innerdänischen Spannungen als nachteilig erwies.

376 *Etiam et filiorum Godefridi de Nordmannia legatos audivit ac pacem, quam idem sibi dari petebant, cum eis in marca eorum mense Octobrio confirmari iussit*, Ann. reg. Franc., 825, S. 168.

377 Klapheck, Der heilige Ansgar, S. 152.

seines Reiches dauerhaft zu beruhigen, machten ihn zu einem geeigneten Vermittler. Mit Recht mochten die Göttriksöhne Zweifel an der Neutralität Ludwigs gehabt haben, allerdings konnten sie auch keinen offenen Konflikt mit dem Kaiser riskieren, weshalb sie wohl zu einem Einlenken in Bezug auf Harald Klaks Ansprüche gezwungen waren.

Der geschlossene Frieden wurde im darauf folgenden Jahr von den Göttriksöhnen gegenüber dem Kaiser nochmals bekräftigt.[378] Das wesentlich ungewöhnlichere Ereignis des Jahres 826 war allerdings die Taufe Harald Klaks. Haralds feierliche Annahme des Christentums fand daher auch in verhältnismäßig vielen Quellen ihren Niederschlag.[379] Dennoch muss bereits an dieser Stelle angemerkt werden, dass die soeben angesprochenen Ereignisse von 826 in einem engen Zusammenhang gesehen werden müssen. Kaiser Ludwig fungierte bei Haralds Taufe in Mainz als dessen Taufpate und gab seinem Taufsohn außerdem die friesische Grafschaft Rüstringen als *beneficium*.[380] Die Taufe Haralds und ihre Bedeutung werden ebenso wie die dahinter stehenden Zielsetzungen Haralds und Ludwigs noch an gegebener Stelle eingehend thematisiert werden. An dieser Stelle ist vor allem von Bedeutung, dass Harald durch seinen öffentlichen Glaubensübertritt eine noch engere politische Bindung mit dem Kaiser einging, welche er, wie die unmittelbare Folgezeit zeigen sollte, auch dringend benötigte.

Harald konnte sich nach seiner Rückkehr in dänisches Gebiet[381] nicht mehr lange in seiner Heimat halten. Die Göttriksöhne verdrängten ihn bereits im darauf folgenden Jahr endgültig aus Dänemark.[382] Der Göttriksohn Horik hatte im früheren Verlauf dieses Jahres sein

---

378 *Legati quoque filiorum Godofridi regis Danorum, pacis ac foederis causa directi*, Ann. reg. Franc., 826, S. 169.
Das hier zu beobachtende verbesserte Verhältnis zwischen Ludwig dem Frommen und den Göttriksöhnen stellt eine wesentliche Grundlage für das Verhalten Harald Klaks in den folgenden Jahren dar. Die Annäherung zwischen Haralds dänischen Konkurrenten und seinem fränkischen Förderer macht die Handlungen des Dänen in den Jahren von 826 bis 828, wie noch erläutert werden wird, nachvollziehbarer.

379 Ann. reg. Franc., 826, S. 169f; Gesta Hammaburgensis, I, 15, S. 21; Rimbert, Vita Anskarii, 7, S. 26; Thegan, 33, S. 220; Astronomus, 40, S. 432, Z. 3-10.; Ermoldus Nigellus, Carmen in honorem Hludowici christianissimi Caesaris Augusti, IV, S. 68, V. 359; Necrologium Lundense, siehe: Ekström, Per, Lunds domkyrkas äldsta liturgiska böcker: Libri antiquiores Ecclesiae et Capituli Lundensis, Lund 1985, S. 36. Im dänischen Chronicon Roskildense aus dem 12. Jahrhundert bildet die Taufe Harald Klaks sogar den Auftakt der Erzählung. Siehe: Chronicon Roskildense, I, S. 14, Z. 1-4.

380 *In qua provincia unus comitatus, qui Hriustri vocatur, eidem datus est, ut in eum se cum rebus suis, si necessitas exigeret, recipere potuisset*, Ann. reg. Franc., 826, S. 170. Vgl. zur Taufe Harald Klaks und der Taufpatenschaft des Kaisers Anm. 422, 425 und 448. Zur Funktion der Benefizialleihe in Abgrenzung zum späteren mittelalterlichen Lehnswesen vgl. Kasten, Das Lehnswesen, S. 331-353.

381 *Per Frisiam, qua venerat via, reversus est*, Ann. reg. Franc., 826, S. 170. Die ersten Etappen der Reiseroute lassen sich damit leicht erahnen. Aus der Gegend um Mainz fuhr man vermutlich mit dem Schiff bis Dorestad, um von dort an einer weiteren Handelsroute jener Zeit zu folgen. Das nächste Ziel dürfte daher die Westküste Dänemarks gewesen sein, was vornehmlich auf die Handelsplätze Ribe und Hedeby hindeutet. *„Da die Reise aber zu Schiff und über Dorestad ging, wird man vermuten dürfen, daß sie einer damals schon alten Handelsroute zur Schlei folgte und hier den Handelsplatz Schleswig berührte, wenn auch die Möglichkeit nicht ganz ausgeschlossen werden kann, daß sie zu einem anderen Hafen in Dänemark, etwa nach Ripen, führte"*, Jankuhn, Das Missionsfeld Ansgars, S. 214.

382 *Interea reges Danorum, filii videlicet Godofridi, Herioldum de consortio regni eicientes Nordmannorum finibus*

Erscheinen auf dem kaiserlichen Reichstag zu Nimwegen zwar offenbar versprochen, aber letztlich nicht eingehalten.[383] Horik, der später zum alleinigen König Dänemarks aufsteigen sollte, wird hier erstmals namentlich und als Einzelperson angesprochen, nachdem die fränkischen Quellen zuvor stets, etwas nebulös, von den „Göttriksöhnen" sprechen. Die Benennung Horiks kann verschiedene Ursachen haben. Entweder war er zur betreffenden Zeit der schärfste Widersacher Haralds, was das kaiserliche Verlangen nach seiner Anwesenheit bei einem Reichstag zwecks Schlichtung der Feindseligkeiten erklären würde, oder aber Horik hatte zu jener Zeit bereits seinen alleinigen Thronanspruch durchgesetzt, was die Friedensverhandlungen des Kaisers mit anderen eventuell verbliebenen Göttriksöhnen überflüssig gemacht hätte. Die letztere Erklärung erscheint jedoch unwahrscheinlicher, da die Reichsannalen noch im späteren Verlauf des gleichen Jahres wieder von den „Göttriksöhnen"[384] berichten, nämlich anlässlich der bereits erwähnten Vertreibung Harald Klaks aus Dänemark.[385]

Im Jahre 828 sollte im Norden des Frankenreichs einmal mehr die außenpolitische Lage,

---

excedere conpulerunt, Ann. reg. Franc., 827, S. 173. Die Verdrängung Haralds im Jahre 827 stellte sich schließlich als endgültig heraus, wenngleich Harald noch einige Zeit, wie sich noch zeigen wird, gegen seinen Ausschluss von der Herrschaft über Dänemark ankämpfte.

383 *Imperator autem duobus conventibus habitis, uno apud Niumagam propter falsas Hohrici filii Godefridi regis Danorum pollicitationes, quibus se illo ad imperatoris praesentiam venturum promiserat*, Ann. reg. Franc., 827, S. 173. Dahlmann, Geschichte von Dännemark, S. 40 hat gemutmaßt, dass Horik zu jenem Reichstag bestellt worden sei, um dort ebenfalls die Taufe zu empfangen. Dies muss als vage These gewertet werden, da die Göttriksöhne bis zu jenem Zeitpunkt durch ihr Handeln gegenüber Harald Klak keine Tendenzen zur friedlichen Annäherung an das Frankenreich, jedenfalls nicht unter den vom Kaiser gewünschten Bedingungen, gezeigt hatten. Aus fränkischer Sicht wäre ein solcher Ablauf natürlich wünschenswert gewesen. Durch die gemeinsame Bindung Harald Klaks und Horiks an den fränkischen Kaiser wäre der kaiserliche Friedensappell an die dänischen Thronanwärter um eine christlich-rituelle Komponente erweitert worden. Dies gilt natürlich nur für die fränkische Sicht auf den Sachverhalt. Theoretisch wäre eine Taufe Horiks mit Kaiser Ludwig als Taufpaten, vergleichbar der Taufe Harald Klaks ein Jahr zuvor, dazu geeignet gewesen, die beiden sodann gleichsam christianisierten Konkurrenten um den dänischen Königsthron leichter miteinander zu versöhnen. Da sie beide in einem vertikal angeordneten Kompaternitätsverhältnis zum Kaiser gestanden hätten und unter Umständen, sofern sich der Ablauf von 826 vergleichbar wiederholt hätte, beide gleichermaßen Untergebene Ludwigs des Frommen gewesen wären, hätte man die Zerrissenheit zwischen Harald Klak und Horik zumindest nach fränkischer Denkweise schlichten können. Aus fränkischer Sicht wäre eine Taufe Horiks daher zweifellos wünschenswert gewesen, allerdings erwähnen die Quellen keine geplante Taufe und außerdem trat Horik auch in späterer Zeit, trotz angeblicher Verbundenheit mit dem Missionar Ansgar, nicht zum christlichen Glauben über. Wenn man die Situation Horiks zu jener Zeit betrachtet, so ergibt sich, dass Horik ohne die Bindung an den Kaiser offensichtlich bessere Möglichkeiten hatte seinen Herrschaftsanspruch durchzusetzen. Im Bündnis mit seinen Brüdern gelang ihm jedenfalls noch 827 die Vertreibung des kaiserlichen Günstlings Harald Klak. Die *familiaritas* der nächsten Blutsverwandten dürfte dem Heiden Horik nicht nur aufgrund seines kulturellen und religiösen Hintergrunds näher gelegen haben, sondern zudem zeigen die Ereignisse, dass die Entscheidung Horiks offensichtlich für seine Herrschaftsinteressen die richtige war.

384 *Reges Danorum, filii videlicet Godofridi*, Ann. reg. Franc., 827, S. 173. Denkbar wäre noch die Deutung, dass Horik zwar bereits als mächtigster König in Dänemark galt, er jedoch noch einen oder mehrere Brüder als Unterkönige oder Mitregenten dulden musste. Selbst wenn dies noch für die späten 20er Jahre des 9. Jahrhunderts zutreffen sollte, so lässt sich auch für jenen Zeitraum bereits das Streben Horiks zur Alleinherrschaft erahnen, die er spätestens in den frühen 30er Jahren des 9. Jahrhunderts für sich errang.

385 Ann. reg. Franc., 827, S. 173.

welche sich durch die Vertreibung Harald Klaks aus Dänemark deutlich verschoben hatte, durch eine fränkisch-dänische Zusammenkunft geklärt werden. Die Verhandlungen fanden im dänischen Grenzgebiet statt und sollten einerseits den Frieden zwischen Dänen und Franken bekräftigen und andererseits Harald Klaks Interessen zum Gegenstand haben.[386] Bemerkenswert ist an dieser Stelle bereits, dass es keine Berichte über direkte Vergeltungsmaßnahmen oder Sanktionen gibt, die auf die Verdrängung Harald Klaks folgten. Vielmehr beschritten Franken und Dänen nun direkt den Verhandlungsweg, wobei die Entscheidung über Krieg oder Frieden nicht unmittelbar mit der Frage nach Harald Klaks Herrschaftsinteressen verbunden wurde.[387] Die Formulierung der Reichsannalen gibt zu erkennen, dass es sich bei dem Frieden, der zwischen Franken und Dänen zu bekräftigen war, um eine Angelegenheit handelte, die in der Situation des Jahres 828 für sich allein stand und losgelöst von Harald Klak verhandelt wurde. Das Verhalten Harald Klaks, welcher die Verhandlungen gewaltsam[388] störte, bestärkt den Eindruck, dass sich Ludwig der Fromme zunehmend von seinem dänischen Protegé distanziert hatte und dessen Anliegen

---

386 *Interea, cum in confinibus Nordmannorum tam de foedere inter illos et Francos confirmando quam de Herioldi rebus tractandum esset*, Ann. reg. Franc., 828, S. 175.

387 Vgl. hierzu Ernst, Karolingische Nordostpolitik, S. 95: *„Wir sehen, daß es dem Reich vor allem um die Sicherung des Friedens ging, dessen Bestätigung man auf dem Verhandlungswege nicht nur ohne Harald, sondern auch notfalls gegen seinen Herrschaftsanspruch durchzusetzen entschlossen war. Jede gütliche Einigung wog mehr als die Verpflichtung gegenüber einem den Franken ergebenen dänischen Fürsten und seinem Rechtstitel, die ja ohnehin nur mit der fatalen Aussicht fortgesetzter kriegerischer Verwicklungen an der nördlichen Grenze einzulösen war"*. Wenngleich Ernst insoweit zuzustimmen ist, argumentiert er daraufhin folgendermaßen: *„In dieser Hinsicht scheint die karolingische Nordostpolitik ein einheitliches Prinzip geleitet zu haben, das darauf gerichtet war, in Anerkennung der herrschaftlichen Realität bei den Dänen wie bei den Nordwestslaven und in Respektierung ihres jeweils eigenen innenpolitischen Entwicklungsweges zu Übereinkünften für ein friedliches Zusammenleben mit den entsprechenden einheimischen Herrschaftsträgern zu gelangen"*. Von einem einheitlichen Prinzip kann dabei m. E. keine Rede sein, da die Politik Ludwigs zunächst ohne gesteigerte Rücksicht auf die individuellen *„Entwicklungswege"* in Dänemark eine Thronbesteigung Harald Klak zu begünstigen suchte. Es lässt sich also festhalten, dass die Bereitschaft zur *„Anerkennung der herrschaftlichen Realität bei den Dänen"* das Ergebnis eines mehrjährigen Prozesses darstellte, welcher in engem Zusammenhang mit dem Schicksal und Scheitern Harald Klaks zu sehen ist.

388 *Herioldus rerum gerendarum nimis cupidus condictam et per obsides firmatam pacem incensis ac direptis aliquot Nordmannorum villulis inrupit*, Ann. reg. Franc., 828, S. 175. Der sog. Astronomus benennt die zwiespältige Lage Ludwigs des Frommen sehr deutlich. *Interea filii Godefridi Danorum quondam regis Herioldum regno expulerant. Sed cum imperator et Herioldum iuvare vellet et cum filiis Godefridi fedus pacis inisset, missis in hoc ipsum cum ipso Herioldo comitibus Saxonicis praecepit, ut agerent cum praedictis, quatinus eum in sotietatem, ut pridem habuerant, susciperent. Herioldus autem harum inpatiens morarum, insciis nostris aliquas villarum illorum igni iniecto concremavit praedamque abduxit. At illi putantes hec voluntate gesta nostrorum, inprovisis et nichil tale suspicantibus nostris superveniunt transitoque Aegidora flumine castris pellunt, in fugam conpellunt potitique omnia in castris propriis se recipiunt. Sed his gestis, cognoscentes rei veritatem et verentes debitam ultionem, mittentes tam ad eos quibus talia intulerant primum, deinde ad imperatorem, professi sunt errorem, dehinc obtulerunt congruam vindicte satisfactionem. Modum autem satisfactionis conferentes in imperatoris voluntatem, dum modo firmitas pacis inconvulsa maneret. Quibus imperator pro voto et petitione annuit*, Astronomus, 42, S. 446, Z. 13 – S. 448 Z. 12. Der Erhalt des Friedens zwischen Franken und Dänen erscheint hier als Priorität sowohl des Kaisers als auch der Göttriksöhne. Die Herrschaftsbeteiligung Harald Klaks scheint hier nur noch ein zweitrangiges Anliegen des Kaisers zu sein. In der Lage des Jahres 828 wurde damit der exilierte Protegé des Kaisers zur Bedrohung für den Frieden, was ein Abrücken Ludwigs von seinem Schützling nur allzu verständlich machte.

nicht mehr vorrangig vertrat, was den Dänen zu jenem verzweifelten und aggressiven Vorgehen bewogen haben mag. Hierin ist die Wende in der Außenpolitik Ludwigs gegenüber den Dänen endgültig erkennbar.[389] Die Göttriksöhne, die Ludwig durch das Abrücken von Harald und die Festigung des gegenseitigen Friedens de facto als die Herrscher Dänemarks akzeptierte, hatten damit ihren Thronanspruch endlich gegenüber Harald Klak, dem letzten aufbegehrenden Widersacher aus dem rivalisierenden Familienzweig der eigenen Königssippe, durchgesetzt. Harald Klak war gescheitert und ihm blieb lediglich die Hoffnung, dass er eines Tages als Trumpfkarte in einem Spiel größerer Mächte, vergleichbar mit dem Schicksal Sclaomirs, der kurz vor seinem Tode noch einmal als Instrument fränkischer Machtpolitik zu einem abodritischen Herrscher hatte werden sollen, wieder in eine aussichtsreichere Situation versetzt werden würde. Der Kaiser ließ Harald, wie sich noch genauer zeigen wird, nämlich nicht gänzlich fallen, sondern er behielt ihn gewissermaßen in der Hinterhand, um ihn zu einem späteren Zeitpunkt möglicherweise wieder in der Außenpolitik einsetzen zu können.[390]

Haralds Störfeuer vermochten die neue Richtung der fränkischen Außenpolitik gegenüber den Dänen nicht mehr zu verhindern, da sich die Göttriksöhne, die als Reaktion auf die Übergriffe Haralds bei den Friedensverhandlungen selbst zu militärischen Mitteln gegriffen hatten, gegenüber dem Kaiser rechtfertigten und Wiedergutmachung versprachen.[391] Ludwig hatte sich also letztlich mit den Göttriksöhnen arrangiert, woran auch ein Gerücht aus dem Jahre 829, das von einem geplanten dänischen Angriff auf Transalbingien[392] sprach, nichts ändern konnte, da sich die Unterstellung als Unwahrheit herausstellte. Es ist denkbar, wenn

---

389 „*In exile, however, he* [Harald Klak] *was less useful to the emperor and it is possible that Louis started to cultivate links with Horic instead*", Wood, Christians and pagans, S. 45.

390 Ernst, Karolingische Nordostpolitik, S. 86 wendet sich entschlossen gegen den Vorwurf, Ludwig der Fromme sei per se ein schwacher Herrscher in Bezug auf seine Außenpolitik gewesen. In Hinsicht auf seine Nordostpolitik sei „*Ludwigs vorsichtige und eher abwartende Haltung*" u.a. dadurch zu erklären, dass er „*mit dem ihm ergebenen Harald noch jemanden* [besaß]*, der ohnehin jederzeit für einen Einsatz gegen die Söhne Göttriks bereitstand und damit auch deren Angriffe auf Reichsgebiet vergelten konnte*". Siehe auch: „*Den Franken war Harald Klak durch seine ständige Bedrohung der Söhne Göttriks nützlich. Zwar gelang es den dänischen Königen, Harald immer wieder aus Dänemark zu vertreiben, aber man konnte seiner doch nie völlig ledig werden. Neben weiter gespannten Zielen, die die fränkische Politik auch 828 nicht aufgab, indem sich die Gesandten des Kaisers wiederum für seinen Vasallen einsetzten, wird der unmittelbare Nutzen, den man sich hinsichtlich der Grenzverteidigung und der Bindung gegnerischer Kräfte versprach, im fränkischen Kalkül eine Rolle gespielt haben. Zudem besaß man in Harald Klak ein Unterpfand bei den Verhandlungen mit den Söhnen Göttriks*", Klapheck, Der heilige Ansgar, S. 153.

391 Ann. reg. Franc., 828, S. 175.

392 *Sed priusquam inde promoveret, nuntium accepit, Nordmannos velle Transalbianam Saxoniae regionem invadere atque exercitum eorum, qui hoc facturus esset, nostris finibus adpropinquare*, Ann. reg. Franc., 829, S. 177. Die Reichsannalen berichten darauf folgend auch von einer Mobilmachung Ludwigs, der sich darauf vorbereitet habe, selbst nach Sachsen zu ziehen, und davon, dass sich das Gerücht wenig später als falsch erwies. Ganshof sieht in diesem falschen Alarm einen Beleg für die angespannte Lage im Frankenreich des Jahres 829. Darüber hinaus stellt die überflüssige Mobilmachung gegen die Dänen für ihn eines der vielen Elemente dar, die 830 zum Aufstand gegen Ludwig den Frommen führten. Siehe: Ganshof, François L., Am Vorabend der ersten Krise der Regierung Ludwigs des Frommen: Die Jahre 828 und 829, in: FMSt 6 (1972), S. 51 u. 54.

auch nicht zu beweisen, dass Harald Klak hinter diesem Gerücht steckte.[393] Dies würde jedenfalls zu Haralds Verhalten bei den Friedensverhandlungen von 828 passen. Das Gerücht von 829 beeinflusste allerdings die mittlerweile veränderte Gesamtlage nicht mehr, denn der Frieden zwischen Ludwig und den Göttriksöhnen blieb bestehen.

IV. 2 Zur Unterstützung Harald Klaks durch Ludwig den Frommen

Die Unterstützung Ludwigs des Frommen für Harald Klak stellte keineswegs ein neues Element karolingischer Außenpolitik dar. Bereits Karl der Große hatte auswärtige Thronanwärter und verdrängte Machthaber bei deren Herrschaftsbestrebungen unterstützt. Im Jahre 797 wandte sich der „Sarazene" Abdallah, der durch innere Machtkämpfe aus seiner Herrschaft in Spanien ausgeschlossen worden war, Hilfe suchend an die Franken und erhielt die Unterstützung Karls des Großen.[394] Darüber hinaus unterstützte Karl 805 den zum Christentum konvertierten Hunnenfürsten Theodor, vormals Capcan, der von slawischen Stämmen bedrängt worden war. Daher erbat Theodor vom Kaiser einen Rückzugspunkt, an dem er vor den Angriffen feindlicher Slawen sicher sein konnte. Karl kam dieser Bitte nach und stattete den konvertierten Hunnen außerdem mit einer Vielzahl an Geschenken aus.[395] Im Jahre 808 wiederum empfing Karl König Eardulf, den vertriebenen Herrscher Northumbriens, und half ihm bei der Rückkehr auf dessen Thron. Laut den Reichsannalen sicherte sich Eardulf nicht nur die Unterstützung des Kaisers, sondern auch jene des Papstes Leo III., was sich dadurch äußerte, dass sowohl kaiserliche als auch päpstliche Gesandte

---

393 *„It may well have been Harald* [Klak] *who that same year* [829] *spread a rumour that the Danish kings were planning to invade Saxony"*, Coupland, Poachers to Gamekeepers, S. 90.

394 *Abdellam Sarracenum filium Ibin-Mauge regis, qui a fratre regno pulsus in Mauritania exulabat, ipso semetipso commendante suscepit*, Ann. reg. Franc., 797, S. 100. Es handelte sich hierbei um Abdallah, den Sohn des Emirs von Cordoba Abd ar-Rahman I. (756-788). Das Amt des Emirs ging nach dem Tode des Vaters 788 auf den Sohn Hischam I. über, welcher sich gegen die Konkurrenz seiner Brüder Sulayman und des besagten Abdallah behaupten musste. Seine Herrschaft endete mit seinem Tode 796, woraufhin sein Sohn al-Hakam I. seine Nachfolge antrat und sich ebenso wie sein Vater gegen die Konkurrenz der besagten Onkel zu behaupten hatte. Laut den Reichsannalen bestand die Unterstützung Karls des Großen darin, dass er seinen Sohn Ludwig zusammen mit Abdallah nach Spanien zurückschickte, wobei offen bleibt, ob Ludwig als Vermittler oder als Feldherr nach Spanien entsandt wurde. *Inde Abdellam Sarracenum cum filio suo Hludowico in Hispanias reverti fecit*, Ann. reg. Franc., 797, S. 102. Nach der Version der Ann. q. d. Einh. fällt die Ankunft Abdallahs bei Karl dem Großen in unmittelbare zeitliche Nähe zu einem Kriegszug Ludwigs nach Spanien, wobei die Möglichkeit eines kausalen Zusammenhangs zwar besteht, aber nicht erwiesen scheint. Letztlich ist der Bericht der Reichsannalen dadurch zu erweitern, dass Abdallah zusammen mit Ludwig nach Aquitanien geschickt wurde, um von dort aus zu einem späteren Zeitpunkt nach Spanien zurückzukehren. *Hludowicum ad Aquitaniam remisit, cum quo et Abdellam Sarracenum ire iussit, qui postea, ut ipse voluit, in Hispaniam ductus et illorum fidei, quibus se credere non dubitavit, commissus est*, Ann. reg. Franc., 797, S. 103.

395 *Non multo post capcanus, princeps Hunorum, propter necessitatem populi sui imperatorem adiit, postulans sibi locum dari ad habitandum inter Sabariam et Carnuntum, quia propter infestationem Sclavorum in pristinis sedibus esse non poterat. Quem imperator benigne suscepit erat enim capcanus christianus nomine Theodorus et precibus eius annuens muneribus donatum redire permisit*, Ann. reg. Franc., 805, S. 119f.

Eardulf bei seiner Rückkehr nach Northumbrien begleiteten, wo er seinen Thron letztlich zurückgewinnen konnte.[396] Daraus wird ersichtlich, dass Ludwig der Fromme in Bezug auf den Umgang mit Hilfe suchenden auswärtigen Thronanwärtern auf entsprechende Erfahrungen aus der Herrschaftszeit Karls des Großen zurückgreifen konnte.[397]

Die Entscheidung Ludwigs, den dänischen Thronanwärter bzw. Teilkönig Harald Klak zu unterstützen, befand sich also nicht nur im Einklang mit der karolingischen Tradition, sondern war schlichtweg auch naheliegend.[398] Da sich Harald bereits persönlich an den Kaiser wandte, lag es nahe, den Exilanten aufzunehmen und ihm die gewünschte Unterstützung in Aussicht zu stellen. Der Familienzweig Haralds dürfte den karolingischen Herrschern seit der Kommendation von Harald Klaks Vater Halfdan[399] ohnehin näher gestanden haben als jener der Göttriksöhne, die sich daran machten, die Nachfolge ihres dem Frankenreich in schlechter Erinnerung gebliebenen Vaters anzutreten. Abgesehen davon, dass sich Harald bereits nach seiner ersten Vertreibung aus Dänemark 814 dem Kaiser als Verbündeter angeboten hatte, begünstigte auch die erwähnte familiäre Vorgeschichte eine gütige Aufnahme des vertriebenen Dänen durch den Kaiser. Damit ist die Ausgangslage für das Bündnis zwischen den beiden ungleichen Herrschern klar, bei denen der eine kurz zuvor von seinen erbitterten Rivalen im Thronstreit aus der eigenen Heimat verdrängt worden war und der andere gerade erst die Herrschaft über ein mächtiges Reich von seinem überlebensgroßen Vater geerbt hatte.[400] Ludwig konnte sich ohne Bedenken für eine Beistandserklärung gegenüber Harald entscheiden, da dies aus den genannten Gründen nicht nur nachvollziehbar erschien, sondern dem Kaiser daraus zudem neue Möglichkeiten entstanden, mit denen zunächst keine Risiken verbunden waren. Harald war für Ludwig zunächst nur ein Werkzeug, mit dem er gegebenenfalls im Norden seines Reiches neue außenpolitische Optionen wahrnehmen konnte.[401]

---

396 *Interea rex Nordanhumbrorum de Brittania insula, nomine Eardulf, regno et patria pulsus ad imperatorem, dum adhuc Noviomagi moraretur, venit et patefacto adventus sui negotio Romam proficiscitur; Romaque rediens per legatos Romani pontificis et domni imperatoris in regnum suum reducitur*, Ann. reg. Franc., 808, S. 126.

397 Coupland, Poachers to Gamekeepers, S. 89.

398 „*Mission und Reichsausweitung gingen bei ihnen* [den Karolingern] *zusammen. Karl der Große hat dabei auch Patenschaften übernommen, so über Widukind und mindestens einen, wahrscheinlich sogar zwei Awaren-Fürsten. Ludwig der Fromme setzte diese Politik fort*", Angenendt, Kaiserherrschaft, S. 314.

399 Poeta Saxo, 807, S. 263. Zur Kommendation Halfdans vgl. S. 114f.

400 Den Kontrast, welcher sich bei rückwirkenden Vergleichen zwischen Karl dem Großen und Ludwig dem Frommen häufig ergab, kommentiert Tremp, Thegan und Astronomus, S. 699f sehr passend: „*Der zweite Karolingerkaiser, dessen Charaktereigenschaft des »nimis clemens« der Astronomus noch positiv zu deuten versucht hatte, wurde nun im Kontrast zum tatkräftigen Karl immer mehr zu »Louis le Débonnaire«, zum allzugütigen, schwächlichen Epigonen, als der er im französischen Sprachgebrauch und Geschichtsbewußtsein bis zum heutigen Tag weiterlebt*".

401 Von einer abweichenden Auffassung der Nordpolitik Ludwigs des Frommen geht Padberg, Lutz E. von, Die Christianisierung Europas im Mittelalter, Stuttgart 1998, S. 111 aus, der offenkundig eine Verbindung von Heidenmission und außenpolitischem Kalkül nicht nur ablehnt, sondern auch a priori Untauglichkeit unterstellt: „*Am Anfang dieser Entwicklung* [Christianisierung Nordeuropas] *stand ein grandioser Mißerfolg* [das Scheitern Harald Klaks im Thronstreit], *der wieder einmal zeigt, daß Mission und Politik die falschen Bettgenossen sind*".

IV. 2. 1 Zur Funktion der Taufpatenschaft

Wie bereits beschrieben wurde, empfing Harald Klak 826 seine Taufe, die dadurch besondere Beachtung verdient, da es sich hierbei um die einzige Bekehrung eines nordeuropäischen Herrschers in der Regierungszeit Ludwigs des Frommen handelte. Wenngleich die Unterstützung Ludwigs für Harald im Jahre 814 keine Besonderheit karolingischer Außenpolitik darstellte, so gilt die Taufe Haralds hingegen sehr wohl als ungewöhnliches Ereignis. Zum besseren Verständnis der Ereignisse des Jahres 826 ist es an dieser Stelle allerdings zunächst erforderlich, das frühmittelalterliche Konzept der Taufpatenschaft genauer zu beleuchten. Hierzu dient im Folgenden vor allem die auf dieses Thema spezialisierte Arbeit Arnold Angenendts, auf die wiederholt verwiesen werden wird.[402] Zunächst muss verdeutlicht werden, dass es sich bei dem Amt der Taufpatenschaft um ein Produkt des Frühmittelalters handelte.[403] Im Übergang von der Spätantike zum Frühmittelalter lässt sich feststellen, dass die Taufpatenschaft nicht mehr von den leiblichen Eltern, sondern von zu diesem Zweck herangezogenen Paten übernommen wurde. Gerade für die karolingische Zeit wiederum zeichnete sich das Bestreben ab, die Würde des Taufpatenamtes nachhaltig zu festigen.[404] Die Bedeutsamkeit der Taufpatenschaft für das in dieser Dissertation zu bearbeitende Thema erschließt sich jedoch weniger aus der kirchlich-rituellen Bedeutung der Taufpaten, sondern vielmehr aus der damit verbundenen gesellschaftlichen Dimension. Das Patenamt ermöglichte es nämlich, eine geistliche Verwandtschaft jenseits der leiblichen oder familiären Verwandtschaft herzustellen, was natürlich das Spektrum der Möglichkeiten sozialer Vernetzung vergrößerte.[405] Die

---

[402] Jüngst befasste sich zudem Spinks, Bryan D., Early and Medieval Rituals and Theologies of Baptism: From the New Testament to the Council of Trent, Aldershot 2006 mit der Entwicklung des Taufritus' von den Ursprüngen im Neuen Testament bis zu seinen Ausformungen im Mittelalter. Der Schwerpunkt der betreffenden Arbeit liegt auf der Genese und sukzessiven Veränderung der Taufe. Da eine gesonderte Berücksichtigung dieser Entwicklung im Rahmen der vorliegenden Dissertation nicht erfolgen kann, sei an dieser Stelle exemplarisch auf die Arbeit von Spinks verwiesen.

[403] Angenendt, Kaiserherrschaft, S. 91ff zeigt auf, dass in der Spätantike für gewöhnlich noch die leiblichen Eltern die Verantwortung für den Täufling und dessen Erziehung im christlichen Geiste übernahmen, während im Frühmittelalter den Taufpaten, also den geistlichen Eltern des Täuflings im rituellen Sinne, eine den leiblichen Eltern übergeordnete Rolle zugewiesen wurde. Vgl. zur Rolle der Taufe in der frühmittelalterlichen Politik auch Angenendt, Arnold, Taufe und Politik im frühen Mittelalter, in: FMSt 7 (1973), S. 143-168.

[404] Angenendt, Kaiserherrschaft, S. 95ff führt eine Vielzahl an Quellenbelegen an, die aufzeigen, dass sowohl in Kapitularien wie auch in theologischen Schriften der Karolingerzeit von den Paten eine hinreichende Kenntnis in Bezug auf die christliche Glaubenspraxis gefordert wurde. Dazu zählte auch die Kenntnis des Glaubensbekenntnisses und des Vaterunser. Darüber hinaus wurde die Erfüllung der Patenpflichten zum festen Bestandteil eines guten Lebens im christlichen Sinne.

[405] Angenendt, Kaiserherrschaft, S. 97. Hierbei begegnet uns die Vorstellung einer zweiten Geburt, die neben die leiblichen Eltern durch die Taufe auch die geistlichen stellt. Frei nach Joh 3,6: *Quod natum est ex carne, caro est, et quod natum est ex spiritu, spiritus est.* Dabei ging die Tendenz allerdings dahin, eine strikte Abgrenzung zwischen leiblichen und geistlichen Eltern zu errichten, die nicht nur verhindern sollte, dass die leiblichen Eltern das Kind selbst aus der Taufe hoben, sondern zudem auch die Eheschließung zwischen leiblichen und geistlichen Eltern untersagte. Siehe hierzu: *Nullam autem debet pater vel mater de fonte suam suspicere sobolem, ut sit discretio inter spiritalem generationem atque carnalem: quodsi casu evenerit, non habebunt carnalis copulae*

Taufpatenschaft verband allerdings nicht nur vertikal[406] den Paten mit dem Täufling, sondern auch horizontal[407] die leiblichen mit den geistlichen Eltern, was die weitreichenden Möglichkeiten zur sozialen Vernetzung durch einen raschen Zugewinn geistlicher Verwandtschaft verdeutlicht.

Das Konzept der geistlichen Verwandtschaft mittels Taufpatenschaft fand im Mittelalter großen Zuspruch, weshalb sich dieser Brauch auch zunehmend verbreitete. Dies ist dadurch zu erklären, dass die Vorstellung von Familie eine zentrale Bedeutung hatte und sich dies natürlich auch auf den politischen Bereich auswirkte. Herrscherfamilien gewannen durch die Taufpatenschaft eine weitere Möglichkeit, neben der Verheiratung, rein politischen Abkommen oder Schwurfreundschaften, durch die sie sich mit anderen einflussreichen Familien verbinden konnten.[408] Durch ihre Teilhabe am Göttlichen erhielt die ideell überhöhte Kompaternitätsbindung[409] zumindest nach christlicher Vorstellung einen Stellenwert, welcher einer Bindung durch Blutsverwandtschaft übergeordnet war.[410] Die Taufpatenschaft setzte sich schließlich als ein beliebtes Mittel zur politischen Bündnisbildung durch, da sie eine Vielzahl an Vorzügen aufwies, die andere Bündnisformen nicht in sich bargen. Zum einen übertraf die Kompaternität den älteren Brauch der Schwurfreundschaft dadurch, dass sie durch die Verbindung mit der Vorstellung des Göttlichen höherwertig erschien und zudem neben der horizontalen Verbindung, welche die Schwurfreundschaft gewährleistet, auch noch eine vertikale Verbindung herstellte. Zum

---

deinceps ad invicem consortium, qui in communi filio compaternitatis spiritale vinculum susceperunt, Walafrid Strabo, Libellus de exordiis et incrementis quarundam in observationibus ecclesiasticis rerum, 27, S. 512.

406 Hierbei ist zu berücksichtigen, dass die Bindung zwischen geistlichen Eltern und Patenkindern als Ergebnis des Wirkens göttlichen Geistes verstanden wurde und damit eine spirituell aufgeladene Eltern-Kind Beziehung schuf, die man als vertikal bezeichnen kann. Vgl. hierzu: Angenendt, Kaiserherrschaft, S. 101 ff.

407 Auch das Zustandekommen einer horizontalen Kompaternitätsbindung trug den Gedanken einer göttlichen Untermauerung in sich, was in der Vorstellungswelt des Frühmittelalters die Qualität der neu entstandenen Verwandtschaftsbeziehung zu erhöhen half. Tatsächlich tendierte die Entwicklung des Patenamtes aus nachvollziehbaren Gründen dahin, dass zumeist vor allem ein Bündnis zwischen leiblichen und geistlichen Eltern des Täuflings hergestellt werden sollte. Vgl.: Angenendt, Kaiserherrschaft, S. 121 f.

408 *„Daß die geistliche Verwandtschaft eine besondere Bedeutung zu gewinnen vermochte, ist zweifellos daraus zu erklären, daß die Zeit allgemein in familiaren* [sic!] *Kategorien dachte, und dies wirkte sich gerade auch im politischen Bereich aus. Das »Staatsleben« war von bestimmten Familien beherrscht, deren Beziehungen untereinander immer wieder durch Akte familiarer Bindungen bestärkt wurden",* Angenendt, Kaiserherrschaft, S. 106. Die Verheiratung in politisch einflussreichen Familien darf gemeinhin als altbewährtes Mittel der Machtpolitik angesehen werden. Siehe hierzu: Hellmann, Siegfried, Die Heiraten der Karolinger, in: Ders., Ausgewählte Abhandlungen zur Historiographie und Geistesgeschichte des Mittelalters, Darmstadt 1961, S. 294f. Allgemein zur Heiratspolitik der Karolinger: Schieffer, Theodor, Eheschließungen und Ehescheidungen im Hause der karolingischen Kaiser und Könige, in: Theologisch-praktische Quartalschrift 1968, S. 37-43; Konecny, Silvia, Die Frauen des karolingischen Königshauses: Die politische Bedeutung der Ehe und die Stellung der Frau in der fränkischen Herrscherfamilie vom 7. bis zum 10. Jahrhundert, Wien 1976. Die Taufpatenschaft war laut Jussen, Bernhard, Spiritual Kinship as Social Practice: Godparenthood and Adoption in the Early Middle Ages, Delaware 2000, S. 221 im Vergleich zur Verheiratung in vielen Belangen vorteilhafter, da sie flexibler und freier ausgestaltet werden konnte und der Bund zwischen den betroffenen Parteien daher bei der Patenschaft nicht allzu fest war.

409 Vgl. als Überblick zur Praxis der künstlichen Verwandtschaftsbildung: Jussen, Kinship, S. 15-49.

410 Angenendt, Kaiserherrschaft, S. 107.

anderen hatte die Taufpatenschaft im Vergleich mit der vor allem bei den Nordgermanen festzustellenden Ziehsohnschaft[411] eine Gemeinsamkeit darin, dass sowohl vertikale wie horizontale Verwandtschaftsbildungen stattfanden; jedoch fehlte auch hier eine Berufung auf die Teilhabe an der göttlichen Transzendenz. Aus den genannten Gründen erscheint nachvollziehbar, warum sich die Taufpatenschaft gegenüber diesen älteren Methoden der Verwandtschaftsbildung durchsetzen konnte beziehungsweise jene in der Gepflogenheit der Taufpatenschaft aufgingen.[412] Diese Erläuterungen zur Funktion der Taufpatenschaft im Frühmittelalter sollen nun als Grundlage für die Auseinandersetzung mit der Taufe Harald Klaks im Jahre 826 dienen.

IV. 2. 2 Die Taufe und Kommendation Harald Klaks

Der tiefer gehenden Auseinandersetzung mit Harald Klaks Taufe[413] und Kommendation soll an dieser Stelle ein ausdrücklicher Verweis auf ein früheres Ereignis vorangestellt werden, nämlich die Kommendation des Dänen Halfdan, des Vaters Harald Klaks. Poeta Saxo berichtet für das Jahr 807 von jenem Halfdan, der sich mitsamt seinem Gefolge in die Gewalt Karls des Großen begab.[414] Die Quellen legen nahe, dass Halfdan kein Unbekannter am fränkischen Hof war, als er sich 807 dem Kaiser kommendierte. Der *dux* Halfdan, wie er bei Poeta Saxo genannt wird, erschien bereits 782 vor Karl dem Großen, wenngleich er zu

---

411 Buisson, Ludwig, Formen normannischer Staatsbildung: 9. bis 11. Jahrhundert, in: Studien zum mittelalterlichen Lehenswesen, Konstanz 1960, S. 107.

412 Angenendt, Kaiserherrschaft, S. 126. Der Beleg dafür, dass der Brauch der Schwurfreundschaft von der karolingischen Zeit an offenbar weitaus weniger praktiziert wurde als zuvor, findet sich bei Fritze, der zur rückläufigen Verwendung der Schwurfreundschaft in der Außenpolitik Folgendes vermerkt: *„In den zwischenstaatlichen Verhältnissen des Frankenreichs spielte sie seit Karl d. Gr. jedoch keine Rolle mehr, da das neue Imperium einen die regna überragenden Rang für sich beanspruchte und somit für ein Vertragsverhältnis, das seinen Partnern die gleiche Stellung zuerkannte, keine Verwendung mehr hatte"*, Fritze, Wolfgang H., Papst und Frankenkönig: Studien zu den päpstlich-fränkischen Rechtsbeziehungen von 754 bis 824, Sigmaringen 1973, S. 33f. Zur heidnischen Konnotation der Schwurfreundschaft in Skandinavien siehe: Foote / Wilson, Viking Achievement, S. 403.

413 Die Bedeutung Harald Klaks für die Geschichte der skandinavischen Christianisierung erschließt sich im Rückblick vor allem dadurch, dass er offensichtlich der erste in seiner Heimat regierende skandinavische Herrscher war, der sich taufen ließ. *„The first Scandinavian king to be baptised, in 826 at Mainz, was Harald Klak [...]. Harald Klak is the only ruler in Scandinavia who is known to have been converted during the ninth century"*, Sawyer, Peter, The process of Scandinavian Christianization in the tenth and eleventh centuries, in: Sawyer / Sawyer / Wood, The Christianization of Scandinavia, S. 68. Sawyers Umschreibungen erscheinen in Bezug auf die letztere Aussage hinsichtlich des gesamten 9. Jahrhunderts allerdings zu undifferenziert. Im weiteren Verlauf dieses Kapitels wird noch ein Überblick, die Einbindung dänischer Exilanten in das Frankenreich betreffend, gegeben werden, was verdeutlichen wird, dass im 9. Jahrhundert auch andere machtvolle Dänen, wie z.B. Rorik, zum Christentum übertraten. Siehe S. 128-150.

414 *Interea Northmannorum dux, Alfdeni dictus, - Augusto magna sese comitante caterva - Subdidit, atque fidem studuit firmare perennem*, Poeta Saxo, 807, S. 263. Nordenstreng, Die Züge der Wikinger, S. 123 hat vermutet, dass bereits Halfdan die Insel Walcheren als *beneficium* erhalten hat, was zumindest denkbar erscheint.

jener Zeit noch als Gesandter des damals herrschenden Dänenkönigs Sigifrid auftrat.[415] Obwohl die Quellen dies nicht ausdrücklich erwähnen, so darf doch davon ausgegangen werden, dass der neue Gefolgsmann Karls des Großen mit einem *beneficium* ausgestattet wurde. Da nachweislich zwischen der Taufe Harald Klaks 826 und dem Tode des Dänen Gottfried im Jahre 885[416] immer wieder friesische *beneficia* an Exildänen und dabei bevorzugt an die Angehörigen der Familie Halfdans[417] vergeben wurden, darf angenommen werden, dass wahrscheinlich auch Halfdan ein friesisches *beneficium* zugesprochen wurde.[418] Diese Annahme wird dadurch bestärkt, dass immerhin zwei der Halfdansöhne ihrerseits mit friesischen Landgütern ausgestattet wurden. Harald Klak erhielt nach seiner Taufe Rüstringen und sein Bruder Hemming der Jüngere erhielt offenbar ein *beneficium* auf oder nahe bei der Insel Walcheren, wo er schließlich 837 bei einem Wikingerangriff auf Seiten der Verteidiger im Kampf fiel.[419] Nach 807 wird Halfdan nicht mehr von den vorliegenden Quellen erfasst. Daher ist davon auszugehen, dass er nach 807 im Frankenreich verblieb und dort auch schließlich, vermutlich auf seinem friesischen Landgut, verstarb.[420] Die Erwähnung der Kommendation Halfdans soll dazu dienen, die spätere

---

415 *Etiam illuc convenerunt Nordmanni missi Sigifridi regis, id est Halptani cum sociis suis*, Ann. reg. Franc., 782, S. 60; *venerunt missi Sigifridi regis Danorum, Halbdani videlicet cum sociis suis*, Ann. Fuld., 782, S. 349.

416 Annales Vedastini, 885, S. 57. Zum Bruch der normannischen Herrschaft über friesische Gebiete siehe: Vliet, Kaj van, Traiecti muros heu! The Bishop of Utrecht during and after the Viking Invasions of Frisia (834-925), in: Simek, Rudolf / Engel, Ulrike (Hg.), Vikings on the Rhine: Recent Research on Early Medieval Relations between the Rhinelands and Scandinavia, Wien 2004, S. 142f. Roesdahl, Viking Age Denmark, S. 209 wertet die „dänische Herrscher von Friesland" freilich als ein Zeichen von politischer Oberherrschaft und wirtschaftlicher Ausbeutung („*political dominance and economic exploitation*") und nicht als Form einer tatsächlichen Umsiedlung („*settlement*") dieser Dänen, wodurch sie ein äußerst negatives Bild von der Integration dänischer Großer ins fränkische Herrschaftssystem zeichnet. Zur kurzen Karriere Gottfrieds im Dienste des Frankenreichs siehe zusammenfassend: Zettel, Normannen, S. 166f.

417 Eine verwandtschaftliche Beziehung zwischen Halfdan und Gottfried ist nicht eindeutig zu belegen. Zwischen Halfdan und Rorik, Gottfrieds unmittelbarem Vorgänger als Graf in Friesland, lässt sich allerdings, wie noch eingehender aufgezeigt werden wird, eine Verwandtschaft anhand der Quellen rekonstruieren. Es ist denkbar, dass Gottfried, da er immerhin Roriks Einflussgebiet nach dessen Tod zugesprochen bekam, auch ein Verwandter Halfdans war.

418 Zur besonderen Bedeutung Frieslands für die fränkisch-dänischen Beziehungen vgl. S. 138-141.

419 *Nordmanni tributum exactantes in Walchram insulam venerunt, ibique Eggihardum, eiusdem loci comitem, et Hemmingum, Halbdani filium, cum aliis multis 15. Kal. Iul. occiderunt, et Dorestadum vastaverunt*, Ann. Fuld., 837, S. 28. An dieser Stelle findet sich außerdem der Verweis auf die familiäre Verbindung zwischen Halfdan und Hemming. Die These, dass es sich bei Hemming dem Jüngeren und Harald Klak um die Söhne des 807 kommendierten Halfdan handelt, findet sich auch bei Coupland, Poachers to Gamekeepers, S. 87f, der ebenfalls davon ausgeht, dass jener 837 von Wikingern getötete Hemming als Getreuer unter den Franken lebte und ggf. Walcheren als *beneficium* erhalten hatte. Es besteht auch kein Zweifel daran, dass Hemming der Jüngere tatsächlich auf fränkischer Seite kämpfte und fiel, während er seine neue Heimat gegen Krieger aus seinem Abstammungsland verteidigte. Dies wird ausdrücklich durch Thegan, 837, S. 256 belegt, der Hemming den Jüngeren als *ex stirpe Danorum, dux christianissimus* bezeichnet.

420 Es ließe sich spekulieren, dass Halfdan, seinen Nachfahren vergleichbar, eingesetzt wurde, um Küstenregionen des Frankenreichs gegen Überfälle auf dem Seeweg zu verteidigen. Es wäre denkbar, wenn auch nicht belegbar, dass Halfdan vielleicht sogar beim Angriff Göttriks auf Friesland 810 ums Leben kam. Damit hätte der Überfall auf die Friesen für Göttrik nicht nur wirtschaftliche, sondern auch politische Motive gehabt. Immerhin stellte Halfdan eine potentielle Bedrohung für Göttriks Herrschaft dar. Jedenfalls gehörte Halfdan der dänischen Königssippe an und hatte sich durch das Verlassen seiner Heimat aus dem direkten Einflussbereich Göttriks entfernt. Halfdans

Kommendation seines Sohnes Harald richtig einordnen zu können.[421] Sofern man davon ausgeht, dass sich die Kommendation Halfdans wie beschrieben ereignet hat, wird abermals eine Kontinuität der fränkischen Außenpolitik gegenüber den Dänen im Vergleich zwischen Karl dem Großen und Ludwig dem Frommen ersichtlich.

Die Beschreibung der Reichsannalen in Bezug auf die Taufe Harald Klaks fällt erwartungsgemäß kurz und sachlich aus. Da heißt es, Harald sei mit seiner Gemahlin und einer Vielzahl von Dänen nach Ingelheim, wo der Kaiser zu jener Zeit einen Reichstag abhielt, gekommen und habe sich dann in der Mainzer Klosterkirche St. Alban mitsamt seinem Gefolge taufen lassen. Der Kaiser habe Harald daraufhin die Grafschaft Rüstringen in Friesland angewiesen, in die der Däne sich im Bedarfsfall fortan habe zurückziehen können. Danach sei Harald entlang des üblichen Seeweges zunächst nach Friesland gereist und dann wieder nach Dänemark zurückgekehrt.[422] Dieser knappe Bericht dürfte im Wesentlichen die bloßen Fakten vorgeben, während im Folgenden vor allem die Klärung weiterer Details bedeutsam sein wird.

Betrachtet man etwa den Bericht der Vita Anskarii, so finden sich bereits Abweichungen von der Darstellungsweise der Reichsannalen. Laut der Ansgarsvita wurde Harald von anderen dänischen Königen aus seinem Teilkönigreich vertrieben, weshalb er den Kaiser aufsuchte und jenen um dessen Unterstützung bei der Rückgewinnung seiner Herrschaft bat.[423] Bemerkenswert ist hierbei, dass sich selbst die Darstellung der Beweggründe und der Begleitumstände des Ersuchens Harald Klaks beim Kaiser unterscheiden. Dies ist durch die zeitliche Distanz zu den Ereignissen, die bei Rimberts Vita Anskarii mehr als 40 Jahre beträgt, nicht zufriedenstellend zu erklären. Vielmehr dürfte es schlichtweg im Interesse des Verfassers, des Nachfolgers Ansgars als Erzbischof von Hamburg-Bremen und Vitenschreibers seines von ihm hochgeschätzten Vorgängers, gelegen haben, die Hintergründe des Jahres 826 umzudeuten. Es erscheint unwahrscheinlich, dass Harald tatsächlich bereits aus Dänemark vertrieben worden war. Sein Erscheinen mitsamt seiner Gefolgschaft bei einem Reichstag des Kaisers, wie es die Reichsannalen schildern, mutet nicht als das Ergebnis einer überhasteten Flucht an, sondern vielmehr als eine vereinbarte und geplante politische Geste. Indem man es so darstellt, als sei Harald vertrieben und seiner rechtmäßigen Herrschaft beraubt worden, woraufhin er sich zum Christentum habe bekehren lassen, erscheint die Unterstützung für den Dänen legitim und die Missionsreise

---

Hinwendung zum fränkischen Kaiser dürfte daher auf Seiten Göttriks Grund zur Sorge gegeben haben.

421 Sawyer / Sawyer, Welt der Wikinger, S. 120f.

422 *Eodem tempore Herioldus cum uxore et magna Danorum multitudine veniens Mogontiaci apud sanctum Albanum cum his, quos secum adduxit, baptizatus est; multisque muneribus ab imperatore donatus per Frisiam, qua venerat via, reversus est. In qua provincia unus comitatus, qui Hriustri vocatur, eidem datus est, ut in eum se cum rebus suis, si necessitas exigeret, recipere potuisset,* Ann. reg. Franc. 826, S. 169f. Der Wortlaut der Quelle legt nahe, dass Harald für seine Taufe aus Dänemark anreiste und sich nicht etwa im Exil befand.

423 *Herioldus quidam rex, qui partem tenebat Danorum, ab aliis ipsius provintiae regibus odio et inimicitia conventus, regno suo expulsus sit. Qui serenissimum adiit imperatorem Hludowicum, postulans, ut eius auxilio uti mereretur, quo regnum suum denuo evindicare valeret,* Rimbert, Vita Anskarii, 7, S. 26.

Ansgars an der Seite Haralds als umso schillerndere Heldentat. Immerhin reist Ansgar, in der Version Rimberts, im Anschluss an die Taufe Haralds in ein feindliches Land, wo ihm als Glaubensboten der christlichen Religion der gewaltsame Tod drohte. In der Darstellungsweise der Reichsannalen, in denen Ansgar für das Jahr 826 freilich gar nicht erwähnt wird, nimmt sich die Situation für Harald Klak und seine Begleiter weniger bedrohlich aus. Gewiss kann Harald zu jener Zeit in Dänemark nicht gänzlich sicher gewesen sein, wie noch ausgeführt werden wird, jedoch lässt sich festhalten, dass die Bedrohungslage bei Rimbert drastischer geschildert wird.

Eine weitere Abweichung in der Darstellung Rimberts im Vergleich zu den Reichsannalen findet sich in Bezug auf den Hergang der Taufe. Rimbert berichtet zunächst nur von der Taufe Haralds, die Taufe seines Gefolges wird erst an späterer Stelle beiläufig erwähnt, wobei keine näheren Angaben gemacht werden, auch nicht in Bezug auf etwaige Familienangehörige des Dänenkönigs.[424] Nach Rimbert nahm der Kaiser den Dänenkönig Harald Klak nach dessen Taufe als seinen geistlichen Sohn an.[425] Rimbert begründet auch, warum der Kaiser und andere Franken die Dänen zum Glaubenswechsel überredeten. Erst durch seinen Übertritt zum Christentum würde Harald eine enge Verbundenheit mit dem Kaiser herstellen, die dann eine Unterstützung seines Herrschaftsanspruchs rechtfertige.[426] Einem solchen Angebot, das ihm kaiserliche Unterstützung bei seinem Thronanspruch in Aussicht stellte, konnte Harald angesichts seiner ungünstigen politischen Situation natürlich nicht widerstehen. Nach seiner Taufe wurde Harald wieder nach Dänemark zurückgeschickt, wo er mit dem Beistand des Kaisers sein Herrschaftsgebiet zurückfordern sollte.[427]

Der kaiserliche Beistand umfasste, vermutlich entgegen der Hoffnung Harald Klaks, keine

---

424 *Herioldus quoque, cui commissi fuerant, adhuc rudis et neophitus, ignorabat qualiter servi Dei tractari debuissent. Sui quoque, tunc nuper conversi et longe aliter educati, non multa super eos cura intendebant*, Rimbert, Vita Anskarii, 7, S. 29. Der hierin enthaltene Vorwurf gegenüber der dänischen Gesandtschaft unter Führung Harald Klaks, die in ihrem Verhalten noch verroht sei, wird damit anlässlich der Missionsreise Ansgars recht ausdrücklich geschildert und bezieht sich auch auf Harald selbst. Erst nach einiger Zeit verbesserte sich das Verhältnis zwischen den Missionaren und den Dänen. *inter eos familiaritas coepit et benivolentia crescere*, ebd.

425 *Sacro baptismate perfusum ipse de sacro fonte suscepit sibique in filium adoptavit*, Rimbert, Vita Anskarii, 7, S. 26.

426 *Qui eum secum detentum tam per se quam per alios ad suscipiendam christianitatem cohortatus, quod scilicet inter eos ita maior familiaritas esse posset, populusque christianus ipsi ac suis promptiori voluntate in adiutorium sic veniret, si uterque unum coleret Deum*, Rimbert, Vita Anskarii, 7, S. 26. Für eine enge Verbindung zwischen dem Glaubenswechsel zum Christentum und der Vergabe von *beneficia* im Frankenreich plädieren, vor allem für die Zeit zwischen der Mitte des 9. Jahrhunderts und dem frühen 10. Jahrhundert, Zettel, Bild der Normannen, S. 285 / 312 und Goetz, Hans-Werner, Zur Landnahmepolitik der Normannen im Fränkischen Reich, in: Annalen des Historischen Vereins für den Niederrhein 183 (1980), S. 11f. Allgemeiner formuliert es Urbanczyk, Politics of Conversion, S. 16: „*During the phase of early medieval state-building, Christianity appeared to be the most important ally of centralised power, because it provided ideological foundations for its legality*". Neben der Aussicht auf eine energischere Unterstützung durch Ludwig den Frommen konnte Harald also auch darauf hoffen, nach seinem angestrebten Erfolg im Thronstreit nicht nur auf kaiserliche, sondern auch auf kirchliche Unterstützung bei der Festigung seiner Herrschaft bauen zu können.

427 *Ad sua remittere vellet, ut eius auxilio munitus regni sui fines repeteret*, Rimbert, Vita Anskarii, 7, S. 26.

militärischen Mittel, sondern lediglich ein *beneficium* als Rückzugspunkt[428] und die Entsendung der Missionare Ansgar und Autbert, die zusammen mit den getauften Dänen in deren Heimat zurückkehren sollten.[429] Die Mission in Dänemark verlief offensichtlich, trotz der üblichen Anpreisungen Rimberts[430] in Bezug auf Missionseifer und bekehrte Heiden, nicht allzu Erfolg versprechend, da Autbert schwer erkrankte und nach Corvey zurückkehren musste, wo er schließlich wenig später verstarb.[431] Es ist davon auszugehen, dass Rimbert in Bezug auf die Missionsreise Ansgars an der Seite Harald Klaks bewusst falsche Angaben macht. Der von ihm beschriebene Zeitraum der Missionstätigkeit bis zur Erkrankung Autberts zum Beispiel betrug angeblich zwei Jahre.[432] Dies erscheint jedoch widersinnig, da die Reichsannalen Haralds Vertreibung aus Dänemark bereits für das Jahr 827 überliefern, was einen Zeitraum von zwei vollen Jahren ausschließt. Zudem macht sich Rimbert auch durch die Begründung für Ansgars Abreise aus Dänemark verdächtig. Nach Rimberts Darstellung verließ Ansgar Dänemark nämlich nur, um sich auf Wunsch des Kaisers zu den Schweden zu begeben und auch jene zu bekehren.[433] Abgesehen davon, dass die Reichsannalen das Eintreffen der schwedischen Gesandtschaft, die den Weg für eine von den Franken gestützte Missionsreise nach Schweden ermöglichte, auf das Jahr 829 datieren, wodurch erneut eine chronologische Diskrepanz offenbar wird, vermeidet Rimbert durch diese Darstellungsweise schlichtweg das Zugeständnis, dass die mit Haralds Herrschaftsanspruch verknüpfte Mission Ansgars an der dänischen Opposition eindeutig gescheitert war. Rimberts Absicht, den Missionar Ansgar und sein Ansehen vor der Nachwelt strahlender erscheinen zu lassen, ist offenkundig, jedoch müssen seine

---

428 Rimbert berichtet, dass das betreffende *beneficium* jenseits der Elbe gelegen habe, was im Widerspruch zu dem Bericht der Reichsannalen steht. *Et quia interdum pacifice in regno suo Herioldus rex consistere non poterat, dedit ei memoratus augustus ultra Albiam beneficium, ut, si quando ei necessarium esset, ibi subsistere posset*, Rimbert, Vita Anskarii, 7, S. 29. Wie noch gezeigt werden wird, dürfte diese Information falsch sein, wenngleich sich Adam von Bremen der Darstellungsweise Rimberts in diesem Punkt anschloss. In Hinblick auf den Verzicht Ludwigs des Frommen auf militärische Unterstützung für Harald Klak vertritt Ernst, Karolingische Nordostpolitik, S. 94 die These, dass militärische Unternehmungen im Stile Karls des Großen „*infolge des inzwischen eingetretenen Erschöpfungszustandes des Reiches nicht möglich* [waren]*, und die politisch Verantwortlichen um Ludwig drängten mit Recht auf die längst notwendige innere Konsolidierung des Imperiums, was zunächst einmal weitere spektakuläre militärische Unternehmungen ausschloß*".

429 Rimbert, Vita Anskarii, 7, S. 29. Hier findet sich eine kurze Beschreibung von Ausstattung und Auftrag der beiden Missionare. *dedit eis ministeria ecclesiastica et scrinia atque tentoria ceteraque subsidia, quae tanto itineri videbantur necessaria, et cum praefato Herioldo ire praecepit; denuncians, ut eius fidei maximam impenderent sollicitudinem eumque et suos qui simul baptizati fuerant pia exhortatione, ne ad pristinos reducerentur diabolo instigante errores, continue roborarent simulque etiam alios ad suscipiendam christianam religionem verbo praedicationis strenue commonerent. Dimissi itaque ab imperatore nullum habuerunt socium, qui eis aliquid servitii impenderet, quoniam nemo ex familia abbatis cum eis sua sponte ire, nec ille quemquam ad hoc invitum volebat cogere.* Abgesehen von einem allgemeinen Missionsauftrag dürfte sich daraus außerdem ableiten lassen, dass der Kaiser die beiden Geistlichen auch mit der Überwachung seines neuen geistlichen Sohnes beauftragte.

430 *Multi etiam exemplo et doctrina eorum ad fidem convertebantur, et crescebat cotidie, qui salvi fierent in Domino*, Rimbert, Vita Anskarii, 8, S. 30.

431 *Fratrem Autbertum infirmitatis gravari molestia. Qua de causa inde ad Novam Corbeiam deductus, languore diutino ingravescente* [...] *diem inibi clausit extremum*, Rimbert, Vita Anskarii, 8, S. 30.

432 *In hoc sancto proposito biennio*, Rimbert, Vita Anskarii, 8, S. 30.

433 Rimbert, Vita Anskarii, 9, S. 30.

Schilderungen aus genau diesen Gründen auch mit äußerster Vorsicht betrachtet werden.[434]

In Zusammenhang mit Rimbert sei an dieser Stelle auch Adam von Bremen erwähnt, der in seiner Hamburger Kirchengeschichte aus der zweiten Hälfte des 11. Jahrhunderts auch auf die betreffenden Ereignisse im Zusammenhang mit der Taufe Harald Klaks eingeht. Der Quellenwert für das hier zu bearbeitende Thema schwindet allerdings nicht nur durch die große zeitliche Distanz Adams, sondern auch durch den Umstand, dass er die Schilderung der Taufe Haralds und die Einzelheiten der darauf folgenden Dänenmission Ansgars[435] im Wesentlichen aus älteren Quellen übernommen hat. Interessant ist in diesem Kontext, dass Adam in Übereinstimmung mit den Reichsannalen von der Taufe Haralds im Beisein Kaiser Ludwigs des Frommen in der Nähe von Mainz und dem festlichen Glaubensübertritt von Haralds Gattin und seinem Gefolge berichtet, er jedoch außerdem detaillierter über das friesische *beneficium* und Haralds Bruder zu berichten weiß. Adam berichtet, Harald habe ein Landgut jenseits der Elbe erhalten, was sich mit der Darstellung Rimberts deckt, während sein Bruder *Horuch* einen Teil Frieslands erhielt, um dort gegen das Piratenproblem in der Nordsee vorzugehen.[436] Es erscheint plausibel, dass Adam die Verortung des Landgutes für Harald Klak von Rimbert übernommen hat, während der Bericht über die Übertragung eines kaiserlichen Wehrauftrags an Haralds Bruder eine Information ist, die sich in den uns überlieferten Quellen für das Jahr 826 anderenorts nicht ausdrücklich findet. Wie noch aufzuzeigen sein wird, verdichten sich allerdings tatsächlich die Hinweise darauf, dass ein Bruder Haralds in die Verteidigung der friesischen Küste gegen nordeuropäische Seeräuber eingebunden wurde. An dieser Stelle ist allerdings darauf hinzuweisen, dass Adam den Namen des betreffenden Bruders verwechselt haben dürfte. Der Name *Horuch* stimmt nicht mit den Schilderungen anderer Quellen überein, die einen Bruder namens Hemming überliefern.[437] Wodurch es bei Adam zu einer anderen Namensgebung[438] für den Bruder Haralds kam, lässt sich nicht mehr rekonstruieren, jedoch

---

434 Ein weiterer Fehler findet sich bei Rimbert in Hinsicht auf das kaiserliche *beneficium* für Harald. *Et quia interdum pacifice in regno suo Herioldus rex consistere non poterat, dedit ei memoratus augustus, ut, si quando ei necessarium esset, ibi subsistere posset*, Rimbert, Vita Anskarii, 7, S. 29. Laut Rimbert erhielt Harald ein *beneficium* jenseits der Elbe, was sich nicht mit den übrigen Quellen deckt, die Friesland als Ort des Benefiziums benennen. Siehe hierzu: Ann. reg. Franc., 826, S. 170; Thegan, 33, S. 220; Astronomus, 40, S. 432. Einwände gegen die Darstellungsweise Rimberts in Bezug auf die nordeuropäischen Heiden und deren Großen werden auch von Wood, Christians and Pagans, S. 59 erhoben. „*Nevertheless this emphasis on the kindly aristocracy is achieved by Rimbert at the cost of obscuring certain facts. Viking leaders in the Vita Anskarii are usually only named and characterized when they see wisdom in the light of the auguries and turn to the Christian God*".

435 Bei diesem Thema richtet sich Adam sehr stark nach den Schilderungen Rimberts, die er inklusive der bereits erwähnten Diskrepanzen in der chronologischen Darstellung übernimmt. Siehe: Gesta Hammaburgensis, I, 15, S. 21.

436 *Qui et mox christianae fidei cathecismo imbutus apud Mogontiam cum uxore et fratre ac magna Danorum multitudine baptizatus est. Hunc imperator a sacro fonte suscipiens, cum decrevisset in regnum suum restituere, dedit ei trans Albiam beneficium, fratri eius Horuch, ut piratis obsisteret, partem Fresiae concessit*, Gesta Hammaburgensis, I, 15, S. 21.

437 Ann. reg. Franc., 812, S. 137; Ann. Fuld., 837, S. 28. Zu Hemming dem Jüngeren vgl. S. 137.

438 Auffallend ist, dass „Hemming" und „Horuch" (Horik) dänische Königsnamen des frühen 9. Jahrhunderts

kann davon ausgegangen werden, dass der von Adam erwähnte *Horuch* mit dem Haraldsbruder Hemming aus den anderen überlieferten Quellen identisch ist.[439]

Die Ludwigsvita des sogenannten Astronomus aus dem Jahre 840/41 liefert eine weitere nicht zu übergehende Information, welche sich auf die Kommendation Harald Klaks bezieht, von der wir vor allem durch Ermoldus Nigellus, wie wir noch sehen werden, einen sehr detaillierten Eindruck gewinnen können. Der Astronomus berichtet für das Jahr 814 von der Vertreibung Haralds durch die Göttriksöhne, seinem Hilfegesuch an Kaiser Ludwig und darüber hinaus von einer Kommendation.[440] Der sog. Astronomus berichtet erst anlässlich der Taufe Haralds von der Übertragung Rüstringens an die Dänen, was die Durchführung eines Kommendationsaktes annehmen lässt.[441]

Bei Ermoldus' Lobgedicht auf Kaiser Ludwig den Frommen[442] handelt es sich um die detaillierteste Darstellung der Taufe Harald Klaks und des anschließenden Kommendationsaktes. Wenngleich das Werk des Ermoldus durch die einschmeichelnde Darstellungsweise, welche durch das Exil[443], in welchem sich Ermoldus zum Zeitpunkt der

---

darstellen, die außerdem in den Quellen auftauchen, die auch Adam zur Verfügung standen. Es ließe sich spekulieren, dass Adam schlichtweg eine Namensverwechslung bei dem Studium seiner Quellen unterlaufen ist. Das Problem der Namensgleichheit in den fränkischen Quellen ist in Bezug auf die Dänen häufig zu beobachten.

439 Die Rolle des Haraldsbruders Hemming wird ebenfalls noch eingehender beleuchtet werden, wie auch die Bedeutung seiner Familie für die Insel Walcheren.

440 *Iuxta morem Francorum manibus illius se tradidit*, Astronomus, 24, S. 356. Die Schilderung der Vertreibung Haralds sowie seines Hilfegesuchs an den Kaiser stimmt mit dem Bericht der Reichsannalen überein. *Quo facto Herioldus rebus suis diffidens ad imperatorem venit et se in manus illius commendavit*, Ann. reg. Franc., 814, S. 141. Die Annahme, dass es bereits 814 zu einer Kommendation im rechtlich bindenden Sinne zwischen Ludwig und Harald kam, findet sich bei Buisson, Formen normannischer Staatsbildung, S. 122.

441 *Necnon et Herioldus a Nordmanniae partibus cum uxore veniens Danorumque non parva manu, Mogontiaci apud sanctum Albanum cum suis omnibus baptismatis sacri perfusus est unda, plurimisque ab imperatore donatus muneribus. Verens autem piissimus imperator, ne ob tale factum negaretur ei habitatio soli naturalis, dedit ei quendam comitatum in Fresia, cuius vocabulum est Riustri, quo se suosque, si necessitas exigeret, tuto recipere posset*, Astronomus, 40, S. 432. Neben der erneuten Nennung St. Albans als Ort der Taufe sowie des gleichzeitigen Glaubensübertritts der dänischen Gefolgsleute Haralds und seiner Frau fehlt hier die Erwähnung eines Bruders des Dänenkönigs. Die Ludwigsvita Thegans sei an dieser Stelle um der Vollständigkeit willen erwähnt, obgleich sie keine neuen Informationen liefert, sondern lediglich die eine oder andere bereits genannte Darstellungsweise bestätigt bzw. wiederholt. Thegan berichtet von Haralds Eintreffen in Ingelheim und seiner Taufe durch den Kaiser sowie von der Taufe der Gattin Haralds durch die Kaiserin Judith. Darüber hinaus wird die Ausstattung Haralds mit einem friesischen *beneficium* sehr unpräzise mit den Worten *magnam partem Fresonum* umschrieben. Insgesamt fällt Haralds Taufe bei Thegan äußerst knapp aus und liefert daher erwartungsgemäß nur wenige Informationen und darüber hinaus für den hier zu berücksichtigenden Kontext keine neuen Erkenntnisse. Siehe: Thegan, 33, S. 220.

442 Vgl. zur Einordnung von Ermoldus' Werk in den Kontext seiner zeitgenössischen Dichtung Godman, Peter, Louis „the Pious" and his poets, in: FMSt 19 (1985), S. 239-289. Vgl. zur schwierigen Personenbestimmung in Bezug auf Ermoldus ferner Schaller, Dieter, Ermoldus Nigellus, in: LexMA III (1995), Sp. 2160f.

443 *„With his panegyric offerings to both Louis and Pippin, Ermold quite literally tried to write himself back to Aquitaine. It is not clear whether he succeeded or not, and neither is there certainty about his alleged crime"*, Jong, Mayke de, The Penitential State: Authority and Atonement in the Age of Louis the Pious, 814-840, Cambridge 2010, S. 89.

Abfassung des Lobgedichts befand, gewiss kritisch betrachtet werden muss, so ermöglicht es dennoch einen tiefen Einblick in den Ablauf des Glaubensübertritts von Harald Klak. Das genaue Prozedere ist dabei im Rahmen des hier zu behandelnden Themas von untergeordnetem Interesse.[444] Im Folgenden soll auf die entscheidenden Passagen des Werks eingegangen werden. Dabei ist zuerst die Ankunft Haralds in Ingelheim von Interesse. Hier darf die von Ermoldus genannte Zahl von einhundert Schiffen[445] zweifelsfrei als Übertreibung gewertet und stellvertretend als eine Mehrzahl an Schiffen gedeutet werden, die wiederum erforderlich gewesen sein dürfte, um Harald Klak und sein Gefolge zu transportieren. Abgesehen von den ausdrücklich in dem Gedicht genannten Familienangehörigen Haralds, nämlich seiner Frau, seinem Sohn und seinem Neffen, erfahren wir außerdem, dass auch ein großer Teil seiner Sippe anwesend gewesen sein dürfte.[446] Darüber hinaus lässt sich dem Gedicht entnehmen, dass Ebo von Reims offensichtlich innerhalb des Einflussbereichs Harald Klaks[447] missionierend tätig gewesen war, was nur allzu verständlich erscheint, wenn man die seit Jahren guten Beziehungen zwischen Harald Klak und Ludwig dem Frommen bedenkt. Die früheren Beistandserklärungen und Hilfestellungen Kaiser Ludwigs für seinen dänischen Protegé machen plausibel, dass Ebo im Herrschaftsgebiet Haralds durch dessen Unterstützung günstigere Bedingungen für seine Mission vorfand als in anderen Teilen Dänemarks.

Die Beschreibung des Taufaktes liefert bei Ermoldus die bereits bekannte Information, wer als wessen Taufpate fungierte. Es sollte angemerkt werden, dass Harald von Ludwig, Haralds Gattin von Kaiserin Judith und der Sohn Haralds von Ludwigs Sohn Lothar aus der Taufe gehoben wurde. Fernerhin dienten bei der Taufe der mitgereisten dänischen Großen fränkische Würdenträger als Paten, wobei ergänzend auch von der Taufe der übrigen dänischen Gefolgschaft vor Ort berichtet wird.[448] Daraufhin wurden die Getauften mit einer Vielzahl an Geschenken versehen, wozu im Falle Haralds auch Symbole königlicher

---

444 Bedeutsam erscheint in diesem Zusammenhang allenfalls der Umstand, dass Ermoldus durch seine Beschreibungen sehr nachdrücklich Pomp und Pracht der Ereignisse widerspiegelt. Es ist dabei in der Tat davon auszugehen, dass die Zeremonie äußerst aufwendig inszeniert wurde, um den Effekt, welchen der gesamte Vorgang auf den Heiden Harald Klak haben sollte, zu verstärken. Vgl. dazu: Wood, Christians and pagans, S. 55.

445 *Centum per Rheni flumina puppes*, Ermoldus Nigellus, IV, S. 66, V. 287.

446 *Meque, domumque meam, et genus omne simul*, Ermoldus Nigellus, IV, S. 66, V. 306. Es ist davon auszugehen, dass der hier verwendete Begriff des Herrschergeschlechts dem skandinavischen Sippenbegriff gleichzusetzen ist. Gewiss wird Harald noch Angehörige seiner Sippe in Dänemark zur Wahrung seiner Herrschaft zurückgelassen haben, aber da die Quellen wiederholt von einer Vielzahl an Dänen sprechen, kann man die hier ebenfalls beschriebene große Zahl an Dänen für authentisch halten. Dabei sind neben den engeren Familienangehörigen auch politische Verbündete einer Sippe im skandinavischen Sinne zuzurechnen.

447 *Ebo sacer vester, dudum Nortmannica rura / Ingrediens, aliter praedicat, atque probat,* Ermoldus Nigellus, IV, S. 67, V. 317-318.

448 *Caesar honore Dei Heroldum suscepit ab undis, / Vestibus albidulis ornat et ipse manu; / Iudith reginam Heroldi pulcra induperatrix / Fonte levat sacro, vestibus atque tegit. / Hluthatarius Caesar, Hludowici filius almi, / Heroldi natum sustulit a latice; / Regis honoratos proceres relevantque decorant, / Ast alios plures turba levavit aquis,* Ermoldus Nigellus, IV, S. 68, V. 359-366.

Herrschaft zählten.[449] Zu den diesbezüglich relevanten Taufgaben gehörten dabei unter anderem eine Krone, ein reich geschmückter purpurner Mantel und ein Schwert.[450] Nach der feierlichen Annahme des Christentums empfing Harald also sogleich die Ausstattung mit seinen neuen Herrschaftsinsignien. Erst am darauf folgenden Tag kam es, laut Ermoldus, im Anschluss an eine große Jagd[451] zum Kommendationsakt zwischen dem Kaiser und dem konvertierten König. Wenngleich der Bericht des Ermoldus sprachlich sperrig und inhaltlich stilisierend anmutet, so finden sich auch in der Beschreibung des Kommendationsaktes wertvolle Hinweise, die Aufschluss über den politischen Hintergrund des Handganges zu liefern im Stande sind. Zu den hervorzuhebenden Gesichtspunkten des Handgangs zählen die Unterordnung Haralds unter die zugleich weltliche und geistliche Oberhoheit Kaiser Ludwigs.[452] Diese Doppelung entspricht auch den beiden sowohl räumlich als auch zeitlich getrennten Vorgängen der Unterordnung Haralds beziehungsweise der Annahme Haralds durch Ludwig den Frommen. Einerseits fungierte Ludwig in geistlicher Sphäre als Taufpate Haralds, wodurch sich die erste vertikale Beziehung zwischen beiden ergab. Andererseits nahm Ludwig seinen dänischen Taufsohn durch den Kommendationsakt auch als seinen weltlichen Gefolgsmann auf und war ihm in mehrfacher Hinsicht vorangestellt. Die beschriebenen hierarchisch geordneten Taufpatenschaften zwischen fränkischem und dänischem Hofe trugen ebenfalls ihren Teil dazu bei, das Band zwischen Kaiser und dänischem Thronanwärter zu stärken. Die Beschreibung des Handgangs bereichert Ermoldus um die vermeintliche Vereinigung des dänischen mit dem fränkischen Reich, was wohl dem glorifizierenden Charakter des Lobgedichts geschuldet sein dürfte.[453] Die jeweilige Motivation der beiden Herrscher Ludwig und Harald im Jahre 829 wird

---

449 *„Im Anlegen des Königsornates mit Schwert, Gürtel und Krönung vollzog sich zweifellos der altvertraute Einsetzungs- bzw. Adoptionsritus"*, Angenendt, Kaiserherrschaft, S. 217.

450 *Consertam clamidem gemmis seu murice rubro, / Aureus in gyro quam quoque limbus arat. / Dat lateri insignem Caesar, quem gesserat, ensem, / Aurea quem comunt cingula rite data. / Aurea mox geminos constringunt vincla lacertos, / Foemora gemmatus balteus eius obit; / Et caput insigni donatur rite corona*, Ermoldus Nigellus, IV, S. 68, V. 375-381. Jussen, Kinship, S. 205ff hat darauf verwiesen, dass diese Praxis des einseitigen Beschenkens im Kontext der Taufe bei den Karolingern die Unterordnung der Getauften noch verdeutlichte, da sie durch die Geschenke zusätzlich in die Pflicht ihrem Taufpaten gegenüber genommen wurden. Jussen verweist hierbei auch auf die Taufpatenschaften Karls des Großen für den Sachsen Widukind und Karls des Dicken für den Dänen Gottfried, wobei sich Letzterer in einer weitaus komfortableren Situation als Harald Klak oder Widukind befand, da er nicht als Bittsteller bzw. Besiegter auftrat, sondern als mächtiger Widersacher. Vgl. hierzu auch: Ebd., S. 219f. In allen drei Fällen verdeutlichte die Geschenke jedoch die vom Täufling anerkannte Stellung des Taufpaten.

451 Scharff, Thomas, Die Kämpfe der Herrscher und der Heiligen: Krieg und historische Erinnerung in der Karolingerzeit, Darmstadt 2002, S. 125 verweist zwar auf die Möglichkeit von gemeinsamen Jagden als Abrundung von frisch geschlossenen Bündnissen, jedoch betont er für diese besagte Jagd die ungleiche Stellung Ludwigs und Haralds.

452 Ermoldus legt Harald in seiner Darstellung Worte der Unterordnung in den Mund, zu denen auch die Anerkennung des kaiserlichen Führungsanspruchs zählt. *Credo quidem, in terris vos nunc caput esse bonorum, / Cristicolum imperii rite tenere decus*, Ermoldus Nigellus, IV, S. 74, V. 591f.

453 *Mox manibus iunctis regi se tradidit ultro, / Et secum regnum, quod sibi iure fuit. / Suscipe Caesar, ait, me, nec non regna subacta: / Sponte tuis memet confero servitiis! / Caesar at ipse manus manibus suscepit honestis; / Iunguntur Francis Denica regna piis*, Ermoldus Nigellus, IV, S. 75, V. 601-606. Nicht umsonst umschreibt Jong, The Penitential State, S. 90 die Umstände der Taufdarstellung bei Ermoldus als Höhepunkt dessen Bestrebens Ludwig den Frommen als *christianissimus imperator* darzustellen.

nachfolgend noch diskutiert werden, jedoch bleibt nicht ernsthaft anzunehmen, dass die Kommendation Harald Klaks einen Herrschaftsanspruch des fränkischen Kaisers über die Dänen begründet hätte. Nach dem Handgang wurde Harald abermals mit reichen Gaben ausgestattet. Zu diesen Gaben gehörten neben Gebietszuweisungen auch weitere Insignien, die das neue Verhältnis zwischen Kaiser und Dänenkönig symbolisierten. Hierzu sind neben einem nicht namentlich benannten angrenzenden Landgut auch ein Pferd samt Waffen zu zählen, was nicht nur die neu entstandene „Lehnsbeziehung" symbolisierte, sondern die Verbundenheit zwischen beiden nochmals dadurch stärkte, dass „*Ludwig der Fromme bei der Verteilung der Reichsprovinzen an seine Söhne, die dann im staatsrechtlichen Sinne gleichfalls als Vasallen erscheinen*"[454] in gleicher Weise verfuhr. Gegen eine Deutung der Vorgänge um Harald Klak im Jahre 826 und die Deutung von Mitteis, dass Ludwig der Lehnsherr seiner Söhne gewesen sei, wendet sich Kasten, der im Rahmen der vorliegenden Dissertation zuzustimmen ist.[455]

Vor seiner Rückkehr nach Dänemark erhielt Harald noch Devotionalien und andere für die christliche Liturgie erforderliche Gegenstände sowie geistliche Begleiter, die gewiss die korrekte Ausübung der Glaubenspraktiken gewährleisten und die Mission vorantreiben helfen sollten.[456] Bei seiner Abreise hinterließ Harald darüber hinaus seinen Sohn und einen Neffen am fränkischen Hofe, die in zweierlei Hinsicht für den Kaiser von Interesse gewesen sein dürften.[457] Zunächst stellten Haralds Sohn und Neffe Geiseln dar, die das Bündnis mit dem Kaiser nochmals bekräftigten, und darüber hinaus konnte durch die höfische Unterweisung der beiden jungen Dänen in der Lebensweise der Franken gefördert werden, dass sich mit wachsender Wahrscheinlichkeit auch in der auf Harald Klak folgenden Generation der dänischen Königssippe zum entsprechenden Zeitpunkt potentielle und nach eigenem Gusto geformte Bündnispartner für das Frankenreich würden finden lassen.[458]

Aus den zusammengetragenen Berichten über die Taufe und Kommendation Harald Klaks ergibt sich ein ziemlich genaues Bild der Ereignisse von 826. Die Schilderungen zeigen, so unterschiedlich sie in ihrer Detailgenauigkeit und Darstellung auch sein mögen, welche

---

454 Mitteis, Lehnrecht und Staatsgewalt, S. 71. Laut Angenendt, Taufe und Politik, S. 156 sind die beschriebenen Symbolhandlungen als Ausgestaltung der Patenschaft Ludwigs des Frommen zu sehen, der dadurch die politische Komponente von Harald Klaks „*Vertragstaufe*" – im Sinne einer durch den Taufakt besiegelten Übereinkunft der beiden – verdeutlichen wollte.

455 Kasten, Das Lehnswesen, S. 347f.

456 Klapheck, Der heilige Ansgar, S. 68f geht davon aus, dass Haralds geistlicher Beistand Ansgar bei dieser ersten Skandinavienreise wichtige Grundlagen für seine spätere Missionstätigkeit in Nordeuropa erwarb, wozu nicht nur „*Kenntnisse im Umgang mit den skandinavischen Herrschern*" zählten, sondern auch das Erlernen der dänischen Sprache.

457 *Navibus aequatis tandem velisque novatis / Cum licitu Heroldus intrat honore ratem, / Filius atque nepos ipsius regis in aula / Excubiis vigilant, Francica iura colunt*, Ermoldus Nigellus, IV, S. 75f, V. 627-630.

458 Die nachfolgenden Generationen von Dänen in fränkischen Diensten werden im weiteren Verlauf dieser Dissertation noch thematisiert werden. Es lässt sich an dieser Stelle allerdings bereits vorweg nehmen, dass die Integration einzelner dänischer Großer in das Frankenreich Probleme mit sich bringen sollte, die 826 noch nicht absehbar waren. Vgl. S. 141-150.

Motivation sich hinter dem Glaubenswechsel des dänischen Thronanwärters verbarg. Harald Klak konnte die berechtigte Hoffnung hegen, durch den Übertritt zum Christentum als Taufsohn Kaiser Ludwigs[459] in der Gunst seines Taufpaten zu steigen, was ihm wiederum die Aussicht eröffnete, in der Folgezeit mehr Unterstützung von Seiten des Kaisers für seinen Thronanspruch zu erhalten.[460] Haralds Motivation dürfte auf diese Weise hinreichend zu erklären sein.[461] Haralds Situation in Dänemark schien sich offenbar zunehmend zu verschlechtern, was auch durch seine bereits ein Jahr nach der Taufe erfolgte Verdrängung aus seiner Heimat nahe gelegt wird. Die bisherige Unterstützung durch Kaiser Ludwig hatte sich, wie beschrieben, in Grenzen gehalten. Damit ist es durchaus berechtigt, aus der Perspektive Haralds von einer „*Flucht nach vorn*"[462] zu sprechen.

Aus der Sicht Ludwigs des Frommen stellen sich die Ereignisse von 826 allerdings anders dar. Während Harald sich offensichtlich in einer zunehmend verschlechternden Situation befand, die ihm nicht mehr viele Möglichkeiten ließ und ihn schließlich geradezu zum Glaubensübertritt nötigte, konnte Ludwig in jener Situation ohne Bedrängnis handeln.

---

459 Seegrün, Papsttum und Skandinavien, S. 22 hat mit einer gewissen inneren Logik vermutet, dass „*die Taufnahme Haralds*" auf die Tätigkeit Ebos von Reims zurückzuführen sein könnte. Vgl. hierzu auch: Göbell, Christianisierung des Nordens, S. 69. Dies erscheint insofern sinnvoll, als dass man eine Vermittlertätigkeit Ebos vermuten könnte, die den Kontakt zwischen Kaiser und Dänenkönig aufrecht erhielt und letztlich die Taufe erleichterte, welche allerdings für sich allein genommen aus sachlichen Zwängen erklärt werden kann.

460 Wenngleich Haralds Taufe und Kommendation nach den Vorstellungen des christlich-fränkischen Kulturkreises erfolgten, so ist eine künstliche Versippung jener Kultur, aus der Harald stammte, keineswegs fremd gewesen. Buisson, Formen normannischer Staatsbildung, S. 95ff hat vielmehr darauf hingewiesen, dass die Sippenverwandtschaft ein äußerst wichtiger Bestandteil der skandinavischen Lebenswerte gewesen sein dürfte. Demnach war Harald Klak der Ablauf seiner Taufe und Kommendation vielleicht fremd, allerdings war das dahinter stehende Leitmotiv der Kompaternität für ihn gewiss nichts völlig Fremdes.

461 „*Im Jahre 826 kam Harald Klak, ein verbannter dänischer König, nach Süden, um sich taufen zu lassen. Er hoffte, dann bei der Rückkehr in die Heimat mit fränkischer Unterstützung die Vorherrschaft über die Häuptlinge, die ihn verbannt hatten, erlangen zu können*", Brown, Entstehung des christlichen Europa, S. 348. Abgesehen vom problematischen Kontrast zwischen dem „König" Harald Klak und den dänischen „Häuptlingen", ist jedenfalls der Einschätzung zuzustimmen, Harald habe auf fränkische Unterstützung bei seinem Herrschaftsanspruch gehofft. Ferner wurde bereits aufgezeigt, dass Harald wohl noch nicht aus Dänemark „verbannt" worden war oder sich auf der Flucht befand, sondern vielmehr durch die Taufe seine Lage in Dänemark bewusst zu verbessern suchte, um einer möglicherweise drohenden Vertreibung vorzubeugen. An dieser Stelle erscheint es außerdem angebracht folgendes Zitat zu erwähnen. „*So besteht kein Zweifel, daß das Christentum im Zeitalter Ansgars für den dänischen König Harald Klak sowohl in materieller, politischer als auch in religiös-geistiger Hinsicht attraktiv war, so daß er das Christentum nach seiner Taufe 826 in Mainz dort wirklich abholte*", Staats, Reinhart, Missionsgeschichte Nordeuropas: Eine geistesgeschichtliche Einführung, in: Müller-Wille, Michael (Hg.), Rom und Byzanz im Norden: Mission und Glaubenswechsel im Ostseeraum während des 8.-14. Jahrhunderts, Bd. 1, Stuttgart 1997, S. 12. In materieller Hinsicht lohnte sich Haralds Glaubenswechsel zweifelsfrei und er hatte auch berechtigten Grund anzunehmen, dass sich außerdem seine politische Situation durch die Taufe bessern würde. Eine Aussage bezüglich einer etwaigen religiös-geistigen Motivation Harald Klaks lässt sich m.E. allerdings nicht treffen. Zur archäologischen Forschung in Birka und der Bedeutung des Ortes in der Wikingerzeit siehe zusammenfassend: Ambrosiani, Björn / Clarke, Helen, Birka and the Beginning of the Viking Age, in: Wesse, Anke (Hg.), Studien zur Archäologie des Ostseeraumes: Von der Eisenzeit zum Mittelalter, Neumünster 1998, S. 33-38.

462 Ernst, Karolingische Nordostpolitik, S. 94.

Indem Ludwig Harald als Taufsohn und als Gefolgsmann[463] an sich band sowie die Familie des Dänen durch den Taufakt und die Aufnahme von Haralds Sohn und Neffen am fränkischen Hof ebenfalls näher an sich heranrückte, eröffneten sich ihm neue Optionen in der Nordpolitik.[464] Die Situation in Dänemark hatte sich nach dem Tode Göttriks 810 nicht mehr nachhaltig stabilisiert. Das Ende der kurzen Herrschaft Hemmings, so vielversprechend ihr Anfang aus fränkischer Sicht auch gewesen sein mag, verdeutlichte bereits, dass Dänemark früher oder später wieder eine Gefahr oder zumindest ein Ärgernis für das Frankenreich darstellen würde. Die Thronstreitigkeiten zwischen den Halfdan- und Göttriksöhnen gewährleisteten zwar, dass die Dänen für diese Zeit kein ernst zu nehmendes Problem für das fränkische Reich darzustellen vermochten, allerdings barg die Zeit nach den Thronkämpfen aus fränkischer Sicht erneut eine drohende Ungewissheit in sich.

Das Verhältnis des Kaisers zu den Halfdansöhnen war augenscheinlich ein besseres als zu deren Widersachern, weshalb die Franken selbstverständlich lieber Harald Klak als dänischen König gesehen hätten. Durch das Herantreten Harald Klaks an Ludwig den Frommen eröffnete sich für den Kaiser schlichtweg eine neue Option in der Außenpolitik, die er durch die Taufe und Kommendation des dänischen Thronanwärters noch weiter ausbaute.[465] Die Unterstützung für Harald Klak barg für Ludwig neue Möglichkeiten in sich,

---

463 Angenendt, Kaiserherrschaft, S. 221 hat mit Recht darauf hingewiesen, dass die Taufe Harald Klaks eine „doppelte »fidelitas Dei et regis« zum Ausdruck [brachte] [...] und nicht allein eine »fidelitas ecclesiae«". In Hinblick auf die Taufe nachfolgender Dänen im Frankenreich argumentiert Angenendt, Kaiserherrschaft, S. 313 auf ähnliche Weise: „Was im letzten erstrebt wurde, war die »fidelitas Dei et regis«, daß nämlich der Glaube an Gott zugleich auch Treue zum christlichen Herrscher bedeutete. Für diese doppelte 'fidelitas' war die Taufe unter der Patenschaft des christlichen Herrschers genau das rechte Ritual". Laut Kasten, Das Lehnswesen, S. 347f ist in der Taufe und Kommendation Harald Klaks keine Bildung einer Vasallitätsbeziehung zu sehen, sondern ein politisches Bündnis „zwischen ungleichen Partnern", dessen Huldigungsritual im Jahre 826 aufwendig vollzogen wurde.

464 Buisson hat darauf verwiesen, dass sich das fränkische „Lehnswesen" grundlegend von dem skandinavischen Modell von Landvergabe unterschieden habe. Er betont für das fränkische „Lehnswesen" die starke Bindung zwischen Herrn und Vasall, die ihren Ausdruck dadurch findet, dass erst durch den Treueschwur des Vasallen dem Lehnsherrn die ideelle Grundlage für die Vergabe von „Land oder Herrschaft über Land" gegeben ist. „Das Lehnsband verknüpft deshalb, schon über das dingliche Substrat, nur den Vasallen mit dem Herrn, nicht aber deren beiderseitige enge Verwandtschaft zu gegenseitiger Hilfe wie bei nordischen Familienverbindungen", Buisson, Formen normannischer Staatsbildung, S. 121. Ungeachtet dessen hat Ludwig der Fromme durch die Einbeziehung von Harald Klaks Familie und Gefolge in den Taufakt und die Aufnahme von Haralds Sohn und einem seiner Neffen am Kaiserhof dafür gesorgt, dass die Bindung zwischen ihm und seinem dänischen Patensohn deutlich über das Maß einer reinen „Vasallitätsbindung" hinausging und damit auch den weiteren Familienkreis Haralds einbezog. Angenendt, Kaiserherrschaft, S. 126 weist darauf hin, dass „das Kompaternitätsbündnis so oft angewandt worden ist", weil es eine „Affinität mit bereits älteren Praktiken der Verwandtschaftsbildung" aufweise. „Die bei den Nordgermanen festzustellende »Ziehsohnschaft« hatte neben ihrer »vertikalen« Bindung gleichfalls eine »horizontale« und entsprach damit der erweiterten »horizontalen« Kompaternität. Auch der Ziehvater war in zweifacher Weise gebunden, an den Ziehsohn wie an dessen Vater". Die Aufnahme von Harald Klaks Sohn und seinem Neffen dürfte also eine Maßnahme gewesen sein, die auch der dänischen Kultur nicht fremd und damit geeignet war, das Bündnis zwischen dem fränkischen Kaiser und dem dänischen Thronanwärter auf eine Weise zu bekräftigen, die den Vorstellungen beider Kulturen entsprach.

465 Die Bedeutsamkeit des bei diesen Vorgängen zur Schau getragenen Prunks und die damit verbundene mögliche Strahlwirkung in Hinblick auf andere dänische Große ist nicht zu unterschätzen. „We should bear in mind too that

121

die er sich politisch folgerichtig bewahrte. Von einem konkreten Machtanspruch Ludwigs auf Dänemark[466] kann daher wohl kaum die Rede sein und schon gar nicht von einer vermeintlichen „Infiltration"[467] des nördlichen Nachbarn. Auch die Unterstellung, Ludwig habe sich mit Harald einen *„dänischen Unterkönig"*[468] schaffen wollen, erscheint wenig überzeugend.[469] Die eben erwähnten Deutungen haben vor allem gemeinsam, dass sie äußerst eindimensional ausgerichtet sind. Sie lassen außer Acht, dass es sich bei den handelnden Personen um denkende Individuen gehandelt haben könnte, die sich der Realität ihrer Gegenwart gewahr gewesen sein dürften und daher wahrscheinlich nicht mit eindimensionalen Erklärungsmustern schlüssig analysiert werden können. Harald Klaks

---

though ninth-century Christendom was weak and vulnerable there was also much about its style and trappings that was impressive, even awesome. The encounter at Ingelheim in 826 was carefully staged to impress Harald Klak with the might of Frankish power. [...] And if Christian trappings were impressive, surely, too, the God who gave them? [...]", Fletcher, Conversion of Europe, S. 374.

466 Bei Kaufhold, Europas Norden, S. 18 klingt ein Plan Ludwigs des Frommen an, der sich bereits in der Taufe Harald Klaks manifestiert habe. Diesem Plan zufolge habe Ludwig bereits durch seine Taufpatenschaft für Harald das Ziel verfolgt, Dänemark zu einem vom Kaisertum abhängigen Königreich zu machen. Um dies zu belegen führt Kaufhold die beabsichtigte Integration der dänischen Bistümer in die Reichskirche unter dem Metropoliten Hamburg an. Eine Verbindung zwischen dem Missionsbistum Hamburg und Haralds Taufe herzustellen erscheint im Rückblick nahe liegend und grundsätzlich auch denkbar, allerdings sind der unklare zeitliche Ablauf und die schwerlich rekonstruierbaren kausalen Zusammenhänge Gründe für eine kritische Betrachtung jener Darstellungsweise. Wie in der Auseinandersetzung mit der Rolle Hamburgs in der Reichskirchenpolitik noch verdeutlicht werden wird, ist unklar, seit wann ein Plan für jenes Erzbistum Hamburg mit klarem Missionsauftrag in Jütland bestanden hat. Zweifellos wurde Hamburg unter Erzbischof Ansgar zu einem solchen Missions- und Machtwerkzeug, allerdings ist der Zusammenhang mit der Taufe Harald Klaks strittig. Der Hamburger Erzbistumsplan kann je nach Lesart bereits Karl dem Großen zugeschrieben werden. Es ist denkbar, dass Ludwig diesen Plan seines Vaters ebenso aufgriff, wie er bereits die väterliche Praxis im Umgang mit auswärtigen Thronanwärtern übernommen hatte. Dennoch erscheint es an dieser Stelle sicherer, wenn man zunächst von zwei getrennten Vorgängen ausgeht. Die Taufe Harald Klaks hatte, wie aufgezeigt wurde, ihre eigene innere Logik, ebenso wie die Gründung eines Erzbistums Hamburg. Ein enger Zusammenhang zwischen den beiden Vorgängen erscheint erscheint nicht zwingend. Zum Zeitpunkt der Gründung des Erzbistums Hamburg war schließlich die kaiserliche „Option Harald Klak" bereits an der Realität der Entwicklungen in Dänemark gescheitert, weshalb denkbar ist, dass es sich bei der Erzbistumsgründung um einen Ausweichplan Ludwigs handelte, der durch das Scheitern Haralds nur noch notwendiger erschien.

467 Der Verweis auf angeblich unternommene Infiltrationsversuche von Seiten der Franken findet sich bei Roesdahl, Viking Age Denmark, S. 206, die sowohl die von den Franken geförderte christliche Mission in Dänemark als auch verschiedene Ereignisse bezüglich der außenpolitischen Interaktion zwischen den beiden benachbarten Reichen, mit der sich die vorliegende Arbeit befasst, als Ausformungen einer perfiden Strategie zur Unterwanderung des nördlichen Nachbarn wertet. Dazu wäre daher ebenfalls die Taufe Harald Klaks zu zählen, was leider insgesamt eine eingefärbte Darstellungsweise erkennen lässt. Gerade Ludwig der Fromme jedoch verdeutlichte durch sein Handeln, dass er wohl kein allzu aktives Interesse an einer Einverleibung Dänemarks in seinen Machtbereich hatte. Es war außerdem Harald Klak, der aus eigenem Antrieb und eigener Not die Nähe zum Kaiser suchte. Man kann Ludwig dabei keinesfalls vorwerfen, dass er, zumal damit in der Tradition seines Vaters stehend, diesen auswärtigen Prätendenten aufnahm und mit überschaubaren Mitteln unterstützte. Die von Karl begünstigten Thronanwärter Abdallah, Theodor-Capcan und Eardulf geben immerhin auch keinen Anlass zu glauben, dass der Kaiser an einer Einverleibung der jeweiligen Heimatländer dieser Prätendenten interessiert gewesen sei. Dänemark stellte beizeiten schlichtweg ein nicht zu ignorierendes Problem für den Kaiser dar, weshalb er sich verständlicherweise bei Gelegenheit in die inneren Angelegenheiten des Nachbarn einzumischen bereit war. In diesem Zusammenhang erschiene es angebrachter, von einer durch die Franken beabsichtigten Einbeziehung der Dänen in eine geordnete Nordostpolitik zu sprechen, als von einer „Infiltration". Der Umstand, dass Harald Klak mit hoher Wahrscheinlichkeit von Ludwig dem Frommen, Vertretern des fränkischen Reiches und des

Taufe gingen mehrere Jahre fränkisch-dänischer Beziehungen voraus, die sowohl Ludwig als auch Harald vermittelt haben müssen, dass eine einfache und schnelle Lösung im seit Göttriks Tod praktisch unablässig wütenden dänischen Thronstreit unrealistisch war.

Ludwig kam die Taufbereitschaft Haralds schlichtweg gelegen, weshalb er sie auch bereitwillig aufgriff, so unwahrscheinlich es gleichsam erscheinen musste, dass jener bereits mehrfach gescheiterte dänische Teilkönig doch noch die Vorherrschaft über Dänemark würde erringen können. Neben der geringen Chance auf eine erfolgreiche Throneroberung Harald Klaks eröffnete die Unterstützung für den dänischen Thronanwärter auch die Möglichkeit, dass Dänemark weiterhin in den Wirren des eigenen Thronstreits verharren mochte, wodurch die Gefahr, die Dänemark pontentiell für das Frankenreich darstellte, fortlaufend gehemmt würde. Von einem konkreten fränkischen Plan, Harald Klak tatsächlich in dessen Heimat an die Macht zu bringen, ist indes nicht auszugehen.[470] Eine militärische Unterstützung Harald Klaks dürfte nicht im Interesse Ludwigs des Frommen gelegen haben, da der damit zu erbringende Einsatz weitaus höher gewesen wäre, als der realistisch zu erwartende Gewinn. Die fränkische Unterstützung für den Thronanwärter machte für

---

Christentums nachhaltig zum Glaubenswechsel motiviert wurde, sollte nicht überinterpretiert werden. *„The first Scandinavian king to be baptized, a Danish king Harald Klak, did so in the face of the political pressure of the Carolingian empire"*, Simek, Germanic Religion, S. 96. Selbst wenn man politischen Druck von Seiten der Franken unterstellt, so kann dies doch nicht darüber hinweg täuschen, dass aus Sicht Harald Klaks Sachzwänge ausschlagend und ausreichend für seine Entscheidung gewesen sein dürften.

468 Brown, Entstehung des christlichen Europa, S. 349 behauptet außerdem, dass nach der Unterwerfung der Friesen durch Karl Martell und der Sachsen durch Karl den Großen, nun Harald Klak *„durch fränkischen Reichtum und fränkisches Christentum unterstützt, in Dänemark dem Königtum größere Macht verschaffen"* sollte, um Dänemark als ein vom Kaiser abhängiges Unterkönigtum zu regieren. Siehe zur Funktionsweise einer *„indirekten Oberherrschaft"*, die zumindest u.U. als Vorstufe einer *„direkten Oberherrschaft"* fungieren konnte: *„Eine indirekte Oberherrschaft beruht allein auf der Anwendung der hier besprochenen Leistungsforderungen [Geiselstellung, Geschenke, Tributzahlungen, Hoffahrtspflicht, Heeresfolge] und den personalen Beziehungsformen [Vasallität, Heirat, Bildung einer amicitia, Taufpatenschaft], die als Ausdruck gegenseitiger Loyalität zu werten sind. Für ihre Einhaltung wird dem betroffenen Oberhaupt eines gentilen Verbandes oder regnum die politische und territoriale Autonomie, die dominatio regionis, belassen. Politische Oberherrschaften tragen aber den Keim der Instabilität in sich; entweder es gelingt dem Oberherrn mit der Zeit seinen Einfluß auf das unterworfene Territorium zu verstärken und es an sein Reich anzugliedern, oder er muß Selbständigkeitsbestrebungen des ehemals unterlegenen Partners nachgeben, der damit seine Unabhängigkeit zurückgewinnt"*, Wavra, Missionspolitik, S. 33. Wavra geht überdies davon aus, dass Ludwig tatsächlich beabsichtigte, die Dänen in den fränkischen Reichsverband zu integrieren, ebd., S. 268.

469 Die dänische Historiographie war aufgrund von Autonomiebestrebungen natürlich darum bemüht, den Einfluss der Franken auf das dänische Reich im 9. Jahrhundert möglichst gering darzustellen, was abgesehen von der Person Harald Klaks nicht schwer fiel. Ein Beispiel für die Relativierung fränkischen Einflusses findet sich etwa im Chronicon Lethrense aus dem 12. Jahrhundert. *Attestatur equidem nobis antiquorum memoria, predictas partes istas, Juciam, Feoniam, Scaniam et Withesleth, a nullo extitisse subiectas, excepto tantum Lodowico, cuius pace et beniuolencia baptizato Haroldo rege apud Magunciam Dani christianitatem receperunt; aliter nec suo subsequente nec antecessore aliquo unquam erant subiecte, sed resistentes quibusque inuadentibus inuise ab omnibus in principio permanserunt*, Chronicon Lethrense, II, S. 44.

470 Vgl. dagegen Padberg, Christianisierung Europas, S. 112: *„Unterstützt von fränkischem Reichtum und fränkischem Christentum, sollte Harald nun als machtvoller König für Ruhe an der Nordgrenze sorgen. [...] Da Ludwig nicht gewillt war, sein Patenkind auch militärisch zu unterstützen, konnte Harald sich nicht durchsetzen"*.

Ludwig den Frommen damit nur Sinn, solange sie sich nicht allzu aufwendig gestaltete.

Für Harald hingegen war der Glaubensübertritt vielleicht die letzte verbliebene Möglichkeit, um seine aussichtslose Lage noch einmal zu verbessern, was schließlich auch gelang, da er immerhin ein *beneficium* in für ihn strategisch wertvoller Lage zugesprochen bekam und weiterhin die vage Hoffnung hegen durfte, eines Tages bei günstigerer außenpolitischer Konstellation und fränkischer Unterstützung doch noch in Dänemark Fuß fassen zu können.[471] Betrachtet man die Ereignisse von 826 unter diesen Gesichtspunkten, so erscheint das Handeln der betreffenden Personen nicht nur nachvollziehbar, sondern auch im Einklang mit der Realität ihrer Zeit. Sowohl Ludwig als auch Harald sicherten sich 826 ab, da beide zumindest hoffen durften, auf gewisse Weise von der Taufe und Kommendation Haralds zu profitieren. Der Lauf der Geschichte zeigt auf, dass Harald den größeren Gewinn aus seiner Taufe zog, allerdings profitierte auch Ludwig, da er Harald Klak selbst nach dessen Scheitern im Thronkampf als außenpolitische Option in der Hinterhand behalten konnte.

IV. 3 Das Geschlecht Halfdans nach 828

Nachdem bisher die Geschicke der Halfdansöhne bis zum endgültigen Scheitern Harald Klaks im dänischen Thronstreit behandelt wurden, soll im Folgenden untersucht werden, wie sich die Integration der Exildänen ins Frankenreich nach 828 gestaltete. Die bisher gesammelten Informationen zum Familienzweig der Halfdansöhne sollen zuvor an dieser Stelle noch einmal kurz zusammengetragen werden. Nachdem im langjährigen Thronstreit um die dänische Königskrone zunächst 812 der Halfdansohn Anulo im Kampf gegen den konkurrierenden Prätendenten Sigifrid gefallen war, bestiegen dessen Brüder Harald Klak und Reginfrid den Thron. Während ihrer kurzen Herrschaft erfahren wir von einem dritten verbliebenen Halfdansohn, Hemming dem Jüngeren, der sich zum Zeitpunkt des Herrschaftsantritts seiner Brüder im Frankenreich befand. Nachdem Harald Klak und Reginfrid darum gebeten hatten, ihren Bruder aus der Obhut des Kaisers zurück in die Heimat überbringen zu lassen, kam Karl der Große diesem Ansinnen 813 anlässlich eines Friedensschlusses nach. Durch die Rückkehr der vertriebenen Göttriksöhne aus ihrem

---

471 Mit Recht hat Wood, Christians and pagans, S. 55 darauf hingewiesen, dass man in diesem Zusammenhang den utilitaristischen Nutzen von Haralds Taufe nicht außer Acht lassen darf, wenn man sich mit den Hintergründen des Jahres 826 befasst. *„If, however, religion was essentially utilitarian, it is important to examine when and how the power of a particular cult was assessed. For the most part the political context of any such assessment eludes us, although Harald Klak's decision to see how Christianity functioned within the Frankish empire as a result of Ebo's mission must be set against his need for allies against the sons of Godofrid".* Auch laut Ernst, Karolingische Nordostpolitik, S. 93 *„war die Kommendation Haralds weniger der hoheitlichen Überlegenheit des Reiches und deren »ergebener« Anerkennung durch ihn zu danken als vielmehr seiner eigenen politischen Schwäche, für die er den Preis der Huldigung und damit der selbstgewählten Abhängigkeit zu zahlen bereit war, um sich so der zu erwartenden fränkischen Hilfe bei der Rückgewinnung seiner Herrschaft zu versichern".*

schwedischen Exil wurde der Thronstreit jedoch erneut angefacht[472] und die Halfdansöhne mussten bereits in jenem Jahr 813 die Verdrängung aus ihrer Herrschaft hinnehmen. Der darauf folgende Versuch, die Macht in Dänemark wieder an sich zu reißen, kostete Reginfrid 814 das Leben. Damit dürfen wir ab jenem Jahr, in dem sich Harald zu Ludwig dem Frommen flüchtete, davon ausgehen, dass nur noch zwei lebende Halfdansöhne übrig waren. Im Zentrum der fränkischen Aufmerksamkeit, zumindest gemessen an der Wahrnehmung der Quellen, stand seitdem nur einer der beiden Brüder, nämlich Harald Klak, der noch mindestens bis zum Jahre 828 um die Wiedergewinnung seiner Herrschaft kämpfte und erst danach in den Quellen schwerer zu fassen ist. Hemming hingegen tritt bereits nach 813 in den Hintergrund und ist für die heutige Geschichtsforschung noch weit schwieriger greifbar.

IV. 3. 1 Harald Klak und Harald der Jüngere

Nach Haralds gescheitertem Versuch, die fränkisch-dänischen Friedensverhandlungen von 828 zu stören, verschwindet er für mehrere Jahre aus dem Blickfeld der Quellen. Seine letzte Erwähnung in den Reichsannalen beschäftigt sich mit seiner eben erwähnten Intervention[473] des Jahres 828, während die Vita Anskarii Harald in Zusammenhang mit der Abberufung Ansgars zur Schwedenmission nennt, was auf das Jahr 829 hindeutet.[474] Die nächste Erwähnung eines Dänen namens Harald findet sich erst wieder für das Jahr 841. Die Annalen von St. Bertin berichten, dass Lothar I. einen gewissen Harald für die fortgesetzten Angriffe, die er gegen die friesische und andere Küstenregionen zum Schaden Ludwigs des Frommen über Jahre hinweg ausgeführt habe, mit Walcheren und angrenzenden Gebieten als *beneficia* belohnte.[475] Für das Jahr 842 berichtet Nithard ergänzend von einem Harald, der sich im Gefolge Lothars I. bei dessen Kampf gegen seine Brüder Ludwig den Deutschen und Karl den Kahlen befand.[476]

---

472 In Hinblick auf die anhaltenden inneren Thronkämpfe bei den Dänen fühlt man sich an die harsche Kritik in der Slawenchronik Helmold von Bosaus erinnert, der über die Dänen schrieb: *Solis enim civilibus bellis prepollent*, Helmold von Bosau, Cronica Slavorum, I, 51, S. 102, Z. 6f.

473 Ann. reg. Franc., 828, S. 175.

474 Rimbert, Vita Anskarii, 10, S. 31.

475 *Herioldo, qui cum ceteris Danorum pyratis per aliquot annos Frisiae aliisque christianorum maritimis incommoda tanta sui causa ad patris iniuriam invexerat, Gualacras aliaque vicina loca huius meriti gratia in beneficium contulit*, Ann. Bert., 841, S. 26. Vgl. hierzu: *Insuper autem Lodharius Nortmannos causa subsidii introduxerat partemque Christianorum illis subdiderat, quibus etiam, ut ceteros Christianos depraedarent, licentiam dabat*, Nithard, IV, 2, S. 42. Lund, Allies, S. 47 nimmt an, dass es sich bei dem besagten Dänen um Harald Klak handelte, der damit für die Serie von Überfällen auf Friesland in den 830ern verantwortlich gewesen sei. *„The trouble which Harald is said to have caused Louis to the benefit of his son Lothar consisted, first of all, in the well-known series of attacks on Dorestad in the 830s"*.

476 *Quod cum Otgarius Mogontiae sedis episcopus, Hatto comes, Herioldus ceterique viderunt, quos Lodharius ob hoc inibi reliquerat, ut illis transitum prohibuissent, timore perterriti litore relicto fugerunt*, Nithard, III, 7, S. 39. Es kann nicht zweifelsfrei geklärt werden, ob es sich bei dieser Person um Harald Klak oder seinen ihm

Es ist bezeichnend, dass es zwei Erwähnungen des Ablebens von im Frankenreich befindlichen Dänen namens Harald gibt. Der Bericht der Fuldaer Annalen zum Jahre 850 handelt zwar eigentlich von dem Dänen Rorik, der für den ihm in den fränkischen Quellen zugeschriebenen Machthunger berüchtigt war, aber er liefert auch Aufschluss über den Tod eines Haralds. Von Interesse ist in diesem Zusammenhang damit weniger Rorik selbst als vielmehr die Nachricht, dass jener Rorik, der schon zu den Zeiten Ludwigs des Frommen zusammen mit seinem Bruder Harald den Ort Dorestad als *beneficium* besessen habe, nach dem Tode seines Bruders zu Unrecht beschuldigt und in Haft genommen worden sei.[477] Daraufhin floh Rorik zu Ludwig dem Deutschen ins Ostfrankenreich, um in der Folgezeit als Wikingerfürst das Reich Lothars an der Nordseeküste heimzusuchen. Bei diesen Unternehmungen konnte er genug Macht erlangen, um schließlich Dorestad einzunehmen, wodurch Lothar nicht mehr umhin kam, Roriks Forderungen nachzugeben und dem Dänen Dorestad als *beneficium* zuzusprechen.[478] Bedauerlicherweise gibt es keine genaueren zeitlichen Angaben zum Tode des Rorikbruders Harald an dieser Stelle. Da dieser Harald allerdings nach Ludwig dem Frommen verstarb und Roriks Rückgewinnung seines Benefiziums auf das Jahr 850 datiert wird, bleibt nur festzuhalten, dass dieser Harald definitiv zwischen 840 und 850 verstarb. Eine genauere Bestimmung erscheint schwierig, da die Annales Bertiniani für das Jahr 850 zwar berichten, Rorik sei erst *nuper*[479] von Lothar abgefallen; allerdings birgt dieser Begriff eine gewisse Unschärfe in sich, welche zur Klärung des Todeszeitpunkts Haralds dennoch etwas beitragen kann. Es liegt zwar nahe, dass *nuper* im Sinne von „kürzlich" gemeint ist, allerdings ist die Bedeutung „einst" nicht

verwandten Namensvetter handelte. Vgl.: Sawyer / Sawyer, Welt der Wikinger, S. 124f. Die Notlage Lothars, welche ihn dazu zwang, das Bündnis mit jenem Harald einzugehen, bei dem es sich m.E. nicht um Harald Klak handelte, dürfte ihm zumindest die unmittelbare militärische Unterstützung durch den Wikingerfürsten gesichert haben. Der Preis für diese Unterstützung wäre damit die Übertragung des friesischen Benefiziums von 841 gewesen. Vgl. dazu Anm. 495. Eine gegenläufige Meinung, die davon ausgeht, dass es sich bei Harald Klak und dem in diesem Kontext genannten Harald um ein und dieselbe Person handle, wird von Wood, Chrstians and Pagans, S. 43 vertreten, der durch diese Betrachtungsweise zu dem Schluss gelangt, Harald habe nicht nur auf Seiten Lothars im Kampf gegen seine Brüder gestanden, sondern habe Lothar bereits in den 830ern bei dessen Aufbegehren gegen Ludwig den Frommen unterstützt. „*Harald's own loyalty towards Louis, however, was not above suspicion for he began to assist Lothar in the civil wars of the 830s and for this was given Walcheren in 841*". Ähnlich argumentiert auch Goetz, Landnahmepolitik, S. 14.

477 *Roric natione Nordmannus, qui temporibus Hludowici imperatoris cum fratre Herialdo vicum Dorestadum iure beneficii tenuit, post obitum imperatoris defuncto fratre apud Hlutharium, qui patri successit in regno, proditionis crimine falso, ut fama est, insimulatus tentus et in custodiam missus est*, Ann. Fuld., 850, S. 39.

478 *Unde fuga lapsus in fidem Hludowici regis orientalium Francorum veniens, cum per annos aliquot ibi moraretur et inter Saxones, qui confines Nordmannis sunt, mansitaret, collecta Danigenarum non modica manu coepit piraticam exercere et loca regni Hlutharii septentrionalis oceani litoribus contigua vastare. Venitque per ostia Rheni fluminis Dorestadum et occupavit eam atque possedit; et cum a Hluthario principe sine periculo suorum non posset expelli, cum consilio senatus legatis mediantibus in fidem receptus est ea condicione, ut tributis ceterisque negotiis ad regis aerarium pertinentibus fideliter inserviret et piraticis Danorum incursionibus obviando resisteret*, Ann. Fuld., 850, S. 39. Es ist davon auszugehen, dass bereits Ludwig der Fromme seine dänischen Gefolgsmänner dazu einsetzte, um die Nordseeküste seines Reiches gegen skandinavische Truppenverbände zu verteidigen. Darauf weist das *beneficium* Rüstringen, das an Harald Klak vergeben wurde, ebenso hin, wie der Bericht vom Tode Hemmings des Jüngeren, der noch thematisiert werden wird.

479 *Rorich, nepos Herioldi, qui nuper a Lothario defecerat*, Ann. Bert., 850, S. 38.

gänzlich auszuschließen. Sollte dem Verfasser dieser Quellenpassage lediglich daran gelegen gewesen sein, zum Ausdruck zu bringen, dass sich Roriks Abfall zu einem nicht allzu weit zurückliegenden Zeitpunkt ereignete, was durchaus denkbar ist, dann ließe sich der Tod Haralds wohl vorsichtig und ungefähr auf die Mitte oder die zweite Hälfte der 840er Jahre datieren. Dazu passt auch der Bericht der Fuldaer Annalen, der besagt, Rorik habe zwischen seiner Flucht aus Lothars Reich und der Wiedererlangung seines Benefiziums einige Jahre bei den Sachsen verbracht.[480] Wenn man diesen beiden Quellen in Hinblick auf die Richtigkeit der betreffenden zeitlichen Abläufe Glauben schenkt, so muss man sich dennoch auf grobe Schätzungen begrenzen.

Über die Umstände von Haralds Tod sind den Quellen bedauerlicherweise keine weiteren Informationen zu entnehmen. Da die Quellen Harald keinen Verrat gegenüber den Franken unterstellen, könnte man davon ausgehen, dass er sich vor seinem Tode nicht auflehnte. Darüber hinaus muss offen bleiben, ob er im Abwehrkampf gegen normannische Plünderer starb, dem Bruderkampf der Söhne Ludwigs des Frommen zum Opfer fiel oder unter anderen Umständen den Tod fand. Es bleibt anzunehmen, dass jener Harald in der zweiten Hälfte der 840er Jahre den Tod fand. Für das Jahr 852 berichten die Fuldaer Annalen dann erneut von dem Tod eines Dänen namens Harald. Demzufolge wurde dieser Harald im Norden des Frankenreiches aufgrund von Bezichtigungen, seine Untreue und seinen beabsichtigten Verrat gegen die Franken betreffend, von sächsischen Großen ermordet.[481] Da beide Todesnachrichten aus den Fuldaer Annalen stammen, kann zumindest ausgeschlossen werden, dass es sich hierbei um eine Fehldatierung oder versehentliche Doppelnennung handelt. Damit ist davon auszugehen, dass sich zusätzlich zu Harald Klak noch ein weiterer Däne namens Harald zugleich im Frankenreich aufhielt.

Das Verwandtschaftsverhältnis zwischen dem bereits erwähnten Rorik und Harald Klak ist ein wichtiger Hinweis, um Harald Klak und seinen gleichnamigen Verwandten im Quellenbild unterscheiden zu können. Wie bereits erwähnt, bezeichnen die Fuldaer Annalen Harald als Bruder[482] Roriks. Die Annales Xantenses identifizieren Harald bei ihrer Beschreibung des gleichen Vorgangs im Jahre 850 ebenfalls als Roriks Bruder.[483] Wesentlich ist dabei allerdings, dass die Annales Xantenses von einem jüngeren Harald sprechen, was

---

480 *cum per annos aliquot ibi moraretur et inter Saxones, qui confines Nordmannis sunt, mansitaret*, Ann. Fuld., 850, S. 39.

481 *Herialdus Nordmannus, qui superioribus annis iram domini sui Horic Danorum regis fugiens ad regem Hludowicum se contulit et ab eo benigne susceptus baptizatus ac fidei sacramentis imbutus est, cum per plures annos honorifice inter Francos haberetur, tandem principibus borealium partium et custodibus Danici limitis quasi lubricae fidei et molimine proditionis coepit esse suspectus, unde et ab eis occisus est*, Ann. Fuld., 852, S. 41f.

482 *Roric natione Nordmannus, qui temporibus Hludowici imperatoris cum fratre Herialdo vicum Dorestadum iure beneficii tenuit*, Ann. Fuld., 850, S. 39.

483 *Rorik Nordmannus, frater iam dicti Herioldi iunioris, qui prius a Lothario dehonestatus fugit, Dorestatum repetit, multa mala Christianis fraudulenter intulit*, Ann. Xant., 850, S. 17.

die Notwendigkeit einer namentlichen Unterscheidung zwischen mehreren Dänen namens Harald verdeutlicht. Daraus wird ersichtlich, dass die fränkischen Quellen tatsächlich Kenntnis von zwei verschiedenen Exildänen mit dem Namen Harald hatten. Allerdings bemühten sich offenbar nur die Annales Xantenses um eine klare Differenzierung der beiden betreffenden Dänen. Im Folgenden werden nun auch zur einfacheren Unterscheidung der Personen die Namen Harald Klak und Harald der Jüngere verwendet werden. Dabei gilt es allerdings auch inhaltlich zwischen den beiden zu unterscheiden. Die bereits erwähnte Darstellungsweise der Fuldaer Annalen und der Annales Xantenses legt nahe, dass es sich bei Harald dem Jüngeren um den Bruder Roriks handelte. Harald Klak wiederum könnte, so lässt es sich jedenfalls aus den Annales Bertiniani[484] schließen, der Onkel Roriks und Haralds des Jüngeren gewesen sein. Die Namensgleichheit zwischen Harald Klak und Harald dem Jüngeren bestärkt zudem die Annahme, dass es sich bei den beiden um Onkel und Neffe handelte oder sie zumindest Angehörige desselben Familienzweigs waren, die jedoch verschiedenen Generationen angehörten. Die regelmäßige Wiederkehr von identischen Namen innerhalb der dänischen Königssippe des 9. Jahrhunderts ist anhand der Quellen zu beobachten, wobei offenbar vor allem Onkel und Neffen häufig den gleichen Namen teilten.[485]

Es gilt vorrangig die beiden Fragen zu klären, welcher Harald zu welchem Zeitpunkt starb und inwiefern die beiden Dänen in die innerfränkischen Auseinandersetzungen zwischen den Söhnen Ludwigs des Frommen verwickelt waren. Daraus dürfte auch zu erschließen sein, wie sich die Lebenswege der beiden seit dem Jahre 829 gestaltet haben. Die richtige Zuordnung der Todesjahre erscheint damit ein geeigneter Zugang zu sein, um die offenen Fragen beantworten zu können. Nach Abwägung der Informationen, welche die uns überlieferten Quellen preisgeben, erscheint es wahrscheinlich, dass Harald der Jüngere vor seinem Onkel Harald Klak, also vor 850 verstarb. Darauf deuten nicht nur die Fuldaer Annalen hin, die von Haralds Tod vor dem Jahre 850 berichten und ihn als den Bruder Roriks bezeichnen, sondern auch die geographische Lage der in den Quellen erwähnten *beneficia*. Es erscheint gut möglich, dass die Fuldaer Annalen mit der Behauptung Recht haben, Dorestad sei bereits zur Zeit Ludwigs des Frommen als *beneficium* an Harald den Jüngeren übergeben worden.[486] Die Reichsannalen informieren uns darüber, dass Harald

---

484 *Rorich, nepos Herioldi, qui nuper a Lothario defecerat, adsumptis Nordmannorum exercitibus, cum multitudine navium Fresiam et Batavum insulam aliaque vicina loca per Renum et Vahalem devastat*, Ann. Bert., 850, S. 38.

485 Coupland, Poachers to Gamekeepers, S. 91. Die Namensgleichheit zwischen König Hemming und dem Halfdansohn Hemming dem Jüngeren wurde bereits erwähnt. Abgesehen von dem wiederkehrenden Namen Harald finden sich für das 9. Jahrhundert außerdem noch Beispiele für mehrere dänische Große namens Horik, Siegfried, Halfdan und Godefrid. Die Schreibweisen der entsprechenden Namen variieren dabei gelegentlich je nach Vorliebe des entsprechenden Verfassers. Eine weitere Eigenheit der dänischen Geschichte im 9. Jahrhundert ist darin zu sehen, dass recht häufig bei der Thronfolge ein Neffe auf den Onkel folgt. Dieser Umstand wurde auch vom dänischen Geschichtsschreiber Sven Aggesen in seinem Werk aus dem späten 12. Jahrhundert beobachtet. *Post cuius tempora longo multorum annorum interuallo filii patribus in regno non successerunt, sed nepotes altera parte tamen regali stirpe editi*, Sven Aggesen, Historia brevis regum Dacie, IV, S. 107, Z. 8ff.

486 Ann. Fuld., 850, S. 39.

Klak nach seiner Kommendation Rüstringen als *beneficium* erhielt.[487] Anlässlich seiner Taufe erfahren wir außerdem von seinem Sohn und seinem Neffen, die beide ebenfalls getauft wurden und nach Haralds Rückreise nach Dänemark im Jahre 826 am fränkischen Hof verblieben.[488] Vermutlich war Harald der Jüngere oder eventuell auch Rorik jener besagte Neffe Harald Klaks, welcher am Hofe des Kaisers zurückblieb. Nachdem der Neffe Harald Klaks die Taufe empfangen hatte, mit den fränkischen Gepflogenheiten bei Hofe vertraut gemacht worden war und zudem zwischen dem Jahre 826 und dem Tode Ludwigs des Frommen 840 die Volljährigkeit erreicht haben dürfte, erscheint die Vergabe eines friesischen Benefiziums an einen solchen Neffen plausibel. Das aggressive Verhalten Harald Klaks bei den Friedensverhandlungen von 828 dürfte kaum Anlass gegeben haben, um ihm ein neues oder gar ein weiteres *beneficium* zu übertragen.[489] Gewiss kann Harald Klak nach 828 wieder in der Gunst des Kaisers gestiegen sein, ohne dass dies von den Quellen erfasst wurde, was auch erforderlich gewesen wäre, da Dorestad gewiss ein ertragreicheres *beneficium* darstellte als Rüstringen.[490] Die Berichte über den Tod Hemmings des Jüngeren, Harald Klaks und Harald des Jüngeren deuten allerdings darauf hin, dass jeder der Männer auf dem Gebiet seines Benefiziums oder zumindest in der Nähe desselben starb.[491] Da Hemming den Tod bei der Abwehr eines Wikingerangriffs auf Walcheren fand, erscheint es denkbar, dass er entweder Walcheren selbst oder eine bis mehrere umliegende Inseln, die der Mündung von Schelde, Maas und den Rheinarmen vorgelagert waren, als *beneficium* besaß. Die Vergabe Dorestads macht demzufolge auch zu Zeiten Ludwigs des Frommen bereits Sinn, da der Kaiser den beiden Dänen damit zwei unweit voneinander gelegene *beneficia* zugewiesen hätte, die sich beide wiederholten Wikingerüberfällen erwehren mussten.[492]

---

487 Ann. reg. Franc., 826, S. 170.

488 *Filius atque nepos ipsius regis in aula / Excubiis vigilant, Francica iura colunt*, Ermoldus Nigellus, IV, S. 76, V. 629f.

489 Ann. reg. Franc., 828, S. 175.

490 Harthausen, Normanneneinfälle, S. 213 unterstellt, dass Harald Klak sein *beneficium* in Rüstringen eventuell niemals bezogen hat. „*Wenn man die Berichte über die Belehnung Haralds unbefangen liest, dann erkennt man deutlich, daß diese nur ausgesprochen wurde, um ihm im Falle eines Scheiterns seines Missionsauftrages in Dänemark eine seiner Herkunft gemäße wirtschaftliche Sicherung zu bieten. Da die Angelegenheit später nicht mehr erwähnt wird, ist es nicht einmal sicher, daß Harald wirklich in diese Gegend gelangt ist und eine Herrschaft ausgeübt hat. Einige Jahre später erhielt er zusammen mit seinem Bruder Rorich Dorstad als Lehen von Ludwig dem Frommen*". Diese Annahme basiert, wie das Zitat bereits zeigt, auf einer anzunehmenden Personenverwechslung. Harthausen unterscheidet nicht zwischen Harald Klak und Harald dem Jüngeren, was ihn dann zu der zitierten Vermutung verleitete.

491 Hemming der Jüngere starb *in Walchram insulam*, Ann. Fuld., 837, S. 28. Harald Klak wurde von den *principibus borealium partium et custodibus Danici limitis* erschlagen, was darauf hindeutet, dass er sich im Einflussbereich jener sächsischer Großer befand. Siehe: Ann. Fuld., 852, S. 41f. Bei Harald dem Jüngeren ist aufgrund der ungenauen Quellenangaben eine genauere Zeitangabe des Todes nicht möglich, allerdings lässt sich festhalten, dass er vor 850 verstarb und bis zu jenem Zeitpunkt *vicum Dorestadum* als Benefizium besessen hatte. Siehe: Ann. Fuld., 850, S. 39. Es ist damit im Falle Harald des Jüngeren anzunehmen, dass auch er den Tod auf seinem Benefizium fand.

492 Von einer Praxis der Benefizialleihe zu u.a. gezielt militärischen Zwecken bei den Karolingern geht auch Kasten, Das Lehnswesen, S. 335 aus.

Es ist schließlich davon auszugehen, dass Ludwig der Fromme ganz bewusst seine dänischen Gefolgsmänner zur Abwehr von Wikingern einsetzte. Wenn sich auf diese Weise die Lage der *beneficia* von Hemming dem Jüngeren und Harald dem Jüngeren erschließen lässt, so liegt für Harald Klak nach wie vor nahe, dass er Rüstringen von 826 bis zu seinem für das Jahr 852 anzunehmenden Tode behielt. Die Fuldaer Annalen berichten, der 852 verstorbene Harald sei schon seit Jahren von den Franken, unter denen er auch lebte, ehrenvoll behandelt worden.[493] Dies spricht deutlich für einen langjährigen und offensichtlich auch friedlichen Verbleib Haralds im Frankenreich. Die Umstände seines Todes wiederum werfen die Frage auf, ob Harald Klak schließlich nicht mehr bereit war, friedlich zu bleiben und sich mit seinem ihm gegebenen *beneficium* zu begnügen. Der Wortlaut der Fuldaer Annalen ist hinsichtlich dieser Vorkommnisse leider nicht eindeutig. Der Quellenautor beschreibt allerdings zumindest das zuvorkommende Verhalten der Franken gegenüber Harald Klak. Ein Vorwurf bezüglich des vermeintlichen Undanks des Dänen angesichts der ihm entgegengebrachten Freundlichkeit lässt sich jedoch allenfalls erahnen. Auch bei der Schilderung von Haralds Ermordung bezieht die Quelle keine klare Position. Der Hergang wird geradezu wertungsfrei und indifferent geschildert. Die Großen des nördlichen Reichsteils und die Wächter des fränkisch-dänischen Grenzlandes erschlugen Harald, da er sich in ihren Augen des Verrats verdächtig gemacht habe. Diese Umschreibung weist auf nordalbingische Sachsen hin. Da Rüstringen und die Wesermündung unweit von Nordalbingien liegen, bieten sich in der Rückschau verschiedene denkbare Szenarien an. Es erscheint denkbar, dass es zwischen den nordalbingischen Sachsen und Harald Klak zum Zerwürfnis kam und der Däne deswegen umgebracht wurde. Harald Klak konnte in jener Region jedenfalls nicht allzu willkommen gewesen sein. Zum einen war er ein Gefolgsmann Lothars I. und sein *beneficium* gehörte durch den Vertrag von Verdun seit 843 zum Mittelreich. Zum anderen entstammte er als gebürtiger Däne jener nordeuropäischen *gens*, welche bereits seit Jahren das gesamte Frankenreich mit verheerenden Wikingerzügen heimgesucht hatte. Nach dieser Deutung erschiene der Tod Harald Klaks als das Ergebnis einer überaus angespannten Gesamtsituation.

Eine andere Deutung des Todes Harald Klaks ließe vermuten, dass sich der Exildäne tatsächlich des Verrats schuldig gemacht hatte. Seine Ermordung in der Grenzregion Transalbingien ließe unter besonderer Berücksichtigung der zeitlichen Umstände dann vermuten, dass Harald Klak versuchte erneut in Dänemark Fuß zu fassen. Die Situation in Dänemark schien dafür jedenfalls nicht ungünstig zu sein. Horik hatte bereits zwei Jahre zuvor seine Macht mit nachrückenden Vertretern seiner Sippe teilen müssen und bereits zwei Jahre nach Harald Klaks Tod wurde auch jener Dänenkönig, durch den Harald einst

---

493 *Herialdus Nordmannus, qui superioribus annis iram domini sui Horic Danorum regis fugiens ad regem Hludowicum se contulit et ab eo benigne susceptus baptizatus ac fidei sacramentis imbutus est, cum per plures annos honorifice inter Francos haberetur, tandem principibus borealium partium et custodibus Danici limitis quasi lubricae fidei et molimine proditionis coepit esse suspectus, unde et ab eis occisus est*, Ann. Fuld., 852, S. 41f.

vertrieben worden war, im Kampf um die Vorherrschaft in Dänemark getötet.[494] Dies deutet darauf hin, dass das Jahr 852 aufgrund der instabilen Machtverhältnisse in Dänemark möglicherweise gute Perspektiven für Harald Klak eröffnete. Auch wenn dies zutreffen sollte, so konnte Harald Klak diese günstigen Perspektiven dennoch nicht für sich nutzen, da ihn die Sachsen der nördlichen Grenzregion daran hinderten.

Nachdem damit die Todesjahre von Harald Klak und Harald dem Jüngeren mit gewisser Wahrscheinlichkeit ermittelt wurden, bleibt die Frage zu klären, welche weiteren Informationen sich über die beiden Personen in den Quellen finden lassen. Die Annales Bertiniani berichten für das Jahr 841 mit unverhohlener Abscheu von der Übertragung Walcherens und umliegender friesischer Gebiete als *beneficium* an einen Dänen namens Harald durch Kaiser Lothar I., wobei dies zumindest von der Quelle als Belohnung für die wiederholten Heimsuchungen Frieslands und anderer Küstenregionen zur Zeit Ludwigs des Frommen deklariert wurde.[495] Die zunehmende Zahl von Wikingerüberfällen auf das Frankenreich muss hierbei ebenso als Hintergrundinformation bedacht werden wie auch der Umstand, dass die Annales Bertiniani noch für das Jahr 839 von einer Annäherung zwischen Ludwig dem Frommen und König Horik berichten.[496] Es scheint in diesem Zusammenhang kein Zufall zu sein, dass eine Verbesserung der fränkisch-dänischen Beziehungen auf herrschaftlicher Ebene mit einer offensichtlichen Auflehnung des aus der Herrschaft verdrängten Familienzweigs der dänischen Königssippe einherging. Es erscheint wahrscheinlich, dass jener Harald, den man nach den bisherigen Erwägungen nur als Harald den Jüngeren identifizieren kann, tatsächlich an den Wikingerüberfällen, welche ihm von den Annales Bertiniani zur Last gelegt werden, beteiligt war. Zu diesem Verdacht trägt auch das Bild bei, das die Historiographie von seinem Bruder Rorik zeichnet, welcher sich gegenüber den Franken vor allem durch unbändigen Machthunger und Utilitarismus auszuzeichnen schien.[497] Es ist denkbar, dass auch Harald der Jüngere zu jenem Kaliber zählte, zumal der genannte Quellenbericht dies auch ausdrücklich nahe legt.[498] Wenn man also davon ausgeht, dass Harald der Jüngere vor dem Erhalt oder der Bestätigung seines Benefiziums durch Lothar I. im Jahre 841 als Wikingerfürst aktiv war, ergibt die Vergabe

---

494 Zum Ende der Herrschaft Horiks siehe Anm. 814 und 815.

495 *Herioldo, qui cum ceteris Danorum pyratis per aliquot annos Frisiae aliisque christianorum maritimis incommoda tanta sui causa ad patris iniuriam invexerat, Gualacras aliaque vicina loca huius meriti gratia in beneficium contulit*, Ann. Bert., 841, S. 26. Lund, Allies, S. 48f geht davon aus, dass der Kurswechsel Ludwigs des Frommen in der Nordpolitik, welcher vor allem in der Annäherung an Horik und dem Abrücken von Harald Klak zu sehen ist, zu einem Bruch zwischen Ludwig und Harald führte. Daraufhin sei Harald zu einem Gefolgsmann Lothars geworden und habe diesen beim Kampf gegen den Vater unterstützt. Vgl. auch: *„Ludwigs rebellischer ältester Sohn Lothar hatte Harald* [Klak] *offensichtlich in den Jahren 833/34 angestachelt, Ludwigs Schwierigkeiten durch einen Überfall auf Friesland zu vergrößern"*, Nelson, Das Frankenreich, S. 34.

496 Ann. Bert., 839, S. 23. Die Entwicklungen des letzten Herrschaftsjahrzehnts Ludwigs des Frommen im Hinblick auf die außenpolitischen Beziehungen mit den Dänen werden im folgenden Kapitel noch eingehender beleuchtet werden. Siehe S. 178-199.

497 Zu Rorik vgl. S. 145-148.

498 Ann. Bert., 841, S. 26.

Walcherens und umliegender Gebiete an Harald aus der Perspektive des bedrängten Kaisers Lothar durchaus Sinn. Harald hätte damit persönlich durch Plünderungen und Überfälle dazu beigetragen, die friesische Küste zu einer bedrohten Peripherie des Frankenreiches zu machen.[499]

Durch die Vergabe von exponierten und bevorzugten Überfallzielen an einen Wikingerführer, der durch seine Abkunft dem Kaiser ohnehin nahe stand, konnte Lothar immerhin davon ausgehen, dass zumindest Harald der Jüngere nicht als Aggressor gegen sein Teilreich vorgehen würde. Darüber hinaus durfte man zumindest die bescheidene Hoffnung hegen, dass Harald die ihm zugesprochenen Gebiete tatsächlich gegen Wikingerverbände würde verteidigen können. Dennoch ist unverkennbar, dass Lothar gerade zu jener Zeit aus einer Position der Schwäche heraus handeln musste. Die Niederlage von Fontenoy ließ ihm augenscheinlich wenig Auswahlmöglichkeiten in Bezug auf seine Verbündeten.[500] Wie bereits besprochen, versuchte Lothar zumindest zu einem späteren Zeitpunkt, jene Geister, die er durch die Belehnung Haralds des Jüngeren gerufen hatte, wieder auszutreiben, als er Haralds Bruder Rorik die Kontrolle über die friesischen *beneficia* zu entziehen versuchte. Da ein solcher Versuch der Verdrängung eines unliebsamen Exildänen nicht in einer Phase von Instabilität und äußerster Schwäche anzunehmen ist, kann man davon ausgehen, dass Harald, bezugnehmend auf bereits geäußerte Erwägungen, wahrscheinlich nach dem Abschluss des Vertrags von Verdun 843 verstarb. Dies ist dadurch zu begründen, dass die Konflikte zwischen Lothar I. und Rorik erst nach dem Tode Haralds ausbrachen und zur vorläufigen Vertreibung des Dänen aus dem Mittelreich führten. Eine solche Konfrontation im Inneren seines Mittelreiches dürfte Lothar wohl erst nach der erfolgreichen Einigung mit seinen Brüdern Ludwig und Karl gewagt haben.

Harald der Jüngere selbst erscheint vor allem in den Annales Bertiniani in einem äußerst negativen Licht, da er dort als Götzenanbeter und Feind des Christentums bezeichnet wird.[501] Damit bleibt Harald der Jüngere als historische Figur zwar fassbar, allerdings lassen sich über ihn und seinen Lebensweg nur wenige solide Aussagen treffen. Die bekannten Berichte über ihn stellen Harald recht negativ dar, und wenn man sich den Werdegang

---

499 Auch wenn Cusack, Conversion, S. 139 zwischen Harald Klak und Harald dem Jüngeren nicht differenziert, bleibt an dieser Stelle anzumerken, dass sie für die 830er Jahre ein Bündnis zwischen Ludwig dem Frommen und Horik auf der einen sowie zwischen Lothar I. und Harald Klak auf der anderen Seite unterstellt. Für ein wirkliches Bündnis zwischen Ludwig und Horik gibt es m. E. keinen plausiblen Hinweis.

500 „*For three years, the empire was torn apart in a destructive war, a war from which the Vikings were able to profit. Lothair, for example, tried to ensure the support of the aforementioned Harald by extending his fief in 841 to Walcheren and its adjacent territories*", Vliet, The Bishop of Utrecht, S. 135.

501 *Dignum sane omni detestatione facinus, ut qui mala christianis intulerant, idem christianorum terris et populis Christique ecclesiis praeferrentur, ut persecutores fidei christianae domini christianorum existerent, et demonum cultoribus christiani populi deservirent*, Ann. Bert., 841, S. 26.

seines Bruders Rorik vergegenwärtigt, der in den Quellen spürbar präsenter ist, wirkt es so, als sei bereits die auf Harald Klak folgende Generation von Dänen im Frankenreich zu einer zunehmenden Belastung für die Franken geworden.[502]

IV. 3. 2 Hemming der Jüngere

Der bereits erwähnte Bruder Harald Klaks, welcher vermutlich im Frankenreich aufwuchs und während der kurzen Regierungszeit seiner Brüder Harald und Reginfrid[503] in den Quellen auftaucht, verschwindet nach der Verdrängung seiner Brüder von der Herrschaft in Dänemark aus dem Blickfeld der fränkischen Historiographie. Der besagte Bruder Hemming, nachfolgend Hemming der Jüngere genannt, findet erst wieder anlässlich seines Todes Erwähnung, welcher ihn 837 in Friesland ereilte. Hemming der Jüngere starb im Abwehrkampf gegen einfallende Wikinger auf Seiten der Franken.[504] Aufgrund dieser spärlichen Quellenlage lässt sich lediglich annehmen, dass er nach der Vertreibung aus Dänemark ins fränkische Herrschaftssystem eingegliedert wurde. Immerhin hatte er bereits zuvor unter den Franken gelebt und tauchte im Gegensatz zu seinem Bruder Harald Klak in den Jahren nach 814, in denen Harald um seine Rückkehr zur Macht in Dänemark rang, nicht mehr in den Quellen auf. Da Hemming also offenbar nicht seinem Bruder bei dessen Aspirationen beistand und er im Kampf auf Seiten der Franken in jenem Gebiet starb, das, wie bereits erläutert, in engem Zusammenhang mit den Angehörigen seines Familienzweigs zu sehen ist, scheint Hemming bis zu seinem Tod ein Gefolgsmann Ludwigs des Frommen gewesen zu sein. Nach allem, was über Hemming den Jüngeren in den Quellen berichtet wird, erscheint dies als die plausibelste Erklärung für seinen Verbleib nach 814. In Dänemark hatte er wohl kaum eine realistische Aussicht auf eine Herrschaftsbeteiligung, da er offensichtlich schon zu Leb- und Regierungszeiten seiner beiden Brüder der dynastisch niedrigste Bruder gewesen zu sein scheint und selbst sein Bruder Harald Klak mit seinem Thronanspruch einen schweren Stand hatte. Im Ergebnis lässt sich zumindest annehmen, dass Hemming der Jüngere ein Beispiel für die erfolgreiche Integration auswärtiger Großer in das fränkische Herrschaftsgefüge zur Zeit Ludwigs des Frommen gewesen sein mag. Der Ort und die Begleitumstände seines Todes belegen einmal mehr, dass sich fränkische *beneficia*, die an Dänen vergeben wurden, offensichtlich nicht zufällig im friesischen Raum befanden, sondern dies einer kaiserlichen Zielsetzung folgte.

---

502 Neben den bereits genannten Repräsentanten dieser Generation, also Harald der Jüngere und Rorik, wird auch der Sohn Harald Klaks, im Folgenden Godefrid Haraldsson genannt, noch in den Fokus der Betrachtung rücken.

503 Nach ihrem vorläufigen Sieg im dänischen Thronstreit baten Harald Klak und Reginfrid den Kaiser Karl um die Herausgabe ihres Bruders Hemming. Siehe: Ann. reg. Franc., 812, S. 137.

504 *Nordmanni tributum exactantes in Walchram insulam venerunt ibique Egghardum eiusdem loci comitem et Hemmingum Halpdani filium cum aliis multis XV. Kal. Iulii occiderunt et Dorestadum vastaverunt; acceptoque a Frisionibus tributo reversi sunt*, Ann. Fuld., 837, S. 28.

IV. 3. 3 Die friesischen Landgüter Rüstringen, Walcheren und Dorestad

Die zentrale Bedeutung Frieslands für die fränkisch-dänischen Beziehungen erschließt sich hauptsächlich durch aufeinander aufbauende Aspekte. Zunächst stellte Friesland und vor allem Dorestad schon früh eine Verbindung zum dänischen Raum durch Handelsbeziehungen her.[505] Durch den Handel wiederum erlangte man im Norden Europas genauere Kenntnisse über die Beschaffenheit des Lands der Friesen, was dann zu Beginn des 9. Jahrhunderts die Grundlage für gezielte Überfälle auf friesische Gebiete darstellte.[506] Den Auftakt einer langen Reihe von dänischen Überfällen auf Friesland bildete ein Angriff im Jahre 810 zur Zeit Karls des Großen und König Göttriks. Die Reichsannalen berichten anlässlich dieses Überfalls davon, dass die Dänen sowohl die vorgelagerten friesischen Inseln als auch das Festland angriffen. Dorestad wird in diesem Kontext nicht erwähnt und es ist auch unwahrscheinlich, dass jener Bereich Frieslands von diesem Überfall betroffen war. Vielmehr scheint es, dass die dänischen Truppen von 810 in jenem Großraum Frieslands agierten, zu dem auch Rüstringen gehörte, welches später bekanntlich als *beneficium* an Harald Klak vergeben wurde.[507] Neben der Nähe zum Heimatland des Exildänen, der von dort aus bei günstigen Rahmenbedingungen eine gute Position für ein etwaiges Eingreifen in die dänischen Verhältnisse[508] hatte, ist auch denkbar, dass Harald dieses Gebiet, welches offenbar schon 810 das Ziel von dänischem Expansionsdrang beziehungsweise geplanter Machterweiterung gewesen war, gegen seine erbitterten Rivalen, die Göttriksöhne, beschützen sollte.[509] Genau wie die dänischen Überfälle verlagerte sich gleichsam auch die geographische Verteilung der *beneficia*, welche an Dänen vergeben wurden, zunehmend ins westliche Friesland.

505 Zur Entwicklung des fränkischen Handels bis ins 9. Jahrhundert hinein vgl. einleitend: Hodges, Richard, Dark Age Economics: The origins of towns and trade A.D. 600-1000, London 1982, S. 29-46; Müller-Boysen, Carsten, Kaufmannsschutz und Handelsrecht im frühmittelalterlichen Nordeuropa, Neumünster 1990, S. 37-41.

506 Ein grundsätzlich gezieltes Vorgehen, basierend auf gesammelten Informationen über die Angriffsziele, kann den Wikingern unumwunden zugestanden werden. *„The Vikings evidently had access to good intelligence. Their raids were for the most part not casual, opportunistic arm-chancings but operations that had been carefully planned in the light of sound information"*, Fletcher, Conversion of Europe, S. 371.

507 Dies legt der Sammelpunkt des fränkischen Heeres nahe, welches gegen die dänischen Eindringlinge entsandt werden sollte. Siehe Ann. reg. Franc., 810, S. 131. Eine Heeresversammlung an der Aller-Weser Mündung, wobei der Kaiser sich diesem Orte von Westen her näherte, ergibt nur dann Sinn, wenn sich der Feind im östlichen Gebiet der Friesen befand, womit Dorestad und der friesische Westen als Angriffsgebiet mit hoher Wahrscheinlichkeit ausgeschlossen werden können. Der Bericht der Reichsannalen legt nahe, dass das fränkische Heer nordwärts entlang der Weser in jenen Raum vorstoßen wollte, in dem es die dänischen Truppen anzugreifen gedachte. Damit lässt sich wohl leichter nachvollziehen, warum Harald Klak ausgerechnet ein *beneficium* im Bereich der Wesermündung erhielt. Offenbar gedachte der spätere Kaiser Ludwig der Fromme einem etwaigen neuerlichen Vorstoß der Göttriksöhne in jenen Raum auf diese Weise vorzubeugen.

508 Dies wird bei Kaufhold, Europas Norden, S. 20 zumindest angedeutet.

509 *„Friesland war zudem eine für Überfälle von der See aus sehr empfindliche Region und die Ansiedlung Harald Klaks ausgerechnet dort, sollte sicher einen kompetenten Seefahrer als Abwehr gegen seine eigenen Leute setzen"*, Plassmann, Die Normannen, S. 63.

Der nächste erfolgreiche und uns überlieferte dänische Überfall auf friesisches Gebiet ereignete sich im Jahre 834, wobei diesmal auch ausdrücklich Dorestad heimgesucht wurde.[510] Schon in den beiden jeweils darauf folgenden Jahren wiederholte sich dieser Vorgang, wodurch die Schwäche der Küstenverteidigung des fränkischen Machtbereichs im friesischen Raum unübersehbar offen gelegt wurde.[511] Wie bereits erwähnt, führte ein weiterer Überfall nordeuropäischer Verbände zum Tode Hemmings des Jüngeren auf Walcheren.[512] Auch zwei weitere Jahre später kam es 839 wieder zu Wikingerüberfällen auf Friesland, wobei eine genauere geographische Einordnung aufgrund der Quellenaussagen in diesem Fall nicht möglich ist.[513] Dorestad oder Walcheren werden im Zusammenhang mit den Überfällen dieses Jahres jedenfalls nicht erwähnt. Nach dem Tode Ludwigs des Frommen im darauf folgenden Jahr wurde dann offenkundig, dass die Wikingerüberfälle weiter eskalierten, da sie sich nun auf ein größer werdendes geographisches Gebiet erstreckten und sich außerdem ihre Frequenz weiter erhöhte. Es bleibt festzuhalten, dass nach der zweiten Absetzung Ludwigs des Frommen in den Jahren 834 bis 839 jährlich Wikingerüberfälle das Frankenreich bedrohten, wobei lediglich 838 das Schlimmste durch die für die Wikinger hinderlichen Wetterbedingungen abgewendet wurde.[514]

Nachdem bereits Harald Klak mit Rüstringen, Hemming der Jüngere mit Walcheren und

---

510 Interim etiam classis de Danis veniens in Frisiam, aliquam partem ex illa devastavit. Et inde per Vetus-Treiectum ad emporium quod vocatur Dorestadus venientes, omnia diripuerunt. Homines autem quosdam occiderunt, quosdam captivatos abduxerunt partemque eius igni cremaverunt, Ann. Bert., 834, S. 9.

511 Nordmanni secunda inruptione Dorastadum irruentes, vastaverunt atque hostiliter depraedati sunt, Ann. Bert., 835, S. 11. Eodem tempore Nordmanni Dorestadum et Frisiam rersum depopulati sunt, Ann. Bert., 836, S. 12.

512 Ann. Fuld., 837, S. 28. Dorestad wurde natürlich im Zuge dieser Offensive der Wikinger abermals heimgesucht. Es ist denkbar und erschiene auch plausibel, wenn jenes fränkische Aufgebot, zu dem auch Hemming der Jüngere gehörte, die Wikinger von der vorgelagerten Insel Walcheren aus am Vorstoß ins Landesinnere bis nach Dorestad hätte hindern sollen.

513 Die Annales Bertiniani berichten bereits für das Jahr 838 von einem bevorstehenden neuerlichen Wikingerüberfall, der laut der Quelle nur durch extreme Wetterbedingungen verhindert wurde. Inter quae Danorum pyratae patria egressi, ortoque subito maritimorum fluctuum turbine, vix paucissimis evadentibus, submersi sunt, Ann. Bert., 838, S. 15. In dem darauf folgenden Jahr wurde das Frankenreich allerdings nicht mehr vom Wetter begünstigt, weshalb es 839 erneut zu einer Heimsuchung Frieslands durch „Piraten" kam. Quidam etiam pyratae in quandam Frisiae partem irruentes, non parum incommodi nostris finibus intulerunt, Ann. Bert., 839, S. 22. Gewiss erfolgt hier keine ausdrückliche Nennung bezüglich der Herkunft der Plünderer, allerdings spricht der Kontext eine eindeutige Sprache, weshalb man davon ausgehen kann, dass es sich auch hierbei um das Werk dänischer Wikinger handelte. Dafür spricht einerseits die unmittelbare Vorgeschichte, in der in kurzer Folge mehrfach dänische Verbände Friesland heimsuchten, und andererseits der Umstand, dass im unmittelbaren Anschluss an diese Quellenpassage die Annales Bertiniani vom Fortgang der fränkisch-dänischen Beziehungen berichten. Die in diesem Zusammenhang erwähnten außenpolitischen Entwicklungen, welche vor allem durch eine Gesandtschaft Horiks angeschoben wurden, werden im späteren Verlauf dieser Arbeit, im Kontext der Außenpolitik Horiks gegenüber dem Frankenreich, noch eingehend thematisiert werden. Vgl. S. 206-208.

514 „Kaum Zufall dürfte es jedoch sein, daß sich gerade 834 auf dem Höhepunkt der karolingischen Familienfehde die Aggressivität aus dem Norden dramatisch steigerte, denn von nun an erschienen die Wikinger Sommer für Sommer und konzentrierten ihre Attacken zumal auf Friesland, wo der bedeutende Handelsplatz Dorestad nahe der Rheinmündung durch wiederholte Brandschatzung und Plünderung für immer ruiniert wurde", Schieffer, Karolinger, S. 135.

Harald der Jüngere sowie sein Bruder Rorik mit Dorestad[515] in Verbindung gebracht wurden, ergibt sich ein klareres Bild von der Verbindung zwischen den dänischen Getreuen des Kaisers und den bevorzugten Beuteregionen der Wikinger. Zweifellos bestand spätestens seit der zweiten Entmachtung Ludwigs des Frommen 833/834 dringend der Bedarf nach einer baldigen Lösung des Wikingerproblems. Daher erscheint es nicht verwunderlich, dass Hemming der Jüngere in Walcheren gegen die Wikinger zu Felde zog. Harald Klak besaß, wie erläutert, vermutlich zum Zeitpunkt der Eskalation der Wikingerüberfälle ein *beneficium* in Rüstringen, wo er mit der Verteidigung seines Abschnitts der friesischen Küste betraut gewesen war. Harald der Jüngere und Rorik wiederum sind zwar grundsätzlich ebenfalls jener Verteidigungsstrategie Ludwigs des Frommen zuzuordnen, die bewusst auf die dänischen Gefolgsleute bei der Verteidigung der friesischen Küste zurückgriff, allerdings gilt definitiv für Rorik und möglicherweise auch für seinen Bruder, dass er nicht nur aufgrund des äußeren Drucks der Wikingerüberfälle sein *beneficium* erhielt, sondern darüber hinaus sogar selbst in seiner Rolle als Wikingerfürst Gewalt und somit auch Druck ausübte, um die Übertragung seines Benefiziums zu erzwingen.[516]

Auch wenn es unklar ist, auf welche Weise Harald der Jüngere sein *beneficium* in der Gegend von Dorestad erstmals erhielt, so bleibt zu erwähnen, dass offensichtlich auch auf dänischer Seite, genau genommen bei den Vertretern des aus der Herrschaft verdrängten Familienzweigs der dänischen Königssippe, ein großes Interesse an der Erlangung von Macht und Land im friesischen Raum bestand. Dies ist bei Harald Klak, dessen Sohn Godefrid und dem Neffen Rorik nur allzu verständlich, da sie alle, um nach dem Quellenbild zu urteilen, ein reges Interesse an Machtzugewinn im dänischen Mutterland hatten, den es zu kompensieren galt. Während Harald Klaks Bestrebungen in dieser Richtung bereits eingehend thematisiert wurden, werden ausgewählte Vertreter der nächsten Generationen dänischer Exilanten im Frankenreich noch genauer beleuchtet werden.[517] Es wird jedenfalls ersichtlich, dass die Vergabe von friesischen *beneficia* an dänische Exilanten aus rein theoretischer Sicht sowohl für die fränkische als auch für die dänische Seite

---

515 Es wird noch aufgezeigt werden, dass Dorestad nur den Ausgangspunkt für das Einflussgebiet Roriks im Frankenreich bildete. Roriks Macht sollte sich letztlich weit über das Gebiet Dorestads hinaus ausdehnen. Siehe S. 145-148. Coupland, Simon, Trading places: Quentovic and Dorestad reassessed, in: Early Medieval Europe 11 (2002), S. 209-232 nimmt außerdem an, dass sich Dorestad zur Zeit Roriks bereits im wirtschaftlichen Niedergang befand.

516 Rorik darf als der erfolgreichste Däne im Frankenreich des 9. Jahrhunderts angesehen werden. Seine Methoden der Machterweiterung mögen dabei zwar, von einem moralischen Standpunkt aus betrachtet, strittig sein, jedoch liegt eine diesbezügliche Bewertung nicht im Aufgabenbereich der vorliegenden Dissertation. Die ebenfalls mitunter streitbar anmutenden Verhaltensweisen anderer Dänen werden ebenfalls noch erläutert werden. Anhand des Beispiels Roriks lässt sich jedenfalls aufgrund der günstigen Quellenlage am deutlichsten nachweisen, zu welchen Mitteln manche Exildänen bisweilen zu greifen bereit waren.

517 Es wird unter anderem aufzuzeigen sein, dass Rorik und Godefrid Haraldsson im Jahre 855 den Versuch unternahmen, die Königsmacht in Dänemark zu einem für sie günstigen Zeitpunkt an sich zu reißen. Zumindest Rorik gelang bei einem späteren Versuch der Erringung der Königsmacht in Dänemark ein Teilerfolg, welcher darin bestand, dass er, Harald Klak vergleichbar, zumindest eine Herrschaftsbeteiligung ergattern konnte.

geographisch-strategische Vorteile in sich barg. Wenngleich die Ansiedlung von Exildänen im friesischen Küstengebiet damit nicht verwunderlich ist, so wird ein Blick auf die Folgezeit vor allem auf die Zeit nach dem Tode Ludwigs des Frommen zeigen, dass diese Handhabe nicht nur Vorteile für die fränkische Seite mit sich brachte.[518]

IV. 3. 4 Die nachfolgenden Generationen von Dänen im Frankenreich

Aus den bisherigen Erläuterungen dürfte bereits hervorgegangen sein, dass man auf fränkischer Seite jene dänischen Großen, mit denen man in Berührung kam, auf zweierlei Weise betrachten und behandeln konnte. Bezeichnenderweise fanden sich bereits in der Spätzeit Karls des Großen Beispiele für diese beiden grundlegenden Möglichkeiten. Während Göttrik stellvertretend für den feindlich gesinnten dänischen Nachbarn stand, repräsentierte Halfdan jenen Typus, der für das fränkische Reich nutzbar gemacht werden konnte. Gleiches ließ sich auch für die Zeit Ludwigs des Frommen bisher beobachten. Harald Klak und Hemming der Jüngere können dabei aus fränkischer Sicht als die positiven Beispiele gelten, welche sich in das politische Gebilde des fränkischen Großreichs integrieren ließen. Es ist generell zu beobachten, dass sowohl Karl der Große als auch Ludwig der Fromme und schließlich vor allem dessen Sohn Lothar I. bestrebt waren, dänische Große zum Nutzen des fränkischen Reichs in das eigene Herrschaftssystem zu integrieren.[519] Es fällt dabei mehrmals auf, dass es sich um eine Integration zwecks

---

518 *„Wenn man so will, drängten die fränkischen Herrscher den Wikingern damit ihr Herrschaftssystem auf und erwarteten von den mit Ländern Ausgestatteten eine vollständige und bedingungslose Integration in das eigene System. Man wird bezweifeln dürfen, dass die begünstigten Wikinger das genauso sahen. Die gewonnenen Verbündeten galten jedenfalls in fränkischen Kreisen als notorisch unzuverlässig, also wird den Zeitgenossen eine gewisse Diskrepanz zwischen Anspruch und Wirklichkeit durchaus bewusst gewesen sein"*, Plassmann, Die Normannen, S. 72. Hierbei ist sicherlich zutreffend, dass die Erwartungshaltungen der fränkischen und dänischen Seite jeweils verschieden waren. Allerdings wird im Folgenden noch hinterfragt werden, ob die ins Frankenreich integrierten Dänen tatsächlich *„notorisch unzuverlässig"* waren oder ob es sich dabei nicht viel eher um eine fahrlässige Verallgemeinerung handelt. Eine weitere denkbare negative Auswirkung der Ansiedlung von Dänen in Friesland hat Ernst, Karolingische Nordostpolitik, S. 97 geäußert, der annimmt, dass die Exildänen selbst in manchen Fällen den Anlass für Wikingerüberfälle gegeben hatten.

519 *„Man erkennt den fränkischen Versuch, die Normannen in ihr Marken- und Lehnsystem einzuordnen"*, Buisson, Formen normannischer Staatenbildung, S. 122f. *„Nähere Beziehungen des dänischen zum fränkischen Reich wurden vorbereitet durch die selbständigen Fahrten einzelner dänischer Großer in fränkischem Dienst. Häufig bekamen solche Krieger ein Lehen. Genannt wird dabei öfters als Lehen vom fränkischen Reich die Insel Walcheren"*, Scheiding-Wulkopf, Ilse, Lehnsherrliche Beziehungen der fränkisch-deutschen Könige zu anderen Staaten vom 9. bis zum Ende des 12. Jahrhunderts, Marburg 1948, S. 22. Diese Betrachtungsweise von Scheiding-Wulkopf ist allerdings zu konkretisieren, da der erste unmittelbare Kontakt zwischen Franken und Dänen zweifellos über den Handel zustande kam. Die Aufnahme dänischer Großer findet sich in den Quellen hingegen erstmals 807 mit der Kommendation Halfdans. Wie bereits aufgezeigt wurde, gab es zu jenem Zeitpunkt allerdings bereits außenpolitische Kontakte zwischen Franken und Dänen, die erst seit dem Ende der Sachsenkriege zu unmittelbaren Nachbarn wurden. Die von Scheiding-Wulkopf sog. *„selbständigen Fahrten"* finden sich bei genauerer Betrachtung erst für die Zeit Lothars I., der auf dänische Unterstützung zurückgriff, um seinen Machtanspruch zu verteidigen. Dabei ist allerdings strittig, inwieweit man hierbei von einem Dienst für das

137

Deeskalation handelte. Dänische Große wie Rorik, Godefrid Haraldsson und Gottfried waren entschlossen, sich ihren Anteil an der Macht, welcher ihnen nach der eigenen Ansicht zustand, zu nehmen und dabei auch zu den äußersten Mitteln zu greifen. Indem fränkische Herrscher das Wagnis auf sich nahmen, solche Charaktere in den eigenen Herrschaftsverband zu integrieren, versuchten sie einerseits die Gefahr, welche von diesen Männern für das eigene Reich ausging, zu neutralisieren und das ursprünglich gefährliche und destruktive Potenzial jener neuen Verbündeten für die eigenen Zwecke produktiv nutzbar zu machen.[520] Im Anschluss soll nun ein kurzer Überblick gegeben werden, welcher aufzeigt, in welcher Weise sich jene Politik der Integration dänischer Großer ins Frankenreich auf den späteren Verlauf des 9. Jahrhunderts auswirkte.[521]

Frankenreich ausgehen kann, da besonders nach 840 die dänischen Großen im Frankenreich offensichtlich immer schwerer zu kontrollieren waren. Gerade Lothar I. musste mehrfach die Erfahrung machen, dass seine dänischen Gefolgsmänner vor allem in ihrem eigenen Interesse handelten und sich nicht durch den Dienst für ihren Herrn und die Interessen des Frankenreichs empfehlen wollten. Auch zur Zeit Ludwigs des Frommen lag es, wie beschrieben, augenscheinlich nicht im Interesse Harald Klaks *„in fränkischem Dienst"* zu handeln, sondern vielmehr aus Erwägungen des Eigennutzes, die nunmal auch für Ludwig den Frommen von gewissem Nutzen sein konnten. Das Bild eines Normannen, der sich dem Frankenreich andiente und durch seinen Dienst für das fränkische Reich als Belohnung einen Platz im Herrschaftssystem des Frankenreiches erhielt, lässt sich schlichtweg nicht mit der historischen Realität in Einklang bringen. Der Einsatz von dänischen Großen zur Küstenverteidigung wird bei Bill, Jan / Poulsen, Bjørn / Rieck, Flemming / Ventegodt, Ole, Dansk Søfarts Historie I: Indtil 1588, Fra stammesbåd til skib, Kopenhagen 1997, S. 86 pointiert mit den Worten *„Det tør vist kaldes at sætte ræven til at vogte gæs"* umschrieben, was im Deutschen wohl am ehesten mit dem sprichwörtlichen Bock, den man zum Gärtner gemacht hat, übersetzt werden kann.

520 Von einer erfolgreichen Integrationspolitik, die zu einer Verringerung der durch Wikingerüberfälle verursachten Schäden führte, sprechen u.a. Coupland, Poachers to Gamekeepers, S. 101 und Goetz, Landnahmepolitik, S. 15, der sich bei seiner positiven Bilanz vor allem auf die Beispiele Rorik und Godefrid Haraldsson bezieht.

521 Die in der Forschung durchaus häufiger besprochenen Personen Gottfried und Rollo werden im Rahmen dieser Betrachtung nicht berücksichtigt werden. Ihre Bedeutung für die Geschichte Frieslands bzw. der Normandie ist unbestritten, allerdings lässt sich anhand der Quellen zum einen keine direkte Verwandschaft zwischen Gottfried und dem Familienzweig der Halfdansöhne nachweisen, wenngleich sich in dieser Hinsicht durchaus spekulieren ließe. Siehe hierzu: Coupland, Poachers to Gamekeepers, S. 108. Siehe ferner: Angenendt, Kaiserherrschaft, S. 261. Zum anderen genügen die hier zu behandelnden Dänen vollkommen, um eine Tendenz aufzuzeigen, die sich aus der fortgesetzten Integration von Skandinaviern in das Frankenreich ergab. Gottfried zeugt durch seine Geschichte in diesem Kontext nur davon, wie überzogen das Anspruchsdenken von Seiten dänischer Großer, die genug Macht hatten, um sich in den Machtbereich des Frankenreiches hineinzudrängen, geworden war. *„Tatsächlich wurde er getauft, wobei der Kaiser – wie wir nunmehr sagen können – in gewohnter Weise Pate stand. An den Patengeschenken wird freilich deutlich, wie sehr der Täufling als der Fordernde aufzutreten vermochte"*, Angenendt, Kaiserherrschaft, S. 261. Mit Rollo hingegen beginnt eine neue Phase der Integration von Skandinaviern und gleichsam eine Geschichte der Normandie, die im Rahmen der vorliegenden Dissertation nicht berücksichtigt werden kann.

Die nächste Generation von Exildänen

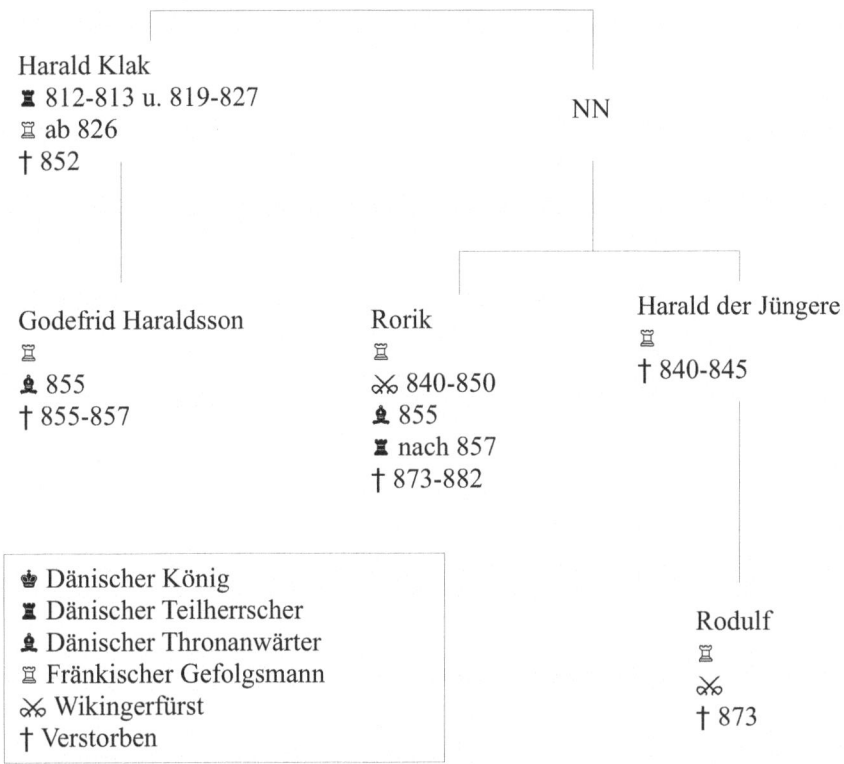

Harald Klak
♟ 812-813 u. 819-827
♜ ab 826
† 852

NN

Godefrid Haraldsson
♜
♝ 855
† 855-857

Rorik
♜
⚔ 840-850
♝ 855
♟ nach 857
† 873-882

Harald der Jüngere
♜
† 840-845

♚ Dänischer König
♟ Dänischer Teilherrscher
♝ Dänischer Thronanwärter
♜ Fränkischer Gefolgsmann
⚔ Wikingerfürst
† Verstorben

Rodulf
♜
⚔
† 873

IV. 3. 4. 1 Godefrid Haraldsson

Der erste Blick ist auf Godefrid Haraldsson zu richten, der im Zuge der Taufe und Kommendation seines Vaters ins Frankenreich gelangte. Im Jahre 826 wurde er mitsamt seinem Vater Harald Klak und dessen Gefolge ebenfalls getauft, wobei Lothar I. als sein Taufpate fungierte. Nach dem Taufakt, als Harald Klak letztmalig nach Dänemark zurückkehrte, verblieb Godefrid zusammen mit seinem Vetter am fränkischen Hofe.[522] Godefrid Haraldsson tritt danach erst wieder 852 ins Blickfeld der fränkischen Quellen, nämlich anlässlich des Abfalls von seinem Taufpaten Lothar. Den Annales Bertiniani zufolge kehrte Godefrid nach Dänemark zurück, sammelte eine Streitmacht und überfiel Friesland. Daraufhin befuhr er auf Beutesuche noch Schelde und Seine, ehe er von einem

---

522 Ermoldus Nigellus, IV, S. 76, V. 629f.

vereinten Aufgebot Lothars und Karls des Kahlen gestellt wurde.[523] Zu einer entscheidenden Schlacht kam es allerdings nicht, sondern vielmehr verständigte man sich mit Godefrid.[524] Dies änderte jedoch nichts an der Haltung des Heeres, welches er versammelt hatte, da dieses auch weiterhin umherzog und marodierte.[525] Es ist nicht überliefert, wieso es 852 zum Bruch zwischen Lothar und seinem Gefolgsmann Godefrid kam, allerdings könnten die Wikingerüberfälle jener Zeit eine Rolle gespielt haben. Erst zu Beginn jenes Jahres war es erneut zu einem Wikingerüberfall auf Friesland gekommen, bei dem die Plünderer offenbar nur durch die Zahlung von Lösegeld[526] beschwichtigt werden konnten und schließlich wieder davonfuhren. Auch im Vorjahr hatte ein Wikingerangriff Friesland getroffen.[527] Daher erschiene es plausibel, wenn Lothar mit der Pflichterfüllung und Loyalität seines Gefolgsmanns Godefrid unzufrieden gewesen wäre und sich die beiden Männer deswegen überworfen hätten. Es besteht auch die Möglichkeit, dass es aufgrund von persönlichem Ehrgeiz auf Seiten Godefrids zu dem Zerwürfnis kam, was zumindest angesichts seiner rabiaten Reaktion denkbar erschiene. Es hat jedenfalls den Anschein, als sei Godefrid glimpflich oder, wenn man so will, siegreich aus dem Zerwürfnis mit Lothar I. hervorgegangen.

Als die Herrschaft über Friesland im Jahre 855 an Lothar II. überging, berichten die Quellen, dass Godefrid zusammen mit seinem Vetter Rorik Friesland verließ und nach Dänemark zurückkehrte, um dort die Herrschaft an sich zu reißen.[528] Der Zeitpunkt war

---

523 *Godefridus, Herioldi Dani filius, qui quondam sub imperatore Ludowico Mogontiaci fuerat baptizatus, a Lothario deficiens, ad suos se confert. Unde conrogata manu valida, Fresiam cum multitudine navium adgreditur, deinde vicinia Scaldis fluminis, ad postremum (Sequanam) ingreditur. Quo occurrentibus Lothario et Karolo cum omni suo exercitu, utramque ripam eiusdem fluminis obsident*, Ann. Bert., 852, S. 42.

524 *Karolus eundem Godefridum quibusdam pactionibus sibi conciliat*, Ann. Bert., 853, S. 42. Die Fuldaer Annalen bestätigen den Bericht der Annales Bertiniani, auch wenn sie die Ereignisse auf das Jahr 850 datieren. *Nordmanni Godafrido duce per Sequanam ascendentes regnum Karli praedantur. Ad quorum expulsionem Hlutharius in auxilium vocatus cum sibi pugnandum esse cum hoste putaret, Karlus clam mutato consilio Godafridum cum suis in societatem regni suscepit et terram eis ad inhabitandum delegavit*, Ann. Fuld., 850, S. 39f.

525 *Ceteri Danorum usque ad mensem Martium inibi absque ulla formidine residentes, cuncta eo furiosius quo liberius diripiunt, cremant atque captivant. […] Dani mense Iulio, relicta Sequana, Ligerim adeuntes, Namnetum urbem et monasterium Sancti Florentii ac vicina loca populantur. […] Item pyratae Danorum a Namnetibus superiora petentes, mense Novembri, 6. videlicet Idus, urbem Turonum inpune adeunt atque incendunt cum ecclesia sancti Martini et ceteris adiacentibus locis*, Ann. Bert., 853, S. 42f. *Dani in Ligere consistentes usque ad Blisum castrum veniunt ipsumque incendunt, volentes inde Aurelianis pervenire eadem patraturi. Praeparantibus vero adversus eos navigia et bellatores episcopo Aurelianensium Agio et Carnutum Burchardo, ab intentione desistunt et inferiora Ligeris repetunt*, Ann. Bert., 854, S. 44. Danach verliert sich die Spur dieses Wikingerverbandes, obgleich denkbar wäre, dass auch der Überfall auf Bordeaux im darauf folgenden Jahr jenen Wikingern zuzuschreiben ist. *Nordmanni Burdegalam Aquitaniae civitatem invadunt et hac illacque pro libitu pervagantur*, Ann. Bert., 855, S. 45. Es lässt sich jedenfalls nachvollziehen, dass Godefrid an der Entstehung eines Wikingerverbandes mitgewirkt hatte, welcher dem Frankenreich nicht unerheblichen Schaden zufügte.

526 *Nordmanni 252 navibus Fresiam adeunt, acceptisque multis prout ipsi statuerunt, ad alia divertunt*, Ann. Bert., 852, S. 41.

527 *Pyratae Danorum Fresiam et Batavos populantur*, Ann. Bert., 851, S. 41.

528 *Lotharius totam Fresiam filio suo Lothario donat. Unde Roric et Godofridus patriam, id est Daniam, repedant spe potestatis regiae nanciscendae*, Ann. Bert., 855, S. 45. Diese gemeinsame Unternehmung der Vettern könnte ein

dabei nicht ungünstig gewählt, da Horik ein Jahr zuvor in einem Machtkampf um die Vorherrschaft gefallen war.[529] Trotz der verheißungsvollen Vorzeichen gelang es den beiden Vettern jedoch nicht, sich in Dänemark zu behaupten, weshalb sie noch im selben Jahr wieder nach Friesland zurückkehrten und sich dort erneut ihres Benefiziums bemächtigten.[530] Danach verschwindet Godefrid Haraldsson aus dem Blickfeld der Quellen, was in seinem Fall nahe legt, dass er kurz darauf verstarb, da sein Verwandter Rorik, welcher der gleichen Generation entstammte, noch bis in die 870er Jahre hinein um die Erweiterung seiner Macht rang, wobei Godefrid zu keinem Zeitpunkt mehr erwähnt wird.[531]

IV. 3. 4. 2 Rorik

Nachdem er bereits mehrfach erwähnt wurde, soll im Folgenden kurz die Figur des Rorik, des vermeintlichen „Enfant terrible" unter den Exildänen im Frankenreich des 9. Jahrhunderts, beleuchtet werden. So negativ die Wahrnehmung der Wikinger und der übrigen Skandinavier in den fränkischen Quellen zum 9. Jahrhundert[532] in ihrer Tendenz auch gewesen sein mag, so ragt Rorik dennoch durch seine Taten hervor, die *„von großer, kühler Konsequenz"*[533] geprägt waren. Aus den bisherigen Betrachtungen ging bereits hervor, dass Rorik dem Familienzweig der Halfdansöhne zuzuordnen ist. Er war der Bruder Haralds des Jüngeren und der Neffe Harald Klaks. Er und Godefrid Haraldsson waren damit Vettern. Seine Geschichte scheint zunächst eng mit der Person seines Bruders verknüpft

---

schwaches Indiz dafür sein, dass es Rorik war, der nach der Taufe Harald Klaks zusammen mit Godefrid am fränkischen Hof verblieb. Möglicherweise rührte die Vertrautheit der beiden Verwandten schon von jenem Erlebnis des gemeinsamen Exils her.

529 *Orico rege et ceteris cum eo interfectis regibus*, Ann. Bert., 854, S. 45. Der Tod Horiks und die dazu gehörigen Umstände werden im sechsten Kapitel noch eingehender beleuchtet werden. Siehe S. 226-232. Sein Tod fand in weiteren Quellen seinen Niederschlag, die ebenfalls noch berücksichtigt werden sollen. An dieser Stelle genügt für die Datierung der Ereignisse und die Beschreibung der Umstände der Rückkehr Roriks und Godefrids nach Dänemark der Verweis auf die genannte Quelle.

530 *Roric et Godefridus, nequaquam arridentibus sibi successibus, Dorestado se continent et parte maxima Fresiae potiuntur*, Ann. Bert., 855, S. 46.

531 „*At this point* [855] *Godfrid disappears from the sources, and we can only assume that he died shortly afterwards*", Coupland, Poachers to Gamekeepers, S. 95. Da Godefrids Vater erst 852 gewaltsam verstorben war, liegt die Vermutung nahe, dass auch in seinem Fall der Tod nicht auf natürliche Weise eintrat. Die möglichen Ursachen für einen vorzeitigen Tod Godefrids sind vielgestaltig, weshalb sich hierüber nur spekulieren ließe. Denkbar wäre z.B., dass Godefrid bei einem Wikingerüberfall auf Dorestad im Jahre 857 den Tod fand. *Alii Danorum emporium quod Dorstatum dicitur vi capiunt totamque Batavorum insulam et cetera loca contermina diripiunt*, Ann. Bert., 857, S. 48. Anlässlich des im gleichen Jahr erfolgten zweiten Versuchs von Seiten Roriks in Dänemark Fuß zu fassen, erfahren wir nichts mehr von Godefrid, was annehmen lässt, dass er entweder zu jenem Zeitpunkt schon tot oder aber im friesischen *beneficium* verblieben war, wo ihm ein Wikingerüberfall zum Verhängnis wurde. Roriks Unternehmungen des Jahres 857 werden im Folgenden noch beleuchtet werden.

532 Es fällt bei der Person Roriks auf, dass die Fuldaer Annalen um verhältnismäßige Sachlichkeit und Neutralität bemüht scheinen, während die Annales Xantenses eine offenkundige Abneigung vermitteln. Vgl.: Zettel, Normanneneinfälle, S. 165f.

533 Ebd., S. 166.

gewesen zu sein, da er zusammen mit ihm Dorestad als *beneficium* hielt. Nach dem Tode Haralds des Jüngeren war Rorik gezwungen, Friesland zu verlassen, woraufhin er sich an Ludwig den Deutschen wandte. Dieser gewährte Rorik den Aufenthalt in seinem Reich, was dem Dänen ermöglichte, ein Wikingerheer aufzustellen und das Reich Lothars I., welcher ihn aus Friesland verdrängt hatte, heimzusuchen. Unfähig dieses äußeren Drucks Herr zu werden, musste Lothar schließlich Rorik im Jahre 850 wieder aufnehmen und ihm Dorestad und umliegende Gebiete zugestehen.[534] Zumindest bis zum Jahre 855, in dem Kaiser Lothar I. seinem Sohn Lothar II. dessen Reichsteil übertrug, blieb es ruhig um Rorik. Nachdem allerdings die Herrschaft über Friesland an Lothar II. übergegangen war, verließ Rorik zusammen mit seinem Vetter Godefrid Haraldsson Friesland, um die Königsmacht oder zumindest einen Anteil an derselben in Dänemark zu erringen. Dieses Unternehmen scheiterte bekanntlich noch im selben Jahr, woraufhin die beiden Dänen nach Friesland zurückkehrten und die Kontrolle über ihr *beneficium* zurückforderten. Die Ausdehnung des Einflussbereichs Roriks, der als einziger von den beiden Vettern, die auszogen, die Herrschaft in Dänemark zu erstreiten, nach jenem Jahr noch in den Quellen auftaucht, ist unklar, allerdings darf man davon ausgehen, dass sich das von Rorik kontrollierte Gebiet über weite Teile Frieslands erstreckte.[535] Roriks Machthunger konnte allerdings auch dadurch nicht gestillt werden, da er 857 ein zweites Mal versuchte, Einfluss in Dänemark zu erlangen.[536] Mit der Unterstützung Lothars II., der zumindest formal noch sein König war, fiel Rorik in Dänemark ein und erzwang von dem jungen Horik II. eine Herrschaftsbeteiligung.[537] In der Folgezeit trat er allerdings, zumindest im Quellenbild,

---

534 *Quem Hlotharius cum comprimere nequiret, in fidem recepit eique Dorestadum et alios comitatus largitur*, Ann. Bert., 850, S. 38. Zettel, Normanneneinfälle, S. 165 schreibt hierzu: „*Es würde in das Charakterbild Roriks passen, wenn er dabei eine führende Rolle gespielt hätte, nicht jedoch um des bloßen Plünderns und Zerstörens willen, sondern um die hilflosen Franken mit politischen Forderungen erpressen zu können*".

535 *Roric et Godefridus, nequaquam arridentibus sibi successibus, Dorestado se continent et parte maxima Fresiae potiuntur*, Ann. Bert., 855, S. 46. Zur Ausdehnung des Herrschaftsgebiets Roriks siehe: Coupland, Poachers to Gamekeepers, S. 96f; Unverhau, Untersuchungen, S. 21.

536 Goetz, Landnahmepolitik, S. 16 gelangt im Rahmen seiner Auseinandersetzung mit der Landnahmepolitik der Wikinger zu einer interessanten These: „*Die Landforderung scheint dabei sogar eine Bedingung der Normannen darzustellen; aus Rorichs Verhalten jedenfalls leitet sich ein gewisser Anspruch ab. Besonders aktiv zeigten sich hier die Angehörigen des alten dänischen Königsgeschlechts, die sich so eine neue Herrschaft unter fränkischer Hoheit aufbauten*". Der Aussage über das Anspruchsdenken, welches sich vor allem in der Person Roriks sehr deutlich zu manifestieren scheint, ist an dieser Stelle beizupflichten. Ergänzend sollte allerdings darauf verwiesen sein, dass sich Roriks Machtanspruch nicht nur auf fränkische *beneficia* beschränkte, sondern sich, wie gesehen, auch auf Dänemark richtete. Rorik und vor ihm Harald Klak haben durch ihr Handeln bewiesen, dass die Entscheidung im Thronkampf zwischen den königlichen Familienzweigen noch keineswegs endgültig gefallen war. Ein legitimer Thronanspruch, den Rorik aufgrund seiner Abstammung gewiss hatte, gepaart mit einem hohen Maß an Macht und Risikobereitschaft, dürften eine berechtigte Hoffnung auf den dänischen Thron geweckt haben.

537 *Roric Nordmannus, qui praeerat Dorestado, cum consensu domini sui Hlutharii regis classem duxit in fines Danorum et consentiente Horico Danorum rege partem regni, quae est inter mare et Egidoram, cum sociis suis possedit*, Ann. Fuld., 857, S. 47. Die geographische Einordnung des dänischen Einflussbereichs, den Rorik erhielt, gestaltet sich schwierig. Denkbar wäre, dass hier ein Landstrich zwischen Eidermündung im Westen und Ostsee beschrieben wird. Vgl. hierzu: Vogel, Die Normannen, S. 158; Harthausen, Normanneneinfälle, S. 31. Da sich der Handelsplatz Hedeby in unmittelbarer Nähe befand und er zudem als wirtschaftlich besonders reizvoller Standort der Region galt, erschiene es nahe liegend, dass Rorik tatsächlich über jenes Gebiet zu herrschen bestrebt war. Es

wieder lediglich als Gefolgsmann Lothars II. auf.[538] Im Jahre 862 wurde Rorik dann offenkundig des Verrats und der Begünstigung von einfallenden Wikingerverbänden verdächtigt, was aus zwei Schreiben Hinkmars von Reims hervorgeht.[539] Ein Verweis Hinkmars darauf, dass Rorik erst vor kurzem getauft worden sei, ist in diesem Kontext bemerkenswert. Immerhin hatte sich Rorik spätestens seit den 840er Jahren im Frankenreich befunden und stand seither die meiste Zeit im Dienste fränkischer Herrscher. Der Zeitpunkt seiner Taufe ist zwar nicht mehr zu klären, da der Taufakt selbst nicht in den Quellen widergespiegelt wurde. Es erschiene allerdings äußerst ungewöhnlich, wenn Rorik nicht schon zu einem deutlich früheren Zeitpunkt, wie z.B. bei seiner Belehnung durch Lothar I. 850, getauft worden wäre.

Für das Jahr 867 berichten die Annales Bertiniani dann von einer kurzzeitigen Vertreibung Roriks aus Friesland, welche durch einen Aufstand von Einheimischen verursacht worden war.[540] Bereits 870 hatte Rorik allerdings seine Vorherrschaft in Friesland wieder durchgesetzt, da Karl der Kahle im Jahre des Teilungsvertrags von Meersen mit Rorik verhandelte und dessen Machtbereich in Friesland offensichtlich, so legt es zumindest der Blick auf die Folgezeit nahe, unangetastet ließ.[541] Im Jahr 872 traf Rorik dann noch zweimal mit Karl dem Kahlen zusammen, wobei ihn sein Verwandter Rodulf begleitete.[542] Anlässlich

---

erschiene in diesem Zusammenhang überdies schlüssig, wenn Lothar II. den Dänen Rorik vor allem deshalb bei dessen Ambitionen unterstützte, um den Exilanten aus Friesland fortzuschaffen. Hierbei wäre ein Tausch seines fränkischen gegen einen neuen dänischen Einflussbereich nur dann für Rorik lohnend gewesen, wenn ihm, wie bereits vermutet, Hedeby zugefallen wäre. Damit hätte Rorik Dorestad gegen Hedeby tauschen können und zudem wäre er in den Rang eines Königs aufgestiegen. Die Dauer von Roriks Teilherrschaft in Dänemark ist bedauerlicherweise nicht überliefert. Es lässt sich lediglich feststellen, dass der südliche Teil Jütlands spätestens 873 in der Hand eines anderen Dänen, genannt Sigfrid, lag und Rorik nach 857 von den fränkischen Quellen nur im Zusammenhang mit seinem friesischen Einflussbereich genannt wird. *Venerunt quoque illuc Sigifridi Danorum regis legati pacis faciendae gratia in terminis inter illos et Saxones positis et ut negotiatores utriusque regni invicem transeuntes et mercimonia deferentes emerent et venderent pacifice; quae omnia rex ex sua parte rata fore promisit*, Ann. Fuld., 873, S. 78.

538 Es ist denkbar, dass Rorik seine Herrschaftsbeteiligung in Dänemark in der Zwischenzeit wieder eingebüßt hatte. Das Beispiel Harald Klaks hatte bereits gezeigt, wie brüchig eine geteilte Herrschaft im Dänemark des 9. Jahrhunderts sein konnte.

539 *Rorico Nordmanno ad fidem Christi converso, ut semper in Dei voluntate et mandatorum illius observatione proficiat, sicut et eum velle ac facere per multos audiebat, et ut nemo ei persuadere valeat, quo contra christianos paganis aut consilium aut adiutorium prestet, quia nihil ei proderit baptismum christianitatis accepisse, si contra christianos aut per se aut per alios quoscumque perversa vel adversa fuerit machinatus*, Flodoard von Reims, Historia Remensis ecclesiae, III, 26, S. 336. Hinkmar wandte sich allerdings nicht nur an Rorik selbst, sondern auch an den Utrechter Bischof Hungerus Frisus. *Hortatur autem eundem Hungarium, ut admoneat Roricum Normannum, nuper ad fidem Christi conversum, ne recipiat eundem Balduinum neque presidium ferat; sed et, si ceteri Nortmanni per eius consilium, ut audierat, post conversionem ipsius istud regnum depredati fuissent, hoc digna poenitentia emendare studeret*, ebd., III, 23, S. 307.

540 *Rorigum, quem incolae, qui Cokingi novo nomine dicuntur, a Fresia expulerant, cum auxiliatoribus Danis reverti*, Ann. Bert., 867, S. 87.

541 *Inde ad Rorici Nortmanni colloquium apud Noviomagum palatium perrexit; quem sibi foedere copulavit*, Ann. Bert., 870, S. 108.

542 Das erste Treffen findet sich bei: Ann. Bert., 872, S. 119. Abgesehen von dem Erscheinen Rodulfs vor Karl dem

der zweiten Zusammenkunft dieses Jahres erscheint es bedeutsam, dass Rorik ausdrücklich gelobt wird, während das Betragen seines Verwandten Rodulf offenkundig Anlass zur Abscheu gab.[543]

Rorik traf im Jahr 873 noch mit Ludwig dem Deutschen zusammen, da durch den Vertrag von Meersen nun Teile seines Machtbereichs auch zum ostfränkischen Reich gehörten.[544] Rorik wurde damit gleichermaßen zu einem Bestandteil des Reiches Ludwigs des Deutschen wie Karls des Kahlen. Nachdem Rorik allerdings die Bestätigung seines umfangreichen Benefiziums, welches seit 870 auf dem Gebiet der beiden entstandenen Frankenreiche lag, erwirkt hatte, verschwindet er aus dem Blickfeld der Quellen. Eine Todesnachricht ist für Rorik bedauerlicherweise nicht erhalten geblieben, weshalb man sein Ableben nur auf den ausgedehnten Zeitraum zwischen 873 und 882 datieren kann.[545] Bei Rorik handelt es sich, wie wohl bei keinem anderen Dänen des 9. Jahrhunderts in fränkischem Dienst, um eine äußerst kontroverse und machtvolle Figur.[546] Sein Einfluss war offenbar sehr weitreichend, was sich nicht nur anhand der Größe[547] seines Benefiziums festmachen lässt, sondern auch daran, dass es ihm gelang, *beneficia* von allen drei Erben Ludwigs des Frommen, also Lothar I., Ludwig dem Deutschen, Karl dem Kahlen und darüber hinaus von Lothar II. zu halten. Keiner der genannten Herrscher konnte oder wollte Rorik dauerhaft aus dem eigenen Machtbereich verdrängen.

Kahlen, was im Anschluss noch berücksichtigt werden wird, birgt dieses erste Treffen des Jahres 872 keine wichtigen Erkenntnisse in sich.

543 *Et Octobre mense navigio per Mosam usque Treiectum veniens, cum Rorico et Rodulfo Nortmannis, qui obviam ei navigio venerant, locutus, Roricum sibi fidelem benigne suscepit et Rodulfum infidelia machinantem et superflua expetentem inanem dimisit et contra ipsius insidias fideles suos ad munitionem paravit*, Ann. Bert., 872, S. 121.

544 *Inde rex circa Kalendas Maii Mogontiacum veniens per alveum Rheni fluminis navigio vectus Aquense palatium petiit; ibique cum suis secretum habuit colloquium et Rorichum per obsides ad se venientem in suum suscepit dominium*, Ann. Fuld., 873, S. 78. *Itidemque venit ad eum Ruorich, fel Christianitatis, tamen ei repositis obsidibus plurimis in navi, et subditus effectus est regi ac iuramentis constrictus inconcussam ei servare fidem*, Ann. Xant., 873, S. 32.

545 *Godefridus vero rex ad eum exiit, cui imperator regnum Fresonum, quod olim Roricus Danus tenuerat, dedit*, Ann. Ved., 882, S. 51. Daraus wird ersichtlich, dass Rorik zu einem früheren Zeitpunkt verstorben sein muss.

546 *„Charakteristisch für ihn* [Rorik] *ist sein unermüdliches Streben nach Herrschaft. Alles, was er tut, dient diesem Ziel; zu den Mitteln, es zu erreichen, gehört auch der Wikingerzug"*, Zettel, Normanneneinfälle, S. 165. Coupland, Poachers to Gamekeepers, S. 101 zieht eine positive Bilanz in Bezug auf den Gefolgsmann Rorik und verweist dabei u.a. auf dessen *„effectiveness with which he defended his Frisian territory"*. Siehe ferner: Nelson, Janet L., England and the Continent in the Ninth Century: II, The Vikings and Others, in: Transactions of the Royal Historical Society 6 (2003), S. 1-28, hier: 14f.

547 *„It is unclear precisely how large an area this covered, but certain references give an indication of the extent of Rorik's influence"*, Coupland, Poachers to Gamekeepers, S. 96f. Coupland geht davon aus, dass Roriks Einflussbereich sich auf seinem Höhepunkt sehr weit ausdehnte. Er nimmt eine östliche Ausdehnung bis an die Grenzen des Reichs Ludwigs des Deutschen an, ausgehend von den Reichsgrenzen gemäß des Vertrags von Verdun. Während die Nordseeküste als natürliche Nordgrenze fungierte, geht Coupland von der Waal als südliche Grenze und einer Westausdehnung aus, die möglicherweise die Inseln der heutigen niederländischen Provinz Zeeland umfassten.

IV. 3. 4. 3 Rodulf

Der bereits erwähnte Rodulf war der Sohn Haralds des Jüngeren und damit ein Neffe Roriks.[548] Über Rodulfs Lebensweg im Frankenreich ist wenig bekannt. Die Wahrnehmung der fränkischen Quellen in Bezug auf Rodulf ist allerdings weitaus greifbarer. Wenn man Rorik noch als kontroversen Charakter bezeichnen konnte, so lässt sich für Rodulf nur noch festhalten, dass der Versuch der Integration ins fränkische Herrschaftssystem bei ihm auf fatale Weise fehlgeschlagen ist.[549] Die Quellen geben, abgesehen von der Herleitung seiner Abstammung, Auskunft darüber, dass auch er zum Christentum übergetreten war.[550] Namentlich wird Rodulf erstmals 864 erwähnt, wobei er sogleich in einem zweifelhaften Licht erscheint, da Lothar II. ihn aus ungenannten Gründen bezahlen musste.[551] Es ergibt sich jedenfalls aus dieser Information, dass Rodulf in irgendeiner Weise im Dienste Lothars II. stand.[552] Da Rodulf aber zusammen mit Rorik im Jahre 872, nach dem Vertrag von Meersen, zweimal vor Karl dem Kahlen[553] erschien, legt dies nahe, dass sein *beneficium*, sofern er über eines verfügte, in jenem westlichen friesischen Gebiet lag, das nach dem Tode Lothars II. an Karl den Kahlen fiel. Es ist jedenfalls bezeichnend, dass Karl der Kahle keine hohe Meinung von Rodulf zu haben schien und daher ausdrücklich vor den Machenschaften des Dänen warnte.[554] Diese Warnung stellte sich im Folgejahr sogleich als berechtigt heraus, als nämlich Rodulf beutesuchend ins ostfränkische Friesland einfiel. Dieser Vorgang wird gleichermaßen von den Annales Xantenses, den Annales Fuldenses und den Annales Bertiniani[555] erwähnt, wobei vor allem bemerkenswert ist, dass das Urteil über Rodulf

---

548 *Rodulfo Normanno, Herioldi filio*, Ann. Bert., 864, S. 67. *Ruodoldus nepos predicti tiranni* (Ruorich), Ann. Xant., 873, S. 32.

549 Zum Vergleich zwischen Rorik und seinem Neffen Rodulf äußert sich Coupland, Poachers to Gamekeepers, S. 103 folgendermaßen: *„The comparison of Rorik and Rodulf shows the strength and the weakness of the practice of drawing Scandinavians into the Carolingian world. Rorik was faithful to his new masters, Rodulf was faithless; Rorik defended Frankish territory against Viking raiders, Rodulf led Viking raiders against Frankish territory; as a result, Rorik was respected, while Rodulf was vilified".*

550 *Baptizatus esset*, Ann. Xant., 873, S. 33, Z. 1. Die näheren Umstände der Taufe Rodulfs sind bedauerlicherweise nicht bekannt.

551 *Hlotharius, Hlotharii filius, de omni regno suo quattuor denarios ex omni manso colligens, summam denariorum cum multa pensione farinae atque pecorum necnon vini ac sicerae Rodulfo Normanno, Herioldi filio, ac suis locarii nomine tribuit*, Ann. Bert., 864, S. 67. Coupland, Poachers to Gamekeepers, S. 101f argumentiert, dass es sich bei den Zahlungen an Rodulf um eine Form der Entlohnung für geleistete Söldnerdienste handelte, was er aus dem Gebrauch des Begriffs *locarium*, in Abgrenzung zum in anderem Kontext gebräuchlichen *tributum*, ableitet.

552 *„The relationship between the families of Harald Klak and Lothar was continued"*, Lund, Allies, S. 51.

553 Ann. Bert., 872, S. 119 / 121.

554 *Rodulfum infidelia machinantem et superflua expetentem inanem dimisit et contra ipsius insidias fideles suos ad munitionem paravit*, Ann. Bert., 872, S. 121.

555 *Ruodoldus nepos predicti tiranni, qui transmarinas regiones plurimas regnumque Francorum undique atque Galliam horribiliter et pene totam Fresiam vastavit, in eadem regione, in pago Ostrachia ab eadem gente cum quingentis viris agiliter interfectus est et, quamvis baptizatus esset, caninam vitam digna morte finivit*, Ann. Xant., 873, S. 32f. *Mense Iunio Hruodolfus quidam Nordmannus de regio genere, qui regnum Karoli praedis et incendiis saepenumero vastaverat, classem duxit in regnum Hludowici regis [...] proelio ipse Ruodolfus cecidit primus et cum eo octingenti viri*, Ann. Fuld., 873, S. 80. *Interea Rodulfus Nortmannus, qui multa mala in regno Karoli exercuerat, in regno Hludowici cum quingentis et eo amplius complicibus suis occisus est*, Ann. Bert., 873, S. 124.

einstimmig scheint. Jede der genannten Quellen bringt Rodulf mit früheren Wikingerüberfällen in Verbindung, was natürlich auch die Warnung Karls des Kahlen nachvollziehbar erscheinen lässt. Wenngleich Rodulf auch von den genannten Quellen gleichsam als Wikingerfürst und Feind der Franken beschrieben wird, unterscheiden sich die Quellen in ihrer diesbezüglichen Intensität. Während die Annales Bertiniani sachlich und nüchtern vom Tode Rodulfs berichten, offenbart der entsprechende Verfasser der Annales Xantenses eine tiefe Abneigung, indem er dem getauften Dänen ein „viehisches" Leben und einen dazu passenden Tod attestieren.[556]

Die Annales Fuldenses sind in Bezug auf die Ereignisse, die 873 zum Tode Rodulfs führten, detaillierter als die beiden übrigen Quellen, was wohl auf den Umstand zurückzuführen ist, dass sich die Vorgänge im eigenen ostfränkischen Reich ereigneten. Bemerkenswert ist allerdings, dass zugleich gewissermaßen eine Ehrenrettung erfolgt, da die Fuldaer Annalen einen nicht namentlich genannten Skandinavier erwähnen, der als Großer unter den Friesen lebte, das Christentum angenommen hatte und dabei half, Rodulf und dessen Wikingerverband zu besiegen.[557] Es muss sich bei diesem Skandinavier nicht um eine historisch fassbare Figur[558] handeln, sondern vielmehr ist zu berücksichtigen, dass die Fuldaer Annalen hier einen Unterschied machen zwischen Wikingerfürsten, die trotz Taufe und Integration ins Frankenreich noch immer eine Gefahr darstellten, und jenen, die ihrer neuen Heimat und dem neuen Glauben gegenüber Treue bewiesen.[559]

---

[556] *Caninam vitam digna morte finivit*, Ann. Xant., 873, S. 33.

[557] *Unus Nordmannus, qui christianus effectus longo tempore cum eisdem Frisionibus conversatus est et euisdem certaminis dux erat*, Ann. Fuld., 873, S. 80.

[558] Zu dem betreffenden Zeitpunkt kommt ohnehin nur Rorik als historisch greifbare Figur in Frage. Es ist an dieser Stelle allerdings unwahrscheinlich, dass es sich um Rorik handelt, da die Fuldaer Annalen Rorik namentlich kennen und ihn daher in diesem Kontext wahrscheinlich auch mit Namen erwähnt hätten. Sollte der betreffende Bericht über einen zum Christentum übergetretenen und unter den Friesen lebenden Dänen den historischen Tatsachen entsprechen, erscheint es wahrscheinlich, dass es sich hierbei um einen der zahlreichen Nachkommen der Halfdansöhne handelte, der aufgrund seiner mangelnden Bedeutsamkeit für den größeren geschichtlichen Kontext im Bericht der Fuldaer Annalen namenlos blieb.

[559] *„Die Annalisten des 9. Jahrhunderts beklagen allgemein die »infidelitas« der getauften Normannen. Infolgedessen fühlten sich auch die Christen nicht mehr unbedingt zur Schonung verpflichtet. So waren ja schon der Normanne Harald und später auch Gottfried erschlagen worden"*, Angenendt, Kaiserherrschaft, S. 265. Zwar ist eine häufige Klage diesbezüglich anhand der Quellen nachzuweisen, allerdings dürfen auch gelegentliche positive Äußerungen, wie die eben genannte, nicht gänzlich außer Acht gelassen werden. Auch Rorik und Harald Klak haben bisweilen, wie beschrieben, positive Resonanzen auf fränkischer Seite ausgelöst. Siehe zum ambivalenten Urteil der fränkischen und angelsächsischen Quellen in Bezug auf die Vertragsfähigkeit der Normannen: *„Im Quellenbild gehören weder Rechtsbruch noch unbedingte und unbegrenzte Vertragstreue zu den charakteristischen Eigenschaften der normannischen Wikinger"*, Zettel, Normannen, S. 153-158, hier: S. 153.

IV. 4 Die schwedische Mission

Die Schwedenmission Ansgars ging auf eine Gesandtschaft des Jahres 829 zurück. Die Gesandtschaft, welche dem schwedischen Herrscher Björn zugeschrieben wurde, ersuchte den Kaiser, laut Rimberts Bericht, um die Entsendung von Geistlichen nach Schweden. Angeblich seien viele Schweden geneigt gewesen, den christlichen Glauben anzunehmen, und auch der Herrscher Björn selbst stünde dem Christentum wohlwollend gegenüber.[560] Die Reaktion Ludwigs bestand zunächst darin, seinerseits eine Gesandtschaft nach Schweden zu schicken, um zu überprüfen, ob man dort tatsächlich zur Annahme des Christentums bereit sei.[561] Zu diesem Zweck wurde Ansgar von seiner bisherigen Aufgabe, die laut Rimbert bis zu jenem Zeitpunkt noch immer in der geistlichen Betreuung Harald Klaks bestanden hatte, abberufen, um nach Schweden zu reisen.[562] Harald Klak wurde in der Folgezeit nicht mehr von Ansgar, sondern von einem gewissen Giselmar betreut.[563] Dabei ist weniger die Person Giselmars von Bedeutung, sondern vielmehr der Umstand, dass auch nach der Abberufung Ansgars von fränkischer Seite offenbar Wert auf den Verbleib eines Geistlichen bei Harald Klak gelegt wurde. Dies legt abermals nahe, dass es sich bei der geistlichen Betreuung Haralds um ein Instrument zur Überwachung des gescheiterten dänischen Thronprätendenten handelte. Die von Harald ausgegangenen Störungen der fränkisch-dänischen Friedensverhandlungen von 828 mögen für eine solche Überwachung Anlass gegeben haben. Darüber hinaus befand sich Harald Klaks *beneficium* in Rüstringen schließlich an einem Ort, von dem aus er recht leicht wieder Aktivitäten in Richtung

---

560 Gegen eine von König Björn autorisierte Gesandtschaft an Ludwig den Frommen wendet sich vor allem Jones, A History of the Vikings, S. 78. Vgl. auch: *„Es wird sicher zutreffen, daß von den Nordleuten geradezu um die Verkündung der christlichen Lehre gebeten wurde, denn zumindest durch die Anwesenheit christlicher karolingischer Kaufleute an den nordeuropäischen Handelsplätzen wird die einheimische Bevölkerung Kenntnis von dem neuen Glauben erhalten haben"*, Capelle, Die Wikinger, S. 92.

561 *Interim vero contigit, legatos Sueonum ad memoratum principem venisse Hludowicum. Qui inter alia legationis suae mandata clementissimo caesari innotuerunt: esse multos in gente sua, qui christianae religionis cultum suscipere desiderarent, regis quoque sui animum ad hoc satis benivolum, ut ibi sacerdotes Dei esse permitteret; tantum eius munificentia mererentur, ut eis praedicatores destinaret idoneos. Quod religiosissimus audiens imperator, plurimum exhilaratus, denuo quaerere coepit, quos in illas partes dirigeret, qui probarent, utrum populus ille ad credendum paratus esset, sicuti missi illi intimaverant, et cultum christianae religionis illis tradere inciperent*, Rimbert, Vita Anskarii, 9, S. 30.

562 Rimbert gibt an, dass Ansgar zum Zeitpunkt der schwedischen Gesandtschaft an Kaiser Ludwig noch bei Harald Klak verweilte, weshalb man auf fränkischer Seite einen Geistlichen suchte, der entweder selbst an der Schwedenreise teilnehmen oder aber Ansgar als Begleiter Harald Klaks ablösen sollte, damit jener für die Reise verfügbar würde. *Unde factum est, ut iterum cum memorato abbate vestro serenissimus imperator tractare coeperit, si quem forte de suis monachis invenire posset, qui pro Christi nomine in illas partes ire vellet, aut certe qui cum Herioldo moraretur, et is qui cum eo erat servus Dei Anskarius illam susciperet legationem. Qua de re contigit, ut regio iussu abhinc ad palatium vocaretur*, Rimbert, Vita Anskarii, 9, S. 30. Wie bereits aufgezeigt wurde, hielt sich Ansgar im Jahre 829 höchstwahrscheinlich nicht mehr in Dänemark auf, da Harald Klak von dort bereits verdrängt worden war. Vielmehr ist anzunehmen, dass sich Ansgar, sofern er tatsächlich noch als geistlicher Betreuer bei Harald weilte, zu jenem Zeitpunkt in Rüstringen aufhielt, wo sich das friesische *beneficium* Haralds befand.

563 *Porro cum Herioldo esse disposuit patrem devotissimum Gislemarum*, Rimbert, Vita Anskarii, 10, S. 31.

Dänemark[564] entwickeln konnte, weshalb es nachvollziehbar wäre, wenn Kaiser Ludwig seinen dänischen Taufsohn auf diese Art und Weise zu beobachten gedachte.

Zum Begleiter Ansgars wurde indes der Benediktinermönch Witmar berufen.[565] Nach einem Überfall durch Seeräuber verlor die Gesandtschaft auf ihrer Reise nach Schweden dann, laut Rimbert, die mitgeführten kaiserlichen Geschenke[566] und zudem ihr Schiff.[567] Dennoch setzte man die Reise fort und erreichte schließlich den Handelsort Birka, wo man von dem schwedischen Herrscher Björn empfangen wurde.[568] Björn erwies sich gegenüber der fränkischen Gesandtschaft als durchaus freundlich, zumal er Ansgar und Witmar die christliche Predigt in Birka gestattete.[569]

---

564 Vgl. zur strategischen Lage Rüstringens Kaufhold, Europas Norden, S. 20: *„Hier* (in Rüstringen) *hatte der Kaiser Harald ein Lehen angewiesen, von dem aus er sich offenbar um erneuten Einfluß in Dänemark bemühte"*.

565 *Tunc Dei ordinante providentia socium illi ex vestra fraternitate venerabilis abbas invenit nonnum Witmarum, tanto operi satis et condignum et voluntarium*, Rimbert, Vita Anskarii, 10, S. 31.

566 Zur Bedeutung von Geschenken und anderen materiellen Aufwendungen für die Nordmission Ansgars siehe: *„Die Anknüpfung von Kontakten mit Adel und Königtum und die andauernde Pflege dieser Verbindungen war für Ansgar ein kostspieliges Unternehmen. So war der Missionar bereits bei der Schaffung dieser Vorbedingungen seines eigentlichen missionarischen Wirkens auf umfangreiche materielle Ressourcen angewiesen. War mit ihrer Hilfe die nötige Gewogenheit hergestellt, der christlichen Verkündigung zuzustimmen, konnte der nächste Schritt, der Aufbau von Missionsstrukturen im Bekehrungsgebiet, beginnen"*, Klapheck, Der heilige Ansgar, S. 165.

567 *Dum in medio fere essent itinere, in pyratas offenderunt. Et cum negotiatores, qui cum eis ibant, se viriliter defenderint, et primo quidem victoriam coeperint, in secundo tamen ab eisdem pyratis devicti ac superati sunt, ita ut naves et omnia quae habebant eis tulerint, et ipsi vix pedibus ad terram fugientes evaserint*, Rimbert, Vita Anskarii, 10, S. 31f.

568 *Tandem ad portum regni ipsorum, qui Birca dicitur, pervenerunt. Ubi benigne a rege eorum, qui Bern vocabatur, suscepit sunt, missis eius referentibus, qua de causa advenerint*, Rimbert, Vita Anskarii, 11, S. 32. Aufgrund dieser Quellenpassage geht Cusack, Conversion, S. 136f davon aus, dass Björn möglicherweise nicht hinter der Gesandtschaft an Ludwig den Frommen steckte.

569 *Cognita itaque legatione eorum, et cum suis de huiusmodi negotio pertractans fidelibus, omnium pari voto atque consensu dedit eis licentiam ibi manendi et euangelium Christi praedicandi, concessa libertate, ut quicumque vellent eorum doctrinam expeterent*, Rimbert, Vita Anskarii, 11, S. 32. Die Erlaubnis zur christlichen Predigt erscheint durch die relative Nähe Birkas zum heidnischen Kultzentrum Alt-Uppsala, dessen kontinuierlicher Bestand mindestens seit der Zeit der Völkerwanderung angenommen werden darf, durchaus bemerkenswert. Alt-Uppsala war durch den Fluss Fyrisån ebenfalls mit dem Mälarsee verbunden, was die relative Nähe zum Handelsplatz Birka erklärt. Es ist bei heidnischen Kultzentren wie Uppsala, davon auszugehen, dass sie als Mittelpunkt und verbindendes Element einer regionalen Kultur auch zur Legitimation der jeweiligen Herrschaftsstrukturen beitrugen. Vgl. hierzu: Padberg, Lutz E. v., Odin oder Christus?: Loyalitäts- und Orientierungskonflikte in der frühmittelalterlichen Christianisierungsepoche, in: AKG 77 (1995), S. 256f. Zur Kultplatzkontinuität siehe: Gräslund, Anne-Sofie, Adams Uppsala och arkeologins, in: Hultgård, Anders (Hrsg.), Uppsala och Adam av Bremen, Nora 1997, S. 111-114. Zur strittigen Darstellung Adams von Bremen in Hinblick auf den Tempel von Uppsala und Schweden im Allgemeinen siehe: Hallencreutz, Carl F., Missionsstrategi och religionstolkning: Till frågan om Adam av Bremen och Uppsalatemplet, in: Hultgård, Anders (Hrsg.), Uppsala och Adam av Bremen, Nora 1997, S. 117-130. Siehe auch Staecker, der das Werk Adams von Bremen als *„Rechtfertigungsbericht der hamburg-bremischen Kirche"* bewertet, welcher den Vorrang der Reichskirche im Norden Europas zu legitimieren suchte, Staecker, Jörn, Bremen – Canterbury – Kiev – Konstantinopel?: Auf Spurensuche nach Missionierenden und Missionierten in Altdänemark und Schweden, in: Müller-Wille, Michael (Hg.), Rom und Byzanz im Norden: Mission und Glaubenswechsel im Ostseeraum während des 8. - 14. Jahrhunderts, Bd. 1, Stuttgart 1997, S. 59. Der im obigen Quellenzitat auftauchende Verweis auf eine Beratung des

Offenbar fand Ansgar in Birka kein gänzlich ungeeignetes Missionsfeld vor, da sich bereits christliche Händler und Sklaven[570] dort befanden und nach Auskunft Rimberts auch ein gewisses Interesse der Einheimischen am Christentum bestand. Diese Nachricht sollte allerdings nicht auf jene Weise gedeutet werden, die Rimbert offensichtlich bezweckte. Rimberts Bericht, dass viele Menschen in Birka die christliche Lehre begrüßten und den Predigten lauschten, belegt zunächst nur das tolerante Klima, das offenbar an diesem bedeutenden Handelsplatz Skandinaviens vorherrschte.[571] Dabei darf natürlich nicht vergessen werden, dass die Genehmigung zur Predigt von „König" Björn erteilt wurde, weshalb auch diese Toleranz in Relation zu sehen ist. Wenn Rimbert berichtet, dass viele Menschen den Predigten lauschten, belegt dies, sofern man diese Schilderungen nicht ohnehin schon für eine Übertreibung oder Beschönigung hält, lediglich die strukturelle Offenheit der skandinavischen Kultur in religiöser Hinsicht.[572] Den Heiden in Birka dürfte zu Ansgars Zeit keineswegs der Absolutheitsanspruch der christlichen Kirche bewusst

---

„Königs" mit den Seinen deutet darauf hin, dass u.U. zuerst ein Thing abgehalten wurde, um über die Angelegenheit zu entscheiden. An dieser Stelle ist dies allerdings noch nicht allzu deutlich. Spätere Ereignisse, die in der Vita Anskarii beschrieben werden, weisen deutlicher auf die Abhaltung eines Things unter den Schweden hin. Siehe hierzu auch: Sanmark, Alexandra, The Role of Secular Rulers in the Conversion of Sweden, in: Carver, Martin (Hg.), The Cross goes North: Processes of Conversion in Northern Europe, AD 300-1300, York 2003, S. 553.

570 *Multi etiam apud eos captivi habebantur christiani, qui gaudebant iam tandem se mysteriis divinis posse participari*, Rimbert, Vita Anskarii, 11, S. 32.

571 *Plures quoque erant, qui eorum legationi favebant et doctrinam Domini libenter audiebant*, Rimbert, Vita Anskarii, 11, S. 32. Zur Absicht Rimberts bei dieser Darstellung der Mission in Birka: „*Rimbert schildert die Reaktion auf die christliche Mission hier außerordentlich positiv. Die in Birka lebenden Heiden hören bereitwillig die christliche Botschaft, und die captivi freuen sich gar. [...] Abgesehen von der zweifellos interessanten, aber nicht zu beantwortenden Frage nach dem Wahrheitsgehalt dieser Schilderungen aus Birka wird es in Rimberts Interesse gelegen haben, diejenigen Leser aus dem Umkreis seines Erzbistums zu ermuntern, die mit der Mission im „Norden" befaßt waren"*, Fraesdorff, Der barbarische Norden, S. 222f.

572 Wood, Christians and Pagans, S. 53 hat hierzu treffend bemerkt: „*A readiness to recognize the existence of new gods does not always mean a willingness to accept them*". Hinzu kommt noch, dass gerade an einem Ort wie Birka ein auch für skandinavische Verhältnisse „*vergleichsweise günstiges und aufnahmebereites Klima*" für die Mission vorherrschte. Allgemein ist in diesem Zusammenhang zu beobachten, dass sich Ansgar am Handelswesen seiner Zeit orientierte, was bereits an der „*Reise Ansgars über Köln, Dorestadt und durch Friesland*" anlässlich der Rückkehr Harald Klaks nach Dänemark entlang „*einer zentralen Handelsroute dieser Epoche*" im Jahre 826 erkennbar war. Siehe: Kaufhold, Europas Norden, S. 22. Ähnlich argumentiert auch Jankuhn, Das Missionsfeld Ansgars, S. 221, der postuliert, es ließe sich „*eine Konzentration der missionarischen Bemühungen Ansgars auf die drei Handelsplätze Schleswig, Ripen und Birka erkennen und daraus folgern, daß er [Ansgar] hier unter den Kaufleuten wohl die besten Ansatzpunkte für sein Wirken gegeben sah. [...] Er richtete seine Mission an diesen Stellen auf Orte, die schon lange vor ihm mit dem christlichen Abendland in enger Verbindung gestanden hatten, und zwar in Verbindungen, die sich nicht im Austausch materieller Güter erschöpften*". Vgl. auch: „*Die soziale Ordnung in der Handelsstadt [Birka] unterschied sich von der des agrarisch-strukturierten Hinterlandes grundlegend. Kaufleute, Handwerker und Sklaven stellten hier die Bewohner, im Gegensatz zu der bäuerlichen Bevölkerung der Umgebung. Die »Städter« befanden sich außerhalb der rechtlichen und sozialen Bindungen, die die schwedische Gesellschaft zusammenhielten und konnten daher auch am ehesten gefahrlos aus der Kultgemeinschaft ausscheren*", Wavra, Missionspolitik, S. 273. Vgl. ferner: Sawyer, Kings and Vikings, S. 136. Zum Zusammenhang zwischen bekannten Handelsrouten und den Skandinavienreisen der Missionare in fränkischen Diensten vgl. Jankuhn, Wikingerzüge, S. 11. Zur Entwicklung der Handelsrouten zwischen Mittel- und Nordeuropa im Frühmittelalter siehe grundlegend: Ellmers, Detlev, Frühmittelalterliche Handelsschiffahrt in Mittel- und Nordeuropa, Neumünster 1972, S. 227-254.

gewesen sein.[573] Es bleibt daher fraglich, ob das Christentum ebenso offen in Birka empfangen worden wäre, wenn man sich dort des monotheistischen Anspruchs der Kirche in vollem Umfang bewusst gewesen wäre. Bemerkenswert erscheint allerdings, dass es Ansgar offenbar glückte, einen einflussreichen Mann namens Hergeir für das Christentum zu gewinnen. Bedeutsam ist dies vor allem, weil es nicht gelang, den „König"[574] selbst zum Glaubensübertritt zu bewegen.[575] Der Rückhalt für die christliche Mission in Birka musste sich daher in der Folgezeit verstärkt auf Hergeir stützen, der von Rimbert als *praefectus vici* bezeichnet wird, was, wenngleich eine genauere Bestimmung der gesellschaftlichen Stellung Hergeirs nicht möglich erscheint, seine gesteigerte Bedeutung hervorhebt.[576] Bereits bei dieser Reise Ansgars nach Birka scheint es zum Bau einer Kirche auf dem Grundbesitz Hergeirs gekommen zu sein.[577] Sofern die Angaben Rimberts einigermaßen

---

573 „*There is no indication that the Swedes were put under strong pressure or force to accept Christianity, and the population does not seem to have been strongly opposed to missionary activity*", Sanmark, Conversion of Sweden, S. 553. In Anbetracht eines solchen Auftretens des Christentums verwundert es nicht, dass die Missionare zunächst geduldet wurden. Siehe dazu auch: „*In a violent age, the Christian message of charity was no doubt appealing, and the foreign god had proved »powerful«. This religion was also less ambiguous than the pagan one, which could always manage to add a new member to its already numerous gods*", Roesdahl, Viking Age Denmark, S. 176.

574 Wenngleich die fränkischen Quellen dem Herrscher von Birka den Titel eines *rex* zusprechen, kann im Rahmen der vorliegenden Dissertation nicht geklärt werden, wie dieser Begriff angesichts der schwedischen Verhältnisse jener Zeit zu werten ist. Es kann an dieser Stelle nicht bestimmt werden, wie umfangreich die Herrschaft jenes „Königs" von Birka tatsächlich gewesen sein mag.

575 Sanmark, Conversion of Sweden, S. 551-554 weist zurecht darauf hin, dass Vergleiche mit der Christianisierung der Sachsen, Friesen und Angelsachsen verdeutlichen, wie bedeutsam die Rolle eines konvertierten heimischen Herrschers bei der Missionierung eines Volkes sein konnte. Demzufolge sind die geringen Erfolge der Schwedenmission in Anbetracht der Tatsache, dass die später schleppend erfolgte Christianisierung Schwedens erst nach der Taufe Olof Skötkonungs eine tragfähige Grundlage erhielt, wenig überraschend. Zur Frage der Historizität der Taufe Olofs siehe: Sawyer, Birgit, Scandinavian Conversion Histories, in: Sawyer, Peter Hayes & Birgit / Wood, Ian (Hg.), The Christianization of Scandinavia, Alingsås 1987, S. 88-110. Siehe auch: „*Early medieval mission aimed at winning over whole gentes, i.e. well defined political units or confederations. Its main targets were the rulers and political leaders of each gens and was frequently due to the initiatives of rulers, who could thereby add a Christian dimension to their claims to power*", Schäferdiek, Knut, Missionary methods, in: Sawyer / Sawyer / Wood, The Christianization of Scandinavia, S. 24. Nach der anzunehmenden Konversion Olof Skötkonungs lässt sich dann jedenfalls beobachten, dass sich die Christianisierung offenbar eher nach angelsächsischem als nach sächsisch-friesischem Vorbild vollzogen hat, da auf eine aggressive und durch Militärmacht getragene Zwangschristianisierung verzichtet wurde und man vielmehr auf eine sukzessive Verbreitung des Christentums durch soziale Vernetzung und herrschaftliche Belohnungen zurückgriff. Vgl. auch: Cusack, Conversion, S. 151f.

576 *Inter quos etiam praefectus vici ipsius et consiliarius regis admodum illi amabilis Herigarius nomine sacri baptismatis donum suscepit atque in fide catholica firmissimus extitit*, Rimbert, Vita Anskarii, 11, S. 32. Der Verweis darauf, dass Hergeir offenbar dem „König" Björn als Berater diente, unterstreicht die große Bedeutung, welche Hergeir in der Missionstätigkeit in Birka zukommen konnte. Indem man einen engen Vertrauten Björns zum Christentum bekehren konnte, ließ sich die Hoffnung hegen, dass sich trotz des Festhaltens Björns am heidnischen Glauben dennoch ein gewisser Rückhalt für die Mission in Birka gewährleisten ließe.

577 *Ipse namque in hereditate sua non multo post ecclesiam fabricavit et in Dei servitio semet ipsum religiosissime exercuit*, Rimbert, Vita Anskarii, 11, S. 32. Dies ist eines von mehreren Beispielen, welches verdeutlicht, dass der Herrscher von Birka kein aktives Interesse an der Förderung des Christentums in Birka hatte. Der Bau der Kirche musste auf dem Grundbesitz eines bereitwilligen Christen stattfinden, da der heidnische Herrscher verständlicherweise keinerlei Grund und Anlass hatte, Land zum Kirchenbau zur Verfügung zu stellen. „*Since the*

zutreffend sind, kann die anderthalbjährige erste Missionsreise Ansgars nach Birka aufgrund der Konvertierung Hergeirs und des Baus einer Kirche zumindest als bescheidener Erfolg bezeichnet werden.[578]

Nach der Schwedenreise Ansgars und Witmars war es erst wieder Gauzbert, der Neffe Ebos von Reims, der als Missionsbischof nach Birka gesandt wurde, um dort die Christianisierung voranzutreiben. Zu diesem Zwecke sollte Gauzbert längerfristig in Schweden bleiben.[579] In Birka wurde auch Gauzbert, ebenso wie Ansgar vor ihm, freundlich empfangen.[580] Gauzberts Aufenthalt bei den Schweden endete nach dem Bericht Rimberts erst nach dem normannischen Überfall auf Hamburg im Jahre 845. Laut Rimbert wurde Gauzbert gewaltsam aus Schweden vertrieben, während Gauzberts Neffe Nithard im Zuge der Gewalttaten und Plünderungen sogar den Tod fand.[581]

---

king had not converted, he may not have been as motivated as a Christian ruler to provide missionaries with land for a church", Sanmark, Conversion of Sweden, S. 557. Bei Ansgars zweiter Schwedenreise, bei der er sich durch Geschenke offensichtlich nachhaltiger der Gunst des Herrschers von Birka zu versichern suchte, wurde den Missionaren nicht nur der Kirchenbau erneut gestattet, sondern ihnen auch ein dafür geeignetes Grundstück überlassen. Für ihre persönliche Unterbringung mussten die Missionare dann allerdings selbst ein Grundstück erwerben. Das Werben um die Gunst des Herrschers von Birka wiederum findet sich an folgender Stelle: *Delectatus itaque et caritatis eius benivolentia et munerum datione*, Rimbert, Vita Anskarii, 26, S. 57. Der langatmige Bericht über den Ablauf der Thingversammlungen, welche über die neuerliche Zulassung der christlichen Mission in Schweden entscheiden sollten, findet sich in: Rimbert, Vita Anskarii, 27, S. 57ff. Der Bericht über die Vergabe des Landes und den Ankauf eines Grundstücks für die Missionare findet sich im darauf folgenden Kapitel. *Cui etiam rex in praefato vico atrium unum ad oratorium dedit fabricandum; domnus quoque episcopus presbitero ad habitandum alterum cum domo emit*, ebd., 28, S. 59.

578 *Peracto itaque apud eos altero dimidio anno praefati servi Dei cum certo suae legationis experimento et cum litteris regia manu more ipsorum deformatis ad serenissimum reversi sunt augustum*, Rimbert, Vita Anskarii, 12, S. 33.

579 *Necessarium esse, ut aliquis illi ordinaretur adiutor, qui in partibus Sueonum ministerii episcopalis officio fungeretur, quoniam in regione tam longe posita praesens adesse deberet pontifex, et ipse solus ad utrumque locum minus sufficeret. Cum consensu itaque et voluntate praedicti imperatoris venerabilis Ebo quendam propinquum suum Gauzbertum nomine ad partes direxit Sueonum*, Rimbert, Vita Anskarii, 14, S. 36.

580 *Ad partes veniens Sueonum, honorifice et a rege et a populo susceptus est, coepitque cum benivolentia et unanimitate omnium ecclesiam inibi fabricare et publice euangelium fidei praedicare*, Rimbert, Vita Anskarii, 14, S. 36.

581 Siehe Rimbert, Vita Anskarii, 17, S. 38. Als schwachen Trost fügt Rimbert noch hinzu, dass jenes gewaltsame Vorgehen gegen die Missionare nicht auf den Befehl des dortigen „Königs" zurückging. *Quod tamen non regio iussi factum, sed populari tantum conspiratione est perpetratum*, ebd., 17, S. 38. Es ist denkbar, dass Rimbert den Herrscher von Birka ausdrücklich von einer Mitschuld an den Vorgängen frei spricht, weil nur auf diese Weise die Fortsetzung einer Kooperation mit den örtlichen Machthabern in den Augen der Nachwelt legitim erscheinen konnte. Spätere Ereignisse zeigten nämlich, dass Ansgar bei seiner Schwedenmission auch weiterhin auf die Unterstützung der Mächtigen in Birka angewiesen war. Damit erschien der Verweis auf eine spontane Entladung des Volkszorn vermutlich angebrachter als ein Vorwurf gegen den „König" von Birka, der offensichtlich nicht für den Schutz des Christentums eintrat. Der Schutz eines auswärtigen Kults dürfte auch wohl kaum in der Verantwortung des Herrschers von Birka gelegen haben. Rimbert verzichtet allerdings an dieser Stelle nicht aus Gründen des Verständnisses für die Lage des heidnischen Herrschers auf anklagende Vorwürfe, sondern schlichtweg aus den genannten Gründen, die das eigene Anliegen in einem besseren Licht erscheinen ließen.

In der Folgezeit fiel die Schwedenmission endgültig in eine tiefe Krise. Nach der Vertreibung Gauzberts mussten die Christen in Birka für mehrere Jahre ohne einen ortsansässigen Geistlichen auskommen.[582] Damit verlassen die Berichte über die Schwedenmission bei Rimbert zwar endgültig den zeitlichen Rahmen der vorliegenden Arbeit, allerdings erscheint ein kurzer Ausblick auf die Folgezeit wertvoll, um die Bedeutung der Mission Ansgars in einen weiter gefassten Gesamtkontext einbetten zu können. Zweifellos muss man Rimberts Bericht in seiner Gesamtheit kritisch betrachten, da offenkundig die Heiligsprechung Ansgars zu seinen Zielsetzungen gehörte. Speziell in den Kapiteln 18 bis 20 berichtet Rimbert ausführlich von Christen in Birka und deren Leben in ihrer weitgehend heidnischen Umgebung. Gerade diese Passagen müssen äußerst argwöhnisch betrachtet werden, da sie wahrscheinlich nur dazu dienen sollten, die Hingabe der beschriebenen Christen, die Rückständigkeit der Heiden und die Notwendigkeit der Mission zu unterstreichen.[583] Dennoch lassen sich, auch nach kritischer Betrachtung, einzelne Motive finden, die aus heutiger Sicht für die Rekonstruktion des Lebens in Birka hilfreich sein können. Laut Rimbert entsandte Ansgar nach den bereits erwähnten priesterlosen Jahren den Eremiten Ardgar[584] nach Birka, wo auch diesem wieder erlaubt wurde, öffentliche Gottesdienste zu feiern.[585] In der erneuten Genehmigung, den christlichen Gottesdienst in Birka betreffend, zeigt sich, dass dort von einem bedrohlichen religiösen Antagonismus zu jener Zeit nicht die Rede sein kann. Vielmehr entsteht der Eindruck, dass das Christentum in Birka von herrschaftlicher Seite geduldet wurde. Von mehr als einer bloßen Duldung ist allerdings nicht auszugehen, da die Anzeichen für eine aktive Förderung völlig fehlen und jene Ereignisse in Verbindung mit der Vertreibung Gauzberts zeigen, dass

---

582 Laut Rimbert dauerte dieser Zeitraum sieben Jahre. *Post haec itaque locus ille septem fere annis sine sacerdotali fuit praesentia*, Rimbert, Vita Anskarii, 19, S. 39.

583 „*The lengthy excursus on Sweden in the Vita Anskarii is not a factual account of Christians in Birka; it is rather the narrative presentation of a number of themes which would be central to any understanding of missionary commitment; God either protects his own or he exacts vengeance against those who harm his followers*", Wood, Christians and pagans, S. 41. Siehe zum gegensätzlichen Kulturbegriff von Christen und Heiden bei Rimbert auch: „*Rimberts cultura-Verständnis reiht sich mithin logisch in die dualistischen Vorstellungen ein, die seine Vita Anskarii als Grundstruktur bestimmen. So wie er eine Grenze zwischen der christlichen Bevölkerung und den gentes exterae zieht, die Ungläubigen als Negation des christlichen Ideals bewertet und die beiden Weltgegenden als von Gott und vom Teufel bestimmt einordnet, sieht Rimbert auch zwei culturae: Auf der einen Seite selbstverständlich die cultura dei und auf der anderen Seite die cultura idolorum, die sich der Funktion der daemones entsprechend an der praktischen Religionsausübung der Heiden mit mehreren Gottheiten orientiert. Alles in allem wird das Bild vom fremden »Norden« so auf verschiedene Art und Weise von der religiösen Fremdheit beeinflußt, die zweifellos als die Grundstruktur des ganzes Textes gelten muß. Die Kategorien kultureller und politischer Fremdheit sind diesem religiös geprägten Dualismus untergeordnet*", Fraesdorff, Der barbarische Norden, S. 212f.

584 *Anachoretam Ardgarium nomine illas in partes direxit*, Rimbert, Vita Anskarii, 19, S. 39.

585 *Suggestione quoque praefati Herigarii, regis qui tunc erat iussu et licentia, publice coepit Dei celebrare mysteria*, Rimbert, Vita Anskarii, 19, S. 40. Abermals wird hier auf die zentrale Bedeutung Hergeirs für die christliche Mission in Schweden hingewiesen. Darüber hinaus zeigt sich, warum man die Tötung Nithards und die Vertreibung Gauzberts nicht dem „König" von Birka angelastet hatte, da die Mission schließlich zu einem späteren Zeitpunkt wieder auf ihn angewiesen war und Rimbert ihn daher rückblickend nicht allzu negativ darstellen konnte.

der Herrscher von Birka nicht als Beschützer des Christentums auftrat.[586] In diesem Kontext gilt es auch zu erwähnen, dass nach dem Tode Hergeirs auch Ardgar Schweden verließ und Birka damit erneut der christlich-geistlichen Seelsorge entbehren musste.[587] Hinter der Abkehr Ardgars lassen sich aufschlussreiche Hintergründe erahnen. Der Zeitpunkt der Rückkehr Ardgars unterstreicht einmal mehr die zentrale Bedeutung Hergeirs für die christliche Mission in Schweden. Es ist denkbar, dass die Mission durch Hergeirs Tod endgültig ihre realpolitische Grundlage einbüßte. Unter Umständen verlor die Mission mit Hergeir auch die entscheidende Verbindung zum örtlichen Herrscher und zu der Elite der heidnischen Gesellschaft, wodurch eine erneute Eskalation, vergleichbar den Ereignissen in Zusammenhang mit Gauzberts Vertreibung, zu befürchten stand. Allzu erfolgreich konnte die Mission bei der Bekehrung von schwedischen Heiden wohl auch nicht gewesen sein, ansonsten wäre eine soziale und wirtschaftliche Grundlage für die Fortsetzung der Missionsarbeit gegeben gewesen. Vielmehr drängt sich der Eindruck auf, dass die christliche Gemeinde in Birka während Ansgars Zeit nicht nur äußerst klein gewesen sein dürfte, sondern sie zudem keinen von der Person Hergeirs unabhängigen Rückhalt in der Gesellschaft von Birka erringen konnte.

Rimberts Schilderung des Schicksals einer schwedischen Christin namens Frideburg, die ihrer Tochter als letzten Willen auftrug, ihr reiches weltliches Erbe nach ihrem Tode in Dorestad im Sinne der christlichen Idee zu spenden, ist an dieser Stelle ebenfalls kurz zu erwähnen.[588] Wenngleich die Geschichte Frideburgs zu vernachlässigen ist, so zeugt sie doch von einer lebhaften Verbindung zwischen den beiden Handelsorten Dorestad und Birka. Die Geschichte Frideburgs deutet darauf hin, dass die Verbindung zwischen den beiden Orten nicht nur auf wirtschaftliche Belange begrenzt war, sondern offenbar auch eine Verbindung zwischen den beiden christlichen Gemeinden dieser Orte bestand.[589]

---

586 Diejenigen, welche gegen die christlichen Missionare in Birka vorgegangen waren, erfuhren offensichtlich keine Bestrafung oder Verfolgung von Seiten des dortigen Herrschers. Es hat daher den Anschein, dass trotz der Duldung der Missionare durch den Herrscher und den Thing keine herrschaftliche Schutzverpflichtung für die christlichen Glaubensboten übernommen wurde. Vgl.: Sanmark, Conversion of Sweden, S. 556. Rimbert lässt hingegen zumindest in seiner Ansgarvita denjenigen Gottes Rache widerfahren, die an den Übergriffen gegen die Missionare beteiligt gewesen waren. *Divinae vero maiestatis clementia hoc nequaquam inultum abire passa est, sed omnes pene qui affuere, quamlibet diverso modo, in parvo tempore puniti sunt*, Rimbert, Vita Anskarii, 18, S. 38.

587 *Igitur post excessum praedicti viri Herigarii iam memoratus sacerdos Ardgarius amore solitariae, quam ante duxerat, vitae ab illis partibus egressus, locum suum repetiit. Sicque denuo christiani ibi positi sacerdotali sunt praesentia destituti*, Rimbert, Vita Anskarii, 20, S. 46.

588 *Sume tecum argentum et vade ad Dorstadum. Ibi sunt ecclesiae plurimae et sacerdotes ac clerici, ibi indigentium multitudo. Illo adveniens, quaere, qui rite doceant, fideles, quomodo ea dispenses, et pro animae meae remedio omnia in elemosinam distribue*, Rimbert, Vita Anskarii, 20, S. 45.

589 Jankuhn, Das Missionsfeld Ansgars, S. 218 geht in seiner diesbezüglichen Deutung sogar noch weiter. „Da ihre Tochter Catla einen friesischen Namen trägt, liegt die Vermutung nahe, daß der Mann der Frideburg ein Friese war. Der Umstand, daß sie reich war und ihrer Tochter Catla das Vermächtnis hinterließ, nach ihrem Tode Hab und Gut in Birka zu verkaufen und den Erlös den Kirchen in Dorestad zu stiften, scheint anzudeuten, daß der Mann dem Kreise begüterter Kaufleute angehörte".

Insgesamt muss man die Schwedenmission Ansgars als Misserfolg bezeichnen.[590] Die Christianisierung Schwedens erfolgte erst im Laufe des Hochmittelalters.[591] Es ist zu beobachten, dass die Schwedenmission im Vergleich zur Missionspolitik der Franken gegenüber den Dänen noch weit mehr unter der Destabilisierung der Herrschaft Ludwigs des Frommen gelitten hat, da sie immerhin erst zu einem späteren Zeitpunkt, nämlich 829, kurz vor Anbruch der schwierigen Endphase der Herrschaft Kaiser Ludwigs, in den Wahrnehmungsbereich der Franken rückte.[592] Kurz gesagt hatte die Schwedenmission durch die innerfränkische Krise ab 830 ohnehin geringe Erfolgsaussichten, da sie nicht auf einen entschiedenen Rückhalt durch die fränkische Obrigkeit hoffen konnte. Der Fokus richtete sich in jener Zeit verstärkt nach innen auf die Bewältigung der fränkischen Mißstände. Ein Missionsanliegen für ein Volk, das durchaus weit entfernt lebte, mit dem man keine gemeinsame Grenze teilte und das weder eine unmittelbare Bedrohung noch ein in irgendeiner Hinsicht zu jenem Zeitpunkt lohnenswertes Ziel darstellte, muss im Kontext seiner Zeit und der politischen Gesamtlage als äußerst untergeordnet oder gar völlig unwichtig gegolten haben. Ungeachtet der Missionstätigkeit von Ansgar und Ebo von Reims muss man doch nüchtern konstatieren, dass eine Christianisierung Schwedens für ein geschwächtes Frankenreich nicht zu bewältigen war, da man außer engagierten Missionaren keine Mittel aufbieten konnte, die für eine Steigerung der Erfolgsaussichten erforderlich gewesen wären.[593] Ein hinreichender Einfluss auf die schwedischen Großen ließ sich von

---

590 Einer überschwänglichen Einschätzung der Missionstätigkeit Ansgars bei den Schweden ist aus den genannten Gründen nicht beizupflichten. Siehe als Beispiel für eine derartige Bewertung: *„Was Ansgar im Norden hier erreichte, ist einmal die Kultusfreiheit, das Recht, eine Kirche zu errichten, einen Priester anzustellen und christlichen Gottesdienst abhalten zu lassen; zweitens eine Gemeinde zu bilden, der sich auch Landeseinwohner und nicht nur fremde Kaufleute in der Sommerszeit anschließen konnten"*, Göbell, Christianisierung des Nordens, S. 79. Diese „Errungenschaften" sind wohl weitaus weniger den Verdiensten Ansgars zuzuschreiben, als vielmehr den kulturellen Gegebenheiten in Birka und der Tatsache, dass Ansgar als ein Abgesandter der Franken auftreten konnte. Zur vermeintlichen Tragweite der Schwedenmission Ansgars siehe auch: *„Ansgars erste Missionsversuche in Schweden waren aber trotz […] Störungen so vielversprechend, daß im Hinblick auf die nordische Mission 831 ein Bistum in Hamburg eingerichtet wurde, dessen Leitung Ansgar übernahm. […] Als Ansgar 865 starb, übernahm sein Schüler Rimbert […] seine Nachfolge. Zu diesem Zeitpunkt hatte das Christentum durch seine unermüdliche Tätigkeit an einigen Orten Nordeuropas bereits festen Fuß gefaßt"*, Capelle, Wikinger, S. 93.

591 Der erste schwedische König, der nach Auffassung der gegenwärtigen Forschung zum Christentum übertrat, war Olof Skötkonung zu Beginn des 11. Jahrhunderts. Die Christianisierung vollzog sich allerdings auch in der Folgezeit nur schleppend, weshalb man von einer abgeschlossenen Christianisierung Schwedens erst im 12. Jahrhundert sprechen kann. Dennoch deuten archäologische Befunde darauf hin, dass das Christentum in der Zeit zwischen der ersten Schwedenmission zur Zeit Ludwigs des Frommen und der Taufe Olof Skötkonungs in Schweden kontinuierlich fortbestanden hat. Vgl.: Gräslund, Anne-Sofie, Ideologi och Mentalitet: Om religionsskiftet i Skandinavien från en arkeologisk horisont, Uppsala 2001, S. 130. Hoffmann, Königserhebung, S. 1f resümiert, dass die Einführung des Christentums in Skandinavien letztlich die Macht und Stabilität des dortigen Königtums *„weit über seine bisherige Machtstellung hinaus"* steigerte. Vgl. auch: Steinsland, Gro, The Change of Religion in the Nordic Countries: A Confrontation between Two Living Religions, in: Collegium Medievale 2 (1990), S. 128. Zur Zusammenfassung der Forschungsgeschichte in Hinblick auf den Übergang vom nordischen Heidentum zum Christentum im Laufe des Hochmittelalters in Skandinavien siehe: ebd., S. 123-135.

592 Die Auseinandersetzung mit dem letzten Herrschaftsjahrzehnt Ludwigs des Frommen und der damit verbundenen Nordpolitik findet sich auf S. 188-204.

593 Wavra weist zurecht darauf hin, dass die Nordmission nicht nur unter Ludwig dem Frommen und unter der Herrschaft seiner Söhne aufgrund von außen- und innenpolitischen Zwänge unzureichend unterstützt wurde,

fränkischer Seite nicht etablieren. Eine Drohkulisse, wie man sie zumindest zeitweise gegenüber Dänemark hatte aufbauen können, ließ sich gegenüber den Schweden nicht errichten, da sich militärische Interventionen oder gar eine Eroberung fernab jeglicher Realität bewegten. Die Schweden dürften das Frankenreich zu jener Zeit lediglich als wohlhabenden Handelspartner betrachtet haben. Die Erlaubnis zur christlichen Mission in Schweden muss daher wohl auch vor dem Hintergrund einer beabsichtigten Harmonisierung der Handelsbeziehungen gewertet werden. Da davon auszugehen ist, dass sich die Schwedenmission auf Birka konzentrierte, rundet sich dieses Bild ab. Die Duldung des auswärtigen Kultes war aus schwedischer Sicht wohl vor allem dazu geeignet, Birka zu beleben und für christliche Händler noch attraktiver zu machen. Daher dürften wirtschafliche Interessen und bloßer Utilitarismus die schwedische Gesandtschaft von 829 bewirkt haben.[594] Während die schwedischen Interessen dabei sehr handfest erscheinen, bot

---

sondern auch die skandinavischen Herrscher nur wenig Unterstützung leisteten, was zumindest in ihrem Fall aus herrschaftlichen Eigeninteressen nachvollziehbar erscheint. *„Weder im dänischen Reich noch in Schweden erreichten die Missionare eine sakrale Durchdringung des ganzen Landes und den Aufbau einer kirchlichen Infrastruktur, die die Errichtung von Bistümern erlaubt hätten. Der dänische und der schwedische König gewährten der christlichen Mission in ihrem Reich zwar bereitwillig Einlaß, doch versagten sie der Bekehrungsarbeit jede aktive Unterstützung"*, Wavra, Missionspolitik, S. 281f. Es lässt sich auf einen einfachen Nenner bringen, wenn man festhält, dass die geringfügige Unterstützung des Christentums, wie sie von Horik, Horik II. und dem Herrscher von Birka praktiziert wurde, den Handel stärkte, was im Interesse dieser Herrscher lag. Eine weitergehende Unterstützung der neuen Religion hätte allerdings fränkische Hegemonialbestrebungen fördern können, was gewiss nicht im Interesse der heidnischen Herrscher lag, weshalb ihr Verzicht auf eine tatkräftige Unterstützung der christlichen Mission nur allzu verständlich erscheinen. Zum imperialen Anspruch der Reichskirche siehe auch: *„Für uns ist wichtig, daß das seit Ansgar bezeugte Erzbistum [Hamburg] vor allem auf die Mission der nördlichen Völker, die dabei zahlreich benannt werden, ausgerichtet war. Damit aber verfolgte die deutsche Reichskirche unverkennbar ein imperiales Ziel: Nicht eigene Erzbistümer für Dänemark und die anderen Nordvölker, sondern allenfalls nur jeweils ein Bistum, das dann dem deutschen Erzbistum unterstellt werden sollte"*, Angenendt, Kaiserherrschaft, S. 226. *„The missionaries, instead of being honored pioneers who took the initiative, became merely royal servants or pawns in the imperial game"*, Addison, Medieval Missionary, S. 47. Vgl. auch: Haendler, Gert, Reichskirche und Mission in der ersten Epoche der Christianisierung Mecklenburgs, in: Ekdahl, Sven (Hg.), Kirche und Gesellschaft im Ostseeraum und im Norden vor der Mitte des 13. Jahrhunderts, Göteborg 1969, S. 65; Ernst, Karolingische Nordostpolitik, S. 96f.

594 *„Der Handelsort Birka, auf den sich die Wirksamkeit Ansgars und seiner Helfer richtete, war erst um 800 vom Schwedenkönig angelegt worden. […] Um die neue Gründung zu stärken, wird König Björn an einer Intensivierung der Handelsbeziehungen zum Frankenreich interessiert gewesen sein, und daher wird man seiner Gesandtschaft an Ludwig in erster Linie wirtschaftliche Motive unterstellen können. Diese Deutung wird vom archäologischen Befund gestützt, tatsächlich ist um die Mitte des 9. Jahrhunderts eine Zunahme fränkischen Importgutes in Birka zu verzeichnen, die Zeugnis für die engeren Kontakte ablegt"*, Wavra, Missionspolitik, S. 271. *„Die bezeugten Christensklaven und die unter den Bewohnern des Wiks im Mälar zu vermutenden christlichen Kaufleute aus Friesland stellen wohl den Kreis dar, der hinter dem im Jahre 829 an Ludwig herangetragenen Wunsch nach Entsendung von Missionaren stand"*. Damit wäre davon auszugehen, dass für jene Kreise hinter der Gesandtschaft *„der Wunsch stand, die Handelsbeziehungen zum christlichen Abendland zu intensivieren oder zu regeln"*, Jankuhn, das Missionsfeld Ansgars, S. 218. Vgl. auch: Klapheck, Der heilige Ansgar, S. 70. Von welchem Gesellschaftskreis in Birka letztlich der entscheidende Impuls für die Gesandtschaft an Kaiser Ludwig ausgegangen ist, lässt sich nicht mit Gewissheit klären. Es lässt sicher allerdings beobachten, wer davon profitieren konnte. Da der Herrscher von Birka, ebenso wie die dort ansässigen Kaufleute, gewiss auch ein Interesse an der Intensivierung der Handelskontakte mit dem christlichen Europa und dem Frankenreich im Speziellen gehabt haben dürften, kommen beide Seiten für die Urheberschaft der Gesandtschaft in Frage. Für eine Verbindung zwischen Handelsinteressen und der schwedischen Gesandtschaft plädieren auch Blomkvist, Nils /

sich für die Franken wohl lediglich eine vage Hoffnung auf die Ausweitung des eigenen Einflussbereichs durch das Werkzeug der christlichen Mission.

IV. 5 Die erste Phase der Nordpolitik Ludwigs des Frommen

Der Zeitraum von 814 bis 827 kann nach den bisherigen Schilderungen als die erste Phase der Nordpolitik Kaiser Ludwigs gewertet werden. Der Verlauf der Ereignisse in Dänemark sorgte dafür, dass Harald Klak bereits im ersten Jahr der fränkischen Gesamtherrschaft Ludwigs vor den neuen Kaiser trat und Hilfe von ihm erbat. Damit war Ludwig schon zu Beginn seiner Herrschaft über das Gesamtreich dazu gezwungen, sich mit der Situation im Norden seines Reiches auseinander zu setzen. Ludwig stellte sich auf die Seite des um Hilfe ersuchenden Haralds. In den nächsten Jahren unterstützte der Kaiser daher seinen dänischen Schützling mit wechselndem Nachdruck. Im Jahre 815 ergriff er zum ersten und, wie sich herausstellen sollte, auch zum einzigen Male militärische Maßnahmen, um Harald bei seinem Thronanspruch zu unterstützen. Wenngleich der Feldzug von 815 praktisch ergebnislos blieb, erneuerte Ludwig 817 seine Beistandserklärung gegenüber Harald Klak. Dies begünstigte ein Bündnis des Abodritenfürsten Sclaomir mit den Göttriksöhnen, was wiederum ein militärisches Vorgehen gegen die Abodriten erforderlich machte. Der Sieg über Sclaomir, welcher seine Absetzung als Abodritenherrscher hinnehmen musste, dürfte auch die Bereitschaft der Dänen beeinflusst haben, im Jahre 819 Harald Klak eine Herrschaftsbeteiligung zu gewähren. Bis zu diesem Zeitpunkt hatte Ludwig innerhalb der ersten sechs Jahre seiner Herrschaft über das Gesamtreich bereits zweimal kriegerisch auf die Situation im Nordosten reagieren müssen. Das Zwischenfazit am Ende des Jahres 819 gestaltet sich allerdings noch durchaus positiv. Ludwigs Nordostpolitik hatte zu jenem Zeitpunkt zwei Herrscher in ihren jeweiligen ans Frankenreich grenzenden Heimatländern an die Macht gebracht. Bei den Abodriten hatte der vom Kaiser unterstützte Ceadragus die Alleinherrschaft erlangen können, während in Dänemark zumindest einer der vermutlich drei verbliebenen Angehörigen der herrschenden Königssippe mit dem Kaiser verbündet war.[595]

Bereits im Jahre 821 begann der zwischenzeitliche Erfolg der Nordostpolitik Ludwigs allerdings zu bröckeln. Das Bündnis zwischen Ceadragus und den Göttriksöhnen machte

---

Brink, Stefan / Lindkvist, Thomas, The kingdom of Sweden, in: Berend, Nora (Hg.), Christianization and the rise of Christian Monarchy: Scandinavia, Central Europe and Rus' c. 900-1200, Cambridge 2007, S. 167-213, hier: S. 176-179.

595 *„Spätestens zu diesem Zeitpunkt* [Sommer 819] *konnte die durch die dänisch-abodritische Koalition 817 heraufbeschworene Gefahr für den Nordosten des Reiches als bereinigt gelten. Nur zwei Jahre hatte die Phase der Unsicherheit gedauert, bis in Ceadrag und Harald zwei Herrschaftsträger unter den benachbarten Völkerschaften gewonnen waren, die dem fränkischen Reich offenbar in einem Verhältnis gegenseitigen Wohlwollens und Vertrauens verbunden waren"*, Ernst, Karolingische Nordostpolitik, S. 87f.

deutlich, dass die angrenzenden Nachbarn des Frankenreichs im Nordosten offenbar gewillt waren, die Situation, wie sie 819 zu Gunsten des Kaisers entstanden war, zu verändern. Ceadragus hatte sich als unzuverlässiger Verbündeter erwiesen. Die Göttriksöhne schienen indes lediglich auf den richtigen Zeitpunkt gewartet zu haben, um den Machtkampf um die Herrschaft in Dänemark wieder zu verschärfen. Da Ludwigs Versuch, durch die Rückführung Sclaomirs ins Abodritenreich das Verhältnis der Mächte im Nordosten wieder zu seinem Vorteil zu verändern, scheiterte, zeigen sich für das folgende Jahr 822 weitere Krisensymptome. Der fränkische Festungsbau bei Delbende ist ebenso als Beleg für eine sich zuspitzende Krise zu sehen wie das Erscheinen zweier getrennter dänischer Gesandtschaften auf einem Reichstag in Frankfurt. Die Ereignisse des Jahres 823 bestätigten ebenfalls den Trend zu einer Eskalation im Nordosten. Wenngleich sich Ceadragus vor dem Kaiser rechtfertigte und Vergebung erfuhr, zeigten das Hilfegesuch Harald Klaks, die Inspektionsreise der vom Kaiser beauftragten Grafen nach Dänemark und der vorzeitige Abbruch der Missionsreise Ebos im Norden, dass man sich auf fränkischer Seite offenbar auf eine neue Zeit der Auseinandersetzungen mit dem nördlichen Nachbarn einstellte. Umso überraschender erscheint es, dass am kaiserlichen Hofe ab 825 offenbar ein Umdenken in der Nordpolitik stattfand. Wenngleich der Kaiser dem Frieden mit den Göttriksöhnen zustimmte, wobei davon ausgegangen werden darf, dass es sich dabei um einen Friedensschluss handelte, der primär innerdänische Mißstände beheben sollte, lässt sich dennoch ein veränderter Umgang Ludwigs des Frommen mit den Göttriksöhnen vermuten. Diesmal empfing der Kaiser nämlich ausschließlich die Gesandtschaft der Göttriksöhne und es fand keine Unterredung oder Verhandlung mit Harald Klak statt. Der Frieden, in den die Göttriksöhne einwilligten, läutete, obwohl er wahrscheinlich vor allem die innerdänischen Verhältnisse regelte, eine neue Richtung in Ludwigs Außenpolitik gegenüber den Dänen ein. Der Kaiser zog von jenem Zeitpunkt an offenbar Harald Klak nicht mehr kategorisch den Göttriksöhnen vor. Der verordnete Frieden von 825 mag daher als ein letzter Versuch gesehen werden, den Norden des Frankenreiches zu befrieden und gleichzeitig Harald Klak als Teilherrscher in Dänemark zu stützen. Ludwig signalisierte allerdings zugleich, dass er von jenem Jahr an bereit war, direkt und zum vorrangigen Nutzen des eigenen Reiches mit den Göttriksöhnen zu verhandeln, ohne gesteigerte Rücksicht auf seinen Protegé Harald Klak zu nehmen.

Während man für das Jahr 825 einen Kurswechsel in der Außenpolitik Ludwigs des Frommen beobachten kann, scheiterte die ursprüngliche Konzeption der Nordpolitik Ludwigs erst in den folgenden Jahren endgültig. Mit seinem Verhalten von 825 hatte sich der Kaiser lediglich eine Option geschaffen, auf die er nach dem endgültigen Scheitern[596] seiner ursprünglichen Nordpolitik, welche eng mit dem Schicksal Harald Klaks verknüpft

---

596 *„Innerabodritische und innerdänische Auseinandersetzungen, die zu Fraktionsbildungen führten, störten die politische Absicht des zweiten Frankenkaisers, eine dauerhafte Loyalität beider Völkerschaften über ein persönliches Abhängigkeitsverhältnis des jeweiligen Herrschaftsträgers zu erreichen"*, Wavra, Missionspolitik, S. 212.

war, zurückgreifen konnte. Gewissermaßen fuhr Ludwig der Fromme ab 825 in seiner Außenpolitik gegenüber den Dänen *„zweigleisig"*.[597] Es hat den Anschein, als habe Ludwig das Scheitern seiner ursprünglichen Nordpolitik nicht nur bereits vorhergesehen, sondern dies letztlich auch ohne großen Widerstand hingenommen, da er sich bereits zuvor Alternativen im Norden geschaffen hatte. Nach 825 war die Nordpolitik Ludwigs jedenfalls flexibler, da sie nicht mehr unweigerlich mit Harald Klaks Thronanspruch verknüpft war. Vor diesem Hintergrund erscheint es erklärlich, warum die Göttriksöhne 826 zuerst den Frieden mit dem Kaiser bekräftigten und im Anschluss daran deren Rivale Harald Klak endlich bereit war zum Christentum überzutreten.[598] Die Taufe war für Harald ein verzweifelter Versuch, der neuerlichen politischen Entwicklung, die seiner eigenen Sache zunehmend abträglich war, entgegenzuwirken. Allerdings änderte diese Maßnahme Haralds nichts an der Politik Ludwigs, der seinen neuen Kurs trotz der Taufe des Dänen nicht ändern musste. Durch den Glaubensübertritt Haralds eröffnete sich eine günstigere Perspektive für die Missionierung des Nordens. Darüber hinaus band dieser Taufakt Harald Klak noch enger an den Kaiser, was diesem auch recht gewesen sein dürfte, da immerhin noch die schwindende Möglichkeit bestand, dass sich der eigene Günstling doch noch im dänischen Thronkampf würde durchsetzen können.

Haralds Taufe vermochte die Entwicklungen der nächsten Jahre jedoch nicht mehr zu verhindern. Es ist sogar denkbar, dass die Taufe Haralds seine Verdrängung noch beschleunigte. Der Bericht, dass Horik 827 entgegen seiner Zusicherung nicht vor dem Kaiser erschien und kurz darauf Harald aus Dänemark vertrieben wurde, lässt Raum für Spekulationen. Es ist nicht bekannt, weshalb sich Horik zu Ludwig dem Frommen hatte begeben sollen, allerdings erscheint wahrscheinlich, dass er sich für sein Handeln rechtfertigen sollte.[599] Indem sich Horik jedoch dagegen entschied und seinen Rivalen Harald aus der gemeinsamen Heimat vertrieb, schuf er vollendete Tatsachen, die der Kaiser nachfolgend entweder akzeptieren oder anfechten konnte. Ludwig hatte durch sein allmähliches Abrücken von Harald Klak, das lediglich durch seine Taufpatenschaft für den Dänen relativiert wurde, offensichtlich nach außen signalisiert, dass eine gewaltsame Absetzung Haralds zwar nicht die Zustimmung des Kaisers finden würde, aber auch nicht

---

597 Vgl. hierzu: Ernst, Karolingische Nordostpolitik, S. 94f. Die Gefahr dieses Kurswechsels bestand freilich darin, Harald Klak möglicherweise zu verprellen. Darauf hatte bereits Vogel, Die Normannen, S. 75f hingewiesen: *„Das friedliche Einvernehmen des Kaisers mit Horik konnte Haralds Freundschaft mit Ludwig sehr wohl erschüttern, und seine Bekehrung zum Christentum brauchte ihn von Feindseligkeiten nicht abzuhalten, nachdem seine darauf gebauten politischen Hoffnungen getäuscht worden waren"*.

598 Jussen, Kinship, S. 229 betont, dass die Initiative zur Taufe von Harald Klak ausgegangen sei. *„Having the right godfather also boosted the prestige of baptizees. Harald of Denmark for example, whose sponsor was Louis the Pious, was doubtless one of the baptizees who himself took the initiative. At a time when he needed strong support against his rivals in Denmark he turned to his mighty neighbor Louis and had himself made into his »son«"*. Der Beobachtung zur Motivation Harald Klaks ist zuzustimmen, jedoch bleibt hier die fest anzunehmende kaiserliche Ermunterung unberücksichtigt. Siehe hierzu Anm. 426 u. 467.

599 Es erscheint denkbar, dass Horik durch die von ihm offenbar zunächst signalisierte Bereitschaft vor dem Kaiser zu erscheinen, lediglich einen hinreichenden Zeit- und Handlungsspielraum erlangen wollte, um Harald Klak aus Dänemark vertreiben zu können.

zu einem entschlossenen militärischen Vorgehen führen musste. Sollte Horik auf Letzteres kalkuliert haben, so ging seine Rechnung auf, denn Ludwig war bereit mit den Göttriksöhnen Friedensverhandlungen aufzunehmen. Der Umstand, dass diese Verhandlungen von 828 durch Haralds Intervention gestört wurden, verhinderte dennoch nicht die Entwicklung, welche sich bereits abgezeichnet hatte.[600] Harald war spätestens von jener Zeit an nicht mehr die erste Option des Kaisers in der Nordpolitik, sondern wurde vielmehr zu einem Ersatzmann, den Ludwig in der Hinterhand behielt, um ihn bei geeigneter Gelegenheit unter gewissen Umständen einzusetzen. Dazu kam es allerdings nicht mehr, wie sich zeigen sollte. Harald fristete für den Rest seines Lebens ein Dasein außerhalb seiner Heimat. Er erhielt keine weitere Unterstützung des Kaisers oder von dessen Söhnen, um noch einmal zu einer Herrschaftsbeteiligung in Dänemark zu gelangen. Dies kann auch damit zusammenhängen, dass Ludwig ab 830 stark an Handlungsspielraum verlor, was sich natürlich auch auf seine Außenpolitik auswirkte. Ein weiteres und entschlosseneres außenpolitisches Engagement für den bereits trotz kaiserlicher Unterstützung gescheiterten Harald Klak erschien vor diesem Hintergrund wohl riskanter und spürbar aufwendiger als der Versuch, sich mit den mittlerweile in ihrer Herrschaft etablierten Göttriksöhnen auf diplomatischem Wege zu arrangieren. Mit dem Scheitern Harald Klaks und dem letztlichen Erfolg Horiks im dänischen Thronstreit verschlechterten sich außerdem die Erfolgsaussichten für die Christianisierung in Dänemark. Der Kaiser hatte den getauften Harald Klak fallen lassen müssen und hatte sich stattdessen mit dem Heiden Horik zu arrangieren, der die christliche Mission zumindest in gewissem Umfang tolerierte, ohne sie jedoch zu unterstützen.

Wenngleich die Nordpolitik, welche Ludwig der Fromme zu Beginn seiner Herrschaft über das Gesamtreich praktizierte, letztendlich mit dem Scheitern des Thronanspruchs Harald Klaks fehlschlug, wäre es verfehlt, dem fränkischen Kaiser deswegen ein diesbezügliches persönliches Versagen zu attestieren. Als sich der dänische Thronprätendent an Ludwig wandte, folgte die Reaktion des Kaisers nicht nur der bewährten Praxis, welche bereits in der Regierungszeit seines Vaters angewandt worden war, sondern darüber hinaus barg die Unterstützung für Harald Klak aus der Sicht des Jahres 814 keine Risiken, dafür aber einige neue Perspektiven in der Nordpolitik. Da damit die Ausgangslage des Jahres 814 geklärt ist und außerdem davon ausgegangen werden darf, dass erst nach mehr als zehn Jahren dieser ursprünglich eingeschlagene Kurs der Nordpolitik Ludwigs scheiterte, bleibt die Frage zu klären, weshalb diese außenpolitische Konzeption fehlschlug. Wie bereits dargelegt wurde, lässt sich ab 825 ein Abrücken Kaiser Ludwigs von Harald Klak annehmen. Zu einem gänzlichen Bruch zwischen den beiden Männern kam es allerdings nicht, da sich beide Seiten erhoffen konnten, dass der jeweils andere gegebenenfalls noch einmal den eigenen Interessen dienlich werden könnte.

---

600 *„Trotz der engen Bindung, die Harald eingegangen war, zeigte sich Ludwig nicht bereit, zugunsten seines Schützlings in Dänemark militärisch zu intervenieren. Stattdessen anerkannte er die realen Machtverhältnisse und einigte sich mit den beiden Göttriksöhnen"*, Wavra, Missionspolitik, S. 266.

Das konkrete Ziel, Harald Klak zu einer Herrschaft in Dänemark zu verhelfen, dürfte Ludwig spätestens nach den Friedensverhandlungen von 828 für die nähere Zukunft verworfen haben. Ludwig hatte ohne eigenes Verschulden auf den falschen Thronprätendenten gesetzt. Indem der Kaiser diesen Plan verwarf, als endgültig keine realistische Aussicht mehr auf baldigen Erfolg bestand, handelte er nachvollziehbar und rational. Man kann darüber hinaus Ludwig auch nicht vorwerfen, er habe nicht lange genug an Harald festgehalten. Lediglich die Frage, ob der Kaiser seinen Protegé hätte energischer unterstützen sollen, stellt sich aufgrund des uns bekannten Hergangs der Ereignisse. Ein Kriegszug gegen die Göttriksöhne, der in der Rückschau freilich als halbherzig und gleichsam als Misserfolg bezeichnet werden kann, ist lediglich für das Jahr 815 überliefert. Während des Vorgehens gegen die Auflehnung Sclaomirs im Jahre 817 kam es zwar auch zu Auseinandersetzungen mit den Dänen, allerdings beschränkte man sich hierbei auf die Verteidigung Transalbingiens. Der Kaiser vermied nach dem gescheiterten Feldzug von 815 also offenbar ein direktes militärisches Vorgehen gegen die Dänen. Die Gründe hierfür dürften die gleichen sein, wie sie schon für Karl den Großen gegolten hatten. Im Wesentlichen lässt sich dazu sagen, dass eine Eroberung Dänemarks wahrscheinlich, den Sachsenkriegen vergleichbar, ein langwieriges Unterfangen dargestellt hätte, das mit seinem erforderlichen Aufwand in keinem vernünftigen Verhältnis gegenüber dem zu erwartenden Nutzen gestanden hätte. Wenn sich Ludwig der Fromme also folgerichtig von aufwendigen Kriegszügen mit ernsthafter Eroberungs- oder Unterwerfungsabsicht distanzierte, so verblieb einzig eine mehr oder weniger offene Unterstützung für den Thronprätendenten Harald.

Wie weitreichend die tatsächliche Unterstützung für Harald Klak war, lässt sich nur vermuten. Die Herrschaftsbeteiligung Haralds von 819 legt allerdings nahe, dass Harald vom Reichsgebiet aus wiederholte Angriffe gegen sein Heimatland unternommen hatte. Da die Göttriksöhne dadurch dermaßen unter Druck gesetzt wurden, dass sie sich schließlich entzweiten und Harald eine Herrschaftsbeteiligung gewährten, darf von einer massiven und lang anhaltenden militärischen Bedrohung ausgegangen werden. Dabei griff Harald wahrscheinlich, zusätzlich zu seinen eigenen Gefolgsleuten, auch auf die Hilfe sächsischer Großer zurück, die ein wirtschaftliches Interesse an den Überfällen gegen die benachbarten Dänen gehabt haben dürften. Darüber hinaus waren fortgesetzte Grenzüberfälle gegen die Dänen aus sächsischer Sicht wohl auch ein Mittel, um die angrenzenden sächsischen Gebiete vor Übergriffen der Dänen zu schützen. Durch Haralds offensive Kampagne konnten nämlich die Dänen im sächsisch-dänischen Grenzgebiet nachhaltig in die Defensive gedrängt werden, wodurch im Umkehrschluss die Gefahr von dänischen Überfällen verringert wurde. Des Weiteren konnte man von dänischer Seite nicht mit einer groß angelegten Militäroperation gegen den auf fränkischem Reichsgebiet befindlichen Harald Klak vorgehen, da man dadurch eine ebenfalls groß angelegte militärische Gegenmaßnahme provoziert hätte. Es ergibt sich daraus, dass die fränkische Unterstützung für Harald relativ gering gewesen sein dürfte und wenig Aufwand für die fränkische Seite bedeutete. Damit soll aber nicht gesagt sein, dass die kaiserliche Unterstützung deshalb gering ausgefallen sei, weil Ludwig in dieser Sache einen Mangel an Engagement an den Tag legte, sondern vielmehr war ein größerer Aufwand schlichtweg unnötig. Wenn Haralds Grenzkämpfe nach dem beschriebenen Muster verlaufen sind, brauchte er dafür lediglich die Genehmigung des Kaisers, von sächsischem Gebiet aus operieren und die umliegenden sächsischen Großen in sein Treiben einbinden zu dürfen. Darüber hinaus wird Harald noch mit einer irgendwie gearteten wirtschaftlichen Grundlage ausgestattet worden sein, um zumindest sich selbst und sein Gefolge unterhalten zu können. Unter Umständen standen ihm auch die Mittel zur Verfügung, um einen eigenen überschaubaren Truppenverband zu finanzieren, der einerseits bei den Grenzüberfällen mitwirkte und andererseits Harald Klaks körperliche Unversehrtheit sicherte.

Zusammenfassend lässt sich über die Nordpolitik Ludwigs des Frommen bis zum Jahre 830 kein eindeutiges Urteil fällen. Gewiss wäre es völlig verfehlt, Ludwig für das letztendliche Scheitern seiner Nordpolitik im letzten Jahrzehnt seiner Herrschaft, welches noch beleuchtet werden wird, verantwortlich zu machen. Wie bereits angeführt wurde, reagierte Ludwig flexibel und umsichtig auf die Herausforderungen der Außenpolitik gegenüber den Dänen. Sein Abrücken von Harald Klak und die Annäherung an Horik verdeutlicht, dass Ludwig nicht rigide an seinem einstmals eingeschlagenen außenpolitischen Kurs festhielt, sondern vielmehr auf die realen Gegebenheiten im Sinne der politischen Räson zu reagieren vermochte. Es ist nicht zu übersehen, dass Ludwig, auch bei noch ungebrochener Machtfülle im eigenen Reich, also bis zum Jahre 830, keinen aggressiven Kurs in der Nordpolitik verfolgte. Dies wäre allerdings auch, wie erläutert, eine in Anbetracht der drohenden Risiken unangebrachte Vorgehensweise gewesen. Wie sich noch genauer zeigen wird, wuchs der Druck auf Ludwig in den 30er Jahren des 9. Jahrhunderts nicht nur im Innern, sondern auch von außen. Der zunehmend eskalierenden Situation im letzten Herrschaftsjahrzehnt Ludwigs konnte der Kaiser nicht mehr so energisch entgegentreten, wie er es zuvor zumindest theoretisch gekonnt hätte. Ludwig betrieb gegenüber den Dänen eine geduldige und vernünftige Politik, die übermäßige Risiken vermied. Das diesbezügliche Scheitern Ludwigs ist nicht der Beschaffenheit seiner Politik zuzuschreiben, sondern vielmehr Umständen, die sich seiner Kontrolle entzogen. Zudem wird im Folgenden aufgezeigt werden, dass Ludwigs Nordpolitik, die offenkundig auf eine indirekte Einflussnahme, weitestgehend ohne militärisches Draufgängertum, abzielte, erst in den 830er Jahren an den innerfränkischen Zuständen endgültig scheiterte.[601] Ähnliches lässt sich

---

601 *„Bis zum Beginn der 30er Jahre des 9. Jh. konnte die politische Situation im Nordosten des Reiches als ausgeglichen bezeichnet werden, war es doch Ludwig immer wieder gelungen, jede Möglichkeit einer ernsten, nachteiligen Entwicklung mit militärischen oder diplomatischen Mitteln zu unterbinden. Bedingung für diese Politik war jedoch, daß der Kaiser aufgrund seiner innenpolitisch unumstrittenen Autorität in der Lage war, dem fränkischen Machtanspruch nach außen hin ungehindert Geltung zu verschaffen [...] In den letzten Regierungsjahren Ludwigs nun war seine unumschränkte herrscherliche Stellung durch die inneren Parteikämpfe untergraben, und da er selbst nur von einer Sorge getrieben wurde, den Anspruch des jüngsten Sohnes auf einen angemessenen Reichsteil zu erfüllen, verfiel jede koordinierte, alle Kräfte des Reiches zusammenfassende aktive*

über die Schwedenmission sagen, die durch die ungünstigen Begleitumstände ihrer Zeit ohnehin unter schlechten Vorzeichen begann. Ihr Scheitern kann daher nicht überraschen. Die Schwedenmission der Franken setzte in dem denkbar ungünstigsten Zeitraum der Herrschaft Ludwigs des Frommen ein, wodurch sie ohne konsequente herrschaftliche Unterstützung in einem vom Einfluss des Frankenreichs zu weit abgelegenen Gebiet zum Scheitern verurteilt war. Die Zerrissenheit der fränkischen Reiche nach dem Tod Ludwigs des Frommen tat ihr Übriges, um die Schwedenmission zu Grunde zu richten.[602]

Außenpolitik", Ernst, Karolingische Nordostpolitik, S. 97.

602 Nachdem die Zerrissenheit des Frankenreiches nach Ludwigs des Frommen Tod endgültig die Missionierung Nordeuropas aufs Äußerste geschwächt hatte, zeigt die Geschichte nach dem Tode Ansgars im Jahre 865, dass die Missionsversuche des späteren Heiligen eindeutig gescheitert waren. „*The position of the Scandinavian missions was further undermined with the death of Louis in 840. His three sons, Lothar, Charles the Bald, and Louis the German, fought among themselves over their inheritance*", „*His purpose, the conversion of the northern countries, was not achieved; indeed, it was as if his forty years' mission had never happened, so slight had been the influence of Christianity on Scandinavia*", Cusack, Conversion, S. 139 / 141. Siehe auch: „*He baptised a number of people and gave others the prima signatio, but the activities of Ansgar and his successors can hardly have had any lasting significance*", Roesdahl, Viking Age Denmark, S. 176. „*Sie* [die Probleme der Nordmission Ansgars] *waren zunächst einmal materieller Art und wurden von der bislang nur unzureichend gebannten normannischen Kriegsgefahr bestimmt, sie lagen jedoch auch in jener nordalbingischen Umgebung Hamburgs begründet, die dem Christentum zwar nominell erschlossen war, ihm und seinen Idealen aber weiterhin verständnislos bis ablehnend gegenüberstand; nicht zuletzt waren es die zunehmenden innenpolitischen Kämpfe, die dem Missionswerk Ansgars die notwendige, zielgerichtete Unterstützung des Reiches vorenthielten, so daß ihm und der Ausbreitung des Christentums trotz seines hohen persönlichen Einsatzes kein Erfolg vergönnt war*", Ernst, Karolingische Nordostpolitik, S. 96f.

V. Die fränkische Nordpolitik zwischen 830 und 840

Nachdem im vorangegangenen Kapitel die fränkisch-dänischen Beziehungen bis zum Jahre 829 beleuchtet wurden, soll im Folgenden das letzte und krisenbehaftete Herrschaftsjahrzehnt Ludwigs des Frommen thematisiert werden. Die Ausgangslage des Jahres 830 stellte sich in außenpolitischer Hinsicht grundsätzlich nicht negativ für Ludwig dar. In Hinblick auf seine Nordpolitik war er dazu übergegangen, sich mit den Göttriksöhnen zu arrangieren, was natürlich zur Folge hatte, dass Harald Klak auf seinen Thronanspruch zumindest vorerst verzichten musste. Diese Entscheidung Ludwigs war, wie bereits erläutert, in sich schlüssig und angemessen. Allerdings musste die Folgezeit zeigen, ob die neue Nordpolitik Ludwigs erfolgreicher sein würde als die vorige. In den 830er Jahren wurde die Außenpolitik des Frankenreichs jedoch durch die Querelen im Inneren nicht unwesentlich erschwert. Daher soll im Folgenden der Blick nicht nur auf die fränkisch-dänischen Beziehungen bis zum Tode Ludwigs des Frommen gerichtet werden, sondern darüber hinaus gilt es auch, den Einfluss der inneren Krise des Frankenreichs zu beleuchten. Dabei wird es wichtig sein, die Wechselbeziehungen zwischen innerer Krise, Nordpolitik und der Eskalation der Wikingerüberfälle zu hinterfragen und eingehend zu analysieren. Eine weitere Analyse, welche ebenfalls das Zusammenwirken dreier Komponenten zum Thema hat, wird sich mit der außenpolitischen Dreieckkonstellation zwischen Franken, Dänen und Abodriten beschäftigen. Auf diese Weise wird die Nordpolitik des Frankenreiches in einen größeren außenpolitischen Kontext eingebettet, der es erlaubt, zum Abschluss dieses Kapitels einen Vergleich zwischen der Außenpolitik Ludwigs des Frommen und seines Vaters Karls des Großen anzustellen.

V. 1. Die innere Krise von 830

Die innerfränkische Krise von 830 fand ihren Anfang wohl bereits im August 829. Auf einer Reichsversammlung in Worms sprach Ludwig der Fromme seinem aus zweiter Ehe stammenden jüngsten Sohn Karl einen eigenen Machtbereich zu, was die Bestimmungen der Ordinatio imperii von 817 ad absurdum führte.[603] Die Ordinatio imperii hatte die Idee und Konzeption eines trotz dynastischer Sukzession unteilbaren Frankenreiches in sich getragen.[604] Lothar war zum Mitkaiser erhoben worden und die Sukzession damit zunächst

---

603 Zum Thema Reichsteilungen unter der Herrschaft Ludwigs siehe grundlegend: Zatschek, Heinz, Die Reichsteilungen unter Kaiser Ludwig dem Frommen, Darmstadt ²1969. Zu den in der Reichsordnung enthaltenen Bestimmungen zur Sanktionierung im Falle des Fehlverhaltens eines Teilkönigs siehe: Kern, Fritz, Gottesgnadentum und Widerstandsrecht im früheren Mittelalter: Zur Entwicklungsgeschichte der Monarchie, Darmstadt ⁵1970, S. 193f.

604 „*Die »Ordinatio imperii« ist in der Tat eines der wichtigsten Zeugnisse für die Reichs- und Kaiseridee Ludwigs d. Frommen, sie stellt gleichsam die Applizierung dieser Reichs- und Kaiseridee auf den politischen Raum dar*", Semmler, Josef, Reichsidee und kirchliche Gesetzgebung, in: ZKG 71 (1960), S. 41. Vgl. zur

© Springer-Verlag GmbH Deutschland, ein Teil von Springer Nature 2011
V. Helten, *Zwischen Kooperation und Konfrontation: Dänemark und das Frankenreich im 9. Jahrhundert*, Edition KWV, https://doi.org/10.1007/978-3-662-58399-9_5

geregelt. Die jüngeren Brüder Ludwig und Pippin hatten Unterkönige werden sollen, deren Teilreiche Bayern und Aquitanien *„sich traditionell einer gewissen Autonomie erfreuten".*[605] Dieses Konzept der Ordinatio imperii scheiterte nun allerdings an Ludwigs Kurswechsel. Gewiss wurde Karl 829 zwar nicht formal zum König erhoben, allerdings stellte seine Ausstattung mit den Gebieten Alemannien, Elsaß, Rätien und Teilen Burgunds eine spürbare Schmälerung des Machtbereichs Lothars dar, *„der seine Aussicht auf künftige Gesamtherrschaft schwinden sah, und mit ihm seine adlige Klientel, die an seinem Aufstieg gehofft hatte Anteil zu haben, aber auch die jüngeren Brüder Pippin und Ludwig, die weitere Schritte zugunsten des kleinen Karl befürchten mußten, und schließlich die kirchliche Reformpartei".*[606]

Kurzum bedrohte die Umstrukturierung, welche Ludwig auf dem Reichstag zu Worms 829 vornahm, die Interessen verschiedener einflussreicher Personen und Gruppen in seinem Reich. Indem Ludwig seinen ältesten Sohn und Mitkaiser Lothar nach Italien zurückschickte, ihn noch im selben Jahr aus der intitulatio der Kaiserurkunden[607] entfernte und mit Bernhard von Septimanien einen Günstling Judiths, der Mutter Karls des Kahlen, zum Kämmerer[608] berief, trug der Kaiser fahrlässig zu einer weiteren Eskalation der bestehenden Mißstimmungen bei.[609] Anlässlich eines im nächsten Jahr geplanten Feldzugs gegen die Bretonen entlud sich dann die aufgestaute Unzufriedenheit und es kam zur Erhebung gegen Ludwig den Frommen.[610]

Herrschaftskonzeption Ludwigs des Frommen unter besonderer Berücksichtigung der Rolle seiner Söhne Kasten, Brigitte, Königssöhne und Königsherrschaft: Untersuchungen zur Teilhabe am Reich in der Merowinger- und Karolingerzeit, Hannover 1997, S. 165-198.

605 Ganshof, Am Vorabend der ersten Krise, S. 39.

606 Schieffer, Die Karolinger, S. 128.

607 Ganshof, Am Vorabend der ersten Krise, S. 53. Die letzte gemeinsame Urkunde Ludwigs und Lothars im Jahre 829 datiert auf den 11. September. Vgl. Schieffer, Die Karolinger, S. 128 und ferner: *„Als der Mitkaiser Lothar im Herbst nach Italien »entlassen« wurde und sein Name aus den Urkunden verschwand – er galt praktisch nicht mehr als Mitkaiser »cum iure successionis« - war nun die Einheit des Reiches unmittelbar bedroht",* Bund, Konrad, Thronsturz und Herrscherabsetzung im Frühmittelalter, Bonn 1979, S. 400.

608 Nithard bezeichnet diese Maßnahme sinngemäß als die Berufung Bernhards zum „zweiten Mann des Reiches": *secundum a se in imperio praefecit,* Nithard, I, S. 3, Z. 22f. Zur Person Bernhards: *„Sicher war er ein tapferer und erfahrener Krieger und Feldherr, aber ebenso sicher kein guter Verwalter und gewiß kein Staatsmann",* Ganshof, Am Vorabend der ersten Krise, S. 54; *„Der Kaiser brauchte einen starken Mann, gleichsam als Schutzwehr gegen die Opposition",* Boshof, Egon, Ludwig der Fromme, Darmstadt 1996, S. 182.

609 *Hlotharium quoque filium suum finito illo conventu in Italiam direxit ac Bernhardum comitem Barcinonae, qui eatenus in marca Hispaniae praesidebat, camararium in palatio suo constituit,* Ann. reg. Franc., 829. Die angespannte Lage im Vorfeld der Erhebung gegen Ludwig den Frommen hat Ganshof, Am Vorabend der ersten Krise, S. 54 folgendermaßen zusammengefasst: *„Sprengstoff hatte sich angehäuft. Der geringste Funke konnte jetzt eine Explosion auslösen. Ihr Lärm sollte den Frühling des Jahres 830 erfüllen".* Reuter, The End of Military Expansion, S. 405 betont hingegen die Bedeutung der militärischen Stagnation für die Zuspitzung der Ereignisse im Jahre 830. *„Faction and »internal expansion« did not suddenly appear on the scene after 800, though they are rarely clearly visible before then; but so long as the Frankish empire was still growing and bringing in the money they were not structurally dangerous. Once this was no longer true, then the internal crises of the 830s were only a matter of time, not of personalities or ideologies".*

610 *„Der Aufstand des Jahres 830 war also zunächst nicht eine Aktion der Söhne Ludwigs des Frommen. Es war eine*

Es gelang den Aufständischen, sowohl Judith als auch ihre Brüder Konrad und Rudolf festzusetzen, während der Kämmerer Bernhard nach Barcelona flüchtete.[611] Durch Lothars Entscheidung, die Bresche, welche die Aufständischen geschlagen hatten, für sich selbst zu nutzen, gewann die Erhebung gegen den amtierenden Kaiser ideell an Legitimität. Auf der Reichsversammlung von Compiègne im Mai 830, an der auch seine Brüder Pippin und Ludwig teilnahmen, setzte Lothar eine Aufhebung der ungeliebten kaiserlichen Entschlüsse des Vorjahres durch, wodurch die Rückkehr zum formalen Doppelkaisertum ermöglicht wurde. Dieses Doppelkaisertum sollte nun aber unter veränderten Vorzeichen[612] stehen, da Lothar von jenem Zeitpunkt an die Herrschaft auszuüben gedachte, während sich sein Vater und sein jüngster Bruder Karl, welcher zugleich sein Taufsohn war, in Lothars Gewalt befanden. Da Lothar diese neue Ausgangslage allerdings nicht hinreichend zu seinen Gunsten nutzte, sondern das Reich vielmehr im Zuge der Auseinandersetzungen rivalisierender Großer zunehmend an Stabilität verlor, bot sich Ludwig dem Frommen nur wenige Monate nach seiner faktischen Entmachtung die Möglichkeit, auf den Kaiserthron zurückzukehren.[613] Durch die Zusicherung vergrößerter Erbteile gewann der gestrauchelte Kaiser die Unterstützung seiner Söhne Ludwig und Pippin. Auf der Reichsversammlung in Nimwegen im Oktober 830 konnte Ludwig der Fromme daher seinen opponierenden Sohn Lothar wieder zur Treue verpflichten, ohne dabei auf kriegerische Mittel zurückgreifen zu müssen.[614] Das Blatt hatte sich also innerhalb eines Jahres gleich zweimal gewendet und nach Ludwigs Rückkehr zur Macht ging er nun seinerseits daran, Konsequenzen aus dem Geschehenen zu ziehen.

Palastrebellion, die die Entmachtung Bernhards und Judiths zum Ziele hatte", Boshof, Ludwig der Fromme, S. 183. „Doch die Empörer stellten in der spezifischen Situation von a.830 nicht den Sturz des Kaisers, sondern die Beseitigung seiner schlechten Ratgeber, Judiths und Bernhards, als Ziel ihrer Aktion hin; sie wählten den Weg der »loyalen Revolution« – ein Modell, dessen sich die Franken auch schon gegen die Merowinger bedient hatten –; sie handelten »contra caesarem sed pro caesare et imperio«", Bund, Thronsturz, S. 401.

611 Ann. Bert., 830, S. 2.

612 „Das Ergebnis des Reichstages war trotz feierlicher »Wiederanerkennung« die völlige Entmachtung des Kaisers, er besaß nur seinen »Namen«, ohne noch die Regierung zu führen. »Nomen« und »potestas« waren wieder auseinandergetreten wie bei den Merowingern, der Kaisertitel ruhte nur noch darauf, daß die potentiellen Nachfolger sich gegenseitig neutralisierten. Deshalb versuchte Lothar, der seinen Vater in einer Art Ehrenhaft hielt, diesen dazu zu bewegen, freiwillig der Welt zu entsagen und so den Weg freizumachen für eine Nachfolge nach der »ordinatio imperii«. Aber gerade diese Bestrebungen Lothars in Richtung auf die Alleinherrschaft waren es, welche den Umschwung herbeiführten", Bund, Thronsturz, S. 403f.

613 Schieffer, Theodor, Krise des karolingischen Imperiums, S. 12 bemerkte dazu: „Auf den scheinbar so leichten Sieg folgte ein ebenso rascher Rückschlag. Auch Lothar erwies sich als ein Versager; die loyale Revolution hatte am Kaiserhof nur eine andere eigensüchtige Gruppe zum Zuge gebracht, die nicht besser war als die eben besiegte Clique um Judith". Von einem persönlichen Versagen Lothars ist auch bei Boshof, Ludwig der Fromme, S. 188 die Rede: „Die loyale Palastrevolution war an Lothar gescheitert; er hatte versagt, ihm hatte es an Weitblick, Entschlossenheit und Tatkraft gefehlt".

614 His omnibus ita peractis, alium conventum domnus imperator cum filio suo Hlothario circa Kalendas Octobris Noviomago condixit, ubi Saxones et orientales Franci convenire potuissent. Nam illuc ex utraque parte, scilicet domni imperatoris et Hlotharii, multorum congregatus est exercitus, ibique domnus imperator, recuperato imperio, iussit auctores illius facti, quorum fraus detecta et conspiratio patefacta erat, propter illorum controversiam in custodiam mitti usque ad aliud placitum, quod Aquisgrani erat habiturus, Ann. Bert., 830, S. 2.

Die zentralen Vertreter der Rebellion gegen den Kaiser wurden auf einem Aachener Reichstag im Februar 831 verurteilt, während gleichsam die Kaiserin öffentlich von allen früheren Vorwürfen freigesprochen wurde und wieder an die Seite Ludwigs des Frommen zurückkehrte.[615] Während die Urteile gegen die Rebellen verhältnismäßig mild ausfielen und sich in Amtsenthebungen und Verbannungen erschöpften, wurde Lothar erneut nach Italien zurückgeschickt und abermals der Teilhabe an der Kaiserherrschaft enthoben.[616] Bereits im Mai kam es in Ingelheim zu einer weit reichenden Begnadigung der zuvor Verbannten und auch Lothar wurde wieder in Ehren empfangen.[617]

Bei dem in Diedenhofen abgehaltenen dritten Reichstag des Jahres empfing Ludwig der Fromme wieder Gesandte aus dem Ausland, wozu auch eine Abordnung der Dänen zählte.[618] Abgesehen von der Nachricht, dass der Frieden mit den Dänen bekräftigt wurde, also die Übereinkunft zwischen Ludwig dem Frommen und den Göttriksöhnen auch nach der inneren Krise des Frankenreiches im Jahre 830 weiterhin nach dem Willen beider Seiten fortbestand, offenbart das Jahr 831 keine neuen Nachrichten bezüglich der fränkisch-dänischen Beziehungen. Eine Bekräftigung des gegenseitigen Willens zum Frieden erscheint allerdings in Anbetracht der Vorgeschichte nicht verwunderlich, sondern vielmehr angebracht.[619] Da durch die innerfränkischen Ereignisse des Jahres 830 die Außenpolitik in

---

615 *Ad quod placitum domna imperatrix, sicut iussum fuerat, veniens, et in conspectu domni imperatoris ac filiorum eius assistens, de cunctis se obicientibus purificare velle agebat. Percunctatusque est populus, si quislibet in eam aliquod crimen obicere vellet. Cumque nullus inventus esset, qui quodlibet illi malum inferret, purificavit se secundum iudicium Francorum de omnibus quibus accusata fuerat,* Ann. Bert., S. 3.

616 *Peractoque placito, Hlotharium in Italiam, Pippinum in Aquitaniam, Hludowicum in Baioariam ire permisit,* Ann. Bert., 831, S. 3. „Lothar mußte in aller Form auf die Mitregentschaft verzichten und wurde erneut nach Italien verwiesen; sein Name war schon vorher aus den kaiserlichen Urkunden verschwunden. Der Vater ersparte ihm nicht die Demütigung, selbst die Urteile über seine Anhänger zu fällen, gegen die man nun mit Todesstrafen, Exilierung, Absetzung und Konfiskationen vorging", Boshof, Ludwig der Fromme, S. 186.

617 *Ipse autem circa Kalendas Mai ad Ingulehem veniens, Hlotharium illic ad se venientem honorifice suscepit,* Ann. Bert., 831, S. 3.

618 *Necnon missi Danorum eadem exorantes venerunt, et foedere firmato, ad propria repedarunt,* Ann. Bert., 831, S. 3.

619 „Die dritte Reichsversammlung des Jahres, in Diedenhofen, sollte das Ende der Wirren und die Rückkehr zur Normalität dokumentieren. Der Auftritt von Gesandtschaften des Kalifen von Bagdad, der Dänen und slawischer Stämme unterstrich, daß das Reich zumindest nach außen nichts von seinem Prestige verloren hatte", Boshof, Ludwig der Fromme, S. 189f. Die Unterstellung, das fränkische Prestige im Ausland sei durch die Ereignisse von 830 in keiner Weise beschädigt worden, erscheint in diesem Zusammenhang zu optimistisch. Wie bereits erwähnt wurde, war eine Annäherung zwischen Franken und Dänen durch die zuletzt negativen Entwicklungen in der Außenpolitik geradezu zwingend, sofern man nicht auf einen offenen Konflikt hinsteuern wollte. Ein offener Konflikt war indes aus der Sicht beider Reiche zu jener Zeit nicht wünschenswert. Die Herrschaft Ludwigs des Frommen musste sich nach der Krise von 830 zwangsläufig zunächst darauf konzentrieren, sich selbst zu festigen. Die Dänen hingegen mochten während der Entmachtung Ludwigs des Frommen eine Möglichkeit gesehen haben, die Lage zum eigenen Vorteil zu nutzen und außenpolitisch wieder wagemütiger vorzugehen, allerdings währte die Krise im Frankenreich eventuell einfach nicht lange genug, um auf dänischer Seite aktiv werden zu können. Die Lage im Frankenreich war aus dänischer Sicht wohl zu schwer zu durchschauen und zu wechselhaft, um die fränkische Gemengelage und die eigenen Chancen zuverlässig einschätzen zu können. Nachdem Ludwig der Fromme wieder als der Herrscher des Frankenreiches auftrat, beschritt man auf dänischer Seite jenen diplomatischen Weg, der sich bereits unmittelbar vor 830 aufgedrängt hatte.

den Hintergrund gerückt war, hatten die letzten Kontakte zwischen Franken und Dänen einen eher negativen Charakter. Man denke an dieser Stelle nur an die durch Harald Klaks Vorpreschen ausgelösten Auseinandersetzungen des Jahres 828 und das fälschliche Gerücht eines drohenden dänischen Angriffs im Jahre 829. Von größerer Bedeutung auf dem Reichstag in Diedenhofen war allerdings die Entkräftung der Anklagen gegen Bernhard von Septimanien[620] und vor allem das Fernbleiben Pippins.[621] Pippins Verhalten deutete bereits auf neuerliche Querelen hin. Während es zwischen Pippin und seinem Vater Ludwig bei einer Weihnachtsvisite noch 831 zu einem weiteren Affront[622] kam, erhob sich im folgenden Jahr Ludwig der Deutsche, indem er offensichtlich Ansprüche auf Gebiete erhob, die Karl dem Kahlen zugesichert worden waren.[623] Der Kaiser wandte sich sogleich gegen Ludwig den Deutschen und erwirkte, dass dieser seine Pläne aufgab und seinem Vater wieder die Treue schwor.[624] Daraufhin wandte sich Ludwig gegen den Sohn Pippin, welchen er mit Entmachtung und Verbannung nach Trier zu bestrafen gedachte.[625] Pippin entzog sich allerdings seiner Bestrafung und die Ausgangslage für die zweite große Erhebung gegen Ludwig den Frommen war geschaffen.[626]

---

620 *Bernhardus comes adveniens, de quibus accusatus fuerat domno imperatori filiisque suis iureiurando satisfecit*, Ann. Bert., 831, S. 3. Kurz darauf fiel Bernhard doch in Ungnade und verlor zumindest vorübergehend seine Machtgrundlage. Vgl. dazu: Krah, Absetzungsverfahren, S. 68f.

621 *Pippini inibi diutius expectans, plures ad eum legatos direxit, ut veniret. Qui se venturum promisit et venire distulit*, Ann. Bert., 831, S. 3.

622 *Ipse vero ad hiemandum post missam sancti Martini Aquis venit. Ibi Pippinus paucis diebus ante natalem Domini ad eum venit. Quem domnus imperator propter inoboedientiam illius non tam benigne suscepit, quam antea solitus fuerat*, Ann. Bert., 831, S. 3. *Indignatus Pippinus, quod a patre non fuerat honorifice susceptus, inito consilio, in vigilia Innocentium prima noctis hora cum paucis suorum fuga lapsus est et sub omni festinatione Aquitaniam petiit. At domnus imperator graviter inde commotus est, nunquam aestimans filio suo talia debere contingere aut patris praesentiam fugere*, Ann. Bert., 831, S. 4.

623 *Subito perventum est ad aures piissimi imperatoris, Hludowicum cum omnibus Baioariis, liberis et servis, et Sclavis, quos ad se convocare potuerat, Alamanniam, quae fratri suo Karolo a parte iam dudum data fuerat, ingredi velle eamque vastare et diripere ac suo regno adunare, cunctumque populum regni illius ei fidelitatem promittere, et his perpetratis, in Franciam cum ipso exercitu hostiliter venire et de regno patris sui, quanto plurimum potuisset, invadere sibique subicere*, Ann. Bert., 832, S. 4. Siehe hierzu: „*Ostern 832 erhob sich mit Waffengewalt der Bayernkönig Ludwig, um in das Reich des jungen Karl einzufallen, weil er dem offensichtlich Pippin und ihm drohenden Schicksal entgehen wollte, daß ihr Reich zugunsten Karls eingezogen wurde*", Bund, Thronsturz, S. 406.

624 Ann. Bert., 832, S. 4f.

625 „*Es scheint, daß Ludwig sogar noch einen Schritt weitergehen wollte; der Astronomus behauptet nämlich, daß er vorgehabt habe, das Reich unter seine Söhne Lothar und Karl zu teilen, doch sei der Plan wegen der dann eintretenden Schwierigkeiten nicht zur Ausführung gelangt. Das bedeutet wohl, daß der jüngere Ludwig auf Bayern beschränkt, Pippin aber ganz ausgeschaltet worden wäre. Unglaubwürdig erscheint ein solches Vorhaben nicht: Es war immer schon Judiths Bestreben gewesen, sich mit Lothar zu einigen, und Pippin gegenüber hegte der Vater – das macht die unterschiedliche Behandlung der beiden aufrührerischen Söhne deutlich – offensichtlich besonderes Mißtrauen. Er trug nur wohl nach, daß er sich gleich zu Beginn der Rebellion des Jahres 830 auf die Seite der Empörer gestellt hatte*", Boshof, Ludwig der Fromme, S. 191. Siehe: Astronomus, c. 47, S. 470.

626 *Tunc filium suum Pippinum ad se vocans, inter cetera increpavit eum, cur de eius praesentia sine licentia aufugisset. Paterno illum affectu corripere cupiens, in Franciam ire praecepit, ut in loco quo eum iniunxit moram faceret, quousque sua emendatione patris animum mitigaret. Ille se facturum simulans et de incoepto itinere regrediens, paternam iussionem implere contempsit, domno imperatore per alias partes Aquitaniae in Franciam revertente*, Ann. Bert., 832, S. 5. „*Ein neuer Akt des Familiendramas begann, das nun wahrhaft Züge einer*

Das zeitgenössische Urteil über die „loyale Revolution" gegen Ludwig den Frommen war notwendigerweise parteiisch[627] und fiel, bedenkt man den Ausgang der Empörung, erwartungsgemäß eher negativ aus. So richtet Einhard etwa in Bezug auf dessen Ungehorsam gegenüber dem Vater die Frage an Lothar: *Quo quid perversius vel indecentius excogitari potest?*[628] Die Annales Bertiniani bedenken das Vorgehen gegen Ludwig den Frommen mit Begriffen wie *iniuste et sine lege ac iudicio.*[629] Thegan bezeichnet die Aufrührer knapp als *impii.*[630] Nithard hingegen attestiert Lothar immerhin, dass dieser anfangs im Interesse des Reiches[631] zum Umsturz aufgerufen habe, während die späteren Entwicklungen eine Verschlechterung der Zustände und nicht etwa eine Besserung ans Licht brachten.[632] Lediglich Agobard von Lyon verteidigte die Rebellen und wies stattdessen Kaiserin Judith einen großen Anteil an der Schuld zu.[633]

V. 1. 1 Der Aufstand gegen Ludwig den Frommen von 833/834

Die drei ältesten legitimen Söhne Ludwigs des Frommen verbündeten sich 833 gegen den Vater, in der Absicht, die jeweils eigenen Herrschaftsinteressen gegenüber den *„sprunghaften Entschlüssen"*[634] des Kaisers abzusichern.[635] Zu dem Bündnis der drei Brüder

antiken Tragödie annahm", Boshof, Ludwig der Fromme, S. 191. Eichler, Fränkische Reichsversammlungen, S. 52 hat mit Recht darauf hingewiesen, dass die Vielzahl der Reichsversammlungen im Jahre 832 als deutliches Krisensignal zu werten sei. *„Schon eine oberflächliche Betrachtung zeigt dabei, daß die stark schwankende Zahl der Versammlungen ein getreues Spiegelbild der politischen Lage wiedergibt. Gut die Hälfte aller Zusammenkünfte des Gesamtzeitraums entfällt auf das turbulente letzte Jahrzehnt der Regierung Ludwigs des Frommen seit der ersten schweren Herrschaftskrise von 830. Die kriegerischen Auseinandersetzungen mit den eigenen Söhnen haben hier tiefe Spuren hinterlassen. Nicht von ungefähr nimmt das Jahr 832, in dem sich der Kaiser erst gegen Ludwig den Deutschen und dann gegen Pippin von Aquitanien wandte, mit sechs feststellbaren Zusammenkünften eine absolute Spitzenstellung ein".*

627 Bund, Thronsturz, S. 404f.
628 MGH Epp. 5, Nr. 11, S. 115, Z. 6f.
629 Ann. Bert., 830, S. 2.
630 Thegan, 36, S. 222, Z. 6. Die Ludwigsvita des sog. Astronomus tituliert die Gruppe der Verschwörer als *factio iniqua*, die von einem *mos canum* beseelt gewesen sei. Siehe: Astronomus, 44, S. 632, Z. 41 / 43.
631 *Tum tandem Lodharius quasi iusta quaerimonia reperta tam fratres quam et universam plebem veluti ad restaurandum rei publicae statum animabat*, Nithard, I, 3, S. 3, Z. 26ff.
632 *Res autem publica, quoniam quisque cupiditate illectus sua querebat, cotidie deterius ibat*, Nithard, I, 3, S. 4, Z. 5f.
633 Agobardi archiepiscopi Lugdunensis libri duo pro filiis et contra Iudith uxorem Ludovici Pii, ed. G. Waitz, in: MGH SS 15,1, Hannover 1887, S. 274 – 279.
634 Schieffer, Die Karolinger, S. 131.
635 Auch Boshof, Ludwig der Fromme, S. 192 geht davon aus, dass es die *„gemeinsamen Interessen und die Furcht vor weiterer Benachteiligung"* waren, welche die drei Söhne zum vereinten Vorgehen gegen Ludwig den Frommen motivierten. Das Aufbegehren der Söhne gegen den Vater dürfe aber nicht einseitig als bloßer selbstsüchtiger Akt gesehen werden. Immerhin stellte die Thronfolgeordnung Ludwigs des Frommen von 817 *„einen Bruch mit der mächtigen merowingisch-karolingischen Tradition [dar], wonach alle anerkannten und regierungsfähigen Königssöhne gleichberechtigten Anteil an der Herrschaft beanspruchen konnten"* Angesichts der Tatsache, dass die *„Alleinherrschaften Karls des Großen und Ludwigs des Frommen […] historische Zufälle [waren], die Vater*

Lothar, Pippin und Ludwig gesellte sich noch Papst Gregor IV., welcher im Bestreben, die Ordnung und den Frieden im Frankenreich wieder herzustellen, auch die fränkischen Bischöfe zur Unterstützung aufforderte.[636] Ludwig der Fromme forderte allerdings Gleiches auch von seinen Bischöfen und so spalteten sich neben den weltlichen Großen auch die geistlichen zwischen den Lagern.[637] Für die vorliegende Dissertation ist dabei von besonderer Bedeutung, dass der vormals unter anderem für die Nordmission zuständige Ebo von Reims vom Kaiser abfiel und stattdessen Lothar unterstützte. Im Sommer des Jahres 833 standen sich dann die Heere der beiden Lager bei Colmar auf dem Schlachtfeld gegenüber. Während Papst Gregor IV. als Mittler[638] zwischen den Parteien zu agieren versuchte, gelang es den Söhnen, die Gefolgschaft des Vaters auf die eigene Seite zu ziehen, so dass sich Ludwig der Fromme schließlich geschlagen geben musste. Der verlassene Kaiser wurde alsdann in Haft genommen und unterstand von da an der Verfügungsgewalt Lothars, der seinen Vater als Gefangenen stets in strenger Haft und möglichst seiner Nähe zu halten bedacht war.[639] Der junge Halbbruder Karl wurde nach Prüm und dessen Mutter,

---

und Sohn als unterschiedlich geprägte Persönlichkeiten unterschiedlich auszunutzen versuchten", erscheint die Aufteilung des Frankenreiches im Jahre 843 eher als *„das Normale"*; Kölzer, Kaiser Ludwig der Fromme, S. 9ff. Daraus wird ersichtlich, dass auf Seiten der Söhne tatsächlich Anlass bestand, den Entscheidungen des Vaters zu misstrauen, da dieser schließlich mehrfach seine Position änderte. Zuerst brach er 817, wie beschrieben, mit den traditionellen fränkischen Vorstellungen der Thronfolge, dann widerrief er diesen Traditionsbruch zugunsten seines nachgeborenen Sohnes Karl und hatte auch nach den einschneidenden Ereignissen von 830 nicht zu einem entschlossenen Kurs in der Nachfolgefrage gefunden.

636 *„Dieser [Papst Gregor IV.] hatte nicht nur ein Interesse, die »nutu omnipotentis Dei« zustandegekommene »ordinatio imperii« aufrechtzuerhalten und die der Kirche dienliche Reichseinheit bewahrt zu sehen, sondern es war nur natürlich, daß er der durch seinen Vorgänger Paschalis erfolgten Kaisersalbung Lothars Geltung zu verschaffen suchte"*, Bund, Thronsturz, S. 407.

637 *„Gregor greift kraft des regimen animarum in den Konflikt ein und übt ein Aufsichtsrecht aus, weil der Kaiser durch die Vernachlässigung seiner Herrscherpflichten den Frieden im Reich und zugleich sein eigenes Seelenheil gefährdet"*, Boshof, Ludwig der Fromme, S. 193. Auf diese Weise fasst Boshof sehr pointiert die Argumentationsstruktur der gegen den Kaiser eintretenden Bischöfe und darunter vor allem Agobards von Lyon zusammen. Zur Argumentation des Papstes siehe: MGH Epp. 5, Nr. 17, S. 228-232. Zu Agobards Interpretation des päpstlichen Amtes siehe: Boshof, Egon, Erzbischof Agobard von Lyon: Leben und Werk, Köln 1969, S. 221ff. Selbstverständlich waren die auf der Seite Ludwigs des Frommen stehenden Bischöfe grundlegend anderer Ansicht und forderten vom apostolischen Stuhl die Neutralität, zu welcher das Amt in dieser Sache unbedingt verpflichte.

638 *„In der Hoffnung, im Konflikt vermitteln und damit seine Autorität steigern zu können, war Gregor IV. über die Alpen gekommen. Nun wurde offenbar, daß nicht nur die Einheit des Reiches, sondern auch die Einheit der Kirche in Gefahr war. Daß der Papst in der Sicht des Reichseinheitsproblems von den Vertretern dieser Idee, die Lothar unterstützten, enscheidend beeinflußt wurde, war nicht zu bestreiten. [...] Die Voraussetzungen für eine wirkliche Vermittlung waren also alles andere als günstig"*, Boshof, Ludwig der Fromme, S. 195.

639 Schieffer, Theodor, Die Krise des karolingischen Imperiums, in: Engel, Josef / Klinkenberg, Martin (Hg.), Aus Mittelalter und Neuzeit, Bonn 1957, S. 1-15, hier: S. 13 erkannte *„in der schmählichen Gefangensetzung des Vaters durch die Söhne, in einer Reichsteilung, die – fern von allen höheren Ideen – nichts als eine Verteilung der Beute [darstellte]"*, eine *„erschütternde Diskrepanz zwischen dem Pathos der Prinzipien und der menschlich-politischen Wirklichkeit"*. Bei dem Aufstand gegen Ludwig den Frommen im Jahre 833 handelte es sich demnach, um einen *„aus persönlichsten Interessen unternommenen Prinzenaufstand"*, der sich lediglich auf eine *„kirchlich-religiöse Sanktionierung"* zu berufen versuchte. Zur Verbindung von kirchlichen und weltlichen Vorstellungen bei der Absetzung Ludwigs des Frommen siehe: *„Der Aufstand gegen Ludwig den Frommen im Jahr 833 ist nun deshalb besonders lehrreich, weil die Verlassung des Kaisers nach germanischer Gewohnheit und seine*

Kaiserin Judith, bis nach Tortona verbannt.[640]

Nach der Gefangennahme seiner einst gefährlichsten Widersacher im innerfamiliären Ringen um die Macht im Frankenreich sah sich Lothar sogleich mit den Ansprüchen seiner Brüder konfrontiert, die als Lohn für den Widerstand gegen den Vater nun eine Ausdehnung ihrer eigenen Macht beanspruchten.[641] Der Sturz Ludwigs des Frommen bewirkte also auch 833 keine Rückkehr zur Ordinatio imperii, sondern führte vielmehr zu einer Teilung des Frankenreiches, dessen Kaiser nun nominell Lothar war. Allerdings führten die jüngeren Brüder Pippin und Ludwig der Deutsche seither den uneingeschränkten Königstitel in ihren Urkunden und zudem erschienen sie durch ihre vergrößerten Teilreiche auch weitaus mehr als selbständige Könige denn als Unterkönige des Kaisers Lothar.[642] Auch wenn Lothar im Gegenzug für den Sturz seines Vaters eine Stärkung seiner Brüder hinnehmen musste, machte er sich folgerichtig daran, den Thronwechsel nachträglich zu legitimieren.[643] Auf einer Reichsversammlung in Compiègne im Oktober erklärten die versammelten Bischöfe den alten Kaiser aufgrund seines früheren Handelns für amtsuntauglich, erstellten ein langes Sündenregister und forderten von Ludwig dem Frommen die öffentliche Buße ein.[644] Der abgesetzte Kaiser wurde zur Einwilligung gezwungen und bekannte sich schließlich zu den

---

Verurteilung nach Kirchenrecht sich in dem Ergebnis, den Kaiser der Regierung zu entsetzen, trafen, in den Mitteln mit denen sie dies bewerkstelligten, aber grundsätzlich auseinandergingen. Politisch waren weltliche und kirchliche Anschauungen bei dieser Entthronung verbündet, aber rechtlich getrennt", Kern, Gottesgnadentum, S. 195.

640 Ann. Bert., 833, S. 6f.

641 Dies tritt vor allem bei Ludwig dem Deutschen deutlich zu Tage. *„Hatte er bisher als »König der Bayern« (rex Baioariorum) geurkundet und in der Datierung seiner Diplome die Herrscherjahre des Vaters mitgezählt, so wird seit dem Oktober 833 eine grundlegende Änderung in seinem Urkundenformular sichtbar: Er führt nun den absoluten Königstitel – rex ohne Zusatz – und datiert ohne Hinweis auf die kaiserliche Herrschaft nach ostfränkischen Königsjahren, als »rex in orientali Francia«. Von diesem Zeitpunkt an hat er den Herrschaftsanspruch auf das ganze rechtsrheinische Land, für das sich der Name »Germania« wie von selbst anbot, erhoben und gegen alle politischen Wechselfälle aufrechtzuerhalten gesucht"*, Boshof, Ludwig der Fromme, S. 198.

642 *„Dem Höhepunkt des Karolingerreiches während der ersten Regierungsjahre Ludwigs d. Frommen folgte die Krise, der Absturz. Die Konzeption eines universal begründeten einheitlichen Staatsbaus scheiterte an der politischen Realität. […] Die Unteilbarkeit des Reiches, im karolingischen Großreich als politische Lösung angestrebt, für die die Zeit noch nicht reif war, hat sich im 10. Jahrhundert in allen Nachfolgestaaten des Karolingerreiches durchgesetzt"*, Semmler, Reichsidee, S. 61.

643 Boshof, Ludwig der Fromme, S. 205 geht davon aus, dass Lothar trotz der Stärkung seiner beiden Brüder weiterhin eine Rückkehr zur Reichsordnung des Jahres 817 erstrebte und dies auf den Widerstand Pippins und Ludwigs des Deutschen stieß, die sich mittlerweile an eine mächtigere Stellung gewöhnt hatten und nicht mehr mit einem Unterkönigtum abzuspeisen waren.

644 Ann. Bert., 833, S. 6f. Die anwesenden Bischöfe hatten den Hergang protokolliert. Überliefert wurde uns das Einzelprotokoll Agobards von Lyon. Siehe: MGH Capit. 2, Nr. 198, S. 56f. Zu den Vorwürfen gegen Ludwig vgl. auch: MGH Capit. 2, Nr. 197, S. 51-55. Zu Agobards Konzeption der nachhaltigen Ablösung Ludwigs des Frommen siehe: *„Verfassungsrechtlich verstand Agobard Ludwig als »gewesenen Kaiser« (»domnus dudum imperator«), im religiösen Sinne als öffentlichen Sünder, dem die Kirche ins Gewissen reden mußte, damit er nicht der Verdammnis anheimfalle, politisch behandelte er ihn als einen im Gegensatz zur geltenden Auffassung der politischen Moralität und den gesellschaftlichen Ordnungsvorstellungen stehenden ehemaligen Fürsten"*, Bund, Thronsturz, S. 414.

ihm vorgeworfenen Verfehlungen.[645] Ludwig der Fromme hatte damit den Tiefpunkt erreicht.[646]

Wie schon 830 konnte Lothar auch nach seinem zweiten Griff nach der Kaiserherrschaft die Gunst der Stunde nicht nutzen. Der rücksichtslose Umgang mit dem eigenen Vater sowie der Missbrauch der neugewonnenen Macht durch Lothar und seine Parteigänger, welcher nicht zur Konsolidierung der Herrschaft beitrug, führte abermals einen Umschwung herbei.[647] Seine beiden Brüder, die ihn zuvor noch beim Sturz des Vaters gestützt hatten, rückten im Frühjahr 834 gegen Lothar vor, als dieser sich gerade in Paris aufhielt. Der gemeinsame Angriff von Osten und Westen zugleich zwang Lothar zum Ausweichen. Bei seiner Flucht ließ er Ludwig den Frommen zurück, der sogleich wieder als Kaiser eingesetzt wurde.[648] Der nachfolgende gewaltsame Widerstand Lothars endete schließlich mit seiner Unterwerfung. Lothar wurde abermals nach Italien zurückgeschickt, ebenso wie viele seiner namhaften Parteigänger, die ihr Exil akzeptieren mussten.[649] Auf einer Reichsversammlung in Diedenhofen 835 ließ Ludwig der Fromme dann die Rechtsakte, welche im Zuge seiner

---

645 Schubert, Ernst, Königsabsetzung im deutschen Mittelalter: Eine Studie zum Werden der Reichsverfassung, Göttingen 2005, S. 38 bezeichnete die Absetzung Ludwigs im Jahre 833 als einen Akt *„des Sturzes von der Höhe der Herrschaft in die Tiefe des Ausschlusses: Absetzung, aber immerhin: keine Blendung, keine (damit zumeist faktisch verbundene) Todesstrafe, kein Abschneiden des Königshaares, keine zwangsweise Mönchung"*.

646 Schieffer, Karolinger, S. 133 hat es treffend formuliert, indem er die erzwungene Abdankung Ludwigs des Frommen als eine Szene beschrieb, in der *„ein geradezu atemberaubender Substanzverlust der monarchischen Autorität keine zwanzig Jahre nach dem Tod Karls des Großen"* zutage trat. Zum gleichen Befund gelangt auch Kölzer, Kaiser Ludwig der Fromme, S. 11: *„Seine [Ludwigs] Enthronung von 833, verbunden mit dem demütigenden Bußakt zu Soissons, erschütterte die Autorität des karolingischen Herrscherhauses schwer"*. Zur rechtshistorischen Einordnung der Absetzung Ludwigs des Frommen siehe: *„Die rechtliche Bewertung des Sturzes ergibt folgendes Bild: Ludwig mußte davon ausgehen, daß ihn 833 trotz geschworener Treueide eine völlig formlose, durch Abfall des Heeres sich kundtuende Verlassung getroffen hatte; man betrachtete seine Herrschaft nicht als schwebend unwirksam (suspendiert) wie 830, sondern als beendet. Die in solchen Fällen übliche Neuwahl entfiel, da eine legale personelle Alternative in Kaiser Lothar bestand; dennoch machten die Großen der Franken durch den Akt der Antragung des Reiches an Lothar von ihrem Wahlrecht Gebrauch, sie legalisierten einen rein faktischen Thronsturz nachträglich. Das kirchliche Gutachten über das »Gottesurteil« bewirkte eine ideologische Absicherung und moralische Rechtfertigung, war verfassungsrechtlich aber bedeutungslos, insofern Lothars Nachfolge nicht auf es zurückgeführt wurde"*, Bund, Thronsturz, S. 421f.

647 *„Die harte Behandlung jedoch, die er dem Vater zukommen ließ, [...] der Mißbrauch der eben erst gewonnenen Macht durch Lothar selbst und seine Günstlinge, [...] das alles führte zu einem Umschwung der Stimmung im Volk zugunsten des gestürzten Kaisers, zumal das Vorgehen der Lotharanhänger gegen Ludwig offenbar von Anfang an nicht auf ungeteilte Zustimmung gestoßen war. Eine Opposition formierte sich, in deren Mittelpunkt der jüngere Ludwig stand und der Hrabanus Maurus seine Feder lieh"*, Boshof, Ludwig der Fromme, S. 204.

648 Ann. Bert., 834, S. 7f.

649 Die Vorgänge betreffend siehe: Ann. Bert., 834, S. 8ff. *„Daß er [Ludwig der Fromme] nun Gnade walten ließ, entsprach den Forderungen der Königsethik und seinem Naturell, war aber auch ein Gebot der Staatsräson; denn die Frage der Ausstattung Karls, die die schweren inneren Auseinandersetzungen verursacht hatte, war noch nicht prinzipiell entschieden, und eine Lösung des Problems war letztlich nicht möglich ohne die Mitwirkung Lothars und seiner Anhängerschaft. Die Großen, die ihn nach Italien begleiteten, repräsentierten immer noch einen erheblichen Teil der fränkischen Machtelite; dank der maßvollen Friedensbedingungen verfügten sie auch weiterhin über Ansehen, Besitz und gewichtigen Einfluß nördlich der Alpen"*, Boshof, Ludwig der Fromme, S. 208f.

Absetzung erlassen wurden, annullieren. Als Revanche für Ludwigs Bloßstellung im Jahre 833 musste nun Ebo von Reims seine Verurteilung, Absetzung und Inhaftierung hinnehmen, stellvertretend für alle verbliebenen Bischöfe, die Lothar 833 gegen Ludwig den Frommen unterstützt hatten.[650] Ludwig hatte nach schwerstem Schaden an seiner Macht und seinem Prestige zumindest formell wieder die Zügel des Reiches in der Hand. Der Schein seiner Restitution und die Annullierung der unter Lothars Interregnum gefassten Entschlüsse konnten allerdings auch in der Folgezeit nicht über die handfesten Interessenkonflikte innerhalb der Kaiserfamilie hinwegtäuschen.[651] Pippin und Ludwig der Deutsche gingen als einzige Nutznießer aus den Unruhen von 833/834 hervor, da sie immerhin ihr Herrschaftsgebiet hatten erweitern können. Die Erbfolgefrage im Falle des Todes Ludwigs des Frommen war allerdings noch keinesfalls geklärt. Daher verwundert es wenig, dass auch nach Ludwigs neuerlicher Rückkehr auf den Kaiserthron keine Ruhe im Frankenreich einkehrte.

Der Umstand, dass Ebo von Reims beim Kaiser in Ungnade gefallen war, begünstigte wiederum die Stellung des Missionars Ansgar, der nicht nur seinen Aufstieg zum Erzbischof von Hamburg-Bremen erlebte, sondern in der Folgezeit auch als wichtigster Vertreter der fränkischen Nordmission[652] fungierte.[653] Nachdem seine Missionstätigkeit in Schweden

---

650 Sed et Ebo Remorum pridem archiepiscopus, qui eiusdem factionis velut signifer fuerat, conscenso eminentiori loco in eadem ecclesia, coram omnibus libera voce professus est, eundem augustum iniuste depositum, et omnia quae adversus eum patrata fuerant inique et contra totius tramitem aequitatis fuisse machinata, et tunc merito iuste digneque proprio imperii solio reformatum. Quibus sollempniter transactis, ad sepedictum palatium regressi sunt; ibique Ebo in plenaria sinodo capitale crimen confessus, seque tanto, id est episcopali, ministerio indignum proclamans propriaque scriptione confirmans, sese omnium consensu atque iudicio ab eodem ministerio reddidit alienum, Ann. Bert., 835, S. 10f. Vgl.: Thegan, 44, S. 232-238. Siehe zu Ebos Absetzung: „Viel zu tief hatte die Absetzung in den gesamten Herrschaftsaufbau eingewirkt. Niemand konnte darin allein ein Intrigenspiel des Erzbischofs von Reims sehen. Ludwig ist personal Unrecht geschehen, und deshalb wird nur das personale Unrecht wieder gutgemacht. Die Rituale bei der Absetzung werden insofern ernstgenommen, als sie eine ebenso zeremonielle Antwort erfahren", Schubert, Königsabsetzung, S. 38. „Sein [Ebos] Pech war, daß die Mitschuldigen – wie Agobard von Lyon, Jesse von Amiens, Elias von Troyes, Bartholomäus von Narbonne – sich dem Strafgericht durch die Flucht hatten entziehen können oder der Ladung vor die Synode nicht gefolgt waren. Überdies stand er seit früher Jugend dem Kaiser so nahe wie kein anderer, Ludwigs Enttäuschung war in seinem Falle also zu Recht besonders groß. Indem man nun am »Bannerträger« der Rebellion ein Exempel statuierte, hoffte man offenbar, das Verhältnis des Herrschers zur Reichskirche bereinigt zu haben und zur Normalität zurückkehren zu können", Boshof, Ludwig der Fromme, S. 212.
651 Zum meist negativen Urteil der Zeitgenossen über das Aufbegehren der Söhne gegen Ludwig den Frommen im Jahre 833/834 vgl.: Bund, Thronsturz, S. 427f.
652 Zum Sprachgebrauch der diplomatischen Quellen, die zum Begriff der Nordmission nicht nur die Dänen und Schweden, sondern auch die Slawen zählen. Vgl.: Fraesdorff, Der barbarische Norden, S. 57-68. Im Rahmen der vorliegenden Dissertation bleibt der Begriff „Nordmission" allerdings auf den skandinavischen Raum begrenzt.
653 Mit der Eingliederung Nordalbingiens in den fränkischen Reichsverband schuf Karl der Große eine wichtige Grundlage für die spätere Missionstätigkeit des Erzbistums Hamburg. Es lässt sich jedoch nicht mit Sicherheit annehmen, dass die Gründung eines Erzbistums Hamburg bereits von Karl beabsichtigt gewesen sei, wie es etwa Rimbert unterstellt. quando gloriosae memoriae pater suus Karolus augustus omnem Saxoniam ferro perdomitam et iugo Christi subditam per episcopatus divisit, ultimam partem ipsius provinciae, quae erat in aquilone ultra Albiam, nemini episcoporum tuendam commisit, sed ad hoc reservare decrevit, ut ibi archiepiscopalem constitueret sedem, ex qua Domini gratia tribuente etiam successio fidei christianae in exteras proficeret nationes,

bereits erläutert wurde und überdies zu keinem Erfolg führte, wird im Folgenden vor allem Ansgars Rolle als fränkischer Interessenvertreter bei den Dänen im Vordergrund stehen. Das Hauptaugenmerk liegt dabei bewusst auf der politischen Funktion[654] Ansgars, da seine Erfolge auf dem Gebiet der Heidenmission wohl als flüchtig wenn nicht sogar als nichtig bezeichnet werden könnten.[655]

Rimbert, Vita Anskarii, 12, S. 33. *„Der historische Hintergrund nach der endgültigen Befriedung Nordelbiens erlaubt es, nur dem Plan Karls zu einer Bistumsgründung gewisse Wahrscheinlichkeit zuzumessen. Die ihm unterstellte Absicht, ein Erzbistum mit Missionsauftrag für die Völker des Nordens zu errichten, muß dagegen als Rückprojektion der Maßnahmen Ludwigs des Frommen auf die kirchlichen Anfänge Nordelbiens gedeutet werden"*, Wavra, Missionspolitik, S. 242. Vgl. dagegen: *„Als er [Ansgar] nach eineinhalb Jahren von dort [Schweden] mit allen Zeichen guter Erfolgsaussichten zurückkehrt, beschließt der Kaiser, einen Plan Karls des Großen auszuführen und ein eigenes Erzbistum für den Norden zu schaffen. [...] Karl der Große hat unbeanstandet Bistümer gegründet. Verleihung aber des Palliums und damit der erzbischöflichen Würde war sicher unumgängliches Recht des Heiligen Stuhls. [...] Kaiser Ludwig hielt sich ganz an die Tradition seines Vaters: Er hat die Gründung eines Erzbistums geplant und durch seinen Beschluß dessen endgültige Errichtung vorbereitet und ausgelöst"*, Seegrün, Papsttum und Skandinavien, S. 24f. Siehe ferner zum Zusammenhang zwischen imperialem Anspruch und der Gründung von Erzbistümern unter Karl dem Großen: Angenendt, Kaiserherrschaft, S. 315. Zur angeblichen Gründungsurkunde Ludwigs des Frommen für das Erzbistum Hamburg siehe: Reg. Imp., Nr. 928; May, Reg., Nr. 21, S. 9. Siehe zur päpstlichen Autorisierung: Curschmann, Fritz, Die älteren Papsturkunden des Erzbistums Hamburg: Eine diplomatische Untersuchung, Hamburg 1909, Nr. 1, S. 13-17; ebd., Nr. 6, S. 26; May, Reg., Nr. 18, S. 8; ebd., Nr. 53, S. 16; Nicolai I papae epp. 26, in: MGH Epp. 6, S. 291f, Z. 36-40 / Z. 1-2. Die ältere Forschung ging bis zum Beginn des 20. Jahrhunderts davon aus, dass 831/32 das Erzbistum Hamburg gegründet, kurz nach dem Wikingerüberfall von 845 in den Jahren 847/48 mit dem Bistum Bremen vereinigt und schließlich 864 von Papst Nikolaus I. bestätigt wurde. Eine erste Kontroverse löste in diesem Zusammenhang Bernhard Schmeidler 1918 aus, der die Gründung des Erzbistums 831/32 anzweifelte. Diese Kontroverse, die zwischen Schmeidler und Wilhelm M. Peitz geführt wurde, wurde später vor allem von Richard Drögereit und Wolfgang Seegrün erneuert. Siehe dazu: Schmeidler, Bernhard, Hamburg-Bremen und Nordost-Europa vom 9. bis 11. Jahrhundert: Kritische Untersuchungen zur Hamburgischen Kirchengeschichte des Adam von Bremen, zu Hamburger Urkunden und zur nordischen und wendischen Geschichte, Leipzig 1918; Peitz, Wilhelm Maria, Untersuchungen zu Urkundenfälschungen des Mittelalters, Bd. 1, Freiburg 1919; Drögereit, Richard, War Ansgar Erzbischof von Hamburg oder Bremen?, in: Jahrbuch der Gesellschaft für niedersächsische Kirchengeschichte 70 (1972), S. 107-132; Ders., Erzbistum Hamburg, Hamburg-Bremen oder Erzbistum Bremen?, in: AfD 21 (1975), S. 136-230; Seegrün, Wolfgang, Das Erzbistum Hamburg – eine Fiktion?, in: ZVHG 60 (1974), S. 1-16; Ders., Das Erzbistum Hamburg in seinen älteren Papsturkunden, Köln 1976. Drögereit wurde mit seiner Annahme, ein Erzbistum Hamburg sei nie gegründet worden, sondern sei lediglich auf umfassende Fälschungen zurückzuführen, in der Folgezeit mehrfach widerlegt. Siehe etwa: Schieffer, Theodor, Adnotationes zur Germania Pontificia und zur Echtheitskritik überhaupt: Erster Teil, in: AfD 32 (1986), S. 503-545; Reinecke, Karl, Bischofsumsetzung und Bistumsvereinigung: Ansgar und Hamburg-Bremen 845-864, in: AfD 33 (1987), S. 1-53; Theuerkauf, Gerhard, Urkundenfälschungen des Erzbistums Hamburg-Bremen vom 9. bis zum 12. Jahrhundert, in: Niedersächsisches Jahrbuch für Landesgeschichte 60 (1988), S. 71-140. Siehe zur Forschungskontroverse um die Gründung des Erzbistums Hamburg und die dazu gehörigen Urkunden zusammenfassend: Wavra, Missionspolitik, S. 283-328; Fraesdorff, Der barbarische Norden, S. 59f; Angenendt, Kaiserherrschaft, S. 223-226; Klapheck, Der heilige Ansgar, S. 72-86. Klapheck ging allerdings davon aus, dass Hamburg lediglich nie zum Erzbistum erhoben wurde: *„Mit ziemlicher Sicherheit läßt sich festhalten, daß Ansgar Erzbischof gewesen ist, aber ein Hamburger Erzbistum faktisch nie existiert hat. Ausgestattet mit nur vier Taufkirchen und aufgrund der Kärglichkeit der Diözese angewiesen auf die Leistungen, die das 700 Kilometer weit entfernte Kloster Torhout zum*

V. 1. 2 Der Beginn der Wikingerüberfälle auf das Frankenreich

Auch wenn sich für den Zeitraum zwischen 830 und 840 die Zahl der Wikingerüberfälle auf das Frankenreich noch überschauen lässt, so stellte dieses Jahrzehnt dennoch zweifellos endgültig den Beginn der sogenannten „Wikingerzeit" für die Franken dar.[656] Um die Überfälle jener Zeit richtig zuordnen zu können, soll im Folgenden kurz ein Überblick gegeben werden.[657] Der erste Wikingerüberfall, welcher das Frankenreich im letzten Jahrzehnt Ludwigs des Frommen traf, ereignete sich nach der Rückkehr des Kaisers auf seinen Thron im Jahre 834. Als Ziel der Wikinger werden Friesland und ausdrücklich auch Dorestad genannt.[658] Es gilt hierbei noch anzumerken, dass sich dieser Überfall zu einem Zeitpunkt ereignete, als der innerfränkische Kampf gegen Lothar noch tobte. Die Wikinger

---

Unterhalt der Diözese aufbrachte, war das Bistum hinsichtlich seiner wirtschaftlichen Leistungsfähigkeit weit schlechter gestellt als das Nachbarbistum Bremen", Klapheck, Der heilige Ansgar, S. 83.

654 Siehe zur diplomatischen Funktion Ansgars im Dienste der Franken: „Die kaiserlichen Geschenke, die er für den schwedischen König mit sich führte, bestätigen ihn als offiziellen Botschafter der Karolinger. In der Funktion eines mit weitreichenden Vollmachten ausgestatteten karolingischen Gesandten erscheint Ansgar auch Jahre später beim dänischen König Horich. [...] In Kenntnis dieser hier umschriebenen späteren politischen Aufträge ist es wahrscheinlich, daß Ansgar schon mit seiner ersten Schwedenreise in die Rolle eines Sonderbotschafters für die dänischen und schwedischen Gebiete hineingewachsen ist", Klapheck, Der heilige Ansgar, S. 71.

655 „Die Missionsversuche Ansgars [...] blieben kaum mehr als eine Episode ohne langdauernden Erfolg. Den Ruhm als »Missionar des Nordens« verdankt Ansgar weniger den eigenen Taten als vielmehr seinem Biographen Rimbert", See, Königtum und Staat, S. 40. „Though Anskar is commonly regarded as the Apostle to Scandinavia, the result of his devoted labors was small", Addison, Medieval Missionary, S. 29. „Seine Bekehrungstätigkeit gelangte nicht über bescheidene Erfolge in den Handelsorten des Nordens, Haithabu, Birka und Ribe, hinaus. Am Ende seines Lebens drohte auch das wenige bis dahin Erreichte unterzugehen", Klapheck, Der heilige Ansgar, S. 183.

656 Schieffer, Krise des karolingischen Imperiums, S. 4 hat in diesem Kontext Folgendes angemerkt: „War die außenpolitische Aktivität des Reiches gering, so blieb ihm umgekehrt jede ernstliche Gefährdung von außen her erspart; erst in Ludwigs letzten Jahren begannen die massierten Wikingerzüge die Franken vor neue militärische Probleme zu stellen". Wie das vierte Kapitel gezeigt hat, war die außenpolitische Aktivität des Frankenreichs gegenüber Dänemark zwar tatsächlich relativ gering, allerdings resultierte der Frieden im Norden nicht aus der Passivität des Kaisers. Ludwig dem Frommen kam vielmehr zu Gute, dass sich Dänemark im Bann der eigenen Thronkämpfe befand und daher kaum militärisches Potential verblieb, welches das Frankenreich hätte bedrohen können. Nachdem sich allerdings Horik nach 830 letztlich als Nachfolger seines Vaters hatte durchsetzen können und das Frankenreich nun seinerseits in inneren Machtkämpfen geschwächt wurde, war tatsächlich eine neue Situation im Verhältnis der Franken und Dänen gegeben, die in der Tat durch die Wikingerzüge äußerst stark beeinflusst wurde. Den Beginn der Wikingerüberfälle auf das Frankenreich kommentiert Vogel, Die Normannen, S. 65 sehr bildhaft: „Wie eine ungeheure, finstere Wolkenwand zog die Normannengefahr am nördlichen Horizonte auf".

657 Die Unternehmungen der Wikinger zwischen 830 und 840 werden auch im sechsten Kapitel nochmals thematisiert werden, wobei allerdings der Schwerpunkt der Betrachtung auf der dänischen Perspektive liegen wird. Siehe S. 205-208.

658 *Interim etiam classis de Danis veniens in Frisiam, aliquam partem ex illa devastavit. Et inde per Vetus-Treiectem ad emporium quod vocatur Dorestadus venientes, omnia diripuerunt. Homines autem quosdam occiderunt, quosdam captivatos abduxerunt partemque eius igni cremaverunt*, Ann. Bert., 834, S. 9. *inruerunt pagani in vicum nominatissimum Dorestatum, eumque inmani crudelitate vastaverunt*, Ann. Xant., 834, S. 226. Die Verschleppung und Versklavung von Christen hatte, wie sich noch zeigen sollte, in späterer Zeit auch Auswirkungen auf die Missionierung Skandinaviens, da diese verschleppten Personen einen frühen Grundbestand an Christen in den größeren Handelssiedlungen des Nordens bildeten.

hatten sich also einen äußerst geeigneten Zeitpunkt und ein ihnen durch viele Jahre des Handels wohlbekanntes Ziel ausgesucht.[659] Dieser erste überlieferte Wikingerangriff auf das Frankenreich der 830er Jahre verdeutlicht durch seine erfassbaren Begleitumstände, dass die Angreifer auf schnelle und leichte Beute aus waren. Ihr Plan ging auch auf, da das Frankenreich durch seinen inneren Zustand zu jener Zeit nicht imstande war, diese Aktion zu vergelten, weil die Niederschlagung der Opposition Lothars im Vordergrund stand.

Trotz der neuerlichen Unterwerfung Lothars überfielen Wikinger Dorestad im Folgejahr ein zweites Mal, woraufhin der Kaiser Schutzmaßnahmen an den Meeresküsten anordnete.[660] Diese Ereignisse des Jahres 835 verdeutlichen, dass die Wikinger das Frankenreich nicht nur in Zeiten der äußersten Bedrängnis angriffen, sondern offenbar hatte der einfache Erfolg des Jahres 834 die Nordmänner zur Nachahmung motiviert. Nach nunmehr zwei erfolgreichen Überfällen in Folge kehrten die Wikinger auch im Jahre 836, abermals im Sommer, nach Friesland zurück, um zu plündern.[661] Es gilt hinzuzufügen, dass Horik in diesem Jahr durch eine Gesandtschaft verlautbaren ließ, dass er nicht als treibende Kraft hinter den Wikingerüberfällen stand, sondern seine Absichten vielmehr freundschaftlicher Natur seien.[662] Der Kaiser reagierte auf die Klage Horiks, die Ermordung dänischer Gesandter bei Köln betreffend, mit Entgegenkommen. Noch im selben Jahr erreichte eine zweite Gesandtschaft Horiks den Kaiser in Aachen. Diesmal verlangte der Dänenkönig eine

---

659 „Die jahrelange Konzentration aller fränkischen Energien auf den inneren Zwist von Herrscherhaus und Führungsschicht schwächte unausbleiblich die Abwehrkraft des Reiches nach außen und hat vor allem die Gefährdung der nördlichen und westlichen Küsten in folgenreicher Weise gesteigert. [...] Kaum Zufall dürfte es jedoch sein, daß sich gerade 834 auf dem Höhepunkt der karolingischen Familienfehde die Aggressivität aus dem Norden dramatisch steigerte, denn von nun an erschienen die Wikinger Sommer für Sommer und konzentrierten ihre Attacken zumal auf Friesland, wo der bedeutende Handelsplatz Dorestad nahe der Rheinmündung durch wiederholte Brandschatzung und Plünderung für immer ruiniert wurde", Schieffer, Karolinger, S. 134f.

660 Nordmanni secunda inruptione Dorastadum irruentes, vastaverunt atque hostiliter depraedati sunt. Imperator autem graviter ferens, Aquis perveniens, disposita omni maritima custodia, Ann. Bert., 835, S. 11. Der Überfall wurde auch andernorts registriert: Interim autem iterum invaserunt pagani partes Frisiae, et interfecta est de paganis non minima multitudo. Et predaverunt Dorestatum, Ann. Xant., 835, S. 226. Nordmanni Dorestadum vastaverunt, Ann. Fuld., 835, S. 27. Die Baumaßnahmen gegen die Wikingerüberfälle deutet Scharff, Die Kämpfe der Herrscher, S. 125 als eine von mehreren Handlungen, welche im Jahre 835 die Rückkehr Ludwigs des Frommen zur Herrschaft verdeutlichten.

661 Eodem tempore Nordmanni Dorestadum et Frisiam rursum depopulati sunt, Ann. Bert., 836, S. 12. Iterum eodem anno pagani christianos invaserunt, Ann. Xant., 836, S. 226. Nordmanni Andwerpam civitatem incendunt, similiter et Witlam emporium iuxta ostium Mosae fluminis, et a Frisionibus tributum acceperunt, Ann. Fuld., 836, S. 27.

662 Sed et Horich rex Danorum per legatos suos in eodem placito amicitiae atque oboedientiae conditiones mandans, se nullatenus eorum inportunitatibus adsensum prebuisse testatus, de suorum ad imperatorem missorum interfectione conquestus est, qui dudum circa Coloniam Agrippinam quorundam praesumptione necati fuerant; quorum necem etiam imperator, missis ad hoc solum legatis, iustissime ultus est, Ann. Bert., 836, S. 12. Horiks außenpolitisches Verhalten wird im sechsten Kapitel noch eingehend diskutiert werden. Es ist an dieser Stelle allerdings davon auszugehen, dass der Kaiser den Dänenkönig Horik unmittelbar zuvor zu einer Stellungnahme aufgefordert hatte, da er schließlich nicht einfach über die vorangegangenen Wikingerüberfälle auf sein Reich hinwegsehen konnte. Wenn Ludwig auch aufgrund des Charakters dieser Überfälle nicht dazu imstande war, die Plünderer unmittelbar zur Rechenschaft zu ziehen, so war ein Verdacht gegenüber Horik, der bereits zu Zeiten des Thronanspruchs Harald Klaks in Opposition zu den kaiserlichen Interessen getreten war, durchaus naheliegend.

Wiedergutmachung für die von ihm getroffenen Vergeltungsmaßnahmen gegen jene Wikinger, die das Frankenreich geschädigt hatten.[663] Die Reaktion des Kaisers ist nicht überliefert, aber es gilt anzunehmen, dass Horiks Ersuchen nicht gänzlich ablehnend aufgenommen wurde.[664] Trotzdem rissen auch in der Folgezeit die Wikingerüberfälle nicht ab. Im Jahre 837 wurde Friesland erneut das Ziel von nordeuropäischen Plünderern.[665]

Nachdem also trotz der Kontakte zu Horik keine Besserung in Hinblick auf die Bedrohung Frieslands durch die plündernden Skandinavier eingetreten war, sah sich Ludwig 838 offenbar dazu gezwungen, energischer gegen die Umtriebe der Wikinger vorzugehen. Ludwig begab sich nach Nimwegen, um von dort aus die Arbeiten an einer verbesserten Küstenverteidigung einzuleiten.[666] In jenem Jahr blieb Friesland jedenfalls ein neuerlicher Wikingerüberfall erspart.[667] Ob für das Ausbleiben eines Überfalls tatsächlich das Wetter verantwortlich war, wie es die Annales Bertiniani berichten, oder ob die kaiserlichen Schutzmaßnahmen den Plünderern vermittelten, dass in jenem Jahr keine leichte Beute zu machen war, bleibt fraglich. Denkbar ist auch, dass Horik diesbezüglich interveniert hatte. Im späteren Verlauf des Jahres 838 erreichte nämlich eine dänische Gesandtschaft den Kaiser, welcher sich gerade in Attigny aufhielt. Horik ließ verlautbaren, er habe aus Treue

---

663 *Ubi etiam missi eiusdem Horich venerunt, quaerentes summam eorum quos ipse captos ex his interfici fecerat qui in nostros fines talia iam dudum moliti sunt*, Ann. Bert., 836, S. 12.

664 Dies legt jedenfalls der neutrale Wortlaut der Quelle nahe. Vielmehr werden die Ereignisse des Jahres 838 zeigen, dass Ludwig die Taten Horiks wahrscheinlich auf irgendeine Weise belohnte. Immerhin hatte Horik durch die Verfolgung und Tötung von Männern, die dem Frankenreich geschadet hatten, im Dienste der fränkischen Interessen gehandelt.

665 *Nordmanni tributum exactantes in Walchram insulam venerunt ibique Eggihardum eiusdem loci comitem et Hemmingum Halpdani filium cum aliis multis XV. Kal. Iulii occiderunt et Dorestadum vastaverunt; acceptoque a Frisionibus tributo reversi sunt*, Ann. Fuld., 837, S. 28. *pagani vastaverunt Walicrum, multasque feminas inde abduxerunt captivas, cum infinita diversi generis pecunia*, Ann. Xant., 837, S. 226. *Ea tempestate Nordmanni inruptione solita Frisiam inruentes, in insula quae Walacra dicitur nostros imparatos aggressi, multos trucidaverunt, plures depraedati sunt. Et aliquamdiu inibi commorantes, censu prout libuit exacto, ad Dorestadum eadem furia pervenerunt, tributa similiter exegerunt*, Ann. Bert., 837, S. 13.

666 *Nam illo iuxta condictum imperator progredi disponebat, quatenus sui praesentia dampnum, quod annis praeteritis pyratarum inportunitate nostrorumque desidia contigerat, vitaretur; habitoque conventu fidelium, copiosus circa maritima apparatus distributus est*, Ann. Bert., 838, S. 15. *Naves contra Nordmannos aedificantur*, Ann. Fuld., 838, S. 28. Der Vorwurf der Annales Bertiniani, die Trägheit der eigenen Gefolgsleute betreffend, deutet darauf hin, dass u.U. frühere Anordnungen des Kaisers, wie jene des Jahres 835, nicht in angemessenem Maße umgesetzt wurden. Siehe zum Aufenthalt Ludwigs in Nimwegen: *„In Anbetracht von Herrschaftskrisen und inneren Turbulenzen rückten die Konflikte in der Peripherie des Reiches nach 830 freilich zunehmend in den Hintergrund. Mit den Beutezügen der Normannen sah sich das Frankenreich nun zudem mit neuen militärischen Herausforderungen konfrontiert. Die beiden Nimweger Zusammenkünfte von 837 und 838 standen schon ganz im Zeichen des Küstenschutzes gegen die Überfälle der Seefahrer aus dem Norden"*, Eichler, Fränkische Reichsversammlungen, S. 103. Zur Ankunft Ludwigs des Frommen in Nimwegen als Reaktion auf die Wikingerbedrohung im Jahr 837 siehe: *Quibus imperator auditis, praetermisso memorato itinere, ad Noviomagum castrum vicinum Dorestado properare non distulit. [...] Imperator vero, generali conventu habito, publice cum his quaestionem habuit, quos principes ad eandem custodiam delegaverat. Qua discussione patuit, partim inpossibilitate, partim quorundam inoboedientia eos inimicis non potuisse resistere. Unde et ad conprimendam Frisionum inoboedientiam strenui abbates ac comites directi sunt*, Ann. Bert., 837, S. 13f.

667 *Inter quae Danorum pyratae patria egressi, ortoque subito maritimorum fluctuum turbine, vix paucissimis evadentibus, submersi sunt*, Ann. Bert., 838, S. 15.

gegenüber dem Kaiser jene für die Überfälle gegen das Frankenreich verantwortlichen Wikinger festnehmen und töten lassen. Das Ausbleiben eines Wikingerüberfalls auf Friesland im Jahre 838 könnte daher auch dergestalt gedeutet werden, dass Horik entweder tatsächlich mit Erfolg gegen die Wikinger vorgegangen war oder aber selbst in die Überfälle verwickelt war. Wenn man von Letzterem ausginge, müsste man annehmen, Horik habe für das Jahr 838 weitere Überfälle untersagt, um dadurch eine günstigere Verhandlungsposition zu haben.[668]

In dieser Situation sah sich Horik jedenfalls dazu veranlasst, die Herrschaft über das Land der Friesen und Abodriten einzufordern.[669] Diese Forderung wurde vom Kaiser natürlich strikt abgelehnt.[670] Während die Reaktion Ludwigs des Frommen hierbei nur allzu verständlich erscheint, da die Forderungen in keinem Verhältnis zu den von Horik angeblich geleisteten Diensten standen, gilt es zu hinterfragen, wie der Dänenkönig dazu kam, eine solche Forderung zu stellen. Ein dänischer Besitzanspruch auf abodritisches Gebiet oder zumindest die Forderungen nach Tributen von den Abodriten ließen sich bereits zur Zeit der Herrschaft Göttriks beobachten.[671] Hinsichtlich der Forderungen nach abodritischen Gebieten ist daher lediglich die frappierende Unverhältnismäßigkeit von geleistetem Dienst und geforderter Entlohnung überraschend. Die Forderung nach friesischem Besitz erscheint in diesem Kontext zunächst ungewöhnlicher. Es müssen dabei aber zwei Sachverhalte besonders berücksichtigt werden. Es befand sich ohnehin schon friesischer Boden als *beneficium* unter Obhut dänischer Großer, wie bereits anhand der Beispiele Harald Klaks

---

668 Eine derartige Macht und das dazu gehörige Kalkül wird Horik zumindest von Wavra, Missionspolitik, S. 266 in Maßen zugestanden: *„Auch wenn die Dänenkönige die Wikingerfahrten weder initiiert hatten noch verhindern konnten, waren sie doch offensichtlich imstande, gewissen Einfluß auf diese Piraten auszuüben".*

669 *Ubi etiam missi Horich venientes, pyratarum in nostros fines dudum irruentium maximos a se ob imperatoris fidelitatem captos atque interfici iussos retulerunt, petentes insuper dari sibi Frisianos atque Abodritos,* Ann. Bert., 838, S. 16. Diese Quelle veranlasst Lübke, Die Beziehungen zwischen Elb- und Ostseeslawen, S. 26 dazu anzunehmen, dass sich bei *„früheren Vereinbarungen"* bereits *„Abodritenfürsten dänischen Königen unterstellt hatten".* Im bisherigen Verlauf dieser Dissertation wurde schon mehrfach auf verschiedene Aspekte der dänisch-abodritischen Beziehungen hingewiesen. Da sowohl, wie beschrieben, von einer älteren Tradition von dänischen Angriffen auf abodritisches Gebiet ausgegangen werden kann, als auch bereits Göttrik, Horiks Vater, die Abodriten im Krieg hatte schlagen und zumindest teilweise und zeitweilig unter seine Kontrolle hatte zwingen können, handelte der Dänenkönig Horik in einer hinreichend erfassbaren außenpolitischen Tradition, die eine solch ambitionierte Forderung bei optimistischer Auslegung rechtfertigte, ohne sich zwingend auf frühere, was nicht überlieferte, Vereinbarungen berufen zu müssen. *„Zum einen war die Forderung Horichs ihrer politischen Zielsetzung nach nicht neu, denn schon 30 Jahre zuvor war Göttrik mit ähnlichen Ambitionen Karl dem Großen entgegengetreten. Zum anderen drückt sich hier ein Bewußtsein der eigenen herrschaftlichen Stellung aus, die es dem Dänenkönig berechtigt erscheinen ließ, Gebiete bzw. Einflußsphären des Imperiums dann selbst zu beanspruchen, wenn fränkische Macht dort nicht mehr präsent und konkret wirksam war und die Reichszugehörigkeit bzw. -abhängigkeit der genannten Völker nur noch über den abstrakten Titel des Kaisertums vermittelt wurde, zu dessen institutioneller Anerkennung Horich ohnehin keinen Anlaß hatte",* Ernst, Karolingische Nordostpolitik, S. 98.

670 *Cuius petitio, quanto imperatori indecens sive incongrua visa est, tanto vilius spreta et pro nihilo ducta est,* Ann. Bert., 838, S. 16.

671 Göttriks offensive Außen- und Expansionspolitik wurde bereits im dritten Kapitel beleuchtet. Hierbei ist vor allem an die Zerstörung Rerics und die gewalttätigen Eingriffe in die abodritischen Herrschaftsstrukturen zu erinnern.

und Hemmings des Jüngeren im vorangegangenen Kapitel für die betreffende Zeit aufgezeigt wurde. Diese im Exil lebenden Angehörigen des aus der Herrschaft verdrängten Zweigs der dänischen Königssippe vermochten stets eine schwelende Gefahr für das Königtum Horiks darzustellen. Es ist denkbar, dass sich die Forderung Horiks nur auf jene Gebiete Frieslands bezog, die zum Machtbereich von Exildänen gehörten.[672] Es ist desweiteren denkbar, dass Horik deshalb friesischen Boden einforderte, weil er mit seinem Vorgehen gegen die frankenfeindlichen Piraten de facto jene Aufgaben erfüllt hatte, an denen die im friesischen Raum ansässigen Gefolgsmänner des Kaisers in den vorangegangenen Jahren eindrucksvoll gescheitert waren. Horik hingegen hatte durch die Hinrichtung der Anführer jener Piraten, die Friesland bedrohten, bewiesen, dass er die Küstengebiete des Frankenreichs zu schützen im Stande[673] war, wofür ihm nach reichlich großzügiger Auslegung jenes von ihm beschützte Gebiet, offenbar zumindest aus der Sicht des Dänenkönigs, als *beneficium* hätte zugesprochen werden können. Trotz dieser Betrachtungsweisen entbehrte die Forderung Horiks, sofern sie von den Quellen zutreffend wiedergegeben wurde, jeglicher realpolitischen Grundlage.[674] Aus fränkischer Perspektive kam weder die Überlassung der Herrschaft über Gebiete der Franken noch der Abodriten in Frage, zumal die Abodriten allenfalls nur mittelbar der kaiserlichen Macht unterstanden. Es

---

672 Damit hätte Horik nicht nur die Gefahr, welche ihm durch die Exilanten drohte, unter Kontrolle bringen können, sondern zudem auch Gebiete eingefordert, welche Angehörigen seiner Sippe unterstanden und auf welche er damit selbst, da er als König an der Spitze seiner Sippe stand, mit einer gewissen Berechtigung einen Herrschaftsanspruch anmelden konnte.

673 Vgl. dagegen Mohr, Wissen über die Anderen, S. 292: *„Die normannischen reges hatten im Wesentlichen keinen größeren Einfluss auf die Raubzüge der Wikinger, denn es lag nicht im Hoheitsbereich dieser Fürsten, die Gefolgschaften, die sich um einen Wikingerführer geschart hatten, zu lenken. Sie konnten weder die Wikingerzüge initiieren, noch effektiv unterbinden".* Vgl. ferner: *„Doch die Franken sind vollends hilflos; die Ereignisse entziehen sich ihren Deutungsmustern. Diese Einfälle sind gerade nicht von einem zentralen dänischen Königtum gesteuert, selbst wenn gelegentlich auch ein Angehöriger der Königssippe hinter den »Piraten«zügen steht",* Fried, Gens und regnum, S. 85. Siehe wiederum dagegen Vogel, Die Normannen, S. 53, der bereits zwischen Wikingerüberfällen und von königlicher Seite veranlassten Angriffen unterschied: *„Die dänischen Könige haben nun freilich diese elementare Bewegung* [die Wikingerzüge] *weder hervorgerufen, noch jemals einen bestimmenden Einfluß auf sie ausüben können, wußten sie aber gelegentlich für ihre Zwecke nutzbar zu machen".* Wie bereits die dänischen Flottenunternehmungen unter Göttrik gezeigt hatten, unterschieden sich Überfälle, die vom König angeordnet wurden, ihrem Erscheinungsbild nach nicht von selbständigen Wikingerzügen. Allgemein davon auszugehen, dass der dänische König nicht dazu im Stande sei, einen Wikingerzug zu initiieren, erscheint völlig haltlos. Da sich Wikingergruppen um einzelne Führer scharen konnten, die wohl über weniger Machtfülle und materielle Mittel verfügten als der dänische König, spricht nichts gegen die Fähigkeit Göttriks oder Horiks, Wikingerzüge einzuleiten. Ein Ziel der vorliegenden Dissertation besteht allerdings darin herauszustellen, ob und in welchen Situationen es sinnvoll für die Dänenkönige erschiene, das Wikingerwesen zu begünstigen oder zu bekämpfen. Das Zustandekommen von Wikingerverbänden konnten die Dänenkönige allerdings wohl tatsächlich nicht verhindern, da sich dies abseits der königlichen Wahrnehmungssphäre ereignen konnte. Die Möglichkeit zur Sanktionierung bestand daher wohl erst nach den Wikingerüberfällen, wobei die betreffenden Personen nach ihrer Rückkehr in die Heimat zunächst ausgemacht werden mussten.

674 Siehe zur Forderung Horiks: *„Einerseits also versucht Horich, eine Tradition aus dem frühen 9. Jahrhundert wieder aufzugreifen; aus handelspolitischen Gründen möchte er Friesland und das Abodritengebiet gewinnen. Andererseits jedoch läßt er diesen Anspruch sofort fallen, als er auf den Widerstand des Kaisers stößt. Der Realismus der Wikinger, ihre Fähigkeit, konkrete Machtlagen richtig einzuschätzen, erscheint hier auf einer anderen Ebene als gesamtnormannische Eigenschaft",* Zettel, Normannen, S. 162.

konnte weder eine Beteiligung Horiks an den Wikingerüberfällen ausgeschlossen werden, noch konnte man mit Gewissheit davon ausgehen, dass der Dänenkönig die verantwortlichen Wikinger tatsächlich zur Rechenschaft gezogen hatte. Außerdem war die Übertragung Frieslands an Horik ausgeschlossen, weil sie zum einen die bereits durch die inneren Krisen des Frankenreichs gebeutelte Macht des Kaisers noch weiter beschnitten hätte und Horik zum andern zu mächtig und eigensinnig, als dass er in das fränkische Herrschaftssystem hätte integriert werden können. Die Vernunft verbot demnach jegliche Übertragung von Macht und Territorium an den Dänenkönig, der sich offenbar durch das kaiserliche Entgegenkommen des Jahres 836 zu einem selbstbewussteren Vorgehen herausgefordert fühlte.

Die Ereignisse des Vorjahres verhinderten allerdings keinesfalls einen neuerlichen Wikingerüberfall auf Friesland im Jahre 839.[675] Auf die Überfälle folgend schickte Horik erneut, vergleichbar den Ereignissen von 836, eine Gesandtschaft an den Kaiser und abermals verliefen die Gespräche offenbar sehr versöhnlich. Horik entsandte nicht nur einen seiner persönlichen Berater, sondern auch einen seiner Neffen, der dem Kaiser Geschenke überbrachte. Durch das Auftreten der dänischen Gesandtschaft wird ersichtlich, dass Horik den Kaiser zu beschwichtigen gedachte.[676] Die Dänen hatten allerdings auch ein weiteres Anliegen, das ebenfalls Parallelen zum Jahre 836 aufweist. Die Gesandten aus dem Norden beklagten sich über nicht näher benannte Übergriffe von Seiten der Friesen, die man wohl als Reaktion auf die vorangegangenen normannischen Überfälle werten kann. Der Kaiser reagierte auf diese Beschwerden, wie bereits drei Jahre zuvor, mit der Berufung von Gesandten, welche den Dänen Genugtuung verschaffen sollten.[677] Aufgrund des Kontextes liegt es nahe, *incommoda* an dieser Stelle mit „Übergriffen" zu übersetzen, wobei dies nicht zwangsläufig als Übergriff im gewalttätigen Sinne verstanden werden muss. Die mögliche Alternativübersetzung als „Unannehmlichkeiten" lässt auch die Möglichkeit offen, die besagten Übergriffe in Zusammenhang mit einer Störung der Handelsverhältnisse zu stellen. Verschiedene Formen von Schikanen gegenüber dänischen Händlern in Friesland wären also auch etwas, das sich hinter der uneindeutigen Formulierung der Quelle verbergen könnte. Die im Vergleich zu den Berichten über frühere diplomatische Kontakte verhältnismäßig imposante Gesandtschaft von 839 deutet darauf hin, dass die beiden Hauptanliegen der

---

675 *Quidam etiam pyratae in quandam Frisiae partem irruentes, non parum incommodi nostris finibus intulerunt,* Ann. Bert., 839, S. 22.

676 *Direxit et Oricus missos ad imperatorem, quendam videlicet cuius consiliis prae cunctis fidere et omnia agere videbatur, et cum eo nepotem suum munera gentilitia deferentes, pacis amicitiaeque artius stabiliusque gratia confirmandae,* Ann. Bert., 839, S. 22. In Hinblick auf Horiks diplomatisches Gebaren ist zu erkennen, dass es einen recht offensichtlichen Zusammenhang zwischen Dienst und Belohnung aufwies. Dies erscheint wenig verwunderlich, da Horik offensichtlich im Umgang mit dem Frankenreich stets in geraden Bahnen dachte. Wenn er den Interessen des Frankenreichs diente, forderte er Wiedergutmachungen für die geleisteten Dienste, und nun, da er selbst kaiserlichen Beistands bedurfte, stattete er seine Gesandtschaft, die sein Anliegen übermitteln sollte, folgerichtig mit Geschenken aus. Horik war also durchaus dazu in der Lage dem Frankenreich auf diplomatischer Ebene den Gepflogenheiten der Zeit entsprechend entgegenzutreten.

677 *Quibus hilariter susceptis atque muneratis, quia propter quaedam incommoda super Frisionibus querebantur, duces strenui destinati sunt, qui tempore constituto illis de omnibus iustitiam adimplerent,* Ann. Bert., 839, S. 22f.

Gesandtschaft, nämlich Friedenssicherung und Klage über die Friesen, für Horik einen hohen Stellenwert zu haben schienen. Die Reaktion Ludwigs des Frommen verdeutlicht, dass er, trotz der ehrgeizigen Forderungen Horiks aus dem Vorjahr und der fortgesetzten Wikingerüberfälle auf Friesland, weiterhin an friedlichen Beziehungen zu den Dänen interessiert war. Im Interesse jener friedlichen Koexistenz entsandte der Kaiser wohl auch die fränkische Gegengesandtschaft, welche Dänemark noch vor Ablauf desselben Jahres erreichte. Diese letzte Gesandtschaft zwischen Ludwig und Horik soll einen eidlich geschützten und unauflöslichen Frieden zwischen Kaiser und Dänenkönig geschlossen haben.[678]

Die beschworene Unauflöslichkeit wurde aufgrund des bald darauf erfolgten Todes Ludwigs des Frommen am 20. Juni 840 letztlich nicht mehr auf die Probe gestellt. Nach Ludwigs Tod setzte sich jene Entwicklung, welche sich bereits während seines letzten Lebensjahrzehnts deutlich abgezeichnet hatte, mit zunehmender Geschwindigkeit und Vehemenz fort. Die Normanneneinfälle auf das geteilte Frankenreich nahmen zu und ebenso der Schaden, welchen sie anrichteten. Die sogenannte Epoche der Wikingerzüge war spätestens von jener Zeit an auch für das Frankenreich angebrochen.

V. 1. 3 Die Spätzeit Ludwigs des Frommen

Die letzten Jahre der Herrschaft Ludwigs des Frommen gestalteten sich nach der Überwindung der Unruhen im Jahre 834 nicht nur in Hinblick auf die Wikingergefahr schwierig. Insgesamt war das Frankenreich nach den Erschütterungen im Innern schließlich auch an der Peripherie geschwächt worden. Abgesehen von den bereits erwähnten Wikingerüberfällen, welche offensichtlich immer virulenter wurden, drohte auch anderweitig Gefahr zur See, wie ein „Sarazenenüberfall" auf Marseille im Jahre 838 verdeutlichte.[679] Im darauf folgenden Jahr musste der Kaiser dann dem Aufstand mehrerer slawischer Stämme entgegentreten, zu denen auch die Abodriten zählten.[680] Auch wenn Ludwig der Fromme den formalen Frieden mit den Dänen aufrecht erhielt, zeigten die Wikingerüberfälle in Kombination mit dem slawischen Aufbegehren, an dem sich auch die Abodriten als einstmalige Bündnispartner und vermeintliche Wahrer der fränkischen Interessen beteiligten, dass die fränkische Nordostpolitik gegen Ende der Regierungszeit

---

678 *Sed et legati imperatoris ad Horich pacis gratia directi, receptis sacramentis, indissolubilem pepigerunt*, Ann. Bert., 839, S. 23.

679 *Interim Saracenorum pyraticae classes Massiliam Provinciae irruentes, abductis sanctimonialibus, quarum illic non modica congregatio degebat, omnibus et cunctis masculini sexus clericis et laicis, vastataque urbe, thesauros quoque aecclesiarum Christi secum universaliter asportarunt*, Ann. Bert., 838, S. 15.

680 *Directis interim ad hoc specialiter missis, qui ab eis huiusmodi firmitatem sacramento susciperent, dispositis quoque Saxonum adversus Soraborum et Vultzorum incursiones, qui nuper quasdam ipsius marchae Saxoniae villas incendio cremaverant, et Austrasiorum Toringorumque contra Abodritorum et qui dicuntur Linones defectiones expeditionibus*, Ann. Bert., 839, S. 22.

Ludwigs offenkundig gescheitert war.

Im Inneren hatten die Erhebungen gegen Ludwig den Frommen aufgezeigt, *„daß für die Reichseinheit über den Tod dieses Kaisers hinaus keine Aussicht mehr bestand"*, stattdessen *„klafften die Ansprüche der Söhne und die Erwartungen der ihnen jeweils verbundenen Großen"* deutlich auseinander, was eine einvernehmliche Erbregelung unmöglich erscheinen ließ.[681] Die Situation hatte sich also für Ludwig den Frommen auch nach 834 erwartungsgemäß nicht verbessert. Seine mittleren Söhne Pippin und Ludwig der Deutsche hatten durch ihr Einlenken während der zweiten Erhebung gegen den Kaiser zumindest sichergestellt, dass der Vater nun ihre Teilreiche nicht unmittelbar wieder beschneiden konnte, weshalb erneut die Frage nach einer Herrschaftsausstattung Karls des Kahlen aufkaum und hierbei abermals die Verständigung mit Lothar als Mittel zum Zweck gewählt wurde.[682] Dabei hatte es sich als geschickter Schachzug erwiesen, dass Ludwig der Fromme seinen Sohn Lothar nach dessen hartnäckigem Widerstand gegen den Vater nicht allzu hart bestraft hatte, denn bereits 836 suchte der Kaiser erneut den Weg der Verständigung. Zu Beginn des Jahres ging die Initiative zur gegenseitigen Annäherung vom Kaiser aus, der zu diesem Zweck Gesandte nach Italien schickte.[683] Im Mai des Jahres traf die Gegengesandtschaft Lothars, angeführt von Wala, welcher nach seiner Rückkehr nach Italien noch im selben Jahr[684] starb, auf dem Reichstag in Diedenhofen ein und verhandelte dort über das Zusammentreffen zwischen Kaiser Ludwig und Lothar, das zwar für den Wormser Reichstag im September vereinbart wurde, aber durch eine vermeintliche Erkrankung Lothars nicht zustande kam.[685] Eine neuerliche Gesandtschaft Ludwigs an seinen ältesten Sohn sollte nicht nur nochmals auf eine Zusammenkunft, sondern auch auf die Rückgabe enteigneten Kirchenguts in Italien, das den Anhängern des Vaters entrissen worden war, drängen.[686] Als Lothar darauf eindeutig abweisend reagierte, war der Verständigungsversuch des Kaisers gescheitert.[687]

---

681 Schieffer, Karolinger, S. 135f.
682 Ebd., S. 136.
683 *Missos iterum ad Hlotharium direxit, monentes eum oboedientiae ac reverentiae paternae, pacisque illi concordiam multipliciter inculcantes. Ad quod manifestius agnoscendum iussum est, ut suos, quibus maxime fidebat, legatos ad patrem dirigeret, cum quibus tractari de sui honore atque salute posset, et qui paternam erga illum voluntatem audire sibique fideliter nunciare valerent,* Ann. Bert., 836, S. 11f.
684 *Tunc etiam Walo abba, cuius consiliis Hlotharius plurimum utebatur, in Italia obiit,* Ann. Bert., 836, S. 13. Der Tod Walas darf jedoch nicht mit dem Scheitern der Verständigung zwischen Ludwig und Lothar im Jahre 836 in einen Kausalzusammenhang gebracht werden. Lothars Verhalten zeigt auf, dass er ungeachtet des Verhandlungsverlaufs eine ablehnende Haltung gegenüber dem Vater beibehielt.
685 Ann. Bert., 836, S. 12.
686 *Ad quem directis denuo Hugone abbate et Adalgario comite, de infirmitate ac recuperatione eius et voluntate in posterum veniendi quaesitum est, necnon de restitutione rerum ecclesiis Dei in Francia constitutis, quae in Italia sitae a suis pro libitu fuerant usurpatae; verum et de episcopis atque comitibus, qui dudum cum augusta fideli devotione de Italia venerant, ut eis et sedes propriae redderentur,* Ann. Bert., 836, S. 12.
687 *Ad haec Hlotharius per missos suos, oppositis quibusdam conditionibus, non in omnibus se assentiri posse, mandavit,* Ann. Bert., 836, S. 12.

Auch ein im Folgejahr geplanter Italienzug des Kaisers[688] kam nicht zustande, da die Verteidigung Frieslands gegen die Wikinger offensichtlich aus aktuellem Anlass Vorrang genoss.[689] Danach gab Ludwig wohl das Werben um Lothars Unterstützung auf und stattete Karl den Kahlen auf eigene Faust mit zentralen Regionen des Frankenreichs aus.[690] Ein weiteres Mal beschwor der Kaiser damit den nachvollziehbaren Unwillen der übrigen Söhne herauf. Als sich daraufhin Lothar und Ludwig der Deutsche zu einer Unterredung trafen, rief dies den Argwohn des Vaters hervor, der eine neuerliche Erhebung der Söhne befürchtete.[691] Der Kaiser erkannte Ludwig dem Deutschen sogleich alle rechtsrheinischen Gebiete, bis auf Bayern, wieder ab, was offenkundig ohnehin seinem Wunsch entsprochen hatte, ohne dass er diesen zuvor hätte umsetzen können.[692] Das Vorgehen des Kaisers, ob man es nun als Aberwitz, Altersstarrsinn oder bloße Beharrlichkeit bezeichnen will, wurde gewiss durch die Tatsache begünstigt, dass Karl der Kahle in jenem Jahr endlich die Volljährigkeit erreichte und kurzerhand in Quierzy zum König gekrönt wurde. Angesichts dieser Ereignisse ist es allerdings wenig überraschend, dass Ludwig der Deutsche keinen anderen Ausweg wusste, als sich gegen den Vater aufzulehnen.[693] Nachdem die kriegerische Auseinandersetzung

---

688 *Iter suum Romam defensionis sanctae Romanae ecclesiae atque orationis gratia indixit, directis interim ad Hlotharium legatis, monentibus, ut eum paterna reverentia susciperet atque itineris apparatum decenter oportuneque procuraret*, Ann. Bert., 837, S. 13.

689 *Ea tempestate Nordmanni inruptione solita Frisiam inruentes, in insula quae Walacra dicitur nostros imparatos aggressi, multos trucidaverunt, plures depraedati sunt. Et aliquamdiu inibi commorantes, censu prout libuit exacto, ad Dorestadum eadem furia pervenerunt, tributa similiter exegerunt. Quibus imperator auditis, praetermisso memorato itinere, ad Noviomagum castrum vicinum Dorestado properare non distulit. Cuius adventu Nordmanni audito, continuo recesserunt. Imperator vero, generali conventu habito, publice cum his quaestionem habuit, quos principes ad eandem custodiam delegaverat. Unde et ab conprimendam Frisionum inoboedientiam strenui abbates ac comites directi sunt. Verum ut deinceps illorum incursionibus facilius obsisti queat, classis quaquaversum diligentius parari iussa est*, Ann. Bert., 837, S. 13f. Vgl.: *Anno vero (regni sui) XXIIII. Praenunciavit imperator, ut cum omni exercitu voluisset ire Romam cum filiis suis Pippino et Hludouuico, et statuit sediciones in nonnullis locis contra Danaos. Illi vero Danai nave venientes ad unam sedicionem et interfecerunt ibi innumerabilem multitudinem Christianorum; et ibi cecidit Hemminch, qui erat ex stirpe Danorum dux christianissimus, et Eccihardus alius dux et multi optimates imperatoris, et aliqui comprehensi sunt et postea redempti. Hoc audiens imperator, dimisit iter, quod praenunciatum habebat, et revertens ad praedium Gundulfi, cum omni exercitu venit Nouiomagum castrum, quod situm est super fluvium Ualvm. Explicit origo regum atque acta*, Thegan, 837, S. 256 / 258.

690 *Dedit filio suo Karolo maximam Belgarum partem, id est a mari per fines Saxoniae usque ad fines Ribuariorum totam Frisiam, et per fines Ribuariorum comitatus Moilla, Ettra, Hammolant, Mosagao; deinde vero quicquid inter Mosam et Sequanam usque ad Burgundiam una cum Viridunense consistit, et de Burgundia Tulensem, Odornensem, Bedensem, Blesinsem, Pertinsem, utrosque Barnenses, Brionensem, Tricassinum, Altiodrensem, Senonicum, Wastinensem, Milidunensem, Stampensem, Castrinsem, Parisiacum, et deinde per Sequanam usque in mare oceanum, et per idem mare usque ad Frisiam; omnes videlicet episcopatus, abbatias, comitatus, fiscos et omnia intra predictos fines consistentia cum omnibus ad se pertinentibus, in quacumque regione consistunt. Sicque iubente imperatore in sui praesentia episcopi, abbates, comites et vassalli dominici in memoratis locis beneficia habentes Karolo se commendaverunt et fidelitatem sacramento firmaverunt*, Ann. Bert., 837, S. 14f.

691 Ann. Bert., 838, S. 15.

692 *Hlodowicus autem patris praesentiae secundum quod iussum fuerat esse offerre non distulit, habitaque secus quam oportuerat conflictatione verborum, quicquid ultra citraque Renum paterni iuris usurpaverat, recipiente patre, amisit, Helisatiam videlicet, Saxoniam, Toringiam, Austriam atque Alamanniam*, Ann. Bert., 838, S. 15.

693 *„Ludwig übte sein Widerstandsrecht in Form einer bewaffneten Empörung"*, Bund, Thronsturz, S. 429. Siehe: Ann. Bert., 838/839, S. 16f.

zwischen Vater und Sohn ausblieb und sich Ludwig der Deutsche im Nachteil sah, floh er nach Bayern, auf das er sich nun nach kaiserlichem Wunsch beschränken sollte.[694]

Insgesamt begünstigten die Entwicklungen des Jahres 838 die Interessen Karls des Kahlen, denn gegen Ende desselben Jahres starb unerwartet der Kaisersohn Pippin.[695] Der Weg war damit frei für die vom Kaiserhof offenkundig seit Jahren erstrebte Lösung des Erbschaftskonflikts.[696] Nach seinem Feldzug gegen Ludwig den Deutschen im Jahre 839 teilte der Kaiser auf der Wormser Reichsversammlung das Erbe zwischen Lothar und Karl dem Kahlen auf.[697] Lothar erhielt den Ostteil, abzüglich Bayerns, das Ludwig dem Deutschen vorbehalten bleiben sollte, und Karl der Kahle bekam den Westteil des Reiches zugesprochen. Für Karl bedeutete dies, dass er sich mit den Herrschaftsansprüchen Pippins II., des Sohns des kurz zuvor verstorbenen gleichnamigen Halbbruders, auseinandersetzen musste. Pippin II., der in Aquitanien nicht wenig Unterstützung für seinen Herrschaftsanspruch fand, wurde daraufhin mit Krieg überzogen.[698] Der Feldzug des Kaisers gegen den Enkel bedeutete nicht nur, dass die eigentümlichen Entscheidungen Ludwigs des Frommen mittlerweile Repräsentanten von drei Generationen des karolingischen Geschlechts gegeneinander aufgebracht hatten, sondern zudem brachte der Vorstoß auch keine Entscheidung. Stattdessen musste der Kaiser im nächsten Frühjahr abermals gegen Ludwig den Deutschen zu Felde ziehen, wobei ihm hier größerer Erfolg beschieden war.[699] Ludwig der Deutsche wurde erneut geschlagen und es hat den Anschein, dass der Kaiser beabsichtigte, den widerspenstigen Bayernkönig gänzlich abzusetzen.[700] Dazu kam es allerdings nicht mehr, da Ludwig der Fromme am 20. Juni 840 verstarb.

Bezeichnenderweise ereilte den Kaiser der Tod zu einem Zeitpunkt, als sich die Geschicke des Reiches noch immer in der Schwebe befanden. Die Herrschaftsansprüche Ludwigs des Deutschen und Pippins II. waren keinesfalls erloschen und auch das Verhalten Lothars musste noch darüber entscheiden, ob der junge Karl sein vom Vater gewünschtes Erbe würde antreten können. In dieser Hinsicht hat Ludwig der Fromme schlichtweg versagt.[701]

---

694 „Der Entzug der angeeigneten Gebiete in Nimwegen im Mai 838 und die jetzt erzielte Flucht Ludwigs d. Dt. nach Bayern kamen einer Absetzung in diesen Gebieten gleich, denn Ludwig d. Fr. hatte die Königsherrschaft seines Sohnes hier über Jahre geduldet", Krah, Absetzungsverfahren, S. 77.

695 Pippinus, filius imperatoris, rex Aquitaniae, Idus Decembris defunctus est, relictis duobus filiis Pippino et Karolo, Ann. Bert., 838, S. 16.

696 Zu den Bestrebungen Ludwigs des Frommen die Macht Pippins zu Gunsten Karls des Kahlen zu beschneiden siehe: Krah, Absetzungsverfahren, S. 66ff.

697 Ann. Bert., 839, S. 20f.

698 Ann. Bert., 839, S. 23.

699 Ann. Bert., 840, S. 24.

700 Siehe: Bund, Thronsturz, S. 429.

701 „Daß keiner seiner Söhne zugegen war, als er wenig später von Drogo, seinem bischöflichen Halbbruder und letzten Erzkapellan, in der Metzer Kirche des Familienheiligen Arnulf an der Seite seiner Mutter Hildegard bestattet wurde, wirft ein bezeichnendes Licht auf die Bilanz seiner Regierung. [...] Völlig gescheitert war er mit dem Bemühen, die Herrschaftsordnung nach seinem Tode festzulegen, denn sein anfängliches Konzept, auf der

Der dringliche Wunsch, den nachgeborenen Sohn Karl gegen den erbitterten Widerstand der älteren Söhne auf Kosten jeglicher Stabilität[702] im Reich und ohne Rücksicht auf die realen Gegebenheiten mit einem *regnum* auszustatten, hatte dafür gesorgt, dass nur der Waffengang über die Zukunft des Frankenreiches oder vielmehr der entstehenden Teilreiche entscheiden konnte. Der Tod Ludwigs des Frommen und die darauf folgenden Auseinandersetzungen der Söhne um das väterliche Erbe leisteten jedenfalls ihren Beitrag dazu, die Bedrohung durch die Wikinger noch weiter anzufachen.[703]

V. 2 Zur Beurteilung der Außenpolitik Ludwigs des Frommen nach 830

Die letzten zehn Herrschaftsjahre Ludwigs des Frommen dürften wohl in jeder Hinsicht die schwersten gewesen sein. Die Erhebungen gegen ihn und die beiden damit verbundenen Entmachtungen zeigen die Misere des Kaisers mehr als deutlich auf. In engem Zusammenhang mit der Krise im Innern ist natürlich auch die Außenpolitik Ludwigs zu sehen. In Anbetracht der inneren Unruhen des Frankenreichs muss die Frage im Vordergrund stehen, ob Ludwig überhaupt eine reelle Chance hatte, dem Wikingerproblem, das zusehends eskalierte, mit Erfolg entgegenzutreten. Die innere Krise des Frankenreichs mag ohne Zutun auswärtiger Mächte entstanden sein, allerdings wirkte sie zweifelsohne auf die umliegenden Reiche und Gebiete. In Hinblick auf die Dänen ist zu erkennen, dass Horik zwar außenpolitisch stets ansprechbar blieb, sich sein Verhalten allerdings wandeln konnte. Dabei darf nicht übersehen werden, dass Horik nach den ersten Wikingerüberfällen auf Friesland in den Jahren 834 und 835 einen markanten Eindruck von der Verwundbarkeit des großen fränkischen Nachbarn gewonnen haben musste. Selbst wenn er die besagten

Grundlage des Kaisertums dauerhaft eine oberste Zentralgewalt des ältesten Sohnes zu etablieren, stand wegen des antidynastischen Grundzugs von vornherein wohl auf schwachen Füßen, wurde von Ludwig aber auch nicht wirksam vertreten und schließlich unter dem Druck der Umstände ganz fallen gelassen", R. Schieffer, Karolinger, S. 137f.

702 Durch das Mittel der Kapitularien suchte Ludwig die Stabilität im Innern des Reiches zumindest außerhalb seiner eigenen Familie zu stärken. *„Es scheint, als nähmen die substantiellen Vergünstigungen und zugleich die Privilegien für Einzelpersonen im letzten Regierungsjahrzehnt zu, als Ludwig der Fromme mehr denn je auf Unterstützung angewiesen war; auch scheint nach der Wiedereinsetzung 834 der westfränkische Reichsteil bevorzugt, in dem erst jetzt auch regelmäßig Reichsversammlungen stattfanden"*, Kölzer, Kaiser Ludwig der Fromme, S. 30.

703 *„Der Tod Ludwigs d. Fr. bedeutet [...] eine Epoche in der Geschichte der normännischen Eroberung. Der Bruderkampf seiner Söhne offenbarte den Wikingern die Ohnmacht des Fränkischen Reiches: fast mit einem Schlage überschwemmten sie die gesamte fränkische Küste von der Elbe bis zur Garonne"*, Vogel, Die Normannen, S. 78. *„The death of Louis the Pious counts as the most important watershed in the history of Viking attacks on the Carolingian empire. The internal clashes between his sons led to such a major increase in Viking raids along the whole coast of the empire"*, Walther, Vikings in the Rhinelands, S. 172. *„Zudem zerbrach nach dem Tod Karls die Stabilität des Frankenreiches langsam und die zunehmende Unsicherheit, die länger andauerte und so auch im Norden bekannt wurde, hatte immer häufigere Überfälle zur Folge, so dass im Frankenreich und in den Nachfolgereichen das Wechselspiel zwischen inneren Unruhen und äußerer Bedrohung besonders gut zu beobachten ist"*, Plassmann, Die Normannen, S. 60.

Überfälle nicht veranlasst oder unterstützt hatte, so dürfte er dennoch nicht ignoriert haben, dass die schnellen und gezielten Wikingerüberfälle ihm die Möglichkeit zu einer selbstbewussteren und forscheren Politik gegenüber den Franken eröffneten. Das Frankenreich war verwundbar und Horik konnte davon profitieren, indem er jegliche Beteiligung an den Frieslandüberfällen von sich wies und sich zugleich als einziger Ansprechpartner für die Franken Vorteile erhoffen durfte. Immerhin hatte Horik Jahre zuvor, damals noch als Leidtragender, miterleben dürfen, dass die Unterstützung des Kaisers für einen dänischen Großen sehr hilfreich sein konnte.

Obwohl Horik offenkundig nicht daran gelegen war, den diplomatischen Faden zu den Franken gänzlich abreißen zu lassen, waren die Möglichkeiten des Kaisers im Dialog mit den Dänen dennoch begrenzt. Immerhin hatte Ludwig auf diplomatischem Wege erreicht, dass Horik 836 gegen einige Wikinger in seinem Land vorging, da dieser sich wohl vom Verdacht der Mitschuld an den Frieslandüberfällen freimachen wollte. Dies darf hierbei zumindest als bescheidener Teilerfolg Ludwigs gewertet werden, dem es auf diese Weise gelang, ohne militärischen Druck ausüben zu müssen, den verhandlungsbereiten Dänenkönig zu einer Vergeltungsmaßnahme im Interesse des Reiches zu bewegen. Gleiches gelang Ludwig auch zwei Jahre später, nämlich 838, als Horik abermals dänische Wikinger aufspürte und hinrichten ließ. Diesmal verlangte der Dänenkönig allerdings weitaus mehr als noch 836, da er Herrschaftsansprüche über friesische und abodritische Gebiete anzumelden schien. Ludwig reagierte auf diese Forderungen selbstverständlich mit Ablehnung, allerdings dürfte ihm durch Horiks anmaßendes Auftreten klar geworden sein, dass der Dänenkönig auf Dauer nicht allein mit diplomatischen Mitteln gefügig gemacht werden konnte. Es scheint in diesem Kontext kein Zufall zu sein, dass Horik sich im folgenden Jahr wegen Übergriffen von Seiten der Friesen beschwerte und sich zugleich wieder diplomatischer gegenüber dem Kaiser gebärdete. Offensichtlich handelte es sich hierbei um eine Reaktion auf den Vorstoß Horiks, der zuvor eigenmächtig die Übertragung von Gebieten gefordert hatte. Es ist nicht zu erkennen, ob der Druck auf Horik, welcher diesen im Jahre 838 wieder mäßigen half und 839 zur offenen Friedens- und Verständigungspolitik des Dänenkönigs führte, auf Ludwigs Initiative zurückging, aber definitiv nutzte er dem Kaiser. Ebenso wie sich für Horik durch die Wikingerüberfälle neue Perspektiven in der Außenpolitik ergeben hatten, taten sich für Ludwig den Frommen durch die friesischen Übergriffe gegen die Dänen oder wohl eher gegen dänische Händler neue Möglichkeiten auf.

Die letzten zehn Jahre Ludwigs des Frommen stellten den Kaiser vor vielerlei schwierige Aufgaben. In Hinblick auf die Nordpolitik lässt sich sagen, dass er sein Möglichstes tat, ohne jedoch mit Erfolg belohnt worden zu sein. Die Wikingerüberfälle, welche zunehmend Friesland plagten, konnten in dieser Zeit nicht eingedämmt werden. Das ist eine Tatsache, die nicht zu beschönigen ist. Die Frage muss allerdings gestellt werden, ob in diesem

Belang ein Erfolg unter den gegebenen Umständen überhaupt möglich war. Die nachhaltig geschwächte Stellung des Kaisers nach 834, in diesem Jahr begannen auch die beinahe alljährlich wiederkehrenden Wikingereinfälle in Friesland, erschwerte dabei ein Vorgehen gegen die Wikinger ebenso wie der „Hit and Run"[704] Charakter der Überfälle, welcher eine tiefgreifende Erneuerung und Umstrukturierung der Küstenverteidigung erfordert hätte. Es ist dem Kaiser zugute zu halten, dass er 838 immerhin persönlich eine Neuorganisation der Küstenverteidigung in Angriff nahm. Es ist hingegen wiederum fraglich, ob es ihm anzulasten ist, dass dies keinerlei Wirkung zeigte. Die Wikingerüberfälle konnten nicht erfolgreich abgewehrt werden, was allerdings wohl kein persönliches Versagen Ludwigs des Frommen darstellte, denn immerhin gelangen auch seinen Söhnen nach dem Tod des Vaters nur selten militärische Erfolge gegen die einfallenden Nordmänner. Die Wikinger konnten auch durch Niederlagen in Schlachten nicht längerfristig dazu gezwungen werden, die Überfälle zu unterlassen, was wie erwähnt mit der dezentralen Struktur der Raubzüge zusammen hing.

Nachdem die Aufrichtung einer effektiven Küstenverteidigung gegen die Wikinger also misslungen war, bleibt zu fragen, ob Ludwig mit dem diplomatischen Vorgehen gegen die Überfälle den richtigen Weg beschritt.[705] Abermals ist Ludwig dem Frommen keine Untätigkeit vorzuwerfen. Indem er sich an Horik als einzig plausiblen und greifbaren Ansprechpartner in Dänemark wandte, handelte er auf traditionelle und nachvollziehbare Weise. Der Dänenkönig war der einzige Herrscher, welcher auf das Wikingerproblem der Franken bereits in seinem Ursprung hätte Einfluss nehmen können. Eine eigene militärische Initiative des Kaisers gegen die Plünderer war aus mehreren Gründen ausgeschlossen, wobei nicht nur der innere Zustand des Frankenreichs selbst zu nennen ist, sondern auch der Umstand, dass es unmöglich war, Wikingerverbände aufzuspüren, sobald sie sich von ihrem

---

704 Zur Nutzung von Wasserwegen als bevorzugte Strategie der Wikinger bei ihren Überfällen vgl. Zettel, Normannen, S. 250-254. Vgl. zum strategischen Vorgehen auch: „*Carolingian armies won numerous victories against the Vikings, but to their frustration found that military success alone was insufficient to deal with the Scandinavian menace. The Northmen would simply retreat, regroup and later return. What was more, they were masters of the avoidance of battle, not only through their choice of territory through which to travel and the location of their camps, but also through their willingness to beat a strategic retreat. [...] The reason for this behavior is clear, namely that the Vikings were not an invading army seeking territory to conquer, but a series of fast-moving warbands, each hungry for loot*", Coupland, Carolingian Army, S. 69.

705 Fried, Gens und regnum, S. 88 geht von einer frappierenden Unzulänglichkeit der karolingischen Nordpolitik im Allgemeinen aus: „*Karls des Großen und Ludwigs des Frommen Einwirken auf das »dänische Königtum« zeitigt keine dauerhaften Erfolge; die Karolinger erwarten »Könige« als Partner, die ihnen selbst zu gleichen scheinen. [...] Mit Treueiden, Belehnungen, gar mit Taufen sucht man die heidnischen »Wilden« zu zähmen, so als bedeuteten ihnen Lehnrecht und Christentum etwas, ohne zu prüfen, wieweit die Vikinger das fränkische Normensystem bereits akzeptieren. [...] Die normannischen Vasallen scheren sich denn auch herzlich wenig um ihre fränkischen Herren*". Offen bleibt hier abermals die Frage nach den Alternativen. Die Franken taten sich gegenüber den Wikingern äußerst schwer und das in vielerlei Hinsicht, was rückblickend leicht zu erkennen und nicht zu leugnen ist. Abgesehen von den erprobten Mitteln der Außenpolitik, welche den Franken bekannt waren und offenkundig zumindest keine schnellen Erfolge brachten, blieb den Karolingern schlichtweg keine andere Handhabe gegen die wehrhaften Nordmänner. Es ist fraglich, ob es tatsächlich andere bzw. vielversprechendere Optionen für die Franken gab als jene, die sie ergriffen haben.

Angriffsziel entfernt hatten und in ihre Heimat zurückgekehrt waren. Eine Strafexpedition wäre daher gleichbedeutend gewesen mit einem Krieg gegen Dänemark. Bereits Karl der Große hatte zurecht, trotz der Vorstöße des Dänen Göttrik, auf einen Krieg gegen Dänemark verzichtet. Ludwig selbst hatte in seinem zweiten Jahr als Frankenherrscher 815 die Erfahrung machen müssen, dass ein Feldzug nach Dänemark ein undankbares Unterfangen war, dessen Wiederholung in der schwierigen Lage der 830er Jahre noch weitaus riskanter sein konnte. Abgesehen von Defensivmaßnahmen hatte Ludwig der Fromme in seinem letzten Herrschaftsjahrzehnt also keine militärische Handhabe gegen die Wikinger. Wie sich herausstellte, führte allerdings der diplomatische Weg ebenso wenig zu einer Lösung des Problems.[706]

Der Dänenkönig Horik verhielt sich aus fränkischer Perspektive recht wankelmütig, obwohl er offensichtlich nicht bereit war, in einen offenen Konflikt mit dem Frankenreich zu treten. Horik schien sich zumeist zwischen den Interessenssphären der Franken und der dänischen Wikingerverbände zu bewegen. Zu keiner der beiden bekannte er sich gänzlich, was wohl auch am geeignetsten dazu war, seine eigene Position zu festigen. Einen offenen Bruch mit den Franken konnte oder vielmehr wollte er nicht riskieren, daher bekannte er sich nicht zu den Wikingern, welche allerdings ohnehin seinen eigenen Interessen zuwiderliefen. Aufstrebende und Macht akkumulierende Wikingerfürsten gefährdeten seine königliche Stellung potentiell ebenso wie ein erzürnter und unversöhnlicher Frankenherrscher. Daher diente Horik hin und wieder den Reichsinteressen, wobei er zugleich die eigenen damit schützte, ohne dadurch ein klares Bekenntnis abzugeben. Der Kaiser musste sich damit begnügen, dass Horik nur gelegentlich zur Wahrung des formellen Friedens mit dem Frankenreich gegen die aus Dänemark stammenden Wikinger vorging, ohne dieses Problem nachhaltig lösen zu wollen, wozu er unter Umständen auch gar nicht die Möglichkeiten hatte. Selbst für den Dänenkönig dürfte es nicht ganz leicht gewesen sein, die Verantwortlichen für die Frieslandüberfälle zu identifizieren, aufzuspüren und zu richten. Die Unterbindung oder zumindest Abschwächung der Wikingerüberfälle auf das Frankenreich durch das Mittel der Diplomatie scheiterte jedoch nicht einzig und allein am Unwillen oder der begrenzten Handhabe des Dänenkönigs, sondern wohl auch am mangelnden Druck von Seiten Ludwigs. Der Kaiser musste wahrgenommen haben, dass Horik auf eine Aufrechterhaltung des Friedens mit den Franken ausgerichtet und durch Druckmittel und Zugeständnisse zu beeinflussen war. Diese Richtung schlug die Nordpolitik Ludwigs allerdings zwischen 830 und 840 nicht wirklich konsequent ein. Es kam nicht mehr zu Einmischungen in innerdänische Belange, wie es noch zu Zeiten der Unterstützung für Harald Klak üblich gewesen war. Das Frankenreich muss in den letzten

---

706 Wenn auch die Sanktionsmöglichkeiten gegenüber den Wikingern aus fränkischer Sicht ohnehin schon arg begrenzt waren, so versuchte doch zumindest Karl der Kahle im Jahre 864 einen neuen Weg einzuschlagen, indem er wirtschaftliche Sanktionen gegen die Skandinavier verhängte. Karl untersagte in seinem Westreich den Verkauf von Rüstungen, Waffen und Pferden an Nordeuropäer, was die Wehrhaftigkeit der Wikinger beeinträchtigen sollte. „*There are no indications that these sanctions had any effect*", Walther, Vikings in the Rhinelands, S. 175. Für das Kapitular siehe: MGH LL 1, Karoli II Edictum Pistense, Nr. 25, S. 494, Z. 31-51.

zehn Jahren Ludwigs des Frommen überaus zahnlos auf den Norden gewirkt haben, was nicht nur eine Eskalation der Wikingerzüge begünstigte, sondern zudem die durch die innere Krise ohnehin schon begrenzten außenpolitischen Optionen noch verringerte.

Auch wenn Ludwig der Fromme das Opfer der Umstände seiner Zeit wurde, teils durch eigenes Zutun, teils aufgrund von Mechanismen, welche er nicht beeinflussen konnte, bleibt festzuhalten, dass er in seinen letzten zehn Jahren, selbst eingedenk der schwierigen Situation, in welcher er sich befand, im Bereich der Nordpolitik eine gewisse Konsequenz vermissen ließ. Auch wenn der Verzicht auf militärische Maßnahmen durch die gegebenen Umstände geradezu vorgeschrieben wurde, so schöpfte er auch die vorhandenen diplomatischen Mittel wohl bei weitem nicht aus. Im seinem letzten Herrschaftsjahrzehnt scheint Ludwig zum Beispiel die Exildänen, welche sich im Frankenreich befanden, zu keinem Zeitpunkt eingesetzt zu haben, um aktiv auf Horik Druck auszuüben. Vielmehr setzte er diese Dänen als passives Element ein, indem er sie in die Verteidigung Frieslands gegen die Wikinger einbezog, was augenscheinlich scheiterte. Ganz im Gegenteil zeigt die Folgezeit, wie nachteilig sich die Ansiedlung von dänischen Großen in Friesland für die Region und die Interessen des Frankenreichs bisweilen auswirkte. Dies ist allerdings nicht allein Ludwig dem Frommen anzulasten, da diese Entwicklung wohl kaum vorhersehbar war. Abschließend lässt sich sagen, dass im Gegensatz zu der positiv zu bewertenden Nordpolitik Ludwigs vor 830 die Politik gegenüber den Dänen im letzten Jahrzehnt des Kaisers Anlass zur Kritik gibt, die lediglich aufgrund der geschwächten Stellung Ludwigs zu relativieren ist.

V. 2. 1 Das Spannungsverhältnis zwischen Franken, Dänen und Abodriten

Wenngleich der Fokus der vorliegenden Dissertation auf die fränkisch-dänischen Beziehungen gerichtet ist, erscheint es zweckmäßig, an dieser Stelle die Theorie von Raimund Ernst zur Nordostpolitik Ludwigs des Frommen aus den Jahren 1976/77 vorzustellen und auszuwerten. Ernst geht für den Nordosten des Frankenreiches von einer Dreieckkonstellation der Machtbereiche von Franken, Dänen und Abodriten aus. *„Es gab im Nordosten keine wie auch immer gestaltete Beziehung zwischen zwei Nachbarn, die nicht sofort Auswirkungen auf den dritten gehabt hätte".*[707] Ernst attestiert Karl dem

---

[707] Als Beispiel hierfür führt Ernst, Karolingische Nordostpolitik, S. 82 zunächst den Überfall der Dänen unter Göttrik auf die Abodriten im Jahre 808 an. Das Vorgehen der Dänen gegen die Abodriten, die enge Verbindungen zu den Franken unterhielten, musste Karl der Große als *„eine gegen sein Reich gerichtete Herausforderung"* ansehen, was ihn dazu bewog, eine *„Neuorganisation und bessere Sicherung der nordöstlichen Reichsgrenze"* einzuleiten. Vgl. hierzu auch Hoffmann, Sachsen, S. 2f. Siehe zum Kräfteverhältnis zwischen Franken, Dänen und Abodriten von 804 bis 808: *„Die Unterwerfung der Sachsen und ihre Eingliederung ins Frankenreich bewirkten eine nachhaltige Veränderung der politischen Verhältnisse im Nordosten. Abodriten und Dänen sahen sich nach dem Ausfall der Sachsen als unabhängig handelnden Verbandes in unmittelbarer Nachbarschaft zum Frankenreich.*

Großen, aufgrund der von ihm in dessen Herrschaftsjahren getroffenen Entscheidungen, eine *„weitgehend stabile"*[708] Nordostpolitik. Diese Stabilität sei auf die guten Beziehungen zu den Abodriten zurückzuführen, da jene als unmittelbare Nachbarn und Verbündete die Sicherheit der Grenzen garantierten. Deutlich tritt dabei die *„Abhängigkeit der Slaven"* hervor, welche Karl der Große ganz bewusst erzeugte und welche zugleich jegliche Überlegungen zur Einverleibung oder Missionierung der benachbarten Nordwestslaven erübrigte.[709] Mit der im Bedarfsfall gewährten Unterstützung der Franken wiederum konnten die Abodriten den angrenzenden slawischen Raum sichern. Diese für das Frankenreich vorteilhafte Konstellation wurde allerdings durch die Thronwirren in Dänemark gefährdet, da, wie bereits erläutert, zwei Familienzweige der Königssippe den Kampf gegeneinander aufnahmen und auf die Suche nach Verbündeten gingen. Hierbei konnte Harald Klak als vorerst letzter verbliebener Vertreter des Thronanspruchs seines Familienzweigs den fränkischen Kaiser als Unterstützer gewinnen, wodurch die Göttriksöhne zunächst isoliert waren. Im ersten Jahr der Gesamtherrschaft Ludwigs des Frommen verschob sich die Dreieckskonstellation im Nordosten also zu Gunsten des Frankenreiches. Harald Klak hatte durch sein Hilfeersuchen nicht nur den Kaiser, sondern auch dessen Verbündete, die Abodriten, als Unterstützer gewonnen. Abgesehen von der *„reichsfreundlichen"* Gesinnung der Abodriten führt Ernst auch an, dass *„die Abodriten selbst 808 Opfer des expansiven Dranges Göttriks gewesen waren und deshalb den politischen Absichten seiner Söhne eher mit aktiver Ablehnung als mit teilnahmsloser Gleichgültigkeit begegnen mußten"*.[710] Da der Feldzug gegen die Dänen im Jahre 815 allerdings keine Erfolge zeitigte, blieb das Mächtependel im Nordosten vorerst unverändert. Die Franken waren also nach wie vor in einer günstigen Position, allerdings hatte man die Gelegenheit verspielt, auch die Dänen, den Abodriten vergleichbar, in eine für das Reich vorteilhafte Abhängigkeit zu zwingen.[711]

Den verbündeten Abodriten überließ Karl der Große 804 das sächsische nordelbische Gebiet und die Organisation des Grenzschutzes. Diese mittelbare fränkische Präsenz im Vorfeld ihres Reiches mußte aber den Dänen als Bedrohung ihrer Selbständigkeit erschienen sein. Daher ist der erfolgreiche Angriff auf die frankentreuen Abodriten im Jahr 808 nicht unbedingt auf die angebliche Aggressivität des damaligen Dänenkönigs Göttrik zurückzuführen, sondern er kann ebensogut als Reaktion auf den Vorstoß fränkischen Einflusses gewertet werden. Der Bau des sog. Göttrik-Walles, den die Reichsannalen zum Jahr 808 vermelden, verdeutlicht das Bedürfnis der Dänen nach verstärktem Schutz. Eine abodritische Pufferzone unter dänischem Einfluß war wiederum für die Franken untragbar und verletzte deren Sicherheitsbedürfnis, so daß sich Karl der Große gezwungen sah, eine neue Grenzregelung zu treffen", Wavra, Missionspolitik, S. 209.

708 Ernst, Karolingische Nordostpolitik, S. 83.

709 Ernst, Nordwestslaven, S. 190f beschreibt Karls Vorgehen zur Aufrechterhaltung der Abhängigkeit seiner slavischen Nachbarn als eine Mischung aus Demonstrationen *„militärischer Macht"* und nachhaltigen Eingriffen *„in die Herrschaftsstruktur der betreffenden Stammesverbände"*. Den gleichzeitigen Verzicht Karls auf Bekehrungsversuche bei den Nordwestslaven erklärt Ernst wie folgt: *„Der Grund hierfür lag nicht in der »Bekehrungsunwürdigkeit« der Slaven, sondern wurde offensichtlich von realpolitischen Erwägungen bestimmt, die es Karl geraten sein ließen, die Eigenständigkeit der Elb- und Ostseeslaven im religiösen Bereich zu akzeptieren, um so, wie es sich gezeigt hat, mögliche Konflikte an der neuen Nordostgrenze zu vermeiden, die die Unterwerfung und Bekehrung der Sachsen nur hätten gefährden können"*.

710 Ernst, Karolingische Nordostpolitik, S. 84.

711 Eine fränkische Politik, die zunächst lediglich *„das Ausbalancieren der miteinander konkurrierenden Kräfte"* im Nordosten des Reiches zum Ziel hatte und an den aufstrebenden Ambitionen der kleineren Nachbarn scheiterte, wird unterstellt bei Lübke, Die Beziehungen zwischen Elb- und Ostseeslawen, S. 25f. In Anbetracht der

189

Der Abfall der Abodriten unter Sclaomir im Jahre 817, welcher aus dem Unwillen des Abodritenfürsten resultierte, Ceadragus, den Sohn Draskos, an der Herrschaft zu beteiligen, veränderte die Konstellation im Nordosten. Da das Frankenreich offensichtlich ein Interesse an der Herrschaftsbeteiligung des Ceadragus bei den Abodriten hatte und der bis dahin als abodritischer Alleinherrscher amtierende Sclaomir dies nicht kampflos hinnehmen wollte, kam es folgerichtig zum Bündnis zwischen ihm und den Göttriksöhnen. Die Göttriksöhne waren mit ihren Anliegen noch 817 vom Kaiser abgewiesen worden. Darüber hinaus erneuerte Ludwig der Fromme noch die Beistandserklärung für Harald Klak und trug damit auch zu dem Zustandekommen des neuen frankenfeindlichen Bündnisses bei.[712] *„Augenscheinlich gab es in dem politischen Kräftefeld im Nordosten des Reiches für die angrenzenden Völkerschaften nur zwei Möglichkeiten: entweder – freiwillig oder gezwungen – friedliche Beziehungen mit diesem Großreich zu unterhalten oder aber eine selbstgewählte Distanz zu behaupten zu versuchen, die jedoch in aller Regel zu kriegerischen Auseinandersetzungen führte und somit dann in offene Feindschaft umschlug".*[713] Grundsätzlich kann man dies als Prämisse für die späte Regierungszeit Karls des Großen und die Herrschaft Ludwigs des Frommen bis 830 ansehen. Durch die Kooperation zwischen Sclaomir und den Göttriksöhnen ergab sich jedoch eine seltene Möglichkeit einer Verschiebung der Machtverhältnisse zu Gunsten der Nachbarn der Franken im Nordosten.[714] Der Ausgang der gemeinsamen dänisch-abodritischen Erhebung

---

Ausgangslage nach den Sachsenkriegen ist von einem Ausbalancieren allerdings m.E. nicht zu sprechen, da das Frankenreich vielmehr eine Hegemonialstellung errungen hatte, die auch auf die Nachbarn im Nordosten ausstrahlte. Aus dieser Perspektive sollte vielmehr davon ausgegangen werden, dass eine gewisse Balance im Nordosten zwar gehalten werden sollte, diese jedoch in ihrer Ausgangslage keinesfalls auf einem Gleichgewicht der Kräfte beruhte. Das Frankenreich befand sich durch das Bündnis mit den Abodriten nach dem Ende der Sachsenkriege zunächst eindeutig in einer Vormachtstellung, die es in der Folgezeit zu behaupten galt.

712 *„Mit dieser Nachricht geht eine Periode von etwa zwei Jahrzehnten Machtpolitik um Nordalbingien zu Ende, deren wesentliche Merkmale das Bündnis zwischen den Franken und den Abodriten und die feindliche Haltung der Dänen gewesen waren"*, Andersen, Machtpolitik, S. 81. Vgl. dazu auch: Ernst, Karolingische Nordostpolitik, S. 84f.

713 Ernst, Karolingische Nordostpolitik, S. 85. Diese These erscheint schlüssig und findet sich in vergleichbarer Form auch bei der im Rahmen der vorliegenden Dissertation bereits erfolgten Auseinandersetzung mit den außenpolitischen Optionen König Göttriks angesichts der neu entstandenen Nachbarschaft zum fränkischen Großreich in der Folgezeit der Sachsenkriege.

714 Ernst, Karolingische Nordostpolitik, S. 85f verweist mit Recht darauf, dass das Zusammengehen von Abodriten und Dänen im Jahr 817 als *„Zweckbündnis"*, das *„aus unterschiedlichen Motiven eingegangen"* wurde und *„nicht auf lange Zeit berechnet sein"* konnte, zu sehen ist. Zur Stoßrichtung und Motivation der Erhebung schreibt Ernst weiterhin Folgendes: *„gerade das rechtselbische Nordalbingien war von der dänisch-abodritischen Koalition als Angriffsziel ausersehen, ein Gebiet, das für ihre auf dem See- und Landwege heranziehenden Truppen ohne große Mühe zugänglich war und an dem beide Verbündete ein nicht unerhebliches Interesse besessen haben dürften. Zumindest die Abodriten hätten auf diese Weise eine alte Rechnung mit den Franken begleichen können, denn ihnen waren ja einmal jene nordelbischen Gaue von Karl dem Großen zwischen 804 und 810 überlassen worden, bis es dem Kaiser infolge der Auseinandersetzungen mit Göttrik ratsamer erschien, ihnen dieses Gebiet wegen der notwendigen Neuorganisierung des eigenen Grenzschutzes wieder abzunehmen".* Vgl. dazu auch: *„Wie schnell sich hier im Norden die Situation änderte, ja, die Bündnisverhältnisse sich grundlegend wandelten, wurde im Jahre 817 deutlich. Die Unterstützung des königlichen Flüchtlings aus Dänemark, Heriold, und die Brüskierung der Söhne Godofrids, die ihrerseits anscheinend einen Ausgleich oder mindestens ein friedliches Verhältnis zum Frankenreich anstrebten, führte zu neuen Spannungen. Das ungeschickte Eingreifen des Reiches in*

ist allerdings bekannt. Die Festung Esesfelth widerstand dem Ansturm des feindlichen Zweckbündnisses und eine unmittelbare Gefahr für das Reichsgebiet blieb damit aus.[715]

Bereits im Jahre 819 gelang es Ludwig dem Frommen, das Kräfteverhältnis im Nordosten wieder zu Gunsten des Frankenreiches zu verschieben und dies ohne größere Anstrengungen. Ein Truppenaufgebot, bestehend aus Sachsen und Ostfranken, setzte über die Elbe, brachte Sclaomir in seine Gewalt und führte den abtrünnigen Fürsten nach Aachen, wo er vor dem Kaiser durch Adlige der Abodriten angeklagt und seiner Herrschaft enthoben wurde.[716] Die Ereignisse legen nahe, dass Sclaomir eine nicht zu übersehende innerabodritische Opposition gegen sich hatte, welche vermutlich aus Eigeninteresse das Vorgehen der Franken gegen den ungeliebten Abodritenfürsten begünstigten.[717] Der neue Abodritenfürst Ceadragus erwies sich allerdings in den Folgejahren aus fränkischer Sicht auch nicht gerade als ideale Lösung, da er bereits 821 der Kollaboration mit den Göttriksöhnen bezichtigt wurde.[718] Eine Textpassage in den Reichsannalen weist darauf hin,

---

die Herrschaftsverhältnisse der Abodriten trieb Sclaomir, ihren Fürsten, in die Arme der Dänenkönige. Und damit entstand nach langen Jahren gegenseitiger Fehde ein Bündnis, das noch im gleichen Jahr zu einem vereinten Angriff der neuen Verbündeten auf den nördlichen militärischen Eckpfeiler des Reiches, die Burg Esesfelth, führte", Jankuhn, Karl der Große und der Norden, S. 702.

715 *„Freilich konnte Esesfeld bei dieser Gelegenheit gehalten werden, aber wir wissen aus archäologischen Befunden, daß Esesfeld aufgelassen wurde, und allem Anschein nach gaben die Franken es de facto bald nachher auf, Nordalbingien zu halten. Burgen an der Elbe übernahmen die Rolle von Esesfeld: Hammaburg gegen die Dänen, Delbende gegen die Abodriten. Mit dem Zurückweichen der Franken war eine nahezu ideale Machtkonstellation entstanden: Eine Gleichgewichtslage mit einem »selbständigen« Nordalbingien, von drei Mächten umgeben. Dieser Zustand blieb für ein Jahrhundert bestimmend"*, Andersen, Machtpolitik, S. 83. Diese Deutungsweise erscheint durchaus plausibel, jedoch darf nicht außer Acht gelassen werden, dass der Niedergang der Festung Esesfelth allenfalls die Entstehung der besagten Ausgangsposition begünstigt hat. Eine Schlüsselbedeutung hat dieses Ereignis für sich allein genommen allerdings m. E. nicht, da weitreichendere und übergeordnete Vorgänge, wie die innerfränkische Krise der 830er Jahre, die Eskalation der Wikingerüberfälle und der Zerfall des Frankenreiches ebenfalls in Rechnung zu ziehen sind.

716 *Sclaomir Abodritorum rex, ob cuius perfidiam ulciscendam exercitus Saxonum et orientalium Francorum eodem anno trans Albiam missus fuerat, per praefectos Saxonici limitis et legatos imperatoris, qui exercitui praeerant, Aquasgrani adductus est. Quem cum primores populi sui, qui simul iussi venerant, multis criminibus accusarent et ille rationabili defensione obiecta sibi refellere non valeret, exilio condempnatus est et regnum Ceadrago Thrasconis filio datum,* Ann. reg. Franc., 819, S. 149f. Schmauder, Überlegungen, S. 69 wertet die besagten *praefecti Saxonici „als Hinweis auf eine bereits bestehende bzw. sich entwickelnde Struktur des Grenzraumes".*

717 Zum Vorstoß der fränkischen Truppen im Jahre 819 schreibt Ernst, Karolingische Nordostpolitik, S. 86 Folgendes: *„Obwohl der militärische Charakter dieser Unternehmung zweifelsfrei ist, gibt es Anhaltspunkte für die Vermutung, daß der erzielte Erfolg weniger dem Einsatz der Waffen zu danken war. [...] Die Tatsache, daß wir im Verlauf dieses Zuges von keinerlei Kämpfen hören, legt den Schluß nahe, daß innerhalb des abodritischen Verbandes Möglichkeiten der friedlichen Verhandlung und gütlichen Einigung vorhanden gewesen sein mußten".*

718 *Sed quia Ceadragus Abodritorum princeps perfidiae et cuiusdam cum filiis Godofridi factae societatis notabatur, Sclaomir emulus eius in patriam remittitur; qui, cum in Saxoniam venisset, aegritudine decubuit perceptoque baptismi sacramento defunctus est,* Ann. reg. Franc., 821, S. 157. Der Versuch des Kaisers, den einstmals wegen eines Bündnisses mit den Dänen abgesetzten Sclaomir zu den Abodriten zurückzuschicken, wurde von Ernst, Karolingische Nordostpolitik, S. 88 mit Recht als *„Verlegenheitslösung"* bezeichnet. *„Die Reaktion des Reiches auf die gemeldete Unzuverlässigkeit Ceadrags läßt zunächst jedes entschlußkräftige Handeln vermissen und muß eher verblüffen als überzeugen".* An dieser Stelle fällt es tatsächlich schwer, Ludwig dem Frommen nicht das Fehlen einer klaren Linie gegenüber den Abodriten vorzuwerfen.

dass Ceadragus danach offenbar mehrfach aufgefordert wurde, vor dem Kaiser zu erscheinen und sich wegen der Vorwürfe zu rechtfertigen.[719] Allerdings trat Ceadragus erst 823 vor den Kaiser und obwohl die Quellen keine konkreteren Hinweise auf die Verfehlungen des Abodriten geben, erwiesen sich offenbar einige der Anschuldigungen gegen ihn als zutreffend. Dennoch entließ der Kaiser ihn nicht nur ohne Bestrafung, sondern vielmehr mit Geschenken zurück in die Heimat.[720]

Auf der diplomatischen Ebene setzte Ludwig also offensichtlich auf Deeskalation, während er in den Angelegenheiten der Grenzverteidigung entschiedenere Maßnahmen ergriff und 822 die transalbingische Festung Delbende erbauen ließ.[721] Wenige Jahre später, nämlich 826, geriet Ceadragus erneut in die Kritik, da er von abodritischen Großen gegenüber dem Kaiser angeklagt wurde, wobei der genaue Vorwurf nicht genannt wird.[722] Ceadragus folgte der Anordnung des Kaisers, sich im Oktober desselben Jahres vor Ludwig dem Frommen zu rechtfertigen, und erschien persönlich in Ingelheim. Nachdem Ludwig sowohl Ceadragus

---

719 *Accusatus est in eodem placito apud imperatorem Ceadragus Abodritorum princeps, quod se erga partem Francorum parum fideliter ageret et ad imperatoris praesentiam iam diu venire dissimulasset. Propter quod ad eum legati directi sunt, cum quibus ille iterum quosdam ex primoribus gentis suae ad imperatorem misit; perque illorum verba promisit, se ad proximum hiemis tempus ad illius praesentiam esse venturum*, Ann. reg. Franc., 823, S. 160.

720 *Cedragus Abodritorum princeps pollicitationibus suis adhibens fidem cum quibusdam primoribus populi sui Compendium venit dilatique per tot annos adventus sui rationem coram imperatore non inprobabiliter reddidit. Qui licet in quibusdam causis culpabilis appareret, tamen propter merita parentum suorum non solum inpunitus, verum muneribus donatus ad regnum redire permissus est*, Ann. reg. Franc., 823, S. 162. Diese Textstelle bestärkt die These von Ernst, Karolingische Nordostpolitik, S. 87, der davon ausgeht, dass *„die Oberherrschaft des Reiches eine – im wahrsten Sinne des Wortes – äußerliche gewesen ist und daß sie keinesfalls nachhaltig prägend das Eigenleben des Stammesverbandes und seine Verfassung gestaltete"*. Es wiederholt sich hierbei auch eine außenpolitische Handlungsweise Ludwigs des Frommen, die bereits beim Umgang mit den Dänen wiederholt zu beobachten war. Ludwig griff auch hier, obwohl Ceadragus offenbar nachweislich entgegen den Reichsinteressen gehandelt hatte, nicht auf harte Sanktionen zurück, sondern verhielt sich eher passiv. Auf einen massiven Eingriff in die innere Ordnung der Abodriten verzichtete der Kaiser. Eventuell begnügte sich Ludwig damit, dass der Abodritenfürst endlich persönlich vor ihm erschienen war und damit zumindest die Vorherrschaft Ludwigs förmlich anerkannte. Ein aggressives Vorgehen gegen Ceadragus hätte u.U. dafür gesorgt, dass sich die Abodriten vom Frankenreich distanziert hätten und damit der Weg für ein neuerliches dänisch-abodritisches Bündnis geebnet worden wäre.

721 *Saxones interea iussu imperatoris castellum quoddam trans Albiam in loco, cui Delbende nomen, aedificant, depulsis ex eo Sclavis, qui illum prius occupaverant, praesidiumque Saxonum in eo positum contra incursiones illorum*, Ann. reg. Franc., 822, S. 158. Auf abodritischer Seite ist in diesem Kontext der Bau der Burg von Alt-Lübeck zu berücksichtigen, welcher dendrochronologisch auf das Jahr 817 zu datieren ist. Die uns überlieferten Quellen erfassen den Bau der Anlage zwar nicht, allerdings hat die archäologische Forschung von Andersen, Machtpolitik, S. 83 aufgezeigt, dass sich die Abodriten dadurch *„einen militärischen Stützpunkt von Rang"* verschafften, der durch seine *„Brückenkopflage"* nicht nur einen schnellen Zugang nach Transalbingien ermöglichte, sondern zudem das eigene Grenzgebiet sichern half. Schmauder, Überlegungen, S. 64 bemerkte hierzu: *„Die Errichtung [Delbendes] zielte gegen die Abodriten, deren undurchsichtige und schwankende politische Haltung für das karolingische Reich bedrohliche Züge annahm. Darüber hinaus sicherte das Kastell vermutlich die für den Handel mit den Slawen wichtige Stecknitz-Delvenau-Route"*.

722 *De Sclavorum regionibus quidam Abodritorum primores Ceadragum ducem suum accusantes*, Ann. reg. Franc., 826, S. 169.

als auch dessen Ankläger gehört hatte, entließ er letztere wieder in die Heimat, während der Abodritenfürst noch im Frankenreich bleiben musste. Ludwig entsandte *legati* zu den Abodriten, um prüfen zu lassen, ob dort eine Fortsetzung der Herrschaft Ceadragus' gewünscht wurde.[723] Als der Kaiser die Nachricht erhielt, dass trotz einer gewissen Uneinigkeit unter den Abodriten die Rückkehr Ceadragus' von den *meliores ac tamen praestantiores*[724] gewünscht wurde, entließ ihn der Kaiser nach der Einforderung von Geiseln wieder in sein Reich.[725]

Für die restliche Regierungszeit Ludwigs des Frommen ist festzuhalten, dass es zu keinem neuerlichen gegen das Frankenreich gerichteten Bündnis zwischen Dänen und Abodriten kam.[726] Überhaupt gestalteten sich die Beziehungen mit den slawischen Nachbarn im Nordosten, wozu in diesem Kontext auch die Wiltzen[727] zu zählen sind, vor allem in den für

---

723 *Inde ad Ingilunhaim medio Octobrio veniens generalem ibi, ut condictum erat, populi sui conventum habuit. In quo et Ceadragum Abodritorum ducem necnon et Tunglonem, qui apud eum perfidiae accusabantur, audivit: et Tunglonem quidem accepto ab eo filio eius obside domum redire permisit, Ceadragum vero caeteris Abodritis dimissis secum retinuit missisque ad populum Abodritorum legatis, si eum sibi vulgus regnare vellet, perquirere iussit*, Ann. reg. Franc., 826, S. 171.

724 Ernst, Karolingische Nordostpolitik, S. 91 und ferner Fritze nehmen an, dass sich hinter dieser Bezeichnung eine *„breitere soziale Schicht, die nicht in individuellem Besitz politischer Herrschaft war"*, verbarg, welche nicht mit den *primores* der Abodriten gleichzusetzen sei, sondern vielmehr gesellschaftlich unter diesen stand. Vgl. dazu: Fritze, Probleme der abodritischen Stammes- und Reichsverfassung, S. 181f.

725 *Cumque legati, quos ad Abodritos miserat, reversi nuntiassent, variam gentis illius super rege suo recipiendo sententiam, meliores tamen ac praestantiores quosque de illius receptione concordare, acceptis ab eo, quos imperavit, obsidibus in regnum suum eum fecit restitui*, Ann. reg. Franc., 826, S. 171.

726 Von der Bedrohung durch ein mögliches Bündnis zwischen Abodriten und Dänen gehen aus: Simson, Bernhard von, Jahrbücher des Fränkischen Reiches unter Ludwig dem Frommen, Bd. 1: 814-830, Berlin 1969 (ND d. Ausg. Leipzig 1874), S. 176; Wagner, Richard, Die Wendenzeit, Berlin 1899, S. 50f. Ernst, Karolingische Nordostpolitik, S. 89 geht freilich davon aus, dass aufgrund der gegebenen Kräfteverhältnisse im Nordosten des Reiches *„im Jahre 821 keine reale Gefahr eines abodritisch-dänischen Zusammengehens bestand"*.

727 Nachdem die Wiltzen zur Zeit Karls des Großen noch als Gegner des Frankenreiches in Erscheinung getreten waren, fällt für die Regierungszeit Ludwigs des Frommen auf, dass sie weitaus weniger Berücksichtigung in den Quellen fanden als etwa die Abodriten. Im Jahre 822 findet sich unter den zahlreichen slawischen Gesandtschaften, die in Frankfurt vor den Kaiser traten, auch eine Abordnung der Wiltzen. Ludwig legte auf jenem Reichstag offensichtlich einen besonderen Wert auf die Situation im Osten des Reiches, weshalb er das Gespräch mit den slawischen Stämmen suchte. Die zeitliche Nähe zum Festungsbau in Delbende und zur mutmaßlichen Annäherung zwischen Ceadragus und den Göttriksöhnen dürfte wohl kaum ein Zufall gewesen sein. *Ibique generali conventu congregato necessaria quaeque ad utilitatem orientalium partium regni sui pertinentia more solemni cum optimatibus, quos ad hoc evocare iusserat, tractare curavit. In quo conventu omnium orientalium Sclavorum, id est Abodritorum, Soraborum, Wilzorum, Beheimorum, Marvanorum, Praedenecentorum, et in Pannonia residentium Abarum legationes cum muneribus ad se directas audivit*, Ann. reg. Franc., 822, S. 159. Im darauf folgenden Jahr wandten sich die Wiltzen erneut an den Kaiser. Diesmal ersuchten zwei Thronanwärter den Frankenherrscher um die Entscheidung und Sanktionierung in einer bestehenden Auseinandersetzung um die Herrschaft. Der Kaiser begünstigte den unter den Wiltzen offenbar überwiegend gewünschten Thronanwärter, der dadurch eine höhere Legitimation erhielt und die Herrschaft über den Kulturverband der Wiltzen ergreifen konnte. *In quo inter caeteras barbarorum legationes, quae vel iussae vel sua sponte venerunt, duo fratres, reges videlicet Wilzorum, controversiam inter se de regno habentes ad praesentiam imperatoris venerunt, quorum nomina sunt Milegastus et Cealadragus. Erant idem filii Liubi regis Wilzorum; qui licet cum fratribus suis regnum divisum tenerat, tamen, propter quod maior natu erat, ad eum totius regni summa pertinebat. Qui cum commisso cum orientalibus Abodritis proelio interisset, populus Wilzorum filium eius Milegastum, quia maior natu erat, regem*

das Frankenreich turbulenten 830er Jahren weniger problematisch als zu befürchten war. Die Nordwestslawen nutzten die Schwäche des benachbarten Frankenreichs zunächst nicht etwa zu einem aggressiveren Vorgehen gegen den großen Nachbarn, sondern offensichtlich begnügte man sich dort damit, zwar nominell unter der Vorherrschaft[728] der Franken zu stehen, aber dennoch, erst recht angesichts der innerfränkischen Unruhen, keine Einmischungen des Kaisers fürchten zu müssen.[729] Erst gegen Ende der Herrschaft Ludwigs des Frommen verschlechterte sich die Lage im Nordosten erneut, wie die Ereignisse der Jahre 838 und 839 zeigen. Im Jahre 838 bedingte die nicht näher zu bestimmende Untreue der Abodriten und Wiltzen eine Strafexpedition des Frankenreiches.[730] Im darauf folgenden Jahr war dann sogar ein Vorgehen gegen eine noch größere Zahl an slawischen Völkern nötig, was nahe legt, dass Ludwigs gezwungenermaßen zurückhaltende Politik gegenüber den Slawen im Nordosten nicht mehr ausreichte, um den status quo aufrecht zu erhalten.[731]

---

sibi constituit; sed cum is secundum ritum gentis commissum sibi regnum parum digne administraret, illo abiecto iuniori fratri regium honorem deferunt: quam ob causam ambo ad praesentiam imperatoris venerunt. Quos cum audisset et gentis voluntatem proniorem in iunioris fratris honorem agnovisset, statuit, ut is delatam sibi a populo suo potestatem haberet, ambos tamen muneribus donatos et sacramento firmatos in patriam remisit, Ann. reg. Franc., 823, S. 160. Ludwigs nominelle Oberherrschaft über die Wilzen ähnelte, wie dieses Beispiel zeigt, in der Funktions- und Vorgehensweise der Politik gegenüber den Abodriten. Ludwig verzichtete auf schwer wiegende Einmischungen und begnügte sich damit, als höher stehende Autorität von den Herrschern der Slawen im Nordosten anerkannt zu werden, ohne deshalb allerdings eine aktive Rolle im Herrschaftsalltag der betreffenden Nachbarn wahrzunehmen. Auf diese Weise minimierte er das Risiko einer innerslawischen Opposition gegen das Frankenreich. *„Seit Karls Tod wird dieser Verband* [die Wiltzen] *dann weitgehend unabhängig vom Reich, jedoch auch nicht in Mißachtung der Interessen desselben gelebt und sich entwickelt haben, und nach allem, was wir bisher von der karolingischen Nordostpolitik haben kennenlernen können, geboten dem kaiserlichen Hof die politische Klugheit wie zugleich die notwendige Einsicht, die eigene hoheitliche Stellung vorwiegend in der Weise zur Geltung zu bringen, daß man Entscheidungen des jeweiligen Stammesverbandes mit Hilfe der kaiserlichen Autorität nachträglich sanktionierte, damit sichtbar aufwertete und ihnen so eine höhere Verbindlichkeit verlieh"*, Ernst, Karolingische Nordostpolitik, S. 92.

728 Die Charakteristika dieser Vorherrschaft erschließen sich durch verschiedene Phänomene, zu denen u.a. die Einflussnahme Ludwigs auf die Einsetzung und Absetzung von Herrschern, die Verpflichtung zur Hoffahrt und zur Heeresfolge zählten. Vgl.: Ernst, Karolingische Nordostpolitik, S. 91.

729 Ernst, Karolingische Nordostpolitik, S. 91 geht davon aus, dass sich die Abodriten zunehmend *„der hoheitlichen Einflußsphäre des Reiches"* entzogen und *„im vierten Jahrzehnt des 9. Jh. durch die vom Kaiser mitzuverantwortenden innenpolitischen Erschütterungen die ehemals beherrschende Machtstellung nach außen zunehmend untergraben wurde".*

730 Allerdings wurde diese Maßnahme offensichtlich nicht etwa nötig, weil die Slawen im Nordosten zu einer Gefahr für das Reich wurden, sondern vielmehr, weil sie sich der Kontrolle des Frankenreichs auf irgendeine Weise zu entziehen versuchten. Denkbar ist, dass die beiden Nachbarvölker ihre Hoffahrtspflicht und andere kaiserliche Erwartungen nicht erfüllt hatten. *Verum pridem imperatore in Verno venationem exercentem, Adalgarius et Egilo comes, ad Obodritos et Wilzos a fide deficientes dudum directi, reversi sunt, adductis secum obsidibus, imperatori subditos deinceps fore nunciantes,* Ann. Bert., 838, S. 16.

731 *Dispositis quoque Saxonum adversus Soraborum et Vultzorum incursiones, qui nuper quasdam ipsius marchae Saxoniae villas incendio cremaverant, et Austrasiorum Toringorumque contra Abodritorum et qui dicuntur Linones defectiones expeditionibus,* Ann. Bert., 839, S. 22. Es ist laut Ernst, Karolingische Nordostpolitik, S. 89 davon auszugehen, dass gelegentliche grenzüberschreitende Beutezüge *„zum Alltag an dieser wie an jeder anderen Grenze"* gehört haben dürften. Offensichtlich konnte man von fränkischer Seite im Jahre 839 wohl nicht mehr über die scheinbar fortschreitende Zuspitzung dieser Grenzkonflikte tatenlos hinwegsehen.

In Hinblick auf den Gesamtzusammenhang ist noch zu bedenken, dass die Abodriten und Wiltzen in einer Weise die fränkische Vorherrschaft anerkannten, die sich Ludwig wohl im günstigsten Falle auch für Dänemark gewünscht hätte. Gemeinsam hat der Umgang Ludwigs mit den Thronanwärtern der Dänen, Abodriten und Wiltzen jedenfalls, dass er auf tatkräftige Interventionen verzichtete. Im Falle der slawischen Nachbarn im Nordosten ging diese Rechnung zumindest in dem Maße auf, dass die faktische Vorherrschaft der Franken bestehen blieb und dem Reich von jenen Nachbarn keine unmittelbare Gefahr drohte. Dies gelang zwar im Falle der Dänen nicht, jedoch ist dies auf die Beharrlichkeit Göttriks und seiner Söhne zurückzuführen, die eine Dominanz des Frankenreichs gegenüber den Dänen zu unterbinden wussten. Im Falle der Slawen im Nordosten des Reiches hatte Ludwig hingegen nur die eigene überlegene Machtposition zu erhalten und zu verwalten, während diese in Dänemark erst hätte aufgerichtet werden müssen, was bekanntlich nicht realisiert wurde. Auffallend ist bei einer Gesamtbetrachtung der Nordostpolitik Ludwigs außerdem, dass er im Falle der Slawen dazu neigte, sich mit den jeweiligen Eliten möglichst zu arrangieren, um seine Vorherrschaft über jene Volksgruppen nicht zu gefährden.[732] Aus dieser Perspektive erscheint es fast untypisch, dass Ludwig mit Harald Klak recht lange an einem Außenseiter im dänischen Thronstreit festhielt. Diese ungleiche Vorgehensweise dürfte sich allerdings durch den bereits erwähnten Unterschied erklären lassen, dass die Abodriten und Wiltzen die fränkische Vorherrschaft bereits hatten anerkennen müssen, während dies bei den Dänen noch nicht der Fall war. Lediglich Harald Klak war offenkundig, im Gegensatz zu den Göttriksöhnen, dazu bereit, die politische Vorrang- und Vormachtstellung des fränkischen Kaisers anzuerkennen.[733] Damit blieb Harald die einzige Option des Kaisers, wenn er alle Nachbarn im Nordosten seines Reiches zur formellen Anerkennung seiner Vorherrschaft bewegen wollte.

---

732 Dies bezieht sich auf die erläuterten Beispiele der rivalisierenden wiltzischen Thronanwärter und des Ceadragus, der 826 erst seine Herrschaft fortsetzen durfte, nachdem sich Ludwig des Rückhalts jenes Herrschers bei dessen eigenem Volk versichert hatte.

733 In diesem Kontext darf natürlich die Rolle des Christentums nicht außer Acht gelassen werden. Besonders in dem Verhältnis zwischen Harald Klak und dem Kaiser fungierte das Christentum als Bindemittel. Wie ebenfalls bereits erwähnt wurde, ließ sich auch Sclaomir vor seinem Tode 821 taufen, wobei der Zeitpunkt erahnen lässt, dass es sich hierbei um eine erbauliche Taufe handelte. Dennoch ließ sich Sclaomir als Machtmittel Ludwigs des Frommen in dessen außenpolitischen Schachzügen im Nordosten instrumentalisieren und so erscheint es ebenfalls denkbar, dass der Abodritenfürst, ähnlich wie Harald Klak fünf Jahre darauf, auch aus politischen Gründen schon zuvor von der fränkischen Seite zum Glaubensübertritt motiviert worden war. Dieser Zusammenhang zwischen Christianisierung, Nordostpolitik und den beiden exilierten Thronanwärtern der Dänen und Abodriten wird auch angedeutet von Wood, Christians and Pagans, S. 45.

V. 2. 2 Kontinuitäten und Diskontinuitäten der Nordpolitik unter Karl dem Großen und Ludwig dem Frommen

Aus den bisherigen Erörterungen wird ersichtlich, dass sich der Vergleich zwischen der Nordpolitik Karls des Großen und Ludwigs des Frommen keinesfalls in einem plumpen Schwarz-Weiß-Kontrast erschöpfen kann.[734] Vielmehr hat sich gezeigt, dass Vater und Sohn, trotz der bisweilen sehr verschiedenen Ausgangspositionen, durchaus Gemeinsamkeiten in Hinblick auf die jeweilige Außenpolitik aufwiesen. Eine klare Gemeinsamkeit zwischen der Nordpolitik von Vater und Sohn bestand gewiss in dem Umstand, dass eine territoriale Ausdehnung des fränkischen Einflusses nach Dänemark nicht in Frage kam, da sie sich aus außenpolitischen Vernunftgründen schlichtweg verbot.[735] Eine solche Option bestand also weder für den kriegserprobten und ruhmreichen Karl in seinen letzten Herrschaftsjahren noch für seinen viel gescholtenen Sohn und Nachfolger Ludwig den Frommen. Ein Unterschied bestand diesbezüglich allenfalls darin, dass Karl durch die vielen Erfolge, die er errungen hatte, vor allem jene auf dem Gebiet der Kriegsführung, wohl als bedrohlicherer Gegner wahrgenommen wurde. Dies konnte ihm jedoch allenfalls insoweit nutzen, als dass seine Drohkulisse gegenüber dem Norden potentiell glaubwürdiger ausfallen konnte. Zweifelsfrei wurde auch Ludwig der Fromme bis zu den 830er Jahren als machtvoller Herrscher in Skandinavien wahrgenommen, allerdings hatte er nicht die kriegerische

---

734 In der älteren Forschung geschah dies leider allzu häufig. Siehe z.B.: *„Welche Zukunftsmöglichkeiten winkten in diesen letzten Jahren Karls des Großen! Die fränkische Weltmacht schien im Begriff, ein neues Imperium auf christlicher Grundlage zu schaffen. […] Niemals wieder ist Europa dem Ziele eines universalen Weltreiches so nahe gewesen wie damals. Da ist im Laufe weniger Jahrzehnte das werdende Imperium wieder zerschlagen worden. So rasch wie es gebaut war, so rasch brach es zusammen. Die Schuld trägt in erster Linie die Schwäche der Nachfolger Karls des Großen. Es schien, als habe das karolingische Geschlecht mit der ununterbrochenen Reihe hervorragender Männer von Pippin dem Mittleren, Karl Martell, König Pippin und Karl dem Großen seine Kraft erschöpft. […] Vor allem erwies sich Ludwig der Fromme, der 814 seinem Vater in der Kaiserwürde folgte, als ungeeignet, die Geschicke des Riesenreiches in jener Richtung weiterzuleiten, die seine Ahnen verfolgt hatten. Diesen Schwächling kennzeichnet, […] daß er, um die Normannen zu gewinnen, den heiligen Anskar nach Dänemark schickte (826) und nicht ein Heer. […] Wenn unmittelbar nach seinem Tode das Reich auseinanderbrach, so lag die Hauptschuld an ihm"*, Brackmann, Albert, Das mittelalterliche Deutschland als Vormacht Europas, in: Ders., Gesammelte Aufsätze, Darmstadt ²1967, S. 6f. Zum schweren Stand Ludwigs des Frommen angesichts seines schweren väterlichen Erbes siehe: *„Ludwigs Schicksal war es stets, an dem verklärten Vater gemessen zu werden. Das ist sicher ungerecht, weil expansive Erfolge deutlicher vor Augen treten als eine renovatio regni Francorum, das zähe Ringen um Bewahrung und integrativen Ausbau im Innern, bei dem es stets nur um relativen Erfolg gehen konnte. Das Wollen war beachtlich, das Scheitern ebenso"*, Kölzer, Kaiser Ludwig der Fromme, S. 8f. Vgl. auch: Staubach, Nikolaus, „Des großen Kaisers kleiner Sohn": Zum Bild Ludwigs des Frommen in der älteren deutschen Geschichtsforschung, in: Godman, Peter (Hg.), Charlemagne's Heir: New Perspectives on the Reign of Louis the Pious (814-840), Oxford 1990, S. 701-721.

735 *„Überblickt man die karolingische Nordostpolitik unter Ludwig dem Frommen, so besteht kein Anlaß, sie ausschließlich negativ zu beurteilen, wenngleich durch den gegen Ende seine Herrschaft eingetretenen desolaten Zustand an der Nordostgrenze des Reiches sich ein solches Gesamturteil aufdrängen könnte. […] Ludwig stand im Nordosten vor der Aufgabe, die Grenzen zu sichern, an denen der Eroberer Karl haltgemacht hatte. Dies ist ihm in territorialer Hinsicht zweifellos gelungen, was allerdings weniger seiner Tatkraft als dem überraschnd [sic!] schnellen Hineinwachsen des sächsischen Stammes in den Reichskörper zu danken war"*, Ernst, Karolingische Nordostpolitik, S. 99.

Reputation seines Vaters aufzuweisen. Dieser Unterschied in der Außenwahrnehmung änderte trotzdem nichts daran, dass sowohl Karl als auch Ludwig mit kriegerischen Übergriffen aus dem Norden konfrontiert waren, die sich lediglich auf unterschiedliche Weise äußerten. Während in Karls Spätzeit die militärische Bedrohung noch vom dänischen König Göttrik ausging, sah sich Ludwig dem dezentralen Phänomen der Wikingerzüge gegenüber.

Augenscheinlich passt die jeweilige Nordpolitik von Karl und Ludwig zu dem häufig geäußerten Gesamturteil über die beiden Karolinger. Unter Karl wurden die Dänen nicht zu einer wirklichen Gefahr für das Frankenreich, während zur Zeit Ludwigs die skandinavische Bedrohung für Europa spürbar anwuchs. Dies bedeutet allerdings nicht, dass Karls Nordpolitik derjenigen Ludwigs überlegen war. Karl dem Großen kam zugute, dass die Konflikte in der Nordpolitik nach 800 vor allem mit dem Herrscher Göttrik zusammenhingen, dessen plötzliches Ableben im Jahre 810 vielerlei Probleme löste. Dieser für die Nordpolitik glückliche Umstand kann allerdings nicht dem fränkischen Kaiser angerechnet werden, da es keinerlei Hinweise darauf gibt, dass Karl an den innerdänischen Vorgängen, die zu Göttriks Tod führten, beteiligt war. Der Erfolg der Nordpolitik in der Spätzeit Karls des Großen war also weitaus weniger den Fähigkeiten Karls zu verdanken als vielmehr den glücklichen Umständen. Der Tod Göttriks ging mit einer mehrjährigen Schwächung Dänemarks einher, da zunächst seine Nachfolge unter den Hinterbliebenen der Königssippe ausgefochten werden musste. Karl konnte sich die innerdänischen Streitigkeiten zunutze machen und so ist es zu erklären, dass zunächst Göttriks unmittelbarer Nachfolger Hemming und danach die Halfdansöhne auf eine nachgiebige Haltung und Friedenspolitik gegenüber den Franken setzten, um dadurch jenen Spielraum zu erlangen, welcher zur Stärkung der eigenen Herrschaftsposition unter den Dänen erforderlich war. Im Gegensatz zu Karl kam Ludwig dem Frommen in der Nordpolitik der Zufall bedauerlicherweise praktisch nie zu Hilfe. Die Bilanz der Nordpolitik Ludwigs liest sich wie eine lange Liste aus unglücklichen Entwicklungen und einigen wenigen, aber verheerenden Versäumnissen. Ludwig versuchte bereits zu Beginn seiner Herrschaft über das Frankenreich in die Thronfolgekämpfe der Dänen einzugreifen, was einer Herrschaftspraxis entsprach, die er von seinem Vater übernommen hatte. Karl hatte davon profitiert, dass seine dänischen Ansprechpartner, die zu Frieden und Kooperation mit den Franken bereit waren, zumindest vorübergehend die Oberhand in Dänemark hatten gewinnen können. Dies gilt sowohl für Hemming als auch zunächst für die Halfdansöhne. Ludwig hingegen musste sich mit einer veränderten Situation befassen, da im Jahr seiner Herrschaftsübernahme die Halfdansöhne von den Söhnen Göttriks entmachtet wurden.

Das Bündnis mit dem Halfdansohn Harald Klak nach 814 war für Ludwig keine Entscheidung, zu der es eine sinnvolle Alternative gegeben hätte. Ludwig behielt damit lediglich die Linie bei, welche bereits Karl verfolgt hatte. Während für Karl das fränkisch-dänische Verhältnis erst nach dem Ende der Sachsenkriege an Relevanz gewann, hatte Ludwig sich bereits in den ersten Jahren seiner Herrschaft über das Frankenreich mit den unübersichtlichen Konflikten des dänischen Thronstreits auseinander zu setzen. Karl stand nur einmal, und zwar angesichts des Expansionsdrangs Göttriks zwischen 808 und 810, vor einer schwierigen Entscheidung in Sachen Nordpolitik. Ludwig sah sich in dieser Hinsicht weit häufiger vor grundlegende Entscheidungen gestellt. Bemerkenswert ist hierbei auch, dass gerade die erste Entscheidung, die Unterstützung für Harald Klak, durch die Vorgeschichte geradezu zwingend war. Das Unglück Ludwigs bestand nun rückblickend darin, bereits im Jahr 814 den falschen dänischen Thronanwärter auf seiner Seite gehabt zu haben. Harald Klaks Thronanspruch scheiterte, auch wenn dessen vorübergehende Teilherrschaft zumindest zwischen 819 und 827 erreicht wurde.

Es war nicht der Halfdansohn Harald Klak, sondern der Göttriksohn Horik, welcher letztlich seinen Vater in der Alleinherrschaft beerben sollte. Da Ludwig praktisch keine Alternative zur Parteinahme für Harald Klak blieb, ist ihm nicht vorzuwerfen, sich für den falschen Thronprätendenten entschieden zu haben. Es bleibt allerdings noch zu hinterfragen, ob Ludwig seinen Protegé ausreichend unterstützt hat. Es ließe sich nur spekulieren, ob Harald Klak bei energischerer Unterstützung durch Ludwig den Frommen zum Alleinherrscher Dänemarks aufgestiegen wäre und sich das nordeuropäische *regnum* dann zu einem verbündeten oder gar abhängigen Reich entwickelt hätte. Was sich feststellen lässt, ist der Umstand, dass Ludwig zunächst ähnlich handelte, wie es sein Vater gegenüber auswärtigen Thronanwärtern getan hatte, und später, als die Unterstützung für Harald Klak keine schnellen Erfolge zeitigte, keine Risiken einging, die sein eigenes Reich hätten schwächen können. In diesem Belang zeigt sich einmal mehr, dass Ludwig der Fromme oftmals schlichtweg keine Fortune hatte. Im Gegensatz zu Karl dem Großen entwickelten sich die Beziehungen zu den Dänen in kritischen Phasen für Ludwig nicht zum Besseren, obwohl dieser keinesfalls untätig blieb. Bis in die 830er Jahre hinein hatte Ludwig zwar einerseits keine bahnbrechenden Erfolge in der Nordpolitik erzielt, allerdings drohte dem Frankenreich andererseits von Norden her zumindest keine ernsthafte Gefahr. Bis zum Frieslandüberfall des Jahres 834 ist Ludwig eine solide, aber glücklose Nordpolitik zu attestieren. Im Rückblick ist es vor allem die Strahlkraft seines Vaters, die Ludwig und seine Nordpolitik in einem schlechten Licht erscheinen lässt. Um in der Lichtmetaphorik zu verbleiben, ließe sich sagen, dass Ludwigs Nordpolitik bis 834 blass blieb.

Von 834 bis 840 verdunkelte sich dann die Bilanz Ludwigs in Sachen Außenpolitik gegenüber dem Norden zusehends. Ludwig hatte den Höhepunkt seiner Macht längst überschritten und so erschien er angesichts der Wikingerüberfälle, die sein Reich wieder und wieder trafen, schwach und unentschlossen. Ludwig warf der Bedrohung durch die Nordmänner insgesamt nur wenig entgegen, allerdings blieben ihm auch nur wenige

Machtmittel zur Verfügung. Hierbei war wohl kaum das angekratzte Prestige des Kaisers[736] entscheidend, denn immerhin war auch Karl der Große trotz seiner vielen Triumphe von den Dänen angegriffen worden, sondern vielmehr ermutigte die Unfähigkeit der Franken, die Wikinger zur Rechenschaft zu ziehen, die Nordmänner zu wiederholten Angriffen.[737] Während Ludwigs Zurückhaltung auf militärischem Sektor in dieser Hinsicht noch nachvollziehbar ist, da eine effektive Verteidigung oder alternativ eine Strafexpedition gegen die zu Lande nicht aufzuspürenden Wikinger schwer zu bewerkstelligen war, blieb der Kaiser auch auf diplomatischer Ebene überraschend passiv. Die Unfähigkeit, den Wikingerüberfällen erfolgreich zu begegnen, ist Ludwig gewiss nicht übermäßig anzukreiden, da er bei weitem nicht der einzige christliche Herrscher Europas bleiben sollte, der den Wikingern nur wenig entgegensetzen konnte. Ludwig schöpfte allerdings nicht alle Möglichkeiten aus, die sich ihm im Kampf gegen die Bedrohung aus dem Norden boten. Die Jahre der dänischen Thronkämpfe schwächten das benachbarte skandinavische *regnum* und dennoch nutzte Ludwig diese günstige Gelegenheit kaum aus. Als Dänemark wieder unter einem König vereint und im Innern zunächst offenbar weitgehend befriedet war, nutzten die dänischen Wikinger jedoch die Schwäche der Franken, welche durch innere Schwierigkeiten des Frankenreichs entstanden war.

Zusammenfassend lässt sich festhalten, dass die Nordpolitik Karls des Großen nur bedingt mit jener Ludwigs des Frommen zu vergleichen ist. Ludwig sah sich in der Nordpolitik den größeren Herausforderungen gegenüber. Nachdem Karl der Große den Einfluss des Reiches bis an die Elbe ausgedehnt hatte und die ursprüngliche Konzeption zum Schutz des Nordostens daran gescheitert war, dass die Abodriten als Stabilitätsgarant gegenüber den Dänen nicht wie gewünscht funktionierten, oblag die Lösung der verbliebenen Probleme Ludwig dem Frommen. Karl überließ seinem Sohn also keinesfalls eine geregelte und auf Dauer tragfähige Nordpolitik. Ebenso wie sein Vater fand danach auch Ludwig keinen Weg, um den Nordosten des Reiches dauerhaft zu stabilisieren. Beide mussten auf Verschiebungen im Kräfteverhältnis zwischen Franken, Dänen und Abodriten stets aufs Neue unterschiedlich reagieren. Damit scheiterten sowohl Karl der Große als auch Ludwig der Fromme bei dem Versuch, eine solide und dauerhafte Nordpolitik zu etablieren, wobei der Unterschied zwischen den beiden vor allem darin bestand, dass sich dieser Umstand nur

---

736 Von einer großen Bedeutung des Kaiserprestiges in diesem Zusammenhang ging bereits Vogel, Die Normannen, S. 65ff aus.

737 *„Schottland, Irland, Wales, England und, vor allem ab 840, das Frankenreich erwiesen sich als vollkommen unfähig, planvolle Abwehrmaßnahmen zu ergreifen. Die unorganisierten, zersplitterten und von fortdauernden inneren Rivalitäten erschütterten Gebiete des zerfallenden Karolingerreiches waren außerstande, sich geschlossen zu wehren. So stellten die energischen und kühnen skandinavischen Händler, die auch aufmerksame Beobachter waren und sehr wohl wußten, daß ein kräftiger Schwerthieb oftmals mehr Wirkung zeigte als lange Palaver und Transaktionen, bald fest, daß ihnen niemand Einhalt gebot, wenn sie mit Gewalt und List zu Werke gingen, anstatt faire Geschäfte zu tätigen"*, Boyer, Régis, Die Wikinger, Stuttgart 1994, S. 73. Sieht man von der Art der Formulierung und dem nicht zu erbringenden Nachweis in Bezug auf die hier unterstellte Transformation von skandinavischen Händlern zu Wikingern ab, ist der Aussage im Kern beizupflichten. Fehlender oder unzureichender Widerstand förderte zweifelsohne die Zunahme und Eskalation der Wikingerüberfälle.

für Ludwig zum Negativen auswirkte. Karl blieben negative Entwicklungen in seinen letzten Herrschaftsjahren in dieser Hinsicht weitestgehend erspart, während Ludwig nicht nur durch die zweifache Rebellion im Innern geschwächt wurde, sondern er auch in der Außenpolitik weniger erfolgreich war als sein Vater. Ludwig wurde ein Opfer der Entwicklungen seiner Zeit.[738] Die materiellen Interessen der Wikinger wurden Ludwig ebenso zum Verhängnis wie die Herrschafts- und Machtinteressen seiner eigenen Familienangehörigen und deren jeweiliger Klientel.

---

738 Schieffer, Rudolf, Ludwig „der Fromme": Zur Entstehung eines karolingischen Herrscherbeinamens, in: FMSt 16 (1982), S. 73 kommt bei seiner Auseinandersetzung mit dem Beinamen des Kaisers Ludwig in Hinblick auf den Vergleich der jeweiligen Herrschaft von Ludwig dem Frommen und Karl dem Großen zu dem Ergebnis, dass zwar *„Ludwig schon von Natur aus seinem Vater an Weitblick und Willenskraft nachstand, freilich* [aber] *auch weniger vom Glück begünstigt war"*.

VI. Die Herrschaft Horiks

Die Anfänge der Herrschaft oder besser der Teilherrschaft Horiks sind anhand der Quellen nur schemenhaft zu erfassen. Namentlich taucht Horik bereits 827[739] im Bericht der Reichsannalen auf, allerdings müssen wir, wie bereits aufgezeigt wurde, davon ausgehen, dass er zu jenem Zeitpunkt noch zusammen mit einem seiner Brüder herrschte.[740] Art und Zeitpunkt der Etablierung von Horiks Alleinherrschaft sind bedauerlicherweise nicht nachzuvollziehen.[741] Nachdem er allerdings seine Alleinherrschaft in Dänemark durchgesetzt hatte, erscheint er zwischen 836 und 854, dem Jahr seines Todes, sehr viel klarer im Quellenbild. Seine Handlungs- und Verhaltensweisen sind in diesem Zeitraum greifbar und bedürfen einer genauen Untersuchung. Nachdem im vorangegangenen Kapitel bereits jene für die fränkisch-dänischen Beziehungen relevanten Ereignisse bis 840 dargelegt wurden, gilt es im Folgenden vor allem die restlichen 14 Jahre der Herrschaft Horiks nachzuvollziehen. Dies ist insofern erforderlich, als dass spätestens nach Horiks Tod für das übrige 9. Jahrhundert von keiner praktikablen fränkisch-dänischen Diplomatie mehr die Rede sein kann.[742] Um der Darstellung und Diskussion dieses Themas den Boden zu bereiten, soll zunächst ergebnishaft der Werdegang Horiks bis 840 aufgezeigt werden. Danach gilt es den Ereignishorizont bis zum Tode Horiks im Jahre 854 zu vervollständigen, um darauf basierend einzelne Gesichtspunkte, allgemeine Charakteristika und grundlegende Optionen der Herrschaft Horiks zu diskutieren. Es wird unter anderem die Frage zu beantworten sein, ob mit dem Ende der Herrschaft Horiks auch die letzte Hoffnung erlosch, die Gefahr der Wikingerüberfälle auf diplomatischem Wege bereits an der Wurzel bekämpfen zu können. Den Abschluss des Kapitels soll eine Gesamtschau auf das Wesen des dänischen Königtums in der ersten Hälfte des 9. Jahrhunderts bilden.[743]

---

739 *Hohrici filii Godefridi regis Danorum*, Ann. reg. Franc., 827, S. 173.

740 Sowohl im Bericht über das vorige Jahr, wie auch noch im späteren Verlauf des Jahres 827 ist wieder von mehreren Söhnen Göttriks die Rede: *legati quoque filiorum Godofridi regis Danorum*, Ann. reg. Franc., 826, S. 169; *reges Danorum, filii videlicet Godofridi*, Ann. reg. Franc., 827, S. 173.

741 Spekulationen darüber, ob Horik seinen Bruder tötete, ins Exil trieb oder er schlichtweg zum Alleinherrscher wurde, weil sein Bruder ohne die Einwirkung Horiks verstarb, erscheinen fruchtlos, da uns die Quellen keine Anhaltspunkte liefern, um eine der Deutungsweisen den übrigen vorzuziehen.

742 Durch den Tod Horiks, der auf dem Höhepunkt seiner Macht zumindest noch als brauchbarer Ansprechpartner für die Franken hatte gelten können, fehlte den Franken nach 854 nachhaltig eine zentrale Herrscherfigur in Dänemark, mit der man sich auf diplomatischem Wege hätte auseinandersetzen können. „*Nach Horichs Untergang (854) schickt kein Frankenkönig mehr nach Dänemark; die Verhältnisse sind für die Franken durch den Ausfall ihres bisherigen Ansprechpartners so unübersichtlich geworden, daß niemand mehr weiß, an wen er sich wenden könnte*", Fried, Gens und regnum, S. 85. Es darf hier allerdings nicht übersehen werden, dass zumindest der Missionar Ansgar noch den diplomatischen Kontakt zwischen Franken und Dänen aufrecht erhalten konnte und Horik II. seinerseits den Kontakt zum christlichen Europa suchte, wie noch zu zeigen sein wird. Vgl.: Wavra, Missionspolitik, S. 275f.

743 Nachdem bereits im Rahmen des dritten Kapitels eine Auseinandersetzung mit dem Wesen des dänischen Königtums zu Beginn des 9. Jahrhunderts erfolgte, soll nun das Blickfeld vor allem um die Beobachtungen in Bezug auf den ausgedehnten Zeitraum der geteilten Herrschaft in Dänemark und die Herrschaftszeit Horiks erweitert werden. Auch der Übergang von Horik zu seinem Nachfolger Horik II. wird noch Anhaltspunkte für die Beurteilung des vorchristlichen dänischen Königtums im 9. Jahrhundert liefern.

© Springer-Verlag GmbH Deutschland, ein Teil von Springer Nature 2011
V. Helten, *Zwischen Kooperation und Konfrontation: Dänemark und das Frankenreich im 9. Jahrhundert*, Edition KWV, https://doi.org/10.1007/978-3-662-58399-9_6

VI. 1 Horiks Außenpolitik bis 840

Wie im vorangegangenen Kapitel bereits aufgezeigt wurde, avancierte Horik nach 830 zum dänischen Alleinherrscher und damit zum ersten Ansprechpartner für die Franken. Während die innere Krise des Frankenreiches im Jahre 830 offenbar noch kein Hemmnis für die von fränkischer Seite gewünschte Harmonisierung der fränkisch-dänischen Beziehungen darstellte, veränderte die neuerliche Erhebung gegen Ludwig den Frommen offenkundig nachhaltig die Perspektiven der ohnehin schwierigen Nachbarschaft im Norden. Ab 834 reiht sich bis zum Tode Ludwigs des Frommen nahezu alljährlich ein Bericht über einen Wikingerüberfall gegen das Frankenreich an den nächsten. Die Überfälle konzentrierten sich hierbei zunächst auf Friesland. Horiks Verhalten in dieser Situation, die dadurch gekennzeichnet war, dass sich das durch die inneren Krisen erschütterte Frankenreich als unfähig erwies, den Überfällen aus dem Norden mit Erfolg entgegenzutreten, ist in diesem Kontext von besonderem Interesse. Es fällt sogleich ins Auge, dass Horik im Gegensatz zu seinem Vater Göttrik zu keinem Zeitpunkt offen als kriegerischer Feind der Franken auftrat. Gewiss hatte er sich bereits früher als Widersacher des von Ludwig gestützten Harald Klak zu erkennen gegeben und schließlich war er mit seinem Widerstand auch erfolgreich, was den Reichsinteressen zu jener Zeit zuwider lief, allerdings ist hierin keine offene Konfrontation mit Ludwig dem Frommen zu sehen. Auch im letzten Herrschaftsjahrzehnt Ludwigs griff Horik nicht zu den offensiven militärischen Mitteln, für die sein Vater unter den Franken so berüchtigt gewesen war.

Horik bekannte sich im letzten Herrschaftsjahrzehnt Ludwigs des Frommen keinesfalls zu einer offensiven Außenpolitik, sondern vielmehr setzte er auf eine bisweilen unbeholfen wirkende und dennoch erfolgreiche Verständigungspolitik. Das Jahr 836 ist hierbei insofern bedeutend, als dass Horik nicht nur zunächst jegliche Mitschuld an den Wikingerüberfällen gegen das Frankenreich von sich wies, sondern er noch im gleichen Jahr einen Schritt weiter ging und vom Kaiser eine Wiedergutmachung für sein Vorgehen gegen die eigenen Landsleute, welche an den Überfällen beteiligt gewesen waren, einforderte. Wie bereits angedeutet wurde, bewegte sich Horik, indem er gegen andere Dänen vorging und damit den Reichsinteressen diente, ohne freilich dazu verpflichtet gewesen zu sein, auf gefährlichem Terrain. Gewiss gefährdeten die Raubzüge nach Friesland eine friedliche fränkisch-dänisches Koexistenz, allerdings fehlte Horik höchstwahrscheinlich nach den Maßstäben der damaligen dänischen Kultur jegliche rechtliche Handhabe gegen die Plünderer, die mit ihren Überfällen immerhin wohl kaum gegen dänisches Recht verstießen. Indem Horik gegen diese Wikinger vorging, folgte er zwar seinen außenpolitischen Interessen, aber er gefährdete zugleich seine innerdänische Machtstellung. Es erschiene plausibel, wenn Horik den Kaiser vor allem um eine Wiedergutmachung für seine geleisteten Dienste im Interesse des Reiches bat, damit er das Wehrgeld für die von ihm getöteten Wikinger aufbringen konnte.[744] Vermutlich konnte er nur auf diese Weise die Franken beschwichtigen, ohne deswegen zugleich die Unzufriedenheit mit seiner Herrschaft innerhalb Dänemarks übermäßig zu schüren.

Die Wikingerüberfälle auf das Frankenreich rissen trotz allem auch in den nächsten Jahren nicht ab und Horik verstieg sich 838 sogar zu der Forderung nach der Herrschaft über die Friesen und Abodriten.[745] Die Ablehnung des Kaisers erscheint diesbezüglich keinesfalls überraschend. Die Forderung des Dänenkönigs ist hingegen als durchaus überraschend anzusehen. Während die Forderung Horiks von 836 noch nachvollziehbar erschien, offenbart das Gebahren des Dänenkönigs zwei Jahre später auch bei wohlwollender Auslegung keinen Realitätsbezug. Gewiss könnte man, wie bereits erläutert, unterstellen, dass Horik lediglich als Wahrer der Reichsinteressen, als welcher er sich durch die Verfolgung von Wikingerverbänden profiliert hatte, eine Kompensation forderte. Dabei ist jedoch allenfalls die Forderung nach friesischen Gebieten nachvollziehbar, da dort immerhin bereits dänische Große *beneficia* besaßen. Fragwürdig ist allerdings, wie Horiks Herrschaft über friesische Gebiete hätte aussehen sollen. Es erscheint grundsätzlich möglich, dass Horik danach strebte, ertragreiche Gebiete von Ludwig dem Frommen als *beneficium* zu empfangen, jedoch dürften dem Dänen dabei die Implikationen bzw. die möglichen Auswirkungen nicht bewusst gewesen sein. Eine Unterordnung seiner Herrschaft unter die Macht des Kaisers im Tausch gegen friesische *beneficia* dürfte kaum im Interesse Horiks gelegen haben.

Es bleibt anzunehmen, dass Horik selbst nach der Übertragung von Gebieten durch die Franken strebte, immerhin verfügten bereits Harald Klak und Hemming der Jüngere über friesische *beneficia*.[746] Horik sah hier wohl eine Gelegenheit, seinen eigenen Herrschaftsbereich zu erweitern und gleichzeitig die Herrschaft über die im Exil lebenden dänischen Großen wieder zu erlangen.[747] Eine Übertragung Frieslands und des Gebiets der Abodriten unter die Herrschaft des dänischen Königs war indes aus mehreren Gründen nicht möglich. Um friesische *beneficia* zu erhalten, musste Horik den Kaiser als herrschaftlich übergeordnet akzeptieren, was wohl für den Dänen nicht denkbar war. Eine Loslösung Frieslands aus dem Frankenreich und Übertragung an Horik kam dagegen für den Kaiser nicht in Betracht. Die Forderung Horiks in Hinblick auf Friesland beruhte daher wohl auf einem mangelnden Verständnis des Dänenkönigs das fränkische Herrschaftswesen

---

744 Vogel, Die Normannen, S. 71.
745 Vgl. Anm. 669.
746 Wie bereits erläutert wurde, hatte wohl auch Halfdan bereits ein friesisches *beneficium* besessen, und zudem ist es denkbar, dass 838 auch schon Harald der Jüngere und sein Bruder Rorik Gefolgsmänner Ludwigs des Frommen waren.
747 Von einem Zusammenspiel zwischen althergebrachten dänischen Ansprüchen in Hinblick auf Friesen und Abodriten sowie den im friesischen Exil weilenden Verwandten Horiks geht auch Lund, Niels, Horik den Førstes udenrigspolitik, in: Historisk Tidsskrift 102 (2002), S. 1-22, hier: S. 22 aus.

betreffend. Gleiches gilt wohl auch für die Forderung nach einer dänischen Herrschaft über die Abodriten, zumal diese nicht einmal zum Frankenreich gehörten. Wenngleich Horiks Forderungen damit keine Aussicht auf Erfolg hatten, so ist dennoch anzunehmen, dass er tatsächlich die Wikingerverbände, die von Dänemark aus das Frankenreich heimsuchten, bekämpft hatte, obwohl sich ihm die erhoffte Belohnung entzog.[748]

Der letzte Gesandtschaftsaustausch zwischen Horik und Ludwig dem Frommen datiert auf das Jahr 839. Wie bereits aufgezeigt wurde, ist zu erkennen, dass beide Seiten großen Wert darauf legten, die friedlichen Beziehungen zueinander zu kultivieren. Dies entsprach wohl in der Gesamtschau auf die Außenpolitik Horiks bis zum Tode Ludwigs des Frommen den Interessen beider Reiche. Dem Kaiser musste daran gelegen sein, nach den Erschütterungen seiner Autorität im Innern, die Grenzen des Reiches ohne großes Aufheben und Risiko zu sichern. Eine Verständigungspolitik gegenüber Horik, der mittlerweile zum alleinigen König von Dänemark aufgestiegen war, erschien daher sinnvoll. Es ist in diesem Kontext wohl zumindest von fränkischer Seite begrüßt worden, dass Horik als alleiniger König nun gleichsam als erster Ansprechpartner fungieren konnte, da dies immerhin die Diplomatie vereinfachte. Horik seinerseits war gewiss ebenfalls zufrieden mit seinem Aufstieg zur Alleinherrschaft, immerhin hatte er zuvor jahrelang dafür gekämpft, allerdings barg dies für ihn auch Nachteile in sich. Die zunehmenden Wikingerüberfälle auf das Frankenreich führten dazu, dass der Kaiser sich nun direkt an den verbliebenen Dänenherrscher wenden konnte, um von ihm geeignete Gegenmaßnahmen einzufordern.

Horik hatte zwar vorerst über seine innerdänische Opposition gesiegt, aber er war nun auch verantwortlich für ein Reich, von dem eine Bedrohung für den fränkischen Machtbereich ausging. Horik musste, wollte er keinen ernsten Konflikt mit den Franken riskieren, gegen jene Wikingerzüge einschreiten, die von dänischem Boden ausgingen. Alle Beobachtungen sprechen dafür, dass Horik sehr daran interessiert war, den Frieden mit den Franken zu erhalten. Es ist daher und aus bereits genannten Gründen nicht davon auszugehen, dass Horik die Raubzüge nach Friesland befohlen oder verdeckt unterstützt hatte. Für Horik hätte ein solches Verhalten keine Vorteile gebracht, die in einem sinnvollen Verhältnis zu den damit verbundenen Unannehmlichkeiten standen. Zwischen 830 und 840 wuchs der Druck auf Horik, da er einerseits von den Franken nun als einziger Herrscher in Dänemark für die Taten seiner Landsleute zur Rechenschaft gezogen werden konnte, und andererseits nötigte ihn dies in Verbindung mit den sich verselbständigenden Wikingerzügen, seine Autorität in Dänemark gewaltsam zu festigen, was selbstverständlich das Risiko von anwachsender innerer Opposition in sich barg.

---

748 Im Jahre 838 blieb der zu erwartende Wikingerüberfall auf Friesland aus, was entweder tatsächlich mit einem Unwetter zusammenhing, wie es die Quellen zu vermitteln suchen, oder aber Horik hatte tatsächlich die Wikingerverbände in Dänemark gewaltsam zur Rechenschaft ziehen oder durch Abmachungen vorübergehend von weiteren Überfällen abbringen können.

VI. 1. 1 Horik und die Heidenmission

Die Bedeutung Horiks für die Christianisierung Skandinaviens wird vor allem durch Rimberts Vita Anskarii nahe gelegt. Laut Rimbert entstand über die Jahre eine große Vertrautheit zwischen dem Dänenkönig und Ansgar.[749] Trotz der Bemühungen von Ansgars Vitenschreiber, die Leistungen des Heiligen in den schillerndsten Farben darzustellen, täuscht dies nicht darüber hinweg, dass die Bekehrung Horiks nicht glückte.[750] Offenkundig gestattete Horik allerdings zumindest die christliche Predigt in Dänemark und erlaubte den Bau einer Kirche in Hedeby.[751] Seine Duldung des Christentums in Hedeby wirkte sich für Horik wohl finanziell positiv aus, was als ein oder sogar das einzige Motiv angesehen werden darf.[752] Es wäre überzogen anzunehmen, Horik sei aus uneigennützigen Motiven oder der vermeintlichen Freundschaft zu Ansgar dergestalt für das Christentum eingetreten. Grundlegend lässt sich nur erkennen, dass Horik Christen und die christliche Glaubensausübung zumindest in Hedeby akzeptierte. Dies war aus bereits erwähnten wirtschaftlichen Erwägungen eine gute Entscheidung und zudem konnte dies nur dienlich sein, wenn man die Franken weiterhin milde stimmen wollte.[753] Letzteres Motiv dürfte auch bei Horiks Vermittlung im Rahmen der zweiten Schwedenmission Ansgars maßgebend gewesen sein.[754] Ansgar wandte sich bei seinem Missionsansinnen zunächst an Horik,

---

749 *Unde frequentius Horicum adire, qui tunc solus monarchiam regni tenebat Danorum, et muneribus eum ac quibuscumque poterat obsequiis conciliare studuit, ut sua licentia praedicationis officio in regno eius frui valeret. Aliquotiens namque regia etiam legatione ad eum mittebatur, et quae ad foedera pacis et utriusque regni utilitatem pertinebant strenue et fideliter peragebat. Qua de re cognita fide et bonitate sancti viri, praedictus Horicus rex multo eum affectu coepit venerari et libenter eius consilio uti ac familiarissimum in omnibus habere, ita ut etiam inter secreta sua, dum de negotiis regni cum consiliariis suis tractaret, ipsi liceret interesse*, Rimbert, Vita Anskarii, 24, S. 52.

750 *Hac itaque familiaritate potitus, coepit etiam illi persuadere, ut fieret christianus. Ille quoque omnia, quae ei ex divina intimabat scriptura, benigne audiebat et bona prorsus ac vere salutaria esse laudabat, seque his plurimum delectari ac libenter Christi gratiam velle promereri*, Rimbert, Vita Anskarii, 24, S. 52. Erst Adam von Bremen stellte es später so dar, als sei Horik zum Christentum konvertiert. *Ubi regem Danorum Horicum inveniens christianum reddidit*, Gesta Hammaburgensis, I, 25, S. 31, Z. 10f.

751 *Cui post talia vota etiam sanctissimus pater noster suggerere coepit, ut Christo domino hanc concederet benivolentiam, quod ei gratissimum foret, ut in regno suo ecclesiam fieri permitteret, ubi sacerdos omni tempore praesens adesset et verbi divini semina ac baptismi gratiam quibusque suscipere volentibus traderet. Quod ille benignissimo concessit affectu et in portu quodam regni sui ad hoc aptissimo et huic regioni proximo Sliaswich vocato, ubi ex omni parte conventus fiebat negotiatorum, ecclesiam illi fabricare permisit, tribuens locum in quo presbiter maneret; data pariter licentia, ut quicumque vellet in regno suo fieret christianus*, Rimbert, Vita Anskarii, 24, S. 52. Adam von Bremen hat diese Darstellungsweise übernommen. *Is statim ecclesiam in portu maritimo erexit apud Sliaswig, data pariter licentia, ut quisquis vellet in regno suo christianus fieret*, Gesta Hammaburgensis, I, 25, S. 31, Z. 11-13.

752 Selbst Rimbert kommt nicht umhin, eine Belebung der Region Schleswig-Hedeby und eine Zunahme der Handelsaktivitäten zu bemerken. *Factumque est gaudium magnum in ipso loco, ita ut etiam gentis huius homines absque ullo pavore, quod antea non licebat, et negotiatores tam hinc quam ex Dorstado locum ipsum libere expeterent, et hac occasione facultas totius boni inibi exuberaret*, Rimbert, Vita Anskarii, 24, S. 53.

753 Zettel, Normannen, S. 162 sieht in der Verhaltensweise Horiks in Bezug auf seine „*vorsichtige Politik und seine Förderung der Mission*" freilich bereits einen Fingerzeig für „*die Zukunft des skandinavisch-christlichen Mittelalters*".

754 *Inter haec vero dominus et pater noster Anskarius etiam pro gente Sueonum, eo quod sacerdotis tunc praesentia*

dessen Beistandsleistung noch besprochen werden wird, dann an Gauzbert, den Inhaber der Missionslegation für Schweden, und schließlich an Ludwig den Deutschen.[755]

Als Ansgar sich schließlich nach Schweden aufmachte, unterstützte Horik den Missionar mit einem eigenen Gesandten, einem *signum* und seiner persönlichen Empfehlung.[756] Indem er gewissermaßen als Mittler zwischen der fränkischen Mission und den Schweden fungierte, nutzte er die Gelegenheit, das seit Jahren durch die Wikingerüberfälle belastete Klima zwischen Dänen und Franken zu verbessern.[757] Zusammengefasst lässt sich in Bezug auf Horik und die Heidenmission festhalten, dass es blauäugig erschiene, Horik zu unterstellen, er habe nur aus Zuneigung zu Ansgar oder gar zur christlichen Religion eine gewisse Toleranz in Glaubensfragen walten lassen. Es darf dabei auch nicht außer Acht gelassen werden, dass sich diese Toleranz offensichtlich nur auf Hedeby auswirkte, da von christlichen Missionsunternehmungen in anderen Teilen Dänemarks in den Quellen nichts berichtet wird. Die außenpolitische Harmonisierung der Beziehungen zu den Franken und handfeste wirtschaftliche Interessen sind Motive, die geeignet erscheinen, die Toleranz Horiks gegenüber dem Christentum zu erklären.

VI. 2 Die Herrschaft Horiks von 840 bis 854

Im Folgenden gilt es die Frage zu beantworten, wie sich die fränkisch-dänischen Beziehungen nach dem Tode Ludwigs des Frommen entwickelten. Die Teilung des Frankenreiches stellte allerdings eine neue Prämisse dar, welche auf fränkischer Seite für die Folgezeit keineswegs vielversprechend sein konnte. Die Dänen sahen sich nach dem

---

desolati essent, nimio condolens affectu, a praefato poscere coepit rege Horico sibi in omnibus familiarissimo, uti suo auxilio fines illius regni petere posset. Qui cum maxima benivolentia hanc quoque petitionem eius suscipiens, ita se per omnia facturum promisit, Rimbert, Vita Anskarii, 25, S. 53. Staats, Missionsgeschichte Nordeuropas, S. 22 glaubt zwar, m.E. zu Unrecht, an einen Glaubensübertritt Horiks zum Christentum, allerdings erfasst er die Motive des Dänen folgendermaßen: „*Rimberts Bericht macht deutlich, daß für den dänischen König diese Aussicht auf politischen Frieden das ausschlaggebende Motiv zur Christwerdung gewesen war*".

755 Rimbert, Vita Anskarii, 25, S. 53f.

756 *Profectionem itaque hanc suscepturus, iam dicti regis Horici missum pariter et signum secum habuit. Qui regi Sueonum nomine Olef partis suae mandatum tale intimari iussit: servum Dei, qui ex parte Hludowici regis missus fines regni eius peteret, sibi per omnia cognitum fore, ac se in vita sua numquam tam bonum vidisse hominem nec in quolibet mortalium aliquando tantam fidem invenisse. Ideoque, cognita eius sanctissima bonitate, omnia quae ille in regno suo causa christianae religionis disponere vellet, se ei concessisse. Ipsumque petere, ut similiter in regno suo ei permitteret culturam christianitatis, quam optabat, statuere, quia ipse nihil aliud quam qoud bonum et rectum foret vellet perficere*, Rimbert, Vita Anskarii, 26, S. 55f. Vgl.: *Extimplo atleta intrepidus Horici regis missum rogavit atque sigillum, et a littore Danorum transfretans in Sueoniam pervenit*, Gesta Hammaburgensis, I, 26, S. 31, Z. 21-24.

757 Wood, Christians and Pagans, S. 45f geht von einer insgesamt freundlich gesinnten Außenpolitik Horiks gegenüber den Franken aus, wobei die Unterstützung bei der zweiten Schwedenmission Ansgars nur eines von mehreren Beispielen darstelle, seit sich Ludwig der Fromme von Harald Klak ab und stattdessen Horik zugewandt habe.

Tode Horiks einem zerrissenen Frankenreich gegenüber, das nunmehr weniger bedrohlich auf die kleineren Nachbarn wirken musste. Aus der Perspektive Dänemarks kam außerdem der günstige Begleitumstand hinzu, dass Ludwig der Deutsche als Herrscher über das Ostfrankenreich zwar noch immer ein machtvoller Vertreter fränkischer Interessen im Nordosten des Gesamtreiches war, der jedoch nach 840 zunächst um sein Teilreich und danach um dessen Erhalt, vor allem gegen die Slawen, kämpfen musste. Es ist daher wichtig zu beobachten, ob und inwiefern Horik diese grundsätzlich zu seinen Gunsten gewandelte Situation ausnutzte.

Das Ringen der Brüder Lothar, Ludwig und Karl um das Erbe ihres Vaters ist in der Forschung bereits andernorts hinreichend diskutiert worden.[758] Aus diesem Grund erfolgt an dieser Stelle keine Nachzeichnung eben jener Ereignisse. Im Fokus der Betrachtung sollen vielmehr die Verwicklungen der Dänen in jene Vorgänge stehen. Während der Suche Lothars nach Verbündeten gewährte dieser 841 dem Wikingerfürsten Harald dem Jüngeren ein friesisches *beneficium*.[759] Hierbei handelte es sich um den Versuch Lothars, aus einem lästigen Wikingerfürsten einen nützlichen Verbündeten zu machen. Insgesamt treten die Skandinavier im Allgemeinen und die Wikingerüberfälle im Speziellen bis zum Überfall auf Hamburg 845 weitgehend in den Hintergrund. Zumindest legt dies das Quellenbild nahe, wobei lediglich die Annales Bertiniani weiterhin in gewisser Regelmäßigkeit von Normannenüberfällen berichten. Der Überfall auf den Handelsplatz Quentowic, nahe der Mündung der Canche in den Ärmelkanal, im Jahre 842 bildet hierbei eines der Beispiele.[760] In diesem Kontext ist auch der Überfall auf Nantes und das Umland im darauf folgenden Jahr zu erwähnen.[761] Im Jahre 844 überfielen die Normannen dann gleich mehrere Regionen, ähnlich wie es sich im Folgejahr ereignen sollte. Im Jahre 844 waren die Franken jedoch nicht das Hauptziel der Überfälle. Der erste Wikingerüberfall richtete sich gegen die

---

758 Siehe u.a.: Ganshof, François L., Zur Entstehungsgeschichte und Bedeutung des Vertrages von Verdun (843), in: DA 12 (1956), S. 313-330; Schieffer, Rudolf, Väter und Söhne im Karolingerhause, in: BdF 22 (1990), S. 149-164; Nelson, Janet L., The search for peace in a time of war: The Carolingian Brüderkrieg, 840-843, in: Fried, Johannes (Hg.), Träger und Instrumentarien des Friedens im hohen und späten Mittelalter, Sigmaringen 1996, S. 87-114.

759 *Herioldo, qui cum ceteris Danorum pyratis per aliquot annos Frisiae aliisque christianorum maritimis incommoda tanta sui causa ad patris iniuriam invexerat, Gualacras aliaque vicina loca huius meriti gratia in beneficium contulit*, Ann. Bert., 841, S. 26. Eine Auseinandersetzung mit diesem Vorgang erfolgte bereits im vierten Kapitel der vorliegenden Dissertation. Siehe Anm. 495.

760 *Ea tempestate Nordmannorum classis in emborio* [sic!] *quod Quantovicus dicitur repentino sub lucem adventu depraedationibus, captivitate et nece sexus utriusque hominum adeo debachati sunt, ut nihil in eo praeter aedificia pretio redempta relinquerent*, Ann. Bert., 842, S. 28.

761 *Pyratae Nordmandorum urbem Namnetum adgressi, interfectis episcopo et multis clericorum atque laicorum sexusque promiscui, depraedata civitate, inferioris Aquitaniae partes depopulaturi adoriuntur. Ad postremum insulam quandam ingressi, convectis a continenti domibus, hiemare velut perpetuis sedibus statuerunt*, Ann. Bert., 843, S. 29.

Bretonen.[762] Der zweite Angriff richtete sich gegen die Angelsachsen in Britannien.[763] Der nächste Vorstoß führte die Wikinger auf dem Fluss Garonne bis nach Toulouse, wo sie ohne große Gegenwehr plündern konnten.[764] Die letzte Station der Wikingerüberfälle war in diesem Jahr Spanien, wo die Skandinavier auf heftigen Widerstand stießen.[765]

VI. 2. 1 Der Überfall auf Hamburg im Jahre 845

Während man die Zunahme an Wikingerüberfällen seit der Herrschaft Ludwigs des Frommen als ein sich verselbständigendes Phänomen betrachten muss, darf man nicht außer Acht lassen, in welcher Weise der Dänenkönig Horik auf diese eskalierende Situation reagierte. Bis 845 hatte Horik stets die Verantwortung für die Wikingerüberfälle auf das Frankenreich von sich gewiesen. Bisweilen ging er vermutlich sogar, wie beschrieben, gegen die eigenen Landsleute vor, um entweder das Klima zwischen Dänen und Franken zu verbessern oder aber, um seine eigene Hausmacht zu stärken. Für den Fall, dass Horik nicht der Drahtzieher hinter den Wikingerüberfällen vor 845 war, wovon auszugehen ist, bedrohte das aufkeimende Wikingertum nämlich gleichermaßen die eigenen wie auch die fränkischen Interessen. Wenn sich dänische Plünderer durch Überfälle gegen das Frankenreich materiell bereicherten und zugleich dazu beitrugen, dass die Franken den Druck auf Horik erhöhten, war der Dänenkönig in doppelter Hinsicht benachteiligt. Die Wikinger bedrohten nicht nur den labilen Frieden[766] zwischen Franken und Dänen, sondern zudem stellten erfolgreiche Wikingerfürsten mit einem kampferprobten Gefolge und ausgestattet mit Beutegütern eine potentielle Bedrohung für die Königsmacht Horiks dar.[767] Die Wikingerüberfälle, die sich zur Zeit Ludwigs des Frommen gegen das Frankenreich richteten, dürften auch aus wirtschaftlicher Sicht kein ausreichend lohnenswertes Unterfangen für Horik gewesen sein. Die zu erwartenden Beuteerlöse standen in keinem Verhältnis zu der Gefahr, welcher sich

---

762 *Nomenogius Britto eadem tempestate fines sibi suisque antecessoribus distributos insolenter egrediens, Cenomannos usque cuncta longe lateque populando, ignibus etiam plurima cremando, pervenit. Ubi audita Nordomannorum intra fines eius inruptione, redire compulsus est*, Ann. Bert., 844, S. 31.

763 *Nortmanni Brittaniam insulam, ea quam maxime parte quam Anglisaxones incolunt, bello inpetentes, triduo pugnando victores effecti, praedas, rapinas, neces passim facientes, terra pro libitu potiuntur*, Ann. Bert., 844, S. 31.

764 *Nordomanni per Garrondam Tolosam usque proficiscentes, praedas passim inpuneque perficiunt*, Ann. Bert., 844, S. 32.

765 *Unde regressi quidam Galliciamque adgressi, partim ballistariorum occursu partim tempestate maris intercepti dispereunt. Sed et quidam eorum ulterioris Hispaniae partes adorsi, diu acriterque cum Saracenis dimicantes, tandem victi resiliunt*, Ann. Bert., 844, S. 32.

766 *„Diese latente militärische Bedrohung [die Wikingerzüge] stellte eine dauernde Belastung des gegenseitigen Verhältnisses dar, die zu verringern und abzubauen Ziel jeder karolingischen Politik sein mußte"*, Ernst, Karolingische Nordostpolitik, S. 93.

767 So wertet es auch Bagge, Early state formation, S. 147: *„As long as it was easy to gain wealth from Viking expeditions, the principalities that emerged were likely to be unstable: new chieftains with fresh resources might easily expel the old ones"*.

Horik ausgesetzt hätte. Mit den Wikingerüberfällen seit den 830er Jahren verbanden sich keine Eroberungsabsichten. Einzig der Beutegewinn stand seit jener Zeit im Vordergrund. Horik hätte, wenn er hinter diesen Überfällen gesteckt hätte, zwar Beutegüter, Lösegelder und Sklaven erlangen können, allerdings hätte dies zugleich, neben der Gefahr einer fränkischen Vergeltung, den dänischen Handel, der wohl Horiks solideste Einkommensgrundlage darstellte, spürbar beeinträchtigt.[768] All dies spricht doch eher gegen eine direkte Beteiligung Horiks an den Wikingerüberfällen jener Zeit.

Nach 843 hatte sich durch die Teilung des Frankenreichs allerdings eine unübersehbare Veränderung auf dem europäischen Kontinent eingestellt. Horik und seine Dänen, ebenso wie die anderen Nachbarn der Franken, standen nunmehr einem geteilten und innerlich zerrissenen Reich gegenüber, dessen militärische Macht infolge dessen zwangsläufig nachgelassen hatte. Nachdem sich nun also die Kräfteverhältnisse verschoben hatten, ist zu hinterfragen, ob sich Horik diese veränderte Situation zunutze machte. Zuvorderst wird in diesem Kontext die Frage zu stellen sein, ob und auf welche Weise Horik mit dem Überfall auf das Reich Ludwigs des Deutschen im Jahre 845 in Verbindung zu bringen ist. Der Überfall auf Hamburg ist allerdings in Zusammenhang mit weiteren Überfällen dieses Jahres zu sehen. Von besonderer Bedeutung ist der Angriff auf Hamburg[769] in diesem Zusammenhang, weil die Siedlung an der Elbe, im Gegensatz zu den übrigen im Jahre 845 in Mitleidenschaft gezogenen Zielen der Überfälle, einen bedeutenden Vorposten des einstmals vereinten Frankenreiches darstellte.[770] Ein dänischer Überfall auf Hamburg war

---

768 *„Die Überfälle von »piratae«, im Altenglischen »wicinga« genannt, waren für den Handel eine Bedrohung, ob er nun von fränkisch-friesischen, sächsischen oder skandinavischen Händlern betrieben wurde"*, Zettel, Normannen, S. 100.

769 Das weitere Schicksal des Erzbistums Hamburg, welches nach dem schweren Überfall von 845 im Jahre 847 aufgelöst und dessen Gebiet zwischen den Bistümern Bremen und Verden aufgeteilt wurde, um nur ein Jahr später auf der Mainzer Synode zu einer Doppelerzdiözese vereinigt zu werden, kann im begrenzten Rahmen dieser Dissertation nicht weiter vertieft werden. Es ist lediglich noch zu ergänzen, dass Ansgar nach dem Überfall auf Hamburg das nach dem Tode Bischofs Leuderichs im selben Jahr verwaiste Bistum Bremen erhielt. Infolge der Beschlüsse der Mainzer Synode, durch die auch Nordalbingien, das vormals an Verden abgetreten worden war, wieder zum Erzbistum Hamburg-Bremen gehörte, wurde der kanonische Weg zur päpstlichen Anerkennung des neu gegründeten Erzbistums geebnet. Siehe hierzu: Seegrün, Papsttum und Skandinavien, S. 34ff. Wesentlich an dem Niedergang Hamburgs ist hier allerdings vor allem der Verlust einer strategisch wichtigen Festung, die einst die Sicherung der fränkischen Interessen in Nordalbingien hatte garantieren sollen. Harthausen, Normanneneinfälle, S. 22f geht zumindest davon aus, *„daß im Gegensatz zum Dombezirk das Leben am Hafen in der Kaufmannssiedlung nach 845 seinen Fortgang nahm! Diese Kaufmannssiedlung lag im südlichen Vorland der Domburg und läßt sich auf den Anfang des 9. Jahrhunderts datieren"*. Vgl. auch: Göbell, Christianisierung des Nordens, S. 76. Für eine Darstellung der Geschichte des Erzbistums Hamburg im Zeitalter der Karolinger siehe: Wavra, Missionspolitik, S. 201-328. Sawyer, Kings and Vikings, S. 135 hat darauf hingewiesen, dass sich durch den Wikingerüberfall auf Hamburg zumindest die finanzielle Grundlage Ansgars für die Mission des Nordens verbesserte. *„The disasters in fact strengthened Anskar's position; he was granted the bishopric of Bremen in plurality and, with larger resources from that see, was able to embark on a more vigorous mission in Denmark, succeeding in having churches built at Hedeby and Ribe"*.

770 *„Die Hammaburg diente aber nicht ausschließlich militärisch-strategischen Zwecken, sondern bildete zugleich den administrativen Mittelpunkt herrschaftlicher Machtausübung der Franken in Nordelbien. Diese Funktion wird*

deshalb bemerkenswert, weil man dahinter Bestrebungen zur territorialen Ausbreitung des dänischen Einflusses nach Süden erahnen könnte. Durch die nachhaltige Schwächung oder gar Zerstörung Hamburgs hätte der fränkische Einfluss auf Nordalbingien spürbar verringert oder gar gebrochen werden können, was einer mutmaßlichen expansiven Politik Horiks den Weg bereitet hätte.

Die Fuldaer Annalen berichten sehr nüchtern von den Überfällen des Jahres 845. Zunächst traf ein Wikingerüberfall das Westfrankenreich, und hier vor allem Paris, danach wurden die Friesen im Mittelreich zum Ziel der Überfälle und schließlich erfolgte der Angriff auf das ostfränkische Hamburg.[771] Es ist anzumerken, dass die Fuldaer Annalen zwar die Herkunft der Angreifer bestimmen können, aber keine Urheberschaft Horiks unterstellen. In Hinblick auf die Überfälle dieses Jahres ist nicht zu ignorieren, dass die Ziele offenbar mit Bedacht ausgewählt wurden. Es erfolgte je ein Angriff auf alle drei fränkischen Teilreiche. Bei jedem der Angriffe war das Ziel durch den Handel bekannt und daher auch lohnenswert für die Angreifer. Der Angriff auf das recht weit im Landesinneren gelegene Paris war in diesem Kontext gewiss das waghalsigste Unterfangen, allerdings boten sich dort bekanntlich auch sehr lukrative Möglichkeiten. Der Überfall auf Friesland hingegen entsprach 845 bereits einer gewissen normannischen Tradition und barg, aufgrund der Erfahrungen früherer Wikingerüberfälle, wohl das geringste Risiko in sich. Der Überfall auf Hamburg folgte, wie die beiden anderen auch, dem üblichen Schema eines Wikingerüberfalls. Hamburg ist an dieser Stelle lediglich aus dem besagten Grund von besonderem Interesse, weil sich hinter dem Angriff auch politische und nicht nur wirtschaftliche Interessen vermuten lassen. Der Umstand, dass innerhalb eines Jahres schwere Wikingerüberfälle gegen jedes der drei fränkischen Teilreiche stattfanden, lässt ein koordiniertes Vorgehen und nicht etwa einen Zufall vermuten.[772] Die Urheberschaft ist allerdings unklar und im Quellenbild, wie sich

---

der Burg seit ihrer Errichtung zugekommen sein, auch wenn die Vita Anskarii erst zum Zeitpunkt des dänischen Überfalls auf Hamburg die Anwesenheit eines königlichen Amtsträgers bezeugt. Diesem oblag die militärische und zivile Verwaltung Hamburgs und des dazugehörigen Gaugebiets", Wavra, Missionspolitik, S. 217f. Wavra sieht in der Befestigung Hamburgs außerdem eine Reaktion auf den dänisch-abodritischen Angriff von 817, bei dem die Festung Esesfelth in Mitleidenschaft gezogen wurde. Siehe: ebd., S. 331.

771 *Nordomannorum naves centum viginti mense Martio per Sequanam hinc et abinde cuncta vastantes, Loticiam Parisiorum, nullo penitus obsistente, pervadunt. Quibus cum Karolus occurrere moliretur, sed praevalere suos nullatenus posse prospiceret, quibusdam pactionibus, et munere septem milium librarum eis exhibito, a progrediendo compescuit ac redire persuasit*, Ann. Bert., 845, S. 32. *Nordmanni regnum Karli vastantes per Sequanam usque Parisios navigio venerunt et tam ab ipso quam incolis terrae accepta pecunia copiosa cum pace discesserunt. In Frisia quoque tribus proeliis conflixerunt: in primo quidem victi, in secundis vero duobus superiores effecti magnam hominum multitudinem prostraverunt. Castellum etiam in Saxonia, quod vocatur Hammaburg, populati nec inulti reversi sunt*, Ann. Fuld., 845, S. 35. Der Bericht lässt die Möglichkeit offen, dass alle drei Überfälle von ein und demselben Wikingerverband verübt wurden. Auch wenn sich diese Vermutung nicht zweifelsfrei verifizieren lässt, so ist doch die Planmäßigkeit der Überfälle sichtbar. Die Wikinger bewegten sich, sofern es sich bei jedem der Überfälle um dieselbe Gruppe handelte, von Westen nach Osten in Richtung ihrer Heimat. Alle drei überfallenen Regionen dürften den Wikingern durch die fränkisch-dänischen Handelsbeziehungen hinreichend bekannt gewesen sein.

772 *„Freilich ist die Gleichzeitigkeit der drei Unternehmungen nach dem Westreich, nach Lothringen und Sachsen auffallend, und man möchte deshalb für alle einen gemeinsamen Urheber annehmen, der dann in Horich I. zu*

noch zeigen wird, strittig.

Die Annales Bertiniani scheinen den Überfall auf Hamburg Horik zuzuschreiben, wobei ihre Detailkenntnisse in diesem Zusammenhang eher dürftig wirken.[773] Die Annalen berichten auch von den Überfällen gegen das Westfrankenreich, wobei sie naturgemäß detaillierter auf die betreffenden Einzelheiten eingehen. Dadurch ergibt sich ein erweitertes Bild der Überfälle auf die Westfranken im Jahre 845. Die Wikinger befuhren nämlich nicht nur die Seine, sondern fielen auch in Saintonge ein.[774] Bemerkenswert ist in diesem Kontext noch, dass die Annales Bertiniani mit den Fuldaer Annalen in dem Punkt übereinstimmen, dass Horik und Ludwig der Deutsche kurz nach dem Überfall auf Hamburg diplomatischen Kontakt aufnahmen.[775] Dies spricht weder eindeutig für noch gegen die Schuld Horiks, da es in jedem Fall opportun schien, zumindest gegenüber dem Ostfrankenreich, also dem direkten Nachbarn im Süden, versöhnlich und beschwichtigend aufzutreten.[776] Immerhin

---

sehen wäre", Harthausen, Normanneneinfälle, S. 13f. Während der ersten Feststellung zuzustimmen ist, wird die Urheberschaft Horiks noch zu diskutieren sein.

773 *Nortmannorum rex Oricus sexcentas naves per Albim fluvium in Germanniam adversus Hludowicum dirigit. Quibus Saxones occurrentes, commisso praelio, domini nostri Iesu Christi auxilio victores efficiuntur. Unde digressi, Sclavorum quandam impetunt et capiunt civitatem*, Ann. Bert., 845, S. 32. Man kann davon ausgehen, dass der betreffende Verfasser der Annales Bertiniani aufgrund der räumlichen Distanz und damit verbundenen mangelnden geographischen Kenntnisse Hamburg für die besagte slawische Siedlung hielt. Vgl.: Harthausen, Normanneneinfälle, S. 12. Waitz hat den hier erwähnten *rex Oricus* als Rorik identifiziert, was, wie sich im weiteren Verlauf noch zeigen wird, auch eine mögliche Deutung darstellt. Vgl. hierzu S. 218-221. Lund, Horik, S. 21 geht hingegen davon aus, dass es zwar Horik war, der die Sachsen angriff, aber er geht aufgrund der Syntax der Quellenpassage außerdem von einer Niederlage der Dänen aus, woraufhin die Sachsen eine slawische Stadt erfolgreich angegriffen hätten. Wenngleich die Quelle auch in dieser Hinsicht etwas undeutlich erscheint, ergibt die Beschreibung der Abläufe eher Sinn, wenn mit den *digressi* die geschlagenen und im Rückzug befindlichen Dänen gemeint waren.

774 *Nortmanni, alveo Sequanae remenso, maria repetunt, cuncta maris loca finitima diripiunt, vastant atque incendiis concremant. [...] Dani, qui anno praeterito Aquitaniam vastaverant, remeantes, Santonas invadunt, confligentes superant quietisque sedibus immorantur*, Ann. Bert., 845, S. 33. Der erwähnte Überfall des Vorjahres findet sich bei: Ann. Bert., 844, S. 32.

775 *Sed licet peccatis nostris divinae bonitatis aequitas nimium offensa taliter christianorum terras et regna attriverit, ne tamen etiam pagani improvidentiae aut certe impotentiae Dominum omnipotentissimum ac providentissimum inpune diutius insimularent, cum a quodam monasterio (Sithdiu nomine) direpto incensoque oneratis navibus repedarent, ita divino iudicio vel tenebris caecati vel insania sunt perculsi, ut vix perpauci evaderent, qui Dei omnipotentis iram ceteris nunciarent. Unde, ut fertur, commotus animo rex eorum Oricus, ad Hludowicum regem Germannorum legatos pacis gratia destinat, captivitatem absolvere thesaurosque paratus pro viribus restituere*, Ann. Bert., 845, S. 33. *tempore vero autumni in Saxonia apud Padrabrunnon generale placitum habuit, ubi fratrum suorum et Nordmannorum, Sclavorum quoque et Bulgarorum legationes suscepit, audivit et absolvit*, Ann. Fuld., 845, S. 35. Die Schilderung des Hergangs in den Annales Bertiniani ist äußerst kritisch zu bewerten. Es ist anzunehmen, dass Horik tatsächlich darauf bedacht war, Ludwig den Deutschen, ähnlich wie bereits zuvor Ludwig den Frommen, zu beschwichtigen und jede Mitverantwortung an Wikingerüberfällen von sich zu weisen. Dies dürfte die gemeinsame Schnittmenge der beiden Quellen in Bezug auf diesen Aspekt darstellen. Die göttliche Strafe gegen die Normannen, welche angeblich zur Reue Horiks führte, kann allerdings getrost der Legendenbildung zugeordnet werden. Es gilt noch zu ergänzen, dass die Annales Bertiniani zwar die Überfälle gegen Friesland nicht erwähnen, allerdings führen sie die Überfälle auf das West- und Ostreich beide gleichermaßen auf Horik zurück.

776 So sieht es auch Lund, Horik, S. 22.

hatte sich diese Beschwichtigungspolitik für Horik stets ausgezahlt, da ihm ernste Sanktionen erspart geblieben waren.

Die Annales Xantenses bereichern das Bild der Überfälle von 845 nicht wesentlich. Hier wird lediglich bestätigt, dass das christliche Europa vielerorts von Heiden heimgesucht wurde[777], und außerdem tauchen abermals namentlich genannte, aber schwer zuzuordnende dänische Große in der Überlieferung auf.[778] Interessant ist allerdings, dass in diesem Jahr von einem Kriegszug Ludwigs des Deutschen gegen die Nordwestslawen berichtet wird.[779] In Kombination mit dem vorangegangenen Überfall auf Hamburg eröffnet sich dadurch eine neue Deutungsmöglichkeit. Es ist denkbar, dass es sich bei den kombinierten Überfällen von 845 um eine dänisch-slawische Kooperation handelte, vergleichbar den Ereignissen von

---

777 *Eodem anno multis in locis gentiles Christianos invaserunt*, Ann. Xant., 845, S. 14. Wenn die Quelle an gleicher Stelle auch Überfälle gegen Friesland und das Westfrankenreich erwähnt, gibt sie keine Auskunft über Wikingerüberfälle gegen das Ostfrankenreich.

778 Nach dem Feldzug Ludwigs des Deutschen gegen die Nordwestslawen ereignete sich laut der Annales Xantenses Folgendes: *Quod gentiles cum cognovissent, e contra legatos direxerunt in Saxoniam, et miserunt ei munera et obsides et petierunt pacem. At ille, concessa pace, reversus est de Saxonia. Postea vero ingenti clade percussi sunt predones, in qua et princeps sceleratorum, qui Christianos et loca sancta predaverat, nomine Reginheri Domino percutiente interiit. Consilio enim inito miserunt sortes, a quo deorum suorum salutem consequi debuissent; sed sortes salubriter non ceciderunt. Suadente autem eos quodam captivo Christiano, ut coram deo Christianorum sortem ponerent, quod et fecerunt, et salubriter sors eorum cecidit. Tunc rex eorum nomine Rorik una cum omni populo gentilium XIIII dies a carne et medone abstinuit, et cessavit plaga, et omnes Christianos captivos, quos habebant, ad patriam propriam dirigunt*, Ann. Xant., 845, S. 14f. Bemerkenswert ist zunächst, dass ein Kriegszug gegen die Slawen offensichtlich dazu führte, dass Ludwig nicht nur mit den Slawen, sondern auch mit den Dänen Frieden schloss. Zumindest diese Beobachtung ist in dem Kontext gewinnbringend. Was die beiden Personen Reginher und Rorik angeht, so ist es beim Ersteren unmöglich ihn zuzuordnen, während sich beim Letzteren zumindest eine gewisse Unschärfe einstellt. Die Mutmaßung, dass es sich bei diesem Reginher um den bis zur Legende verklärten Ragnar Lodbrok handelt, erscheint völlig unangebracht, da Ragnar aufgrund seiner sehr verschiedentlichen Rezeption, sei es in Sagen oder der Geschichtsforschung und Literaturwissenschaft, nicht mehr sachlich fundiert als historische Figur zugeordnet werden kann. Reginher zählt lediglich zu dem Kreis von mehr oder weniger historischen Figuren, die als Vorlagen für Ragnar Lodbrok dienten. Vgl. hierzu: McTurk, Rory, Studies in Ragnars Saga Loðbrókar and its Major Scandinavian Analogues, Oxford 1991, S. 1-6.

779 *Ludewicus rex congregato exercitu magno iter iniit ad Winodos*, Ann. Xant., 845, S. 14. Simson geht freilich davon aus, dass mit den „Wenden" an dieser Stelle die Abodriten gemeint sind, allerdings ist diese Frage im hier zu berücksichtigenden Kontext nicht allzu erheblich. Bedeutsam ist, dass Ludwig gegen einen slawischen Stamm im Nordosten seines Reiches zu Felde zog und das unmittelbar nach dem Überfall auf Hamburg. Die bereits erläuterte Vorgeschichte der Dreieckkonstellation im Nordosten des Frankenreiches legt zweifellos nahe, dass Ludwig tatsächlich gegen die Abodriten vorging. Es soll hier nicht unerwähnt bleiben, dass Ludwig auch schon im Vorjahr gegen diesen Slawenstamm gekämpft hatte und dabei einen ihrer Großen tötete. *Eodem tempore Ludewicus rex perrexit in Winithos cum exercitu. Ibique unus ex regibus eorum interiit, Gestimus nomine, reliqui vero fidem prebentes veniebat ad eum*, Ann. Xant., 844, S. 13f. Vgl. hierzu: *Hludowicus Obodritos defectionem molientes bello perdomuit occiso rege eorum Goztomuizli terramque illorum et populum sibi divinitus subiugatum per duces ordinavit*, Ann. Fuld., 844, S. 35. *Hlodowicus rex Germannorum populos Sclavorum et terras adgressus, quosdam in deditionem cepit, quosdam interfecit, omnes pene illarum partium regulos sibi aut vi aut gratia subegit*, Ann. Bert., 844, S. 31. Nur ein Jahr nach dem Überfall auf Hamburg setzte Ludwig über die Elbe, um auch dort gegen die Slawen vorzugehen. Offenkundig war dies umso nötiger, seit Hamburg bei dem Wikingerangriff so schwer getroffen worden war. *Eodem anno ivit Ludewicus de Saxonia contra Winidos ultra Albiam*, Ann. Xant., 846, S. 15.

817.[780] Eine gemeinsame und klar abgestimmte Militäroperation zwischen Dänen und Slawen hätte zweifelsfrei große Vorteile gehabt, vor allem für die Dänen. Da davon auszugehen ist, dass die Überfälle auf verschiedene Ziele im Westfrankenreich und auf Friesland im Mittelreich von den Dänen getragen wurden, hätte ein Überfall der Slawen gegen das Ostfrankenreich nicht nur den militärischen Aufwand für die Dänen verringert, sondern außerdem außenpolitische Vorteile gehabt. Die Überfälle gegen das Mittel- und Westfrankenreich würden, davon war aufgrund der Erfahrungen der 830er Jahre und auch nach den jahrelangen innerfränkischen Unruhen auszugehen, keine schwerwiegenden Konsequenzen für Dänemark zur Folge haben. Von dem benachbarten Ostfrankenreich ging allerdings eine reelle Bedrohung für die Dänen aus, da Ludwig der Deutsche recht schnell ein Heer ausheben und auf dem Landweg nach Norden schicken konnte. Eine Vergeltung aus den beiden übrigen fränkischen Teilreichen hingegen erschien wegen des unverhältnismäßigen Aufwands, der für eine Strafexpedition nötig gewesen wäre, geradezu unmöglich. Wenn der Angriff auf das Ostfrankenreich den Slawen überlassen worden wäre, hätte sich die Vergeltung dieses Übergriffs naturgemäß gegen die direkten Verursacher, also die Slawen selbst gerichtet, da eine verdeckte dänische Urheberschaft für die Franken wohl nicht zu erkennen gewesen wäre. Ein dänisch-slawisches Bündnis wäre 845 also von großem Vorteil für die Dänen gewesen, allerdings ergeben sich aus dieser Deutung einige Probleme. Wenn man ein dänisch-slawisches Bündnis unterstellt, muss man davon ausgehen, dass auf Seiten der Skandinavier ein äußerst mächtiger Mann für das Abkommen einstand, der zudem über die erforderliche Weitsicht und Motivation für eine solche Operation verfügen musste. Nur ein Machthaber, der außerdem über ein ausreichendes Maß an Einfluss, eine große Zahl an Gefolgsmännern und Schiffen verfügte, konnte einen kombinierten Angriff auf mehrere, teilweise weit auseinander liegende Ziele durchführen und zugleich ein Bündnis mit einer auswärtigen Macht schließen. Damit liegt natürlich abermals die Vermutung nahe, dass es sich bei dieser Person um Horik handelte, der wohl die Ressourcen für eine solche Aktion aufbringen konnte. Andererseits hatten die vielen vorangegangenen Wikingerüberfälle möglicherweise bereits Wikingerfürsten hervor gebracht, die ebenfalls über ein hinreichendes Maß an Macht und Material verfügten. Zunächst bleibt allerdings zu klären, wer Hamburg überfallen hatte und wieso Ludwig der Deutsche lediglich gegen die Slawen, aber nicht gegen die Dänen militärisch vorging.

Der Bericht der Vita Anskarii lässt wenig Zweifel daran aufkommen, dass es Plünderer aus Skandinavien waren, die Hamburg im Jahre 845 überfielen. Rimberts Bericht des Überfalls auf Hamburg stellt die detaillierteste Schilderung der Ereignisse dar. Die wesentlichen Erkennungsmerkmale, die eindeutig auf einen Wikingerüberfall hinweisen, sind der Umstand, dass die Angreifer äußerst schnell und unvermittelt auftauchten und außerdem auf dem Seeweg direkt vor Hamburg erschienen.[781] Die blitzartigen Überfälle passen dabei

---

780 Wie bereits dargestellt wurde, kam es in jenem Jahr zu einem Zusammengehen zwischen dem Abodritenfürsten Sclaomir und den Göttriksöhnen, zu denen bekanntlich auch Horik zählt.

781 *Ex inproviso pyratas advenientes Hammaburgensem civitatem navigio circumdedisse. Quod cum inopinate et*

ebenso zu den Wikingern wie der Umstand, dass sie zielstrebig bis Hamburg vorstießen, was auf eine genaue Kenntnis des Terrains hindeutet. Ein slawischer Überfall wäre aller Wahrscheinlichkeit nach auf dem Landwege erfolgt, weshalb zumindest Hamburg eindeutig das Opfer eines Wikingerüberfalls wurde. Es ist dennoch denkbar, dass zeitgleich slawische Verbände in nordalbingisches oder südlicher gelegene sächsische Gebiete eindrangen.

Damit gilt es die Frage nach Urheberschaft und Verlauf der Wikingerüberfälle von 845 für den Gesamtkontext der vorliegenden Dissertation zu klären. Es wurde ersichtlich, dass 845 alle drei fränkischen Teilreiche das Opfer von Wikingerüberfällen wurden. Man kann zwar nicht zweifelsfrei davon ausgehen, dass alle normannischen Plünderungsfahrten dieses Jahres zentral gelenkt wurden, jedoch darf man dies für die Überfälle gegen Paris, Friesland und Hamburg vermuten.[782] Der Wikingerüberfall auf Saintonge passt immerhin nicht recht zu den Angriffen auf Paris, Friesland und Hamburg. Zum einen wurde Aquitanien das zweite Jahr in Folge zum Opfer eines Wikingerüberfalls, was auf den jeweils gleichen Verband von Plünderern hinweist.[783] Zum anderen begnügten sich die Wikinger in Aquitanien nicht, wie bei den anderen Überfällen des Jahres 845, mit einer bloßen Plünderung, gefolgt von einem schnellen Rückzug, sondern vielmehr versuchten sie sich in Aquitanien festzusetzen.

Eine gängige These besagt, dass Horik diese Überfälle koordiniert oder gar angeordnet habe.[784] Die Darstellung der Annales Xantenses eröffnet allerdings die Möglichkeit, diese

---

subitanee accidisset, spatium non fuit pagenses congregandi, Rimbert, Vita Anskarii, 16, S. 37. Rimberts Bericht zeigt sehr nachdrücklich, wie unvorbereitet und hilflos Hamburg gegenüber diesem Überfall war, da die Plünderer nach der Einnahme der Siedlung noch anderthalb Tage ungefährdet in Hamburg bleiben konnten, um den Ort gründlich auszuweiden. *Populi quoque a loco ipso exeuntes et hac illacque palantes, plurimis aufugientibus, quidam capti, plerique etiam perempti sunt. Denique hostes, arrepta civitate, et omnibus quae in ea vel in vico proximo erant spoliatis, cum vespertino tempore eo adventassent, noctem ipsam cum sequenti die et nocte ibi consederunt. Sicque succensis omnibus ac direptis, egressi sunt*, Rimbert, Vita Anskarii, 16, S. 37. Die Entführung von Menschen zum Zwecke des Sklavenhandels ist ebenfalls ein Phänomen, das sich bei vielen Wikingerüberfällen beobachten lässt. Außerdem zeigt das Nebeneinander von *civitas* und *vicus* Einzelheiten über die Siedlungsstruktur Hamburgs auf. Harthausen, Normanneneinfälle, S. 11 hat mit einem Rückgriff auf Planitz, Hans, Frühgeschichte der deutschen Stadt, in: ZRG GA 63 (1943), S. 9ff und Schlesinger, Walter, Burg und Stadt, in: Ders., Beiträge zur deutschen Verfassungsgeschichte des Mittelalters, Bd. 2, Göttingen 1963, S. 143ff darauf hingewiesen, dass in diesem Kontext die *civitas* als Burg und der *vicus* als Handelssiedlung zu verstehen sind.

782 Ann. Bert., 845, S. 33. Vgl. dazu auch Harthausen, Normanneneinfälle, S. 214: *„Die großen Einfälle in Niederdeutschland sind niemals Einzelvorgänge gewesen, sondern es gab jedesmal Parallelangriffe in anderen Teilen Europas. Im Jahre 845 erfolgten gleichzeitige Einfälle im Seinegebiet, im Bereich der späteren Niederlande und an der Elbe".*

783 Gleiches ist für die Überfälle auf Friesland anzunehmen, die sich in den 830ern nahezu alljährlich wiederholten. Die Initiative zu diesen Überfällen dürfte häufig oder immer von denselben Kreisen ausgegangen sein.

784 Schon Dahlmann und Dümmler schrieben Horik die Verantwortung für den Überfall auf Hamburg zu. *„Friede ward zwar im Innern durch die Verduner Theilung, allein Horich erneute die Feindseligkeiten, und was lange gefürchtet war, begab sich jetzt. Plötzlich erschienen sechshundert Dänische Schiffe in der Elbe vor Hamburg",* Dahlmann, Geschichte von Dännemark, S. 45; *„Nachdem das Erzbisthum Hamburg durch den Verlust von Thourout soeben erst einen großen Theil seiner Einkünfte eingebüßt, wurde dasselbe bald darauf von einen noch*

Taten einem anderen Mitglied der dänischen Königssippe, nämlich Rorik, anzulasten. Insofern man den Annales Xantenses Glauben schenken will, wurden die Wikingerüberfälle von einem Wikingerfürsten namens Reginher geführt, der nicht den Status eines Königs besaß.[785] Dies führt nun zu einem Problem, welches darin besteht, dass der sogenannte *rex* Rorik, der offensichtlich ebenfalls an den Überfällen beteiligt war, schwer zuzuordnen ist.[786] Es könnte hier der berüchtigte Rorik gemeint sein, der, wie bereits beschrieben, später eine beachtliche Karriere im Frankenreich machen sollte, oder aber die Annales Xantenses versuchen auf den König Horik zu verweisen. Für die erste Deutung spricht, dass Rorik nur fünf Jahre später sehr unvermittelt, zumindest nach der Darstellung der Annales Xantenses, als Lothars Gefolgsmann im Mittelreich auftauchte.[787] Die zeitliche Nähe und die Namensgleichheit sprechen für die Deutung, dass jener Rorik des Jahres 845 mit dem von 850 identisch ist. Lediglich die Bezeichnung als *rex* ließe annehmen, es handle sich bei dem Bericht zu 845 um Horik.[788]

Es ist in diesem Zusammenhang bemerkenswert, dass die Annales Xantenses den Namen Horik generell zu keinem Zeitpunkt erwähnen, was offensichtlich entweder auf Unkenntnis oder äußerste Geringschätzung zurückzuführen ist. Dies ist besonders deutlich an dem Bericht über Horiks Tod zu erkennen, der hier allerdings fälschlich auf das Jahr 856 datiert wurde.[789] Es wird vom Tode des alten Königs berichtet, dessen Nachfolger den gleichen Namen getragen habe und mit seinem Vorgänger verwandt gewesen sei. Trotz dieser Detailkenntnisse wird der Name des Königs nicht erwähnt. Da die Annales Xantenses also offenkundig den Namen Horik nicht erhalten wollten oder benennen konnten, wohingegen sie Rorik offenbar zu identifizieren vermochten, ist wohl davon auszugehen, dass im Jahre 845 tatsächlich von Rorik die Rede ist.[790] Der Umstand, dass Rorik in der Darstellung der

---

viel schwereren Ungemache heimgesucht. König Horich von Dänemark hielt sich durch den feierlich beschworenen Frieden vom J. 839 ebenso wenig gebunden, wie durch alle früheren Verträge ähnlicher Art und so geringe Achtung hegte er vor der getheilten fränkischen Macht, daß er es wagte im Frühjahr 845 gegen alle drei Frankenkönige die Feindseligkeiten fast zu gleicher Zeit zu eröffnen", Dümmler, Ernst, Geschichte des Ostfränkischen Reichs (Bd. 1), Berlin 1862, S. 268. Zu dem gleichen Schluss kommen auch: Vogel, Die Normannen, S. 101; Cusack, Conversion, S. 139; Lund, Allies, S. 53; Sawyer, Kings and Vikings, S. 135.

785 Damit ist Horik zu entlasten, sofern man den Rorik der Annales Xantenses von 845 nicht mit Horik gleichsetzt.

786 Die Verwicklung des *rex* ist in diesem Fall daraus ersichtlich, dass er Verfügungsgewalt über christliche Gefangene hatte, die er, laut der Schilderungen der Quelle, nach überstandener Seuche frei ließ. Siehe: Ann. Xant., 845, S. 15, Z. 7f. Außerdem war gemäß der Darstellung der Quelle die Seuche als Strafe Gottes über die Räuber und Plünderer gekommen, zu denen offensichtlich auch *rex* Rorik und seine Gefolgsleute zählten.

787 *Rorik Nordmannus, frater iam dicti Herioldi iunioris, qui prius a Lothario dehonestatus fugit, Dorestatum repetit, multa mala Christianis fraudulenter intulit*, Ann. Xant., 850, S. 17, Z. 10-13.

788 Davon geht auch Harthausen, Normanneneinfälle, S. 26f aus.

789 *Nordmanni rursum regem sibi constituunt, cognatum et convocum priori, et Dani iterum, resumptis viribis, navali evectu Christianos invaserunt*, Ann. Xant., 856, S. 18, Z. 17-20.

790 Eine weitere Möglichkeit bestünde darin, dass die Annales Xantenses über zwei Dänen namens Rorik berichten. Dies würde allerdings voraussetzen, dass *rex* Rorik nur anlässlich der Ereignisse von 845 von den Quellen erfasst wurde, während er ansonsten abseits der Überlieferung im Dunkel der Geschichte verschwand. Zugleich müsste der fränkische Graf Rorik erst wenige Jahre später in den Wahrnehmungsbereich der Franken gerückt sein, ohne

Quelle zum *rex* erhoben wird, während Reginher als *princeps* tituliert wird, lässt zumindest vermuten, dass unter Umständen Rorik der Drahtzieher der Wikingerüberfälle von 845 war. Die fränkische Historiographie betitelte während der Wikingerüberfälle durchaus regelmäßig Wikingerfürsten als „Könige", daher kann dies im Falle Roriks auch nicht überraschen und kollidiert deshalb auch nicht mit der Auffassung eines zentralen und dynastisch fundierten dänischen Königtums.[791]

Als Ergebnis lässt sich an dieser Stelle festhalten, dass die Auffassung, der Dänenkönig Horik sei als Hintermann oder gar Drahtzieher an den Wikingerüberfällen von 845 beteiligt gewesen, im Rahmen dieser Dissertation nicht geteilt werden kann.[792] Eine solche Annahme stünde im Widerspruch zu den grundlegenden Beobachtungen jener Zeit. Gegen eine Beteiligung Horiks spricht dabei nicht nur das Verhalten Horiks in der Folgezeit, sondern auch das Gebaren Ludwigs des Deutschen, der die außenpolitische Gangart gegenüber den Dänen nach 845 keinesfalls verschärfte.[793] Die Wikingerüberfälle und ihre zu erhoffenden Erfolge standen außerdem in keinem rationalen Verhältnis zum Machtsicherungsinteresse eines dänischen Königs. Horik musste im Falle der Eskalation der Wikingerüberfälle befürchten, dass erstens sein Reich militärisch angegriffen würde, zweitens seine eigene Hausmacht durch allzu erfolgreiche Wikingerfürsten in Frage gestellt oder sogar gebrochen werden könnte und drittens der eigene Handel, eine wichtige und stetige Einnahmequelle, empfindlich gestört würde. Das sich verselbständigende Phänomen der Wikingerzüge stellte in Wahrheit eine große Gefahr für das dänische Königtum dar.[794] Horik konzentierte sich,

---

dass sich anhand der Quellen eine familiäre oder irgendwie anders geartete Beziehung zwischen den beiden mutmaßlichen Roriks erschlossen hätte. Auch wenn bereits auf das Problem der Namensgleichheiten innerhalb der dänischen Königssippe des 9. Jahrhunderts eingegangen wurde, so scheint es sich in diesem Falle m.E. um kein weiteres Beispiel aus dieser Reihe zu handeln. Die zeitliche Nähe und das bei abweichender Deutung scheinbar unvermittelte Auftreten Roriks im Frankenreich legen nahe, dass es in jener Zeit keine zwei Roriks gab. Wenn man davon ausgeht, dass Rorik bereits in den 840ern als Wikingerfürst aktiv war, erschließt sich auch ein weiterer Aspekt, der für den späteren Aufstieg dieses Normannen im Frankenreich mitverantwortlich gewesen sein könnte. Es ist denkbar, dass Rorik bereits 845 oder kurz zuvor, etwa nach dem Vertrag von Verdun 843, aus Friesland vertrieben wurde und daraufhin als Wikingerfürst die Übertragung eines friesischen Benefiziums zu erzwingen versuchte, entweder erstmals als Nachfolger seines verstorbenen Bruders oder zum wiederholten Male, wenn man davon ausgeht, er habe bereits zuvor fränkische Benefizien gehalten. Ein solcher, aufgrund der Quellenlage allerdings nur zu vermutender Verlauf würde schließlich zu der beispiellosen machtpolitischen Karriere Roriks passen.

791 *„Entschieden zurückzuweisen sind vom Quellenbild her Thesen, in denen das skandinavische Königtum als Antriebskraft der Normanneneinfälle dargestellt wird. Trotz gleicher Titel wußte man in den zeitgenössischen Quellen zwischen einem »rex« an der Spitze einer marodierenden Wikingergruppe - »solo rex verbo«! - und einem »rex« als innerskandinavischem Herrscher durchaus zu unterscheiden"*, Zettel, Normannen, S. 229.

792 Zettel, Normannen, S. 162 geht davon aus, dass die Beteiligung an dem Wikingerüberfall auf Hamburg der Verständigungspolitik Horiks gegenüber den Franken widersprochen hätte.

793 Harthausen, Normanneneinfälle, S. 27 geht unter Rückgriff auf Vogel, Die Normannen, S. 115 davon aus, dass noch im Jahre 845 ein Friedensabkommen zwischen Horik und Ludwig dem Deutschen geschlossen wurde, das *„für mehrere Jahrzehnte die Bedrohung durch das dänische Königtum beseitigte"*.

794 Siehe zur anzunehmenden ursprünglichen Beschaffenheit der Wikingerzüge: *„Die normannischen Scharen, welche im 9. und 10. Jahrhundert auf dem Festland heerten, dürften zunächst größere Einzelgefolgschaften gewesen sein. Später haben sich die Wikingerführer unter einem »dux« zusammengeschlossen, der, war er*

wie bereits in den 830ern, auf eine Schadensbegrenzung, welche er auf diplomatischem Wege zu erreichen suchte.[795] Daher bleibt fernerhin anzunehmen, dass sich verschiedenste Wikingergruppen ohne königliches Zutun zu Kampfverbänden zusammenschlossen, um ihr materielles Heil auf kriegerischem Wege im Ausland zu suchen.

In diesem Zusammenhang sind auch die vorangegangenen innerdänischen Thronstreitigkeiten zu berücksichtigen, da der Einfluss vertriebener oder aus der Herrschaft ausgeschlossener Anhänger der dänischen Königssippe nicht übersehen werden darf.[796] Der Weg Horiks zum Königtum ging zulasten mehrerer seiner Verwandter, die, wenn sie ihren Ausschluss von der Herrschaft nicht akzeptieren wollten, entweder Zuflucht im Frankenreich suchen und auf die Ausstattung mit einem *beneficium* hoffen konnten oder die schwankende Situation im Frankenreich bzw. andernorts ausnutzen konnten, um sich durch Raubzüge im Ausland materiell zu bereichern. Ein Vorteil der letzteren Option bestand darin, dass ein erfolgreicher Wikingerfürst nicht nur auf einen Zugewinn an wirtschaftlichen Mitteln hoffen konnte, sondern außerdem die Gelegenheit hatte, sich einen gewissen Ruf und eine kampferprobte Kriegerschar aufzubauen. Die kriegerischen Erfolge solcher Angehörigen der Königssippe hatten letztlich auch ihre Auswirkungen auf das dänische Königtum selbst, wie beispielsweise der Bürgerkrieg zwischen Horik und dessen Neffen Gudurm belegt.[797] Der aus der Teilhabe an der Königsherrschaft verdrängte Gudurm ging dazu über, sich als Wikingerfürst zu verdingen, bis er schließlich stark genug war, um Horik selbst herauszufordern.[798] Der daraus entstandene Bürgerkrieg kostete Horik Herrschaft und

---

königlichen Blutes, »Seekönig« genannt wurde"*, Buisson, Formen normannischer Staatsbildung, S. 116. Es ist dabei durchaus denkbar, dass sich im späteren Verlauf des 9. Jahrhunderts mehrere kleinere Wikingerverbände unter einer gemeinsamen Führung zusammenschlossen.

795 *„Auf der einen Seite gibt es klare Belege dafür, daß einige Anführer von Wikingerzügen Verbannte waren, häufig Mitglieder königlicher Familien, die von mächtigeren Rivalen aus ihrer Heimat verdrängt worden waren; auf der anderen Seite deutet vieles darauf hin, daß regierende dänische Könige in der ersten Hälfte des 9. Jahrhunderts stärker in die Überfälle auf Francia verwickelt waren, als früher erkannt worden ist – zumindest dachten die fränkischen Könige man könne sie verantwortlich machen"*, Lund, Das Dänenreich, S. 166. Während der ersten Beobachtung beizupflichten ist, soll die Frage nach der Beteiligung der dänischen Könige an den Wikingerüberfällen in der ersten Hälfte des 9. Jahrhunderts in diesem Kapitel geklärt werden, wobei das Ergebnis ein abweichendes ist. Es ist schließlich nicht zwangsläufig davon auszugehen, dass, nur weil sich die fränkischen Herrscher in Ermangelung alternativer Ansprechpartner an den dänischen König wandten, mit der Hoffnung, dieser möge die Überfälle eindämmen, hierin ein Beleg für die Beteiligung der Dänenherrscher am Unwesen der Wikingerzüge bestünde. Lunds Anmerkung bezüglich der dem Dänenkönig durch die Franken zugeschriebenen Verantwortung erscheint jedenfalls sehr treffend, da sie das Dilemma Horiks zum Ausdruck bringt. Die Franken tendierten dazu Horik für die Überfälle verantwortlich zu machen, ganz gleich, ob dies nun den wahren Gegebenheiten entsprach oder nicht.

796 *„Die Unternehmungen der Normannen waren oft die Folge von inneren Schwierigkeiten, besonders von Thronwirren, in den Herkunftsländern"*, Harthausen, Normanneneinfälle, S. 214.

797 Lund, Das Dänenreich, S. 167 sieht in dem Ende der Herrschaft Horiks einen Beleg für den Verfall der Autorität des dänischen Königtums, welcher sich bis zum Ausgang des 9. Jahrhunderts noch zuspitzen sollte. Vgl. auch: Sawyer / Sawyer, Medieval Scandinavia, S. 53f.

798 *Ibique inter Horic regem Danorum et Gudurm filium fratris eius, qui eatenus ab eo regno pulsus piratico more vixit, orta contentione ita se mutua caede mactaverunt, ut vulgus quidem promiscuum innumerabile caderet*, Ann.

Leben gleichermaßen.[799]

VI. 2. 2 Die fränkisch-dänischen Beziehungen zwischen 845 und 854

Die Überfälle von 845 markierten zwar einen frühen Höhepunkt der Wikingerüberfälle, allerdings erwies sich deren Entwicklung in der unmittelbaren Folgezeit keinesfalls als rückläufig. Bereits zu Beginn des Jahres 846 fielen die Normannen erneut in Friesland ein und versuchten offenbar sich dort festzusetzen.[800] Im darauf folgenden Jahr mehrten sich die Überfälle[801] in einem Maße, welches die Frankenkönige dazu bewog, eine gemeinsame Gesandtschaft an Horik zu schicken. Die Botschaft der Franken war klar und deutlich: Wenn Horik nicht gegen die Wikingerüberfälle, welche von seinem Land ausgingen, einschreiten sollte, so würde er von den Franken mit Krieg überzogen.[802] Wie zu erwarten war, bewirkte

---

Fuld., 854, S. 44f. Weitere Beispiele für Mitglieder der dänischen Königsfamilie, die außerhalb Dänemarks zu Wikingerfürsten wurden, sind Godefrid Haraldsson (Ann. Fuld., 850, S. 39f und Ann. Bert., 855, S. 46), Rorik und Harald der Jüngere (Ann. Xant., 850, S. 17). Die beiden bereits besprochenen Dänen Godefrid und Rorik unternahmen kurz nach der Thronbesteigung Horiks II. einen gemeinsamen Versuch, in ihrer Heimat die Herrschaft oder zumindest eine Teilhabe daran zu erringen. Sie scheiterten bei diesem Versuch und setzten sich wieder in Friesland fest. Siehe: Ann. Bert., 855, S. 45f.

799 Das Ende der Herrschaft Horiks und die damit verbundenen Begleitumstände werden im Folgenden noch thematisiert werden.

800 *Pyratae Danorum Fresiam adeuntes, recepto pro libitu censu, pugnando quoque victores effecti, tota pene provincia potiuntur*, Ann. Bert., 846, S. 33. Es erschiene plausibel, wenn sich hinter dieser Formulierung das Betreiben Roriks versteckte, welcher die Übertragung friesischer Gebiete erzwingen wollte. Die Annales Xantenses berichten hingegen nicht von einem Versuch der Wikinger sich längere Zeit in Friesland festzusetzen. *Consueto Norhtmanni* [sic!] *Ostraciam et Westraciam vastaverunt et vicum Dorestatum cum aliis duabus villis incenderunt igni, vidente Lothario imperatore, cum esset in Noviomago castro, sed scelus ulcisci nequiverat. Illi autem ingenti preda hominum atque facultatum oneratis classibus reversi sunt in patriam*, Ann. Xant., 846, S. 15.

801 Der erste Überfall des Jahres traf die Bretonen, die den Abzug der Wikinger nur durch die Zahlung von Lösegeldern erwirken konnten. *Dani partem inferioris Galliae quam Brittones incolunt adeuntes, ter cum eisdem bellantes, superant; Nomenogiusque victus cum suis fugit, dein (per) legatos muneribus a suis eos sedibus amovit*, Ann. Bert., 847, S. 35. Die Überfälle auf die Schotten lagen zwar nicht im unmittelbaren Einfluss- und Interessengebiet der Franken, allerdings dürften auch diese Ereignisse zur allgemeinen Beunruhigung auf dem Kontinent beigetragen haben. *Scotti a Nordmannis per annos plurimos impetiti, tributarii efficiuntur, insulis circumquaque positis nullo resistente potiti immorantes*, Ann. Bert., 847, S. 35. Auch nach der Gesandtschaft an Horik ließen die Überfälle nicht nach. So kam es zu Angriffen auf Aquitanien und abermals Friesland. *Nordmanni Dorestadum incendentes vastaverunt*, Ann. Fuld., 847, S. 36. *Dani Aquitaniae maritima inpetunt et praedantur urbemque Burdegalam diu oppugnant. Alii quoque Danorum emporium quod Doraestadum dicitur et insulam Batavum occupant atque obtinent*, Ann. Bert., 847, S. 35. Das Festsetzen von Dänen in Friesland deutet abermals auf Rorik als Urheber hin.

802 *Hlotharius, Hlodowicus et Karolus legatos ad Oric Danorum regem destinant, mandantes, ut suos christianorum infestationibus cohiberet, sin alias, bello se inpetendum nullatenus dubitaret*, Ann. Bert., 847, S. 35. In diesem Fall erscheint es äußerst unwahrscheinlich, dass die Rede von Rorik ist, da lediglich Horik, zumindest ideell, den Anspruch erheben konnte, den Dänen Raubzüge zu untersagen. Rorik mag hingegen bereits zu jenem Zeitpunkt ein mächtiger Wikingerfürst gewesen sein, allerdings muss auch den Frankenherrschern klar gewesen sein, dass er keine Gewalt über jeden umherziehenden Wikingerverband haben konnte. Horik wiederum war, dem Gedanken eines Königtums entsprechend, der erste und legitime Ansprechpartner für die Franken. Die Franken mussten

diese Drohung gegen Horik kein jähes Ende der Wikingerüberfälle. Die Jahre 848 und 849 wurden vielmehr von bereits bekannten und sich wiederholenden Konflikten dominiert. Ludwig der Deutsche kämpfte gegen die Slawen, während sich das Westfrankenreich weiterhin mit geringem Erfolg gegen jene Wikinger, die Aquitanien heimsuchten, zu wehren versuchte.[803]

Im Jahre 850 erhalten wir endlich wieder Nachricht von den Ereignissen innerhalb Dänemarks. Es wird berichtet, dass Horik die Herrschaftsansprüche zweier seiner Neffen nicht länger unterdrücken konnte und er diesen deshalb eine Teilherrschaft gewähren musste.[804] Die Annales Bertiniani berichten im Jahre 850 nicht nur von diesen innerdänischen Vorgängen, sondern schildern zugleich den Auszug Roriks aus Dänemark.[805] Wie bereits beschrieben wurde, überfiel Rorik Friesland und konnte dadurch von Lothar ein friesisches Benefizium erstreiten.[806] Es ist allerdings trotz der zeitlichen Nähe der Ereignisse

allerdings in der Folgezeit die bittere Erfahrung machen, dass auch Horik die Ausfahrt der Wikinger nicht bzw. nicht mehr verhindern konnte. *„The Frankish kings clearly believed or expected their Danish colleague to be in such control of his subjects that he could be held responsible for their misbehavior abroad, and in 847 sent envoys to Horik threatening to invade Denmark if he did not check the Vikings"*, Lund, Allies, S. 54. Reuter, Plunder and Tribute, S. 80 sieht in der gemeinsamen Gesandtschaft der Frankenkönige zudem einen weiteren Ausdruck fränkischen Königsverständnisses, der darin zu suchen sei, dass *„plundering-expeditions"* stets unter königlicher Kontrolle stehen mussten oder zumindest sollten.

803 *Sclavi in regnum Hlodowici hostiliter irruentes, ab eo in Christi nomine superantur*, Ann. Bert., 848, S. 35. *Karolus Nordmannorum Burdegalam oppugnantium partem adgressus, viriliter superat.* [...] *Dani Burdegalam Aquitaniae, Iudaeis prodentibus, captam depopulatamque incendunt.* [...] *Nordmanni Metullum vicum populantes incendio tradunt*, Ann. Bert., 848, S. 35f. Zumindest die Schotten schienen erfolgreich gegen die normannischen Plünderer in jenem Jahr vorgegangen zu sein. *Scotti super Nordmannos irruentes, auxilio domini nostri Iesu Christi victores, eos a suis finibus propellunt*, Ann. Bert., 848, S. 36. Das Jahr 849, ebenso wie das Vorjahr, war natürlich aus der Perspektive des Gesamtreiches nicht nur durch die Überfälle von Seiten der Normannen und den Kampf Ludwigs gegen die Slawen geprägt, sondern vielmehr reihten sich auch Übergriffe anderer Völker ein. Vor diesem Hintergrund ist die Heimsuchung des Frankenreichs durch die Normannen als Teil eines Spektrums zu verstehen, das charakteristisch für die Schwäche des Frankenreiches jener Zeit ist. *Nordmanni Petrocorium Aquitaniae civitatem populantes incendunt atque inpune ad naves remeant.* [...] *Hlodoicus rex Germannorum egrotans, exercitum suum in Sclavos dirigit. Qui turpiter profligatus, quid dispendii sibi absentia ducis intulerit, cadendo fugiendoque expertus est*, Ann. Bert., 849, S. 37. In Hinblick auf das Verhältnis zwischen Dänen und Ostfranken ist noch zu erwähnen, dass Ludwig der Deutsche 848 u.a. eine dänische Gesandtschaft empfing, ohne dass genauere Hintergründe bekannt wären. *Circa Kalendas autem Octobris generale placitum habuit apud Mogontiacum, in quo legatos fratrum suorum et Nordmannorum Sclavorumque suscepit, audivit et absolvit*, Ann. Fuld., 848, S. 37. Es bleibt anzunehmen, dass Ludwig die Drohung gegenüber Horik abermals erneuerte und auf einer Eindämmung des Wikingerunwesens bestand.

804 *Orich rex Nordmannorum, impugnantibus sese duobus nepotibus suis, bello impetitur. Quibus partitione regni pacatis*, Ann. Bert., 850, S. 38.

805 *Quibus partitione regni pacatis, Rorich, nepos Herioldi, qui nuper a Lothario defecerat, adsumptis Nordmannorum exercitibus, cum multitudine navium Fresiam et Batavum insulam aliaque vicina loca per Renum et Vahalem devastat. Quem Hlotharius cum comprimere nequiret, in fidem recepit eique Dorestadum et alios comitatus largitur*, Ann. Bert., 850, S. 38.

806 Dies bedeutete freilich nicht, dass sich der Wikingerverband, welcher Rorik zu seinem begehrten friesischen *beneficium* verhalf, nach dem Zugeständnis Lothars auflöste. Die Plünderer zogen lediglich weiter nach Westen und setzten dort ihre Plünderungen fort. *Ceterorum vero pars Menapios, Tarvisios aliosque maritimos depraedantur, pars Brittaniam insulam Anglosque impetentes, ab eis auxilio domini nostri Iesu Christi superantur,*

um Horik und Rorik nicht davon auszugehen, dass ein Kausalzusammenhang zwischen den beiden Vorkommnissen bestand. Die Vorjahre hatten bereits gezeigt, dass die friesischen Gebiete, welche Rorik 850 zugesprochen wurden, schon seit Längerem das Ziel normannischer Herrschaftsbestrebungen gewesen waren. Rorik erreichte dieses Ziel im Jahr der dänischen Herrschaftsteilung zwischen Horik und seinen Neffen. Rorik war bereits seit Jahren wiederholt gegen das Mittelreich Lothars vorgegangen und 850 erhielt er endlich, was er offensichtlich schon seit einiger Zeit mit gewaltsamen Mitteln eingefordert hatte.[807] Bemerkenswert erscheint hierbei vor allem, dass die Fuldaer Annalen offen von der Unterstützung berichten, die Ludwig der Deutsche dem Wikingerfürsten Rorik gewährte.[808] Hierbei drängt sich der Eindruck auf, dass Rorik als willkommenes Werkzeug bei innerfränkischen Ränkespielen eingesetzt wurde. Die Herrschaftsteilung Horiks in jenem Jahr verdeutlicht hingegen den Niedergang der Macht Horiks, der einst aus dem innerfamiliären Machtkampf als Sieger hervorgegangen war und den eben jener Wille zur Macht, welcher ihn einst gegen seine Widersacher hatte triumphieren lassen, allmählich einholte. Denn auch Vertreter der nachfolgenden Generation der Königssippe erstrebten die Macht in Dänemark. Horik konnte offenbar nicht länger die Opposition innerhalb seiner Sippe unterdrücken und somit weist seine Herrschaftsteilung von 850 schon den Weg zum Ende seiner Herrschaft. Auf gewisse Weise stellte das Jahr 850 einen Wendepunkt für zwei der bedeutendsten Angehörigen der dänischen Königssippe dar. Während sich Horiks Königtum dem Ende entgegen neigte, gewann Rorik beträchtlich an Macht.

Die weiteren vier Jahre bis zum Tode Horiks verliefen auf mittlerweile gewohnte Weise; *gentiles Christianis, ut consueverant, nocuerunt.*[809] Die Wikingerüberfälle setzten sich jedenfalls ungehemmt fort.[810] Das Interesse der fränkischen Quellen an den Ereignissen im

---

Ann. Bert., 850, S. 38. Dieser Bericht zeigt einmal mehr, dass die Wikingerzüge ein Phänomen darstellten, dass nicht an Einzelpersonen festgemacht werden kann. Auch ohne Rorik, der entweder der ursprüngliche Anführer des Wikingerverbandes gewesen war oder zumindest zu den bedeutendsten Wikingern gehört hatte, ging das Plündern weiter. Der Verband zog lediglich in andere Regionen weiter, nachdem sie in Friesland nicht nur Beute, sondern auch ein *beneficium* für Rorik herausgepresst hatten. Die Aussicht auf leichte Beute reichte offenbar aus, um die Gruppe von Plünderern weiterhin zusammenzuhalten.

807 Ann. Fuld., 850, S. 39.

808 *Unde fuga lapsus in fidem Hludowici regis orientalium Francorum veniens, cum per annos aliquot ibi moraretur et inter Saxones, qui confines Normannis sunt, mansitaret, collecta Danigenarum non modica manu coepit piraticam exercere et loca regni Hlutharii septentrionalis oceani litoribus contigua vastare. Venitque per ostia Rheni fluminis Dorestadum et occupavit eam atque possedit*, Ann. Fuld., 850, S. 39.

809 Ann. Xant., 848, S. 16.

810 In den nächsten Jahren waren vor allem Friesland und der vom Atlantik aus unmittelbar zugängliche Teil des Westfrankenreiches weiterhin von den Wikingerüberfällen betroffen. *Item Nordmanni in Fresia et circa Rhenum fluvium nocuerunt. Ingens exercitus congregatus est ad Albiam fluvium contra Saxones et civitates eorum, aliaeque obsesse alieque succensae sunt igni*, Ann. Xant., 851, S. 17f. *pyratae Danorum Fresiam et Batavos populantur; sed et usque ad monasterium Sancti Bavonis quod Gant dicunt debacchantes, idem monasterium incendunt; venientesque urbem Rotumum, usque ad Belvacum pedestri gradu perveniunt. Qua incensa, cum redirent, a nostris intercepti et aliqua ex parte profligati sunt*, Ann. Bert., 851, S. 41. Dieser bescheidene Abwehrerfolg blieb indes folgenlos, da sich im nächsten Jahr gleich zwei Wikingerüberfälle auf Friesland ereigneten. Siehe: *Nordmanni 252 [sic!] navibus Fresiam adeunt, acceptisque multis prout ipsi statuerunt, ad alia*

Ursprungsland jener Wikinger schwand in dieser Zeit verständlicherweise. Der Fokus der Betrachtungen lag auf den Ereignissen im Innern des eigenen Reiches. Die Dänen und Angehörige ihrer Königssippe waren nur noch von primärem Interesse, wenn sie in den fränkischen Machtbereich eindrangen. Selbst der Tod des einstmals von Ludwig dem Frommen unterstützten Harald Klak im Jahre 852 fand nur noch wenig Beachtung.[811] Der Umstand jedoch, dass der vormalige Hoffnungsträger Harald Klak, welcher zumindest einstmals ein vorrangiges Werkzeug einer selbstbestimmten fränkischen Außenpolitik gegenüber den Dänen gewesen war, wegen mutmaßlichen Verrats durch sächsische Große erschlagen wurde, verdeutlicht die angespannte Gesamtsituation und die darüber hinaus offenkundige Hilflosigkeit, die mittlerweile charakteristisch für die fränkischen Abwehrversuche gegen die Wikinger war.

Eine gemeinsame Außenpolitik, die gegen die Wikingerzüge hätte einschreiten können, kam bei den Franken nicht mehr zu Stande. Vielmehr kämpften die Teilreiche nur noch für ihre eigenen jeweiligen Interessen, während man den Normannen entweder durch Zugeständnisse oder Abwehrkämpfe zu begegnen suchte. Die gemeinsame Gesandtschaft der drei Frankenherrscher an Horik im Jahre 847 blieb damit der letzte Versuch von fränkischer Seite, die Bedrohung durch die seefahrenden Plünderer bereits in deren Mutterland zu bekämpfen. Die Franken hatten 847 eine leere Drohkulisse erzeugt, die keinen Einfluss auf die Ereignisse der Folgejahre hatte. Die fränkischen Teilreiche hatten zum Ende der Regierungszeit Horiks viel von ihrer alten Wehrfähigkeit und ihrem einst

---

divertunt, Ann. Bert., 852, S. 41. *Godefridus, Herioldi Dani filius, qui quonda sub imperatore Ludowico Mogontiaci fuerat baptizatus, a Lothario deficiens, a suos se confert. Unde conrogata manu valida, Fresiam cum multitudine navium adgreditur, deinde vicinia Scaldis Fluminis, ad postremum (Sequanam) ingreditur. Quo occurrentibus Lothario et Karolo cum omni suo exercitu, utramque ripam eiusdem fluminis obsident*, Ann. Bert., 852, S. 42. Es muss offen bleiben, ob der Abzug der Wikinger beim ersten Frieslandangriff dieses Jahres durch die Vermittlung Roriks zustande kam. Ob der zweite Frieslandangriff auch durch materielle Aufwendungen beendet wurde, lässt sich nur vermuten. Ein bescheidener Fortschritt in der „Abwehr" der Normannen bestand damit allerdings zumindest darin, dass sie offenbar durch die Zahlung von Abgaben vorläufig von weiteren Gewalttaten abgehalten werden konnten. Ähnliches versuchte auch Karl der Kahle im Folgejahr. Allerdings funktionierte dies nicht auf die gewünschte Art und Weise: *Karolus eundem Godefridum quibusdam pactionibus sibi conciliat. Ceteri Danorum usque ad mensem Martium inibi absque ulla formidine residentes, cuncta eo furiosius quo liberius diripiunt, cremant atque captivant. Dani mense Iulio, relicta Sequana, Ligerim adeuntes, Namnetum urbem et monasterium Sancti Florentii ac vicina loca populantur*, Ann. Bert., 853, S. 42. *Nordmanni per Ligerem fluvium venientes Turonum Galliae civitatem praedantur et inter alias aedes ecclesiam quoque sancti Martini confessoris nemine resistente succendunt*, Ann. Fuld., 853, S. 43. *Item pyratae Danorum a Namnetibus superiora petentes, mense Novembri, 6. videlicet Idus, urbem Turonum inpune adeunt atque incendunt cum ecclesia sancti Martini et ceteris adiacentibus locis*, Ann. Bert., 853, S. 43. *Dani in Ligere consistentes usque ad Blisum castrum veniunt ipsumque incendunt, volentes inde Aurelianis pervenire eadem patraturi.* […] *Alii quoque pyratae Danorum Fresiam Saxoniae adiacentem populantur*, Ann. Bert., 854, S. 44. Hieraus wird, vergleichbar der Belehnung Roriks durch Lothar, sichtbar, dass die Franken zwar die zweifelhafte Loyalität einzelner Großer unter den Wikingern erwerben konnten, während dies jedoch nicht zwangsläufig zu einer Auflösung oder dem Abzug des gesamten Wikingerverbands führte. Zu den Tributzahlungen Karls des Kahlen an die Wikinger siehe auch: Coupland, Simon, The Frankish Tribute Payments to the Vikings and their Consequences, in: Francia 26/1 (1999), S. 57-75.

811 Ann. Fuld., 852, S. 41f.

großen Ruf verloren. Gleiches galt allerdings offenbar auch für Horik, der in seinen letzten Herrschaftsjahren selbst von eigenen Familienmitgliedern herausgefordert wurde, daraufhin zunächst seine Hausmacht und schließlich sein Leben verlor.[812]

VI. 2. 3 Der Herrschaftsübergang von Horik zu Horik II.

Das Jahr 854 besiegelte das Ende der Herrschaft Horiks. Bezeichnenderweise brachte das Aufbegehren eines Verwandten dem langlebigen und hartnäckigen Dänenkönig den Tod, nachdem er selbst doch zuvor jahrelang energisch und entschlossen gegen Thronanwärter aus der eigenen Sippe vorgegangen war. Nachdem Horik bereits 850 das Aufbegehren zweier seiner Neffen nur hatte besänftigen können, indem er ihnen eine Teilhabe an der Herrschaft gewährte, ließ sich die Machtfrage in Dänemark nun offenbar nicht mehr durch Zugeständnisse lösen.[813] Die Fuldaer Annalen schildern den Hergang der Ereignisse von 854 als einen regelrechten Bürgerkrieg, welcher sogar auf dem Kontinent verstreute dänische Wikinger ins Heimatland zurückkehren ließ.[814] Horik und sein Brudersohn Gudurm, welcher

812 Zettel, Normannen, S. 162 verteidigt die gesamtfränkische Gesandtschaft an den Dänenkönig: *„Auch der fränkische Appell von 847, die Wikingerangriffe zu stoppen, ändert nichts an der richtigen zeitgenössischen Einschätzung Horichs. Er muß im Rahmen der dänisch-fränkischen Verträge gesehen werden. Man kannte den König, hatte gute Erfahrungen mit ihm gemacht und schätzte seine innenpolitische Machtstellung offenbar hoch ein".* Die Einschätzung, dass Horik den Franken positive Erfahrungen in der Außenpolitik beschert hatte, kann m. E. nicht geteilt werden, allerdings hatte er sich zumindest nicht als gänzlich unzugänglich erwiesen. Dennoch war Horik gewiss kein Frankenfreund, sondern handelte augenscheinlich stets primär im eigenen Interesse, auch dann, wenn er bisweilen den Franken durch Zugeständnisse entgegen kam. Es darf nicht außer Acht gelassen werden, dass Horik nie ohne äußere Druckmittel oder die Aussicht auf eigene Vorteile zum Handeln im Sinne der Franken zu bewegen gewesen war. Wie bereits erwähnt kam die Gesandtschaft an Horik wohl ohnehin zu spät, da die Franken den Dänen nicht mehr ernsthaft drohen konnten und Horik ebenso wie die drei Frankenkönige zu jenem Zeitpunkt nicht über Macht und Mittel verfügte, um den Wikingern Einhalt zu gebieten.
813 *„Schließlich konnte Horich I., einer der Göttrik-Söhne, die Alleinherrschaft in Dänemark gewinnen. Es gelang ihm dabei wohl, das »Eintrittsrecht« seiner Neffen zu umgehen. Diese errangen jedoch als wikingische Seekönige Erfolge, so daß sie schließlich als mächtige Herren nach Dänemark zurückkehren und ihr »Eintrittsrecht« verfechten konnten",* Hoffmann, Königserhebung, S. 18. Es gilt an dieser Stelle eine weitere These zu berücksichtigen, die von Garipzanov, Ildar H., Frontier Identities: Carolingian Frontier and the gens Danorum, in: Garipzanov / Geary / Urbańczyk, Frank, Northmen, and Slavs, S. 113-143 formuliert wurde. Garipzanov geht aufgrund seiner Betrachtungen in den Bereichen der schriftlichen Überlieferungen und Numismatik davon aus, dass einerseits die fränkischen Chronisten eine dänische Einheit im Sinne Frieds aufgrund der eigenen Vorstellungswelt leichtfertig unterstellt haben und andererseits der karolingische Expansionsdruck unter der Herrschaft Karls des Großen ggf. die Vereinigung verschiedener skandinavischer Völker und Gruppen unter einem „dänischen" König gefördert hatte. Das Nachlassen der fränkischen Bedrohung wäre dann außerdem im Stande auch den Zerfall der vorübergehenden dänischen Königsmacht zu erklären, da die Einheit gegenüber dem Frankenreich seit der Mitte des 9. Jahrhunderts nicht mehr notwendig erschien. Vgl. auch: Bagge, Early state formation, S. 148.
814 *Nordmanni, qui continuis XX annis regni Francorum fines per loca navibus accessibilia caedibus et incendiis atque rapinis crudeliter vastabant, congregati de regionibus, per quas praedandi cupiditate dispersi fuerant, in patriam suam reversi sunt. Ibique inter Horic regem Danorum et Gudurm filium fratris eius, qui eatenus ab eo regno pulsus piratico more vixit, orta contentione ita se mutua caede mactaverunt, ut vulgus quidem promiscuum*

vermutlich bereits 850 die Teilhabe an der Herrschaft vom Onkel erstritten hatte, standen nun abermals einander feindlich gegenüber und rangen um die Macht in Dänemark. Der durch die Kämpfe entstandene und in den Quellen beschriebene schwere Aderlass[815] in den Reihen der dänischen Nobilität erscheint durchaus glaubwürdig, zumal die dänische Königssippe bereits seit dem Tode Göttriks, jedenfalls in der Wahrnehmung der fränkischen Quellen, stetig in innere Kämpfe verwickelt war. Damit ist denkbar, dass tatsächlich nur noch ein einzelner legitimer Thronanwärter nach den Auseinandersetzungen von 854 im dänischen Mutterland weilte. Die Erhebung eines *puer* zum König verdeutlicht allerdings nicht nur die Ausdünnung der dänischen Könissippe, sondern auch die dynastische Strahlkraft derselben.[816] Der neue König konnte trotz seines offenbar geringen Alters den Thron besteigen, was umso bemerkenswerter erscheint, wenn man bedenkt, dass zu jenem Zeitpunkt bereits mehrere Wikingerfürsten, darunter auch Rorik, der zwar auch zur Königssippe gehörte, aber während des Bürgerkriegs im Exil lebte, zu Macht und Wohlstand gelangt waren. Den Thronstreit gewann dennoch kein erfolgreicher Wikingerfürst, sondern ein Junge mit königlicher Abstammung.[817]

---

innumerabile caderet, de stirpe vero regia nisi unus puer nullus remaneret, Domino sanctorum suorum iniurias ulciscente et adversariis digna factis retribuente, Ann. Fuld., 854, S. 44f. Die Rückkehr von Wikingern ins Mutterland könnte allerdings nicht nur dadurch begründet gewesen sein, dass ihre Wehrhaftigkeit im Bürgerkrieg benötigt wurde, sondern u.U. rechnete sich auch der eine oder andere Wikingerfürst selbst eine Chance auf die Königskrone aus. Dies trifft zumindest auf Rorik und seinen Vetter Godefrid Haraldsson zu, die aus diesem Grund im darauf folgenden Jahr nach Dänemark zurückkehrten. *Unde Roric et Godofridus patriam, id est Daniam, repedant spe potestatis regiae nanciscendae*, Ann. Bert., 855, S. 45.

815 Auch die Annales Bertiniani berichten von schweren Verlusten innerhalb des dänischen Adels. *Dani intestino inter se praelio dimicantes, adeo tridui concertatione obstinatissima bachati sunt, ut, Orico rege et ceteris cum eo interfectis regibus, pene omnis nobilitas interierit*, Ann. Bert., 854, S. 45. Allerdings erscheint in dieser Version der Bürgerkrieg weniger langanhaltend und verhängnisvoll, jedenfalls in Hinblick auf die nicht-adlige Bevölkerung Dänemarks. In diesem Punkt schildern die Annales Fuldenses den Verlauf des Bürgerkriegs wesentlich drastischer. In der Darstellung der Vita Anskarii wird die Nachricht vom Tod vieler dänischer Adliger noch um die Information erweitert, bei dem dänischen Thronkampf seien 854 u.a. alle adligen Unterstützer Ansgars in Dänemark ums Leben gekommen. *Inter haec vero divino contigit iudicio, ut pyratarum infestatione memoratus Horicus rex, quibusdam propinquis eius regnum ipsius invadere conantibus, bello interemptus sit. Cum quo pariter omnes primores terrae illius, qui olim domno episcopo familiares et amici habebantur, gladio interierunt. Deinde post haec constituto in regno ipsius Horico iuniore*, Vita Anskarii, c. 31, S. 63. Die Namensgleichheit wird ebenfalls erwähnt bei: *Nordmanni rursum regem sibi constituunt, cognatum et convocum priori*, Ann. Xant., 856, S. 18.

816 *„In historischer Perspektive ist das Kinderkönigtum das Ergebnis einer erfolgreichen Dynastiebildung auf einer sekundären oder tertiären Entwicklungsstufe des Königtums"*, Kölzer, Das Königtum Minderjähriger, S. 323.

817 Das Verwandtschaftsverhältnis zwischen Horik und seinem Nachfolger Horik II. ist anhand der Quellen nicht nachzuweisen. Harthausen, Normanneneinfälle, S. 31 geht freilich davon aus, dass Horik II. der Enkel seines Vorgängers war. Da die Quellen Horik II. als sehr jung beschreiben, ist zumindest ersichtlich, dass zwischen den beiden Dänenkönigen tatsächlich zwei Generationen liegen könnten. Dies lässt sich anhand der Ereignisse glaubhaft machen. Saxo Grammaticus berichtet ebenfalls von dem Kindkönig, der bei ihm allerdings Erik heißt und der Sohn Sigurds sowie Enkel des legendären Ragnar Lodbrok ist. Siehe: Saxo Grammaticus, IX, 5, 8 / 6, 1, S. 612f. Da Horik bei Saxo bisweilen als Vorlage für seine Figur des Ragnar Lodbrok fungierte, kann dies zumindest als Indiz dafür gedeutet werden, dass Horik II. möglicherweise tatsächlich der Enkel Horiks war. Von Bedeutung ist hierbei allerdings vor allem, dass Horik II. auch in der Darstellung Saxos nach einem verheerenden Bürgerkrieg aufgrund seiner Abstammung ein Vorrecht auf den dänischen Thron besaß. *subito tanta clade confectum est bellum, ut eorum cum innumeris aliis interempto regia Danorum stirps atrocissimis exhausta cędibus ad unicum superioris Siuardi filium redigeretur*, Saxo Grammaticus, IX, 5, 8, S. 612.

Eine Gesamtschau auf die Herrschaft Horiks muss wohl ein positives Fazit hervorbringen. Seine Hartnäckigkeit und Langlebigkeit ließen Horik zum dänischen König aufsteigen. Auf Widrigkeiten reagierte er flexibel, wie die Herrschaftsteilung im Jahre 850 und die Wechselpolitik gegenüber dem Frankenreich belegen.[818] Seine Politik sicherte Horik eine über Jahre offensichtlich solide Herrschaft. Die potentiell gefährliche Nachbarschaft zum Frankenreich wirkte sich während Horiks Regierungszeit nicht nachteilig für Dänemark aus und auch die innere Stabilität konnte er bis 850 aufrecht erhalten, indem er sich gegen die Rivalen aus der eigenen Sippe erfolgreich behauptete.

Horiks Nachkommen

Der verstorbene Dänenkönig, der einst zusammen mit seinen Brüdern die Nachfolge des Vaters Göttrik gegen den Widerstand aus der eigenen Familie hatte erringen können, der außerdem seine Brüder in der Herrschaft überlebte, den fränkischen Protegé Harald Klak von der Mitherrschaft hatte ausschließen können und durch sein diplomatisches Vorgehen die Sicherheit seines Reiches gegenüber den Franken hatte wahren können, hinterließ seinem Nachfolger kein leichtes Erbe. Horik II. sah sich bei seinem Herrschaftsantritt zwar

---

818 Wood, Christians and Pagans, S. 48 beurteilt Horiks Außenpolitik gegenüber den Franken als inkonsequent. „*The policies of the Danish king were thus inconsistent; they were dictated by circumstances*". Indem man Horik Inkonsequenz unterstellt, bewertet man allerdings die Vorgehensweise des Dänenkönigs äußerst negativ. Zweifellos reagierte Horik in der Außenpolitik gegenüber den Franken weitaus mehr, als er vorausschauend agierte, jedoch weisen seine Reaktionen wechselnde Vorgehensweisen auf. Dies könnte man durchaus als Inkonsequenz interpretieren, allerdings ließe sich Horiks Verhalten gegenüber den Franken auch dahingehend deuten, dass er schlichtweg die Grenzen seiner außenpolitischen Möglichkeiten erproben wollte. Trotzdem gelang es ihm die Beziehungen mit den Franken auch in brenzligen Situationen nicht in einen offenen Konflikt ausarten zu lassen.

nur einem geteilten und schwächelnden Frankenreich gegenüber, allerdings belasteten die Wikingerzüge die Beziehungen der Dänen mit dem übrigen Europa. Darüber hinaus stellten erfolgreiche Wikingerfürsten eine Bedrohung für die Autorität und Machtbasis des jungen Königs dar. Das Ende der Herrschaft Horiks hatte diese Gefahr bereits mehr als deutlich aufgezeigt, da sein Neffe Gudurm sich vor dem versuchten Sturz des Onkels als Wikingerfürst betätigt und sich auf diese Weise wohl die nötigen materiellen und militärischen Grundlagen für den Griff nach der Königswürde geschaffen hatte.[819] Zudem musste der Dänenkönig damit rechnen, dass die von den Franken gestützte christliche Mission in seinem Land gegebenenfalls kultische und kulturelle Differenzen hervorrufen konnte. Hinzu kam noch, wie auch bei seinem Vorgänger, die Gefahr, welche ihm aus der eigenen Sippe drohte, die zwar ausgedünnt, aber gewiss nicht ausgelöscht oder gar endgültig von jeglichem Thronanspruch ausgeschlossen war, wie man etwa am Beispiel Roriks sehen kann. Die Herrschaft Horiks II. kann im begrenzten Rahmen der vorliegenden Dissertation zwar nicht ausführlich nachgezeichnet beziehungsweise rekonstruiert werden, allerdings ließe sich ein kurzer Ausblick auf die Entwicklung der folgenden Jahre formulieren.

Das Bild Horiks II. ist aufgrund der Quellenlage bedauerlicherweise noch undeutlicher als das seiner Vorgänger. Umso bemerkenswerter ist, dass die grundsätzliche Wahrnehmung Horiks II. bisweilen recht positiv ausfiel. Am auffälligsten ist dabei die mutmaßliche Christenfreundlichkeit Horiks II., die vor allem durch Rimbert geprägt wurde.[820] Rimbert berichtet, dass Horik II. nach seiner Thronbesteigung zunächst unter dem Einfluss christenfeindlicher Berater gestanden habe.[821] Besonders wird in diesem Kontext ein gewisser Hovi, der Statthalter des Handelsplatzes Hedeby hervorgehoben.[822] Offensichtlich währte die Phase der Bedrohung für die christliche Mission in Dänemark allerdings nicht lange, da Horik II. sich, laut Rimbert, von Hovi abwandte und sich stattdessen auf die Seite

---

819 *Gudurm filium fratris eius, qui eatenus ab eo regno pulsus piratico more vixit*, Ann. Fuld., 854, S. 45.

820 Vogel, Die Normannen, S. 160; Harthausen, Normanneneinfälle, S. 31.

821 *Cum quo pariter omnes primores terrae illius, qui olim domno episcopo familiares et amici habebantur, gladio interierunt. Deinde post haec constituto in regno ipsius Horico iuniore, quidam eorum quos ille tunc habebat principes, et minus antea domno cogniti fuerant episcopo, persuadere ei coeperunt, ut ecclesia apud eos facta destrueretur, et religio christianitatis ibi coepta annullaretur, dicentes, deos suos sibi iratos esse, et quod ideo tanta eos mala invenerint, quia alterius et ignoti dei apud se culturam receperint*, Rimbert, Vita Anskarii, 31, S. 63. Die gewalttätigen Auseinandersetzungen, die zum Tode sowohl Horiks als auch vieler dänischer Großer geführt hatten, gefährdeten offenbar, wie es das Quellenzitat nahe legt, die christliche Mission in Dänemark. Eine neue Elite musste sich erst herausbilden, wodurch die Zukunft der Mission zunächst unklar war. Ansgar hatte offenbar zunächst keine Vertrauten im Umfeld des jungen neuen Königs. *Pro hac itaque re domnus episcopus nimium sollicitus et admodum tristis effectus fuerat, quia nullum tunc cum Horico iuniore de amicis habebat, quos antea largissimis donationibus sibi familiares adquisierat, per quos eum ad Domini voluntatem conciliare posset*, Rimbert, Vita Anskarii, 32, S. 63.

822 *Qua de re comes praefati vici, Sliaswich videlicet, nomine Hovi, qui huic religioni praecipue resistebat et ad destruendam christianitatis fidem regem provocabat, ecclesiam ibi factam iussit claudi religionemque christianitatis ibidem prohibuit observari. Unde et presbiter, qui ibi aderat, persecutionis acerbitate compulsus, inde recessit*, Rimbert, Vita Anskarii, 31, S. 63.

Ansgars schlug, indem er den Schutz, den der verstorbene Dänenkönig den Christen gewährt hatte, erneuerte.[823] Bei Adam von Bremen fallen diese Ereignisse weitaus drastischer aus. Laut Adam wandte sich Horik II. zunächst selbst energisch gegen die Christen in Dänemark.[824] Erst das Einwirken Ansgars habe den jungen König von einem erbitterten Feind zum tatkräftigen Freund der Mission gewandelt.[825] Die Frage, ob oder inwieweit man diesen Darstellungen nun Glauben schenken möchte oder nicht, sollte von untergeordneter Bedeutung sein, da im hier relevanten Kontext lediglich von Belang ist, dass Horik II. möglicherweise die gleiche Haltung gegenüber dem Christentum einnahm wie sein Namensvetter und Vorgänger.[826] Für die außenpolitische und wirtschaftliche Situation der damaligen Zeit kann dies nur als besonnene Entscheidung betrachtet werden, da Horik II. dadurch den Handel mit dem christlichen Europa begünstigte und die ohnehin angespannte Beziehung zu den fränkischen Reichen nicht noch mehr belastete.[827] Es ist zwar

---

823 *Quod ita Domino annuente non multo post contigit. Nam cum pro hac eadem causa ad praedictum regem ire disponeret, Domini praeveniente gratia idem rex, expulso prius de vico memorato iam dicto comite, ita ut numquam postea in eius gratiam redire potuerit, ad domnum episcopum suum gratis direxit legatum, mandans, ut sacerdotem suum ad propriam remitteret ecclesiam; non se minus quam seniorem Horicum Christi velle gratiam promereri asserens domnique episcopi amicitiam obtinere*, Rimbert, Vita Anskarii, 32, S. 63. Horik II. gewährte der christlichen Kirche zudem offensichtlich einige neue Rechte. Einerseits gestattete er der Kirche in Hedeby den Gebrauch einer Glocke und andererseits genehmigte er den Bau einer Kirche in Ribe. *Insuper etiam, quod antea nefandum paganis videbatur, ut clocca in eadem haberetur ecclesia, consensit. In alio quoque vico regni sui Ripa vocato similiter locum, ubi ecclesia fabricaretur, tribuit et, ut ibi sacerdos praesens adesset, suae potestatis licentiam dedit*, Rimbert, Vita Anskarii, 32, S. 64. Damit war in den beiden wichtigsten jütischen Handelsplätzen jener Zeit die christliche Mission zugelassen worden. Die Gründe, welche für ein missionsfreundliches Klima in Hedeby gesprochen hatten, galten auch für Ribe. Ein solcher Handelsplatz wurde zwangsläufig von christlichen Händlern besucht und bewohnt, wodurch die Duldung des Christentums in jenem Ort auch dem Handel zuträglich sein konnte. Ebenso wie bei Horik ist also auch bei Horik II. zu erahnen, dass die Toleranz gegenüber dem Christentum auch wirtschaftliche Vorteile in sich barg. Auch Sawyer, Kings and Vikings, S. 137 geht davon aus, dass sowohl die dänischen als auch die schwedischen Herrscher jener Zeit nur zum Zwecke der Belebung des eigenen Handels die christlichen Missionare in den Handelsplätzen duldeten.

824 *Iste mox ut regnum Danorum suscepit, ingenito furore super christicolas efferatus sacerdotes Dei expulit et ecclesias claudi precepit*, Gesta Hammaburgensis, I, 28, S. 34, Z. 15-17.

825 *Ad quem sanctus Dei confessor Ansgarius venire non trepidans, comitante gratia divina crudelem tyrannum sic placatum reddidit, ut christianitatem ipse susciperet suisque omnibus, ut christiani fierent, per edictum mandaret, insuper et in alio portu regni sui apud Ripam extrueret ecclesiam in Dania secundam. Et his ecclesiastico ordine compositis beatus pastor noster ecclesiam illam Rimberto commendavit presbytero, et reversus est ad Hammaburg*, Gesta Hammaburgensis, I, 29, S. 35, Z. 1-8.

826 Seegrün, Papsttum und Skandinavien, S. 38 geht von der Authentizität der Darstellungsweise der Vita Anskarii aus. Da weder die Vita Anskarii noch die Kirchengeschichte Adams in Bezug auf Ansgar als unvoreingenommen betrachtet werden können, erscheint es wohl am sinnvollsten, die Rolle Ansgars in diesem Zusammenhang nicht überzubewerten. Die Umstände der Thronbesteigung Horiks II. waren, nach dem Quellenbild zu urteilen, äußerst gewaltsam und turbulent. Es erschiene daher plausibel, wenn im Rahmen der Unruhen auch Christen in Mitleidenschaft gezogen wurden. Denkbar ist auch, dass mancherorts, wie etwa in Hedeby, wo Rimbert den Christenfeind Hovi verorten will, im Rahmen der allgemeinen Unruhe gezielte Übergriffe gegen Christen und vor allem christliche Händler stattfanden. Eine solche zugespitzte Situation wurde u. U. von Rimbert und Adam von Bremen lediglich überinterpretiert und als Angriff auf das Christentum in Dänemark dargestellt.

827 *„Horich II. erwies sich aber letztlich als Realpolitiker: Die Zulassung christlicher Kaufleute zu den dänischen Handelsplätzen und die Kulturfreiheit für Christen hatten zum Gedeihen der Orte und zu wachsendem Reichtum beigetragen. [...] Ein anderer Aspekt lag in der Wahrung guter Beziehungen zum fränkischen Nachbarn, die durch eine Verfolgung der Priester sicherlich nicht gestärkt worden wären. Das Ergebnis dieser Politik bestand in einer*

nicht davon auszugehen, dass Horik II. tatsächlich die Missionierung Dänemarks begünstigte, aber immerhin tolerierte er den christlichen Glauben innerhalb seines Machtbereichs.

Weitaus bermerkenswerter als die Toleranz gegenüber dem Christentum ist allerdings eine andere Entscheidung des neuen Dänenkönigs. Mit einer Gesandtschaft an Papst Nikolaus I. wagte Horik II. im Jahre 864 immerhin einen großen Schritt.[828] Seegrün geht soweit zu resümieren, Horik II. habe mit der Gesandtschaft „die Sicherheit für die neu gegründete Kirche in seinem Land" bezeugt und sei zudem „in Verbindung mit der gesamteuropäischen Kultur" getreten.[829] Es scheint jedenfalls, dass Horik II. mit diesem Schritt eine Einbindung seines Reiches und seiner Regierung in einen größeren außenpolitischen Rahmen erstrebt haben könnte. Aus strategischer Sicht war dies gewiss keine verkehrte Maßnahme, allerdings muss unklar bleiben, was Horik II. damit primär bezweckte. Auch wenn es denkbar erscheint, dass der Dänenkönig dem Papst in Aussicht gestellt hatte, sich zeitnah taufen zu lassen, verschwand Horik II. in der Folgezeit aus dem Blickfeld der Quellen.[830] So wenig sich auch über die Regierung Horiks II. sagen lässt, es ist zu erkennen, dass er nicht auf eine Verschärfung der bestehenden fränkisch-dänischen Spannungen hinarbeitete, sondern offensichtlich eher das Gegenteil erstrebte. In diesem Zusammenhang wäre vorstellbar, dass Horik II., ähnlich wie bereits Harald Klak im Jahre 826, durch die Unterstützung und die mutmaßliche Hinwendung zum Christentum mächtige Verbündete im Ausland gewinnen wollte, die er angesichts der immer mehr eskalierenden Wikingerzüge und den damit einhergehenden mächtiger werdenden Wikingerfürsten nur allzu dringend gebrauchen konnte.

Die Herrschaft Horiks II., so schemenhaft sie für uns auch greifbar ist, verdeutlicht den Fortgang einer Entwicklung, die bereits unter seinem Vorgänger zu beobachten war. Als zentrales Motiv ist dabei die Annäherung an das christliche Europa durch Zugeständnisse und eine Verständigungspolitik zu vermuten. Dies muss allerdings in engem Zusammenhang

---

Aufgeschlossenheit gegenüber dem Christentum, das die alten heidnischen Vorstellungen jedoch nicht verdrängen konnte", Wavra, Missionspolitik, S. 280f.

828 Das Antwortschreiben Nikolaus' II. findet sich bei: MGH Epp. 6, S. 293f. Die Gesandtschaft Horiks II. an den Papst wird sehr positiv bewertet von Vogel, Die Normannen, S. 193f; Harthausen, Normanneneinfälle, S. 33 und Seegrün, Papsttum und Skandinavien, S. 38f. Auch bei Saxo Grammaticus findet sich wie erwähnt eine Figur, die offensichtlich mit Horik II. gleichzusetzen ist. Auch Saxo berichtet von der Ausdünnung der dänischen Königssippe durch einen Bürgerkrieg, an dessen Ende nur der Jüngling Erik übrig blieb. *regia Danorum stirps atrocissimis exhausta cędibus ad unicum superioris Siuardi filium redigeretur* [Ericus], Saxo Grammaticus, IX, 5, 8, S. 612. Saxo berichtet auch, wie sich Horik II. unter dem Einfluss Ansgars von einem Feind zu einem Förderer des Christentums wandelte. *Siquidem Ericus ad salutares Ansgarii monitus sacrilegę mentis errore deposito, quicquid per eiusdem insolentiam commiserat, expiauit, tantumque in excolenda religione se gessit, quantum egerat in aspernanda. Itaque non solum sanioris disciplinę haustum docili animo traxit, uerum etiam primęuas maculas finali puritate pertersit*, Saxo Grammaticus, IX, 6, 1, S. 612.
829 Seegrün, Papsttum und Skandinavien, S. 38.
830 Vogel, Die Normannen, S. 404; Seegrün, Papsttum und Skandinavien, S. 39.

mit einer anderen Entwicklung gesehen werden, die in der Eskalation der Wikingerzüge zu sehen ist. Außerdem versank die Königsmacht in Dänemark während oder spätestens nach der Herrschaft Horiks II. vorerst wieder im Nebulösen, was möglicherweise auf eine zeitweilige *„Rückbildung des Königtums"* zurückzuführen sein könnte.[831] Dieser Horik II., der schon in jungen Jahren den Thron seines Heimatlandes bestieg, sollte damit, zumindest nach den Quellenberichten zu urteilen, der letzte König aus jener Sippe darstellen, die für das 9. Jahrhundert bis dahin maßgebend gewesen war. Es ist natürlich denkbar, dass spätere Dänenkönige derselben Sippe entstammten, allerdings reißt nach Horik II. die Nachvollziehbarkeit einer Verwandtschaft zwischen den Königen bedauerlicherweise ab. Mit dem Schwinden der königlichen Macht in Dänemark verloren die Franken jedenfalls einen zentralen Ansprechpartner im Norden, mit dem man sich diplomatisch auseinandersetzen konnte.[832]

VI. 3 Das dänische Königtum in der ersten Hälfte des 9. Jahrhunderts

Nachdem nun die fränkisch-dänischen Beziehungen von der Spätzeit Karls des Großen bis zum Tode Horiks behandelt wurden, gilt es an dieser Stelle die betreffenden Ergebnisse anzuwenden, um die Charakteristika des dänischen Königtums jener Zeit aufzuzeigen.[833] Der erste Dänenkönig, der uns im 9. Jahrhundert begegnet ist, war Göttrik, der vor allem als Widersacher Karls des Großen von der fränkischen Historiographie wahrgenommen wurde. Aufgrund der vorangegangenen Überlegungen ist davon auszugehen, dass Göttrik zum Zeitpunkt seines Todes im Jahre 810 alleiniger König von Dänemark war. Sein gewaltsamer Tod führte alsdann zu ebenfalls gewaltsamen Thronstreitigkeiten innerhalb seiner Sippe. Bemerkenswert ist hierbei, dass Göttriks Nachfolge zunächst von Hemming angetreten

---

831 Vgl. dazu Schlesinger, Germanisches Heerkönigtum, S. 116, der für die germanischen Stämme der Antike von der Möglichkeit einer solchen *„Rückbildung des Königtums"* ausgeht, was bei allen Vorbehalten zumindest ein Gedanke ist, der u.U auch auf die vorchristlichen Dänen im späten 9. Jahrhundert übertragen werden könnte.

832 Vgl. Mohr, Wissen über die Anderen, S. 249ff und Fried, Gens und regnum, S. 85. Fried und ferner Mohr gehen allerdings zugleich davon aus, dass die Verhandlungen mit den dänischen Königen ohnehin fruchtlos gewesen seien, da die Herrscher den Titel „König" nicht verdient hätten. In der Folgezeit konnten die Franken jedenfalls nur noch den Kontakt zu jenen Wikingerführern suchen, die bereits in den fränkischen Machtbereich eingedrungen waren. Allerdings darf dabei auch nicht außer Acht gelassen werden, dass der Verlust eines königlichen Ansprechpartners in Dänemark nach dem Tode Horiks II. möglicherweise nur deshalb keinen großen Rückschlag mehr darstellte, weil sich das Wikingerunwesen zu jener Zeit bereits zu stark entfaltet hatte, um durch diplomatischen Druck auf einen einzelnen Herrscher unterbunden werden zu können.

833 Dick, Mythos vom „germanischen" Königtum bei den germanischen Stämmen hat bei ihrer Auseinandersetzung mit dem antiken Königtum S. 211 zu Recht darauf hingewiesen, dass es sich *„bei aller differenzierenden Reflexion nicht vermeiden* [lässt], *mit »König« bestimmte Vorstellungen zu verbinden, die für die hier betrachteten Verhältnisse schlicht nicht zutreffen"*. Da auch in Bezug auf das vorchristliche dänische Königtum des 9. Jahrhunderts die Gefahr besteht, dass die Vorstellungen des mittel- und westeuropäischen Königtums unwillentlich auf die betreffende Diskussion projiziert werden, sollen zum Abschluss dieses Kapitels lediglich die gesicherten Charakteristika des dänischen Königtums dargestellt werden.

wurde, der vermutlich ein Neffe seines Vorgängers war. Es gilt hier zu berücksichtigen, dass Göttrik damit wahrscheinlich der letzte überlebende und herrschaftsberechtigte Angehörige seiner Generation gewesen war. Mit seinem Tod ging das Recht auf die Herrschaft an die nächste Generation über.

Die kurze Regierungszeit Hemmings belegt, dass konkurrierende Thronansprüche innerhalb der Königssippe offensichtlich nicht üblicherweise durch eine Teilung der Herrschaft befriedet werden mussten. Die Söhne Göttriks wurden in ihr schwedisches Exil getrieben, um sie auf diese Weise von ihrem Anspruch auf die Herrschaft auszuschließen. Verwundern kann dies allerdings nicht, da die männlichen Nachkommen Göttriks offensichtlich sehr zahlreich waren und bei einer Herrschaftsbeteiligung aller herrschaftsberechtigten Göttriksöhne Dänemark wohl in etliche Kleinkönigtümer zerfallen wäre. Es gilt außerdem zu bedenken, dass auch die Halfdansöhne, die nach Hemmings Tod ihre Thronansprüche durchzusetzen suchten, ein Recht auf die Königswürde anmelden konnten und sich damit noch weitere Thronbewerber in Dänemark aufhielten. Hemmings Versuch, die Alleinherrschaft Göttriks auch für sich selbst zu behaupten, endete jedenfalls bereits in seinem zweiten Herrschaftsjahr.

Aus den auf Hemmings Tod folgenden Thronkämpfen gingen 812 zunächst die Halfdansöhne Reginfrid und Harald Klak als Sieger hervor. Die Brüder teilten sich die Herrschaft, führten den bereits unter Hemming eingeleiteten Kurs der Außenpolitik fort und schlossen 813 einen beeideten Frieden mit den Franken. Die beiden Brüder beriefen auch ihren jüngeren Bruder Hemming nach Dänemark zurück, allerdings ist unklar, ob und in welcher Weise er in die Herrschaft seiner älteren Brüder eingebunden wurde. Die Halfdansöhne wurden noch im Jahre 813 von den aus ihrem schwedischen Exil zurückkehrenden Göttriksöhnen aus der Herrschaft vertrieben, womit auch sie, ebenso wie Hemming vor ihnen, bereits nach einer äußerst kurzen Regierungszeit die Königswürde abgeben mussten. Reginfrid und Harald Klak überlebten zwar ihre Vertreibung, die offenbar von mehreren im schwedischen Exil lebenden dänischen Großen getragen wurde. Allerdings bezahlten die Halfdansöhne 814 ihren Versuch, die Herrschaft in Dänemark wieder an sich zu reißen, mit dem Leben Reginfrids und der Vertreibung Harald Klaks und höchstwahrscheinlich auch Hemmings des Jüngeren aus ihrem Heimatland.

Die Göttriksöhne, die ihren Widersachern zum Trotz drei Jahre nach dem Tode ihres Vaters die Thronfolge desselben antraten, teilten zunächst die Herrschaft. Gleiches hatte zuvor bereits das Brüderpaar Reginfrid und Harald Klak getan. Daraus wird nicht nur ersichtlich, dass die Herrschaftsteilung im vorchristlichen Dänemark eine gangbare Option darstellte, sondern offenbar war ein diesbezügliches Arrangement zwischen Brüdern leichter zu bewerkstelligen als zwischen weiter entfernten Verwandten. Die geteilte Herrschaft der

Göttriksöhne währte trotz der Querelen in den Vorjahren zumindest für einige Jahre. Die Störfeuer von Seiten Harald Klaks beschleunigten zwar den Kristallisationsprozess, an dessen Ende die Alleinherrschaft Horiks stand, allerdings konnte der aus der Herrschaft gedrängte Halfdansohn, von einer vorübergehenden Machtbeteiligung Haralds zwischen 819 und 827 abgesehen, nicht verhindern, dass die Königsmacht in Dänemark letztlich in der Hand der Söhne Göttriks verblieb. Die besagte, von den Göttriksöhnen vorübergehend geduldete Rückkehr Harald Klaks, der sich nach 819 mit den zwei noch verbliebenen Göttriksöhnen die Herrschaft teilte, verdeutlicht einmal mehr die zentrale Bedeutung der Königssippe. Selbst als sich die zuvor noch gemeinsam herrschenden vier Göttriksöhne entzweit hatten und Harald Klak durch seinen fortgesetzten Druck von außen schließlich zur Mitherrschaft zugelassen wurde, blieb die geteilte Macht innerhalb ein und derselben Sippe. Zu keinem Zeitpunkt in der ersten Hälfte des 9. Jahrhunderts berichten die Quellen von einem dänischen König oder Teilkönig, der nicht aus der Sippe der Göttrik- und Halfdansöhne stammte.

Wenn man auch die Alleinherrschaft Horiks, die man ab den frühen 830er Jahren annehmen darf, als das Ergebnis eines längeren Ringens um die Herrschaft sehen muss, so konnte sie sich dennoch nicht endgültig durchsetzen. In den letzten Jahren seiner Herrschaft musste Horik gleich zweimal gegen die Opposition aus der eigenen Sippe vorgehen. Im Jahre 850 musste Horik zwei seiner Neffen an der Herrschaft beteiligen und vier Jahre später wurde ihm dieser verlorene Machtkampf endgültig zum Verhängnis, da er 854 im Kampf gegen seinen Neffen Gudurm fiel, zusammen mit vielen dänischen Großen. Trotz der schweren Kämpfe innerhalb der Königssippe und des gravierenden Aderlasses in Reihen der dänischen Nobilität ging die Königsmacht nach dem Tode Horiks schließlich auf Horik II. über. Der noch junge Horik II. wurde trotz seines geringen Alters zum König, was erneut die große Bedeutung dieser Sippe verdeutlicht.[834] Die Dynastie hatte allerdings offensichtlich

---

834 Es ist fraglich, ob dies auf eine heidnische Vorstellung von königlicher Geblütsheiligkeit zurückzuführen ist. Gegen eine bedeutsame Rolle des sakralen Charakters germanischen Königtums wendet sich Wolfram, wobei er die Ursachen dafür bereits im Altertum zu erkennen glaubt. Zur Genese eines germanischen Königtums in der Antike und der sog. Geblütsheiligkeit siehe: *„Die taciteischen Reges und Duces* [wirken] *wie Könige und potentielle Könige. Es sind Machthaber, die Erfolg, Namen, Familie bereits haben, und solche, die dies alles noch erwerben oder beweisen müssen. Bis es ein König jedoch zum monarchischen Großkönig bringen konnte, stand ihm ein harter innergentiler Verdrängungskampf bevor, worauf ein ebenso zähes Ringen um die römische Anerkennung für die Niederlassung auf Reichsboden folgte. [...] Sakrale Funktionen und kultische Verantwortung aller dieser Könige gab es ohne Zweifel, eine immanente, ererbte Sakralität ist hingegen nicht zu erkennen. Sie hätte auch weder im Barbaricum noch gar bei der Errichtung des Königtums auf römischem Boden etwas genützt"*, Wolfram, Herwig, Frühes Königtum, in: Erkens, Franz-Reiner (Hg.), Das frühmittelalterliche Königtum, Berlin 2005, S. 60. Vgl. ferner zur Diskussion über das vorchristlich-skandinavische Sakralkönigtum Steinsland, Gro, Die mythologische Grundlage für die nordische Königsideologie, in: Beck, Heinrich / Ellmers, Detlev / Schier, Kurt (Hg.), Germanische Religionsgeschichte: Quellen und Quellenprobleme, Berlin / New York 1992, S. 736-751. Hauck, Karl, Geblütsheiligkeit, in: Bischoff, Bernhard / Brechter, Suso (Hg.), Liber Floridus: Mittellateinische Studien, St. Ottilien 1950, S. 189 sieht in der Vorstellung von königlicher Geblütsheiligkeit auch bei den Skandinaviern ein *„altertümliches Bedürfnis"*, dem im Laufe des Mittelalters mehrfach und auf verschiedene Weise Rechnung getragen wurde. Zum hochmittelalterlichen Geblütsrecht in Skandinavien siehe:

ihren Höhepunkt überschritten, da die Herrschaft Horiks II. in den Turbulenzen der eskalierenden Wikingerzüge schließlich unterging.[835]

Im Ergebnis lassen sich jedenfalls verschiedene Gesichtspunkte festhalten. Zum einen zeigt die kontinuierliche Erbfolge von Dänenkönigen aus derselben Sippe sehr deutlich die Vorrangstellung jenes erweiterten Familienverbands innerhalb der dänischen Gesellschaft. Die Legitimation eines Herrschaftsanspruchs war offensichtlich bereits durch die schlichte Abstammung von einem früheren Dänenkönig in männlicher Erblinie erbracht.[836] Zum

---

Hoffmann, Königserhebung, S. 5f. Ergänzend zur „Geblütsheiligkeit" kann natürlich auch der Gedanke des damit verbundenen „Königsheils" nicht außer Acht gelassen werden. Häufig erfolgt in diesem Kontext ein Rückgriff auf Tacitus und dessen Germanenbild. Siehe hierzu: *„Der entscheidende Augenblick der Bildung des Königtums ist also immer dann erreicht, wenn – wie es uns das Zeugnis des Tacitus bestätigt – ein Angehöriger der adeligsten Sippe nach dem Willen seiner Völkerschaft ihre unbestrittene Führung für Krieg und Frieden gewinnt. Sein Recht zu solchem königlichen Führertum muß er durch die schöpferische Kraft seiner Persönlichkeit ausgewiesen haben, in welcher germanische Auffassung ein göttliches Charisma wirksam sieht, das sich vor allem in militärischer Tüchtigkeit und kriegerischem Erfolg sowie in glücklichen Ernten äußert"*, Klewitz, Hans Walter, Germanisches Erbe im fränkischen und deutschen Königtum, in: Ders., Ausgewählte Aufsätze zur Kirchen- und Geistesgeschichte des Mittelalters, Aalen 1971, S. 56. Erkens geht davon aus, dass die mittelalterliche Königsidee nicht durch *„die Vorstellungen von einem gesteigerten Königsheil germanisch-heidnischer Provenienz und nicht* [durch] *die Reminiszenzen eines germanischen Sakralkönigtums"* wesentlich beeinflusst worden sei, sondern vielmehr durch die christliche Tradition. Allerdings negiert er damit nicht die *„sakrale Konnotation von Herrschaft"* und die sakrale *„Dimension, die hauptsächlich durch die Nähe des Herrschers zum Numinosen geschaffen wird [...] In heidnischer Zeit kann man darunter die göttliche Herkunft und einen besonderen Schutz durch die Gottheit verstehen"*, Erkens, Franz-Reiner, Sakralkönigtum und sakrales Königtum: Anmerkungen und Hinweise, in: Ders. (Hg.), Das frühmittelalterliche Königtum: Ideelle und religiöse Grundlagen, Berlin 2005, S. 1-8, hier: S. 5f. Ein solcher Bezug zur Gottheit bzw. zur göttlichen Herkunft lässt sich für das Königtum Dänemarks in der ersten Hälfte des 9. Jahrhunderts vermuten. Bemerkenswert ist in diesem Kontext außerdem die Darstellungsweise Snorri Sturlusons, der aus der Perspektive des 13. Jahrhunderts rückblickend nicht nur dem christlichen, sondern auch dem vorchristlichen Königtum Skandinaviens einen wandelbaren religiösen Bezug zuspricht, der besonders am Schicksal Hákon Jarls deutlich wird: *„Zu seiner Zeit gab es gute Erntejahre in Norwegen und bei den Bauern seines Landes war er sehr beliebt. Und doch nimmt er ein klägliches Ende. Snorri schreibt von ihm, er habe vieles von einem wahren Herrscher in sich vereint: Er entstammte einem hohen Geschlecht, besaß Klugheit, Freigebigkeit und die hamingja* [altn. „Glück"]*, Siege zu erringen und Feinde zu erschlagen. Die óhamingja* [altn. „Unglück"]*, die in* [sic!] *zuletzt doch zu Fall brachte, war die Tatsache, daß die Zeit gekommen war, da das heidnische Opferwesen und seine Ausführenden verurteilt werden sollten und an die Stelle treten sollten der heilige Glaube und die christlichen Sitten"*, Beck, Snorri Sturlusons Vorzeitkönigtum, S. 139.

835 *„Die Vermutung liegt nahe, daß das alte Königsgeschlecht, das um die Mitte des 9. Jahrhunderts schon weitgehend dezimiert worden war, nun endgültig erlosch"*, Hoffmann, Königserhebung, S. 19.

836 Der Vorrang der agnatischen Linie bei der Herleitung des Herrschaftsanspruchs ist besonders bei dem Widerstreit zwischen Sigifrid und Anulo im Jahre 812 auffallend. Beide stammten in männlicher Linie von früheren Dänenkönigen ab. Vgl. hierzu Kroeschell, Karl, Die Sippe im germanischen Recht, in: ZRG GA 77 (1960), S. 1-25, hier: S. 6, der zu dem Thema bemerkte: *„Zumeist treten agnatisch aufgebaute Geschlechter wohl dann auf, wenn eine führende soziale Schicht sich nach unten abschließt und eine genaue Festlegung der Zugehörigkeit wichtig wird"*. Auf den Umstand, dass sich die dänische Königssippe offensichtlich gegenüber den Großen des Landes abhob und die Herrschaft vorrangig bzw. in der ersten Hälfte des 9. Jahrhunderts ausschließlich innerhalb jener Sippe verblieb, wurde bereits mehrfach hingewiesen. Ob sich diese Abgrenzung *„nach unten"* durch eine ausschließlich agnatische Vorstellung vollzog, muss jedoch fraglich bleiben. Zur Relevanz persönlicher herrschaftlicher Eignung und dem Einfluss von vorhandenen Machtmitteln bei der Herrschersukzession vgl. Anm.

231

andern verdeutlichen die Ereignisse, dass es im Dänemark jener Zeit keine festen Sukzessionsregeln gegeben hat.[837] Offensichtlich war die Herrschaftsfolge von der Fähigkeit und Bereitschaft der Anwärter abhängig, ihren jeweiligen Thronanspruch durchzusetzen.[838] Des Weiteren hat sich gezeigt, dass nicht nur die Sukzession nicht reglementiert war, sondern auch die Form der Königsherrschaft den jeweiligen Umständen unterworfen war. Es lässt sich für die erste Hälfte des 9. Jahrhunderts kein Vorrang einer Alleinherrschaft, Samtherrschaft oder faktischen Herrschaftsteilung feststellen.[839] Die Quellen jener Zeit reichen nicht aus, um auszumachen, ob bei Herrschaftsteilungen in Dänemark auch eine territoriale Aufteilung stattfand. Generell ist bedauerlicherweise wenig über die Ausgestaltung von geteilter Herrschaft bei den Dänen jener Zeit mit Sicherheit festzustellen. Erkennbar ist lediglich, dass es Herrschaftsteilungen gab und sie offensichtlich auch nichts Ungewöhnliches darstellten.[840]

838.

837 Hoffmann, Königserhebung, S. 17-22, hier: S. 19 vertritt hingegen die Ansicht, dass im vorchristlichen Dänemark grundsätzlich das Erbrecht der Söhne einen gewissen Vorrang gegenüber etwaigen Ansprüchen anderer Angehöriger der stirps regia besaß. Demzufolge erwachten möglicherweise vor allem „in der Verfallszeit des Reiches diejenigen sippenrechtlichen Vorstellungen [...], wonach im Grunde alle Mitglieder des Königsgeschlechts einen Thronanspruch besaßen".

838 Immerhin musste der Thronanwärter jedoch durch seine Abstammung einen Anspruch begründen können. „Der frühmittelalterliche Herrscher ist nicht durch einfaches, persönliches Erbrecht auf den Thron gekommen. Er besaß in der Regel eine gewisse angeborene Anwartschaft oder doch eine bevorzugte Thronfähigkeit kraft seiner Herkunft", Kern, Gottesgnadentum, S. 13. Wood hat zurecht darauf hingewiesen, dass die gängigen germanischen Erbregelungen, welche uns erhalten geblieben sind, nicht auf die Herrschaftsfolge übertragen wurden. „Most of the Germanic law codes imply that inheritance by all male heirs was the norm. [...] But the majority of these kingdoms did not apply the laws of inheritance to the royal succession", Wood, Ian, Kings, Kingdoms and Consent, in: Sawyer, Peter H. / Wood, Ian (Hg.), Early Medieval Kingship, Leeds ²1979, S. 26. Siehe ferner: „Inwieweit ein Anführer eine solche Stellung wirklich halten und sie vielleicht über seinen eigenen Tod hinweg auf eventuelle Nachfolger oder gar leibliche Söhne vererben konnte, war in der vorchristlichen Zeit in Skandinavien oftmals nur Glückssache. Es hing unter anderem entscheidend von den Fähigkeiten und der Eignung des Nachfolgers ab, die ihm bei der Durchsetzung seiner vom Vater vererbten Ansprüche helfen konnten" An gleicher Stelle wendet sich Plassmann jedoch gegen die Vorstellung von einem gefestigten vorchristlichen Königtum in den skandinavischen Reichen. „Inwieweit man solche Anführer dann schon als Könige bezeichnen kann, wie wir sie aus den christlichen Reichen kennen, muss fraglich bleiben. Der Erfolg machte den Anführer, aber der Erfolg musste verstetigt werden, damit der Anführer seine herausgehobene Stellung behaupten konnte", Plassmann, Die Normannen, S. 18.

839 „Der Wechsel von monarchia, societas regni und partitio regni charakterisiert im Quellenbild das dänische Königtum im 9. Jahrhundert", Zettel, Normannen, S. 76.

840 Wood, Kings, Kingdoms and Consent, S. 17-23, hier: S. 18 hat bei einem Vergleich zwischen germanischen Königtümern des Frühmittelalters aufgezeigt, dass eine Herrschaftsteilung in der Regel keine territoriale Aufteilung des Reiches zur Folge hatte. „With few exceptions these royal associations seem not to have entailed the division of the kingdom. Power was shared; there is nothing to suggest that it was divided territorially. Nor is it certain that the inheritance of a kingdom by two heirs automatically led to such a division". Klewitz sieht in der Praxis der Herrschaftsteilung eine Verbindung zur vermeintlichen Königsheilvorstellung germanischer Kulturen. Laut Klewitz, Germanisches Erbe, S. 57 wird die Frage der Herrschaftsteilung erst problematisch, „sobald in der Königssippe mehrere in gleicher Weise herrschaftsfähige Nachkommen des durch seine magischen Funktionen als oberster Mittler seines Volkes zu Gott ausgewiesenen Königs zur Verfügung stehen. Hier liegt der Ursprung des Teilungsprinzips, dessen Sinn es ist, das ganze Königsheil zu erhalten, indem alle seine vorhandenen Träger berechtigt werden, es auszuüben".

VII. Schlussbetrachtung

Nach den vorangegangenen Betrachtungen, Erwägungen und Schlussfolgerungen sollen an dieser Stelle die Ergebnisse der vorliegenden Dissertation in der Gesamtschau zusammengefasst werden. Da durch die Sachsenkriege Karls des Großen der fränkische Einfluss- und Interessenbereich bis an die Grenzen des dänischen Gebiets ausgedehnt worden war, kann erst nach dem Beginn des 9. Jahrhunderts von einem erfassbaren fränkisch-dänischen Nebeneinander in der Außenpolitik die Rede sein. Die jeweilige Ausgangslage für die beiden Reichen hätte dabei im Jahre 804, als Karl erstmals mit dem Dänenkönig Göttrik diplomatische Kontakte aufnahm, kaum verschiedener sein können. Nach dem endgültigen Sieg über die Sachsen und der Kaiserkrönung hatte Karl der Große den Höhepunkt seiner Macht erreicht. Das Frankenreich war unter der Herrschaft des wehrhaften Kaisers beachtlich gewachsen und seine Vorherrschaft in Europa war offenkundig. Während sich die Integration der Sachsen vollzog, konnte sich Karl der Große im Nordosten auf das Bündnis mit den Abodriten stützen, die ihrerseits bestrebt waren, die eigene Vorherrschaft unter den Nordwestslawen zu behaupten. Die Abtretung Transalbingiens an die Abodriten sollte nach 804 eine Pufferzone zwischen dem Frankenreich und den Dänen schaffen. Auf diese Weise sollte der friedliche Fortgang der Integration Sachsens ins Frankenreich gesichert werden. Immerhin hatten die Dänen während der Sachsenkriege wiederholt dem Sachsen Widukind und anderen sächsischen Flüchtlingen Asyl gewährt. Die direkte Nachbarschaft zu den Dänen wirkte daher aus fränkischer Perspektive wohl potentiell nachteilig und gefährdend für die Integration der Sachsen in den Reichsverband. Eine solche Einschätzung erschien auch angebracht, wie die Zuspitzung der fränkisch-dänischen Feindseligkeiten zwischen 808 und 810 aufzeigen. Das offensive Vorgehen Göttriks gegen die fränkische Vorherrschaft, das sich durch den Überfall auf die Abodriten und den Handelsplatz Reric 808, die mutmaßliche Ermordung des Abodritenfürsten Thrasko im Jahre 809 und den Flottenüberfall auf Friesland im Folgejahr bemerkbar machte, führte außerdem dazu, dass die Abodriten nicht länger über Transalbingien herrschen durften. Im Gebiet jenseits der Elbe, in dem sich die Interessenssphären der Franken, Dänen und Nordwestslawen überschnitten, verstärkte sich in der Folgezeit die Herrschaft der Franken, die aufgrund des Versagens der Abodriten, sich als Ordnungsmacht zu behaupten, seither geradezu gezwungen waren, den Beziehungen zu den Dänen einen größeren Stellenwert einzuräumen als zuvor.

Nur der Tod des Dänenkönigs Göttrik verhinderte, dass in der aufgeheizten Situation des Jahres 810 ein offener Krieg zwischen den neuen Nachbarn ausbrach. Hemming, der nachfolgende Dänenkönig, profitierte davon, dass Karl der Große augenscheinlich nicht sonderlich an einem Feldzug gegen die Dänen interessiert war. Gleiches muss im Rückblick für den neuen Herrscher in Dänemark gegolten haben, der in seiner äußerst kurzen Regierungszeit einen Frieden mit den Franken schloss und dabei die Eider als Grenzfluss zwischen dem eigenen Machtbereich und jenem des Kaisers akzeptierte, was einem Verzicht

© Springer-Verlag GmbH Deutschland, ein Teil von Springer Nature 2011
V. Helten, *Zwischen Kooperation und Konfrontation: Dänemark und das Frankenreich im 9. Jahrhundert*, Edition KWV, https://doi.org/10.1007/978-3-662-58399-9_7

auf jegliche Ansprüche auf Transalbingien gleichkam. Hierbei handelte es sich freilich um einen Preis, den Hemming für seine Chance auf eine solide Königsherrschaft sicher ohne großes Bedauern bezahlte. Eine militärische Konfrontation mit den Franken in der Situation der Jahre 810/811 hätte der Däne kaum überstehen können. Vielmehr erforderten die Konflikte im Innern Dänemarks seine Aufmerksamkeit. Hemming ging offensichtlich gewaltsam gegen alle übrigen Thronanwärter vor, was zu einer Exilierung vieler dänischer Großer führte. Dieser energische Versuch der Behauptung seiner eigenen Vorherrschaft kostete den Dänenkönig dann wohl auch das Leben und beendete seine Herrschaft gewaltsam. Die Instabilität Dänemarks zu jener Zeit dürfte damit leicht ersichtlich sein, dennoch machte Karl der Große keine Anstalten, sich dies durch ein eigenes Eingreifen im Norden zu Nutze zu machen. Karl hatte Hemming und den Dänen trotz des Frieslandüberfalls von 810 den Frieden gewährt. Der Kaiser ermöglichte Hemming damit nicht nur, den Kampf um die Stabilisierung seiner Herrschaft mit aller Gewalt und allen verfügbaren Kräften zu führen, sondern er machte zudem den Standpunkt seiner Nordpolitik in seinen letzten Herrschaftsjahren deutlich. Eine Fortsetzung der Expansionspolitik gen Norden lag nicht im Interesse Karls des Großen.

Die dänischen Übergriffe gegen die Abodriten und Friesen nahm Karl wohl kalkulierend in Kauf, da eine militärische Intervention in Dänemark weitaus mehr Aufwand als Nutzen verhieß. Ein Ausgreifen nach Norden hätte, so kurz nach Abschluss der Sachsenkriege, unter Umständen die Kräfte des Reiches über Gebühr strapaziert. Zudem war Dänemark schlichtweg kein lohnendes Ziel für eine fränkische Expansion. Die Sachsenkriege hatten sich als langwieriges und mühsames Unterfangen erwiesen. Die Integration der mit großem Aufwand unterworfenen Sachsen hätte durch einen fränkisch-dänischen Krieg nachhaltig gefährdet werden können. Der Erhalt des ausgedehnten Reiches und die Integration Sachsens hatte damit für Karl den Großen in dessen letzten Herrschaftsjahren einen höheren Stellenwert als ein Waffengang mit den Dänen, die das Frankenreich zu jener Zeit nicht substanziell bedrohen konnten, sondern allenfalls lästige Nachbarn[841] waren und in geringem Maße den Nimbus des Kaisers beschädigten.

Nach dem Tode Hemmings setzte sich der dänische Thronstreit im Jahre 812 fort. Aus den kriegerischen Auseinandersetzungen gingen zunächst die beiden Halfdansöhne Reginfrid und Harald Klak als Sieger hervor. Das Frankenreich profitierte von diesem Ergebnis insofern, als die beiden Brüder im Jahre 813 den Friedensschluss, den Hemmings Einlenken in Bezug auf Transalbingien bereits vorbereitet hatte, bekräftigten. Unglücklicherweise hatte Karl der Große offenbar mit den falschen Thronanwärtern Frieden geschlossen, eine Begebenheit, die sich auch unter der Herrschaft Ludwigs des Frommen wiederholen sollte. Noch im gleichen Jahr kehrten die Göttriksöhne, durch eine Vielzahl von dänischen Großen

---

841 Ganshof, Am Vorabend der ersten Krise, S. 41 bezeichnet Dänemark diesbezüglich plakativ als „*Störenfried im Norden*".

gestützt, aus ihrem schwedischen Exil zurück und beanspruchten die Königsmacht für sich. In den daraus resultierenden neuerlichen Kämpfen verlor der Halfdansohn Reginfrid das Leben, während seine Brüder Harald Klak und wohl auch Hemming der Jüngere dazu gezwungen waren, Dänemark im Jahre 814 zu verlassen und sich Hilfe suchend an den neuen Kaiser Ludwig den Frommen zu wenden.

Zur Nordpolitik Karls des Großen ist noch zu sagen, dass seine Abkommen mit den kurzweiligen Dänenherrschern Hemming und den besagten Halfdansöhnen aufgrund der Entwicklungen in den langwierigen dänischen Thronkämpfen zwar nicht von dauerhaftem Nutzen waren, allerdings ist ihm dieser Umstand nicht anzulasten. Zum Zeitpunkt der jeweiligen Friedensschlüsse mit den Dänen, also in den Jahren 811 und 813, muss sich für Karl den Großen die Situation im Norden so dargestellt haben, dass die jeweiligen Vertragspartner tatsächlich siegreich aus den innerdänischen Thronkämpfen hervorgegangen seien. Von den offensichtlich überaus schwierigen Umständen in Dänemark konnte Karl keine genaueren Kenntnisse haben, weshalb ihm das Scheitern jener Thronanwärter, mit denen er Übereinkünfte erzielt hatte, nicht vorgeworfen werden kann. Durch seine nachsichtige Politik gegenüber diesen Prätendenten verbesserte er sogar, bewusst oder unbewusst, deren Aussichten im Thronstreit. Es lag jedoch offensichtlich nicht im vordergründigen Interesse Karls des Großen, sich aktiv in innerdänische Belange einzumischen, sondern es ging dem Kaiser vielmehr darum, den Nordosten möglichst ruhig zu stellen, um die Integration der Sachsen nicht zu gefährden. Damit überließ Karl der Große seinem Sohn und Nachfolger nicht nur ein großes und mächtiges Reich, sondern auch viele offene Fragen und ungelöste Probleme, u.a. auch in Bezug auf die Nordpolitik. Für den Moment war der Norden ruhig gestellt, aber schon die kleinste Machtverschiebung im Nordosten des Frankenreiches konnte die Region gefährden.

Kaum war Ludwig der Fromme zum Herrscher des Reiches aufgestiegen, musste er sich bereits mit der Nordpolitik auseinander setzen. Ludwig folgte dabei zunächst dem durch seinen Vater bereits vorgegebenen Weg und unterstützte Harald Klak, der sich ins Frankenreich geflüchtet und um Unterstützung gebeten hatte. Indem Ludwig der Fromme im Jahr 815 einen Feldzug gegen Dänemark befahl, der allerdings ergebnislos blieb, ergriff er eine Maßnahme, auf die sein Vater gegenüber den Dänen verzichtet hatte. Dennoch handelte Ludwig mit diesem Feldzug noch im Sinne der Nordpolitik seines Vaters. Karls geplanter Kriegszug gegen die Dänen war 810 gerade noch rechtzeitig durch den überraschenden Tod Göttriks verhindert worden. Trotzdem dürfte klar gewesen sein, dass, sofern die fränkischen Reichsinteressen erneut durch die Dänen gefährdet würden, eine militärische Konfrontation die erste Option darstellen musste. Dementsprechend handelte Ludwig in Fortsetzung der außenpolitischen Linie seines Vaters. Dem neuen Kaiser war allerdings 815 das militärische Glück nicht hold und somit verschlechterte sich seine Position gegenüber den Dänen. Es erscheint überzogen, dass Ludwig dem dänischen

Thronanwärter Harald Klak mit einem Truppenaufgebot zur Seite stand, obwohl keine unmittelbare Gefahr für das Frankenreich bestand und Harald zu jenem Zeitpunkt noch nicht unbedingt als Verbündeter der Franken gelten konnte. Dem Dänen kam sicher zugute, dass seine Familie den Franken offensichtlich bereits seit einiger Zeit kooperativ gegenüber stand, wie die Kommendation seines Vaters Halfdan vermuten lässt. Ebenfalls für Harald sprach wohl auch, dass seine Rivalen die Söhne Göttriks waren, der sich in seinen letzten Lebensjahren als Feind der Franken erwiesen hatte. Ludwig handelte durch den Feldzug also nicht nur unter Berücksichtigung der fränkisch-dänischen Vorgeschichte, sondern zugleich auch präventiv, da eine Zuspitzung der Situation im Nordosten durch die Herrschaftsergreifung der Göttriksöhne zu befürchten war.

Durch den Feldzug von 815 hatte sich Ludwig eindeutig für eine Seite im dänischen Thronstreit entschieden. Trotz des militärischen Fehlschlags wich er von dieser Entscheidung auch in der Folgezeit nicht ab. Im Jahre 817 wies er daher ein Friedensangebot der Göttriksöhne zurück, die daraufhin zusammen mit dem aufbegehrenden Abodritenfürsten Sclaomir gegen die fränkische Oberherrschaft vorgingen. Der gemeinsame dänisch-abodritische Feldzug sorgte zwar für Verwüstungen im sächsischen Grenzgebiet und beschädigte die Festung Esesfelth, allerdings konnte die Vorherrschaft der Franken im Nordosten nicht gebrochen werden. Dennoch führte das kurzzeitige Bündnis zwischen Dänen und Abodriten den Franken die Instabilität der eigenen Nordostpolitik mehr als deutlich vor Augen. Ludwig stellte den status quo ante jedoch bereits zwei Jahre später wieder her, als er ein Truppenaufgebot gegen Sclaomir entsandte, ihn festsetzen und entmachten ließ. Sclaomirs Nachfolger Ceadragus entpuppte sich zwar nicht als gänzlich willfähriger Handlanger fränkischer Reichsinteressen, aber zumindest kam es in den nächsten Jahren nicht mehr zu einem dänisch-abodritischen Zusammengehen gegen die Franken. Während der Kaiser also die abodritische Auflehnung bestrafte, überließ er die „Bestrafung" der Dänen offenbar der Initiative Harald Klaks. Durch die vom Kaiser geduldeten fortgesetzten Angriffe gegen die Göttriksöhne errang Harald ab 819 eine Herrschaftsbeteiligung bei gleichzeitigem Herrschaftsausschluss von zwei der vier verbliebenen Göttriksöhne. Aber auch wenn bei den Abodriten der vom Kaiser gestützte Ceadragus an die Macht gelangt war und Harald Klak zumindest eine Teilherrschaft gesichert werden konnte, blieb der Nordosten aus fränkischer Perspektive weiterhin instabil. Die geteilte Herrschaft in Dänemark stellte jedenfalls sicher, dass die dortigen Herrscher die verfügbaren Ressourcen in den innerdänischen Machtkampf investierten und somit vorläufig keine Gefahr für das Frankenreich darstellten.

Die Machtkämpfe innerhalb Dänemarks setzten sich in den Folgejahren fort, was sich stets im Blickfeld des Kaisers abspielte. Mit der Annäherung Ludwigs an die Göttriksöhne im Jahre 825 trat die Nordpolitik dann in eine neue Phase ein. Mit dem Kurswechsel Ludwigs erkannte der Kaiser die Entwicklungen der dänischen Konflikte der letzten Jahre an, in denen die Göttriksöhne offensichtlich die Oberhand gewonnen hatten. Durch ein Zugeständnis Harald Klaks, der sich als erster skandinavischer Herrscher zur Taufe und darüber hinaus zur Kommendation gegenüber Ludwig dem Frommen bereit erklärte, versuchte der ins Hintertreffen geratene Däne seinem Thronanspruch neuen Schub zu verschaffen. Der Kaiser nahm Harald 826 als seinen Taufsohn und Gefolgsmann auf, was ihm weitere neue Perspektiven in der Nordpolitik eröffnete. Ludwig hatte sich in den Jahren 825/826 also doppelt abgesichert, indem er sich einerseits den Göttriksöhnen annäherte und andererseits Harald Klak, der ihm ohnehin bereits verpflichtet war, noch enger an sich band. Damit konnte der Kaiser dem endgültigen Ausgang der dänischen Thronstreitigkeiten relativ gelassen entgegensehen, da er zu den beiden konkurrierenden Seiten gute Beziehungen unterhielt. Diese Strategie Ludwigs war zwar theoretisch geschickt, erwies sich allerdings in der Praxis als unzureichend. Harald stand den Franken gewiss näher als die Göttriksöhne und sein Sieg im Thronstreit hätte nicht nur eine günstigere Perspektive für die christliche Mission in Dänemark eröffnet, sondern zudem wäre das dänische *regnum* unter seiner Herrschaft auch politisch in größere Abhängigkeit oder zumindest Nähe zu den Franken geraten, da Haralds Familie bereits auf mehrfacher Ebene an die Familie des Kaisers und das fränkische Herrschaftssystem gebunden war.

Bekanntlich konnte sich Harald Klak jedoch letztlich nicht im Thronstreit durchsetzen. Nach fortgesetzten internen Konflikten wurde Harald im Jahre 827, nur ein Jahr nach seiner Taufe, abermals, wie schon 814, aus Dänemark vertrieben. Wie die darauf folgenden Jahre zeigen sollten, war seine Vertreibung dieses Mal endgültig. Damit war das ursprüngliche Vorhaben Ludwigs, dem bevorzugten Thronprätendenten in Dänemark im Idealfall zur Herrschaft zu verhelfen, gescheitert. Ludwig hatte jedoch, wie beschrieben, bereits für eine solche Situation vorgesorgt und konnte nun 828 einen förmlichen Friedensschluss mit den Göttriksöhnen erzielen. Der Versuch Harald Klaks, das Zustandekommen dieses Friedens und die damit verbundene faktische Anerkennung der Herrschaft der Göttriksöhne gewaltsam zu verhindern, scheiterte. Harald Klak gewann danach keine Bedeutung mehr für die Nordpolitik der Franken. Er selbst wurde damit zwar zur Randfigur, aber zugleich ebnete er den Weg für seine engen Verwandten, denen nun ihrerseits eine Karriere in fränkischen Diensten offen stand.

Haralds erbitterte Rivalen, die Göttriksöhne, hatten sich in Dänemark durchgesetzt. Es ist nicht mehr nachzuvollziehen, ob die beiden verbliebenen Brüder den Machtkampf fortsetzten und nach dem Ausscheiden Harald Klaks gegeneinander vorgingen oder ob sich die geteilte Herrschaft über Dänemark friedlich gestalten ließ. Es lässt sich dagegen allerdings nachvollziehen, dass nach Harald Klaks Scheitern im Thronstreit zunächst für einige Jahre Ruhe an den Nordgrenzen des Frankenreiches einkehrte. Erst nach dem vorübergehenden Thronsturz Ludwigs des Frommen wurden die Dänen wieder zu einer Gefahr für das Reich, wobei anzumerken ist, dass diese Bedrohung eng mit den Wikingerzügen und nicht unmittelbar mit den dänischen Herrschern in Verbindung zu bringen ist. Bis zu den eskalierenden Wikingerzügen der 830er Jahre jedoch hatte sich gezeigt, dass das Abrücken des Kaisers von seiner Unterstützung für den Thronanspruch Harald Klaks die Situation im Norden aus fränkischer Sicht verbessert hatte. Gewiss hatte Ludwig die vage Hoffnung auf mehr Einfluss im nördlichen Nachbarreich durch die Abkehr von Harald aufgeben müssen, jedoch wurde der Kaiser dadurch auch nicht mehr in den zähen Machtkampf bei den Dänen verwickelt. Der Kaiser musste sich nicht mehr um eine Vermittlung oder Unterstützung in jenem Thronstreit bemühen, sondern mochte sich darauf einstellen, bald einen festen und vermeintlich verlässlichen Ansprechpartner in Dänemark zu haben. Da sich Horik als der Langlebigste und Erfolgreichste unter den Göttriksöhnen erwies, wurde er zu diesem Ansprechpartner.

Erst die nachhaltige Schwächung der Stellung des Kaisers durch die beiden immerhin zeitweilig erfolgreichen Erhebungen gegen ihn begünstigten eine neuerliche Verschlechterung des fränkisch-dänischen Verhältnisses. Ab 834 spitzte sich die Situation im Norden des Reiches durch die nahezu alljährlich wiederkehrenden Wikingerüberfälle stetig zu. Die Überfälle, die sich in den ersten Jahren vor allem auf Friesland konzentrierten, zeigten die Schwächen des Frankenreichs in Bezug auf ihre Abwehrkraft an den Küsten mehr als deutlich auf und provozierten dadurch indirekt die Zunahme an Wikingerüberfällen gegen das Frankenreich und das übrige Europa. Die erfolgreichen Beutezüge der Skandinavier vergrößerten die Möglichkeiten der Plünderer, die nicht nur ihre Flotte, Gefolgschaft und Macht aufstocken konnten, sondern zudem feststellen durften, dass es sich beim Frankenreich offenkundig um ein leichtes und lohnendes Ziel handelte. Die fortschreitenden Wikingerzüge erforderten eine Reaktion und geeignete Gegenmaßnahmen von dem bereits zweimal entmachteten Kaiser, der angesichts seiner geschwächten und unsicheren Stellung im eigenen Reich nur wenige Möglichkeiten hatte, auf die Bedrohung aus dem Norden zu reagieren. Es ist hierbei klar zu differenzieren, dass es sich bei den Wikingerüberfällen, mit denen sich Ludwig der Fromme konfrontiert sah, nicht um eine Bedrohung handelte, die sein Reich in seinem Fortbestand gefährden konnte, da die Angreifer nicht etwa an einer Landnahme, sondern lediglich an Beute interessiert waren. Die Wikinger bedrohten jedoch nachhaltig die nur mühsam aufrecht erhaltene Vormachtstellung des Kaisers im Reich, da sie auch nach mehrmaligen Überfällen auf Friesland nicht erfolgreich abgewehrt werden konnten und damit die Fähigkeit Ludwigs, das Reich zu beschützen, nolens volens in Frage stellten. Die Maßnahmen Ludwigs in Hinblick auf den Schutz seines Reiches gegenüber den Skandinaviern wurden und werden nicht ohne Berechtigung kritisch betrachtet. Seine Bilanz in der Abwehr der Wikinger ist in den letzten Jahren seiner Herrschaft ernüchternd. Zu bedenken ist allerdings, dass auch seine Söhne kaum als erfolgreicher in dieser Hinsicht bezeichnet werden können und Europa als Ganzes dem Ansturm aus dem Norden lange Zeit hilflos gegenüberstand.

Ludwig der Fromme setzte auf zwei naheliegende Strategien im Abwehrkampf gegen die

Wikinger. Zum einen ordnete er 835 Küstenverteidigungsmaßnahmen an, deren Fortschritt er zwar im Jahre 838 durch eine Inspektionsreise persönlich überprüfte und organisierte, allerdings blieb dies offenkundig ohne spürbaren Erfolg. Zum anderen forderte Ludwig vom Dänenkönig Horik, gegen die Bedrohung, die von seinem Reich für die Franken ausging, einzuschreiten. Auch wenn Horik keinesfalls ein einfacher Verhandlungspartner war, so ging er offensichtlich im Austausch gegen materielle Zuwendungen gegen Wikingerverbände in seinem Herrschaftsbereich vor. Allerdings führte auch dies nicht zu einem Abbruch der Wikingerzüge, gegen welche Ludwig auch ganz gezielt Exildänen, die er mit *beneficia* ausgestattet hatte, einzusetzen suchte. Diese Taktik, nämlich Normannen gegen andere Normannen aufzubieten, sei es durch Landvergabe an exilierte dänische Große oder sei es durch das Anheuern von Wikingerscharen als Söldnertruppen, wurde von den Franken während der Wikingerzeit wiederholt eingesetzt, meist jedoch mehr zum eigenen Schaden als zum Nutzen.

Alle Maßnahmen Ludwigs, die Abwehr der Nordmänner betreffend, griffen jedenfalls ins Leere. Die Küstenverteidigung erwies sich als wirkungslos, die fränkische Form der Kriegsführung war zudem zu schwerfällig, um den schnellen Überfällen der Wikinger militärisch zu begegnen. Eine kriegerische Konfrontation im Frankenreich schied damit solange aus, bis die Wikinger zur Landnahme übergingen, und im Ausland, sprich in den skandinavischen Herkunftsländern, ließen sich die Plünderer räumlich nicht ausmachen. Für das diplomatische Einwirken auf Horik gelten ähnliche Voraussetzungen. Horik konnte die Wikinger nach ihrer Rückkehr von den Raubzügen zwar im eigenen Reich bekämpfen, sofern er sie ausfindig machen konnte, allerdings fehlte ihm dafür höchstwahrscheinlich die Legitimation. Selbst wenn der Dänenkönig vereinzelt, und zumindest davon ist auszugehen, gegen die heimgekehrten Plünderer vorging, so war doch auch er relativ machtlos gegenüber dem Phänomen der Wikingerzüge, die sich längst verselbständigt hatten und aufgrund ihres dezentralen Zustandekommens nicht von einem einzelnen Herrscher aufgehalten werden konnten, zumal sich die Wikinger auch in Regionen zusammenschließen konnten, die nicht der Herrschaft des Dänenkönigs unterstanden. Horik dürfte allerdings, auch abgesehen von dem moderaten Druck, der durch das Frankenreich wiederholt auf ihn ausgeübt wurde, ein großes Eigeninteresse an der Unterbindung der Wikingerzüge gehabt haben, da diese seine Machtstellung im eigenen Reich herausforderten. Erfolgreiche Wikingerfürsten konnten immerhin, vor allem wenn sie selbst auch der Königssippe entstammten, zu gefährlichen Thronanwärtern werden. Horik gelang es zumindest bis 850 die eigene Machtstellung zu behaupten, doch 854 wurde gewissermaßen auch er ein Opfer der Wikinger. Rivalisierende Anhänger seiner Sippe, darunter auch sein Neffe Gudurm, jener Thronprätendent, welcher ihn 854 zu Fall brachte, waren durch die Wikingerzüge in die Position versetzt worden, den Dänenkönig herausfordern zu können.

Die Rückschau auf die fränkisch-dänischen Beziehungen in der ersten Hälfte des 9. Jahrhunderts offenbart Ergebnisse in verschiedenen Bereichen. Insgesamt lässt sich festhalten, dass die Beziehungen in hohem Maße von den jeweiligen Herrschern und deren widerstreitenden Interessen abhingen. Dem Beobachter fallen dabei die bemerkenswerten Charaktere und ihr teils typisches, teils ungewöhnlich anmutendes Verhalten in besonderem Maße auf. In dem hier betrachteten Zeitraum begegnet man einem in der Nordpolitik zurückhaltenden Karl dem Großen, welcher, auf dem Höhepunkt von Erfolg und Macht stehend, das verhältnismäßig kleine Nachbarreich Dänemark trotz des aggressiven Gebarens seines Königs Göttrik weitestgehend ignorierte. Nur wenn die von ihm installierte Machtkonstellation im Nordosten in Gefahr geriet, reagierte der Kaiser und fiel dabei vor allem durch Mäßigung auf. Dänemark war rückblickend betrachtet zur Zeit Karls des Großen vor eben jenem sicher, da der Kaiser keine Veranlassung sah, seine glanzvolle Serie von Siegen und Eroberungen mit einem Feldzug gegen die Dänen fortzusetzen. Umso bemerkenswerter erscheint es, dass der Dänenkönig Göttrik auf die Ausdehnung des fränkischen Einflusses über die Sachsen und, zunächst indirekt durch die Abodriten und schließlich direkt durch die Beanspruchung Nordalbingiens, bis an die Südgrenzen Dänemarks im Angesicht der fränkischen Übermacht mit einer offensiven Herangehensweise reagierte und mehrere empfindliche „Nadelstiche" gegen die fränkische Nordpolitik setzte. Die Erfolge, welche Göttrik mit dieser Außenpolitik erzielte, kamen wohl vor allem durch das kaiserliche Desinteresse an einer militärischen Konfrontation zustande. Göttrik durchkreuzte mit Erfolg den Plan Karls des Großen, Transalbingien langfristig unter abodritische Kontrolle zu stellen. Denn die beabsichtigte Nordostpolitik Karls, die ein starkes, im Interesse der Franken agierendes Reich der Abodriten vorsah, die zudem als Puffer zwischen den Franken auf der einen und den Dänen sowie den Nordwestslawen auf der anderen Seite fungieren sollten, war dank des dänischen Sieges von 808 vorerst gescheitert. Dieser Erfolg hielt jedoch nicht lange vor, da Göttrik sein vorzeitiges Ende fand und seine mit der Hypothek kaiserlicher Zurückhaltung erkauften Siege die Entwicklungen der Herrschaftszeit Karls des Großen nicht gefährden konnten.

Die Franken behaupteten in der Folgezeit selbst den Anspruch auf Transalbingien. Die Machtkonstellation verschob sich nur unwesentlich. Die Abodriten nahmen danach eine weniger hervorgehobene Rolle in der Nordostpolitik der Franken wahr. Die Stabilität im Nordosten des Reiches hing von der Behauptung der fränkischen Vorherrschaft ab. Die Franken befanden sich dabei aufgrund ihrer Vormachtstellung in der günstigsten Position, die Karl der Große in seiner Spätzeit, ebenso wie Ludwig der Fromme nach dem Scheitern seiner zunächst offensiveren Nordpolitik nach 827, durch Zurückhaltung und Grenzsicherung zu verwalten gedachte. Die Dänen, Abodriten und die benachbarten kleineren slawischen Stämme sollten sich demnach wohl gegenseitig blockieren. Im Fall der Dänen kam außerdem noch hinzu, dass sie durch einen lang anhaltenden Thronstreit gehemmt wurden. Es bestanden demzufolge zumindest nach 810 Gelegenheit und Anlass, aktiver in die inneren Angelegenheiten der Dänen einzugreifen, worauf Karl bewusst verzichtete. Ludwig hingegen hatte anfangs nicht gänzlich darauf verzichten wollen, Einfluss in Dänemark gewinnen zu können, allerdings musste auch er sich nach dem Scheitern des von ihm begünstigten Thronanwärters damit begnügen, dass die nördlichen Nachbarn von den Franken politisch unabhängig blieben. Ludwig setzte bei seinen zaghaften Versuchen, die Situation im Nordosten des Reiches aktiv zu verändern, nicht nur auf seinen Günstling Harald Klak, sondern auch auf die christliche Mission, die sich ohne politischen oder militärischen Druck nicht durchsetzen konnte.[842] Horik tolerierte zwar nach der Durchsetzung seiner Alleinherrschaft die christlichen Missionare in den großen Handelszentren, allerdings kann dies nicht als bedeutender Fortschritt auf dem Weg zur Christianisierung der Dänen gelten, da sich in den betreffenden Orten, bedingt durch den Fern- und Sklavenhandel, ohnehin bereits Christen befanden, die jetzt lediglich ihren Glauben in den Handelszentren leichter praktizieren konnten. Dennoch legte Ebos und vor allem Ansgars Missionstätigkeit in Skandinavien den Grundstein für später betriebene Versuche, mittels der Reichskirche das Gebiet Südskandinaviens unter Kontrolle zu bringen.

Neben der Analyse fränkischer Außenpolitik gegenüber den Dänen unter der Herrschaft Karls des Großen und Ludwigs des Frommen und der Betrachtung von Erscheinungsformen vorchristlichen dänischen Königtums wurde auch aufgezeigt, dass beide Themenkomplexe einen nicht unerheblichen Einfluss auf das Phänomen der Wikingerzüge hatten. Das Unvermögen Ludwigs des Frommen und seiner Söhne, entschlossen und mit Erfolg gegen die Wikinger vorzugehen, begünstigte die Eskalation des Wikingerphänomens, welches großen Einfluss auf die Entwicklung Europas nehmen sollte. Selbst ein geeintes Frankenreich hatte die Wikingerzüge nicht unterbinden können, was nicht nur an der Außenpolitik der Franken oder den dänischen Könige lag, sondern auch daran, dass sich die Wikingerzüge sehr rasch zu einem virulenten losgelösten Prozess entwickelt hatten.

Bei den fränkisch-dänischen Beziehungen der ersten Hälfte des 9. Jahrhunderts trafen nicht nur Christentum und Heidentum aufeinander, sondern es sah sich auch ein mächtiges Großreich einem wesentlich kleineren und weitestgehend unbekannten neuen Nachbarn gegenüber. Die Umstände des betrachteten Zeitraums wiesen dabei nur wenige Kontinuitäten auf. Trotz der neuen Nachbarschaft konnten die Dänen ihre Eigenständigkeit behaupten und auch das nordische Heidentum hielt den ersten imperial motivierten Bekehrungsversuchen stand. Da eine Einmischung in die dänischen Belange allerdings nur phasenweise versucht wurde, und dies auch mit sehr unterschiedlicher Intensität, wäre es verfehlt, die im Schwerpunkt betrachteten fünfzig Jahre als eine Zeit der erfolgreichen

---

842 *„The ninth-century Frankish missions had little or no long-term effect, apart from creating precedents that were important when Scandinavia was finally converted. The claims of the see of Hamburg to primacy throughout the north derived from Anskar's time, and the episcopal sees of Schleswig and Ribe were in places in which Anskar built churches, although not on the same sites"*, Sawyer, Kings and Vikings, S. 136.

Abwehr zu betrachten. Eingedenk des Pontentials der fränkischen Großmacht überwiegt der Eindruck einer Zeit der verpassten Gelegenheiten. Hatte das Auslassen dieser Gelegenheiten in der Spätzeit Karls des Großen wahrscheinlich noch rationale Gründe, so wandelte sich dies während der Regierung Ludwigs des Frommen. Aus der Gelegenheit zur Intervention wurde eine Notwendigkeit. Da jedoch Ludwig der Fromme, nachdem ein entschiedenes Vorgehen gegen die Normannen zwingend erforderlich wurde, aufgrund seiner geschwächten Position, die er überwiegend durch eigene innenpolitische Entscheidungen verschuldet hatte, nicht mehr entschlossen handeln konnte, war das Frankenreich gegenüber den Wikingern ins Hintertreffen geraten. Das Frankenreich, das sich zuvor gewollt passiv verhalten hatte, konnte in der Folgezeit gar nicht anders, als nur noch auf die Entwicklungen zu reagieren, ohne sie freilich zielgerichtet und aktiv beeinflussen zu können.

Die vorliegende Dissertation konnte neben einer Analyse der fränkisch-dänischen Beziehungen auch einen Einblick in die prosopographischen Gegebenheiten innerhalb der dänischen Königssippe im behandelten Zeitraum liefern. Dabei wurde ein großes Augenmerk auf die Abgrenzung der einzelnen Personen voneinander gelegt, wodurch sich ein weitaus genaueres Bild von den betreffenden Dänen ergibt, die bislang oftmals vermengt oder gänzlich undifferenziert behandelt wurden. Zu den hervorzuhebenden Ergebnissen gehören dabei z.B. die Abgrenzung Harald Klaks und Haralds des Jüngeren sowie die Rekonstruktion und Gegenüberstellung der Familienzweige Göttriks und Halfdans. Die Verwicklungen der dabei behandelten Personen in die fränkisch-dänischen Beziehungen erhellt zudem den Gesamtzusammenhang. Es konnte außerdem aufgezeigt werden, dass Friesland eine besondere Rolle bei der fränkischen Instrumentalisierung dänischer Exilanten für die Zwecke der eigenen Nordpolitik spielte. All dies sollte dazu dienen, die bislang allzu häufig gesichtslos gebliebenen Dänen besser in das historische Gesamtbild des 9. Jahrhunderts zu integrieren.

Quellenverzeichnis

Adam von Bremen, Gesta Hammaburgensis ecclesiae pontificum, ed. B. Schmeidler (MGH SS rer. Germ. 2), Hannover / Leipzig 1917.

Agobardi archiepiscopi Lugdunensis libri duo pro filiis et contra Iudith uxorem Ludovici Pii, ed. G. Waitz, in: MGH SS 15,1, Hannover 1887, S. 274 – 279.

Alkuin, Vita Willibrordi archiepiscopi Traiectensis, ed. W. Levison, in: MGH SS rer. Mer. 7, Hannover / Leipzig 1920, S. 81-141.

Alkuin, Vita sancti Willibrordi: Das Leben des heiligen Willibrord, ed. P. Dräger, Trier 2008.

Annales Bertiniani, ed. G. Waitz (MGH SS rer. Germ. 5), Hannover 1883.

Annales Fuldenses sive Annales regni Francorum orientalis, ed. F. Kurze (MGH SS rer. Germ. 7), Hannover 1891.

Annales Mosellani, ed. G. H. Pertz, in: MGH SS 16, Hannover 1859, S. 491-499.

Annales Petaviani, ed. G. H. Pertz, in: MGH SS 1, Hannover 1826, S. 7-18.

Annales regni Francorum inde ab a. 741 usque ad a. 829, qui dicuntur Annales Laurissenses Maiores et Einhardi, ed. F. Kurze (MGH SS rer Germ. 6), Hannover 1950 (ND d. Ausg. Hannover 1895).

Annales Xantenses et Annales Vedastini, ed. B. von Simson, (MGH SS rer. Germ. 12), Hannover / Leipzig 1909.

Annalista Saxo, ed. G. Waitz, in: MGH SS 6, Hannover 1844, S. 542-777.

Astronomus, Vita Hludowici imperatoris, ed. E. Tremp (MGH SS rer. Germ. 64), Hannover 1995.

Capitularia regum Francorum, ed. G. H. Pertz (MGH LL 1), Hannover 1835.

Capitularia regum Francorum, Bd. I, ed. A. Boretius (MGH Capit. 1), Hannover 1883.

Capitularia regum Francorum, Bd. II, ed. A. Boretius / V. Krause (MGH Capit. 2), Hannover 1907.

Chronicon Lethrense, ed. M. C. Gertz, in: Scriptores minores historiae Danicae Medii Aevi 1, Kopenhagen 1917, S. 34-54.

Chronicon Moissiacense, ed. G. H. Pertz, in: MGH SS 1, Hannover 1826, S. 280-313.

© Springer-Verlag GmbH Deutschland, ein Teil von Springer Nature 2011
V. Helten, *Zwischen Kooperation und Konfrontation: Dänemark und das Frankenreich im 9. Jahrhundert*, Edition KWV, https://doi.org/10.1007/978-3-662-58399-9

Chronicon Roskildense, ed. M. C. Gertz, in: Scriptores minores historiae Danicae Medii Aevi 1, Kopenhagen 1917, S. 1-33.

Die Edda: Götterdichtung, Spruchweisheit und Heldengesänge der Germanen, ed. F. Genzmer, München 1981.

Die Edda des Snorri Sturluson, ed. A. Krause, Stuttgart 1997.

Dudo von Saint-Quentin, De moribus et actis primorum Normanniae Ducum, ed. J. Lair (Mémoires de la Société des Antiquaires de Normandie), Caen 1865.

Einhard, Vita Karoli Magni, ed. O. Holder-Egger (MGH SS rer. Germ. 25), Hannover / Leipzig 1911.

Epistolae Karolini Aevi, Bd. 3, ed. E. Dümmler / K. Hampe u. a. (MGH Epp. 5), Berlin 1899.

Epistolae Karolini Aevi, Bd. 4, ed. E. Dümmler / E. Perels u. a. (MGH Epp. 6), Berlin 1925.

Ermoldus Nigellus, Carmen in honorem Hludowici christianissimi Caesaris Augusti, ed. E. Dümmler, in: Ermoldi Nigelli carmina, MGH Poetae 2, Berlin 1884, S. 1-93.

Flodoard von Reims, Historia Remensis ecclesiae, ed. M. Stratmann (MGH SS 36), Hannover 1998.

Helmoldi presbyteri Bozoviensis Cronica Slavorum, ed. B. Schmeidler (MGH SS rer. Germ. 32), Hannover 1937.

Leges Saxonum, ed. K. von Richthofen / K. F. von Richthofen, in: MGH LL 5, Hannover 1875-1889, S. 1-102.

Regesten der Erzbischöfe von Bremen, Bd. 1, ed. O. H. May, Bremen 1937.

Nithard, Historiarum libri IV, ed. E. Müller (MGH SS rer. Germ. 44), Hannover / Leipzig 1907.

Notker Balbulus, Gesta Karoli Magni imperatoris, ed. Hans F. Haefele (MGH SS rer. Germ. N. S. 12), Berlin 1959.

Poeta Saxo, Annales de gestis Caroli Magni imperatoris, ed. G. H. Pertz, in: MGH SS 1, Hannover 1826, S. 225-279.

Regesta Imperii I: Die Regesten des Kaiserreichs unter den Karolingern (751-918), ed. J. F. Böhmer / E. Mühlbacher, Innsbruck ²1908.

Rimbert, Vita Anskarii, ed. G. Waitz (MGH SS rer. Germ. 55), Hannover 1884.

Saxo Grammaticus, Gesta Danorum: Danmarkshistorien (2 Bde.), ed. K. Friis-Jensen, Kopenhagen 2005.

Sven Aggesen, Historia brevis regum Dacie, ed. M. C. Gertz, in: Scriptores minores historiae Danicae Medii Aevi 1, Kopenhagen 1917, S. 55-144.

Thegan, Gesta Hludowici imperatoris, ed. E. Tremp (MGH SS rer. Germ. 64), Hannover 1995.

Venerabilis Baedae opera historica: Venerabilis Baedae historiam ecclesiasticam gentis anglorum, historiam abbatum, epistolam ad Ecgberctum una cum historia abbatum auctore anonymo ad fidem codicum manuscriptorum denuo recognovit commentario tam critico quam historico instruxit, ed. C. Plummer, Oxford 1896.

Vita Rimberti, ed. G. Waitz, in: MGH SS rer. Germ. 55, Hannover 1884, S. 80-100.

Walafrid Strabo, Libellus de exordiis et incrementis quarundam in observationibus ecclesiasticis rerum, ed. A. Boretius / V. Krause, in: MGH Capit. 2, Hannover 1897, S. 473-516.

Literaturverzeichnis

ABEL, Sigurd, Jahrbücher des Fränkischen Reiches unter Karl dem Großen, Bd. I, Berlin 1969 (ND d. Ausg. Leipzig 1883).

ADDISON, James T., The Medieval Missionary: A Study of the Conversion of Northern Europe A.D. 500 – 1300, Philadelphia 1976.

AMBROSIANI, Björn / CLARKE, Helen, Birka and the Beginning of the Viking Age, in: Wesse, Anke (Hg.), Studien zur Archäologie des Ostseeraumes: Von der Eisenzeit zum Mittelalter, Neumünster 1998, S. 33-38.

ANDERSEN, Henning H., Danevirke, Kopenhagen 1976.

DERS., Machtpolitik um Nordalbingien zum Anfang des 9. Jahrhunderts, in: Archäologisches Korrespondenzblatt, Bd. 10 (1980), S. 81-84.

DERS., Vorchristliche Königsgräber in Dänemark und ihre Hintergründe: Versuch einer Synthese, in: Germania 65 (1987), Bd. 1, S. 159-173.

DERS., Danevirke og Kovirke: Arkæologiske undersøgelser 1861-1993, Højbjerg 1998.

DERS., Til hele rigets værn: Danevirkes arkæologi og historie, Højbjerg 2004.

ANGENENDT, Arnold, Willibrord im Dienste der Karolinger, in: Annalen des historischen Vereins für den Niederrhein, 175 (1973), S. 63-113.

DERS., Taufe und Politik im frühen Mittelalter, in: FMSt 7 (1973), S. 143-168.

DERS., Kaiserherrschaft und Königstaufe, Berlin / New York 1984.

DERS., „Er war der erste...": Willibrords historische Stellung, in: Bange, Petronella (Hg.), Willibrord: Zijn Wereld en zijn Werk, Nimwegen 1990, S.13-34.

ARBMAN, Holger, Schweden und das Karolingische Reich: Studien zu den Handelsverbindungen des 9. Jahrhunderts, Stockholm 1937.

DERS., The Vikings, London ²1965.

ASKEBERG, Fritz, Norden och kontinenten i gammal tid: Studier i forngermansk kulturhistoria, Uppsala 1944.

AXBOE, Morten, Goldbrakteaten und Dänenkönige, in: Keller, Hagen / Staubach, Nikolaus (Hg.), Iconologia Sacra: Mythos, Bildkunst und Dichtung in der Religions- und Sozialgeschichte Alteuropas, Berlin / New York 1994, S. 144-155.

BAETKE, Walter, Die Aufnahme des Christentums durch die Germanen, Darmstadt 1959.

BAGGE, Sverre, Early state formation in Scandinavia, in: Pohl, Walter / Wieser, Veronika (Hg.), Der

© Springer-Verlag GmbH Deutschland, ein Teil von Springer Nature 2011
V. Helten, *Zwischen Kooperation und Konfrontation: Dänemark und das Frankenreich im 9. Jahrhundert*, Edition KWV, https://doi.org/10.1007/978-3-662-58399-9

frühmittelalterliche Staat: Europäische Perspektiven, Wien 2009, S. 145-154.

BATELY, Janet, The Old English Orosius, Oxford 1980.

DIES., Ohthere's Voyages: A late 9th-century account of voyages along the coasts of Norway and Denmark and its cultural context, Roskilde 2007.

BECHER, Matthias, Die Sachsen im 7. und 8. Jahrhundert: Verfassung und Ethnogenese, in: Stiegemann, Christoph / Wemhoff, Matthias (Hg.), 799 – Kunst und Kultur der Karolingerzeit: Karl der Große und Papst Leo III. in Paderborn, Bd. 1, Mainz 1999, S. 188-194.

DERS., Karl der Große, München [6]2008.

BECK, Heinrich, Snorri Sturlusons Sicht der paganen Vorzeit, Göttingen 1994.

DERS., Snorri Sturlusons Konstruktion eines Vorzeitkönigtums, in: Erkens, Franz-Reiner (Hg.), Das frühmittelalterliche Königtum: Ideelle und religiöse Grundlagen, Berlin 2005, S. 125-140.

BEUMANN, Helmut, Die Historiographie des Mittelalters als Quelle für die Ideengeschichte des Königtums, in: Ders., Wissenschaft vom Mittelalter: Ausgewählte Aufsätze, Köln / Wien 1972, S. 201-240.

BILL, Jan / POULSEN, Bjørn / RIECK, Flemming / VENTEGODT, Ole, Dansk Søfarts Historie I: Indtil 1588, Fra stammesbåd til skib, Kopenhagen 1997.

BLOMKVIST, Nils / BRINK, Stefan / LINDKVIST, Thomas, The kingdom of Sweden, in: Berend, Nora (Hg.), Christianization and the rise of Christian Monarchy: Scandinavia, Central Europe and Rus' c. 900-1200, Cambridge 2007, S. 167-213.

BÖHM, Laetitia, Nomen gentis Normannorum: Der Aufstieg der Normannen im Spiegel der normannischen Historiographie, in: I Normanni e la loro espansione in Europa nell'alto medioevo, Spoleto 1969, S. 623-704.

BOSHOF, Egon, Erzbischof Agobard von Lyon: Leben und Werk, Köln 1969.

DERS., Ludwig der Fromme, Darmstadt 1996.

BOYER, Régis, Die Wikinger, Stuttgart 1994.

DERS., Die Piraten des Nordens: Leben und Sterben als Wikinger, Stuttgart 1997.

BRACKMANN, Albert, Das mittelalterliche Deutschland als Vormacht Europas, in: Ders.: Gesammelte Aufsätze, Darmstadt [2]1967, S. 3-24.

BRANDT, Klaus, Wikingerzeitliche und mittelalterliche Besiedlung am Ufer der Treene bei Hollingstedt (Kr. Schleswig-Flensburg): Ein Flusshafen im Küstengebiet der Nordsee, in: Ders. / Müller-Wille, Michael / Radtke, Christian (Hg.), Haithabu und die frühe

Stadtentwicklung im nördlichen Europa, Neumünster 2002, S. 83-105.

BRATHER, Sebastian, Karolingerzeitlicher Befestigungsbau im wilzisch-abodritischen Raum: Die sogenannten Feldberger Höhenburgen, in: Henning, Joachim / Ruttkay, Alexander T. (Hg.), Frühmittelalterlicher Burgenbau in Mittel- und Osteuropa, Bonn 1998, S. 223-234.

BRINK, Stefan, People and Land in Early Scandinavia, in: Garipzanov, Ildar H. / Geary, Patrick J. / Urbańczyk, Przemysław (Hg.), Franks, Northmen, and Slavs: Identities and State Formation in Early Medieval Europe, Turnhout 2008, S. 87-112.

BRØNDSTED, Johannes, Vikingerne, Kopenhagen 1960.

DERS., Eisenzeit in Dänemark, Neumünster 1963.

DERS., Die große Zeit der Wikinger, Neumünster 1964.

BROWN, Peter, Die Entstehung des christlichen Europa, München 1996.

BUISSON, Ludwig, Formen normannischer Staatsbildung: 9. bis 11. Jahrhundert, in: Studien zum mittelalterlichen Lehenswesen, Konstanz 1960, S. 95-184.

BUND, Konrad, Thronsturz und Herrscherabsetzung im Frühmittelalter, Bonn 1979.

CAPELLE, Torsten, Die Wikinger, Stuttgart 1971.

CHRISTENSEN, Aksel E., Vikingetidens Danmark paa oldhistorisk baggrund, Kopenhagen 1969.

COUPLAND, Simon, From poachers to gamekeepers: Scandinavian warlords and Carolingian kings, in: Early Medieval Europe 7, 1 (1998), S. 85-114.

DERS., The Frankish Tribute Payments to the Vikings and their Consequences, in: Francia 26/1 (1999), S. 57-75.

DERS., Trading places: Quentovic and Dorestad reassessed, in: Early Medieval Europe 11 (2002), S. 209-232.

DERS., The Carolingian Army and the Struggle against the Vikings, in: Viator 35 (2004), S. 49-70.

CRUMLIN-PEDERSEN, Ole, Schiffe und Schiffahrtswege im Ostseeraum während des 9.-12. Jahrhunderts, in: Bericht der Römisch-Germanischen Kommission 69 (1988), S. 530-563.

DERS., Schiffahrt im frühen Mittelalter und die Herausbildung früher Städte im westlichen Ostseeraum, in: Brandt, Klaus / Müller-Wille, Michael / Radtke, Christian (Hg.), Haithabu und die frühe Stadtentwicklung im nördlichen Europa, Neumünster 2002, S. 67-81.

CUSACK, Carole M., Conversion among the Germanic Peoples, London / New York 1998.

DAHLMANN, Friedrich Christoph, Geschichte von Dännemark, Bd. 1, Hamburg 1840.

Depping, Georg Bernhard, Histoire des expeditions des Normands et de leur établissement en France au X. Siècle, Paris ²1844.

Dick, Stefanie, Der Mythos vom „germanischen" Königtum: Studien zur Herrschaftsorganisation bei den germanischsprachigen Barbaren bis zum Beginn der Völkerwanderungszeit, Berlin 2008.

Dräger, Paul (Hg.), Alkuin, Vita sancti Willibrordi: Das Leben des heiligen Willibrord, Trier 2008.

Drögereit, Richard, Die schriftlichen Quellen zur Christianisierung der Sachsen und ihre Aussagefähigkeit, in: Lammers, Walther (Hg.), Die Eingliederung der Sachsen in das Frankenreich, Darmstadt 1970, S. 451-469.

Ders., War Ansgar Erzbischof von Hamburg oder Bremen?, in: Jahrbuch der Gesellschaft für niedersächsische Kirchengeschichte 70 (1972), S. 107-132.

Ders., Erzbistum Hamburg, Hamburg-Bremen oder Erzbistum Bremen?, in: AfD 21 (1975), S. 136-230.

Dümmler, Ernst, Geschichte des Ostfränkischen Reichs (Bd. 1), Berlin 1862.

Düwel, Klaus, Das Opferfest von Lade, Wien 1985.

Ders. / Marold, Edith / Zimmermann, Christiane (Hg.), Von Thorsberg nach Schleswig: Sprache und Schriftlichkeit eines Grenzgebietes im Wandel eines Jahrtausends, Berlin / New York 2001.

Eichler, Daniel, Fränkische Reichsversammlungen unter Ludwig dem Frommen, Hannover 2007.

Eickhoff, Ekkehard, Maritime Defence of the Carolingian Empire, in: Simek, Rudolf (Hg.), Vikings on the Rhine: Recent Research on Early Medieval Relations between the Rhinelands and Scandinavia, Wien 2004, S. 51-64.

Ellmers, Detlev, Frühmittelalterliche Handelsschiffahrt in Mittel- und Nordeuropa, Neumünster 1972.

Ders., Welche Schiffe liefen den Hafen von Haithabu an?, in: Beiträge zur Schleswiger Stadtgeschichte 27 (1982), S. 11-28.

Erkens, Franz-Reiner, Sakralkönigtum und sakrales Königtum: Anmerkungen und Hinweise, in: Ders. (Hg.), Das frühmittelalterliche Königtum: Ideelle und religiöse Grundlagen, Berlin 2005, S. 1-8.

Ders., Herrschersakralität im Mittelalter: Von den Anfängen bis zum Investiturstreit, Stuttgart 2006.

Ernst, Raimund, Die Nordwestslawen und das fränkische Reich: Beobachtungen zur Geschichte ihrer Nachbarschaft und zur Elbe als nordöstlicher Reichsgrenze bis in die Zeit Karls des

Großen, Berlin 1976.

DERS., Karolingische Nordostpolitik zur Zeit Ludwigs des Frommen, in: Goehrke, Carsten (Hg.), Östliches Europa: Spiegel der Geschichte, Wiesbaden 1977, S. 81-107.

EWIG, Eugen, Die Merowinger und das Frankenreich, Stuttgart ⁴2001.

FABECH, Charlotte, Society and Landscape: From collective manifestations to ceremonies of a new ruling class, in: Keller, Hagen / Staubach, Nikolaus (Hg.), Iconologia Sacra: Mythos, Bildkunst und Dichtung in der Religions- und Sozialgeschichte Alteuropas, Berlin / New York 1994, S. 132-143.

FINSTERWALDER, Paul W., Wege und Ziele der irischen und angelsächsischen Mission im Frankenreiche, in: ZfKG 47, 1928, S. 203-326.

FLETCHER, Richard, The Conversion of Europe: From Paganism to Christianity 371-1386, London 1998.

FOOTE, Peter / WILSON, David M., The Viking Achievement: The society and culture of early medieval Scandinavia, London 1980.

FRAESDORFF, David, Der barbarische Norden: Vorstellungen und Fremdheitskategorien bei Rimbert, Thietmar von Merseburg, Adam von Bremen und Helmold von Bosau, Berlin 2005.

FREISE, Eckhard, Das Frühmittelalter bis zum Vertrag von Verdun (843), in: Kohl, Wilhelm, Westfälische Geschichte I, Düsseldorf 1983, S. 275-335.

FRIED, Johannes, Gens und regnum: Wahrnehmungs- und Deutungskategorien politischen Wandels im früheren Mittelalter, in: Miethke, Jürgen / Schreiner, Klaus (Hg.), Sozialer Wandel im Mittelalter: Wahrnehmungsformen, Erklärungsmuster, Regelungsmechanismen, Sigmaringen 1994, S. 73-104.

DERS., Bardowick, Sachsen und Karl der Große, in: Lüneburger Blätter 30 (1998), S. 61-84.

DERS., Weshalb die Normannenherrscher für die Franken unvorstellbar waren, in: Jussen, Bernhard (Hg.), Die Macht des Königs: Herrschaft in Europa vom Frühmittelalter bis in die Neuzeit, München 2005, S. 72-82.

FRITZE, Wolfgang H., Probleme der abodritischen Stammes- und Reichsverfassung, in: Ludat, Herbert (Hg.), Siedlung und Verfassung der Slawen zwischen Elbe, Saale und Oder, Gießen 1960, S. 141-219.

DERS., Slaven und Avaren im angelsächsischen Missionsprogramm: Bedas Rugini und Willibrords Dänenmission, in: Zeitschrift für slavische Philologie 32 (1965), S. 231-251.

DERS., Universalis gentium confessio: Formeln, Träger und Wege universalmissionarischen Denkens im 7. Jahrhundert, in: FMSt 3, 1969, S. 78-130.

DERS., Papst und Frankenkönig: Studien zu den päpstlich-fränkischen Rechtsbeziehungen von 754 bis 824, Sigmaringen 1973.

GANSHOF, François L., Zur Entstehungsgeschichte und Bedeutung des Vertrages von Verdun (843), in: DA 12 (1956), S. 313-330.

DERS., The Carolingians and the Frankish Monarchy: Studies in Carolingian History, London 1971.

DERS., Am Vorabend der ersten Krise der Regierung Ludwigs des Frommen: Die Jahre 828 und 829, in: FMSt 6 (1972), S. 39-54.

GARIPZANOV, Ildar H. / GEARY, Patrick J. / URBAŃCZYK, Przemysław (Hg.), Franks, Northmen, and Slavs: Identities and State Formation in Early Medieval Europe, Turnhout 2008.

GARIPZANOV, Ildar H., Frontier Identities: Carolingian Frontier and the gens Danorum, in: Garipzanov / Geary / Urbańczyk, Frank, Northmen, and Slavs, S. 113-143.

GELTING, Michael H., The kingdom of Denmark, in: Berend, Nora (Hg.), Christianization and the rise of Christian Monarchy: Scandinavia, Central Europe and Rus' c. 900-1200, Cambridge 2007, S. 73-120.

GLÄSER, Manfred, Kulturelle Kontakte zwischen Franken und Normannen sowie Deutschen und Dänen, in: Hansen, Palle Birk / Jensen, Anna-Elisabeth / Gläser, Manfred / Sudhoff, Ingrid (Hg.), Venner og Fjender: Dagligliv ved Østersøn 700-1200, Lübeck 2004, S. 14-23.

GODMAN, Peter, Louis „the Pious" and his poets, in: FMSt 19 (1985), S. 239-289.

GÖBELL, Walter, Die Christianisierung des Nordens und die Geschichte der nordischen Kirchen bis zur Errichtung des Erzbistums Lund, in: Schleswig-Holsteinische Kirchengeschichte (Bd. 1), Neumünster 1977, S. 63-104.

GOETZ, Hans-Werner, Zur Landnahmepolitik der Normannen im Fränkischen Reich, in: Annalen des Historischen Vereins für den Niederrhein 183 (1980), S. 9-17.

DERS., Geschichtsschreibung und Geschichtsbewußtsein im hohen Mittelalter, Berlin 1999.

GRÄSLUND, Anne-Sofie, Adams Uppsala och arkeologins, in: Hultgård, Anders (Hrsg.), Uppsala och Adam av Bremen, Nora 1997, S. 101-115.

DIES., Ideologi och Mentalitet: Om religionsskiftet i Skandinavien från en arkeologisk horisont, Uppsala 2001.

GRINDER-HANSEN, Poul, Die Slawen bei Saxo Grammaticus: Bemerkungen zu den Gesta Danorum, in: Harck, Ole / Lübke, Christian (Hg.), Zwischen Reric und Bornhöved: Die Beziehungen zwischen den Dänen und ihren slawischen Nachbarn vom 9. bis ins 13. Jahrhundert, Stuttgart 2001, S. 179-186.

HÄGERMANN, Dieter, Karl der Große: Herrscher des Abendlandes, München 2000.

HAENDLER, Gert, Reichskirche und Mission in der ersten Epoche der Christianisierung Mecklenburgs, in: Ekdahl, Sven (Hg.), Kirche und Gesellschaft im Ostseeraum und im Norden vor der Mitte des 13. Jahrhunderts, Göteborg 1969, S. 65-75.

HALLENCREUTZ, Carl F., Missionsstrategi och religionstolkning: Till frågan om Adam av Bremen och Uppsalatemplet, in: Hultgård, Anders (Hrsg.), Uppsala och Adam av Bremen, Nora 1997, S. 117-130.

HARCK, Ole, Anmerkungen zum Primärwall des Danewerks, in: Wesse, Anke (Hg.), Studien zur Archäologie des Ostseeraumes: Von der Eisenzeit bis zum Mittelalter, Neumünster 1998, S. 127-135.

HARTHAUSEN, Hartmut, Die Normanneneinfälle im Elb- und Wesermündungsgebiet mit besonderer Berücksichtigung der Schlacht von 880, Hildesheim 1966.

HARTMANN, Wilfried, Karl der Große, Stuttgart 2010.

HAUCK, Karl, Geblütsheiligkeit, in: Bischoff, Bernhard / Brechter, Suso (Hg.), Liber Floridus: Mittellateinische Studien, St. Ottilien 1950, S. 187-240.

DERS., Die fränkisch-deutsche Monarchie und der Weserraum, in: Lammers, Walther (Hg.), Die Eingliederung der Sachsen in das Frankenreich, Darmstadt 1970, S. 416-450.

DERS., Die religionsgeographische Zweiteilung des frühmittelalterlichen Europas im Spiegel der Bilder seiner Gottheiten, in: Fornvännen 82 (1987), S. 161-183.

DERS., Der Missionsauftrag Christi und das Kaisertum Ludwigs des Frommen, in: Godman, Peter (Hg.), Charlemagne's Heir: New Perspectives on the Reign of Louis the Pious (814-840), Oxford 1990, S. 275-296.

HAY, Denys, The Medieval Centuries, London ²1964.

HECK, Philipp, Blut und Stand im altsächsischen Rechte und im Sachsenspiegel, Tübingen 1935.

HEDEAGER, Lotte, Iron-Age Societies: From Tribe to State in Northern Europe, 500 BC to AD 700, Oxford 1992.

HELLE, Knut (Hg.), The Cambridge History of Scandinavia, Bd. 1: Prehistory to 1520, Cambridge 2003.

HELLMANN, Siegfried, Die Heiraten der Karolinger, in: Ders., Ausgewählte Abhandlungen zur
   Historiographie und Geistesgeschichte des Mittelalters, Darmstadt 1961, S. 293-391.

HEUSSLER, Andreas, Altgermanische Sittenlehre und Lebensweisheit, in: Nollau, Hermann (Hg.),
   Germanische Wiedererstehung, Heidelberg 1926, S. 156-204.

HODGES, Richard, Dark Age Economics: The origins of towns and trade A.D. 600-1000, London
   1982.

HOFFMANN, Erich, Königserhebung und Thronfolgeordnung in Dänemark bis zum Ausgang des
   Mittelalters, Berlin 1976.

DERS., Sachsen, Abodriten und Dänen im westlichen Ostseeraum von der Mitte des 10. bis zur Mitte
   des 12. Jahrhunderts, in: Wieden, Helge bei der (Hg.), Schiffe und Seefahrt in der
   südlichen Ostsee, Köln / Wien 1986, S. 1-40.

HÖFLER, Otto, Germanisches Sakralkönigtum: Der Runenstein von Rök und die germanische
   Individualweihe, Tübingen 1952.

DERS., Der Sakralcharakter des germanischen Königtums, in: Das Königtum: Seine geistigen und
   rechtlichen Grundlagen, Lindau 1956, S. 75-104.

HOFMEISTER, Adolf, Der Kampf um die Ostsee vom 9. bis 12. Jahrhundert, Lübeck/Hamburg [3]1960.

HUME, David, The History of England from the Invasion of Julius Caesar to the Abdication of James
   the Second 1688, Bd. I, Philadelphia 1868.

HVASS, Steen, Jelling: Schon in der Wikingerzeit eine tausendjährige Siedlung, in: Wesse,
   Archäologie des Ostseeraumes, S. 161-176.

JANKUHN, Herbert, Der fränkisch-friesische Handel zur Ostsee im frühen Mittelalter, in:
   Vierteljahrschrift für Sozial- und Wirtschaftsgeschichte 40 (1935), S. 193-243.

DERS., Wirtschafts- und Kulturgeschichte Angelns in der Wikingerzeit, in: Jahrbuch des Angler
   Heimatvereins 16 (1952), S. 25-75.

DERS., Der fränkisch-friesische Handel zur Ostsee im frühen Mittelalter, in: VSWG 40 (1953), S.
   193-243.

DERS., Karl der Große und der Norden, in: Beumann, Helmut (Hg.), Karl der Große: Lebenswerk
   und Nachleben (Bd. 1), Düsseldorf 1965, S. 699-707.

DERS., Das Missionsfeld Ansgars, in: FMSt 1 (1967), S. 213-221.

DERS., Wikingerzüge und kulturelle Strömungen im Ostseegebiet während des 9. und 10.
   Jahrhunderts, in: Ders., Der Ostseeraum im Blickfeld der deutschen Geschichte, Köln /

Wien 1970, S. 1-16.

DERS., Haithabu: Ein Handelsplatz der Wikingerzeit, Neumünster 1976.

JANTZEN, Detlef / Schirren, Michael, „Rerik steht wieder auf" oder: „Die Lösung des Reric-Problems" im April 1938, in: Wesse, Anke (Hg.), Studien zur Archäologie des Ostseeraumes: Von der Eisenzeit bis zum Mittelalter, Neumünster 1998, S. 67-76.

JENKIS, Arno, Nordalbingien und die sächsischen Stammesprovinzen: Ein Beitrag zur altsächsischen Stammesverfassung (Diss.), Hamburg 1953.

DERS., Die Eingliederung „Nordalbingiens" in das Frankenreich, in: ZSHG, Bd. 79, Neumünster 1955, S. 81-104.

DERS., Probleme der nordalbingischen Standesgliederung (Teil II), in: ZSHG 85/86 (1961), S. 25-60.

JÖNS, Hauke, Der frühgeschichtliche Seehandelsplatz von Groß Strömkendorf, in: Lübke, Christian (Hg.), Struktur und Wandel im Früh- und Hochmittelalter: Eine Bestandsaufnahme aktueller Forschungen zur Germania Slavica, Stuttgart 1998, S. 127-143.

JOHANNESSON, Kurt, Order in Gesta Danorum and order in the Creation, in: Friis-Jensen, Karsten (Hg.), Saxo Grammaticus: A Medieval Author between Norse and Latin Culture, Kopenhagen 1981, S. 95-104.

JONES, Gwyn, A History of the Vikings, Oxford 1973.

JONG, Mayke de, The Penitential State: Authority and Atonement in the Age of Louis the Pious, 814-840, Cambridge 2010.

JUSSEN, Bernhard, Spiritual Kinship as Social Practice: Godparenthood and Adoption in the Early Middle Ages, Delaware 2000.

KAHL, Hans-Dietrich, Karl der Große und die Sachsen: Stufen und Motive einer historischen Eskalation, in: Ludat, Herbert / Schwinges, Rainer C. (Hg.), Politik, Gesellschaft, Geschichtsschreibung, Köln / Wien 1982, S. 49-130.

KASTEN, Brigitte, Königssöhne und Königsherrschaft: Untersuchungen zur Teilhabe am Reich in der Merowinger- und Karolingerzeit, Hannover 1997.

DIES., Das Lehnswesen: Fakt oder Fiktion?, in: Pohl, Walter / Wieser, Veronika (Hg.), Der frühmittelalterliche Staat: Europäische Perspektiven, Wien 2009, S. 331-353.

KAUFHOLD, Martin, Europas Norden im Mittelalter: Die Integration Skandinaviens in das christliche Europa (9.-13. Jh.), Darmstadt 2001.

KEMPKE, Torsten, Archäologische Beiträge zur Grenze zwischen Sachsen und Slawen im 8.-9. Jahrhundert, in: Wesse, Anke (Hg.), Studien zur Archäologie des Ostseeraumes: Von der Eisenzeit bis zum Mittelalter, Neumünster 1998, S. 373-382.

DERS., Skandinavisch-slawische Kontakte an der südlichen Ostseeküste im 7. bis 9. Jahrhundert, S.16, in: Harck, Ole / Lübke, Christian (Hg.), Zwischen Reric und Bornhöved: Die Beziehungen zwischen den Dänen und ihren slawischen Nachbarn vom 9. bis ins 13. Jahrhundert, Stuttgart 2001, S. 9-22.

DERS. / MÜLLER-WILLE, Michael, Slawen, Dänen und Deutsche im süd-westlichen Ostseeraum vom 8.-12. Jahrhundert, in: Strzelczyk, Jerzy (Hg.), Slawen, Deutsche und Dänen in zwei historischen Grenzregionen: Schleswig-Holstein und Großpolen, Posen 2001, S. 9-32.

KERN, Fritz, Gottesgnadentum und Widerstandsrecht im früheren Mittelalter: Zur Entwicklungsgeschichte der Monarchie, Darmstadt ⁵1970.

KLAPHECK, Thomas, Der heilige Ansgar und die karolingische Nordmission, Hannover 2008.

KLEWITZ, Hans Walter, Germanisches Erbe im fränkischen und deutschen Königtum, in: Ders., Ausgewählte Aufsätze zur Kirchen- und Geistesgeschichte des Mittelalters, Aalen 1971, S. 55-70.

KÖLZER, Theo, Das Königtum Minderjähriger im fränkisch-deutschen Mittelalter, in: HZ 251 (1990), S. 291-323.

DERS., Kaiser Ludwig der Fromme (814-840) im Spiegel seiner Urkunden, Paderborn 2005.

KONECNY, Silvia, Die Frauen des karolingischen Königshauses: Die politische Bedeutung der Ehe und die Stellung der Frau in der fränkischen Herrscherfamilie vom 7. bis zum 10. Jahrhundert, Wien 1976.

KONSTAM, Angus, Die Wikinger: Geschichte, Eroberungen, Kultur, Wien 2005.

KRAH, Adelheid, Absetzungsverfahren als Spiegelbild von Königsmacht, Aalen 1987.

KROESCHELL, Karl, Die Sippe im germanischen Recht, in: ZRG GA 77 (1960), S. 1-25.

KUHLMANN, Hans-Joachim, Besiedlung und Kirchspielorganisation der Landschaft Angeln im Mittelalter, Neumünster 1958.

KUHN, Hans, Kriegswesen und Seefahrt, in: Germanische Altertumskunde, München ²1951, S. 98-127.

LA BAUME, Wolfgang, Die Wikinger, in: Reinerth, Hans (Hg.), Vorgeschichte der deutschen Stämme, Bd. III, Berlin 1940, S. 1277-1357.

LAMPEN, Angelika, Sachsenkriege, sächsischer Widerstand und Kooperation, in: Stiegemann, Christoph / Wemhoff, Matthias (Hg.), 799 – Kunst und Kultur der Karolingerzeit: Karl der Große und Papst Leo III. in Paderborn, Bd. 1, Mainz 1999, S. 264-272.

LAUFFER, Otto, Die Entwicklungsstufen der germanischen Kultur: Umwelt und Volksbrauch in altgermanischer Zeit, in: Nollau, Hermann (Hg.), Germanische Wiedererstehung, Heidelberg 1926, S. 1-149.

LAUR, Wolfgang, Sprachen, Schriften, 'Nationalitäten' in Haithabu und Schleswig, in: Düwel / Marold / Zimmermann, Von Thorsberg nach Schleswig, S. 61-76.

LAUTENSCHLÄGER, Georg, Einfälle der Normänner in Teutschland: Eine historische Abhandlung, Darmstadt 1827.

LINDKVIST, Thomas, Early political organisation, in: Helle, Knut (Hg.), The Cambridge History of Scandinavia, Bd. 1: Prehistory to 1520, Cambridge 2003, S. 160-167.

LINTZEL, Martin, Die Vorgänge in Verden im Jahre 782, in: Ders.: Ausgewählte Schriften: Zur altsächsischen Stammesgeschichte (Bd. I), Berlin 1961, S. 147-174.

DERS., Die Capitulatio de partibus Saxoniae, in: Ders., Ausgewählte Schriften: Zur altsächsischen Stammesgeschichte (Bd. I), Berlin 1961, S. 380-389.

LÜBKE, Christian, Die Beziehungen zwischen Elb- und Ostseeslawen und Dänen vom 9. bis zum 12. Jahrhundert: Eine andere Option elbslawischer Geschichte?, in: Harck, Ole / Lübke, Christian (Hg.), Zwischen Reric und Bornhöved: Die Beziehungen zwischen den Dänen und ihren slawischen Nachbarn vom 9. bis ins 13. Jahrhundert, Stuttgart 2001, S. 23-36.

LUDEN, Heinrich, Geschichte des deutschen Volkes, Bd. V, Gotha 1830.

LUND, Niels, Allies of God or Man? The Viking Expansion in a European Perspective, in: Viator 20 (1989), S. 45-59.

DERS., Das Dänenreich und das Ende des Wikinger-Zeitalters, in: Sawyer, Peter H. (Hg.), Die Wikinger: Geschichte und Kultur eines Seefahrervolkes, Darmstadt 2000, S. 166-191.

DERS., Horik den Førstes udenrigspolitik, in: Historisk Tidsskrift 102 (2002), S. 1-22.

DERS., Mission i Danmark før Harald Blåtands dåb, in: Ders. (Hg.), Kristendommen i Danmark før 1050, Roskilde 2004, S. 20-27.

MAGNUSSON, Magnus, Die Wikinger: Geschichte und Legende, Düsseldorf/Zürich 2003.

MAROLD, Edith, Haithabu in der altisländischen Literatur, in: Düwel / Marold / Zimmermann, Von Thorsberg nach Schleswig, S. 77-99.

MAWER, Allen, The Vikings, Cambridge 1913.

McCORMICK, Michael, Was der frühmittelalterliche König mit der Wirtschaft zu tun hatte, in: Jussen, Bernhard (Hg.), Die Macht des Königs: Herrschaft in Europa vom Frühmittelalter bis in die Neuzeit, München 2005, S. 55-71.

McKITTERICK, Rosamond, Karl der Große, Darmstadt 2008.

McTURK, Rory, Studies in Ragnars Saga Loðbrókar and its Major Scandinavian Analogues, Oxford 1991.

MEIER, Dirk, Transalbianorum Saxonum populi sunt tres: Das Dithmarscher Küstengebiet im frühen und hohen Mittelalter, in: Wesse, Anke (Hg.), Studien zur Archäologie des Ostseeraumes: Von der Eisenzeit bis zum Mittelalter, Neumünster 1998, S. 77-89.

MITTEIS, Heinrich, Lehnrecht und Staatsgewalt, Darmstadt 1958 (ND d. Ausg. Weimar 1933).

DERS., Der Staat des hohen Mittelalters: Grundlinien einer vergleichenden Verfassungsgeschichte des Lehnszeitalters, Weimar [7]1962.

MOHR, Andreas, Das Wissen über die Anderen: Zur Darstellung fremder Völker in den fränkischen Quellen der Karolingerzeit, Münster 2005.

MOSSIG, Christian, Das Zeitalter der Christianisierung (8. bis 10. Jahrhundert), in: Dannenberg, Hans-Eckhard / Schulze, Heinz-Joachim (Hg.), Geschichte des Landes zwischen Elbe und Weser, Bd. 2 (1995), 23-42.

MÜHLBACHER, Engelbert, Deutsche Geschichte unter den Karolingern, Darmstadt 1972 (ND d. Ausg. Stuttgart 1896).

MÜLLER-BOYSEN, Carsten, Kaufmannsschutz und Handelsrecht im frühmittelalterlichen Nordeuropa, Neumünster 1990.

MÜLLER-WILLE, Michael, Frühstädtische Zentren der Wikingerzeit und ihr Hinterland: Die Beispiele Ribe, Hedeby und Reric, Mainz 2002.

DERS., Ribe – Reric – Haithabu: Zur frühen Urbanisierung im südskandinavischen und westslawischen Gebiet, in: Ders. / Brandt, Klaus / Radtke, Christian (Hg.), Haithabu und die frühe Stadtentwicklung im nördlichen Europa, Neumünster 2002, S. 321-337.

MUNCH, Peter A., Das heroische Zeitalter der nordgermanischen Völker und die Wikingerzüge, Lübeck 1854.

MUSSET, Lucien, Le second assaut contre l'Europe Chrétienne: VIIe – Xie siècle, Paris 1965.

DERS., Nordica et Normannica: Recueil d'études sur la Scandinavie ancienne et médiévale, les expéditions des Vikings et la fondation de la Normandie, Paris 1997.

MYHRE, Bjørn, The Iron Age, in: Helle, Knut (Hg.), The Cambridge History of Scandinavia, Bd. 1: Prehistory to 1520, Cambridge 2003, S. 60-93.

NELSON, Janet L., The search for peace in a time of war: The Carolingian Brüderkrieg, 840-843, in: Fried, Johannes (Hg.), Träger und Instrumentarien des Friedens im hohen und späten Mittelalter, Sigmaringen 1996, S. 87-114.

DIES., Das Frankenreich, in: Sawyer, Peter H. (Hg.), Die Wikinger: Geschichte und Kultur eines Seefahrervolkes, Darmstadt 2000, S. 29-57.

DIES., England and the Continent in the Ninth Century: II, The Vikings and Others, in: Transactions of the Royal Historical Society 6 (2003), S. 1-28.

NITSCHKE, August, Beobachtungen zur normannischen Erziehung im 11. Jahrhundert, in: AKG 43 (1961), S. 265-298.

NORDENSTRENG, Rolf, Die Züge der Wikinger, Leipzig 1925.

OXENSTIERNA, Eric, Die Nordgermanen, Stuttgart 1957.

PADBERG, Lutz E. von, Odin oder Christus?: Loyalitäts- und Orientierungskonflikte in der frühmittelalterlichen Christianisierungsepoche, in: AKG 77 (1995), S. 249-278.

DERS., Die Christianisierung Europas im Mittelalter, Stuttgart 1998.

DERS., Zum Sachsenbild in hagiographischen Quellen, in: Häßler, Hans-Jürgen (Hg.), Studien zur Sachsenforschung, Oldenburg 1999, S. 173-191.

PAULSEN, Peter, Der Stand der Forschung über die Kultur der Wikingerzeit, in: Bericht der römisch-germanischen Kommission 22 (1933), Mainz 1933, S. 182-254.

PEITZ, Wilhelm Maria, Untersuchungen zu Urkundenfälschungen des Mittelalters, Bd. 1, Freiburg 1919.

PICARD, Eve, Germanisches Sakralkönigtum?: Quellenkritische Studien zur Germania des Tacitus und zur altnordischen Überlieferung, Heidelberg 1991.

PLANITZ, Hans, Frühgeschichte der deutschen Stadt, in: ZRG Germ. Abt. 63 (1943), S. 1-91.

PLASSMANN, Alheydis, Die Normannen: Erobern – Herrschen – Integrieren, Stuttgart 2008.

POHL, Walter / WIESER, Veronika (Hg.), Der frühmittelalterliche Staat: Europäische Perspektiven, Wien 2009.

RAMSKOU, Thorkild, Normannertiden 600-1060, Kopenhagen 1962.

RANDSBORG, Klavs, The Viking Age in Denmark: The Formation of a State, London 1980.

RANKE, Leopold von, Französische Geschichte vornehmlich im sechzehnten und siebzehnten Jahrhundert, Bd. I, Stuttgart/Tübingen 1852.

REINECKE, Karl, Bischofsumsetzung und Bistumsvereinigung: Ansgar und Hamburg-Bremen 845-864, in: AfD 33 (1987), S. 1-53.

REISCHMANN, Hans-Joachim, Willibrord - Apostel der Friesen: Seine Vita nach Alkuin und Thiofrid, Sigmaringendorf 1989.

REUTER, Timothy, Plunder and Tribute in the Carolingian Empire, in: Transactions of the Royal Historical Society 35 (1985), S. 75-94.

DERS., The End of Carolingian Military Expansion, in: Godman, Peter (Hg.), Charlemagne's heir: new perspectives on the reign of Louis the Pious (814-840), Oxford 1990, S. 391-405.

RIIS, Thomas, Vom Land „synnan aa" bis zum Herzogtum Schleswig, in: Düwel / Marold / Zimmermann, Von Thorsberg nach Schleswig, S. 53-60.

ROESDAHL, Else, Viking Age Denmark, London 1982.

DIES., Vikingernes verden, Kopenhagen 1991.

DIES. (Hg.), Dagligliv i Danmarks middelalder: En arkæologisk kulturhistorie, Kopenhagen 1999.

RUH, Kurt (Hg.), Die deutsche Literatur des Mittelalters: Verfasserlexikon, Bd. 1, Berlin 1978.

DERS., Die deutsche Literatur des Mittelalters: Verfasserlexikon, Bd. 8, Berlin 1992.

DERS., Die deutsche Literatur des Mittelalters: Verfasserlexikon, Bd. 9, Berlin 1995.

SANMARK, Alexandra, The Role of Secular Rulers in the Conversion of Sweden, in: Carver, Martin (Hg.), The Cross goes North: Processes of Conversion in Northern Europe, AD 300-1300, York 2003, S. 551-558.

DIES., Power and Conversion: A Comparative Study of Christianization in Scandinavia, Uppsala 2004.

SAWYER, Birgit, Scandinavian Conversion Histories, in: Sawyer, Peter H. & Birgit / Wood, Ian (Hg.), The Christianization of Scandinavia, Alingsås 1987, S. 88-110.

SAWYER, Peter H., The Age of the Vikings, London 1962.

DERS., Kings and Vikings: Scandinavia and Europe AD 700-1100, London / New York 1982.

DERS., The process of Scandinavian Christianization in the tenth and eleventh centuries, in: Sawyer, Peter H. & Birgit / Wood, Ian (Hg.), The Christianization of Scandinavia, Alingsås 1987,

68-87.

DERS., Das Zeitalter der Wikinger und die Vorgeschichte, in: Ders. (Hg.), Die Wikinger: Geschichte und Kultur eines Seefahrervolkes, Darmstadt 2000, S. 11-28.

DERS., Da Danmark blev Danmark: Fra ca. 700 til 1050, Kopenhagen 2002.

SAWYER, Birgit & Peter H., Medieval Scandinavia: From Conversion to Reformation, circa 800-1500, London / Minneapolis 1993.

DIES. / DERS., Die Welt der Wikinger, Berlin 2002.

DIES. / DERS. / Wood, Ian (Hg.), The Christianization of Scandinavia, Alingsås 1987.

SCHÄFERDIEK, Knut, Missionary methods, in: Sawyer, Peter H. & Birgit / Wood, Ian (Hg.), The Christianization of Scandinavia, Alingsås 1987, S. 24-26.

SCHALLER, Dieter, Ermoldus Nigellus, in: LexMA III (1995), Sp. 2160f.

SCHARFF, Thomas, Die Kämpfe der Herrscher und der Heiligen: Krieg und historische Erinnerung in der Karolingerzeit, Darmstadt 2002.

SCHEIDING-WULKOPF, Ilse, Lehnsherrliche Beziehungen der fränkisch-deutschen Könige zu anderen Staaten vom 9. bis zum Ende des 12. Jahrhunderts, Marburg 1948.

SCHIEFFER, Rudolf, Ludwig „der Fromme": Zur Entstehung eines karolingischen Herrscherbeinamens, in: FMSt 16 (1982), S. 58-73.

DERS., Väter und Söhne im Karolingerhause, in: BdF 22 (1990), S. 149-164.

DERS., Die Karolinger, Stuttgart ³2000.

SCHIEFFER, Theodor, Winfrid-Bonifatius und die christliche Grundlegung Europas, Freiburg 1954.

DERS., Die Krise des karolingischen Imperiums, in: Engel, Josef / Klinkenberg, Martin (Hg.), Aus Mittelalter und Neuzeit, Bonn 1957, S. 1-15.

DERS., Eheschließungen und Ehescheidungen im Hause der karolingischen Kaiser und Könige, in: Theologisch-praktische Quartalschrift 1968, S. 37-43.

DERS., Adnotationes zur Germania Pontificia und zur Echtheitskritik überhaupt: Erster Teil, in: AfD 32 (1986), S. 503-545.

SCHLESINGER, Walter, Burg und Stadt, in: Ders., Beiträge zur deutschen Verfassungsgeschichte des Mittelalters, Bd. 2, Göttingen 1963, S. 92-147.

DERS., Über germanisches Heerkönigtum, in: Das Königtum: Seine geistigen und rechtlichen Grundlagen, Sigmaringen ⁴1973, S. 105-141.

SCHMAUDER, Michael, Überlegungen zur östlichen Grenze des karolingischen Reiches unter Karl dem Großen, in: Pohl, Walter / Reimitz, Helmut (Hg.), Grenze und Differenz im frühen

Mittelalter, Wien 2000, S. 57-97.

SCHMEIDLER, Bernhard, Hamburg-Bremen und Nordost-Europa vom 9. bis 11. Jahrhundert: Kritische Untersuchungen zur Hamburgischen Kirchengeschichte des Adam von Bremen, zu Hamburger Urkunden und zur nordischen und wendischen Geschichte, Leipzig 1918.

SCHMIDT, Johann, Frömmigkeit und Theologie in Schleswig-Holstein von den Anfängen der Christianisierung bis zum Vorabend der Reformation, in: Schleswig-Holsteinische Kirchengeschichte (Bd. 2): Anfänge und Ausbau II, Neumünster 1978, S. 189-242.

SCHOENFELD, Emil D., An nordischen Königshöfen der Wikingerzeit, Straßburg 1910.

SCHUBERT, Ernst, Die Capitulatio de partibus Saxoniae, in: Brosius, Dieter u.a. (Hg.), Geschichte in der Region, Hannover 1993, S. 3-28.

DERS., Königsabsetzung im deutschen Mittelalter: Eine Studie zum Werden der Reichsverfassung, Göttingen 2005.

SCIOR, Volker, Bemerkungen zum frühmittelalterlichen Boten- und Gesandtschaftswesen, in: Pohl / Wieser, Der frühmittelalterliche Staat, S. 315-329.

SEE, Klaus von, Europa und der Norden im Mittelalter, Heidelberg 1999.

DERS., Königtum und Staat im skandinavischen Mittelalter, Heidelberg 2002.

SEEGRÜN, Wolfgang, Das Papsttum und Skandinavien bis zur Vollendung der nordischen Kirchenorganisation (1164), Neumünster 1967.

DERS., Das Erzbistum Hamburg – eine Fiktion?, in: ZVHG 60 (1974), S. 1-16.

DERS., Das Erzbistum Hamburg in seinen älteren Papsturkunden, Köln 1976.

SEGELBERG, Eric, Missionshistoriska aspekter på runinskrifterna, in: Kyrkohistorisk Årsskrift 83 (1983), Uppsala, S. 45-57.

SEMMLER, Josef, Reichsidee und kirchliche Gesetzgebung, in: ZKG 71 (1960), S. 37-65.

SIEMS, Harald, Studien zur Lex Frisionum, Ebelsbach a. M. 1980.

SIMEK, Rudolf, Germanic Religion and the Conversion to Christianity, in: Murdoch, Brian / Read, Malcolm (Hg.), Early Germanic Literature and Culture, New York 2004, S. 73-101.

DERS., The Emergence of the Viking Age: Reasons and Triggers, in: Ders. / Engel, Ulrike (Hg.), Vikings on the Rhine: Recent Research on Early Medieval Relations between the Rhinelands and Scandinavia, Wien 2004, S. 9-21.

DERS., Der Glaube der Germanen, Kevelaer 2005.

DERS., Die Wikinger, München [4]2005.

SIMSON, Bernhard von, Jahrbücher des Fränkischen Reiches unter Ludwig dem Frommen, Bd. 1:

814-830 / Bd. 2: 831-840, Berlin 1969 (ND d. Ausg. Leipzig 1874 / 1876).

SKOVGAARD-PETERSEN, Inge, Gudfred, in: LexMA IV (1989), Sp. 1762f.

SPINKS, Bryan D., Early and Medieval Rituals and Theologies of Baptism: From the New Testament to the Council of Trent, Aldershot 2006.

SPRINGER, Matthias, Die Sachsen, Stuttgart 2004.

SPROEMBERG, Heinrich, Die Seepolitik Karls des Großen: Beiträge zur belgisch-niederländischen Geschichte, Berlin 1959.

STAATS, Reinhart, Missionsgeschichte Nordeuropas: Eine geistesgeschichtliche Einführung, in: Müller-Wille, Michael (Hg.), Rom und Byzanz im Norden: Mission und Glaubenswechsel im Ostseeraum während des 8.-14. Jahrhunderts, Bd. 1, Stuttgart 1997, S. 9-33.

STAECKER, Jörn, Bremen – Canterbury – Kiev – Konstantinopel?: Auf Spurensuche nach Missionierenden und Missionierten in Altdänemark und Schweden, in: Müller-Wille, Michael (Hg.), Rom und Byzanz im Norden: Mission und Glaubenswechsel im Ostseeraum während des 8. - 14. Jahrhunderts, Bd. 1, Stuttgart 1997, S. 59-81.

STAUBACH, Nikolaus, „Des großen Kaisers kleiner Sohn": Zum Bild Ludwigs des Frommen in der älteren deutschen Geschichtsforschung, in: Godman, Peter (Hg.), Charlemagne's Heir: New Perspectives on the Reign of Louis the Pious (814-840), Oxford 1990, S. 701-721.

STEENSTRUP, Johannes C.H.R., Normannerne, Bd. I, Kopenhagen 1876.

STEINSLAND, Gro, The Change of Religion in the Nordic Countries: A Confrontation between Two Living Religions, in: Collegium Medievale 2 (1990), S. 123-135.

DERS., Die mythologische Grundlage für die nordische Königsideologie, in: Beck, Heinrich / Ellmers, Detlev / Schier, Kurt (Hg.), Germanische Religionsgeschichte: Quellen und Quellenprobleme, Berlin / New York 1992, S. 736-751.

STEUER, Heiko, Zur ethnischen Gliederung der Bevölkerung von Haithabu anhand der Gräberfelder, in: Offa 41 (1984), S. 189-212.

STOKLUND, Marie, Die Inschriften von Ribe, Hedeby und Schleswig und die Bedeutung der Schwedenherrschaft, in: Düwel / Marold / Zimmermann, Von Thorsberg nach Schleswig, S. 111-126.

STORM, Gustav, Kritiske Bidrag til Vikingetidens Historie, Bd. I, Kristiana 1878.

STRASSER, Karl T., Wikinger und Normannen, Hamburg 1928.

STRINNHOLM, Anders M., Wikingszüge, Staatsverfassung und Sitten der alten Skandinavier, Bd. I, Hamburg 1839.

THEUERKAUF, Gerhard, Urkundenfälschungen des Erzbistums Hamburg-Bremen vom 9. bis zum 12. Jahrhundert, in: Niedersächsisches Jahrbuch für Landesgeschichte 60 (1988), S. 71-140.

THRANE, Henrik, Das Gudme-Problem und die Gudme-Untersuchung: Fragen der Besiedlung in der Völkerwanderungs- und der Merowingerzeit auf Fünen, in: FMSt 21 (1987), S. 1-48.

DERS., Materialien zur Topographie einer eisenzeitlichen Sakrallandschaft um Gudme auf Ostfünen in Dänemark, in: Wesse, Anke (Hg.), Studien zur Archäologie des Ostseeraumes: Von der Eisenzeit bis zum Mittelalter, Neumünster 1998, S. 235-247.

THURSTON, Tina L., Landscapes of Power, Landscapes of Conflict: State Formation in the South Scandinavian Iron Age, New York 2001.

TISCHLER, Matthias M., Einharts Vita Karoli: Studien zur Entstehung, Überlieferung und Rezeption, Bd. 1, Hannover 2001.

TREMP, Ernst, Studien zu den Gesta Hludowici imperatoris des Trierer Chorbischofs Thegan, Hannover 1988.

DERS., Thegan und Astronomus, die beiden Geschichtsschreiber Ludwigs des Frommen, in: Godman, Peter (Hg.), Charlemagne's Heir: New Perspectives on the Reign of Louis the Pious (814-840), Oxford 1990, S. 691-700.

TREVELYAN, George M., Geschichte Englands, Bd. I, München ³1947.

TURVILLE-PETRE, Gabriel, The Heroic Age of Scandinavia, London 1951.

ULRIKSEN, Jens, Anløbspladser: Besejling og bebyggelse i Danmark mellem 200 og 1100 e. Kr., Roskilde 1998.

UNVERHAU, Henning, Untersuchungen zur historischen Entwicklung des Landes zwischen Schlei und Eider im Mittelalter, Neumünster 1990.

URBANCZYK, Przemyslaw, The Politics of Conversion in North Central Europe, in: Carver, Martin (Hg.), The Cross goes North: Processes of Conversion in Northern Europe, AD 300-1300, York 2003, S. 15-27.

VOGEL, Walther, Die Normannen und das Fränkische Reich bis zur Gründung der Normandie (799-911), Aalen 1973 (ND d. Ausg. Heidelberg 1906).

VLIET, Kaj van, Traiecti muros heu! The Bishop of Utrecht during and after the Viking Invasions of Frisia (834-925), in: Simek, Rudolf / Engel, Ulrike (Hg.), Vikings on the Rhine: Recent Research on Early Medieval Relations between the Rhinelands and Scandinavia, Wien

2004, S. 133-154.

VRIES, Jan de, Die geistige Welt der Germanen, Darmstadt 1964.

WAGNER, Richard, Die Wendenzeit, Berlin 1899.

WALTHER, Sabine, The Vikings in the Rhinelands according to Latin Sources, in: Simek, Rudolf / Engel, Ulrike (Hg.), Vikings on the Rhine: Recent Research on Early Medieval Relations between the Rhinelands and Scandinavia, Wien 2004, S. 165-177.

WAVRA, Brigitte, Salzburg und Hamburg: Erzbistumsgründung und Missionspolitik in karolingischer Zeit, Gießen 1990.

WEINHOLD, Karl, Altnordisches Leben, Stuttgart ²1938.

WENCK, Woldemar B., Das Fränkische Reich nach dem Vertrag von Verdun (843-861), Leipzig 1851.

WENSKUS, Reinhard, Stammesbildung und Verfassung: Das Werden der frühmittelalterlichen gentes, Köln 1961.

WILSON, David M., The Vikings and their Origins: Scandinavia in the first Millennium, London 1970.

WOLFRAM, Herwig, Frühes Königtum, in: Erkens, Franz-Reiner (Hg.), Das frühmittelalterliche Königtum, Berlin 2005, S. 42-64.

WOOD, Ian, Kings, Kingdoms and Consent, in: Sawyer, Peter H. / Wood, Ian (Hg.), Early Medieval Kingship, Leeds ²1979, S. 6-29.

DERS., Christians and pagans in ninth-century Scandinavia, in: Sawyer, Birgit & Peter H. / Wood, Ian (Hg.), The Christianization of Scandinavia, Alingsås 1987, S. 36-67.

WORSAAE, Jens J. A., Die Vorgeschichte des Nordens nach gleichzeitigen Denkmälern, Hamburg 1878.

ZATSCHEK, Heinz, Die Reichsteilungen unter Kaiser Ludwig dem Frommen, Darmstadt ²1969.

ZECHLIN, Egmont, Maritime Weltgeschichte: Altertum und Mittelalter, Hamburg 1941.

ZETTEL, Horst, Das Bild der Normannen und der Normanneneinfälle in westfränkischen, ostfränkischen und angelsächsischen Quellen des 8. bis 11. Jahrhunderts, München 1977.

DERS., Karl der Große, Siegfried von Dänemark und Gottfried von Dänemark: Ein Beitrag zur karolingischen Nordpolitik im 8. und 9. Jahrhundert, in: Zeitschrift der Gesellschaft für Schleswig-Holsteinische Geschichte 110 (1985), S. 11-25.

DERS., Das Sachsenbild der Franken in zeitgenössischen Quellen der Merowinger- und Karolingerzeit, in: Häßler, Hans-Jürgen (Hg.), Studien zur Sachsenforschung, Hildesheim 1987, S. 269-277.

Abkürzungsverzeichnis

AfD	Archiv für Diplomatik
AKG	Archiv für Kulturgeschichte
Anm.	Anmerkung
Ann. Bert.	Annales Bertiniani
Ann. Xant.	Annales Xantenses
Ann. Fuld.	Annales Fuldenses
Ann. reg. Franc.	Annales regni Francorum
Ausg.	Ausgabe
Bd.	Band
Bde.	Bände
BdF	Beihefte der Francia
bzw.	beziehungsweise
ca.	circa
Capit.	Capitularia
Chron. Moiss.	Chronicon Moissiacense
DA	Deutsches Archiv
dän.	dänisch
Ders. / ders.	Derselbe
d.	der / die / das
d.h.	das heißt
Diss.	Dissertation
Ebd. / ebd.	Ebenda
Epp.	Epistolae
etc.	et cetera
f	und folgende Seite
ff	und folgende Seiten
FMSt	Frühmittelalterliche Studien
fränk.	fränkisch
gest.	gestorben
ggf.	gegebenenfalls
Hg.	Herausgeber
Joh	Evangelium nach Johannes
Kg.	König
LexMA	Lexikon des Mittelalters
m.E.	meines Erachtens
mind.	mindestens
MGH	Monumenta Germaniae Historica
ND	Neudruck
Reg. (May)	Regesten der Erzbischöfe von Bremen

© Springer-Verlag GmbH Deutschland, ein Teil von Springer Nature 2011
V. Helten, *Zwischen Kooperation und Konfrontation: Dänemark und das Frankenreich im 9. Jahrhundert*, Edition KWV, https://doi.org/10.1007/978-3-662-58399-9

Reg. Imp.	Regesta Imperii
RGA	Reallexikon der Germanischen Altertumskunde
s.	siehe
s.o.	siehe oben
sog.	so genannt
Sp.	Spalte
SS	Scriptores
u.	und
u.a.	unter anderem
u.U.	unter Umständen
rer. Germ.	rerum Germanicarum
rer. Mer.	rerum Merovingicarum
Vgl. / vgl.	Vergleiche
VSWG	Vierteljahrschrift für Sozial- und Wirtschaftsgeschichte
Z.	Zeile
z.B.	zum Beispiel
ZfKG	Zeitschrift für Kirchengeschichte
ZRG GA	Zeitschrift der Savigny-Stiftung für Rechtsgeschichte: Germanistische Abteilung
ZSHG	Zeitschrift der Gesellschaft für Schleswig-Holsteinische Geschichte
ZVHG	Zeitschrift des Vereins für Hamburgische Geschichte
zw.	zwischen

Die dänische Königssippe

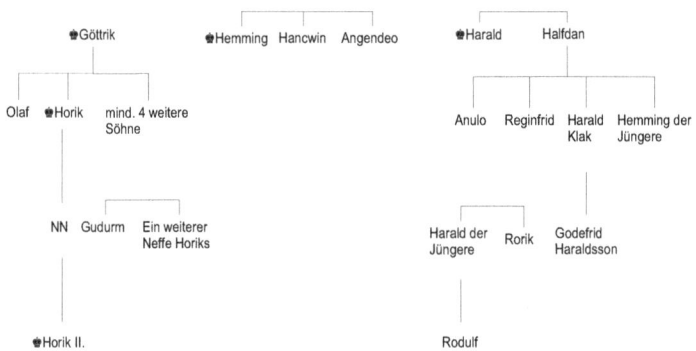

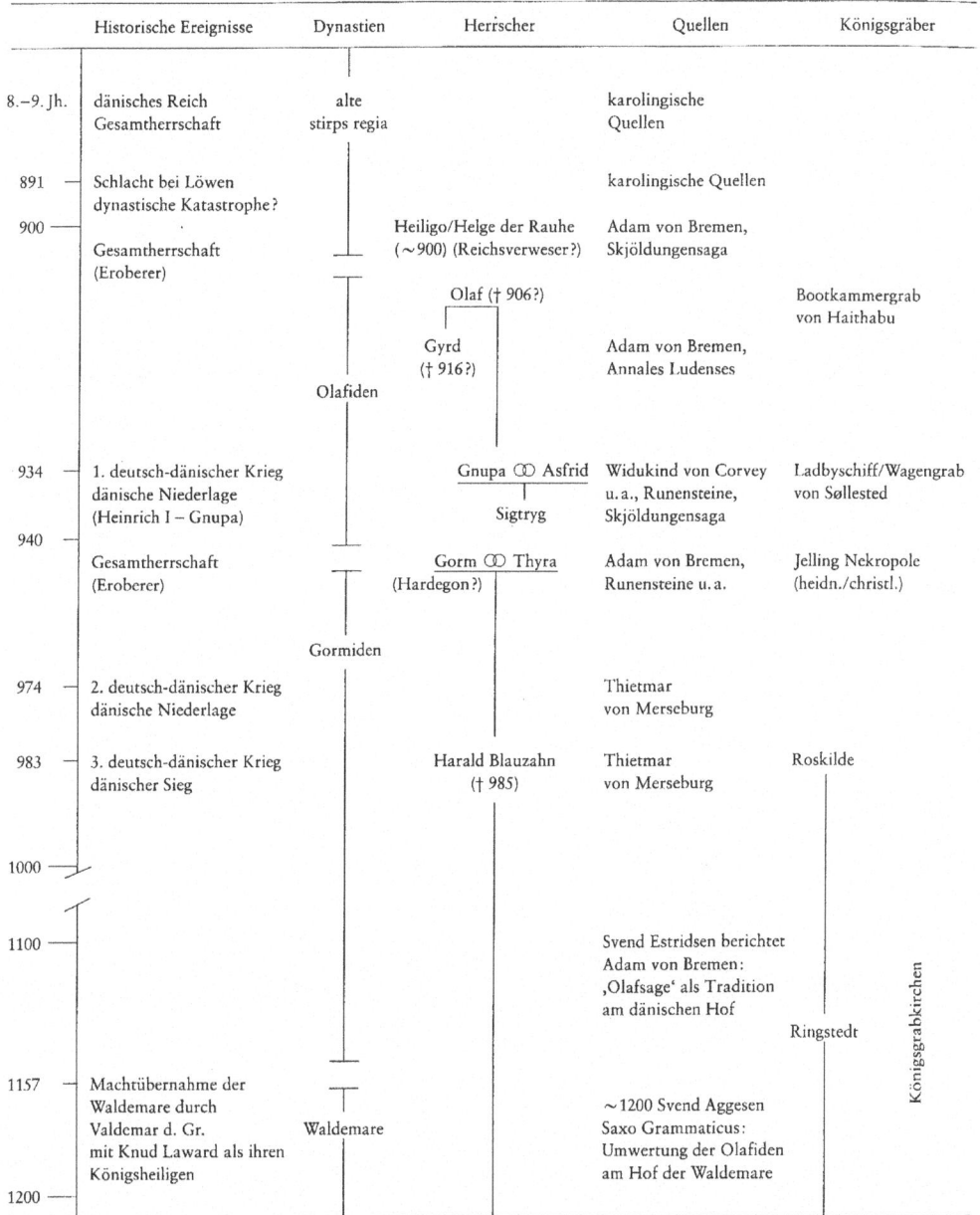

	Historische Ereignisse	Dynastien	Herrscher	Quellen	Königsgräber
8.–9. Jh.	dänisches Reich Gesamtherrschaft	alte stirps regia		karolingische Quellen	
891	Schlacht bei Löwen dynastische Katastrophe?			karolingische Quellen	
900	Gesamtherrschaft (Eroberer)		Heiligo/Helge der Rauhe (~900) (Reichsverweser?)	Adam von Bremen, Skjöldungensaga	
			Olaf († 906?)		Bootkammergrab von Haithabu
		Olafiden	Gyrd († 916?)	Adam von Bremen, Annales Ludenses	
934	1. deutsch-dänischer Krieg dänische Niederlage (Heinrich I – Gnupa)		Gnupa ⚭ Asfrid / Sigtryg	Widukind von Corvey u.a., Runensteine, Skjöldungensaga	Ladbyschiff/Wagengrab von Søllested
940	Gesamtherrschaft (Eroberer)		Gorm ⚭ Thyra (Hardegon?)	Adam von Bremen, Runensteine u.a.	Jelling Nekropole (heidn./christl.)
		Gormiden			
974	2. deutsch-dänischer Krieg dänische Niederlage			Thietmar von Merseburg	
983	3. deutsch-dänischer Krieg dänischer Sieg		Harald Blauzahn († 985)	Thietmar von Merseburg	Roskilde
1000					
1100				Svend Estridsen berichtet Adam von Bremen: ‚Olafsage‘ als Tradition am dänischen Hof	Ringstedt (Königsgrabkirchen)
1157	Machtübernahme der Waldemare durch Valdemar d. Gr. mit Knud Laward als ihren Königsheiligen	Waldemare		~1200 Svend Aggesen Saxo Grammaticus: Umwertung der Olafiden am Hof der Waldemare	
1200					

„Die frühen dänischen Königsdynastien nach historischen und archäologischen Quellen", aus: Andersen, Henning H., Vorchristliche Königsgräber in Dänemark und ihre Hintergründe: Versuch einer Synthese, in: Germania 65 (1987), S. 159-173, hier: S. 172.

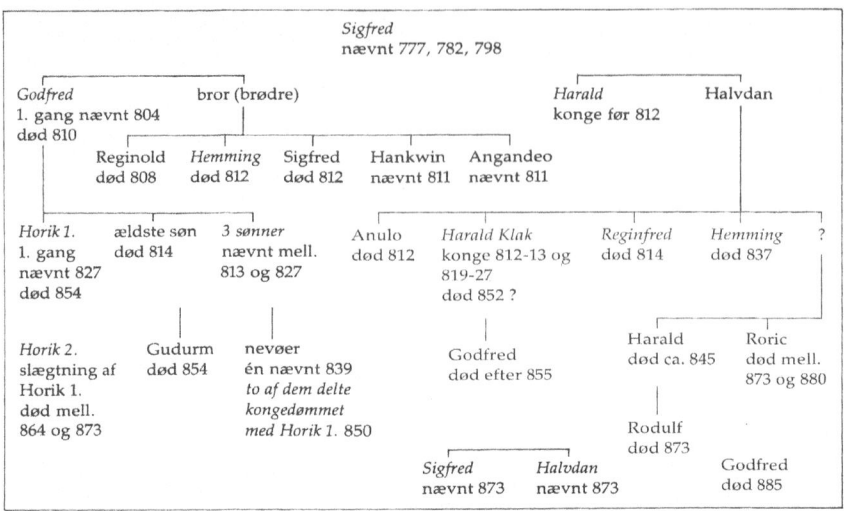

Die dänische Königsfamilie des 9. Jahrhunderts, aus: Sawyer, Peter H., Da Danmark blev Danmark: Fra ca. 700 til 1050, Kopenhagen 2002, S. 38.

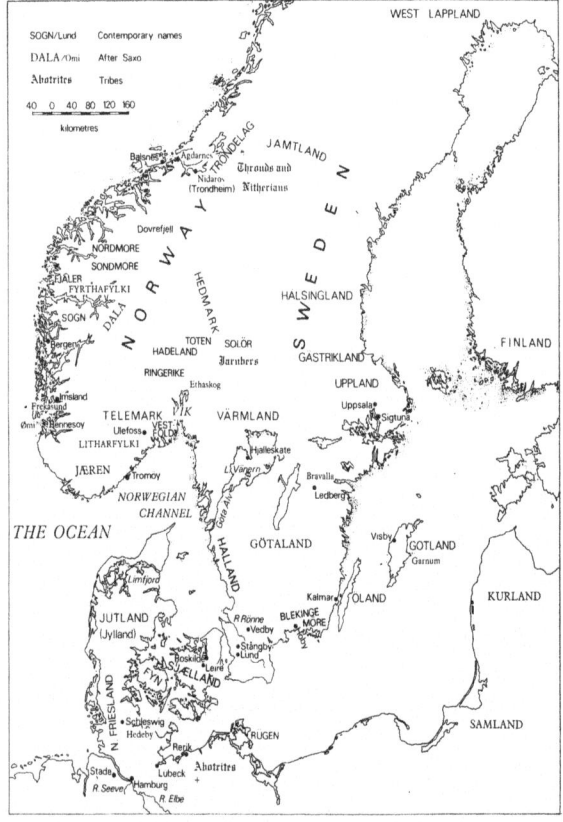

Mittelalterliches Nordeuropa und Ostseeraum, aus: Davidson, Hilda R. E. / Fisher, Peter (Hg.), Saxo Grammaticus: The History of the Danes, Bd. 2, New Jersey 1980, Anhang.

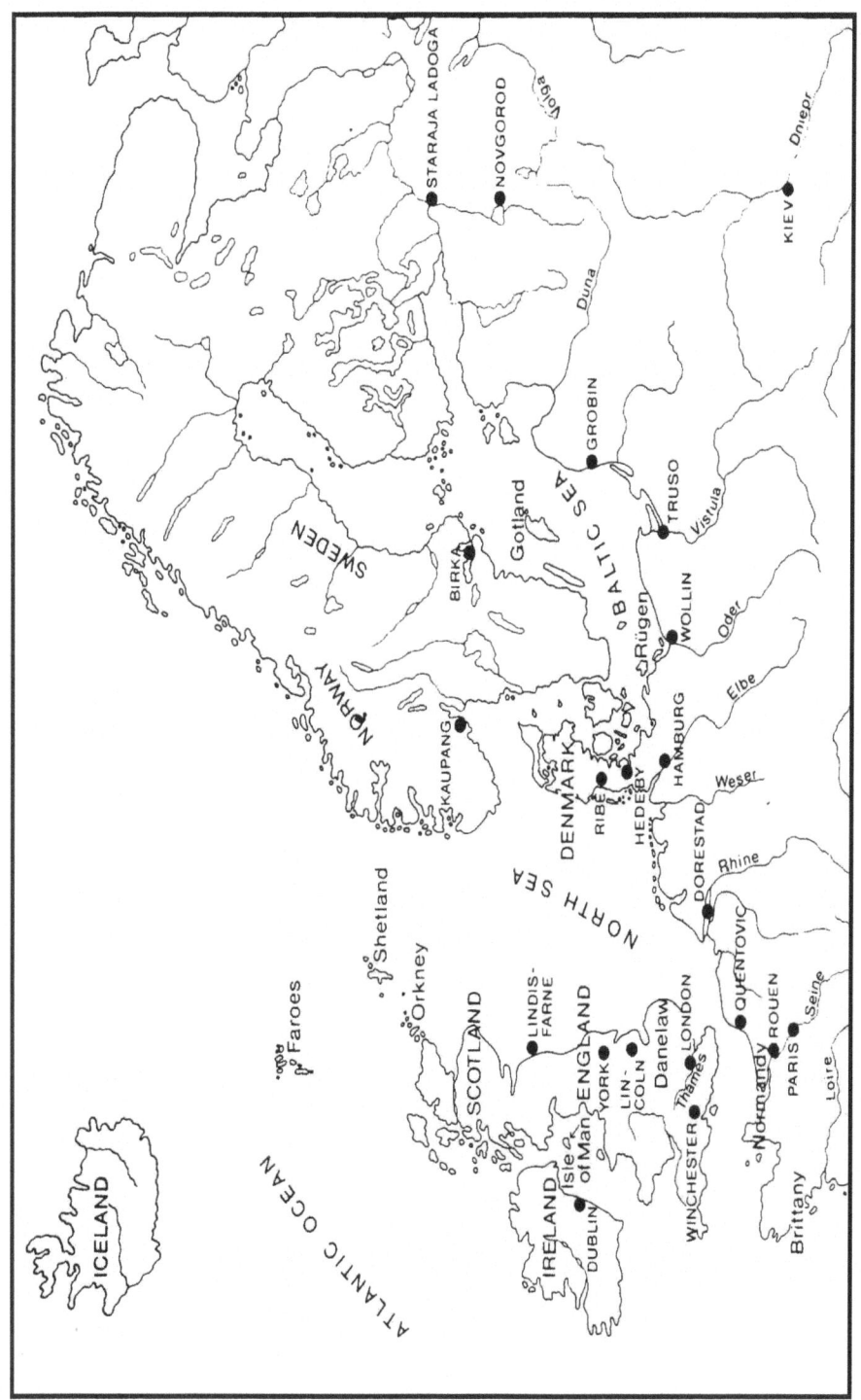

„Europe", aus: Roesdahl, Else, Viking Age Denmark, London 1982, S. 196.

The manufacturer's authorised representative in the EU is Springer
Nature Customer Service Centre GmbH, Europaplatz 3, 69115 Heidelberg,
Germany. If you have any concerns regarding our products, please
contact ProductSafety@springernature.com

Printed and bound by CPI Group (UK) Ltd, Croydon, CR0 4YY
27/04/2026
02097656-0010